Udo Brandes

Home Assistant

Das umfassende Handbuch

Rheinwerk
Computing

Liebe Leserin, lieber Leser,

mit moderner Technik machen Sie Ihr eigenes Zuhause komfortabler und bequemer: Sie schalten direkt mit Ihrem Smartphone Schalter ein oder aus, automatisieren die Beleuchtung stimmig und energiesparend oder schauen mit einer Überwachungskamera von unterwegs nach, ob daheim alles in Ordnung ist.

Mit Home Assistant haben Sie ein leicht bedienbares und gleichzeitig sehr mächtiges System an Ihrer Seite, das Sie ohne großen Aufwand daheim betreiben können. Sie können alles individuell nach Ihren Wünschen konfigurieren und Ihren Wohnbegleiter so einrichten, dass er genau Ihren Anforderungen entspricht. Dabei behalten Sie die komplette Kontrolle über das Setup und müssen nicht darauf vertrauen, dass Ihre persönlichen und in diesem Fall sehr privaten Daten auf fremden Cloud-Diensten auch richtig geschützt werden.

Udo Brandes stellt Ihnen Home Assistant ausführlich vor und nimmt Sie von der Installation und den ersten Konfigurationsschritten an an die Hand. Er zeigt Ihnen, wie Sie die Basis mit Integrationen und Add-ons so erweitern, dass Sie Ihre Geräte einbinden und steuern können. Auf dieser Grundlage erstellen Sie schon bald Automatisierungsregeln und Szenen, die das Wohnen schöner machen. Oder Sie lassen die gesammelten Daten in Dashboards fließen und visualisieren Ihren Energieverbrauch. Mit Home Assistant ist (fast) alles möglich.

Abschließend noch ein Wort in eigener Sache: Dieses Werk wurde mit großer Sorgfalt geschrieben, geprüft und produziert. Sollte dennoch einmal etwas nicht so funktionieren, wie Sie es erwarten, freue ich mich, wenn Sie sich mit mir in Verbindung setzen. Ihre Kritik und konstruktiven Anregungen sind jederzeit willkommen.

Ihr Dr. Christoph Meister
Lektorat Rheinwerk Computing

christoph.meister@rheinwerk-verlag.de
www.rheinwerk-verlag.de
Rheinwerk Verlag • Rheinwerkallee 4 • 53227 Bonn

Auf einen Blick

Wir hoffen, dass Sie Freude an diesem Buch haben und sich Ihre Erwartungen erfüllen.
Falls Sie Anregungen, Wünsche und Kommentare haben, lassen Sie es uns wissen:
service@rheinwerk-verlag.de.

Informationen zu unserem Verlag und Kontaktmöglichkeiten finden Sie auf unserer Verlagswebsite **www.rheinwerk-verlag.de**. Dort können Sie sich auch umfassend über unser aktuelles Programm informieren und unsere Bücher und E-Books bestellen.

Autor Udo Brandes
Lektorat Christoph Meister
Buchmanagement Anne Scheibe
Copy-Editing Sibylle Feldmann, Düsseldorf
Typografie & Layout Vera Brauner
Satz III-satz, Kiel
Herstellung Maxi Beithe
Covergestaltung Mai Loan Nguyen Duy
Druck mediaprint solutions, Paderborn

Dieses Buch wurde mit mineralölfreien Farben auf FSC©-zertifiziertem Papier aus nachhaltiger Waldwirtschaft gedruckt. Hergestellt in Deutschland.

Bibliografische Information der Deutschen Nationalbibliothek:
Die Deutsche Nationalbibliothek verzeichnet diese Publikation in der Deutschen Nationalbibliografie; detaillierte bibliografische Daten sind im Internet über *http://dnb.dnb.de* abrufbar.

ISBN 978-3-367-11600-3

3., aktualisierte und erweiterte Auflage 2026

Rheinwerk Verlag GmbH • Rheinwerkallee 4 • 53227 Bonn
service@rheinwerk-verlag.de

Inhalt

Materialien zum Buch

Auf der Webseite zu diesem Buch stehen folgende Materialien für Sie zum Download bereit:

- alle Skriptbeispiele

Gehen Sie auf *www.rheinwerk-verlag.de/6316*. Klicken Sie auf den Reiter **Materialien**. Sie sehen die herunterladbaren Dateien samt einer Kurzbeschreibung des Dateiinhalts. Klicken Sie auf den Button **Herunterladen**, um den Download zu starten. Je nach Größe der Datei (und Ihrer Internetverbindung) kann es einige Zeit dauern, bis der Download abgeschlossen ist.

Einleitung

Mit maßgeschneiderten Lösungen aus dem Smart-Home-Bereich machen Sie aus einem Haus Ihr ganz persönliches Zuhause und sorgen dafür, dass Wohnen zu einem ganz neuen Erlebnis wird.

Dabei ist es in der Regel so, dass bereits einige Smart-Home-fähige Geräte vorhanden sind, z. B. ein smarter Fernseher oder Sprachassistenten von Google bzw. Apple. Es stellt sich also die Frage, wie Sie das Vorhandene zu einer eleganten Zusammenarbeit bewegen und Ihren Zoo an Einzelgeräten problemlos in ein großes System integrieren. Sie brauchen dafür eine leistungsfähige Hausautomatisierungslösung, die aus unterschiedlichen Komponenten ein übergreifendes Ganzes macht, in dem der Fernseher automatisch stumm geschaltet wird, wenn ein Anruf eingeht.

Zur Auswahl stehen einerseits industrielle Angebote (z. B. *Bosch Smart Home*), die aber oft nicht den persönlichen Bedürfnissen entsprechen bzw. bei denen die angebotenen Produkte nicht den persönlichen Geschmack treffen. Viel häufiger besteht jedoch der Wunsch nach einer Lösung, die umfassende Ansätze bietet, die sparsam ist und die Sie selbst umgesetzt haben.

Diesen Ansatz bedienen Open-Source-Systeme. Auf diesem Gebiet hat sich in den letzten Jahren einiges geändert: Mit Hausautomatisierungslösungen wie etwa ioBroker, openHAB und Einplatinenrechnern wie dem Raspberry Pi können engagierte Maker ihre Vorstellungen in Eigenregie verwirklichen. Während der Raspberry Pi die zuverlässige und sparsame Hardware darstellt, schafft die angebotene Software einen Rahmen, innerhalb dessen Sie Ihre individuellen Vorstellungen entwickeln können.

Hier kommt Home Assistant ins Spiel. Mit *Home Assistant* können Sie professionelle Setups erstellen, die mit einer Vielzahl von Diensten und Geräten kommunizieren. Obwohl der Einstieg etwas Mühe kostet, ist Home Assistant doch mit gewisser Übung ein einfaches und leistungsfähiges System. Dies ist auch der Grund für die weite Verbreitung von Home Assistant, das andere Systeme in den Schatten stellt und vielfach in einschlägigen Rankings an erster Stelle geführt wird.

Das Projekt Home Assistant wurde Ende 2013 (interessanterweise nahezu zeitgleich mit Node-RED) durch Veröffentlichung der ersten Kernfunktionen auf der Plattform GitHub gestartet. Inzwischen ist es dort als zehntgrößtes Open-Source-Projekt gelistet.

Die Programmiersprache ist Python. Python ist eine universelle, üblicherweise interpretierte, höhere Programmiersprache. Laut PYPL-Index liegt ihr Anteil an den beliebtesten Programmiersprachen weltweit bei 26 % im Dezember 2025. Das gewährleistet, dass nicht nur ein Kern von spezialisierten Entwicklern und Entwicklerinnen das Projekt vorantreibt, sondern es verbreitert die Basis so, dass auch andere ihre Ideen und Vorschläge einbringen können. Wenn Sie auf Home Assistant setzen, können Sie also davon ausgehen, dass das Projekt in den nächsten Jahren gepflegt und weiterentwickelt wird. Das ist leider sowohl bei kommerziellen Angeboten als auch bei kleineren Open-Source-Projekten nicht selbstverständlich und ein wichtiger Punkt, denn schließlich wollen Sie für Ihre Wohnung oder Ihr Haus ja eine Lösung haben, auf die Sie sich verlassen können.

Der Ansatz des Buches

Aufgrund der Komplexität von Home Assistant ist es schwierig, eine schrittweise Einführung vorzustellen. Alles hängt mit allem zusammen, und eines hängt vom anderen ab. Sie werden daher kein durchgehendes Projekt finden und auch keine breite Autobahn, auf der Sie durch alle Abschnitte rasen können. Dennoch finden Sie in Kapitel 3 ein kleines Beispiel für den Anfang.

Mein Ausgangspunkt ist, dass ich Ihnen möglichst umfassend verschiedene Aspekte vorstellen möchte, ohne den Anspruch auf Vollständigkeit zu erheben. Mit diesem Ansatz möchte ich Sie zum Experimentieren anregen und Ihnen einen Einstieg auch in komplexere Projekte ermöglichen, den Sie dann für Ihre individuellen Pläne nutzen können. Es ist daher nicht notwendig (und wäre wahrscheinlich sogar ermüdend), das Buch der Reihe nach durchzuarbeiten. Wählen Sie einzelne Themen aus und verknüpfen Sie sie mit anderen Abschnitten. Nehmen Sie das mit, was Sie gerade brauchen, und kehren Sie vielleicht später noch einmal zurück, um in die Tiefe zu gehen.

Neben den Erläuterungen spielen Bilder eine wichtige Rolle. Getreu dem Motto, dass ein Bild mehr als tausend Worte sagt, können Bilder trotz ihres Platzbedarfs die zu vermittelnde Botschaft einfach besser darstellen.

Für wen ist dieses Buch gedacht?

Das Buch richtet sich an alle,

- die einen Einstieg in Home Assistant suchen,
- die einen Begleiter auf den Pfaden der Smart-Home-Welt wünschen, der nicht nur ein gutes Stück des Weges beschreibt, sondern auch auf interessante Dinge am Rande aufmerksam macht,
- die neugierig sind und gerne einmal »über den Tellerrand schauen«,
- die mit einfachen Mitteln schnell loslegen möchten,
- die nicht nur einen Einstieg in ein ausgewähltes Anwendungsgebiet suchen, sondern das gesamte Leistungsspektrum vorgestellt bekommen möchten,
- die es begrüßen, ausgewählte Techniken der Softwareentwicklung und Programmierung vorgestellt zu bekommen, und
- die gern eigene Projekte entwickeln möchten, unabhängig von industriellen Produkten für den Massenmarkt.

Der Inhalt des Buches

Das Buch soll Ihnen eine umfassende Unterstützung bei der Arbeit mit Home Assistant bieten. Das Universum von Home Assistant ist zwischenzeitlich aber so groß geworden, dass nicht jeder Winkel und jede Option beleuchtet werden kann. Deshalb sprechen die Kapitel nicht alle Möglichkeiten an, sondern versuchen, eine breite und tragfähige Basis für eigenes Erkunden zu bieten.

- **Kapitel 1: Ihr Smart Home mit Home Assistant**

  Zu Beginn des Buches erhalten Sie eine kurze Einführung in die Thematik eines Smart Homes mit Home Assistant.

- **Kapitel 2: Home Assistant – das Setup: So starten Sie**

  Picken Sie sich aus den verschiedenen Installationsalternativen die für Sie passende heraus.

- **Kapitel 3: Die ersten Schritte mit dem Webinterface von Home Assistant**

  Lernen Sie hier in einem ersten Ansatz das Konzept von Home Assistant und die Benutzeroberfläche kennen.

- **Kapitel 4: Home Assistant administrieren**

  Dieses Kapitel befasst sich mit den wichtigsten Einstellungsmöglichkeiten und -notwendigkeiten.

- **Kapitel 5: Geräte und Dienste: die funktionalen Elemente**

  In diesem Kapitel geht es um die wesentlichen Bausteine für Home Assistant.

- **Kapitel 6: Automatisierungen mit Szenen, Skripten und Vorlagen**

  Entdecken Sie, wie Sie den heimischen Tagesablauf mit Automatisierungen erleichtern können.

- **Kapitel 7: Dashboards und Apps**

  So behalten Sie in Ihrem Smart Home den Überblick und steuern Ihre Geräte.

- **Kapitel 8: Home Assistant durch Add-ons erweitern**

  Holen Sie sich nützliche Helfer an Bord.

- **Kapitel 9: Der Home Assistant Community Store**

  Profitieren Sie von den Entwicklungen anderer.

- **Kapitel 10: Medien**

  Integrieren Sie Video und Musik in Home Assistant.

- **Kapitel 11: Sprachdienste und künstliche Intelligenz**

  Nutzen Sie moderne Funktionalitäten für noch mehr Komfort.

- **Kapitel 12: Bereiche, Labels und Zonen**

  Dieses Kapitel befasst sich mit lokal abgegrenzten Bereichen (dem Zuhause) und externen Zonen.

- **Kapitel 13: Werkzeuge und Helfer**

  Lernen Sie die Tools und Anwendungen für die Entwicklung Ihrer Home-Assistant-Anwendung kennen.
- **Kapitel 14: Datenspeicherung**

  In diesem Kapitel geht es um die Speicherung gewonnener Daten.
- **Kapitel 15: Externer Zugriff auf Home Assistant**

  Lernen Sie Wege kennen, um von außerhalb auf Ihr System zuzugreifen.
- **Kapitel 16: Produkte für die Hausautomation**

  Machen Sie Bekanntschaft mit einigen Systemen gewerblicher Anbieter, wie der FRITZ!Box von AVM oder den Geräten von Tuya.
- **Kapitel 17: Eigene Smart-Home-Geräte mit ESPHome erstellen**

  Machen Sie sich die Fähigkeiten eines Mikrocontrollers der Firma Espressif zunutze.
- **Kapitel 18: Node-RED – ein mächtiges Werkzeug**

  In diesem Kapitel lernen Sie den Allrounder Node-RED kennen. Er hilft weiter, wenn es bei Home Assistant noch keine fertige Lösung für ein Problem gibt.
- **Kapitel 19: Hacks und Projektideen**

  Die Möglichkeiten, die Home Assistant Ihnen bietet, sind quasi endlos. Was Sie genau umsetzen möchten, welche Geräte Sie nutzen, was Sie automatisieren möchten – das kann ich leider nicht vorhersehen. Und ich kann Ihnen auch nicht die Arbeit abnehmen, sich durch das eine oder andere Datenblatt zu wühlen, wenn eine Integration mal nicht so funktioniert, wie Sie es erwarten. Auch werden Sie einige Automatisierungen debuggen müssen, wenn »darin der Wurm steckt«. Ich möchte Ihnen aber anhand einiger Projektskizzen zeigen, was man mit Home Assistant alles machen kann. Greifen Sie die eine oder andere Idee auf.

[»]

Hinweis für Schnelleinsteiger

Sie möchten schnell ein erstes Erfolgserlebnis haben? Kein Problem. Verschaffen Sie sich Zugang zu Home Assistant – dazu gibt es unterschiedliche Möglichkeiten, die ich in Kapitel 2 beschreibe. Folgen Sie dann der Beschreibung in Abschnitt 3.4 zur Einrichtung erster Geräte und zu einer ersten Automation.

Besondere Formate

Um die Ausführungen in diesem Buch möglichst eindeutig und verständlich darzustellen, werden verschiedene Textformate verwendet:

- */Pfad/Zu/Einer/Datei* kennzeichnet einen Dateipfad.
- Neu verwendete *Begriffe*, z. B. *Entwicklungsumgebung*, werden kursiv dargestellt.

- Codeelemente, z. B. `description: 'text'`, haben ebenfalls eine eigene Schriftart.
- **Bildschirmelemente** sind alle Objekte, die Sie auf Ihrem Bildschirm sehen sollten. Sie werden fett dargestellt.

Aktualität

Home Assistant selbst sowie die im Buch angesprochenen Komponenten entwickeln sich, auch angetrieben von den sich explosionsartig ausbreitenden Möglichkeiten der *KI* (der künstlichen Intelligenz), rasant weiter. Dinge, die gestern noch nicht möglich waren, bereiten heute vielleicht keine Schwierigkeiten mehr oder funktionieren morgen wieder völlig anders.

Dies zeigt sich auch daran, dass Home Assistant an jedem ersten Mittwoch im Monat eine neue Version mit zum Teil weitreichenden Änderungen veröffentlicht. Es gelingt kaum, alle diese Neuerungen nachzuverfolgen, ihre Relevanz für das eigene Vorhaben zu überprüfen und sie dann auch noch in das eigene Projekt einzupflegen. Insofern ist auch der Ansatz zum Scheitern verurteilt, einen für lange Zeit eins zu eins gültigen Buchinhalt zu präsentieren. Dennoch lässt sich mit möglicherweise überholten Screenshots und Beschreibungen arbeiten, da das Thema ja in aller Regel nur anders »verpackt« ist, der Grundgedanke jedoch weiterbesteht.

Ein weiteres Symptom dieser schnellen Entwicklungsschritte sind die manchmal nur unzureichend übersetzten Menüs und Dialoge innerhalb der Software. Sie werden oftmals eine wilde Mischung aus Englisch und Deutsch sehen. In den allermeisten Fällen lassen sich die Begriffe jedoch problemlos zuordnen.

Verwendete Hardware

Ich möchte Ihnen nun kurz zusammengefasst zeigen, welche Hard- und Software ich für die Beispiele in diesem Buch eingesetzt habe.

Die verwendete Hardware sehen Sie in Tabelle 1.1.

Gerät	Bemerkung
Windows-PC	VirtualBox
Raspberry Pi 5	libreELEC/Kodi
ESP8266-NodeMCU	ESPHome
ESP32 DevKitC V4	ESPHome, Arduino
Sonoff-Schalter	

Tabelle 1.1: Eingesetzte Hardware

Gerät	Bemerkung
Tuya-Lampen	
Tapo-Kamera	

Tabelle 1.1: Eingesetzte Hardware (Forts.)

Verwendete Software und Softwareversionen

Software unterliegt mitunter einem rasanten Wandel. Nicht immer sind die Versionen abwärtskompatibel. Tabelle 1.2 soll Ihnen bei Schwierigkeiten Anhaltspunkte geben.

Programm/Bibliothek	Version
Windows	11
Linux – Ubuntu	24.10 LTS
Raspberry Pi 5	Raspberry Pi OS
Home Assistant	HA-OS 16 auf dem Raspberry Pi 5 64-Bit
libreELEC	LibreELEC-RPi2.arm-9.2.8
Arduino-IDE	Version 2.0
Xiaomi	Redmi 9 mit Android 12

Tabelle 1.2: Versionen verwendeter Software und Bibliotheken

Sollten Sie auf Probleme stoßen, ärgern Sie sich bitte nicht, sondern geben Sie entsprechende Hinweise an den Verlag.

Vielen herzlichen Dank

Udo Brandes

Kapitel 1
Ihr Smart Home mit Home Assistant

»Home, my sweet home« ist ein Song, den mehrere Interpreten in ihrem Repertoire haben. Er ist eine Ballade, die die Gemütlichkeit und Geborgenheit des Zuhauses thematisiert.

Die beiden Begriffe *Smart Home* und *Home Assistant* sind die beiden tragenden Säulen dieses Buches. Dies ist Grund genug, um in einem eigenen Kapitel kurz auf sie einzugehen.

1.1 Was ist ein Smart Home?

Bereits in den 1960er-Jahren gab es verkabelte und dadurch mit mehr Funktionalität ausgestattete Häuser (sogenannte *Wiring Homes*). Sie waren auf ihre Weise »smart« und stellten eine Art Vorgänger des Smart Homes dar. Der Begriff »smart« stammt aus dem Englischen. Er hat im Deutschen keine direkte Entsprechung; die Adjektive »klug«, »gewandt«, »gewitzt«, »kenntnisreich« und »clever« umschreiben die Bedeutung ansatzweise.

Der Begriff »Smart Home« wurde erstmals offiziell im Jahr 1984 in der »American Association of House Builders« genutzt. Erste Smart-Home-Lösungen gab es beispielsweise 1985 durch das US-Unternehmen Unity Systems mit dem *Home Manager*.

In den 1990er-Jahren erlangte das Konzept des Smart Homes immer mehr breite Akzeptanz – auch und vor allem durch die rasante Entwicklung von Technik und Elektronik. Heute ist das Smart-Home-Konzept allgegenwärtig und zumindest in Ansätzen Bestandteil fast jeden Haushalts.

Ein Smart Home besteht aus unterschiedlichen Komponenten – aus *Sensoren*, *Aktoren* und Geräten zur Steuerung (siehe Abbildung 1.1). Hinzu kommen, abhängig von den jeweiligen Komponenten, *Gateways* und *Controller*.

Wohin die Entwicklung im Rahmen von KI geht, lässt sich kaum abschätzen. Hier stehen die Dinge zwar nicht mehr gänzlich am Anfang, ausgetretene Pfade gibt es aber auch nicht.

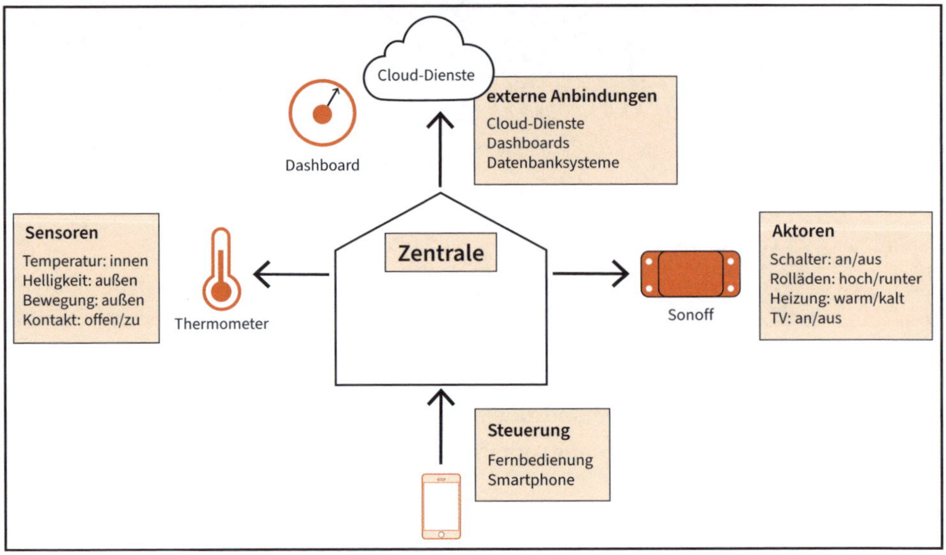

Abbildung 1.1: Die Architektur eines Smart Homes

1.2 Was ist Home Assistant und was ist es nicht?

Home Assistant ist eine aktiv gepflegte *Open-Source-Software* für das Smart Home. Die Quellen stehen in *GitHub* für jedermann einsehbar bereit (siehe *https://github.com/home-assistant/core*). Das bedeutet, eine große Community erweitert kontinuierlich das Angebot an einzubindenden Komponenten und neuen Funktionen und stellt sie der Allgemeinheit zur Verfügung.

Home Assistant ist jedoch keine einfache *Plug-and-Play-Lösung*. Das System ist in Hinblick auf die Fülle der abzudeckenden Anforderungen und Funktionalitäten überaus komplex. Es handelt sich um einen Selbstbau, der Einarbeitung verlangt. Bis alles wie gewünscht läuft, können Stunden vergehen – oder auch Tage. Insofern verbietet es sich eher, dem Enthusiasmus freien Lauf zu lassen und mit unüberlegten Klicks das System zu konfigurieren und zu bedienen.

Gehen Sie deshalb strukturiert vor. Überlegen Sie sich, was genau Sie mit Ihrer Smart-Home-Lösung erreichen wollen. Brechen Sie Ihren allgemeinen und übergeordneten Ansatz auf die Details der Anwendung herunter. Ich empfehle Ihnen zudem dringend, sich auch eine Testumgebung zu leisten. In ihr können Sie Neuerungen ausprobieren, ohne das reale System zu gefährden.

Home Assistant ist, wie jede andere Software auch, nicht fehlerfrei. Wenn Sie an eine Stelle kommen, an der Sie nicht mehr weiterwissen, geben Sie den einzelnen Ansätzen zur Fehlerbehebung (siehe Abschnitt 3.5) eine Chance, oder versuchen Sie, das Problem durch alternative Lösungen zu umgehen.

Freude an der Umsetzung

Gestatten Sie mir noch eine persönliche Anmerkung. Es ist nicht unbedingt so, dass der Einsatz von Smart-Home-Anwendungen Geld spart. Auch wenn eine gute Automatisierung Energie sparen kann, sind die einzelnen Komponenten doch recht teuer (z. B. Rauchmelder von Homematic). Wer sich mit der Heimautomation befasst, sollte vor allem Spaß an neuen Erkenntnissen und dem Erforschen von Unbekanntem haben. Das fertige Werk und der gewonnene Komfort sind eher Nebenprodukte.

1.3 Heimautomation – besser nicht grenzenlos

Auch das gehört dazu: Leider ist es unumgänglich, Ihre Euphorie in Sachen Heimautomation mit ein paar Wermutstropfen zu trüben. Halten Sie sich bei allen Schritten folgende Punkte vor Augen:

- Home Assistant ist eine Software. Sie kann selbst Fehler haben. Es können Ihnen aber auch Irrtümer in der Anwendung unterlaufen.
- Home Assistant ist *Open Source*. Das ist zunächst erst mal ein großer Vorteil, denn es bedeutet, dass der Programmcode offenliegt und kein Geheimnis ist. Home Assistant ist also kein Produkt einer Firma, sondern wird von den Mitgliedern der Community gepflegt und weiterentwickelt. (Das gilt übrigens für viele Angebote, die ich in diesem Buch erwähne und nutze.) Das macht es allerdings schwer, Aussagen über die Zukunft von Home Assistant zu treffen. Ob es das Projekt auch noch in fünf oder zehn Jahren geben wird, hängt allein davon ab, ob sich genug Freiwillige finden, die sich darin engagieren. Ich möchte allerdings betonen, dass dieser Punkt für viele kommerzielle Angebote noch deutlicher gilt, denn auch dort kann Ihnen niemand garantieren, dass der Dienst, auf dem Sie Ihre gesamte Hausautomation aufbauen, auch noch in einigen Jahren angeboten wird. Seien Sie daher besonders bei kleineren Anbietern aus Fernost ein wenig skeptisch und vorsichtig.
- Vorsicht oder zumindest ein Moment des Nachdenkens empfiehlt sich, wenn Sie Fremdsoftware, z. B. aus dem Home-Assistant-Community-Store, in Ihr System einbinden. Keine Firma, niemand bietet eine Garantie für deren Zuverlässigkeit und Richtigkeit. Schlimmstenfalls holen Sie sich Schadcode ins Haus.
- Wenn Sie Ihr Smart Home um einige Komfortfunktionen erweitern wollen, werden Sie Onlinedienste nutzen müssen, die beispielsweise Wetterdaten oder andere Infos bereitstellen. Leider haben viele Anbieter den kostenlosen Zugang zu ihrer Software und zu ihren Diensten auf einmonatige Testzeiträume reduziert oder begrenzen den Zugriff auf andere Weise. Beliebte Dienste wie IFTT und OpenWeathermap sind prominente Beispiele. Selbst Home Assistant macht hinsichtlich seines Cloud-Diensts keine Ausnahme: Wenn Sie ihn dauerhaft nutzen möchten, kommen Sie um die Entrichtung eines Entgelts nicht herum.

- Sie schwächen die Sicherheit Ihres lokalen Netzes, sobald Sie einen externen Zugang durch das Internet etablieren. Ergreifen Sie entsprechende Schutz- und Gegenmaßnahmen (siehe Kapitel 15).
- Um bei Problemen gut vorbereitet zu sein, sollten Sie Ihr System regelmäßig sichern. Überlegen Sie sich also eine gute Backup-Strategie.
- Halten Sie einen Plan B bereit: Was tun Sie, wenn Hard- oder Software defekt sein sollten oder die Stromversorgung ausfällt?
- »Lebenswichtige« Aufgaben sollten daher nicht, zumindest aber nicht allein und unkontrolliert übertragen werden.
- Home Assistant kann zur Obsession werden, was den häuslichen Frieden beeinträchtigen kann. Nehmen Sie Rücksicht auf andere, die Ihre Begeisterung für das Basteln und Automatisieren nicht teilen. Nicht alle Menschen möchten auf ein Smartphone angewiesen sein, um das Licht im Badezimmer anzuschalten.

1.4 Ein paar Alltagstipps

Home Assistant ist ein komplexes System. Jedes neue Release, jeder Fortschritt in der Entwicklung macht die Bedienung durch die ständigen Erweiterungen und neuen Features nicht einfacher. Aus diesem Grund möchte ich Ihnen gern zu Beginn ein paar Tipps an die Hand geben, auch wenn Sie den Hinweisen im Verlauf des Buches teils wiederholt begegnen werden:

- Home Assistant ist keine Eier legende Wollmilchsau. Der Grundsatz KISS – *Keep It Simple and Stupid* – gilt, wie überall sonst in der Datenverarbeitung, auch hier. Halten Sie die Dinge also so einfach wie möglich. Das bezieht sich sowohl auf die eingesetzte Hardware, indem Sie sich auf bestimmte Geräte ausgewählter Hersteller mit möglichst einheitlichem Kommunikationsprotokoll beschränken, wie auch auf die Software: Halten Sie Automatisierungen möglichst einfach und fragen Sie sich, welche Features Sie wirklich brauchen. Eine aufwendige Visualisierung mit Grafana mag zwar toll aussehen, sorgt aber für deutlich mehr Komplexität und führt zusätzliche Schrauben ins System ein, die gewartet, aktualisiert und verstanden werden müssen. Ob das sinnvoll ist, hängt ganz allein von Ihren Anforderungen ab.
- Home Assistant ist ausdrücklich kein »Klick dich glücklich«-System. Auch ein einfaches Copy and Paste von Codebeispielen und Konfigurationen aus anderen Quellen ist fragwürdig. Machen Sie sich vorher Gedanken darüber, was Sie wie mit welchen Mitteln erreichen möchten. Eine kurze handschriftliche Skizze ist sehr hilfreich, um sich über eine Aufgabe und den Lösungsweg klar zu werden.
- Nutzen Sie diese Skizze im Laufe der Arbeiten für Notizen. Was hat funktioniert, was nicht?

- Dokumentieren Sie Ihren Weg zum gewünschten Ergebnis. Sparen Sie nicht mit textlichen Erläuterungen und Screenshots. Zugegeben, das ist lästig. Aber die investierte Zeit zahlt sich mehrfach aus, wenn Sie das gleiche Problem erneut angehen müssen oder nach einigen Monaten nachvollziehen wollen, warum die Konfiguration so aussieht, wie sie aussieht. »Gewachsene« IT-Systeme werden schnell unübersichtlich, und ohne Dokumentation ist die Fehlersuche noch nerviger.
- Experimentieren Sie niemals in Ihrer Produktivumgebung. Gönnen Sie sich eine Testumgebung, besser sogar zwei Testumgebungen:
  - eine als Spiegel Ihrer Produktivumgebung sowie
  - eine Minimalumgebung, um Neues ohne begleitenden Ballast auszuprobieren.

  Ich zeige Ihnen in Abschnitt 19.3, dass ein solches Setup gar nicht so kompliziert sein muss, wenn Sie ein Virtualisierungssystem wie Proxmox nutzen.
- Gehen Sie immer schrittweise vom Kleinen zum Großen.
- Brauchen Sie Hilfe und möchten Sie Foren bemühen, können Sie nur dann mit zielführenden Antworten rechnen, wenn Sie andere in die Lage versetzen, sich ein genaues Bild von Ihrem Setup und Ihrem Problem zu machen. Unerlässlich sind genaue Angaben zur eingesetzten Hardware, zur beteiligten Software (Name, Versionsnummer) sowie Protokollauszüge, YAML-Listings usw. Je präziser Sie Ihre Umgebung und das Problem beschreiben können, desto besser.
- Führen Sie Backups durch und speichern Sie wertvolle Backups außerhalb von Home Assistant.

1.5 Das Beispielhaus

Oft lassen sich komplexe Sachverhalte am besten an einem Beispiel erklären. Diesem Zweck soll auch das *Beispielhaus* dienen. Natürlich kann es nicht auch nur annähernd die Gegebenheiten vor Ort in Ihrem Haus abdecken. Aber vielleicht hilft es Ihnen, den Faden aufzunehmen und sich in die Materie einzuarbeiten.

Unser Beispielhaus besteht aus drei Zimmern: Schlafzimmer, Wohnzimmer und Küche. Abbildung 1.2 zeigt den Grundriss.

Im Grundriss sind bereits ein paar Geräte eingetragen. Bei der Erstinstallation von Home Assistant ist nur die *FRITZ!Box* (nebst Repeater) aktiv. Der Fernseher befindet sich im Stand-by-Modus. Alle anderen Geräte sind ausgeschaltet und nicht mit dem Wi-Fi-Netz verbunden.

Bevor es nun gleich losgeht, ein letzter Hinweis: Legen Sie nicht einfach los (es sei denn, Sie wollen Dinge nur ausprobieren), sondern machen Sie sich zunächst Gedanken darüber, welches Ziel Sie mit welchen Mitteln erreichen möchten. Ein komplexes System wie Home Assistant lässt sich nur schwer aufbauen, ohne dass zunächst geklärt ist, was damit überhaupt erreicht werden soll. Erst dann können Sie entscheiden, wie der Weg dorthin aussehen kann.

Diese Arbeit kann ich Ihnen nicht abnehmen. Aber es hilft Ihnen vielleicht, wenn wir uns anschauen, wie Home Assistant aufgebaut ist und welche Optionen es beim Betrieb gibt. Leiten Sie daraus ab, welche Betriebsform für Sie geeignet ist und wie Sie Ihr Smart Home aufbauen wollen.

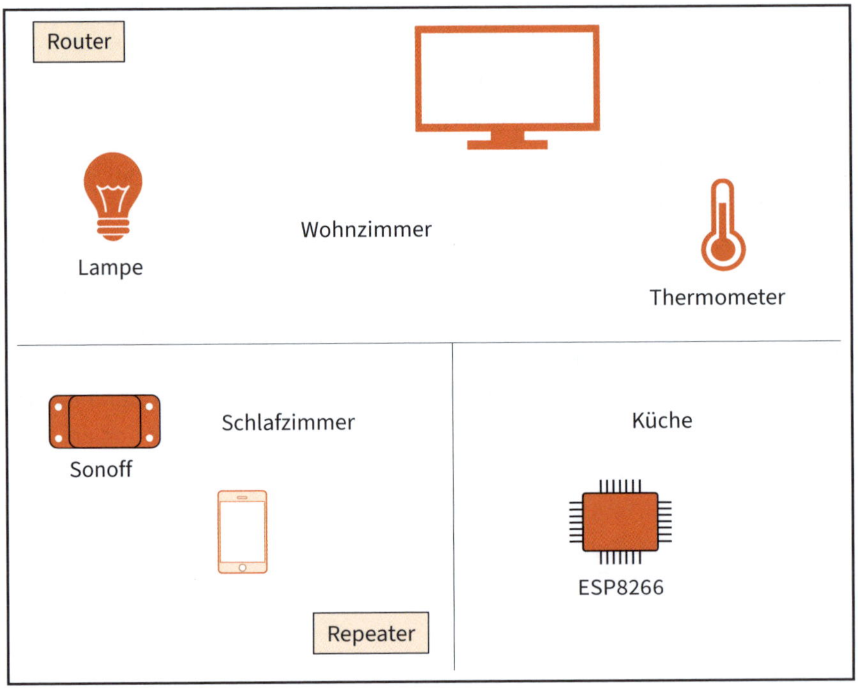

Abbildung 1.2: Beispielgrundriss

Kapitel 2

Home Assistant – das Setup: So starten Sie

Erkunden Sie Home Assistant und betreten Sie neues Terrain. Hier geht es um die Installationsoptionen und um den erstmaligen Start. Es gibt viel zu entdecken!

Zu den ersten Schritten mit Home Assistant gehört natürlich die Installation. In diesem Kapitel stehen die Grundlagen und das Setup mit den diversen Optionen im Fokus.

2.1 Home Assistant installieren

Home Assistant ist ein *Dienstprogramm* (engl. *Service*), das sich auf verschiedensten Systemen und Systemumgebungen einsetzen lässt – in der IT spricht man dann vom *Hosten*. Das bedeutet, dass Sie planen müssen, wie Sie Home Assistant zuverlässig bereitstellen können. Ohne ein gutes Fundament kann ansonsten Ihre gesamte Smart-Home-Infrastruktur ziemlich wacklig werden. Schauen wir uns dazu zunächst die Architektur von Home Assistant an.

2.1.1 Die Architektur von Home Assistant

Home Assistant versteht sich als ein eingebettetes System. Dies ist eine Kombination aus Hardware und Software, die für eine oder mehrere designierte Funktionen innerhalb eines größeren Systems entwickelt wurde. Die Home-Assistant-Architektur besteht aus drei Komponenten (siehe Abbildung 2.1):

- Das *Operating System* (dt. *Betriebssystem*) stellt die absolut minimale Linux-Umgebung bereit, um Supervisor und Core auszuführen.
- Der *Supervisor* verwaltet das Betriebssystem.
- Der *Core* (dt. *Kern*) interagiert mit dem Benutzer, dem Supervisor und mit IoT-Geräten (IoT = *Internet of Things*) und -Diensten.

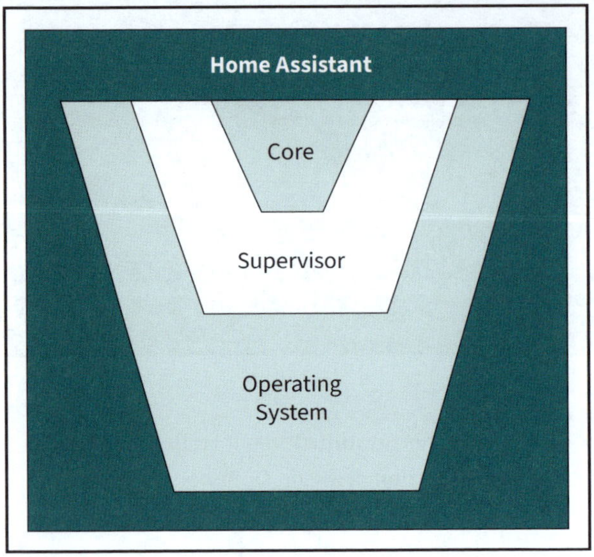

Abbildung 2.1: Der Aufbau von Home Assistant

2.1.2 Überblick

Zur Installation von Home Assistant stehen Ihnen offiziell vier Wege offen:

- **Home Assistant als Betriebssystem**: In dieser Variante bekommen Sie ein fertiges Image, das das Betriebssystem für Ihre Hardware sowie Home Assistant beinhaltet. Es wird mit dem *Supervisor* geliefert. Der Supervisor ist ein Tool, um den *Home Assistant Core* und Add-ons zu verwalten.

  Das Image können Sie auf einem Raspberry Pi, einem Intel NUC, auf Odroid oder anderen Kleinstrechnern verwenden. Alternativ können Sie dieses Home-Assistant-OS-Image einsetzen, um eine neue virtuelle Maschine mit VirtualBox oder einer ähnlichen Software zu erstellen. Wie das auf einem Proxmox-Server geht, erkläre ich Ihnen in Abschnitt 19.3.

  Die Vorteile liegen auf der Hand: Sie erhalten einen voll funktionsfähigen Home Assistant mit Supervisor-Menü und Add-ons; alles wird unterstützt und regelmäßig aktualisiert. Dies sorgt für höchste Stabilität und einfachste Verwaltung.

  Ein Nachteil ist, dass Sie Ihr Gerät (z. B. einen Raspberry Pi oder einen Intel NUC) fast ausschließlich mit Home Assistant belegen und es kaum für etwas anderes verwenden können (dedizierte Hardware). Außerdem können Sie nur die verfügbaren Add-ons im *Supervisor Store* installieren und nicht mehr auf andere Quellen zurückgreifen.

  Der Einsatz von Home Assistant als Betriebssystem ist die von den Entwicklern empfohlene Installationsmethode.

- **Home Assistant Container**: Dies ist eine eigenständige, containerbasierte Installation von *Home Assistant Core* (dazu komme ich gleich).

Die Containersoftware umfasst die vollständige Laufzeitumgebung, d. h. die Anwendung, ihre Abhängigkeiten, alle unterstützenden Dateien, Tools und Konfigurationseinstellungen, die in einem einzigen Paket enthalten sind. Durch die Containerisierung können die Unterschiede in der Umgebungsinfrastruktur extrahiert werden. Weit verbreitet ist die Containersoftware *Docker*.

Home Assistant Container ist einfach zu installieren; alles wird unterstützt und regelmäßig aktualisiert. Die einzige Voraussetzung ist, dass der Docker-Client und die Internetverbindung für den ersten Teil betriebsbereit sind.

Dieser Weg bietet sich an, wenn Sie schnell eine neue Home-Assistant-Instanz erstellen und diese später ohne Komplikationen entfernen oder auf ein anderes System portieren möchten. Ein weiterer Vorteil ist ein hohes Maß an Flexibilität, da es auf bestehender Hardware neben anderen Diensten laufen kann und Ressourcen zwischen den Diensten effizient zugeordnet werden können.

Der große Nachteil von Home Assistant Container besteht darin, dass Sie das Supervisor-Menü und die Add-ons nicht erhalten.

- **Home Assistant Core**: *Home Assistant Core* ähnelt ein wenig der Installation von Home Assistant Container. Der Unterschied besteht darin, dass anstelle von Docker eine virtuelle Python-Umgebung zur Anwendung kommt.

  Auch hier haben Sie keinen Zugriff auf den Supervisor Store und die Add-ons. Außerdem sind für die Installation und die Aktualisierung im Vergleich zu Home Assistant Container einige zusätzliche Schritte erforderlich.

  Diese Methode ist der Ursprung des Home Assistant. Wenn Sie das Programm bereits vor einigen Jahren einmal ausprobiert haben, war das der Stand, den Sie kennengelernt haben.

- **Home Assistant Supervised**: Diese Methode versucht ein wenig, das Beste aus allen Varianten herauszuholen: Sie werden vom Supervisor unterstützt, aber gleichzeitig lässt sich das Betriebssystem auch für andere Zwecke als Home Assistant nutzen, z. B. damit Sie auf dem Raspberry Pi auch Videos schauen können, während im Hintergrund Home Assistant läuft. Allerdings ist der Installationsweg sehr komplex, und auch die Wartung des Gesamtsystems (also inklusive aller weiteren Anwendungen) ist nicht unproblematisch und erfordert vertiefte Linux-Kenntnisse.

Die Annehmlichkeiten des Home Assistant Supervisor

Das Entwicklerteam von Home Assistant hat dem System mit dem Supervisor einige Annehmlichkeiten hinzugefügt. Die Supervisor-Integration ermöglicht die Überwachung und Steuerung der Supervisor-Add-ons und des Betriebssystems von Home Assistant. So können Sie sich zentral über den Ressourcenverbrauch informieren und haben Zugriff auf Updates. Außerdem säubert der Supervisor das System, behebt Fehler oder setzt die Einstellungen auf die Standardwerte zurück, wenn die Installation nicht mehr funktioniert. Auf den Supervisor komme ich in Abschnitt 2.5.4 zurück.

2.1.3 Hardwareplattformen

Die Vorliebe der Entwickler für eine virtuelle Umgebung erleichtert die Einrichtung von Home Assistant auf verschiedensten Hardwareplattformen. Allerdings ist nicht alles überall möglich. Tabelle 2.1 zeigt hierzu eine Übersicht.

	HA OS	Container	Core	Supervised
Raspberry Pi	X	X	X	
Odroid	X	X	X	
ASUS Tinkerboard	X	X	X	
Intel NUC	X	X	X	
Windows	X[1]	X		
macOS	X[1]	X		
Linux	X	X	X	X

[1] als VM (Virtual Machine)

Tabelle 2.1: Installationsoptionen

Einen Sonderfall stellt Home Assistant Green dar. Dabei handelt es sich um ein Plug-and-Play-System mit einem 1,8-GHz-Quad-Core-Prozessor, 4 GByte RAM und 32 GByte eMMC-Speicher. Es kostet ca. 110 €. Im Gegensatz zu Home Assistant Yellow – dessen Produktion im Oktober 2025 eingestellt wurde – kommt das System mit fix und fertig vorinstalliertem Home Assistant daher und benötigt zunächst keine weitere Installation. Für Zigbee- oder Thread-Unterstützung kann optional ein Home Assistant Connect ZBT-1 USB-Dongle hinzugefügt werden. Green richtet sich vor allem an Einsteiger, die eine unkomplizierte Lösung suchen.

2.2 Home Assistant auf einem Raspberry Pi installieren

Der *Raspberry Pi* hat eine fulminante Entwicklung erfahren – von einem kleinen Bastelrechner hin zu einer zuverlässigen und ressourcensparenden Plattform für verschiedenste Anwendungen. Gerade in Anwendungsfällen, die wie Heimautomatisierungslösungen rund um die Uhr erreichbar sein sollen, ist er zum tragenden Fundament zahlreicher Projekte geworden.

Dabei sind die Modelle des Raspberry Pi in den letzten Jahren immer leistungsfähiger geworden. Der aktuelle Raspberry Pi 5 kann in vielen Belangen problemlos mit einfachen PCs mithalten, die ein bisschen in die Jahre gekommen sind. Das Betriebssystem *Raspberry Pi OS* (ehemals Raspbian) kann seit 2022 auch auf 64-Bit-Basis arbeiten.

Der Raspberry Pi 5 ist also meine bevorzugte Hardware für den Einsatz von Home Assistant. Das Vorgängermodell, der Raspberry Pi 4, genügt ebenfalls.

Das System sollte mit einer 32-GByte-SD-Karte ausgestattet sein. Zu wenig Speicherplatz kann schnell zu Problemen führen. Ein Beispiel sind Fehler beim Start des Supervisors, der bei der Installation von Home Assistant seinen Dienst über ein »fertiges« Image aufnehmen möchte.

Natürlich sollte eine Internetverbindung vorhanden sein. Im laufenden Betrieb reicht Wi-Fi aus, auch wenn eine Ethernet-Verbindung zuverlässiger und stabiler ist. Bei der Installation sollte das Gerät über ein Ethernet-Kabel direkt mit dem Router verbunden sein – ist eine Kabelverbindung nicht möglich, sollte zumindest die Wi-Fi-Randomisierung deaktiviert werden, damit der Raspberry Pi nicht ständig seine IP-Adresse wechselt, was zu Problemen führen kann. Eine Verbindung über das Stromnetz (Powerline) ist bei der ersten Inbetriebnahme ebenfalls fehleranfällig.

Thin Clients als Alternative zum Raspberry Pi

Raspberry Pis sind nach einem durch Lieferengpässe bedingten Preishoch mittlerweile wieder deutlich erschwinglicher. Dennoch ist für einen Raspberry Pi 5 mit zusätzlicher SD-Karte schnell die 100-€-Grenze überschritten.

Als Alternative bieten sich gebrauchte Thin Clients an. Ein HP-Thin-Client wie ein *T520 AMD-GX 212JC* mit 1,2 GHz CPU, 4 GByte RAM und 8 GByte Flash-Speicher ist auf der einschlägigen Auktionsplattform für unter 30 € zu haben. Dabei handelt es sich um robuste Industrieware. Der Stromverbrauch ist etwas höher als der eines Raspberry Pi, aber der Kostenvorteil ist enorm. Der Formfaktor mag etwas größer sein, dafür erhalten Sie direkt ein Gerät mit Gehäuse, das sich auf dem Schreibtisch gut macht.

Anleitungen dazu, wie Sie Home Assistant auf einem Thin Client aufsetzen, finden Sie im Netz, z. B. unter *https://kodylaswell.com/blog/50-home-assistant-machine/*, oder als Video: *https://www.youtube.com/watch?v=rXc_zGRYhLo*. Dieses Video zeigt auch, wie Sie außerhalb des (nativen) Home Assistant in Containern einen IO-Stack mit InfluxDB und Grafana aufbauen – sicherlich etwas für fortgeschrittene Maker, aber machbar.

2.2.1 Installation eines »fertigen« Images

Die Installation eines »fertigen« Images greift auf ein komplettes Betriebssystem zurück, das auf einem Bootmedium gespeichert ist. Bei einem Raspberry Pi ist das üblicherweise die SD-Karte, möglich sind aber auch andere Medien wie ein USB-Stick (z. B. für Proxmox, siehe Kapitel 19). Zwei elegante Wege, wie Sie ein solches Bootmedium erstellen, möchte ich Ihnen nachfolgend vorstellen.

Raspberry Pi Imager

Der *Raspberry Pi Imager* ist die maßgeschneiderte Lösung für den Einplatinenrechner. Laden Sie Ihrem System entsprechend den Installer herunter (*https://www.raspberrypi.com/software/*) und starten Sie das Tool.

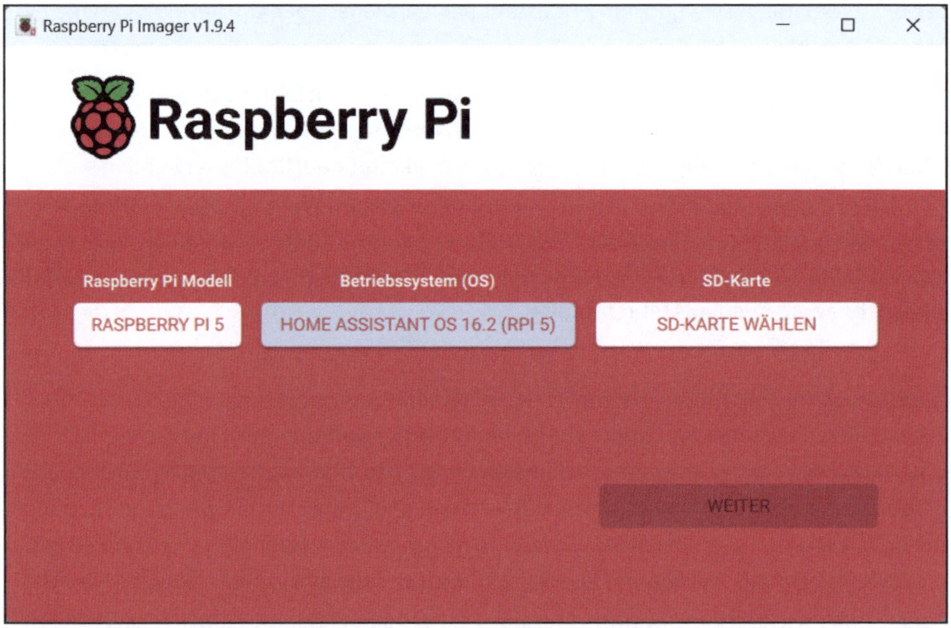

Abbildung 2.2: Raspberry Pi Imager

Wählen Sie Ihr **Raspberry Pi Modell** (hier z. B. **RASPBERRY PI 5**). Navigieren Sie anschließend bei **Betriebssystem (OS)** zum Home-Assistant-Eintrag (**Other specific-purpose OS • Home assistants and home automation • Home Assistant • Home Assistant OS**). Füllen Sie dann den Eintrag **SD-Karte** – die SD-Karte muss mit dem System verbunden sein. Mit **Weiter** können Sie in einem Folgefenster noch nähere Angaben tätigen (z. B. zum Netzwerk), ehe Sie das Flashen endgültig starten.

balenaEtcher

balenaEtcher lässt sich etwas universeller einsetzen, da es ein Bootmedium für den Raspberry Pi und auch für andere Systeme erstellen kann. Gehen Sie dazu wie folgt vor.

balenaEtcher herunterladen, installieren und starten

Besuchen Sie die Seite *https://www.balena.io/etcher/* und laden Sie das Tool entsprechend Ihrer verwendeten Plattform herunter (siehe Abbildung 2.3).

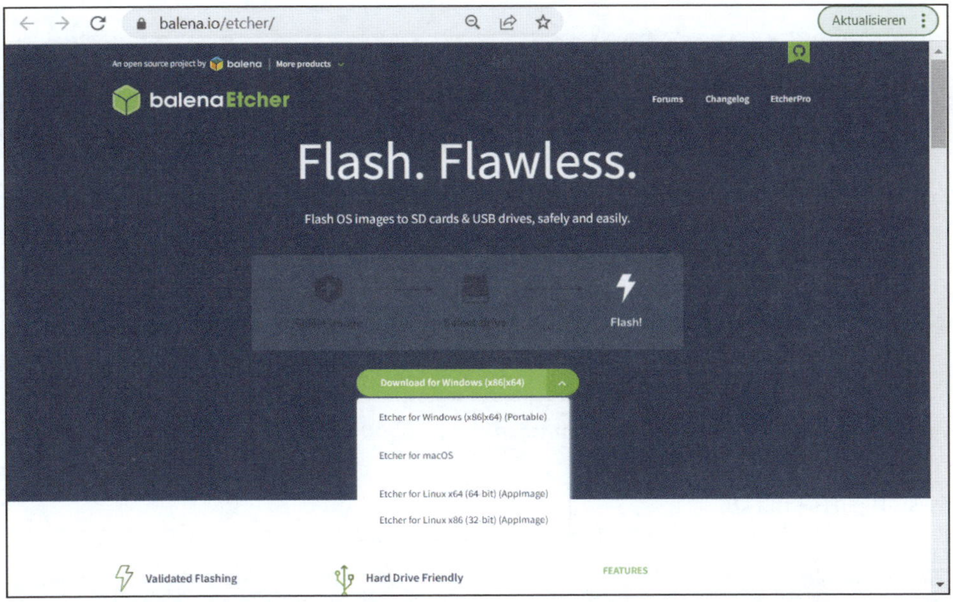

Abbildung 2.3: balenaEtcher herunterladen

Starten Sie das Tool (das Startfenster sehen Sie in Abbildung 2.4). Unter Windows benötigen Sie gegebenenfalls Administratorrechte.

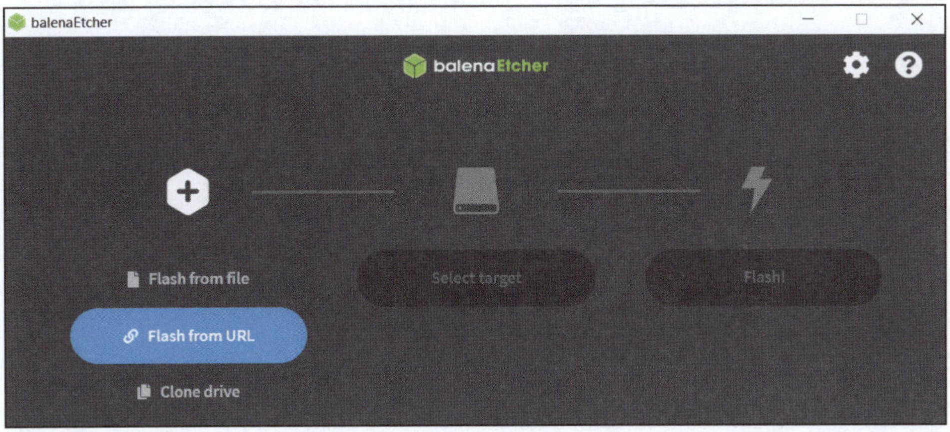

Abbildung 2.4: balenaEtcher ist für den Start bereit.

Die URL des Images eintragen

Klicken Sie auf die Schaltfläche **Flash from URL**. Tragen Sie in dem folgenden Fenster die für Ihre Zwecke passende Image-Quell-URL ein (siehe Abbildung 2.5).

Sie finden die Verweise zu den bereitgestellten Images unter *https://www.home-assistant.io/installation/raspberrypi* im Abschnitt **Downloading the Home Assistant image**.

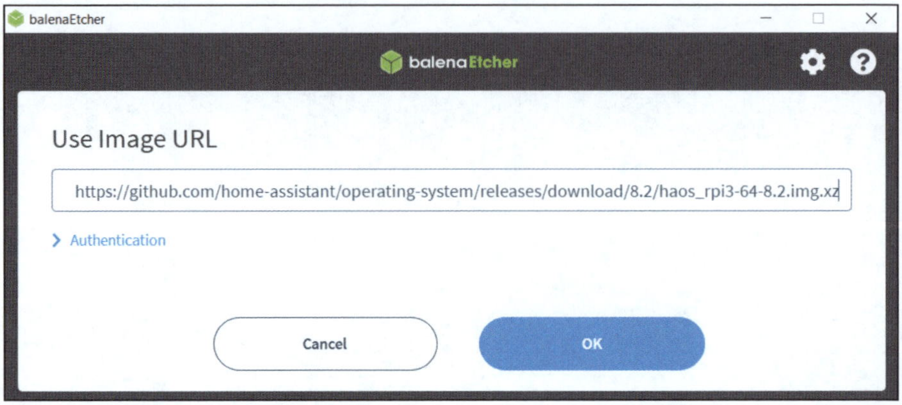

Abbildung 2.5: URL in balenaEtcher eintragen

Bestätigen Sie mit **OK**.

Ziel festlegen

Klicken Sie nun auf **Select target**, um das Fenster für die Auswahl des Zielmediums aufzurufen (siehe Abbildung 2.6).

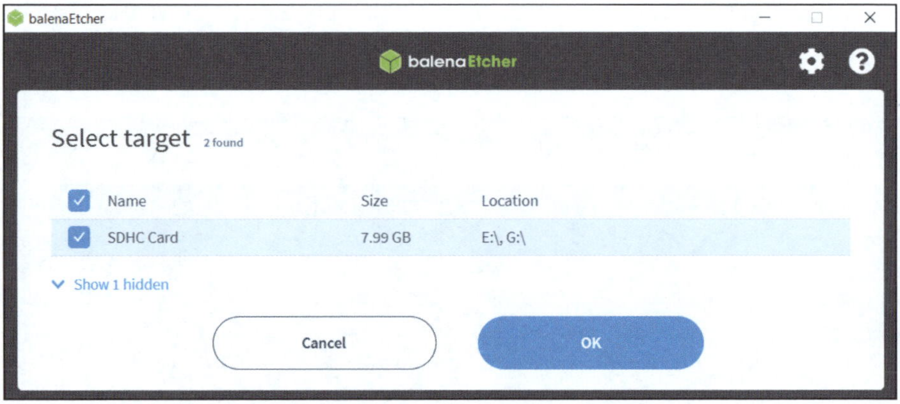

Abbildung 2.6: Zielmedium in balenaEtcher auswählen

balenaEtcher erkennt eine als Zielmedium angebotene SD-Karte. Wählen Sie den passenden Eintrag aus und klicken Sie auf **OK**.

Achten Sie darauf, dass Sie ganz sicher das richtige Speichermedium ausgewählt haben. Im nächsten Schritt werden dort alle Daten mit dem ausgewählten Image überschrieben. Das Medium sollte daher leer sein. Stellen Sie lieber zweimal sicher, dass Sie nicht fälschlicherweise eine externe Festplatte oder einen USB-Stick mit wichtigen Daten ausgewählt haben!

Das Image flashen

Das Speichermedium ist jetzt festgelegt (siehe Abbildung 2.7).

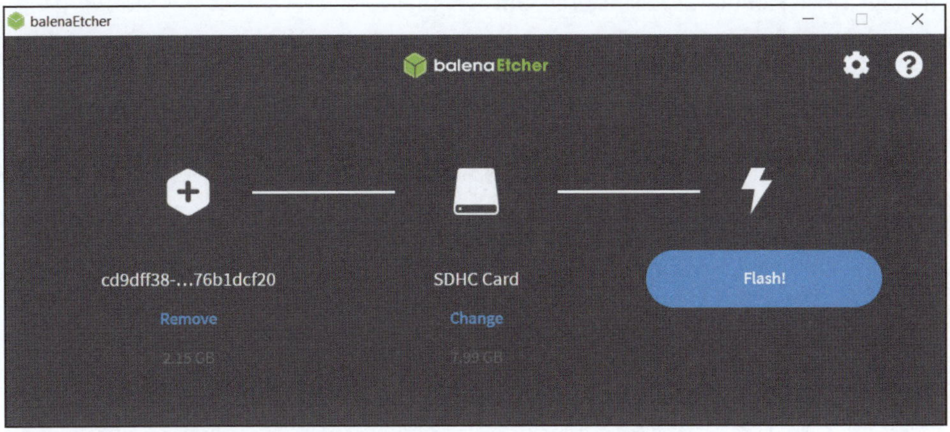

Abbildung 2.7: Das Speichermedium wurde festgelegt.

Klicken Sie nun auf **Flash!**, um den Flash-Vorgang zu starten.

Verfolgen Sie das Flashen der SD-Karte in dem darauffolgenden Fenster (siehe Abbildung 2.8).

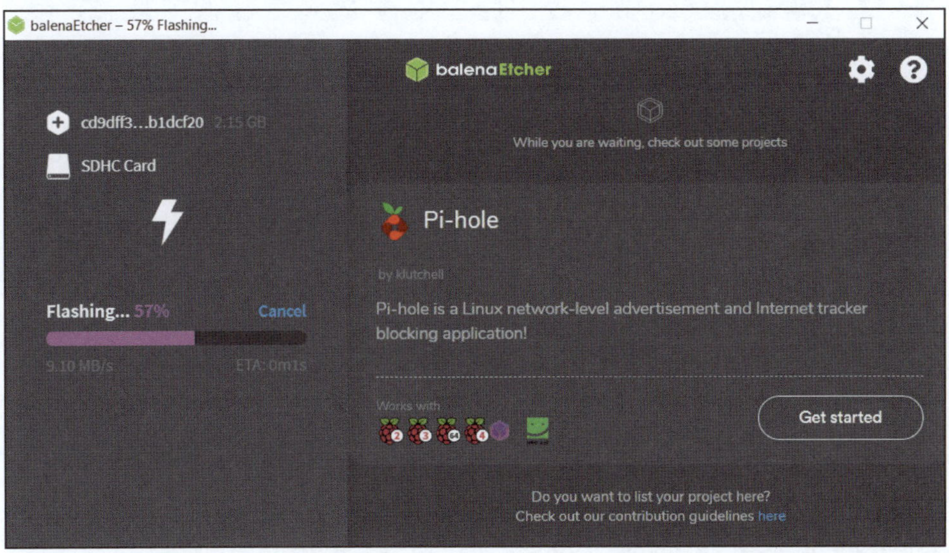

Abbildung 2.8: Der Flash-Vorgang

Das Tool gibt bei Erfolg eine entsprechende Meldung aus. Dies kann allerdings eine geraume Zeit dauern.

Home Assistant erstmalig starten

Stecken Sie nun die SD-Karte in Ihren Raspberry Pi und starten Sie ihn. Es empfiehlt sich, einmalig einen Monitor anzuschließen, um eventuelle Fehler während des Startvorgangs angezeigt zu bekommen. Abbildung 2.9 zeigt die Bildschirmausgaben bei einem erfolgreichen Start. Dann folgt die erstmalige Einrichtung des Systems (siehe Abschnitt 2.6).

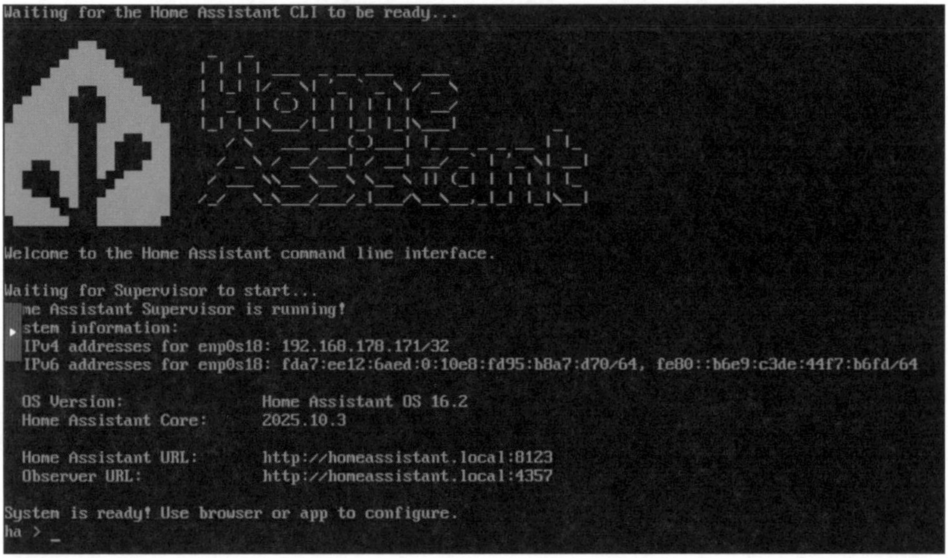

Abbildung 2.9: Die Ausgaben nach dem Start von Home Assistant auf einem Raspberry Pi

Sie befinden sich im Home Assistant CLI (*Command Line Interface*). Dies ist nicht die normale Linux-Shell! Wechseln Sie mit `login` oder über das Add-on *Terminal & SSH* die Ebene, wenn Sie Linux-Befehle absetzen möchten.

[»]

Alternative Image-Installation

Eine alternative Image-Installation ist mithilfe des *Raspberry Pi Imager* möglich (*https://www.raspberrypi.com/software*).

Laden Sie das gewünschte Image von GitHub herunter und flashen Sie das Gerät dann, indem Sie bei **Betriebssystem** die Option **Eigenes Image** wählen und in dem Datei-Explorer, der sich nun öffnet, zu Ihrem Image navigieren. Eleganter geht es über die Auswahl **Other Specific Purpose OS • Home Assistants and home automation • Home Assistant** und dann durch Auswahl des gewünschten Images.

Wi-Fi-Verbindung einrichten

Dieser Schritt ist nur nötig, wenn Sie *Wi-Fi* entgegen den Empfehlungen des Entwicklerteams nutzen möchten. Stecken Sie für das Setup die SD-Karte wieder in den Kartenleser

Ihres PCs. Die Geräte- und Laufwerksliste weist dann einen Eintrag *hassos-boot* auf (siehe Abbildung 2.10).

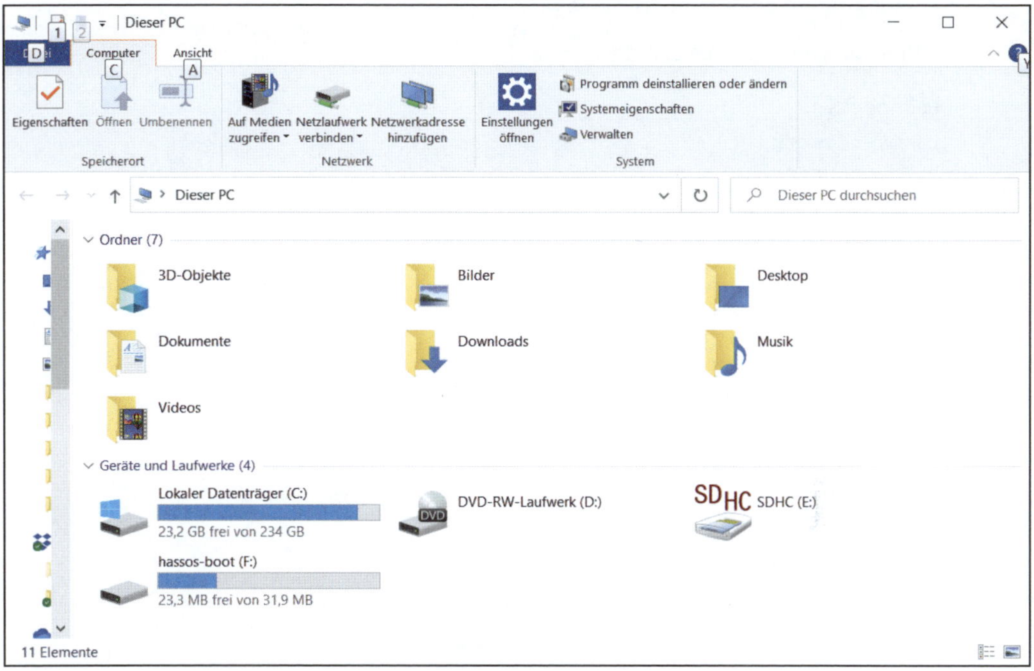

Abbildung 2.10: Die Geräte- und Laufwerksliste: Wählen Sie das richtige Medium.

Klicken Sie auf diesen Eintrag, um die darunterliegende Ordner- und Dateistruktur zu sehen. Erstellen Sie dann mit einem Rechtsklick und **Neu • Ordner** aus dem Kontextmenü einen neuen Ordner und geben Sie ihm den Namen *CONFIG* (siehe Abbildung 2.11).

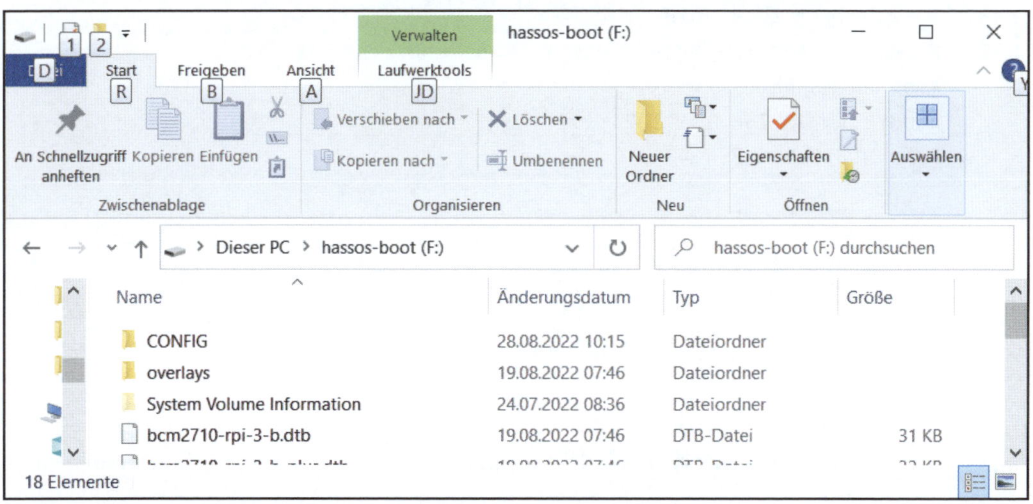

Abbildung 2.11: Erstellen Sie den Ordner CONFIG.

Wechseln Sie in den Ordner und erstellen Sie einen Ordner *network*. Navigieren Sie in diesen Ordner und erzeugen Sie dort mit einem Rechtsklick und durch Auswahl von **Neu • Textdokument** eine Datei *my-network.txt*.

Geben Sie den Code aus Listing 2.1 ein:

```
[connection]
id=my-network
uuid=a7cb6f7e-aea8-41ca-91e9-e3cc814248ea
type=802-11-wireless

[802-11-wireless]
mode=infrastructure
ssid=MY_SSID
# Uncomment below if your SSID is not broadcasted
#hidden=true

# Comment out this section if you have an open/public network that
does not
# use a password
[802-11-wireless-security]
auth-alg=open
key-mgmt=wpa-psk
psk=MY_WLAN_SECRET_KEY

[ipv4]
method=auto
# Uncomment below if your using a static IP address and comment out
the above method=auto
# You can set the IP address to what you like
#method=manual
#address=192.168.1.111/24;192.168.1.1
#dns=8.8.8.8;8.8.4.4;

[ipv6]
addr-gen-mode=stable-privacy
method=auto
```

Listing 2.1: Der Inhalt der Datei »my-network.txt«

Ersetzen Sie `MY_SSID` durch den Namen Ihres Netzwerks und `MY_WLAN_SECRET_KEY` durch Ihr WLAN-Passwort, damit der Raspberry Pi Ihrem WLAN hinzugefügt werden kann.

Sichern Sie die Datei. Sofern Sie unter Windows arbeiten, entfernen Sie noch das Dateisuffix *.txt*. Windows gibt daraufhin einen entsprechenden Warnhinweis aus; bestätigen Sie aber die Löschung.

Jetzt können Sie die SD-Karte wieder in den Raspberry Pi einsetzen. Dieser sollte nun ordnungsgemäß booten und sich mit Ihrem Netz verbinden. Über Ihren Browser müssten Sie Ihre Home-Assistant-Anwendung nun wie gewohnt erreichen können.

Troubleshooting

[«]

Sollte die Verbindung über Wi-Fi nicht auf Anhieb funktionieren, müssen Sie sich auf Fehlersuche begeben. Dies geht am besten, wenn der Raspberry Pi an einen Monitor angeschlossen und über eine Tastatur eine Befehlseingabe möglich ist. Der Startvorgang sollte mit Meldungen gemäß Abbildung 2.9 enden.

Weiterführende Daten erhalten Sie mit dem Konsolenwerkzeug für den Netzwerkmanager `nmcli`. Dazu brauchen Sie aber solide Linux-Kenntnisse und sollten sich gut auf der Shell zurechtfinden.

2.2.2 Home Assistant Core installieren

Diese Methode richtet sich an erfahrenere Anwender. Sie setzt ein nutzbares Betriebssystem sowie die Programmiersprache *Python 3.9* oder höher voraus und verlangt auch, dass die entsprechenden Development-Pakete mit dem Quellcode installiert sind. Bei den meisten Linux-Distributionen finden Sie dazu ein Paket namens *python3-dev* oder ein ähnlich benanntes.

Systemumgebung vorbereiten

Schaffen Sie eine aktuelle Systemumgebung:

```
sudo apt update
```

```
sudo apt upgrade
```

Installieren Sie die weiteren Abhängigkeiten:

```
sudo apt install -y python3 python3-dev python3-venv python3-pip
libffi-dev libssl-dev libjpeg-dev zlib1g-dev autoconf build-es-
sential libopenjp2-7 libtiff5 libturbojpeg0-dev tzdata
```

Einen Account (Benutzernamen) erstellen

Home Assistant Core setzt zum Ausführen einen eigenen Linux-Account mit dem Namen *homeassistant* voraus. Sie erstellen den Benutzernamen mit dem Kommando `useradd`:

```
sudo useradd -rm homeassistant -G dialout,gpio,i2c
```

Die zusätzlichen Argumente `-rm` bewirken, dass ein Systemkonto und ein Home-Verzeichnis erstellt werden. Die Argumente `-G dialout,gpio,i2c` fügen den Benutzer *homeassistant* den Gruppen *dialout*, *gpio* und *i2c* hinzu. Dies ist für die Verwendung von Z-Wave- bzw. Zigbee-Controllern sowie für die Kommunikation mit GPIO und I^2C erforderlich.

Virtuelle Umgebung erstellen

Erstellen Sie zuerst ein Verzeichnis für die Installation von Home Assistant Core und weisen Sie es dem oben genannten Benutzer zu:

```
sudo mkdir /srv/homeassistant
sudo chown homeassistant:homeassistant /srv/homeassistant
```

Als Nächstes müssen Sie eine virtuelle Umgebung für Home Assistant Core erstellen und in diese wechseln. Dies erfolgt als Benutzer *homeassistant*:

```
sudo -u homeassistant -H -s
cd /srv/homeassistant
python3 -m venv .
source bin/activate
```

Abbildung 2.12 zeigt die Kommandofolge im Terminal.

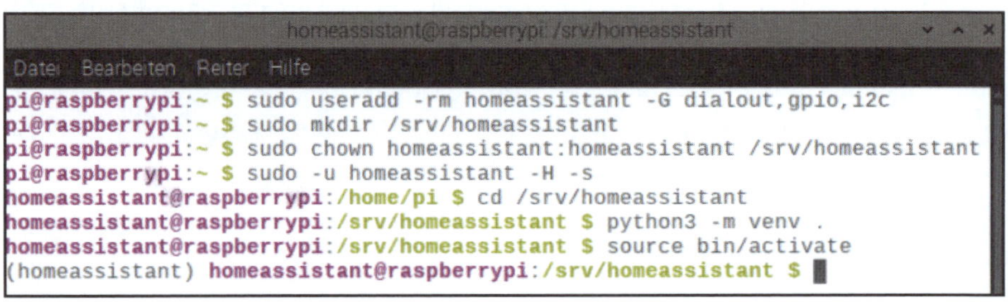

Abbildung 2.12: Eine virtuelle Umgebung für Home Assistant erstellen

Abschließende Pakete installieren

Sobald Sie den gezeigten Eingabeprompt haben, können Sie das notwendige Python-Paket `wheel` installieren:

```
python3 -m pip install wheel
```

Als Letztes installieren Sie das Paket `homeassistant`. Bis Sie wieder auf dem Eingabeprompt landen, dauert das Ganze eine Weile (siehe Abbildung 2.13).

```
pip3 install homeassistant
```

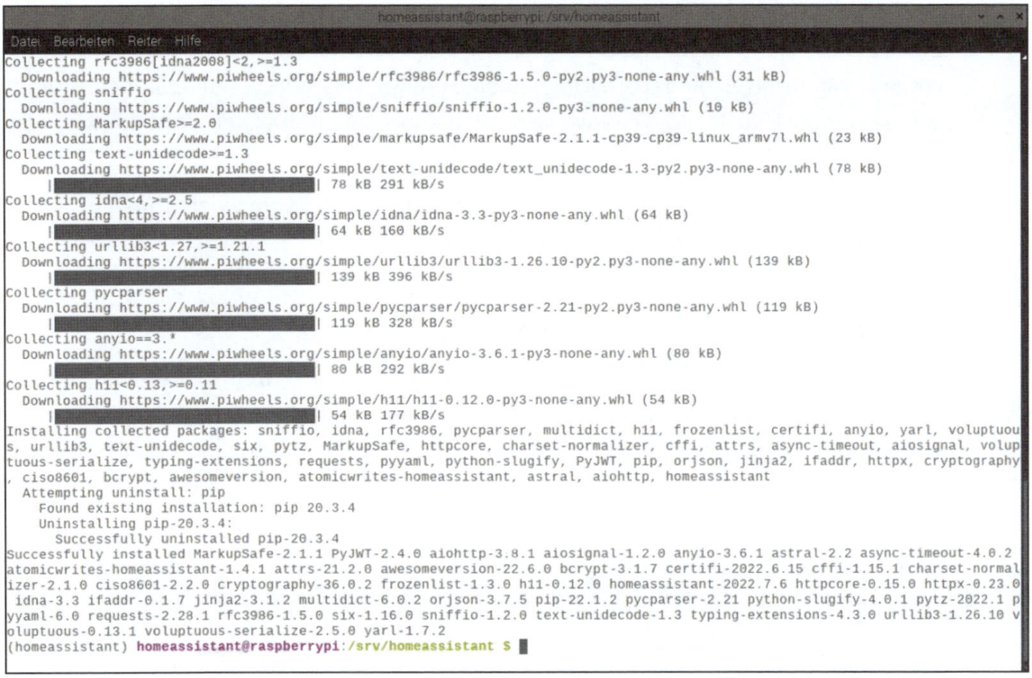

Abbildung 2.13: Pakete für Home Assistant installieren

Home Assistant starten

Jetzt können Sie Home Assistant erstmalig starten. Die gesamte Befehlsabfolge sehen Sie hier noch einmal zusammengefasst. Sie endet mit dem etwas unschönen Aufruf `hass`, der Home Assistant schließlich startet. Abbildung 2.14 zeigt die Ausgaben am Terminal.

```
sudo -u homeassistant -H -s
cd /srv/homeassistant
python3 -m venv .
source /bin/activate
hass
```

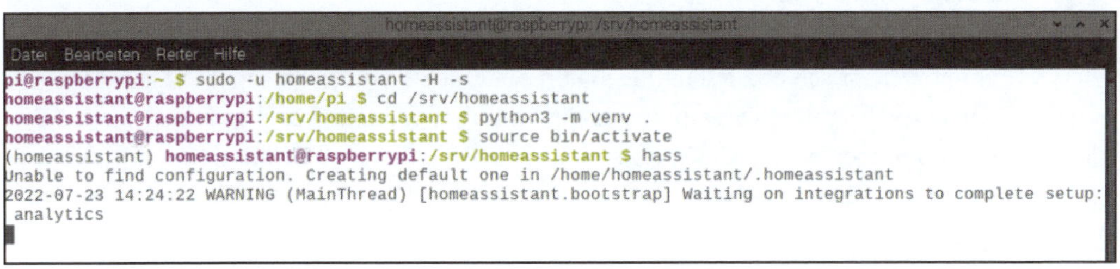

Abbildung 2.14: Die Terminalausgaben beim Start von Home Assistant Core

Wenn Sie den `hass`-Befehl zum ersten Mal ausführen, werden die erforderlichen Bibliotheken und Abhängigkeiten heruntergeladen, installiert und zwischengespeichert. Dieser Vorgang kann einige Zeit dauern. Ungeduldige erhalten während dieser Zeit beim Zugriff auf die Weboberfläche möglicherweise die Fehlermeldung »Site kann nicht erreicht werden«.

Dies ist nur beim ersten Mal so, alle nachfolgenden Neustarts sind viel schneller. Weiter geht es mit der erstmaligen Einrichtung (siehe Abschnitt 2.6).

2.2.3 Container (Docker) auf dem Raspberry Pi nutzen

Software-Container haben in den vergangenen Jahren die IT-Welt erobert. Mit Containern können Sie gut komplexe Softwareinstallationen kapseln und weitergeben: An die Stelle einer eigenen Installation tritt ein vorgefertigtes Paket, in dem alles vorkonfiguriert ist.

Home Assistant wird in unterschiedlichen Containerformaten bereitgestellt. Empfohlen wird die Installation als *Docker*-Container, das bekannteste System mit der größten Verbreitung. Sie müssen also zunächst einmal Docker installieren.

Docker installieren

Erfreulicherweise gibt es für die Docker-Installation auf einem Raspberry Pi ein eigenes Installationsskript. Mit dem folgenden Befehl laden Sie es herunter und führen es aus:

```
curl -fsSL https://get.docker.com | sh
```

Der gesamte Vorgang kann eine gute Weile dauern. Er endet mit einer Bildschirmausgabe wie die aus Abbildung 2.15.

Mit den Befehlen `sudo docker version` sowie `sudo docker info` erhalten Sie diese Informationen zur Docker-Installation auch noch im Nachhinein.

Die erfolgreiche Installation können Sie mit folgender Anweisung testen:

```
sudo docker run hello-world
```

[!]

Docker und Sicherheit

Docker-Container können sehr komfortabel sein, da sie die Installation eines Programms drastisch abkürzen. Das ändert aber nichts an der Tatsache, dass Sie beim Ausführen fremder Programme aus dem Internet vorsichtig sein sollten. Führen Sie nur Container aus, die auf den offiziellen Projektseiten verlinkt werden. Home Assistant nutzt für die Ablage die *GitHub Container Registry*, die URL lautet in den Aufrufen also `ghcr.io`.

```
+ sudo -E sh -c docker version
Client: Docker Engine - Community
 Version:           20.10.17
 API version:       1.41
 Go version:        go1.17.11
 Git commit:        100c701
 Built:             Mon Jun  6 23:03:29 2022
 OS/Arch:           linux/arm
 Context:           default
 Experimental:      true


Server: Docker Engine - Community
 Engine:
  Version:          20.10.17
  API version:      1.41 (minimum version 1.12)
  Go version:       go1.17.11
  Git commit:       a89b842
  Built:            Mon Jun  6 23:01:31 2022
  OS/Arch:          linux/arm
  Experimental:     false
 containerd:
  Version:          1.6.6
  GitCommit:        10c12954828e7c7c9b6e0ea9b0c02b01407d3ae1
 runc:
  Version:          1.1.2
  GitCommit:        v1.1.2-0-ga916309
 docker-init:
  Version:          0.19.0
  GitCommit:        de40ad0

================================================================================

To run Docker as a non-privileged user, consider setting up the
Docker daemon in rootless mode for your user:

    dockerd-rootless-setuptool.sh install

Visit https://docs.docker.com/go/rootless/ to learn about rootless mode.


To run the Docker daemon as a fully privileged service, but granting non-root
users access, refer to https://docs.docker.com/go/daemon-access/


WARNING: Access to the remote API on a privileged Docker daemon is equivalent
         to root access on the host. Refer to the 'Docker daemon attack surface'
         documentation for details: https://docs.docker.com/go/attack-surface/

================================================================================

pi@raspberrypi:~ $ 
```

Abbildung 2.15: Docker-Installation auf einem Raspberry Pi

Damit wird testweise ein Container heruntergeladen und ausgeführt, der nur die Aufgabe hat, einen Willkommenstext auszugeben. Abbildung 2.16 zeigt die Bildschirmausgabe – Docker funktioniert also und kann Container aus dem Internet herunterladen und ausführen.

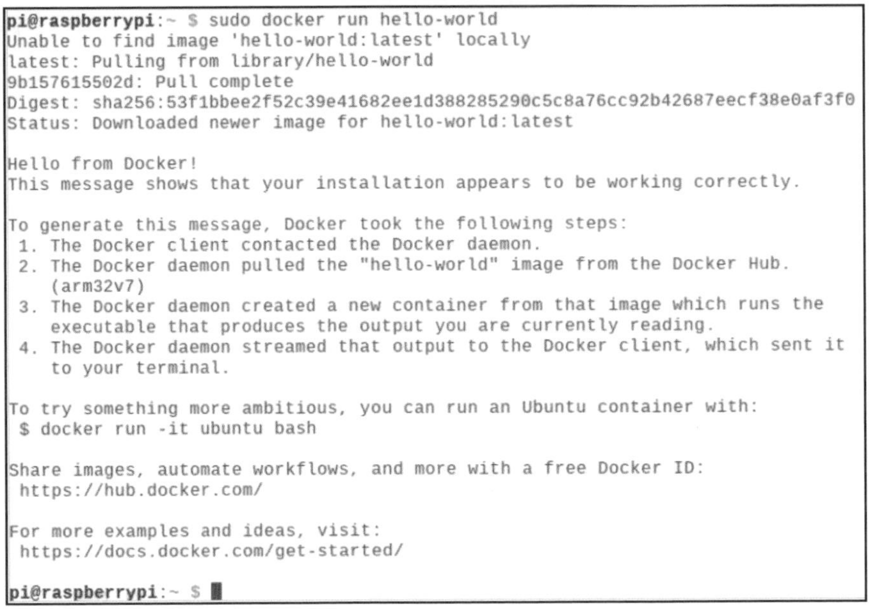

```
pi@raspberrypi:~ $ sudo docker run hello-world
Unable to find image 'hello-world:latest' locally
latest: Pulling from library/hello-world
9b157615502d: Pull complete
Digest: sha256:53f1bbee2f52c39e41682ee1d388285290c5c8a76cc92b42687eecf38e0af3f0
Status: Downloaded newer image for hello-world:latest

Hello from Docker!
This message shows that your installation appears to be working correctly.

To generate this message, Docker took the following steps:
 1. The Docker client contacted the Docker daemon.
 2. The Docker daemon pulled the "hello-world" image from the Docker Hub.
    (arm32v7)
 3. The Docker daemon created a new container from that image which runs the
    executable that produces the output you are currently reading.
 4. The Docker daemon streamed that output to the Docker client, which sent it
    to your terminal.

To try something more ambitious, you can run an Ubuntu container with:
 $ docker run -it ubuntu bash

Share images, automate workflows, and more with a free Docker ID:
 https://hub.docker.com/

For more examples and ideas, visit:
 https://docs.docker.com/get-started/

pi@raspberrypi:~ $
```

Abbildung 2.16: Docker startet erfolgreich den Hello-World-Container.

Home Assistant in Docker ausführen

Das Kommando, um Home Assistant in einem Docker-Container auszuführen, lautet allgemein wie folgt:

```
docker run -d \
 --name homeassistant \
 --privileged \
 --restart=unless-stopped \
 -e TZ=MY_TIME_ZONE \
 -v /PATH_TO_YOUR_CONFIG:/config \
 --network=host \
 ghcr.io/home-assistant/home-assistant:stable
```

Nachstehend möchte ich die einzelnen Bestandteile erläutern:

- `docker run` – führt den Container aus.
- `--name homeassistant` – legt einen benutzerdefinierten Namen für Ihren Container fest, hier `homeassistant`. Wenn Sie diese Option auslassen, vergibt Docker automatisch einen Fantasienamen.
- `--privileged` – Docker ermöglicht den Zugriff auf alle Geräte auf dem Host.

- `--restart=unless-stopped` – bestimmt das Verhalten beim Stopp des Containers. Der Container wird immer wieder neu gestartet, wenn er stoppt, es sei denn, er wurde manuell gestoppt. Dann erfolgt kein Neustart, selbst nachdem der Docker-Daemon neu gestartet wurde.
- `-e TZ=MY_TIME_ZONE` – Zeitzone gemäß der offiziellen Liste der Zeitzonen. Für Deutschland ist dies in der Regel `Europe/Berlin`.
- `-v /PATH_TO_YOUR_CONFIG:/config` – Standardmäßig liegen die Anwendungsdaten bei Docker in einem Container. Über den Parameter `-v` führen Sie diese Dateien und Ordner nach »außen«, damit Sie von Ihrem Hostsystem darauf zugreifen können. Die Anweisung bindet also das angegebene Konfigurationsverzeichnis in das Verzeichnis */config* des Docker-Containers ein. An dieser Stelle soll das Verzeichnis *home_assistant_config* lauten.
- `--network=host \`
  `ghcr.io/home-assistant/home-assistant:stable` – legt schließlich die Quelle des Docker-Images fest, das benutzt werden soll.

Geben Sie also folgenden Befehl ein, um Home Assistant in einem Docker-Container auszuführen, und denken Sie daran, dass Sie Root-Rechte brauchen:

```
sudo docker run -d \
  --name homeassistant \
  --privileged \
  --restart=unless-stopped \
  -e TZ=Europe/Berlin \
  -v /home_assistant_config:/config \
  --network=host \
  ghcr.io/home-assistant/home-assistant:stable
```

Wenn Sie die Installation im Terminal verfolgen, sehen Sie, wie das Image heruntergeladen wird und wie daraus ein Container gebaut wird (siehe Abbildung 2.17).

Um *Z-Wave*, *Zigbee* oder vergleichbare Hardware zu verwenden, müssen Sie das entsprechende Gerät dem Container zuordnen. Stellen Sie sicher, dass der Benutzer, der den Container ausführt, über die richtigen Berechtigungen für den Zugriff auf die Datei */dev/tty** verfügt, und fügen Sie dann die Gerätezuordnung zu Ihren Containeranweisungen hinzu. Hier sehen Sie ein Beispiel:

```
docker run ... --device /dev/ttyUSB0:/dev/ttyUSB0 ...
```

```
pi@raspberrypi:~ $ sudo docker run -d   --name homeassistant   --privileged   --restart=unless-stoppe
d   -e TZ=Europe/Berlin   -v /home_assistant_config:/config   --network=host   ghcr.io/home-assistant
/home-assistant:stable
Unable to find image 'ghcr.io/home-assistant/home-assistant:stable' locally
stable: Pulling from home-assistant/home-assistant
6366ba92f08e: Pull complete
9cb55785bd82: Pull complete
89be2d9f81b3: Pull complete
e27a1677654e: Pull complete
5821ec982f5e: Pull complete
6bf9a1c55bfd: Pull complete
3619bcece7fa: Pull complete
54fc29d5f11e: Pull complete
ddf9a8d205bb: Pull complete
953d8d7d8b0f: Pull complete
8ddd88a368e7: Pull complete
71897979004d: Pull complete
ba46ecf522f3: Pull complete
b53f15199abe: Pull complete
4749c8992000: Pull complete
4c32806a1d12: Pull complete
9b6cc3c6014c: Pull complete
39c2416e5f59: Pull complete
6d22f6702167: Pull complete
4b1b3fd8ba75: Pull complete
f7be1be47657: Pull complete
1a687b956def: Pull complete
025d181ab953: Pull complete
b72a01285d45: Pull complete
b42165cbda89: Pull complete
c9e1f7ed6d1e: Pull complete
00c70b9277b8: Pull complete
Digest: sha256:b90d6723311b96735082cb97cf6224d046e9d91455720a708505c1e0c77c87bc
Status: Downloaded newer image for ghcr.io/home-assistant/home-assistant:stable
9f14fc922cddf9d7f6eb12dce2d894992823d62c69ee30b8b5bb0f3500ae7c26
pi@raspberrypi:~ $
```

Abbildung 2.17: Home Assistant wird mit Docker auf einem Raspberry Pi installiert.

Weiter geht es mit der erstmaligen Einrichtung (siehe Abschnitt 2.6).

[»]

Home Assistant neu starten und das Image erneuern

Die Anweisung

```
sudo docker restart homeassistant
```

bewirkt einen Neustart der Anwendung.

Mit dem Befehl

```
sudo docker pull ghcr.io/home-assistant/home-assistant:stable
```

überprüfen Sie, ob Ihre Version aktuell ist.

Ist dies nicht der Fall, stoppen Sie die Ausführung von Home Assistant Container, löschen den Container und spielen das neue Image ein:

```
sudo docker stop homeassistant
sudo docker rm homeassistant
sudo docker run -d \
  --name homeassistant \
  --privileged \
  --restart=unless-stopped \
  -e TZ=Europe/Berlin \
```

```
-v /home_assistant_config:/config \
--network=host \
ghcr.io/home-assistant/home-assistant:stable
```

2.2.4 Umzug von Micro-SD auf SSD

Für ein Testsystem reicht eine Installation auf einer SD-Karte aus. Dieses Speichermedium ist allerdings nicht für intensive Schreib- und Lesevorgänge ausgelegt. Besonders billige SD-Karten haben meist keine lange Lebenszeit. Es kann also sein, dass die Speicherkarte nach einigen Monaten kaputtgeht und Sie nicht mehr auf Ihre Installation zugreifen können. Oder – was eigentlich noch schlimmer ist – es schleichen sich immer mehr Lese- und Schreibfehler ein, die für ein instabiles System und schwer nachvollziehbare Fehler sorgen.

Es ist daher eine gute Idee, Home Assistant von der Micro-SD-Karte des Raspberry Pi auf eine SSD zu migrieren. Das hat einige Vorteile:

- größeres Speichervolumen
- zuverlässigeres Speichermedium

Der Prozess lässt sich in wenigen Schritten bewerkstelligen:

Backup erstellen

Erstellen Sie im alten System (mit der SD-Karte) und laufendem Home Assistant ein Backup: **Einstellungen • System • Backups • Backup erstellen**. Laden Sie sich das Backup auf den PC.

Image auf SSD flashen

Flashen Sie mit dem *Raspberry Pi Imager* die 64-Bit-Version von Home Assistant auf die neue, leere SSD. Alle Dateien und Partitionen werden dabei überschrieben.

Den Raspberry Pi neu starten

Stellen Sie den Raspberry Pi auf USB-Boot um und lassen Sie ihn von der SSD starten. Die alte SD-Karte können Sie entfernen.

Das Backup zurückspielen

Melden Sie sich wieder an dem Onboarding-Fenster von Home Assistant an (siehe Abbildung 2.7). Laden Sie das gesicherte Backup hoch. Warten Sie ein wenig, bis sich Home Assistant eingerichtet hat. Sie können nun mit dem alten Stand weiterarbeiten.

2.3 Home Assistant auf einem Windows-PC

Grundsätzlich ist es besser, wenn Sie Home Assistant auf einem kleinen Linux-Rechner wie dem Raspberry Pi oder auf einer ähnlich abgespeckten Plattform nutzen: Ihr Büro-PC bietet zwar mehr als genug Leistung, Sie werden ihn aber wahrscheinlich nicht rund um die Uhr laufen lassen wollen. Möchten Sie Home Assistant trotzdem unter Windows ausprobieren, stehen Sie vor dem Problem, dass Home Assistant auf viele Linux-Funktionen und -Werkzeuge zurückgreift. Es gibt also keine direkte Windows-Version von Home Assistant. Die Entwickler bieten aber zwei Wege der Einrichtung, die allerdings mit etwas Mehraufwand verbunden sind:

- Home Assistant in einer virtuellen Maschine
- Home Assistant unter dem Windows-Subsystem für Linux (WSL)

2.3.1 Home Assistant in einer virtuellen Maschine

Unter einer *virtuellen Maschine* (VM) versteht die Informatik die softwaretechnische Kapselung eines Betriebssystems innerhalb eines lauffähigen Rechnersystems. Dabei bildet die virtuelle Maschine die Rechnerarchitektur eines real in Hardware existierenden oder eines hypothetischen Rechners nach. Das ist mit Vor-, aber auch mit Nachteilen verbunden:

- Der Einsatz mehrerer Betriebssysteme gleichzeitig ist möglich.
- Die virtuelle Maschine kann eine Befehlssatzarchitektur unterstützen, die von der physischen Maschine abweicht. Dadurch können Betriebssysteme ausgeführt werden, die auf der realen Hardware gar nicht lauffähig wären.
- Es besteht erhöhte Sicherheit.
- Der Betrieb mehrerer parallel betriebener Systeme ist günstiger und einfacher.
- Effizienzverlust: Eine virtuelle Maschine ist weniger effizient als die reale Maschine.
- Es besteht eine gegenseitige Beeinflussung gleichzeitig betriebener virtueller Maschinen.
- Es gibt anders gelagerte Herausforderungen bezüglich Sicherheit und Datenschutz.
- Unter Umständen entstehen neue Herausforderungen hinsichtlich der Lizenzierung von Betriebssystemen.

Die Entwickler von Home Assistant stellen fertige Images für vier verschiedene Hypervisoren bereit, auf denen Sie virtuelle Maschinen betreiben können:

- VirtualBox (*.vdi*)
- KVM (*.qcow2*)
- VMware Workstation (*.vmdk*)
- Hyper-V (*.vhdx*)

Weit verbreitet ist *VirtualBox*, eine Virtualisierungssoftware des US-amerikanischen Unternehmens Oracle. Sie ist für den Privatanwender kostenfrei und soll an dieser Stelle beispielhaft zum Einsatz kommen.

Schritt 1: Die Voraussetzungen schaffen

Für VirtualBox ist ein installiertes *Microsoft Visual C++ 2019 Redistributable Package* Voraussetzung. Wählen Sie unter der folgenden URL das Paket aus, das zu Ihrem System passt:

https://learn.microsoft.com/en-us/cpp/windows/latest-supported-vc-redist?view=msvc-170

Außerdem prüft der VirtualBox-Installer, ob das Python-Paket *Core / win32api* installiert ist. Dieses Paket brauchen Sie eigentlich nicht für die Installation von Home Assistant; vielmehr sorgt es dafür, dass Ihre virtuellen Maschinen über Python verwaltet werden können. Da der Installer dieses Feature empfiehlt, ist es trotzdem ratsam, die erforderliche Python-Erweiterungsbibliothek auf Ihrem System einzurichten.

Besorgen Sie sich dazu den Python-Installer von *https://www.python.org/downloads/*. Starten Sie den Installer als Administrator, indem Sie mit der rechten Maustaste auf die Datei klicken und den entsprechenden Menüpunkt wählen. Aktivieren Sie unbedingt das Kontrollkästchen **Add python.exe to Path**, bevor Sie mit **Install Now** die Standardinstallation starten. Der Einrichtungsassistent sollte mit der Meldung *Setup was successful* schließen.

Öffnen Sie nun als Administrator die Windows PowerShell oder die Eingabeaufforderung von Windows und geben Sie für die Installation den Paketnamen *pywin32* ein:

```
python.exe -m pip install pywin32
```

Es kann sein, dass Sie auf ein neues `pip`-Update aufmerksam gemacht werden. Nutzen Sie hierfür das Kommando:

```
python.exe -m pip install --upgrade pip
```

Starten Sie anschließend Ihr System neu.

Schritt 2: VirtualBox einrichten

Die Installation von VirtualBox erfolgt über eine Installationsdatei. Laden Sie sich diese von der VirtualBox-Download-Seite herunter:

https://www.virtualbox.org/wiki/Downloads

Die Installation ist weitgehend selbsterklärend. Denken Sie aber daran, dass Home Assistant mindestens 32 GByte Speicherplatz benötigt. Am Ende des Einrichtungsassistenten gelangen Sie zum Willkommensfenster von VirtualBox.

VM VirtualBox Extension Pack

Ich empfehle Ihnen, noch das *VM VirtualBox Extension Pack* zu installieren. Das VirtualBox Extension Pack ist das offizielle Add-on für VirtualBox und erweitert die Virtualisierungssoftware um einige zusätzliche Features. So wird beispielsweise das Durchreichen von USB-2.0-Geräten ermöglicht, und Sie können sich mit einem RDP-Client auf Ihre VMs schalten. Laden Sie die Software ebenfalls von der Oracle-Download-Seite herunter. Die Installation verläuft ganz einfach über einen Doppelklick auf die heruntergeladene Datei. Die Erweiterungen administrieren Sie über **Datei • Werkzeuge • Erweiterungspakete Manager**.

Schritt 3: Home Assistant Image besorgen

Laden Sie *Home Assistant Image* für VirtualBox von der Download-Seite *https://www.home-assistant.io/installation/windows* herunter und entpacken Sie die *.zip*-Datei. Sie haben nun eine Image-Datei mit der Endung *.vdi*.

Schritt 4: Eine neue virtuelle Maschine anlegen

Wechseln Sie zu VirtualBox und legen Sie mit **Maschine • Neu** bzw. `Strg` + `N` eine neue virtuelle Maschine an. Befassen Sie sich zunächst mit dem ersten Abschnitt und geben Sie der virtuellen Maschine einen Namen. Legen Sie als Betriebssystem **Linux** und als Betriebssystemversion **Linux 2.6 / 3.x / 4.x / 5.x (64-bit)** fest (siehe Abbildung 2.18).

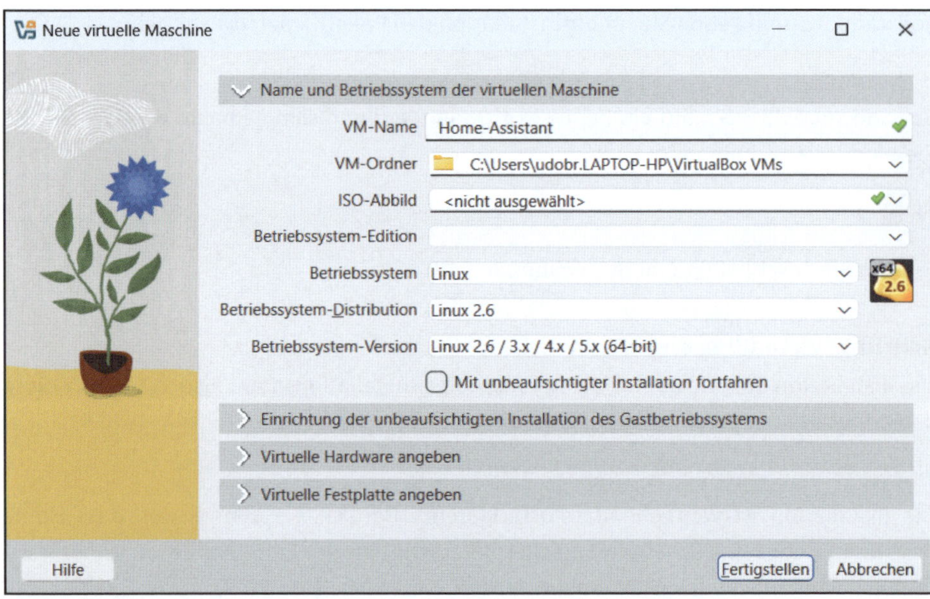

Abbildung 2.18: Das Betriebssystem auswählen

Widmen Sie sich nun dem Abschnitt **Virtuelle Hardware angeben** (siehe Abbildung 2.19).

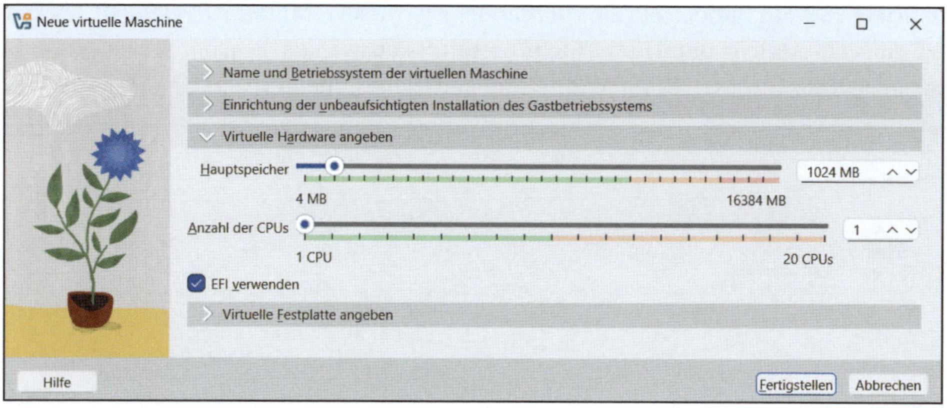

Abbildung 2.19: Virtuelle Hardware anpassen

Hinsichtlich des Arbeitsspeichers gilt, dass dieser Wert Ihrem Rechner abgezogen wird, wenn die virtuelle Maschine läuft, und dann nicht mehr zur Verfügung steht. Sie sollten hier Home Assistant also nicht zu viel Speicher zuweisen, aber grundsätzlich gilt natürlich: je mehr, desto besser. 1024 MByte oder 2048 MByte sollten für die meisten Aufgaben ausreichend sein.

Belassen Sie es ansonsten bei den Voreinstellungen (oder aktivieren Sie EFI bereits jetzt).

Der Abschnitt **Virtuelle Festplatte angeben** beschließt die Erstkonfiguration (siehe Abbildung 2.20).

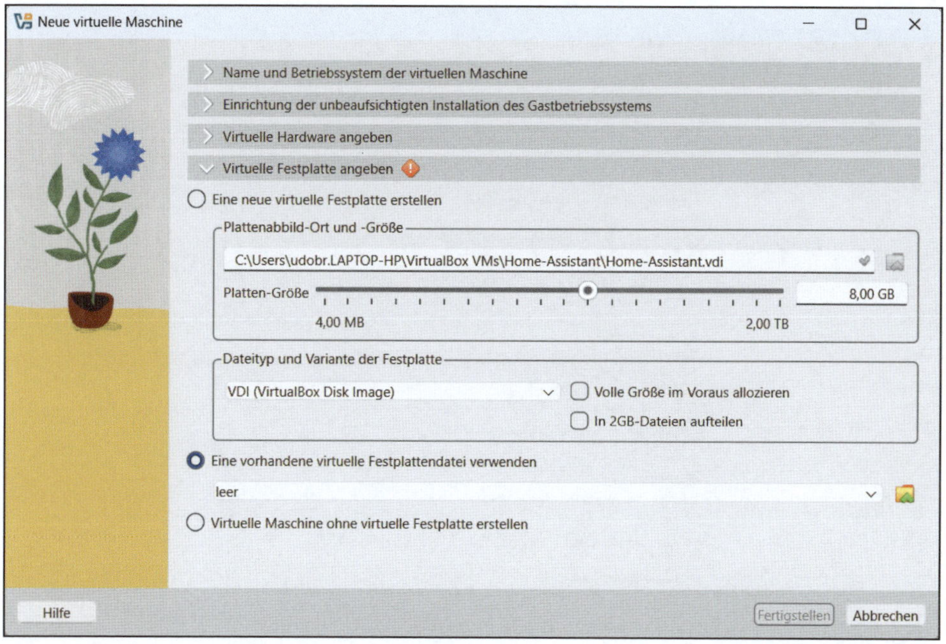

Abbildung 2.20: Virtuelle Festplatte hinzufügen

Aktivieren Sie das Optionsfeld **Eine vorhandene virtuelle Festplatte verwenden**. Klicken Sie dann auf das Icon **Datei für virtuelle Festplatte auswählen**. Nun öffnet sich ein Fenster, in dem Sie die Auswahl durchführen können (siehe Abbildung 2.21).

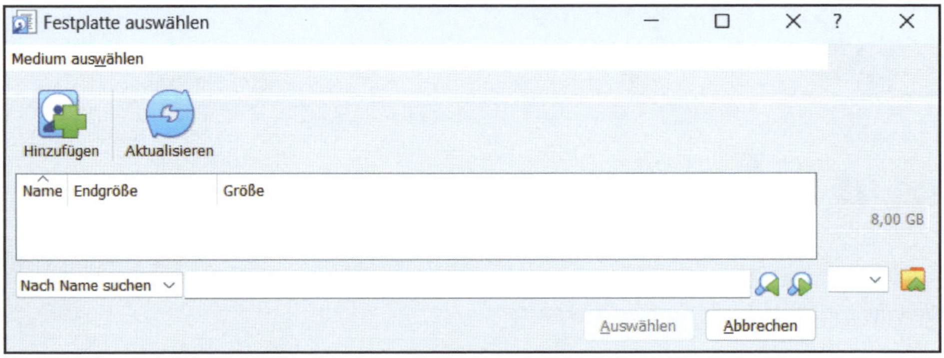

Abbildung 2.21: VirtualBox: Datei für virtuelle Festplatte auswählen

Klicken Sie auf **Hinzufügen**. Daraufhin öffnet sich ein Datei-Explorer. Navigieren Sie zu dem Home-Assistant-Image (*.vdi*-Datei), das Sie in Schritt 2 entpackt haben. Markieren Sie diese Datei. Klicken Sie auf **Auswählen**.

Fertigstellen erstellt Ihre virtuelle Maschine für Home Assistant (siehe Abbildung 2.22).

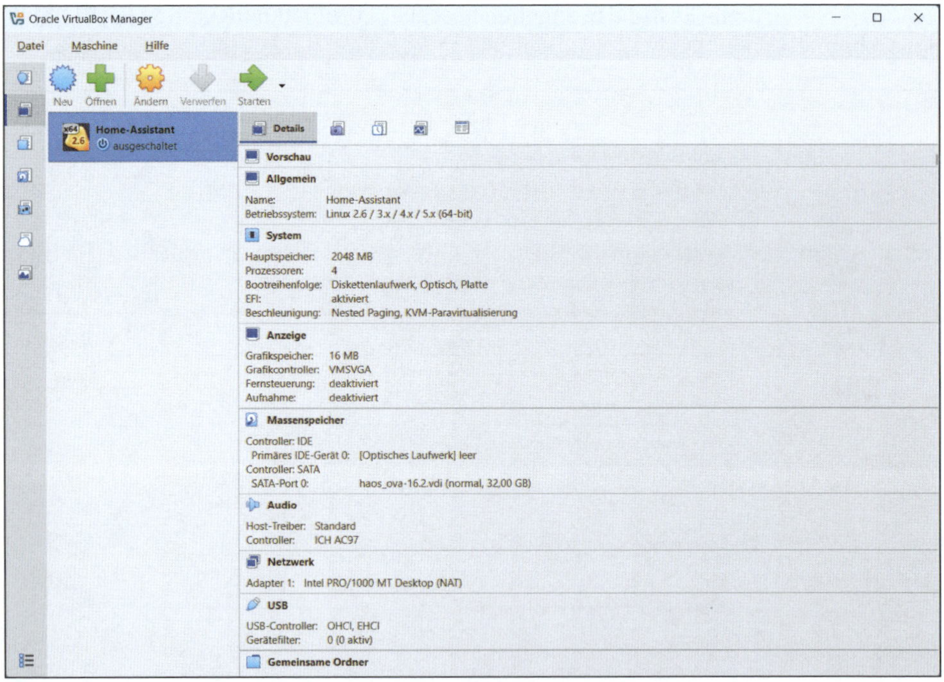

Abbildung 2.22: VirtualBox: Die neue virtuelle Maschine wurde erstellt.

Schritt 5: Einstellungen der virtuellen Maschine überprüfen und anpassen

Home Assistant benötigt bestimmte Einstellungen der virtuellen Maschine. Klicken Sie auf das **Ändern**-Icon bzw. drücken Sie `Strg` + `S`. Wählen Sie **System** und das Register **Hauptplatine** aus und aktivieren Sie die Option **UEFI** (siehe Abbildung 2.23).

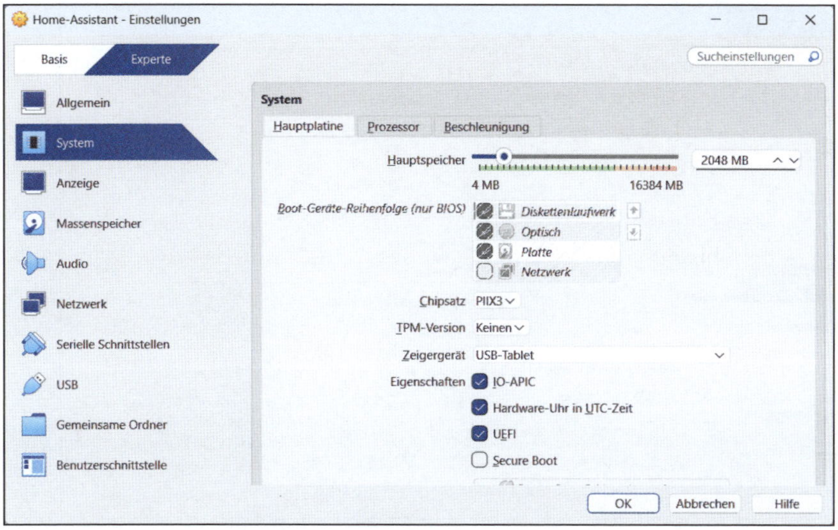

Abbildung 2.23: Die UEFI-Option aktivieren

Wechseln Sie auf die Registerkarte **Prozessor**. Hier können Sie festlegen, auf wie viele Kerne Ihres Systems die virtuelle Maschine zugreifen kann. Ich empfehle, die Anzahl auf mindestens 2 zu erhöhen (siehe Abbildung 2.24), wenn Sie einen modernen Rechner nutzen. Bei älteren Geräten oder Laptops müssen Sie gegebenenfalls sparsamer sein.

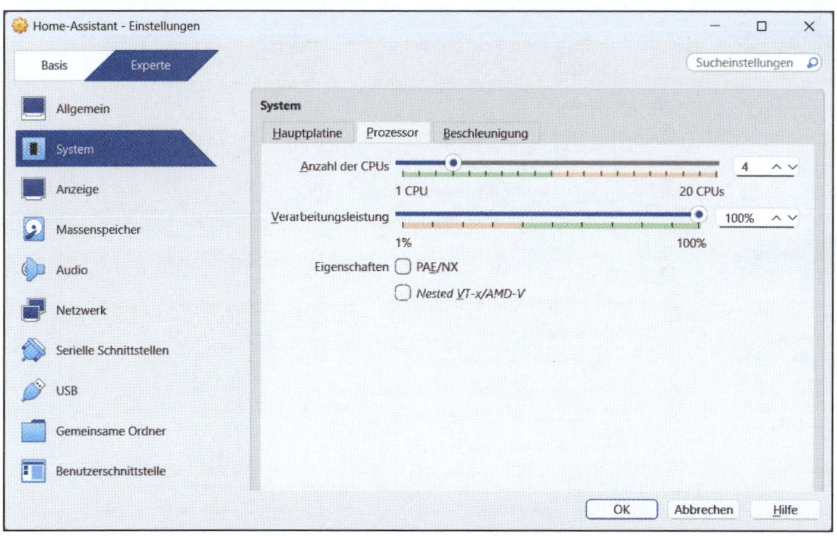

Abbildung 2.24: Die Anzahl der Prozessoren festlegen

Wählen Sie nun **Netzwerk** aus und passen Sie die Einstellungen Ihren Gegebenheiten entsprechend an. Hier wähle ich den Anschluss über die Netzwerkbrücke (siehe Abbildung 2.25.)

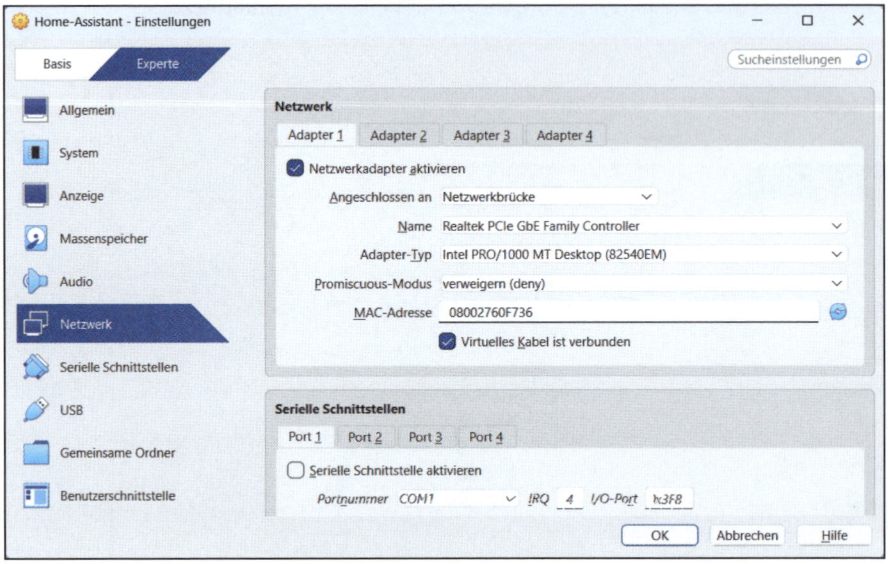

Abbildung 2.25: Die Netzwerkeinstellung ändern

Setzen Sie **Promiscuous-Mode** auf **erlauben für alle VMs**.

Ändern Sie nun noch die Einstellungen des Audio-Controllers über **Audio** in **Intel HD Audio** (siehe Abbildung 2.26). Speichern Sie die Änderungen mit **OK**.

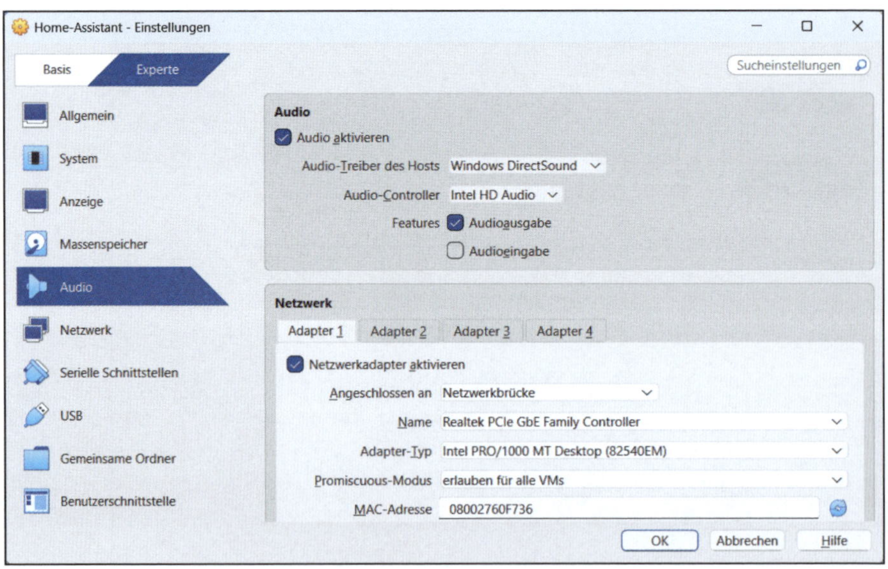

Abbildung 2.26: Audioeinstellung ändern

USB-Geräte

Falls Ihnen VirtualBox bei der Anbindung von USB-Geräten, wie z. B. eines Zigbee-Dongles, Probleme bereitet, finden Sie eine Anleitung in Abschnitt 16.7.1.

Schritt 6: Die virtuelle Maschine starten

Starten Sie die virtuelle Maschine mit einem Klick auf das **Starten**-Icon. Verfolgen Sie den Vorgang im Terminal. Er sollte mit der Ausgabe der IP-Adresse enden, über die Sie Home Assistant erreichen (siehe Abbildung 2.27). Weiter geht es dann mit der erstmaligen Einrichtung (siehe Abschnitt 2.6).

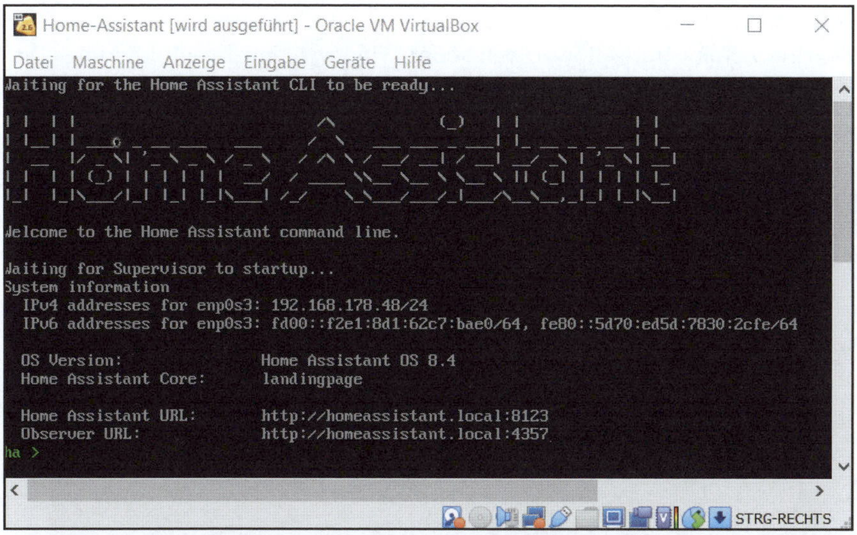

Abbildung 2.27: Home Assistant wurde in einer VirtualBox gestartet.

USB-Port weiterleiten

Manchmal ist es erforderlich, aus der virtuellen Maschine auf einen USB-Port zuzugreifen. Sie benötigen dafür das oben genannte VM VirtualBox Extension Pack. Aktivieren Sie dann in den Einstellungen Ihrer VM im Abschnitt *USB* die Controller.

2.3.2 Home Assistant unter WSL

WSL steht für *Windows-Subsystem für Linux*. Es eröffnet Ihnen den Zugang zu einer GNU/Linux-Umgebung direkt unter Windows, ohne dass Sie den Mehraufwand eines traditionellen virtuellen Computers oder eines Dual-Boot-Setups betreiben müssen. Die aktuelle Version ist *WSL 2*. Sie ermöglicht es, auch ELF64-Linux-Binärdateien unter Windows auszuführen.

Das bedeutet, dass so auch Home Assistant Core auf Windows läuft. Dieser Weg ist jedoch recht steinig, und es stellt sich die Frage, ob er der Mühe wert ist. Aus diesem Grund gebe ich Ihnen der Vollständigkeit halber einen kurzen Abriss einzelner Installationsschritte. Insgesamt tendiere ich jedoch dazu, diese Option nicht zu nutzen, denn die Installation und der Praxiseinsatz sind nicht ohne Probleme. Auch wenn WSL eine sehr spannende Plattform ist, ändert es nichts daran, dass damit ein Linux-Programm direkt unter Windows genutzt werden soll. In vielen Fällen klappt das gut, aber besonders beim direkten Zugriff auf die Hardware wird es Probleme geben. Für das erste Testen ist dies akzeptabel, aber wenn Sie Home Assistant produktiv nutzen wollen, sollten Sie in ein »richtiges« Fundament investieren.

WSL installieren

Öffnen Sie eine Administrator-PowerShell- oder Windows-Eingabeaufforderung. Dies geht am einfachsten, indem Sie »Windows PowerShell« in das Windows-Suchfeld eintippen und anschließend auf **Als Administrator ausführen** klicken (siehe Abbildung 2.28).

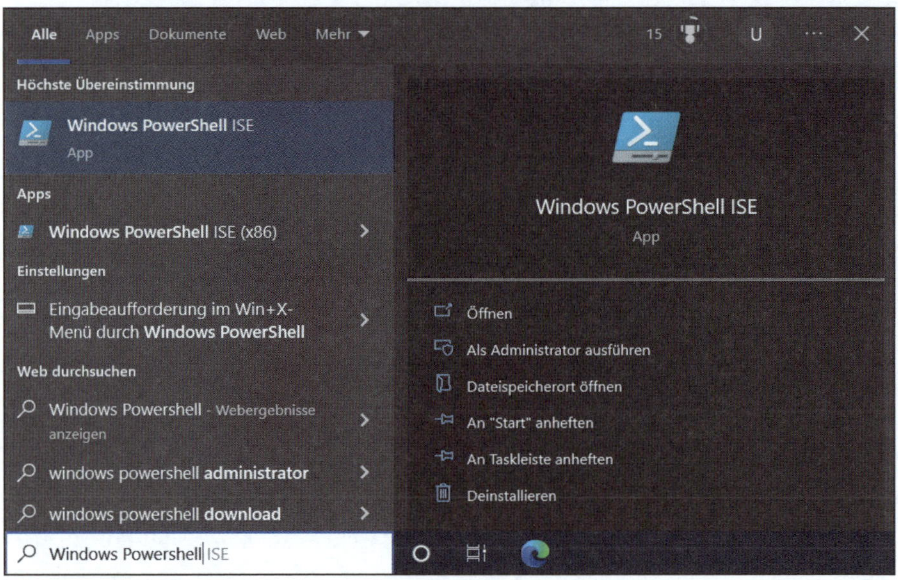

Abbildung 2.28: Administrator-PowerShell starten

Haben Sie die Windows PowerShell bereits geöffnet, können Sie auch mit folgendem Kommando in den Administratormodus wechseln:

```
start-process powershell -verb runas
```

Geben Sie in der PowerShell nachstehenden Befehl ein:

```
wsl --install
```

Abbildung 2.29 zeigt die Meldungen während der Installation.

Der Installationsprozess nimmt etwas Zeit in Anspruch. Er aktiviert die erforderlichen optionalen Komponenten, lädt den aktuellen Linux-Kernel herunter und legt WSL 2 als Standard fest: Grundsätzlich sollte auch die Installation von Ubuntu als Linux-Distribution eingeschlossen sein.

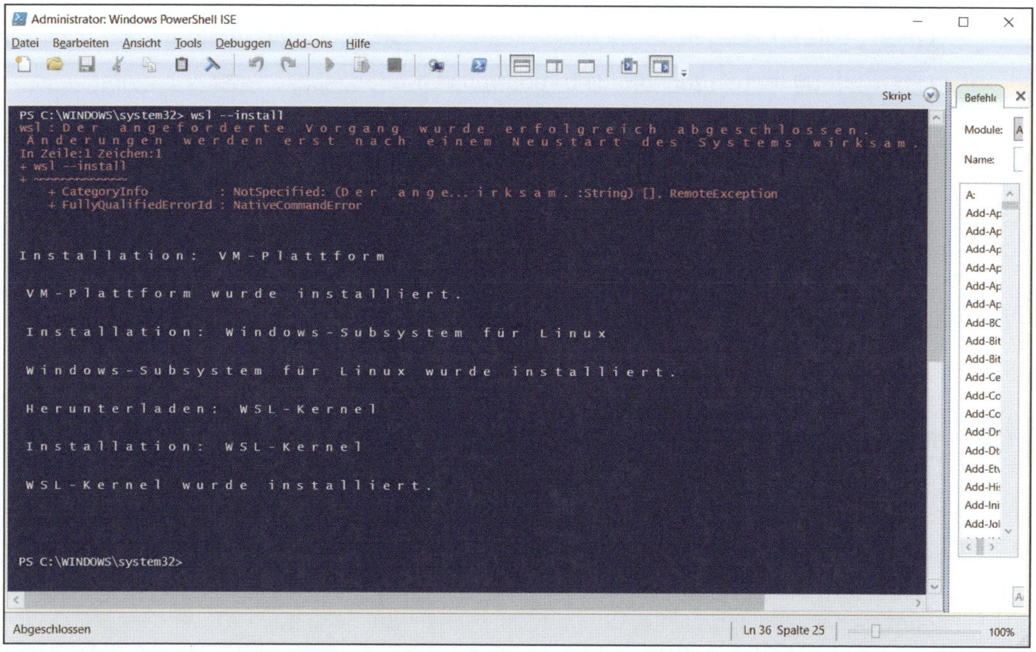

Abbildung 2.29: WSL installieren

Starten Sie das System neu, damit die Änderungen wirksam werden. Überprüfen Sie, ob tatsächlich Ubuntu bereitsteht. Öffnen Sie wiederum die Administrator-PowerShell und geben Sie folgenden Befehl ein:

```
wsl -l -v
```

In diesem Beispiel fehlt die Installation allerdings (siehe Abbildung 2.30).

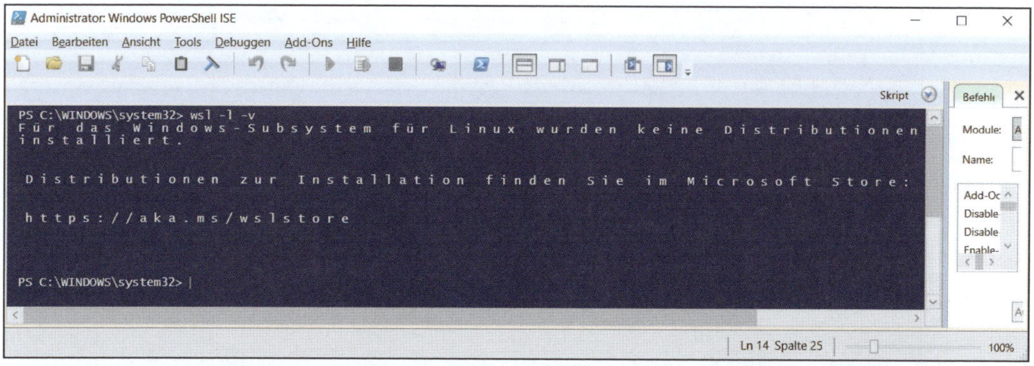

Abbildung 2.30: Fehlende Ubuntu-Installation

Um eine Distribution nachträglich einzurichten, geben Sie folgendes Kommando ein:

```
wsl --install -d Ubuntu
```

Mit dem Flag `-d Ubuntu` verweisen Sie auf die gewünschte Distribution.

Legen Sie Benutzernamen und Passwort fest. Der Vorgang schließt mit dem Linux-Eingabeprompt ab. Im Startfenster haben Sie nun auch eine neue App: **Ubuntu**.

Weitere Informationen zur Administration von WSL erlangen Sie unter *https://docs.microsoft.com/de-de/windows/wsl/install*.

Home Assistant installieren

Dieser Schritt ist identisch mit den Einzelschritten aus Abschnitt 2.2.2.

Auch wenn es eine Wiederholung ist: Meiner Meinung nach ist die Installation von Home Assistant in einer virtuellen Maschine unter Windows die eindeutig bessere Alternative. Oder nutzen Sie am besten gleich einen kleinen Rechner auf Linux-Basis.

[!]

WSL deinstallieren

Mit dem Windows-Subsystem für Linux holen Sie sich quasi ein ganz anderes Betriebssystem als Untermieter in Ihre Windows-Installation. Das ist zwar praktisch, aber wenn Sie WSL nach einigen Tests doch nicht mehr brauchen, sollten Sie den Ballast auch wieder löschen. Das ist jedoch leider nicht ganz einfach, denn Sie müssen zunächst die installierte Linux-Distribution löschen und dann noch WSL entfernen.

Ihre Linux-Distribution finden Sie unter **Apps und Features**. Suchen Sie dort beispielsweise nach der Ubuntu-App und klicken Sie auf den gefundenen Eintrag (siehe Abbildung 2.31). Dort können Sie Ubuntu dann **Deinstallieren**.

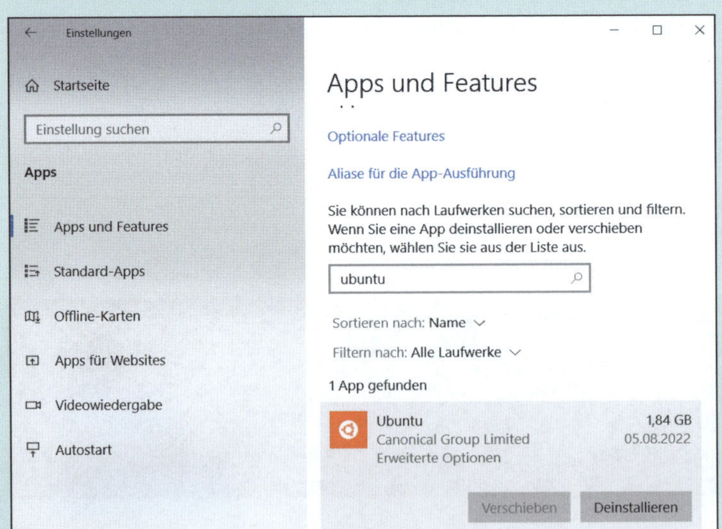

Abbildung 2.31: Die Ubuntu-App suchen

Ein bisschen seltsam ist, dass auch Linux-Kernel-Updates für WSL als App gespeichert sind. Suchen Sie zusätzlich noch nach »linux« und **Deinstallieren** Sie auch diesen Treffer.

Schließlich müssen Sie die WSL-Komponenten selbst deinstallieren. Navigieren Sie dazu in den Bereich **Verwandte Einstellungen** (nach der App-Liste), klicken Sie auf **Programme und Features** und hier auf **Windows-Features aktivieren oder deaktivieren** (siehe Abbildung 2.32).

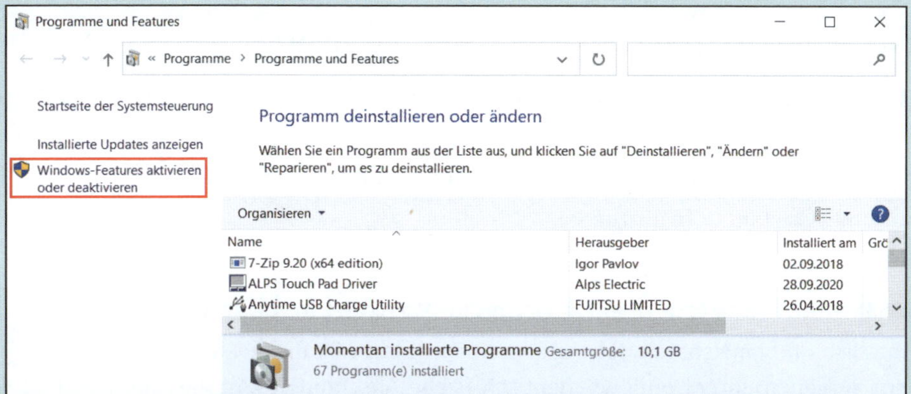

Abbildung 2.32: Windows-Features aktivieren oder deaktivieren

Sie erhalten eine Liste der Windows-Features (siehe Abbildung 2.33).

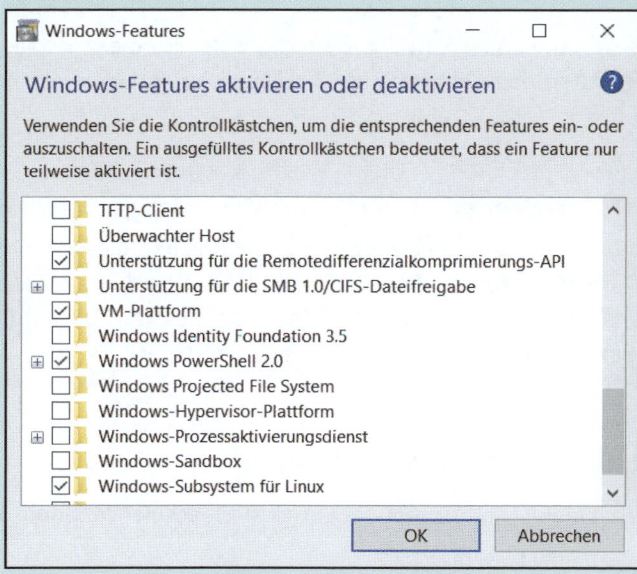

Abbildung 2.33: Liste der Windows-Features

Deaktivieren Sie die Kontrollkästchen vor folgenden Einträgen:

- **VM-Plattform**
- **Windows-Subsystem für Linux**

Wenn Sie dann auf **OK** klicken und Ihren Rechner neu starten, haben Sie das Windows-Subsystem für Linux komplett deinstalliert.

2.4 Home Assistant auf einem Mac installieren

Es bieten sich zwei (offizielle) Wege an, wenn Sie Home Assistant unter *macOS* einrichten möchten:

- Home Assistant in einer virtuellen Maschine installieren
- Home Assistant Core nutzen

2.4.1 Home Assistant in einer virtuellen Maschine installieren

Inhaltlich und hinsichtlich des Installationsprozesses ist diese Variante weitgehend mit dem Vorgehen unter Windows identisch (siehe Abschnitt 2.3.1). Allerdings gibt es nur zwei fertige Images:

- VirtualBox (*.vdi*)
- KVM (*.qcow2*)

Folgen Sie den einzelnen Schritten in Abschnitt 2.3.1, wenn Sie sich für diese Installationsform entscheiden. Sie erhalten dann ebenfalls einen virtualisierten Linux-Rechner, auf dem Home Assistant läuft.

2.4.2 Home Assistant Core installieren

Die Nähe von macOS zu Linux erleichtert an dieser Stelle das Einrichten dieser Option, denn sie ist ein identisches Abbild des Vorgehens bei der Installation von Home Assistant Core auf einem Raspberry Pi (siehe Abschnitt 2.2.2). Greifen Sie auf die dort ausführlich beschriebenen Schritte zurück, wenn diese Variante zum Einsatz kommen soll.

2.5 Home Assistant auf einem Linux-System

Für Home Assistant auf einem Linux-System bietet das Entwicklerteam vier Varianten an:

- Home Assistant in einer virtuellen Maschine
- Home Assistant in einem Container
- Home Assistant Core
- Home Assistant Supervised

2.5.1 Home Assistant in einer virtuellen Maschine

Für Linux gibt es drei fertige Images:

- VirtualBox (*.vdi*)
- KVM (*.qcow2*)
- VMware Workstation (*.vmdk*)

Der Installationsprozess des in diesem Buch bevorzugten Produkts VirtualBox ist zumindest unter Ubuntu überaus einfach, da VirtualBox in den allgemeinen Paketquellen enthalten ist. Öffnen Sie ein Terminal und führen Sie wie gewohnt vor der Installation zunächst ein Update durch:

```
sudo apt update
sudo apt install virtualbox virtualbox-qt virtualbox-dkms
```

Danach haben Sie ein Icon für VirtualBox in Ihrem Anwendungsmenü. Folgen Sie im Weiteren den einzelnen Schritten aus Abschnitt 2.3.1, wenn Sie sich für diese Installationsform entscheiden.

2.5.2 Container (Docker) unter Linux

Docker ist unter dem Ubuntu-System ebenfalls schnell und problemlos zu installieren. Aktualisieren Sie die Paketliste und installieren Sie benötigte Pakete nach:

```
sudo apt update
sudo apt install apt-transport-https ca-certificates curl gnupg
```

Fügen Sie den Docker-GPG-Key hinzu, mit dem sichergestellt wird, dass es sich um authentische Dateien von Docker, Inc. handelt:

```
curl -fsSL https://download.docker.com/linux/ubuntu/gpg | \\
  sudo gpg --dearmor \\
  -o /usr/share/keyrings/docker-archive-keyring.gpg
```

Anschließend fügen Sie das Docker-Repository hinzu. Das folgende Kommando unterstellt, dass Ihr System auf einer x84-64- bzw. amd64-Architektur läuft. Dies ist bei aktuellen PCs überwiegend der Fall.

```
echo "deb [arch=amd64 signed-by=/usr/share/keyrings/docker-ar-
chive-keyring.gpg] https://download.docker.com/linux/ubuntu
$(lsb_release -cs) stable" | \\
  sudo tee /etc/apt/sources.list.d/docker.list > /dev/null
```

Jetzt können Sie die Docker-Pakete installieren:

```
sudo apt update
sudo apt install docker-ce docker-ce-cli containerd.io
```

Testen Sie die erfolgreiche Installation von Docker:

```
sudo docker run hello-world
```

Fahren Sie bei Erfolg mit Schritt 2 der Home-Assistant-Docker-Installation fort, wie in Abschnitt 2.2.3 beschrieben.

[»]

Docker auf Ubuntu wieder entfernen

Gehen Sie zum Deinstallieren von Docker wie folgt vor:

Schritt 1:

```
dpkg -l | grep -i docker
```

Damit erhalten Sie eine Übersicht über die installierten Pakete.

Schritt 2:

```
sudo apt-get purge -y docker-engine docker docker.io docker-ce docker-ce-cli
sudo apt-get autoremove -y --purge docker-engine docker docker.io docker-ce
```

Dies entfernt die üblicherweise installierten Pakete.

Schritt 3:

```
sudo rm -rf /var/lib/docker /etc/docker
sudo rm /etc/apparmor.d/docker
sudo groupdel docker
sudo rm -rf /var/run/docker.sock
```

Zuletzt entfernen Sie hiermit bei Bedarf auch alle Images, Container, Datenträger oder vom Benutzer erstellte Konfigurationen.

2.5.3 Home Assistant Core installieren

Die Schritte entsprechen genau denen bei einer Core-Installation auf dem Raspberry Pi. Folgen Sie der Beschreibung in Abschnitt 2.2.2.

2.5.4 Home Assistant Supervised

Diese Installationsmethode bietet das volle Home-Assistant-Spektrum auf einem normalen Betriebssystem: Alle Komponenten des Home-Assistant-Universums werden verwendet – mit Ausnahme des Home-Assistant-Betriebssystems. Dieses System führt den Home Assistant Supervisor aus. Der Supervisor ist nicht nur eine Anwendung, sondern ein vollständiges Betriebssystem, das das gesamte System verwaltet.

Diese Installationsmethode gilt als anspruchsvoll und ist etwas für Fortgeschrittene. Sie hat sehr strenge Anforderungen, zum Beispiel unterstützt sie nur Debian 12 (Abwandlungen von Debian wie etwa Ubuntu, Armbian oder Raspberry Pi OS werden nicht unterstützt). Informieren Sie sich genau über die Anforderungen, die Sie unter *https://github.com/home-assistant/architecture/blob/master/adr/0014-home-assistant-supervised.md* finden, und machen Sie nur weiter, wenn Sie diese Voraussetzungen verstehen und umsetzen können. Diese Variante ist also nur etwas für Sie, wenn Sie über einen gewissen Erfahrungsschatz in der Verwaltung eines Linux-Betriebssystems inklusive Docker und Netzwerk verfügen. Dies soll Sie aber definitiv nicht abschrecken, sondern nur ein wohlmeinender Fingerzeig sein.

Die nachstehend beschriebenen Schritte beziehen sich auf eine Installation von Home Assistant Supervised auf einem Raspberry Pi 3 B. Genutzt wird das reine Debian-Release 12 mit dem Codenamen *Bookworm*. Sie können – wie gesagt – keine Abwandlungen wie Raspberry Pi OS oder das ältere Raspbian nutzen.

Das System aktualisieren

Auch wenn Sie Debian ganz frisch installiert haben, sollten Sie das System einmal aktualisieren. Öffnen Sie dazu ein Terminal und führen Sie eine Systemaktualisierung durch:

```
sudo apt update && sudo apt upgrade -y
```

Notwendige Pakete installieren

Sie haben schon gesehen, dass Home Assistant Supervised zahlreiche Abhängigkeiten voraussetzt. Installieren Sie sie mit:

```
sudo apt install jq wget curl udisks2 libglib2.0-bin
network-manager dbus apparmor avahi-daemon -y
```

AppArmor und Avahi-daemon

AppArmor ist ein Framework zur *Mandatory Access Control*. Bei einer Aktivierung beschränkt AppArmor den Dateizugriff anderer Programme gemäß einer Reihe von Regeln: Auf welche Dateien darf ein bestimmtes Programm zugreifen? Das Ziel ist, das System besser vor bekannten und unbekannten Schwachstellen zu schützen.

Avahi ist eine freie Implementation von *Zeroconf*, einer Technik zur Vernetzung von Geräten in einem lokalen Netzwerk, ohne dass diese konfiguriert werden müssen. So ist es möglich, zwei Rechner über ein Netzwerkkabel zu verbinden und sofort Daten austauschen zu können. Dazu brauchen keine festen IP-Adressen eingestellt zu werden.

Diese Pakete sind nicht im Standard-Debian des Raspberry Pi enthalten.

Es werden auch noch einige andere Pakete installiert, z. B. `jq`, `wget` und `curl`. Mit diesen Systemwerkzeugen werden Sie wahrscheinlich in der täglichen Arbeit mit Home Assistant nie direkt in Kontakt kommen, aber sie werden »unter der Haube« benötigt.

Abbildung 2.34 zeigt den Verlauf der Installation.

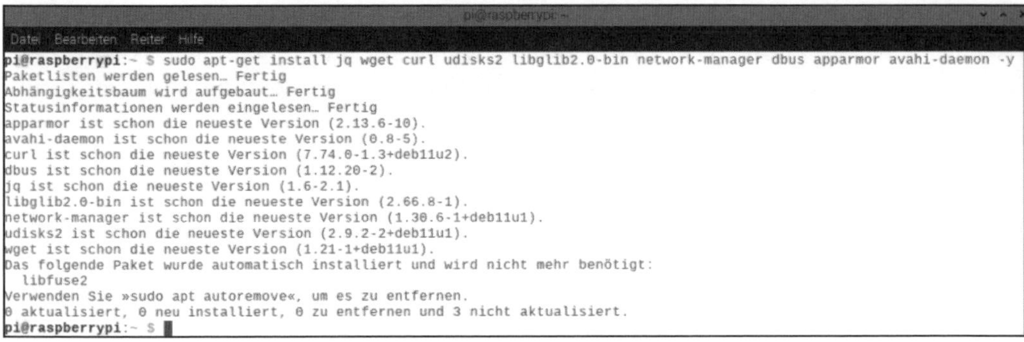

Abbildung 2.34: Fehlende Pakte installieren

Bei der Installation können in Ausnahmefällen Meldungen bezüglich fehlender Pakete auftauchen. Versuchen Sie, sie mit folgendem Kommando zu beheben:

```
sudo apt --fix-broken install
```

Starten Sie Ihr Gerät neu:

```
sudo reboot
```

Docker installieren

Home Assistant Supervised benötigt Docker. Die Installation von Docker ist in Abschnitt 2.2.3 bereits eingehend behandelt worden. Führen Sie also den entsprechenden Befehl aus:

```
curl -fsSL https://get.docker.com | sh
```

Es ist notwendig, Ihren Linux-Benutzer der Docker-Gruppe zuzuweisen. Passen Sie den Namen (in diesem Beispiel *pi*) entsprechend an:

```
sudo usermod -aG docker pi
```

Agent for Home Assistant OS installieren

Der Home-Assistant-Agent (HA-Agent) wurde vor nicht allzu langer Zeit vom Home-Assistant-Team eingeführt. Er soll für eine bessere Kommunikation zwischen dem Hostbetriebssystem und dem Supervisor sorgen und kann neue Funktionen aktivieren. Laden Sie das aktuelle und für Ihre Hardware zutreffende Debian-Paket von der Projektseite herunter:

https://github.com/home-assistant/os-agent/releases/latest

Für aktuelle Raspberry Pi-Modelle sieht das folgendermaßen aus (aber beachten Sie, dass sich die Versionsnummer im Laufe der Zeit erhöhen wird, also nicht mehr `1.3.0` bzw. `1..0` lautet; berücksichtigen Sie das in dem Befehl):

```
wget https://github.com/home-assistant/os-agent/releases/
download/1.6.0/os-agent_1.6.0_linux_armv7.deb
```

Spielen Sie das Paket anschließend ein:

```
sudo dpkg -i os-agent_1.6.0_linux_armv7.deb
```

Abbildung 2.35 zeigt den Verlauf der Installation.

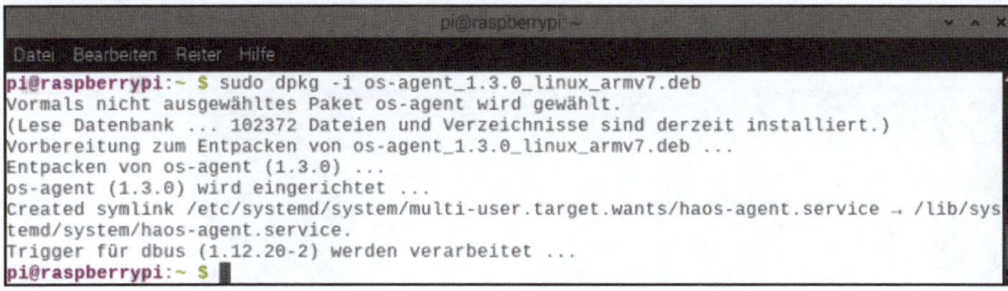

```
pi@raspberrypi: ~
Datei Bearbeiten Reiter Hilfe
pi@raspberrypi:~ $ sudo dpkg -i os-agent_1.3.0_linux_armv7.deb
Vormals nicht ausgewähltes Paket os-agent wird gewählt.
(Lese Datenbank ... 102372 Dateien und Verzeichnisse sind derzeit installiert.)
Vorbereitung zum Entpacken von os-agent_1.3.0_linux_armv7.deb ...
Entpacken von os-agent (1.3.0) ...
os-agent (1.3.0) wird eingerichtet ...
Created symlink /etc/systemd/system/multi-user.target.wants/haos-agent.service → /lib/sys
temd/system/haos-agent.service.
Trigger für dbus (1.12.20-2) werden verarbeitet ...
pi@raspberrypi:~ $
```

Abbildung 2.35: HA-Agent wird für Home Assistant Supervised installiert.

Überprüfen Sie die fehlerfreie Installation von HA-Agent mit:

```
gdbus introspect --system --dest io.hass.os \
  --object-path /io/hass/os
```

Die Bildschirmausgabe zeigt relativ am Ende die installierte HA-Agent-Version (siehe Abbildung 2.36).

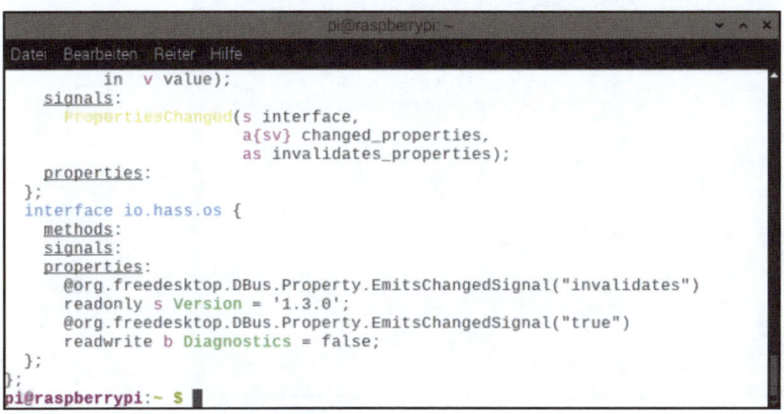

```
pi@raspberrypi: ~
Datei Bearbeiten Reiter Hilfe
          in  v value);
    signals:
      PropertiesChanged(s interface,
                        a{sv} changed_properties,
                        as invalidates_properties);
    properties:
  };
  interface io.hass.os {
    methods:
    signals:
    properties:
      @org.freedesktop.DBus.Property.EmitsChangedSignal("invalidates")
      readonly s Version = '1.3.0';
      @org.freedesktop.DBus.Property.EmitsChangedSignal("true")
      readwrite b Diagnostics = false;
  };
};
pi@raspberrypi:~ $
```

Abbildung 2.36: Anzeige der HA-Agent-Version

Der offizielle Installer für Home Assistant Supervised

Der letzte Schritt ist die Installation von Home Assistant Supervised. Besorgen Sie sich das offizielle Installationsskript:

```
wget https://github.com/home-assistant/supervised-installer/
releases/download/1.8.0/homeassistant-supervised.deb
```

Führen Sie es dann aus:

```
sudo dpkg -i homeassistant-supervised.deb
```

Im Laufe des Installationsprozesses bittet der Installer Sie, den Gerätetyp auszuwählen (siehe Abbildung 2.37). Navigieren Sie mit den Pfeiltasten zum zutreffenden Eintrag in der Drop-down-Liste. Drücken Sie auf ↹, und das Feld **Ok** ist markiert. Bestätigen Sie nun mit ↵.

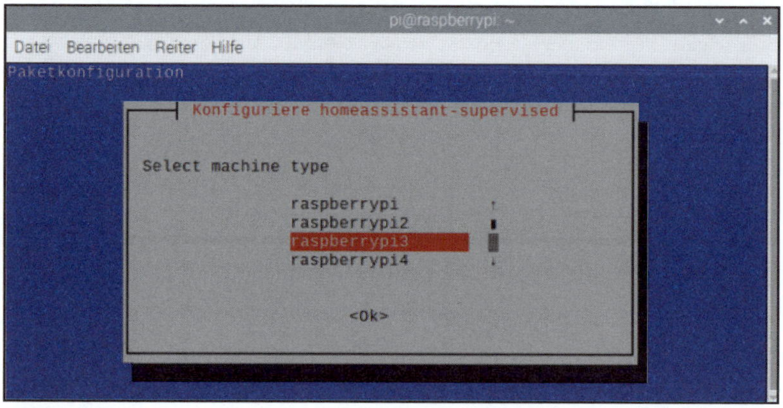

Abbildung 2.37: Gerät für die Installation auswählen

Abbildung 2.38 zeigt den Verlauf der Installation.

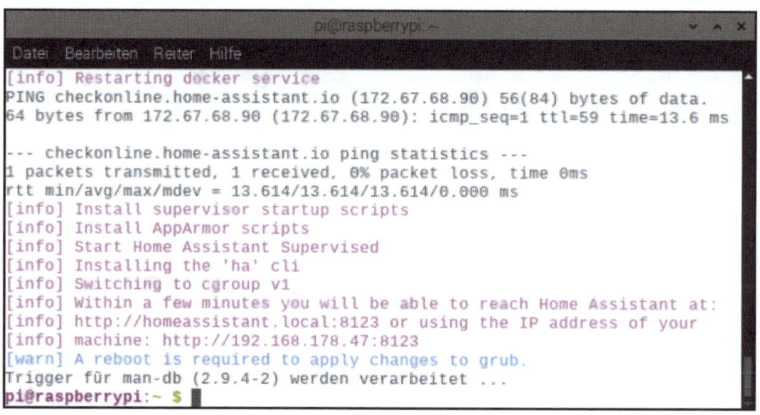

Abbildung 2.38: Home Assistant Supervised installieren

Weiter geht es mit der erstmaligen Einrichtung, die ich im nächsten Abschnitt beschreibe. Den Hostnamen, unter dem Sie Home Assistant erreichen, können Sie den Installationsmeldungen entnehmen.

2.6 Der erste Start

Die Konfiguration und Administration von Home Assistant erfolgt bevorzugt über den Browser. Den erstmaligen Start bezeichnen die Macher von Home Assistant als *Onboarding*.

2.6.1 Home Assistant im Browser aufrufen

Öffnen Sie einen Browser Ihrer Wahl auf Ihrem Desktop-System. Home Assistant nutzt Port 8123. Wenn Sie Home Assistant auf demselben System installiert haben, erreichen Sie das Webinterface mit *http://homeassistant.local:8123*. Alternativ geben Sie *http://localhost:8123* ein.

Sollte beides nichts fruchten, versuchen Sie es mit der IP-Adresse in der Form *http://X.X.X.X:8123*. In dem Beispiel aus Abbildung 2.9 wäre das:

http://192.168.178.171:8123

Läuft Ihr Home Assistant auf einem Rechner im Netzwerk oder in einer virtuellen Maschine, nutzen Sie ebenfalls die entsprechende IP-Adresse oder den Hostnamen.

Sie gelangen dann zum Willkommensfenster (siehe Abbildung 2.39).

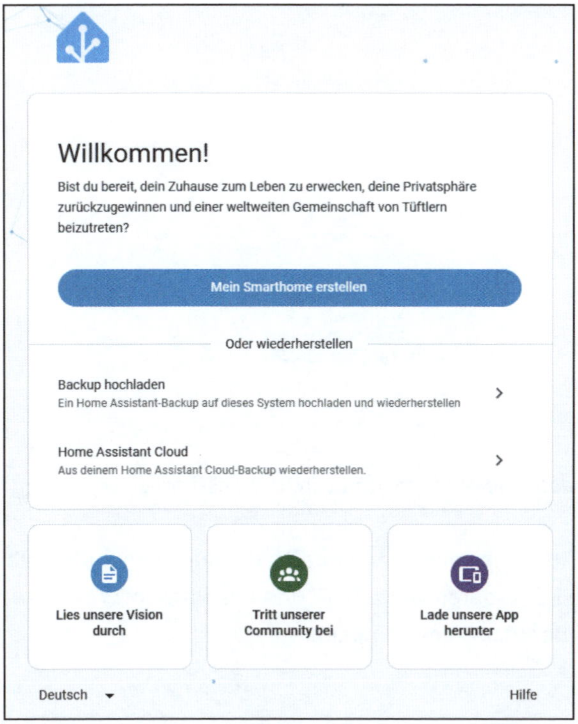

Abbildung 2.39: Das Home-Assistant-Willkommensfenster

Die Benutzersprache richtet sich zunächst nach dem Browser (hier ist es Deutsch). Entscheidender sind jedoch die Wege, auf denen Sie Ihr System mit einer Konfiguration versehen:

- **Mein Smarthome erstellen**: Hier starten Sie von Grund auf.
- **Oder wiederherstellen**: Dahinter verbirgt sich die Option, das System von einem lokalen oder einem Home-Assistant-Cloud-Backup wiederherzustellen.

2.6.2 Benutzerdaten eingeben

Das Erstellen eines Smart Homes beginnt mit dem Anlegen eines Benutzers, mit dem Sie sich gegenüber Home Assistant identifizieren können. Dies funktioniert automatisch bei der ersten Installation, denn es öffnet sich direkt ein Fenster, in dem Sie Ihre Benutzerdaten eingeben können (siehe Abbildung 2.40).

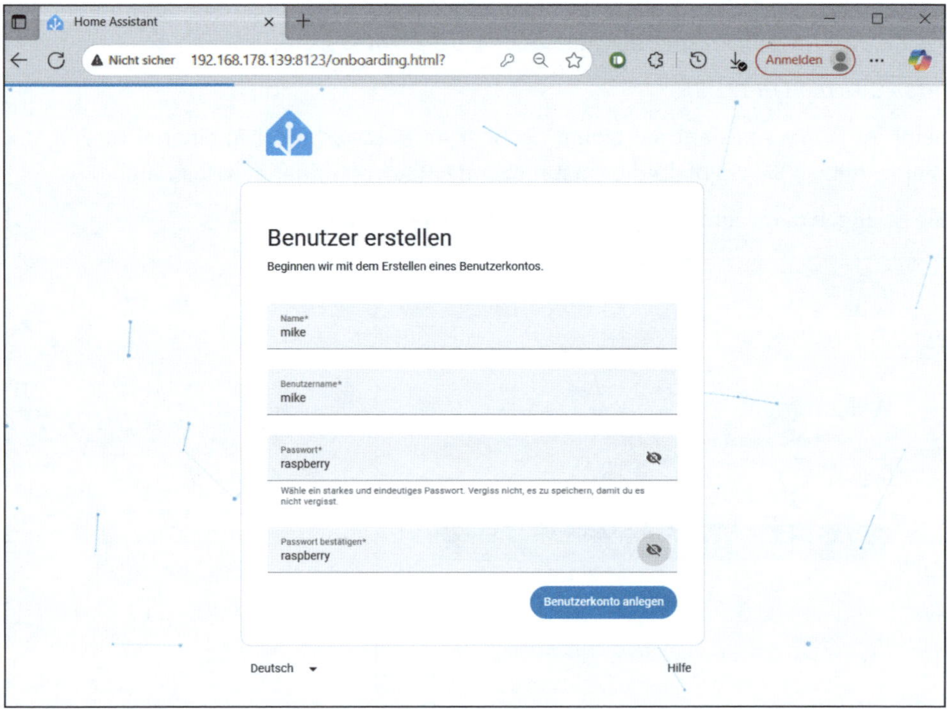

Abbildung 2.40: Eingabe der Benutzerdaten beim ersten Start von Home Assistant

Sorgen Sie für sichere Angaben! Spätestens dann, wenn Ihre Anwendung von außerhalb erreichbar sein soll, sind klassische Kontodaten wie z. B. *Pi* und das Passwort *raspberry* unzureichend. Klicken Sie dann auf **Benutzerkonto anlegen**.

[+]

Benutzerdaten vergessen

Es kommt häufiger vor, als man vermuten könnte: Das Passwort oder sogar der Benutzername ist in Vergessenheit geraten. Jetzt ist guter Rat teuer, denn mit den üblichen Linux-Mitteln gibt es kein Weiterkommen. Der Weg führt über das *Home Assistant Command Line Interface* (CLI, siehe Abbildung 2.9).

- *Benutzername vergessen*

  Lassen Sie sich alle in Home Assistant registrierten Benutzer mit `auth list` anzeigen.

- *Passwort vergessen*

  Ein Benutzerpasswort können Sie zurücksetzen mit:

  `auth reset --username " existing_user " -- " password new_password "`

Abbildung 2.41 zeigt die beiden Anweisungen:

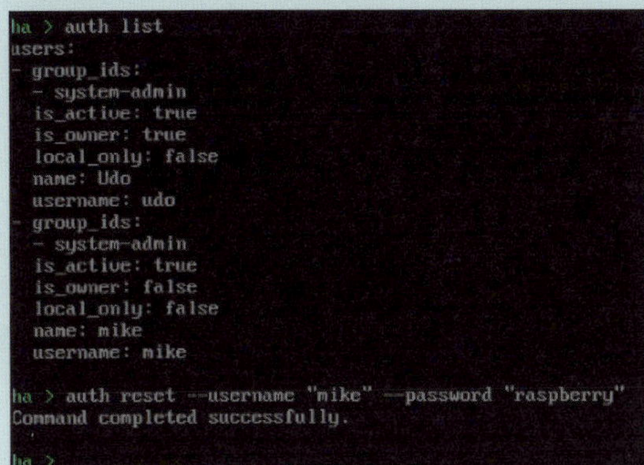

Abbildung 2.41: Benutzerdaten über das CLI auslesen und ändern

Bedenken Sie, dass das CLI üblicherweise eine englische Tastatur bedingt: Mit [ß] erhalten Sie [-], aus [z] wird [y], aus [Ä] wird ["].

2.6.3 Standort festlegen

Im nächsten Fenster geht es um den Standort Ihres Zuhauses (siehe Abbildung 2.42).

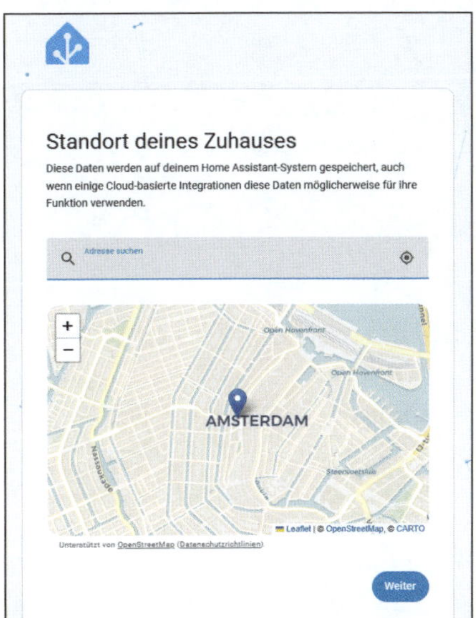

Abbildung 2.42: Standort des Zuhauses festlegen

Geben Sie die Adresse in das Suchfeld ein oder nutzen Sie die Suche über den Kartenausschnitt.

Klicken Sie auf **Weiter**, um zum nächsten Fenster zu gelangen.

> **Änderung der Anwendungsdaten**
> Im Nachhinein können Sie diese Einstellungen auch über **Einstellungen • System • Allgemein** ändern.

2.6.4 Datenweitergabe eröffnen

Home Assistant hat aus unterschiedlichsten Gründen Interesse an Ihren Systemdaten. In diesem Fenster bestimmen Sie, ob und in welchem Umfang diese Daten weitergegeben werden (siehe Abbildung 2.43).

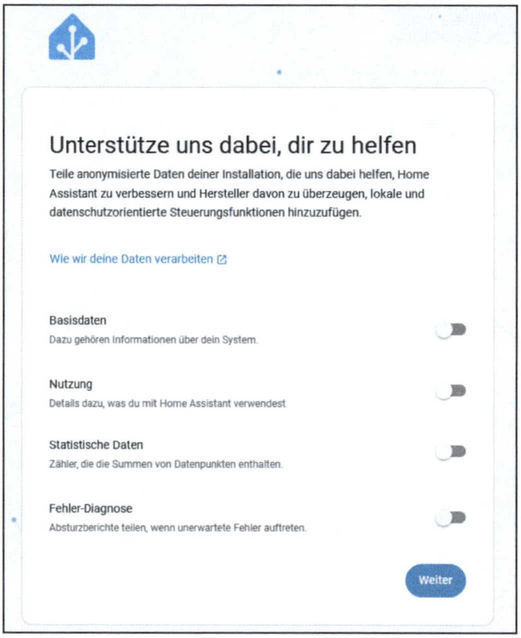

Abbildung 2.43: Wollen Sie die Weitergabe von Diagnosedaten erlauben?

Klicken Sie auf **Weiter**, um zum nächsten Fenster zu springen.

2.6.5 Erkannte Geräte verifizieren

Das folgende Fenster zeigt eine Übersicht der von Home Assistant erkannten Geräte (siehe Abbildung 2.44).

Abbildung 2.44: Erster Start: Home Assistant zeigt die gefundenen Geräte und Dienste an.

Die Liste kann unvollständig sein, und wie gut die automatische Erkennung zunächst funktioniert, hängt von der Plattform ab, auf der Sie Home Assistant installiert haben. Besonders bei einer WSL-Installation wird es vorkommen, dass nicht alle Geräte in Ihrem Haushalt erkannt werden, die eigentlich mit Home Assistant zusammenarbeiten könnten.

Sollten hier bereits vorhandene Geräte nicht aufgeführt werden, ist das kein Problem, da Sie fehlende Geräte auch später hinzufügen können. Klicken Sie auf **Fertig**, um den Vorgang abzuschließen. Sie befinden sich nun im Home-Assistant-Hauptfenster (siehe Abbildung 2.45); auf Ihrem System kann der Inhalt je nach gefundenen Komponenten inhaltlich abweichen.

Auf das Home-Assistant-Hauptfenster gehe ich in Kapitel 3 näher ein.

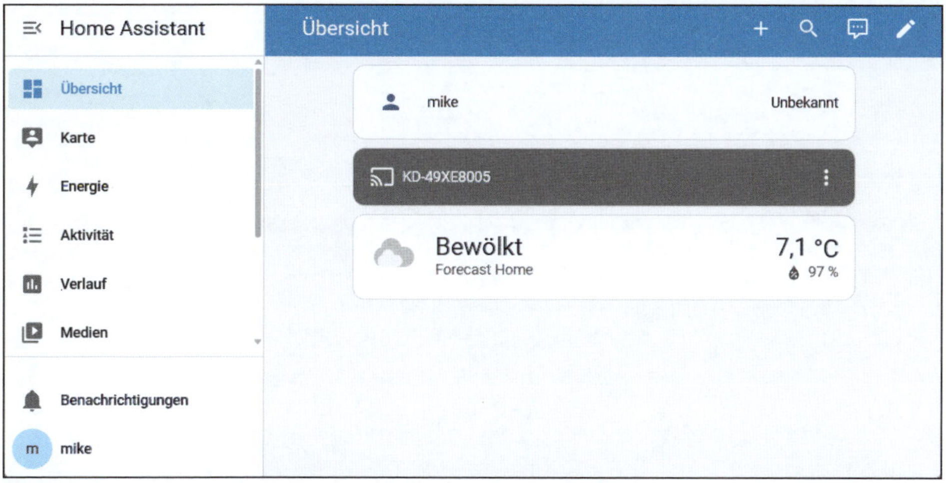

Abbildung 2.45: Erster Start des Home-Assistant-Hauptfensters

2.7 Fazit und Ausblick

Home Assistant lässt sich auf allen gängigen Hardwareplattformen einrichten. Überlegen Sie sich also, wie Sie die Software nutzen wollen.

Für erste Experimente bietet sich der Einsatz auf Ihrem Desktop-PC durchaus an; für den dauerhaften Einsatz (»24/7«, also rund um die Uhr) ist Ihr Rechner jedoch wahrscheinlich vollkommen überdimensioniert. Das macht sich dann auf der Stromrechnung bemerkbar. So liegen die Kosten bei einem durchschnittlichen PC (Stromverbrauch ca. 150 W/h) überschlägig um den Faktor 30 höher als bei einem Raspberry Pi (Stromverbrauch ca. 5 W/h). Insofern sind moderne Mini-Rechner wie eben der Raspberry Pi für diese Aufgabe ausgesprochen sinnvoll.

Berücksichtigen Sie diesen Ansatz auch bei der Softwarevariante, die Sie installieren werden: Wenn denn schon ein Mini-Computer der Host für Home Assistant ist, dann liegt es sehr nahe, das fertige Image zu installieren und so in den Genuss der Annehmlichkeiten des Home Assistant Supervisor zu kommen.

Kapitel 3
Die ersten Schritte mit dem Webinterface von Home Assistant

»Schau in den Spiegel und zeig mir Dein Gesicht.« Das Webinterface ist das Gesicht von Home Assistant, das zeigt, was sich hinter dem System verbirgt.

Die Entwickler von Home Assistant verfolgen mit dem zentralen Zugriff auf das System über ein Webinterface einen recht modernen Ansatz. Das Editieren von *.ini*- und *.config*-Dateien außerhalb des Browserfensters ist bis auf wenige Ausnahmen weitgehend überflüssig.

Dieses Kapitel soll zu Beginn einige Begriffe klären, Sie mit dem Webinterface vertraut machen und Sie bei den ersten Schritten begleiten. Überspringen Sie den ersten Abschnitt, wenn Sie sofort loslegen möchten.

3.1 Ein Einblick in das Konzept von Home Assistant

Jedes System hat seine eigene Terminologie. Ohne deren Kenntnis ist der Einstieg meist holprig und macht wenig Freude. Home Assistant ist da keine Ausnahme, wobei erschwerend hinzukommt, dass die (wichtigen und interessanten) Bezeichnungen oft in Englisch sind und dass deren wörtliche Übersetzung manchmal in die Irre führt.

Ich möchte Ihnen daher zunächst kurz und übersichtlich die Begriffe vorstellen, um die es geht. Sie werden auch in den nächsten Abschnitten noch im Kontext erklärt.

- **Abdeckungen** (engl. *Cover*)
  Abdeckungen sind Vorrichtungen wie Markisen, Jalousien, Garagentore usw., die geöffnet und geschlossen und optional in eine bestimmte Position gebracht werden können.
- **Aktion** (engl. *Action*)
  Eine Aktion ist eine Handlung, die als Reaktion auf einen Trigger (dt. *Auslöser*) ausgelöst werden kann, sobald alle Bedingungen erfüllt sind.
- **Add-on** (dt. *Erweiterung*)
  Add-ons sind zusätzliche eigenständige Softwarepakete, die auf Home Assistant OS installiert werden können.

- **Anpassen** (engl. *Customize*)
  Das Anpassen ermöglicht Ihnen, die Standardparameter (*Default*-Werte) Ihrer Geräte in der Konfiguration zu überschreiben.
- **Auslöser** (engl. *Trigger*)
  Ein Auslöser ist eine Reihe von Werten oder Bedingungen einer Plattform, die definiert worden sind, um die Ausführung einer Automatisierung zu bewirken.
- **Automatisierung** (engl. *Automation*)
  Automatisierungen verbinden einen oder mehrere Auslöser mit einer oder mehreren Aktionen der Art »Wenn Auslöser, dann Aktion ausführen« mit zusätzlichen optionalen Bedingungen. Beispielsweise könnte eine Automatisierung den Auslöser »Sonnenuntergang« mit der Aktion »Licht einschalten« verbinden, aber nur, wenn die Bedingung »Jemand ist zu Hause« erfüllt ist. Vorgefertigte Automatisierungen für gängige Anwendungsfälle sind über die Blueprints-Funktion verfügbar (siehe Kapitel 6).
- **Bedingung** (engl. *Condition*)
  Bedingungen sind optionale Teile einer Automatisierung, die verhindern, dass eine Aktion ausgelöst wird, wenn sie nicht erfüllt sind.
- **Benachrichtigung** (engl. *Notification*)
  Sie können Benachrichtigungen verwenden, um Nachrichten, Bilder und mehr an Geräte zu senden.
- **Binärer Sensor** (engl. *Binary Sensor*)
  Ein binärer Sensor gibt Informationen über Dinge zurück, die nur zwei Zustände haben (z. B. an/aus).
- **Dienst** (engl. *Service*)
  Dienste werden aufgerufen, um Aktionen auszuführen.
- **Domäne** (engl. *Domain*)
  Jede Integration (siehe unten) in Home Assistant hat eine eindeutige Kennung: eine Domäne. Alle Entitäten (siehe unten) und Dienste, die in Home Assistant verfügbar sind, werden von Integrationen bereitgestellt und gehören daher zu einer solchen Domäne. Der erste Teil der Entität oder des Diensts vor dem ».« zeigt die Domäne an, zu der sie gehören. Zum Beispiel ist `light.kueche` eine Entität in der Lichtdomäne aus der Lichtintegration, während `hue.activate_scene` der `activate_scene`-Dienst für die `hue`-Domäne ist, die zur Hue-Integration gehört.
- **Entdeckung** (engl. *Discovery*)
  Eine Entdeckung umfasst die automatische Einrichtung von Zeroconf/mDNS- und uPnP-Geräten, nachdem sie erkannt wurden.
- **Entität** bzw. **Einheit** (engl. *Entity*)
  Eine Entität ist die Darstellung eines einzelnen Steuerungs- oder Datenpunkts eines Geräts oder Diensts innerhalb von Home Assistant. Ein einzelnes Gerät oder ein einzelner Dienst kann somit mehrere Entitäten bereitstellen, um alle Funktionen des Geräts überwachen und steuern zu können. Beispielsweise verfügt ein kombinierter Tempe-

ratur- und Feuchtigkeitssensor im Allgemeinen über zwei Sensoreinheiten: eine für die Temperatur (z. B. `sensor.temperature` mit `Status` 21.0 und `unit` °C) und eine für die Luftfeuchtigkeit (z. B. `sensor.humidity` mit `Status` 65.4 und `unit` %).

- **Ereignis** (engl. *Event*)
  Ein Ereignis ist, wenn etwas passiert. Das Herzstück von Home Assistant ist der *Eventbus*. Der Eventbus ermöglicht jeder Integration, Ereignisse auszulösen oder abzubrechen.
- **Frontend**
  Das Frontend ist eine notwendige Komponente für die Benutzeroberfläche. Es ist die Stelle, an der Sie die allgemeine Darstellung der Benutzeroberfläche einrichten können.
- **Gerät** (engl. *Device*)
  Ein Gerät ist eine benannte Sammlung von Entitäten (siehe oben), die alle dieselbe physische/logische Einheit darstellen, die etwas tun oder beobachten kann. Ein Beispiel für ein Gerät wäre ein intelligenter Stecker namens »Wäschetrockner«, der eine Schaltereinheit sowie eine oder mehrere Sensoreinheiten für die Stromüberwachung, die Temperatur oder dergleichen bereitstellt.
- **Geräte-Tracker** (engl. *Device-Tracker*)
  Die Verwendung von Geräte-Trackern bezieht sich auf das Vorhandensein eines Geräts oder die Verfolgung seines Standorts.
- **Gruppe** (engl. *Group*)
  Gruppen bieten die Möglichkeit, mehrere Ihrer Entitäten in einer einzigen Einheit zu organisieren.
- **HASS**
  HASS oder »Hass« wird oft als Abkürzung für *Home Assistant* verwendet. Es ist auch das Befehlszeilentool.
- **HassOS**
  Ein anderer Name für *Home Assistant Operating System*.
- **Home-Assistant-Betriebssystem**
  Home Assistant OS (OS = *Operating System*), das *Home Assistant Operating System*, ist ein eingebettetes, minimalistisches Betriebssystem, das entwickelt wurde, um den Home-Assistant-Kosmos auf Einplatinencomputern (wie dem Raspberry Pi) oder virtuellen Maschinen auszuführen.
- **Home Assistant Core** (dt. *Home-Assistant-Kern*)
  Home Assistant Core ist ein Python-Programm. Es ist auf verschiedenen Betriebssystemen lauffähig und bildet die Basis für Home Assistant.

  Sie lesen diesen Begriff auch, wenn auf eine eigenständige Installationsmethode Bezug genommen wird, die mit einer virtuellen Umgebung oder Docker installiert werden kann. Home Assistant Core verwendet den Home Assistant Supervisor (siehe unten) nicht.

- **Home Assistant Supervised**
  Home Assistant Supervised ist eine vollständig von der Benutzeroberfläche verwaltete Heimautomatisierungsumgebung, die Home Assistant, den Home Assistant Supervisor (siehe unten) und Add-ons ausführt. Es ist auf Home Assistant OS vorinstalliert, kann aber auf jedem Linux-System installiert werden. Es nutzt Docker, das vom Home Assistant Supervisor verwaltet wird.
- **Home Assistant Supervisor**
  Der Home Assistant Supervisor ist ein Programm, das eine Home-Assistant-Installation verwaltet und sich um die Installation und Aktualisierung von Home Assistant, Add-ons, sich selbst und, falls verwendet, um die Aktualisierung des Home-Assistant-Betriebssystems kümmert.
- **Integration**

  Integrationen verbinden und integrieren Home Assistant mit Geräten, Diensten und vielem anderem mehr. Eine solche Integration enthält die gesamte Logik, die sich um hersteller- und gerätespezifische Implementierungen wie Authentifizierung oder spezielle Protokolle kümmert und diese auf standardisierte Weise in Home Assistant einbringt. Beispielsweise integriert die Hue-Integration die Philips-Hue-Bridge und die angeschlossenen Lampen in Home Assistant und stellt sie als Home-Assistant-Lichteinheiten zur Verfügung, die Sie steuern können.

  Integrationen wurden früher als *Komponenten* bezeichnet.
- **Lovelace**
  Lovelace ist die ursprüngliche Bezeichnung für die Benutzeroberfläche, die jetzt als Home-Assistant-Dashboard firmiert. Der Name geht auf die Programmierpionierin Ada Lovelace zurück.
- **Pakete** (engl. *Packages*)
  Mit Paketen können Sie verschiedene Konfigurationen von Integrationen bündeln.
- **Plattform** (engl. *Platform*)
  Plattformen sind Bausteine, die von einigen Integrationen bereitgestellt werden, damit sie von anderen Integrationen verwendet werden können. Zum Beispiel stellt die `Light`-Integration die `Light`-Plattform bereit, die von allen Integrationen verwendet wird, die `Light`-Entitäten haben (wie z. B. die `hue`-Integration).
- **Szene** (engl. *Scene*)
  Szenen erfassen die Zustände, die bestimmte Entitäten in Kombination haben sollen. Beispielsweise kann eine Szene festlegen, dass die Musik eingeschaltet werden und das Deckenlicht hellrot sein soll.
- **Skript** (engl. *Script*)
  Skripte sind eine Abfolge von Aktionen. Jede Entität verfügt über eine eigenständige Skriptkomponente; sie finden sich aber auch in Automatisierungen und eingebettet in Alexa/Amazon-Echo-Konfigurationen.

- **Selektoren** (engl. *Selectors*)
  Selektoren sind Komponenten für die Benutzerschnittstelle. Zum Beispiel können Sie mit Selektoren eine Liste von Geräten filtern, um nur Geräte anzuzeigen, die über bestimmte Funktionen verfügen.
- **Sensor**
  Sensoren geben Informationen über etwas zurück, zum Beispiel die Temperatur.
- **Schalter** (engl. *Switch*)
  Schalter sind Dinge, die zwei Zustände haben, zwischen denen Sie wählen können (z. B. das Ein/Aus eines Tasters).
- **TTS**
  TTS (*Text to Speech*, dt. *Sprache zu Text*) ermöglicht Home Assistant, mit Ihnen verbal zu kommunizieren.
- **Variablen** (engl. *Variables*)
  Variablen werden verwendet, um Werte im Speicher für eine weitere Verwendung (z. B. in einem Skript) zu speichern.
- **Vorlage** (engl. *Template*)
  Eine Vorlage ist eine Definition im Zusammenhang mit Automatisierungen, die das Generieren dynamischer Aktionen erlaubt.
- **Zone**
  Zonen sind Bereiche zur Anwesenheitserkennung.

Da Sie nun einen Überblick über die relevanten Begriffe gewonnen haben, werden Sie die Zusammenhänge innerhalb von Home Assistant besser verstehen.

3.1.1 Integrationen, Add-ons und Geräte

Home Assistant ist ein Dienst, der seinen Nutzern helfen soll. Dieser Dienst bezieht sich auf die unterschiedlichsten Belange. Immer geht es aber darum, Situationen zu bewerten und auf Basis der Ergebnisse Aktionen zu initiieren. Die Bandbreite der denkbaren Konstellationen ist groß und im Vorhinein kaum abschließend zu definieren. Das Softwaredesign muss daher möglichst flexibel sein.

Das Entwicklerteam von Home Assistant versucht, dieser Anforderung gerecht zu werden, indem es wichtige Funktionalitäten in einem Kern bündelt. Dazu gehören beispielsweise häufig verwendete, gleichartige Rechenoperationen wie die Berechnung von Datum und Uhrzeit.

Abbildung 3.1 zeigt das Konzept von Home Assistant, das aus einem Kern, Integrationen und Add-ons besteht.

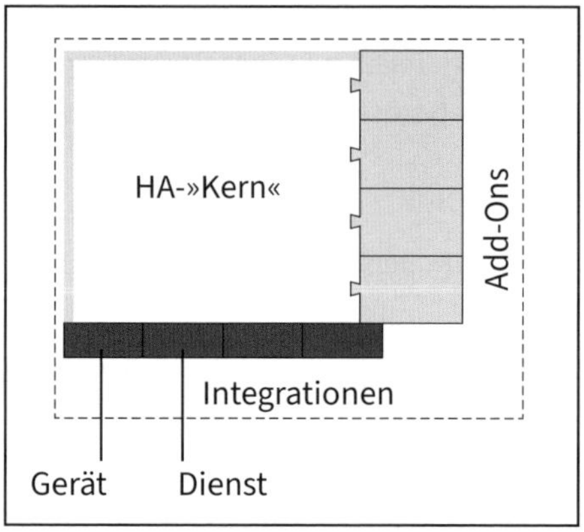

Abbildung 3.1: Das Home-Assistant-Konzept aus Kern, Integrationen und Add-ons

Für sich allein ist dieser Kern aber wenig sinnvoll einzusetzen, denn er berücksichtigt nicht die Komponenten, die Ihr Smart Home ausmachen. Dieses besteht aus *Geräten* (engl. *Devices*, also beispielsweise Sensoren) oder auch aus anderen Diensten (z. B. E-Mail). Damit der Home-Assistant-Kern zielgerichtet mit ihnen arbeiten kann, ist es erforderlich, diese Komponenten in geeigneter Weise einzubinden. Dies geschieht mit *Integrationen* (engl. *Integrations*, dt. *dauerhafte Einfügungen*). Dabei kann eine Integration mehrere Geräte bedienen (z. B. steuert die *Tuya*-Integration mehrere Lampen). Grundsätzlich wird eine Integration in Home Assistant nur einmal installiert. Im Ausnahmefall kann es aber auch sein, dass auf den ersten Blick gleichartige Komponenten mehrere ähnliche Integrationen brauchen (z. B. sind FRITZ!Box und FRITZ!Repeater je eine Integration derselben Art).

Die Funktionalitäten des Kerns sind beschränkt, da für die Entwickler ein schlankes, ballastfreies Basissystem im Vordergrund steht. Add-ons (dt. *Zugaben*, *Erweiterungen*) ermöglichen Ihnen, das Leistungsspektrum rund um Home Assistant zu erweitern, indem zusätzliche Anwendungen installiert werden. Dies könnte beispielsweise ein spezielles Datenbanksystem sein, mit dem Sie Zeitreihen speichern. Solche Funktionen gehören natürlich nicht zum Kern von Home Assistant, können aber recht einfach nachgerüstet werden.

In Kapitel 8 gehe ich noch weiter auf Add-ons ein. Sie sollten sich aber bereits während der Planungsphase Gedanken darüber machen, welche zusätzlichen Features Sie brauchen. Add-ons können Sie selbstverständlich auch später ergänzen, aber wie bei jedem Projekt ist es sinnvoll, sich erst einmal über die Anforderungen im Klaren zu sein.

3.1.2 Geräte, Services und Entitäten

Geräte können häufig mehrere Belange abdecken. So kann z. B. ein Sensor Bewegungen registrieren, die Helligkeit wahrnehmen und die Temperatur messen. All diese Werte, Optionen, Objekte – kurz alles, was gemessen und wahrgenommen werden kann – bezeichnet Home Assistant als *Entität* (engl. *Entity*, dt. wörtlich: *Einheit*, besser vielleicht: *Element*; siehe Abbildung 3.2).

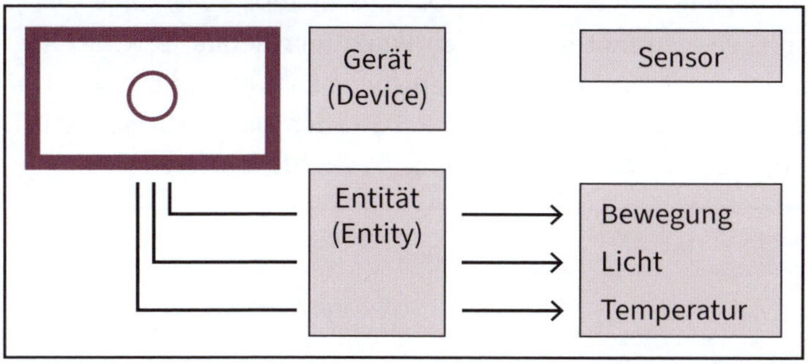

Abbildung 3.2: Bei Home Assistant (HA) dreht sich alles um Geräte (Devices) und Entitäten (Entitys).

Bei Entitäten handelt es sich um Objekte, die in HA verarbeitet werden können. Damit sind Entitäten der wichtigste Part von Home Assistant.

Entitäten

Eine Entität hat Eigenschaften, und zwar sogenannte *Attribute* (siehe Abbildung 3.3).

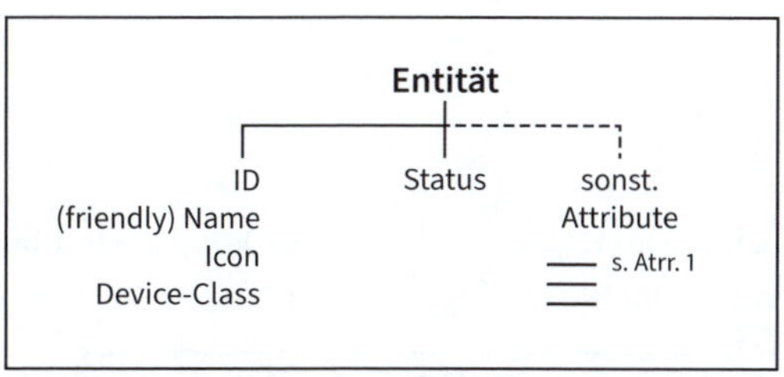

Abbildung 3.3: Die Attribute einer Entität

Einige dieser Eigenschaften finden Sie bei allen Entitäten (beispielsweise Identifikation, Name, Icon und den Status), einige sind Entität-spezifisch (die sonstigen Attribute). Die Anzahl der sonstigen Attribute kann variieren und zum Teil zu einer recht langen Liste führen. Im Beispiel aus Abbildung 3.4 gibt es als sonstige Attribute den Status »Klasse« (`state_class`) und die Maßeinheit (`unit_of_measurement`).

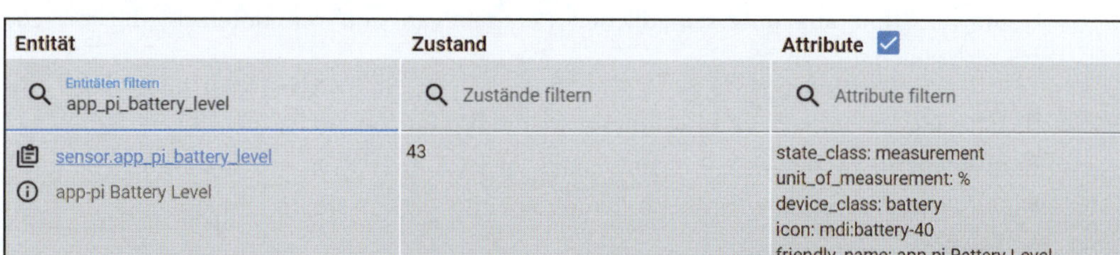

Abbildung 3.4: Liste der Attribute einer Entität

Die Entitäts-ID

Die Identifikation der Entität (`identy_id`, in Abbildung 3.4 `sensor.app_pi_battery_level`) ist eindeutig. Sie beginnt immer mit einer *Objekt-Klasse/Domäne* (engl. *Object Class*, hier `sensor`). Es folgen, getrennt durch einen Punkt, der Geräte- bzw. Service-Name (hier *app-pi*) und eine durch die Integration vergebene Entitätsbezeichnung (hier *binary_sensor_app_pi_is_charging*, siehe Abbildung 3.5). In den Namensbestandteilen enthaltene Leerzeichen oder Bindestriche werden durch Unterstriche ersetzt.

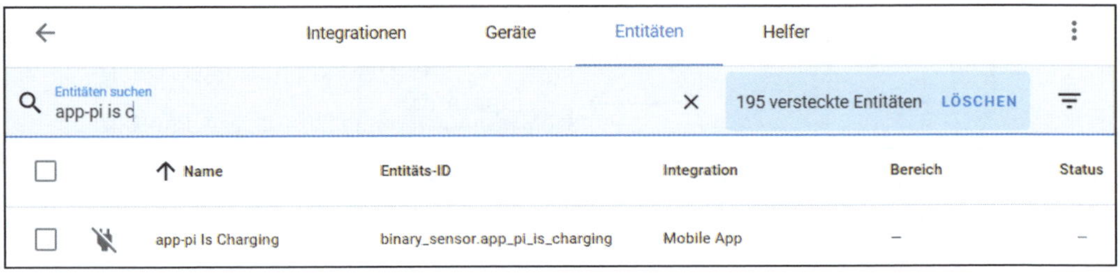

Abbildung 3.5: Aufbau der Entitäts-ID

Die Objekt-Klasse bestimmt dann auch das Verhalten des Objekts. Objekt-Klassen sind beispielsweise:

- `sensor`
- `binary-sensor`
- `device_tracker`

Damit ist es aber noch nicht getan.

Halten Sie sich exemplarisch die einfache Objekt-Klasse `binary_sensor` vor Augen. Abbildung 3.6 zeigt beispielsweise eine Entität der Objekt-Klasse `binary_sensor`.

Abbildung 3.6: Beispiel für die Objekt-Klasse »binary_sensor«

Ein binärer Sensor kann nur zwei Zustände (Status) haben. Diese Zustände definiert Home Assistant aus unterschiedlichen Perspektiven und mit unterschiedlichen Zustandsbezeichnungen:

- *0/1*
- *false/true*
- *off/on*
- *low/high*
- *closed/open*

Der Status eines binären Sensors kann also nie den Wert *sun* oder *99* haben.

Die Geräte-Klasse

Die *Geräte-Klasse* (engl. *Device Class*) wirkt sich auf die Darstellung aus (siehe Abbildung 3.7).

Abbildung 3.7: Geräte-Klasse

Die Geräte-Klasse leitet die Statusinformation in andere Kanäle. Denn anders, als zu erwarten wäre, führt der Status *off* hier nicht zu einer Meldung *aus* mit einem entsprechenden Icon, sondern zu *Ausgesteckt*.

Für Services gilt das gleiche Schema.

3.1.3 Dateien und Ordner

Die interne Ordnerstruktur von Home Assistant sehen Sie in Abbildung 3.8.

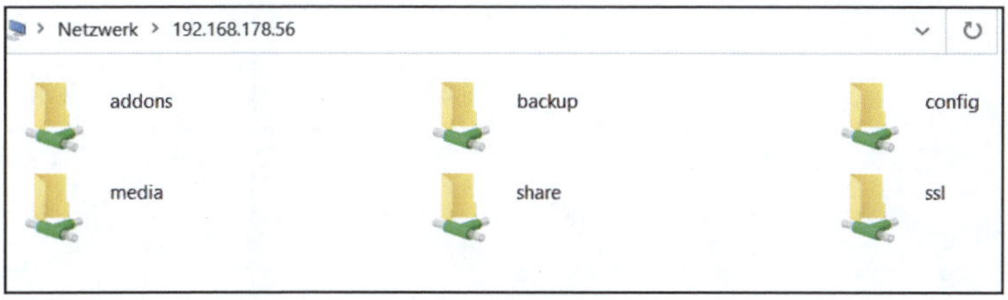

Abbildung 3.8: Home-Assistant-Ordnerstruktur

Die Ordnerstruktur ist unabhängig von der Installationsart. Home Assistant kennt folgende Ordner:

- *addons*: wird von Add-ons benötigt.
- *backup*: enthält Sicherungsdateien für Backups. Diese liegen im *.tar*-Format vor.
- *config*: Konfigurationsdateien
- *media*: Medien wie Bilder, Videos und andere
- *share*: zu teilende Inhalte ohne bestimmten Bezug
- *ssl*: SSL-Schlüssel

Auf Details gehe ich an geeigneter Stelle in den folgenden Kapiteln ein.

[»]

YAML

Dennoch soll an dieser Stelle noch eine kleine Anmerkung stehen: Home Assistant verwendet die *YAML*-Syntax für die Konfiguration. Obwohl Sie die meisten Aufgaben über die Benutzeroberfläche erledigen können, ist es doch manchmal unvermeidlich, auf Dateiebene Hand anzulegen. Wichtige Dateien sind dabei z. B. die *configuration.yaml* für die allgemeine Konfiguration oder die *automations.yaml* für Automationen. Die Konfigurationsdateien finden Sie im Ordner *config*. Die Arbeit mit YAML ist der Schwerpunkt von Kapitel 13.

3.2 Die erneute Anmeldung

Sie müssen sich neu anmelden, wenn Sie Ihre Home-Assistant-Sitzung beendet haben oder die Verbindung anderweitig unterbrochen wurde. Abbildung 3.9 zeigt das Anmeldefenster.

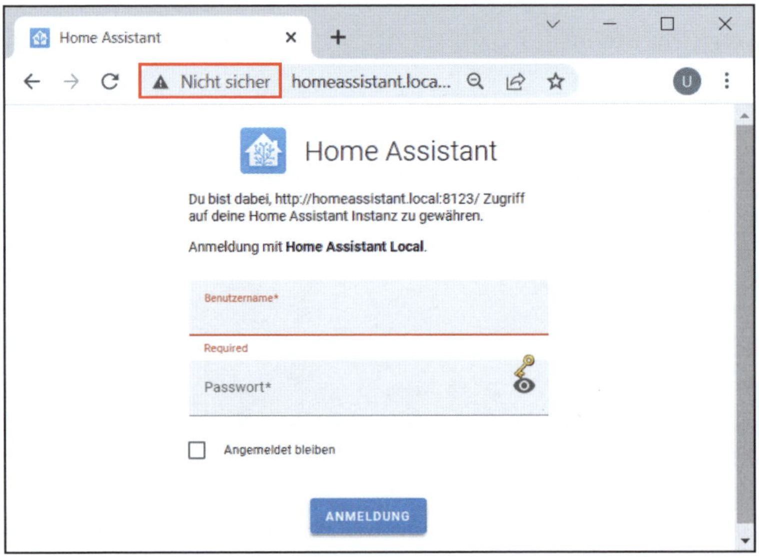

Abbildung 3.9: Das Home-Assistant-Anmeldefenster

Vielleicht wundern Sie sich über die Warnmeldung in der Statuszeile Ihres Browsers. Sie weist darauf hin, dass es sich um eine unverschlüsselte Verbindung handelt. Bei einer verschlüsselten Verbindung würde statt des Warndreiecks ein grünes Schlosssymbol angezeigt werden. Außerdem würde der Aufruf nicht mit HTTP, sondern mit HTTPS erfolgen. Das Thema »sicherer Zugang und Verschlüsselung« gewinnt an Bedeutung, wenn Ihre Anwendung von außerhalb des lokalen Netzwerks erreichbar sein soll. Dies wird in Abschnitt 15.2 behandelt.

Geben Sie hier Ihre Benutzerdaten ein, und zwar so, wie Sie sie beim erstmaligen Start oder durch ein nachträgliches Ändern der Einstellungen im System hinterlegt haben.

Aktivieren Sie gegebenenfalls das Kontrollkästchen **Angemeldet bleiben**. Üblicherweise meldet Home Assistant einen Benutzer nach längerer Inaktivität automatisch ab. Dies dient der Sicherheit des Systems.

3.3 Der Aufbau der Benutzeroberfläche

Die *Benutzeroberfläche* (*User-Interface*, UI) ist der zentrale Zugang zu Ihrer Anwendung. Nach dem Anmeldevorgang landen Sie auf der Startseite (*Home-Screen*) von Home Assistant (siehe Abbildung 3.10).

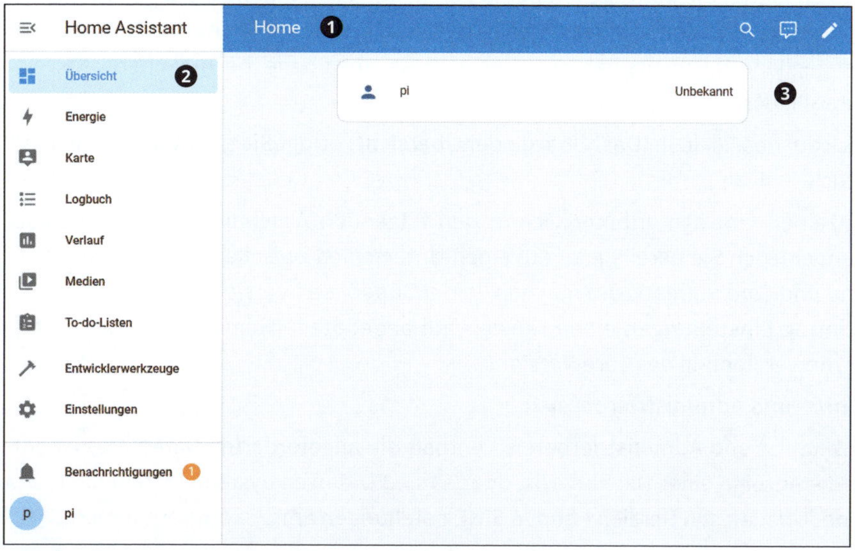

Abbildung 3.10: Die Home-Assistant-Startseite

Der Home-Screen hat drei wesentliche Bereiche:

❶ **Kopfzeile**

Die Kopfzeile enthält die folgenden sechs Elemente:

- Ein Icon, mit dem Sie die Bezeichnungen der Elemente der Seitenleiste ein- bzw. ausblenden können. Durch Gedrückthalten aktivieren Sie den Bearbeitungsmodus der Seitenleisten-Kopfzeile.
- Den Softwarenamen (**Home Assistant**).
- Den »Hausnamen« aus Schritt 3 des erstmaligen Starts (hier lautet er **Home**). Sie können diese Bezeichnung über **Einstellungen • System • Allgemein** ändern.
- Entitätsfilter: Mithilfe dieser Suchfunktion können Sie gezielt nach Entitäten (Einheiten) suchen. In Kapitel 5 gehe ich darauf ein, was darunter zu verstehen ist. Der

Filter zeigt im Ergebnis eine Liste der Entitäten, die den angegebenen Suchstring enthalten.

- *Home Assistant Assist*: Hiermit öffnen Sie den Home-Assistant-Sprachdienst. Sinnvolle Ergebnisse erhalten Sie aber natürlich nur, wenn dieser eingerichtet ist.
- Ein Stiftsymbol (✎): Durch einen Klick auf dieses Icon können Sie Ihre Benutzeroberfläche editieren. Hierauf gehe ich in Kapitel 7 näher ein.

❷ Die linke Seitenleiste

Die linke Seitenleiste begleitet Sie bei allen Home-Assistant-Fenstern. Durch einen kurzen Klick auf das Menü-Icon lässt sich die Leiste auf Icon-Größe einklappen bzw. wieder expandieren. Bei einem langen Klick gelangen Sie in den Edit Mode, in dem Sie nicht benötigte Einträge ausblenden können.

Im Übrigen bieten die Einträge auf der linken Seitenleiste Ihnen Einstiege in verschiedenste Themen an, die das System betreffen. Diese Themenbereiche sind unterschiedlich tief gegliedert: Manche haben nur eben diese eine Ebene, bei manchen verzweigt die Untergliederung noch mehrfach.

Ein Klick auf das ▦-Icon (**Dashboard** oder **Übersicht**) bringt Sie gezielt zum Startfenster zurück.

Die einzelnen Einträge erläutere ich in den folgenden Abschnitten. Aber an dieser Stelle möchte ich Sie bereits jetzt auf einen Unterschied zwischen *Home Assistant Supervised* und *Core* aufmerksam machen. In der Supervised-Version erhalten Sie neben dem Eintrag **Einstellungen** einen Hinweis auf angebotene Home-Assistant-Updates. Dieser Hinweis fehlt in der Core-Version!

❸ Auskunfts- und Administrierbereich

Der Auskunfts- und Administrierbereich enthält die angeforderten Daten. Das ist entweder die Anzeige eines Dashboards, oder es sind Daten zu Systemeinstellungen und -zustand. Über diesen Bereich können Sie Einstellungen am System vornehmen.

3.4 Der Einstieg

Der Einstieg ist etwas unstrukturiert und lässt sich am besten mit dem Henne-Ei-Problem beschreiben. Im Gegensatz zu anderen Systemen gibt es keine »grüne Wiese«, auf der ein einfach zu erstellendes LED-Blinkprogramm oder eine Hello-World-Ausgabe getestet werden könnte. Dies hängt mit dem Komfortansatz von Home Assistant zusammen, der die gesamte erreichbare Umgebung nach Geräten absucht und Treffer sofort in das System zu integrieren versucht. Er ist also Fluch und Segen zugleich: Sie können nie mit einem wirklich leeren System starten, gleichzeitig wird Ihnen aber viel Arbeit bei der Ersteinrichtung abgenommen.

Ein weiterer Pferdefuß ist, dass Sie oft an verschiedenen Stellen des Systems »schrauben« müssen, um zum Ziel zu kommen. Das spiegelt sich auch in diesem Buch wider, das immer wieder mit Verweisen arbeiten muss.

Verstehen Sie diesen Abschnitt also als meinen Versuch, Sie anhand einer willkürlichen Smart-Home-Umgebung in die Denk- und Arbeitsweise des Home Assistant einzuführen. Falls Sie absolut neu in der Materie sind, empfehle ich Ihnen noch, sich zunächst mit einigen anderen Punkten zu befassen:

- Backup und Restore: Sichern Sie sich als Erstes die mühsam erarbeitete Erstinstallation und testen Sie, ob Sie die Backups auch zurückspielen können.
- Räumen Sie automatisch installierte Integrationen auf (siehe Abschnitt 5.2) und schaffen Sie so etwas mehr Übersicht.
- Fangen Sie klein und/oder mit Bekanntem an, z. B. indem Sie mit dem Radiobrowser experimentieren.
- Schauen Sie sich auf dem Dashboard um (siehe Kapitel 7).

Einen ersten Einstieg soll an dieser Stelle ein einfacher Radiowecker bieten. Das kleine Projekt zeigt, wie Sie Integrationen implementieren und automatische Abläufe (*Automationen*) etablieren.

3.4.1 Integration implementieren

Rufen Sie **Einstellungen • Geräte & Dienste** auf. Ihr Browserfenster öffnet nun den zentralen Administrationszugang für diesen Bereich. Dabei hat die Registerkarte **Integrationen** den Fokus (siehe Abbildung 3.11).

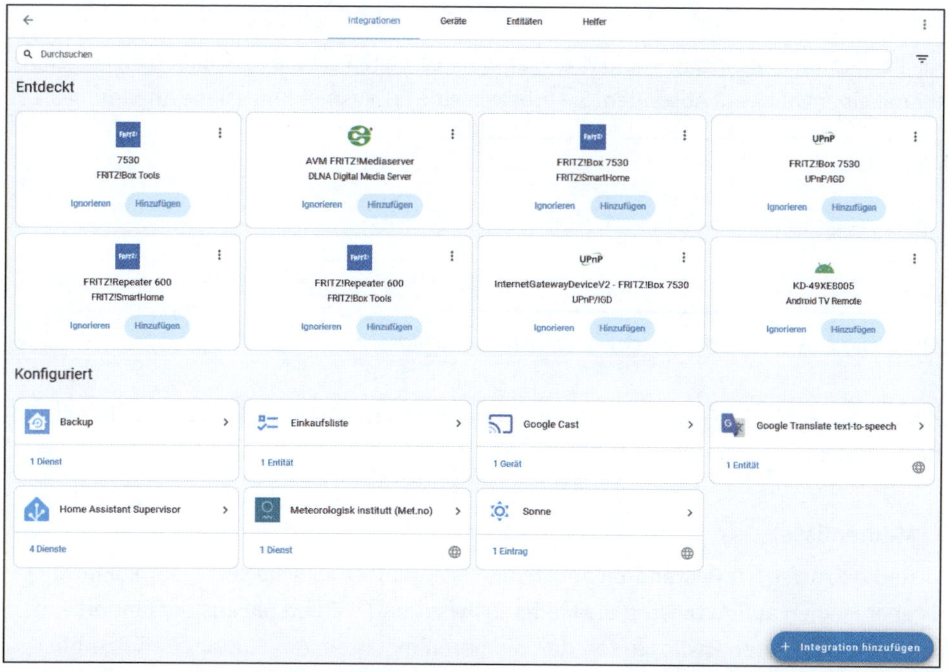

Abbildung 3.11: Die Übersicht über »Geräte & Dienste«

Zumindest nach dem erstmaligen Start von Home Assistant gliedert sich die Registerkarte in die Abschnitte **Entdeckt** und **Konfiguriert**. Dabei fasst **Entdeckt** alle Integrationen (d. h. Geräte und Dienste) zusammen, die die automatische Suche von Home Assistant gefunden hat. Noch sind diese aber nicht endgültig in Ihre Anwendung überführt und betriebsbereit (mehr dazu in Kapitel 5). **Konfiguriert** zeigt die in Ihrem System im Einsatz befindlichen Integrationen.

Der Inhalt der Registerkarte ist bei Ihnen sicherlich ein anderer – Sie sehen ja, was Home Assistant in Ihrem Netzwerk gefunden und selbstständig eingerichtet hat. Beachten Sie also zunächst noch nicht die vorhandenen Einträge. Klicken Sie erprobungshalber stattdessen auf **Integration hinzufügen**. Navigieren Sie in der Drop-down-Liste zu **radio browser** oder lassen Sie sich den Eintrag über das Suchfeld auflisten (siehe Abbildung 3.12).

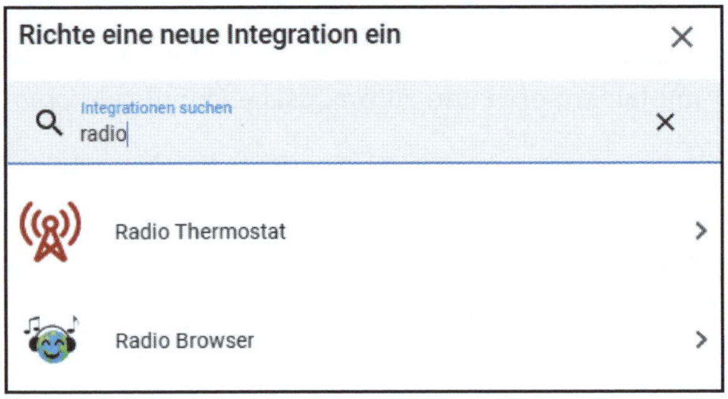

Abbildung 3.12: Einträge suchen

Klicken Sie auf den Eintrag **Radio Browser** und bestätigen Sie die Installation im Folgefenster mit einem Klick auf **Absenden**. Sie erhalten eine Erfolgsmeldung (siehe Abbildung 3.13).

Abbildung 3.13: Die Suche wurde erfolgreich abgeschlossen.

Klicken Sie auf **FERTIG**. Die Integration **Radio Browser** ist nun in der Liste der Integrationen zu sehen.

Medienliste

Radio Browser ist Bestandteil der Medienliste. Blättern Sie die verfügbaren Einträge über Medien auf. Aktivieren Sie **Media Browser** und wählen Sie aus der länderbezogenen Liste einen Radiosender, den Sie hören möchten. Am Fuß der Benutzeroberfläche erscheint eine Zeile mit der Senderbezeichnung, einem Play-Icon und einer Lautstärkeeinstellung.

3.4.2 Das Wecken einrichten

Das Wecken soll hier ein Vorgang sein, der täglich zu einer bestimmten Zeit automatisch stattfindet. Rufen Sie daher **Einstellungen • Automatisierungen & Szenen** auf. Das zuständige Browserfenster hat ebenfalls mehrere Registerkarten. Aufgeblättert ist die Karte **Automationen**; sie sollte leer sein bzw. die Aufforderung **Beginne mit der Automation** zeigen. Sie haben nun die Wahl zwischen drei Methoden (siehe Abbildung 3.14).

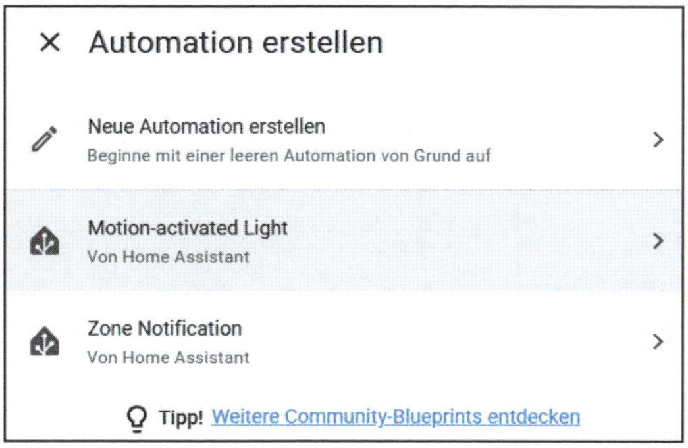

Abbildung 3.14: Automation hinzufügen, Methode wählen

Klicken Sie auf **Neue Automation erstellen**. Das Fenster, das sich nun öffnet, zeigt schön, worum es geht (siehe Abbildung 3.15): Es gibt einen *Auslöser* (Sobald), der eine *Aktion* in Gang setzt (Dann), und manchmal kann dies noch von einer *Bedingung* abhängen (Und wenn). (Weiterführende Informationen finden Sie in Kapitel 6.)

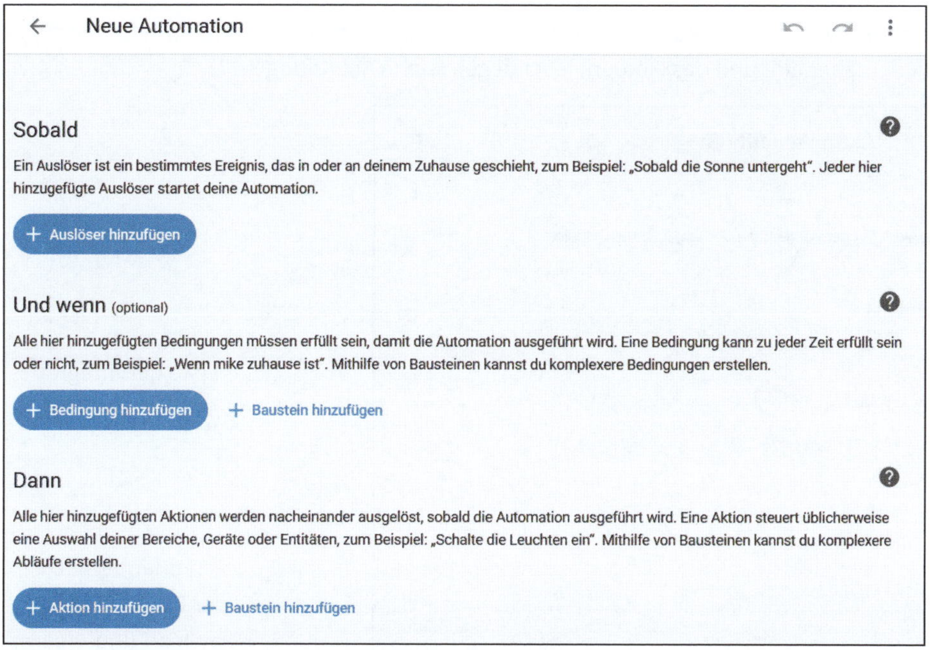

Abbildung 3.15: Leere Automation hinzufügen, Startfenster

Beginnen Sie mit **Auslöser hinzufügen** und wählen Sie im Abschnitt **Auslösertyp** den Eintrag **Zeit und Ort • Zeitpunkt**. Nun können Sie die Zeitangaben genau bestimmen (siehe Abbildung 3.16).

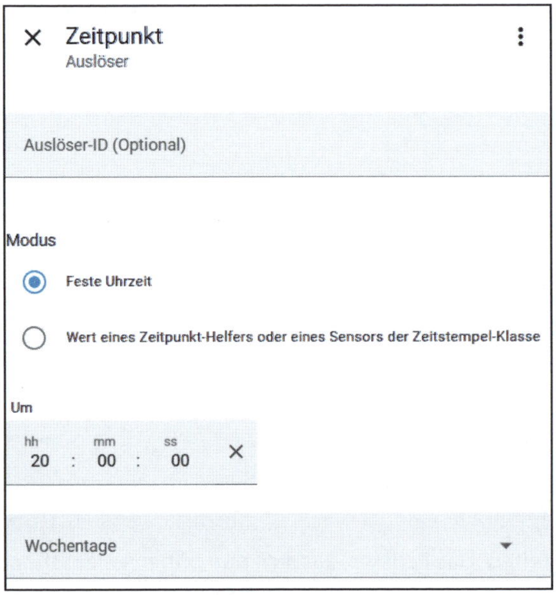

Abbildung 3.16: Den Auslöser »Zeitpunkt« für die neue Automatisierung festlegen

Geben Sie eine Uhrzeit ein und schließen Sie das Fenster.

Klicken Sie dann auf **Aktion hinzufügen** und wählen Sie **Medien wiedergeben**, um das Wiedergabegerät und das Medium festzulegen (siehe Abbildung 3.17).

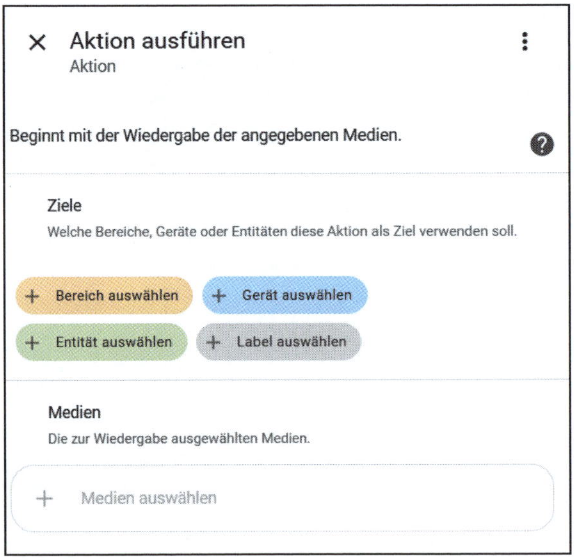

Abbildung 3.17: Aktion festlegen

Beginnen Sie mit **+ Gerät auswählen**. Home Assistant zeigt Ihnen die verfügbaren Geräte an (hier ist es der bei der Installation gefundene Fernseher **KD-49XE8005**, siehe Abbildung 3.18).

Abbildung 3.18: Gerät der Medienwiedergabe

Jetzt können Sie auch das abzuspielende Medium bestimmen (siehe Abbildung 3.19).

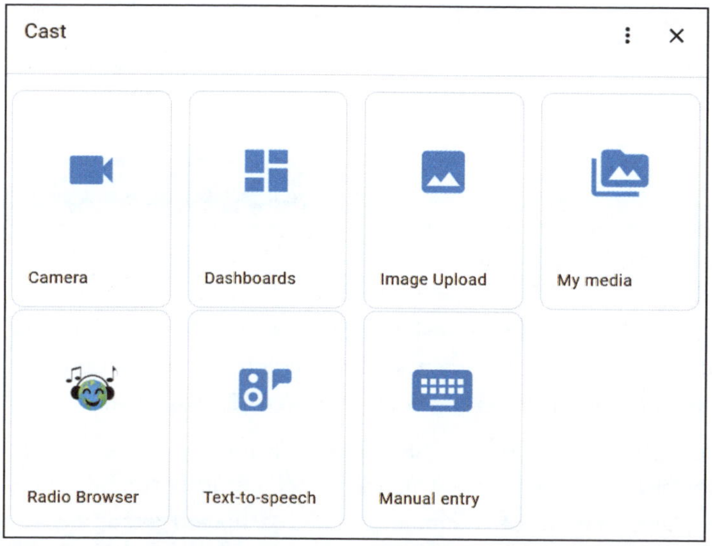

Abbildung 3.19: Medien auswählen

Klicken Sie auf **Radio Browser** und fügen Sie den gewünschten Sender hinzu. Schließen Sie den Vorgang mit **Speichern** ab. Geben Sie der Automatisierung einen Namen (siehe Abbildung 3.20).

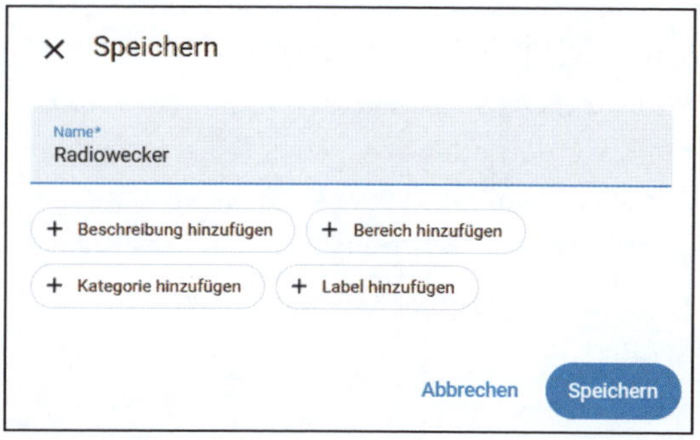

Abbildung 3.20: Namen vergeben

Beenden Sie den Vorgang nochmals mit **Speichern**. In der Liste der Automatisierungen haben Sie nun einen aktiven Eintrag *Radiowecker* (siehe Abbildung 3.21), der dafür sorgt, dass zu der von Ihnen festgelegten Zeit automatisch der ausgewählte Internetradiosender über den Fernseher abgespielt wird.

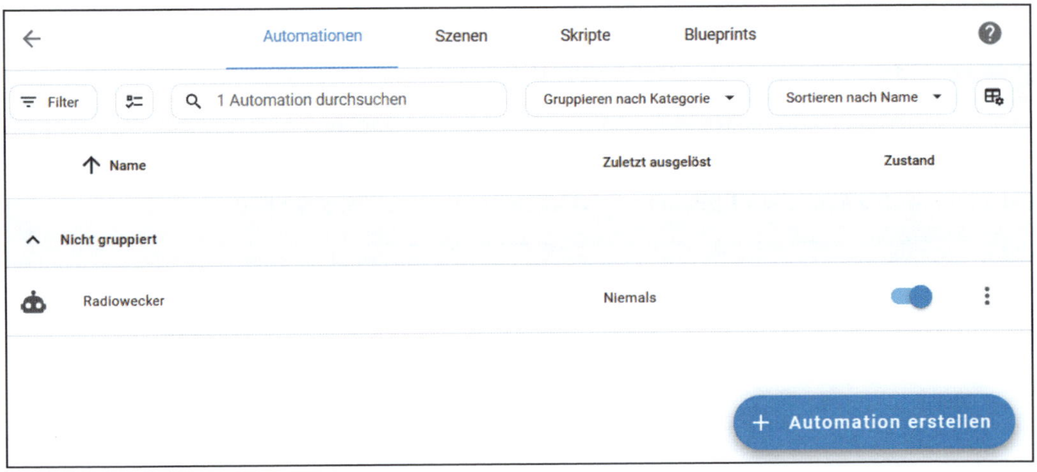

Abbildung 3.21: Die neue Automation wurde erstellt.

Mit diesem kleinen Beispiel auf Hello-World-Niveau haben Sie die Grundkonzepte von Home Assistant kennengelernt. Es geht immer um Geräte, die Sie über Integrationen ansprechen und auf die Sie Automatisierungsregeln anwenden oder deren Werte Sie ausgeben.

Und keine Sorge: Die Beispiele werden noch komplexer und anspruchsvoller werden. So komplex, dass oft die Übersicht verloren geht und man sich fragt, warum bestimmte Aktionen ausgeführt werden oder wo die Werte herkommen, die das Dashboard gerade ausgibt. Daher ist es für den Einstieg empfehlenswert, zunächst mit einigen kleinen, überschaubaren Projekten loszulegen, die nur eine begrenzte Anzahl von beweglichen Teilen haben.

[!]

Stolperfalle Browsercache

Es muss jedoch nicht immer an der Komplexität Ihres Projekts liegen, manchmal ist die Lösung für Probleme auch viel einfacher. So kann es häufig vorkommen, dass Home Assistant vorgenommene Änderungen nicht wie erwartet im Browser anzeigt – besonders bei administrativen Tätigkeiten. Beispielsweise kann es sein, dass Kontrollkästchen nicht als aktiviert dargestellt werden oder dass Icons fehlen, obwohl eine Beschriftung vorhanden ist. Diese Probleme sind meist auf den Browsercache zurückzuführen. Sie lassen sich mit einem Neuladen der Seite ohne Browsercache beheben. In Google Chrome geht dies mit `Strg` + `F5`. Alternativ löschen Sie den Cache mit `Strg` + `⇧` + `Entf` • **Cache löschen.**

3.5 Hilfe finden, wenn etwas nicht funktioniert

Home Assistant ist bei Weitem keine Plug-and-Play-Lösung. Vielmehr kann es bei der Arbeit immer wieder vorkommen, dass etwas vermeintlich oder tatsächlich nicht funktioniert. Wenn Sie Unterstützung benötigen, stehen Ihnen mehrere Wege offen:

- **Die Home-Assistant-Onlinedokumentation**

  Home Assistant ist recht gut dokumentiert (siehe als Beispiel die Integration *Google Cast* in Abbildung 3.22). Die meisten Einträge sind jedoch nur auf Englisch verfügbar.

  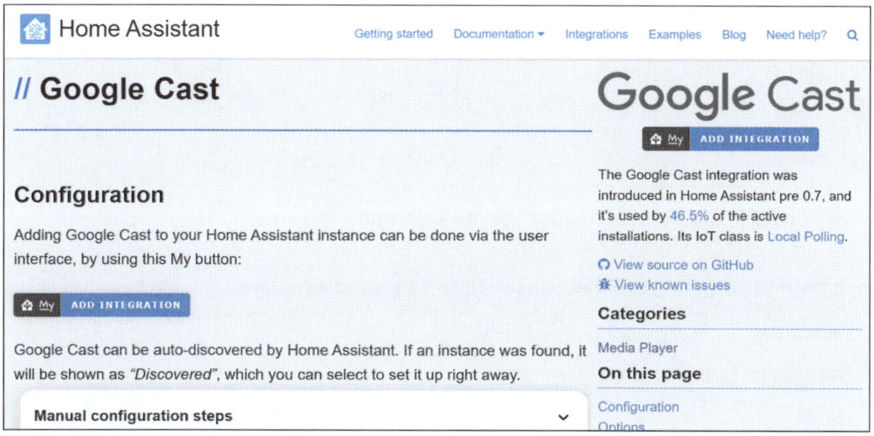

  Abbildung 3.22: Ein Beispiel für die Onlinedokumentation

  Ziehen Sie die an dieser Stelle stehenden Informationen heran. Prüfen Sie durch Klick auf den entsprechenden Link auch, ob auf GitHub bereits Probleme beschrieben sind.

- **Die Home-Assistant-Aktivitäten**

  Aktivität ist gewissermaßen das Logbuch von Home Assistant und informiert über vom System ausgelöste Aktionen und die registrierten Ereignisse (siehe Abbildung 3.23). Sie rufen sie über den entsprechenden Menüpunkt in der linken Seitenleiste auf.

  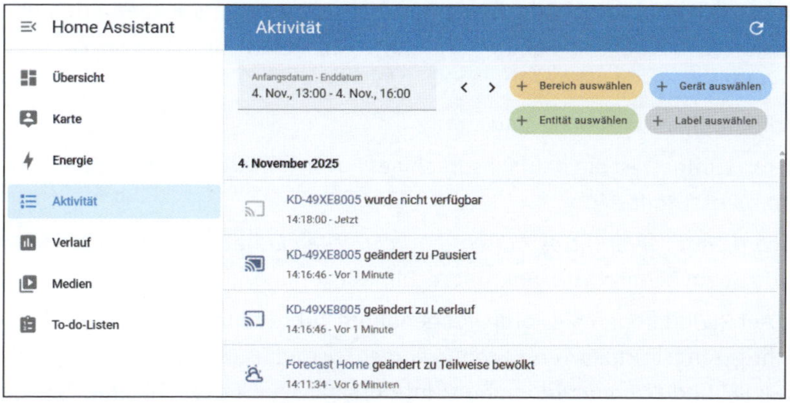

  Abbildung 3.23: Die Home-Assistant-Aktivität

Ein weiterer Ansatz ist das System-Log, das ich Ihnen in Abschnitt 4.3.4 vorstelle.

- **Die Verlaufsanzeige**

  Ebenfalls über die linke Seitenleiste erreichen Sie die Verlaufsanzeige (siehe Abbildung 3.24).

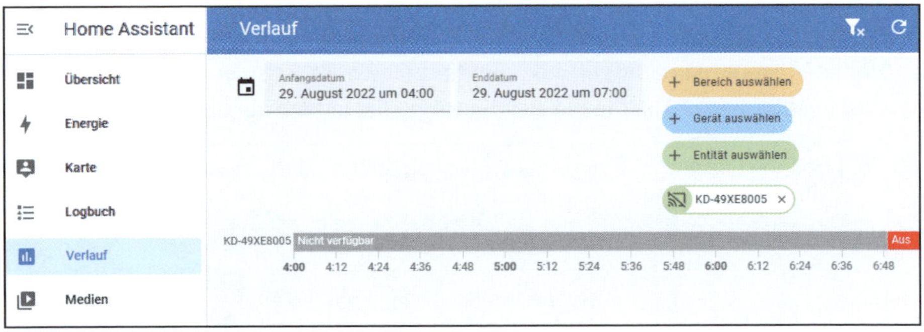

Abbildung 3.24: Die Home-Assistant-Verlaufsanzeige

Sie haben die Möglichkeit, den angezeigten Bereich einzugrenzen nach:

- Zeitraum
- Bereich (z. B. Wohnzimmer)
- Gerät
- Entität (hier z. B. Entität des Geräts *KD-49XE8005* in der Integration *Google Cast*)

- **Der Eintrag »Reparaturen«**

  Mit **Einstellungen • System • Reparaturen** können Sie versuchen, automatisiert Fehler zu beheben (siehe auch Abschnitt 4.3.3).

- **Das offizielle Forum**

  Sie erreichen das offizielle Forum unter *https://community.home-assistant.io*. Reaktionen auf Anfragen erfolgen erfahrungsgemäß innerhalb kurzer Zeit.

  Bei Fragen an das Forum ist es neben einer nachvollziehbaren Beschreibung des Anliegens nahezu zwingend, auch Angaben zum Host, zur Installationsmethode und zur Systemversion zu machen. Je mehr Informationen Sie liefern, desto besser kann Ihnen geholfen werden.

  Weitere Kommunikationskanäle sind:

  - *Heimnetz*: Heimnetz ist ein deutschsprachiges Forum: *https://forum.heimnetz.de/forums/home-assistant.27/*.
  - Der *Discord Chat Server* (*https://discord.gg/c5DvZ4e*): Er hat nahezu 100.000 Mitglieder, und gut ein Zehntel von ihnen ist regelmäßig online.
  - *Reddit*: Auf Reddit finden Sie Foren – sogenannte Subreddits – zu fast allen Themen. Am wichtigsten ist *https://reddit.com/r/homeassistant*. Außerdem können auch */r/smarthome/* und */r/homeautomation/* interessant sein. Etwas allgemeiner, dafür aber deutschsprachig, geht es unter */r/wohnen* zu.

- **GitHub**
  Home Assistant ist Open Source; der Quellcode ist auf GitHub einsehbar: *https://github.com/home-assistant*. Ein weiterer Vorteil ist, dass auch erkannte Probleme (engl. *Issues*) in GitHub dokumentiert sind. Prüfen Sie, ob Ihr Problem dort bereits bekannt ist und ob gegebenenfalls eine Lösung (Workaround) vorgeschlagen wird.
- **Die Entwickler-Dokumentation**
  Die Entwickler-Dokumentation unter *https://developers.home-assistant.io/* ist der Einstieg in eine vertiefte Fehlersuche. Wenn Sie diesen Weg einschlagen wollen, sollten Sie allerdings erste Erfahrungen mit dem System besitzen.
- **Seiten zum Stöbern**
  - *Carlo Costanzo*, wahrscheinlich die am besten dokumentierte Konfiguration im Netz: *https://github.com/CCOSTAN/home-assistantConfig*.
  - *DubhAd*, auch bekannt als *Tinkerer*, teilt seine Konfigurationsdateien unter *https://github.com/DubhAd/home-assistantConfig*.
  - *Geekofweek* hat über 300 Automatisierungen gesammelt: *https://github.com/geekofweek/homeassistant*.
  - *Mahasri Kalavala* hat ein beeindruckendes Setup, bei dem viele verschiedene Geräte zusammenarbeiten: *https://github.com/skalavala/mysmarthome*.
  - *Alok Saboo*, auch als *Arsaboo* bekannt; seine Seite wird regelmäßig aktualisiert: *https://github.com/arsaboo/homeassistant-config*.
  - *Aaron Bach*, auch als *Bachya* bekannt; seine Seite enthält zahlreiche Docker-Dienste: *https://github.com/bachya/smart-home*.

Ein kleiner Nachteil ist, dass die Informationsquellen überwiegend in Englisch sind. Kopieren Sie den Text und fügen Sie den Inhalt in einen Onlineübersetzer ein. Das Übersetzungsergebnis ist oft sprachlich nicht geschliffen und korrekt, aber es genügt in aller Regel, um wichtige Hinweise zur Problemlösung abzuleiten.

Fazit: Aller Anfang ist schwer. Dies gilt insbesondere für so komplexe Systeme wie Home Assistant. Neue, ungewohnte Begriffe leisten auch ihren Beitrag dazu. Mit etwas Übung werden Ihnen die Dinge dann aber leichter von der Hand gehen.

Kapitel 4

Home Assistant administrieren

Home Assistant hat viele Rädchen und Stellschrauben. In diesem Kapitel lernen Sie einen Ausschnitt der wichtigsten Einstellungsmöglichkeiten kennen.

Jede Software bedarf der Betreuung; in der IT ist hierfür der Begriff *administrieren* gebräuchlich. Im einfachsten Fall ist dies das Aufspielen von Updates oder das Sichern von Daten. Je komplexer das System aber ist, desto umfangreicher und differenzierter sind Administrationsmöglichkeiten. Home Assistant ist sicherlich eine komplexere Anwendung, und entsprechend komplex sind daher auch die Optionen, um das System zu verwalten. Notwendig ist die Administration allemal! Viele dieser Verwaltungsaufgaben lassen sich bequem im Browser über das User-Interface erledigen. Bei manchen Dingen ist aber ein Eingreifen auf Dateiebene unumgänglich. Werkzeuge dazu stelle ich Ihnen in Abschnitt 8.2, »File Editor«, und in Abschnitt 8.4, »Samba share«, vor.

In diesem Kapitel möchte ich nur auf die wichtigsten Aspekte der Systemverwaltung eingehen. Darunter verstehe ich an dieser Stelle zwei Belange:

- das Benutzerprofil einer Person
- das System-Controlling

4.1 Ihr Benutzerprofil

In der Systemadministration bezeichnet der Begriff *Benutzerprofil* die Konfiguration eines Benutzerkontos in einem Betriebssystem oder einer Anwendung. Dabei ist es häufig so, dass der Anwender einige (unkritische) Einstellungen selbst vornehmen kann, andere sind einer bestimmten Rolle (der des Administrators) vorbehalten.

4.1.1 Einstellungen, die Anwender ändern dürfen

Nach der Erstinstallation oder nach der Neuaufnahme eines Benutzers durch den Administrator ist das Benutzerprofil zwar in Teilen mit auf die Person zugeschnittenen Werte belegt, überwiegend sind es jedoch voreingestellte Werte, die entweder nicht den persönlichen Vorstellungen entsprechen oder die Nutzung von Funktionalitäten des Systems ausschließen. Ihr Benutzerprofil rufen Sie durch einen Klick auf Ihr User-Icon unten in der linken Seitenleiste auf (siehe Abbildung 4.1).

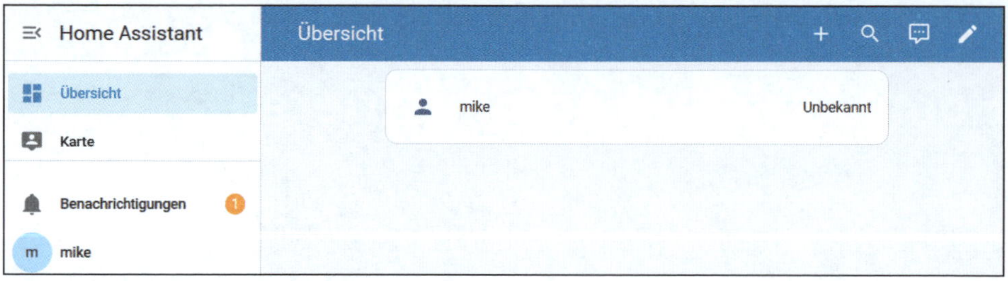

Abbildung 4.1: Zugang zum persönlichen Benutzerprofil

Das Fenster für das Benutzerprofil verfügt über die beiden Register **Allgemein** und **Sicherheit** (siehe Abbildung 4.2).

Abbildung 4.2: Das Fenster für das Benutzerprofil

Allgemeine (persönliche) Benutzereinstellungen

Dieser Bereich umfasst die Einstellungsmöglichkeiten, mit denen Sie das Verhalten von Home Assistant und die Darstellung in der Bedienoberfläche (*User-Interface*, UI) beeinflussen können.

<angemeldeter Benutzer>

Unter diesem Punkt ist die Schaltfläche für ein geordnetes **Abmelden** zu finden.

Benutzereinstellungen

Unter **Benutzereinstellungen** bündelt Home Assistant diverse Formate, die den angemeldeten Benutzer betreffen.

- **Sprache**

  Die Muttersprache von Home Assistant ist Englisch. Die Verwaltung von Übersetzungen übernimmt *Lokalise*, ein Onlineübersetzungstool. Die Menüs von Home Assistant sind also – wenn überhaupt – maschinell übersetzt, was leider hier und da für Verwirrung und Stilblüten sorgen kann.

- **Feldformate**

  Diese Formate betreffen das Format für Zahlen, die Uhrzeit, das Datumsformat und den ersten Tag der Woche. Die Einstellungen orientieren sich zunächst einmal an den Spracheinstellungen (Auswahl **Auto**).

  Dabei betrifft das Zahlenformat die Darstellung von Dezimaltrennung (Punkt, Komma) und Tausendertrennung (keine, Punkt, Komma). Bei der Auswahl **Auto** (Spracheinstellung) ist das Ergebnis für die Sprache Deutsch dann `123.345,99`.

  Das Uhrzeitformat ist analog zum Zahlenformat zu sehen und ergibt hier beispielsweise `8:40`.

  Dementsprechend wird das Datum z. B. als `24.12.2025` dargestellt, und die Woche startet mit Montag.

- **Elemente der Seitenleiste ausblenden oder Reihenfolge ändern**

  Üblicherweise ist die Seitenleiste bei einer Neuanmeldung aufgeklappt, und die Elemente haben eine bestimmte Reihenfolge. Dies können Sie jedoch nach Ihren persönlichen Vorstellungen anpassen (siehe Abbildung 4.3).

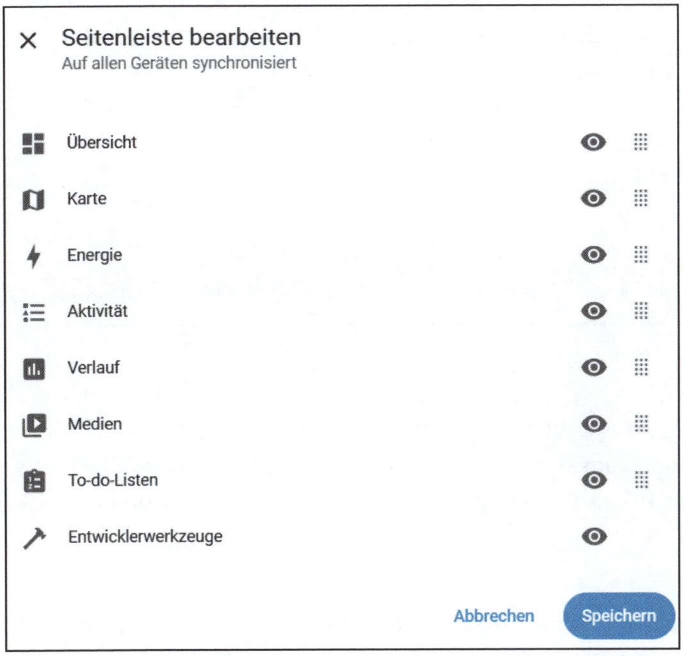

Abbildung 4.3: Seitenleiste bearbeiten

Blenden Sie einzelne Elemente über das Augen-Icon ein bzw. aus. Die Reihenfolge ändern Sie durch Drag and Drop des Matrix-Icons.

- **Erweiterter Modus**

  Die Entwickler von Home Assistant verfolgen das Ziel, die Standardbenutzeroberfläche möglichst zu vereinfachen. Dazu verbergen sie bestimmte Konfigurationsoptionen. Recht bald benötigen Sie diese jedoch (z. B. im Zusammenhang mit dem Add-on *Secure Socket Shell* in Abschnitt 8.5), sodass es sich anbietet, diese Option frühzeitig zu aktivieren.

- **Entitäts-IDs in Auswahl anzeigen**

  Sie können sich die vollständigen Entitäts-IDs anzeigen lassen, wenn Entitäten aus einer Menüliste ausgewählt werden. Die Aktivierung dieser Einstellung ist bei Tests und in der Entwicklung hilfreich.

Browsereinstellungen

Bestimmen Sie hier das Verhalten von Home Assistant in Ihrem Browser.

- **Thema** (engl. *Theme*)

  Themen sind komplett durchgestalte Layoutvorlagen für eine Website. Ein *Theme* sorgt dafür, dass das Design aller Elemente konsistent ist, dass zum Beispiel alle Hauptüberschriften, Zwischenüberschriften, Einleitungstexte, Listen, Schalter usw. in allen Seiten gleich aussehen. Das verwendete Theme legt der Administrator fest. Sofern dies geschehen ist, haben Sie hier die Möglichkeit, über eine Drop-down-Liste auf ein anderes Theme auszuweichen (siehe Abbildung 4.4).

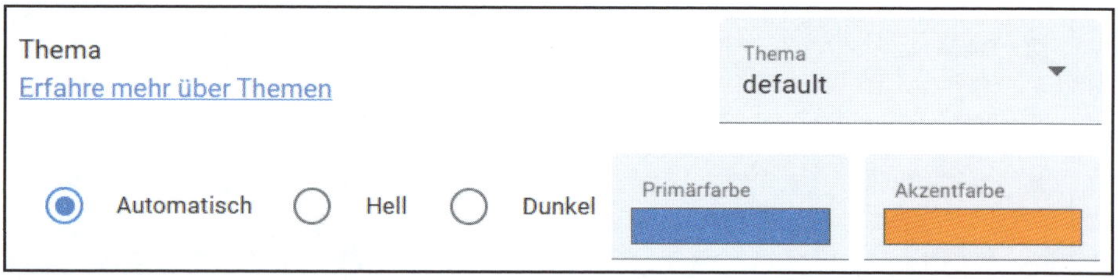

Abbildung 4.4: Das UI-Thema anpassen

  Im Übrigen können Sie das UI mit hellem Hintergrund (**Hell**, dunkle Schrift) oder dunklem Hintergrund (**Dunkel**, helle Schrift) konfigurieren. Die Möglichkeit, mithilfe einer Farbpalette die **Primärfarbe** und die **Akzentfarbe** festzulegen, rundet das Angebot ab.

- **Dashboard**

  Im Laufe der Zeit ergibt sich in der Regel die Notwendigkeit, mehrere Dashboards einzurichten. Hier legen Sie fest, welches Dashboard bei einer Anmeldung zuerst angezeigt wird.

- **Die Seitenleiste immer ausblenden**

  Wenn Sie nur das Dashboard sehen möchten, können Sie die gesamte Seitenleiste verstecken.

- **Vibrieren**

  Diese Einstellung betrifft die Home-Assistant-App (siehe Abschnitt 7.4).

- **Benachrichtigungen empfangen**

  Unter *Benachrichtigungen empfangen* versteht Home Assistant Meldungen an einen Browser (z. B. Chrome, Firefox) auch außerhalb des lokalen Wi-Fi-Netzes.

- **Hintergrundverbindungen aussetzen**

  Dies ist ein Sicherheitsfeature, gerade wenn Sie als Administrator angemeldet sind. Es sorgt dafür, dass eine Verbindung nicht offen bleibt, sondern nach einiger Zeit automatisch geschlossen wird. In einem großen Netzwerk ist diese Option Pflicht; in einem Heimnetzwerk, in dem Sie wahrscheinlich der einzige Nutzer sind, ist sie nicht so wichtig.

- **Tastaturkürzel**

  Tastaturkürzel sind eine feine Sache, denn sie erlauben einem Geübten ein flottes Arbeiten. Home Assistant belegt diesen Begriff mit folgenden Möglichkeiten:

  - **Entity Filter** (`e`): Auflisten aller Entitäten, ohne von Ihrer aktuellen Ansicht wegnavigieren zu müssen. Die Kopfzeile enthält das Suchfeld.
  - **Command Palette** (`c`): Ausführen verschiedener Befehle von einer beliebigen Stelle, ohne zu einer anderen Ansicht navigieren zu müssen. Die Auswahl hängt von der Stelle ab, von der die Aktion ausgelöst wurde.
  - **Create My Link** (`m`): Öffnet für Sie einen neuen Tab, um einen My-Link zu der Seite zu erstellen, auf der Sie sich befinden.

Sicherheit

Hier finden Sie die sicherheitsrelevanten Einstellungen.

Das Passwort ändern

Mit dieser Option ändern Sie das Passwort. Nach Eingabe des aktuellen Passworts folgt die Festlegung und Bestätigung des neuen Passworts.

Das Multi-Faktor-Authentifizierungsmodul

Home Assistant verfügt über ein modernes Anmeldeverfahren, das sicherer als die einfache Eingabe eines Passworts ist, denn ein Passwort kann ja verloren gehen. Indem weitere Faktoren – wie beispielsweise Ihr Handy – für die Anmeldung genutzt werden, sorgen Sie dafür, dass die Anmeldung sicherer gestaltet wird.

Das macht dieses Modul selbstverständlich interessant, es sorgt aber auch für deutlich mehr Komplexität. Außerdem müssen Sie natürlich auch noch aufpassen, dass Sie sich nicht aussperren.

Meiner Meinung nach ist diese Absicherung für kleine Setups daheim übertrieben. Falls Sie jedoch mit Home Assistant eine ganze Gebäudesteuerung umsetzen wollen und es auch darum geht, den Zutritt zum Haus über smarte Schließsysteme zu überwachen, sollten Sie die zusätzliche Sicherheit dieses Moduls nutzen und dafür sorgen, dass es viel schwerer wird, Ihr Konto zu kapern.

Refresh-Token

Jede Anmeldung erzeugt ein *Refresh-Token*. (dt.: Aktualisierungstoken). Nach einem kontrollierten **Abmelden** deaktiviert Home Assistant das Token und entfernt es automatisch. Von Zeit zu Zeit sollten Sie restliche und nicht mehr aktive Token manuell entfernen. Nach 90 Tagen werden nicht genutzte Refresh-Token automatisch gelöscht.

Langlebige Zugriffstoken

Langlebige Zugriffstoken sind nötig, damit Skripte mit Ihrer Home-Assistant-Instanz interagieren können. Jedes Token ist ab der Erstellung für zehn Jahre gültig. Ein Token erstellen Sie mit einem Klick auf **Token erstellen**. Ein Anwendungsbeispiel finden Sie in Kapitel 19, »Hacks und Projektideen«.

4.1.2 Einstellungen, die dem Administrator vorbehalten sind

In Home Assistant gibt es einen wichtigen konzeptionellen Unterschied zwischen Personen und Benutzern:

- Person (*Person*)

  Personen repräsentieren echte Menschen, sofern deren Bekanntsein für Ihr Smart Home sinnvoll ist. Ansatzpunkte sind z. B.:

  - Anwesenheitserkennung (zu Hause/abwesend)
  - Verknüpfung mit Device-Trackern (Smartphone, GPS, Bluetooth, WLAN-Router)
  - Verwendung in Automationen (z. B. »Wenn Person X nach Hause kommt, schalte Licht ein«)
  - Darstellung auf Karten und im Dashboard

  Eine Person kann auch ohne Log-in-Möglichkeit existieren. Sie kann dann nicht auf Home Assistant zugreifen, aber trotzdem für Device-Tracking und Automationen genutzt werden. So können Sie beispielsweise für Ihre Kinder Personen anlegen, um deren Anwesenheit zu tracken, ohne dass diese sich einloggen können.

- Benutzer (*User*)

  Benutzer hingegen dienen einzig der Möglichkeit, sich in Home Assistant anzumelden, also Zugriff auf die Bedienoberfläche oder generell das System zu erlangen. Der Hauptzweck ist, Authentifizierungs- und Log-in-Möglichkeiten für technische Systeme wie Node-RED, IoT-Geräte oder Kameras zu schaffen.

Personen und Benutzer sind verknüpft. Ohne einen verknüpften Benutzer kann sich eine Person nicht einloggen. Eine Person, die sich einloggen können soll, benötigt zwingend einen verknüpften Benutzer.

Der Administrator kann die ihm vorbehaltenen Einstellungen sowohl bequem über das User-Interface als auch über Ergänzungen der Konfigurationsdatei vornehmen.

Änderungen über das User-Interface

Gehen Sie über **Einstellungen • Personen** in den entsprechenden Zweig der Bedienoberfläche. Das Fenster weist eine Registerkarte für **Personen** und eine für **Benutzer** auf (siehe Abbildung 4.5).

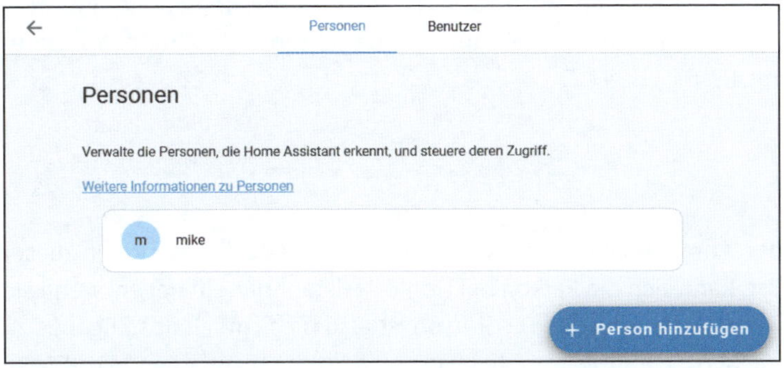

Abbildung 4.5: Administration von Personen/Benutzern im GUI

Person hinzufügen

Ein Klick auf die entsprechende Schaltfläche öffnet ein Fenster zur Eingabe der diesbezüglichen Daten (siehe Abbildung 4.6).

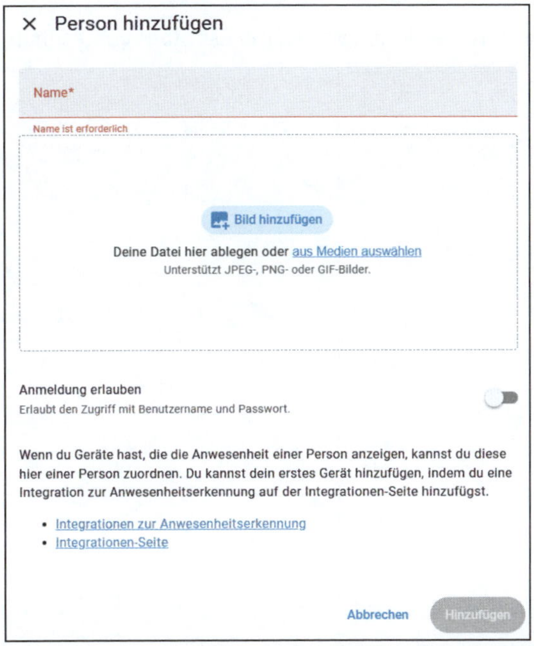

Abbildung 4.6: Das Fenster, um eine Person hinzuzufügen

Das Fenster zeigt die Eigenschaften, die mindestens festzulegen sind:

- **Name:** der Benutzername (z. B. *user*).
- **Bild:** ein Profilbild. Bei einem Klick auf die Schaltfläche öffnet sich der Datei-Explorer. Navigieren Sie zu dem Bild, das Sie nutzen möchten, und wählen Sie es aus. In einem Folgefenster haben Sie noch die Möglichkeit, das Bild auf die richtige Größe zuzuschneiden. Schließen Sie diesen Teilvorgang mit **Zuschneiden** ab.
- **Anmeldung erlauben:** Home Assistant kennt auch »fiktive« Personen, die das System z. B. in Form von Automatisierungen nutzen können. »Reale« Personen benötigen eine Log-in-Erlaubnis. Mit dem Erteilen dieser Erlaubnis sind weitere Einstellungen verbunden (siehe Abbildung 4.7):
  - **Anzeigename**
  - **Benutzername**
  - **Passwort**
  - **Beschränkung der Anmeldeerlaubnis nur auf das lokale Netzwerk:** Wenn dieser Schalter gesetzt ist, kann sich die Person bei Home Assistant nur einloggen, wenn sie mit dem lokalen Netz verbunden ist. Die Person ist also hinsichtlich des Zugangs zu Home Assistant gesperrt, wenn sie remote (also von außerhalb) auf irgendeine Weise (über DuckDNS, Nabu Casa oder Ähnliches) im lokalen Netz angemeldet ist. Diese Option ist per Voreinstellung deaktiviert. Aktivieren Sie sie im Hinblick auf die Systemsicherheit, sofern die Person tatsächlich von außen keinen Systemzugang haben muss.
  - **Administrator-Rolle:** Diese Option bekommen Sie nur zu sehen, wenn Sie als Administrator angemeldet sind. Mit diesem Schalter können Sie diese Rechte für Ihr Konto ablegen.
  - **Gruppen:** Gruppen sind erst für spätere Versionen von Home Assistant vorgesehen.

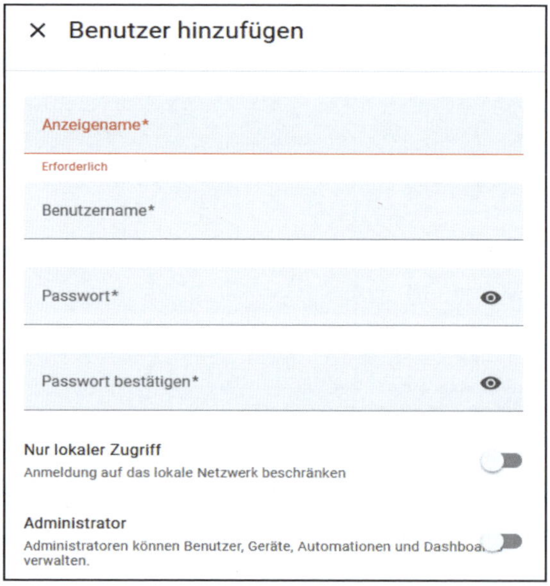

Abbildung 4.7: Das Fenster, um eine Person hinzuzufügen, mit Anwesenheitserkennung

- **Integrationen Seite:** Über die **Integrationen Seite** ordnen Sie der Person ein oder mehrere Geräte (in der Regel ein Mobiltelefon) zu. Sie schaffen damit die Voraussetzung für eine Präsenzerkennung. Präziser ausgedrückt, handelt es sich um die Entitäten von Geräten. So kann ein und dasselbe Gerät auch mehrere Entitäten haben, z. B. wenn der Router das Gerät als angemeldet erkennt und zusätzlich die Home-Assistant-App diese Information meldet.

Einen Standardnutzer einrichten

Weit verbreitet ist wahrscheinlich, dass Home-Assistant-Anwendungen nur einen Benutzer haben, der gleichzeitig erweiterte Administratorrechte hat und auch haben muss. Das birgt jedoch Gefahren datenschutz- und datensicherheitstechnischer Art. Besser ist es, für den täglichen Umgang einen eigenen Benutzer einzurichten, also einen »Standardnutzer« ohne Administratorrechte.

Person ändern oder löschen

Einstellungen • Personen sowie Klick auf einen Personeneintrag ist auch der Pfad,um dessen Eigenschaften zu ändern oder ihn zu löschen. Die änderbaren Eigenschaften entsprechen denen beim Neuanlegen einer Person. Den Dialog beenden Sie mit **Löschen** bzw. **Aktualisieren**.

Benutzer

Benutzer verschafft Ihnen einen Überblick über die im System eingerichteten User sowie einige Eigenschaften (siehe Abbildung 4.8).

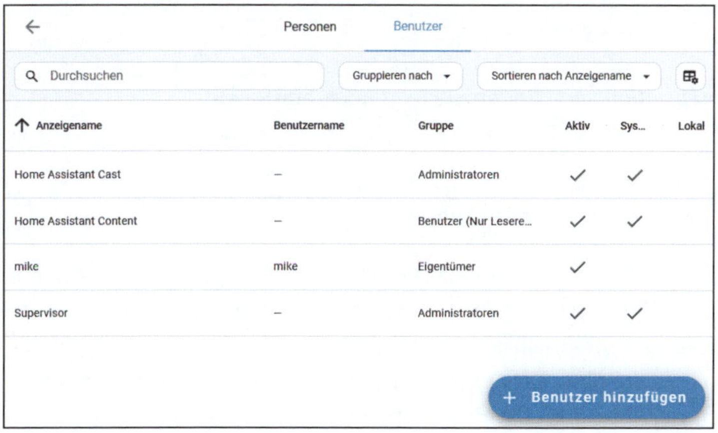

Abbildung 4.8: Das Fenster mit der Liste der Benutzer

Mit **+ Benutzer hinzufügen** legen Sie einen neuen Eintrag an. Anzugeben sind dann:

- der Anzeigename,
- der Benutzername,

- das Passwort,
- die Zugriffserlaubnis (außerhalb des lokalen Netzes) sowie
- die Administratoreneigenschaft.

Änderungen über die Konfigurationsdatei

Außer über die Konfigurationsmenüs können Sie das Verhalten von Home Assistant auch über die Datei *configuration.yaml* ändern. Dies ist sehr praktisch, wenn Sie Ihr Setup sichern möchten oder die Einstellungen weitergegeben werden sollen: Kopieren Sie dann einfach die Datei. Inspiration für eigene Konfigurationen erhalten Sie in der offiziellen Dokumentation. Unter *https://www.home-assistant.io/examples/* werden besonders eindrucksvolle Setups aus der Community vorgestellt. Da sich die YAML-Syntax gut lesen lässt, finden Sie hier Ideen für die eigene Umsetzung. Nachfolgend möchte ich Ihnen zwei Beispiele für Änderungen an der Konfigurationsdatei vorstellen.

Themes setzen

Themes setzen Sie ganz einfach in der *configuration.yaml*, indem Sie die nötigen Werte angeben:

```
frontend:
  themes:
    zufrieden:
      primary-color: pink
      text-primary-color: purple
      mdc-theme-primary: plum
    abweisend:
      primary-color: steelblue
      accent-color: darkred
```

In einer »frischen« *configuration.yaml* finden Sie folgende Codezeilen:

```
# Load frontend themes from the themes folder
frontend:
  themes: !include_dir_merge_named themes
```

Diese konfigurieren in der *configuration.yaml* das Frontend-Theming so, dass alle Theme-Dateien aus einem Unterordner *themes* geladen und zu einem gemeinsamen Theme-Set zusammengeführt werden, was natürlich deutlich zu einer besseren Struktur und größerer Übersicht beiträgt. Um bei dem oben genannten Beispiel zu bleiben, enthielte der Ordner *themes* also die Dateien *zufrieden* und *abweisend* mit den vier bzw. drei Codezeilen.

[»]

Definierte Farben in Home Assistant

Home Assistant kennt einige namentlich definierte Farben, z. B. `plum` oder `pink`. Eine Liste aller internen Farbdefinitionen finden Sie unter *https://github.com/home-assistant/core/blob/dev/homeassistant/util/color.py*.

Personen

Manche Entwickler bevorzugen es, auch Personen über die Konfigurationsdatei zu administrieren:

```
person:
  - name: User
    id: user4711
    device_trackers:
      - device_tracker.user
```

Andere Elemente in die Seitenleiste aufnehmen

Wenn Sie über die Seitenleiste einen Schnellzugang zu oft benutzten Einstellungen oder dergleichen schaffen wollen, können Sie dies recht einfach mit der Integration *Custom Panel* realisieren, die standardmäßig eingebunden ist. Erforderlich sind nur entsprechende Einträge in der *configuration.yaml*:

```
panel_custom:
  - name: panel_automatisations
    sidebar_title: Automatisierungen
    sidebar_icon: mdi:restart
    url_path: 'config/automation/dashboard'
    module_url: /api/hassio/app/entrypoint.js
    embed_iframe: true
    require_admin: true
  - name: panel_integrations
    sidebar_title: Integrationen
    sidebar_icon: mdi:all-inclusive-box-outline
    url_path: 'config/integrations'
    module_url: /api/hassio/app/entrypoint.js
    embed_iframe: true
    require_admin: true
```

Das Beispiel setzt direkte Zugänge zur Bearbeitung von **Integrationen** und **Automatisierungen** (siehe Abbildung 4.9).

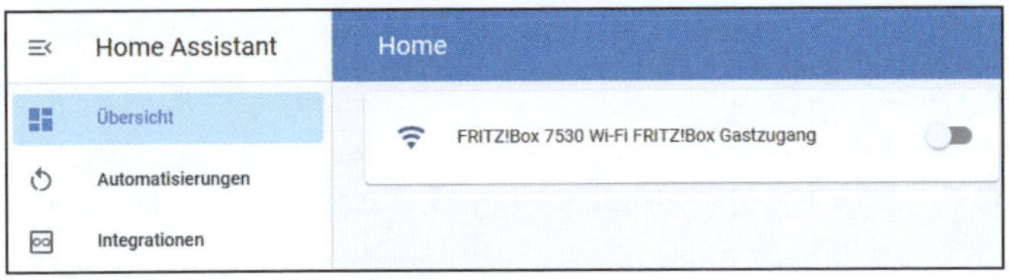

Abbildung 4.9: Seitenleiste ergänzen

Funktionen systemweit deaktivieren

Sie können implementierte Funktionen auch systemweit deaktivieren. Damit verschwindet dann der Eintrag in der linken Seitenleiste ebenfalls. Passen Sie die *configuration.yaml* wie folgt an:

```
# individuelles Hinzufügen der genutzten Komponenten
homeassistant:
automation: !include automations.yaml
script: !include scripts.yaml
scene: !include scenes.yaml
# energy:    # kein Hinzufügen des Merkmals; Energy nicht in Seitenleiste
# map:       # kein Hinzufügen des Merkmals; Map nicht in Seitenleiste
```

Aber Vorsicht: Dadurch wird das Standardkonfigurationspaket entfernt, und Sie müssen manuell alle gewünschten Komponenten aktivieren. Dies ist jedoch komplex und kann die Funktionalität beeinträchtigen.

4.2 Systeminformationen von Home Assistant abrufen

Im Fehlerfall oder aber schlicht, um die Aktualität des Systems und seiner Komponenten zu überprüfen, sind detaillierte Informationen unerlässlich. Diesen Informationen sind Sie schon begegnet, und zwar mit dem Hinweis auf verfügbare Updates in der Seitenleiste von Home Assistant Supervised.

Detaillierte Informationen erhalten Sie im Startfenster der Systeminformationen unter **Einstellungen • über** (siehe Abbildung 4.10).

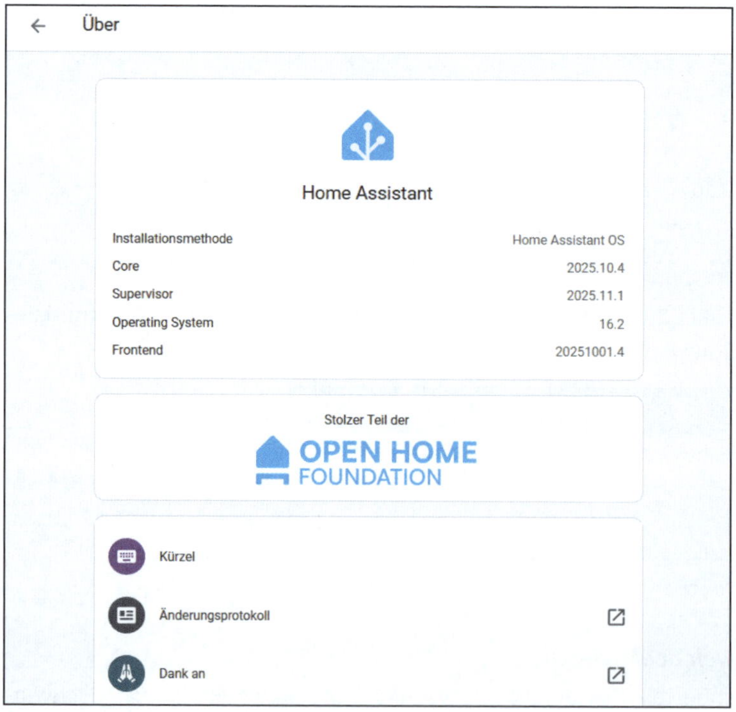

Abbildung 4.10: Die Systeminformationen von Home Assistant

Von den einzelnen Einträgen möchte ich Ihnen besonders den Punkt **Fehlerberichte** ans Herz legen (unten in der Liste und daher nicht in der Abbildung). Ein Klick darauf leitet Sie zu einer GitHub-Seite weiter, in der aktuelle Probleme mit Home Assistant und seinen Komponenten beschrieben werden. Diese Seite ist eine gute Anlaufstelle, wenn etwas (bei einer neuen Version) nicht klappen sollte.

Systeminformationen über den Supervisor abfragen

Der Supervisor lauscht auf Port 4357. Fordern Sie mit einer *http*-Anfrage in der Form *http://x.x.x.x:4357* bei Bedarf Systeminformationen an. Sie erhalten Angaben zu drei wesentlichen Aspekten (siehe Abbildung 4.11). So können Sie schnell herausfinden, ob Ihre Installation wie gewünscht funktioniert.

Abbildung 4.11: Home Assistant Supervisor im Browser

4.3 Systemeinstellungen ändern

Das Startfenster für das Ändern genereller Systemeinstellungen erreichen Sie über **Einstellungen • System** (siehe Abbildung 4.12). Wichtig: Hier finden Sie auch die Schaltfläche zum Neustart des Systems!

4.3.1 Allgemein

Hier können Sie die Festlegungen aus der Erstanmeldung ändern (siehe Abschnitt 2.6). Dies sind:

- der Name Ihrer Anwendung,
- die Zeitzone,
- die Höhe des Standorts über dem Meeresspiegel,
- das Maßeinheitensystem,
- die Währungseinheit sowie
- der Standort.

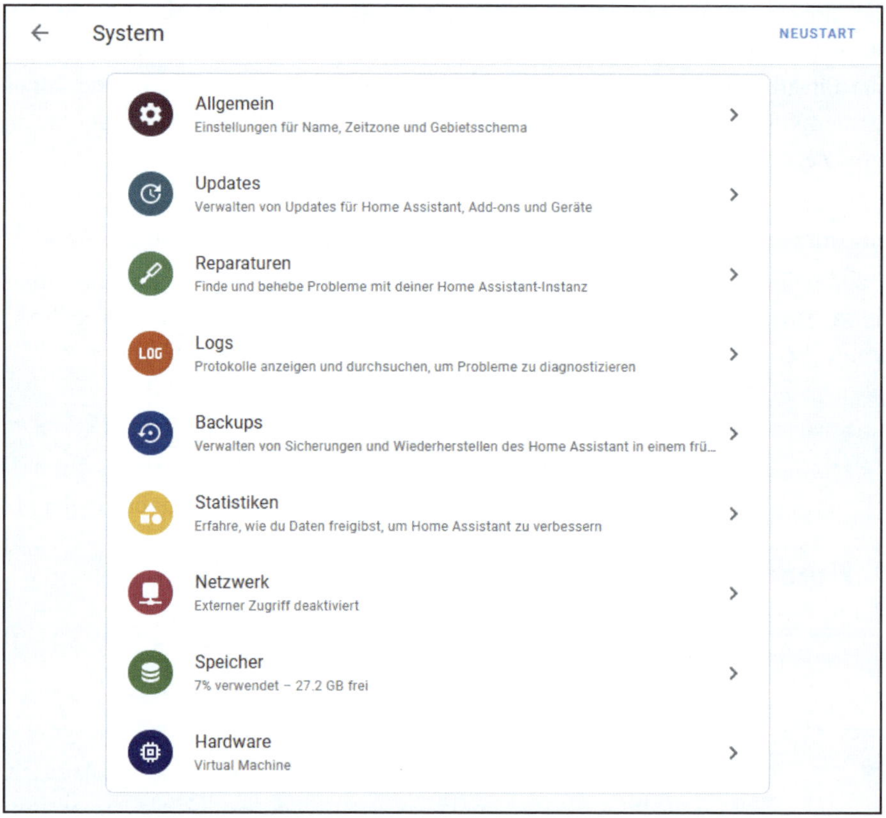

Abbildung 4.12: Das Home-Assistant-Startfenster für die Systemeinstellungen

4.3.2 Das Home-Assistant-System aktualisieren

Wenn Sie *Home Assistant Supervised* nutzen, haben Sie den Vorteil, dass Sie im Startfenster in der linken Seitenleiste bei **Einstellungen** einen kaum zu übersehenden Hinweis über verfügbare Updates erhalten (orangefarbener Punkt mit Anzahl der Updates). Ein Klick auf den Seitenleisteneintrag zeigt dann nähere Informationen wie etwa die in Abbildung 4.13.

Abbildung 4.13: Update-Informationen in Home Assistant Supervised

Die Navigation über **Einstellungen • System • Updates** zeigt das gleiche Bild. Nutzen Sie dagegen *Home Assistant Core*, gehen Sie leer aus und müssen Ihr System auf eine weniger komfortable Art und Weise aktualisieren. Dazu komme ich im nächsten Abschnitt.

Systemsicherung und System-Downgrade

Updates sind häufig eine heikle Sache – zum Beispiel weil die Neuerungen noch nicht ausgereift sind, die neue Version Inkompatibilitäten mit anderen wichtigen Komponenten aufweist oder weil der Update-Prozess selbst hakt. Führen Sie vor einem System-Update unbedingt eine Vollsicherung des Systems durch.

Unter einem System-Downgrade versteht man die Rückkehr zu einer alten Systemversion. Sie stellt eine Alternative zu einem Recovery aus einem Backup dar und greift auch dann, wenn eine Sicherung nicht vorhanden ist. Öffnen Sie ein Terminal. Geben Sie dann als Befehl ein:

```
ha core update -version 2023.3.1
```

Die Versionsnummer müssen Sie natürlich an die gewünschte Zielversion anpassen.

Home Assistant Supervised updaten

Wenn Sie die Supervised-Variante nutzen, können Sie Home Assistant sehr einfach aktualisieren. Durch einen Klick auf einen Listeneintrag (hier den Service **Home Assistant Core**, siehe Abbildung 4.13) leiten Sie den Update-Prozess ein (siehe Abbildung 4.14).

Abbildung 4.14: Das Update für Home Assistant Core einleiten

Über das **Einstellungen**-Icon am rechten Rand der Überschriftenzeile lassen sich noch Parameter verfeinern – wie der zu erfassende Gerätebereich. Die Registerkarte **Verlauf** beinhaltet eine Kurzfassung der Informationen, die Sie über die Menüpunkte **Verlauf** und **Logbuch** in der linken Seitenleiste erhalten.

Klicken Sie auf **INSTALLIEREN**, um den Update-Prozess zu starten. Haben Sie Geduld, denn der Vorgang kann dauern. Bei Erfolg ist die Liste der offenen Updates um einen Punkt gekürzt, und **Einstellungen • Über** bestätigt die gewünschte neue Version.

Ein Update des *Home Assistant Operating System* initiieren Sie auf analoge Weise. Hier ist es jedoch so, dass Sie nicht explizit zum Erstellen eines Backups aufgefordert werden – sinnvoll ist es dennoch. Der Update-Prozess fährt Home Assistant herunter, installiert das neue Operating System und startet das System neu. Auch das dauert. Beobachten Sie die Abläufe gegebenenfalls über ein Terminal, das an Ihren Home-Assistant-Host angeschlossen ist. Bei Erfolg meldet Sie das System neu an, die Liste der offenen Updates ist um einen Punkt gekürzt, und **Einstellungen • Über** bestätigt wiederum die gewünschte neue Version.

Home Assistant über Docker updaten

Wenn Sie Home Assistant in einem Docker-Container nutzen, müssen Sie das Image aktualisieren, auf dem der Container beruht. Docker-Anwendungen sind so aufgebaut, dass Ihre Nutzerdaten vom eigentlichen System getrennt gespeichert werden. Sie können das Image also aktualisieren, ohne dass Ihre Konfiguration verändert wird. Das funktioniert allerdings nicht aus Home Assistant selbst heraus, sondern muss auf dem Host geschehen, auf dem der Container läuft. Öffnen Sie dort ein Terminal.

Neues Image besorgen

Besorgen Sie sich das neueste Image:

```
sudo docker pull ghcr.io/Home Assistant/Home Assistant:stable
```

Lautet die Meldung `Image is up to date`, verwenden Sie die neueste Version und können abbrechen. Ansonsten lädt Docker das Image herunter (siehe Abschnitt 2.2.3, »Container (Docker) auf dem Raspberry Pi nutzen«, Schritt 2, sowie Abbildung 4.15).

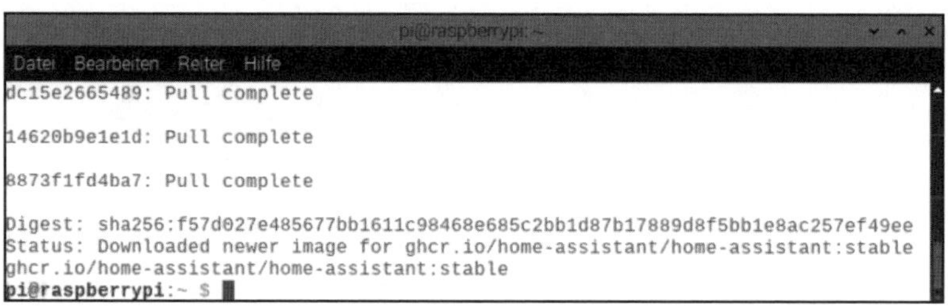

Abbildung 4.15: Laden Sie über Docker ein neues Image herunter.

Halten Sie den Container an und entfernen Sie ihn

Stoppen Sie den laufenden Container:

```
sudo docker stop homeassistant
```

Entfernen Sie den alten Container:

```
sudo docker rm homeassistant
```

Den neuen Container starten

Starten Sie den neuen Container:

```
sudo docker run -d \
  --name homeassistant \
  --privileged \
  --restart=unless-stopped \
  -e TZ=Europe/Berlin \
  -v /home_assistant_config:/config \
  --network=host \
  ghcr.io/Home Assistant/Home Assistant:stable
```

Home Assistant Core updaten

Wenn Sie *Home Assistant Core* aktualisieren wollen, müssen Sie direkt auf das Hostsystem zugreifen und über die virtuelle Python-Umgebung tätig werden.

Nutzerwechsel durchführen

Wechseln Sie zum Nutzer, der Home Assistant ausführt:

```
sudo -u homeassistant -H -s
```

Virtuelle Umgebung aktivieren

Aktivieren Sie die virtuelle Umgebung, in der Home Assistant ausgeführt wird:

```
sudo source /srv/homeassistant/bin/activate
```

Neue Version herunterladen und installieren

Laden Sie die neue Version herunter und installieren Sie sie:

```
pip3 install --upgrade homeassistant
```

Grundsätzlich sollten Sie sich dabei an den Befehlen zur ursprünglichen Installation orientieren, die Sie in Abschnitt 2.2.2 finden.

Home Assistant neu starten

Starten Sie den Dienst *Home Assistant* mit `hass` neu.

4.3.3 Reparaturen

Home Assistant verfügt über das nette Feature der Selbstreparatur, um Fehler zu lokalisieren und gegebenenfalls zu beheben (siehe Abbildung 4.16).

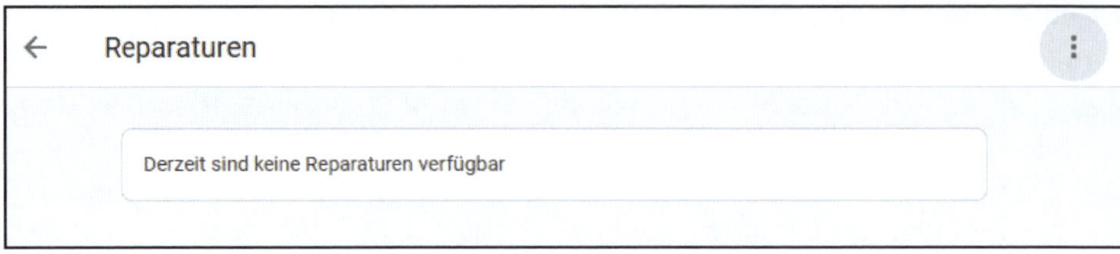

Abbildung 4.16: Bei Bedarf können Reparaturen durchgeführt werden.

Versprechen Sie sich aber nicht zu viel von dieser Option, denn zaubern kann sie nicht. Es schadet aber nicht, dieses Menü bei Problemen im Blick zu haben – vielleicht lässt sich ein Fehler ja doch ganz rasch und automatisch beheben.

Ein Klick auf das Menü-Icon und dann auf **Informationen zum System** zeigt Ihnen zusammengefasst die wichtigsten Kenndaten Ihrer Anwendung (siehe Abbildung 4.17). Diese Informationen sind besonders hilfreich, wenn Sie in der Community ein Problem beschreiben wollen oder einen Bug an das Entwicklerteam melden. Liefern Sie möglichst viele Infos mit.

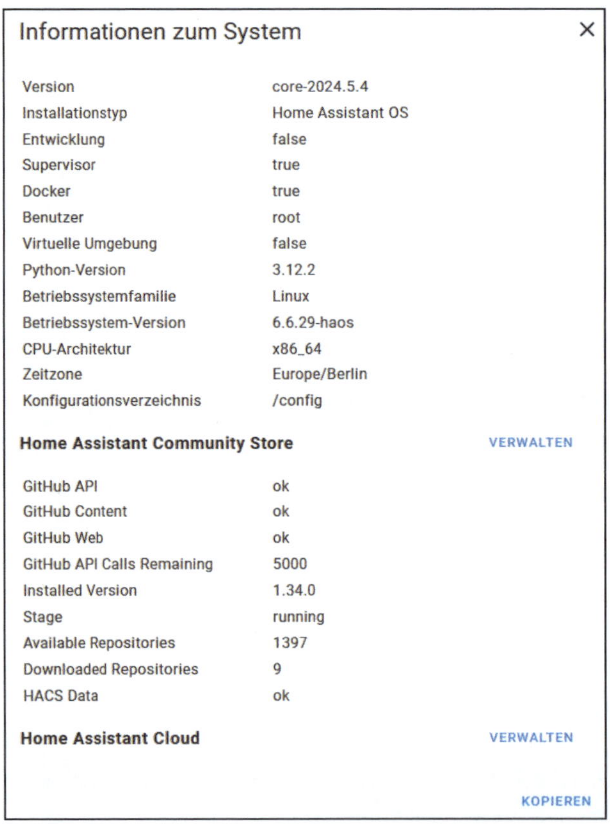

Abbildung 4.17: Die Home-Assistant-Systeminformationen

4.3.4 Protokolle

Die Protokolle (*System-Logs*) geben Auskunft über Ablauffehler im System (siehe Abbildung 4.18).

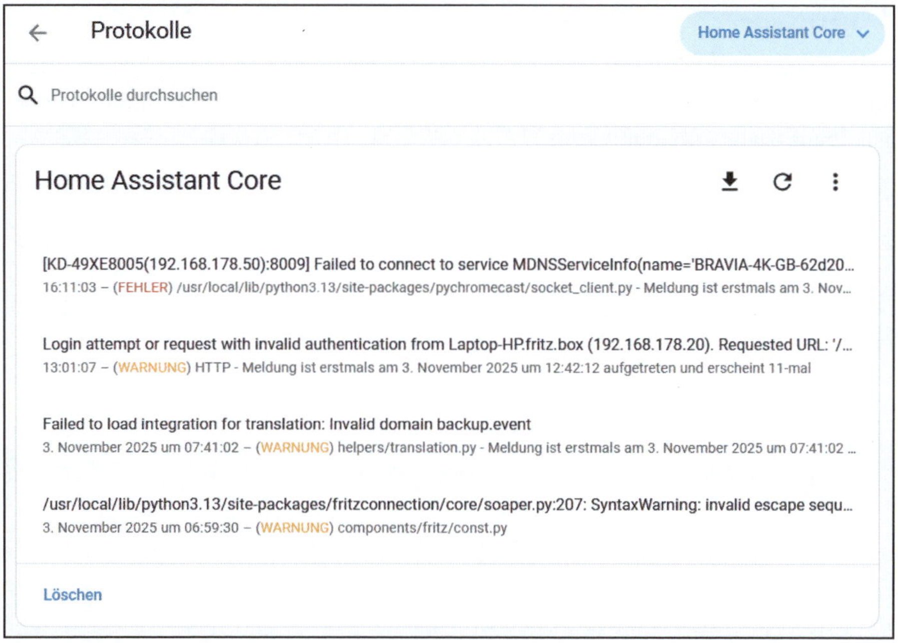

Abbildung 4.18: Die Home-Assistant-Protokolle

Das Drop-down-Menü in der Kopfzeile erlaubt ein Filtern der Informationen (hier **Home Assistant Core**). Mit einem Klick auf das Download-Icon erhalten Sie detailreiche Informationen (siehe Abbildung 4.19).

Wenn Sie bei Problemen in der Community um Rat suchen, sollten Sie diese Informationen zur Hand haben und mitliefern. Auch das Entwicklerteam kann bei Fehlern viel besser reagieren, wenn Sie möglichst umfassende Angaben machen können.

Abbildung 4.19: Die vollständigen Home-Assistant-Protokolle

4.3.5 Backups

Auf Backups gehe ich in Abschnitt 4.4 gesondert ein.

4.3.6 Netzwerk

Die Netzwerkschnittstelle bestimmt die Erreichbarkeit eines Geräts im (lokalen) Netz. Wesentliche Eigenschaften sind der Name des Geräts im Netzwerk und die Art des Verbindungsaufbaus (siehe Abbildung 4.20).

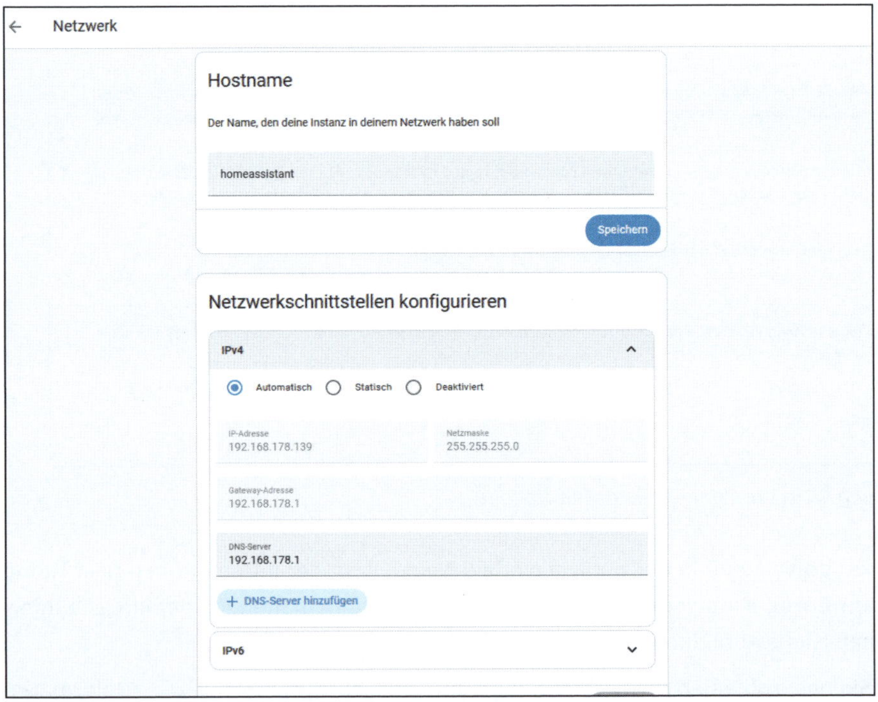

Abbildung 4.20: Die Netzwerkeinstellungen von Home Assistant

Mit dem Hostnamen können Sie – in aller Regel – Ihr Gerät direkt über den Browser aufrufen (hier: *http://homeassistant:8123*). Ändern Sie den Namen, wenn in Ihrem Netz zwei Home-Assistant-Anwendungen (z. B. für Tests und den Echteinsatz) laufen.

Auch innerhalb des lokalen Netzes hat jedes Gerät eine IP-Adresse. Diese kann das Format IPv4 oder IPv6 haben und ist für Ethernet-(Kabel-) und WLAN-Verbindung unterschiedlich. Die Vergabe dieser Adressen erfolgt üblicherweise durch den Router (DHCP = *Dynamic Host Configuration Protocol*; das Kontrollkästchen **DHCP** ist aktiviert). Der Vorteil ist, dass eine doppelte Vergabe von IP-Adressen ausgeschlossen sein sollte. Ohne weiteres Zutun können die zugewiesenen IP-Adressen z. B. nach Neustarts unterschiedlich sein.

Es gibt jedoch Situationen, in denen eine feste und damit »planbare« IP-Adresse unabdingbar ist. Dies kann der Fall sein, wenn andere Geräte mit der Home-Assistant-Anwendung kommunizieren wollen und dies nur über eine fixe IP-Adresse möglich ist. Dieser Problemstellung können Sie mit einer angepassten Konfiguration einer statischen IP-Adresse begegnen (das Kontrollkästchen **Statisch** ist aktiviert). Der Nachteil ist, dass nunmehr Sie für die Eindeutigkeit der IP-Adresse im Netz verantwortlich sind.

Eleganter ist es meiner Meinung nach, in diesen Situationen die Einstellungen im Router so zu ändern, dass von dort eine vorbestimmte IP-Adresse an das Gerät vergeben wird. Bei der FRITZ!Box geht das über **Heimnetz • Netzwerk • <Ihr_homeassistant_Name>**. Aktivieren Sie dort das Kontrollkästchen **Diesem Netzwerkgerät immer die gleiche IPv4-Adresse zuweisen.**

4.3.7 Speicher und Hardware

Die Positionen **Speicher** und **Hardware** beziehen sich auf den Host und haben rein informativen Charakter. Sie geben eine Übersicht über die Auslastung der SD-Karte oder der Festplatte sowie eine Zusammenfassung der verbauten Hardware.

Mehr Informationen mit der Systemmonitor-Sensorplattform

Mithilfe der *Systemmonitor-Sensorplattform* können Sie sich aber weit mehr Systeminformationen anzeigen lassen, z. B. die Festplattennutzung, die Speichernutzung oder die CPU-Nutzung.

Die Integration *System Monitor* lässt sich auf dem üblichen Weg einbinden. Sollte es im Nachgang zu Schwierigkeiten hinsichtlich der Aktivierung von Entitäten kommen, helfen manuelle Einträge als Sensor in der *configuration.yaml* (z. B. mithilfe des *File Editors*, siehe Abschnitt 8.2). Der folgende Codeschnipsel zeigt einen Beispieleintrag:

```
sensor:
  - platform: systemmonitor
  resources:
  - type: memory_free
  - type: memory_use
  - type: disk_free
  arg: /config
  - type: disk_use_percent
  arg: /
  - type: processor_use
```

Hinter dem Schlüsselwort `resources` versammeln sich die anzuzeigenden Einträge:

- `type` kennzeichnet die auszugebende Information und muss zwingend vorhanden sein. Eine Liste der verfügbaren Informationen finden Sie unter *https://www.home-assistant.io/integrations/systemmonitor*. Aber nicht jede dort genannte Option ist auf jeder Hardwareplattform verfügbar (so z. B. die Prozessortemperatur in einer virtuellen Maschine).

- `arg` (also *Argument*) spezifiziert in manchen Fällen die Angabe zu `type` (z. B. die Angabe eines Dateipfads).

Nach dem Neustart von Home Assistant werden diese Sensoren angezeigt (siehe Abbildung 4.21) und ihre Informationen alle 15 Sekunden aktualisiert.

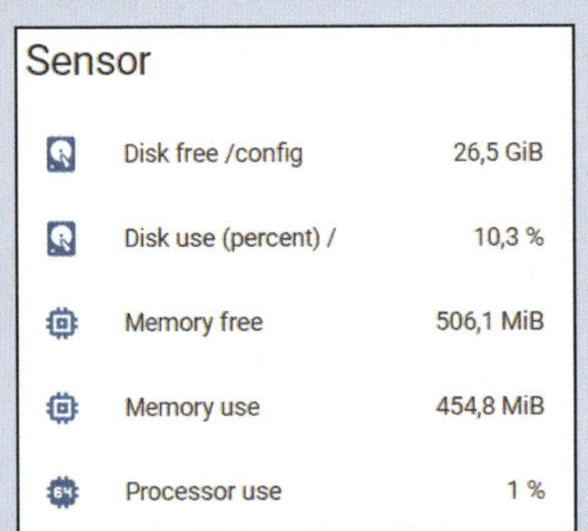

Abbildung 4.21: Der Systemmonitor mit Systeminformationen in der Übersicht

Wenn Sie eine etwas schickere Darstellung bevorzugen, finden Sie in der Integration *History Graph Card* einen Ansatz:

```
type: entities
entities:
  - entity: sensor.last_boot
  - entity: sensor.disk_free
  - entity: sensor.disk_use
  - entity: sensor.disk_use_percent
  - entity: sensor.processor_temperature
  - entity: sensor.processor_use_percent
  - entity: sensor.load_1m
  - entity: sensor.load_5m
  - entity: sensor.load_15m
  - entity: sensor.network_in_eth0
  - entity: sensor.network_out_eth0
title: Systemmonitor
```

4.4 Backups

Backups sind essenziell. Das Erstellen von Backups ist weit wichtiger noch als die Installation und Konfiguration von Integrationen oder System-Updates. Es gibt nichts Frustrierenderes, als ein mit viel Mühe und Zeit aufgebautes System von Beginn an wieder neu einrichten zu müssen, ganz zu schweigen vom Verlust der im Laufe des Betriebs angesammelten Daten. Hinsichtlich des Backups (und Restores) gibt es mehrere Ansätze.

Das *Home Assistant Backup* ist eine Funktionalität, die bei *Home Assistant Operating System* oder *Home Assistant Supervised* bereits standardmäßig an Bord ist. Bei anderen Installationsmethoden muss diese Integration nachgerüstet werden. Home Assistant verwendet auch den Begriff *Snapshot* (dt. *Schnappschuss*) für einen gesicherten Systemzustand.

Die robuste Methode

Es gibt einen ganz simplen, aber gleichzeitig recht aufwendigen Weg, um die Installation zu sichern: Klonen Sie einfach das Speichermedium.

Bei diesem Weg wird einfach die gesamte SD-Karte bzw. das gesamte Festplatten-Image auf einem anderen Datenträger gesichert. Dies hat den Vorteil, dass Sie auch bei einem Defekt des Mediums (wenn sich z. B. die SD-Karte nicht mehr lesen lässt) eine funktionierende Rückfallebene haben.

Ein nützliches Tool dafür ist unter Windows *Win32DiscImager*; unter Linux können Sie einfach den Befehl `dd` verwenden.

Eleganter als die vorgenannte robuste Methode ist ein Backup über die integrierte Backup-Funktion von Home Assistant. Abbildung 4.22 zeigt das Startfenster für Backups bei dem Aufruf nach der Erstinstallation von Home Assistant (**Einstellungen • System • Backups**).

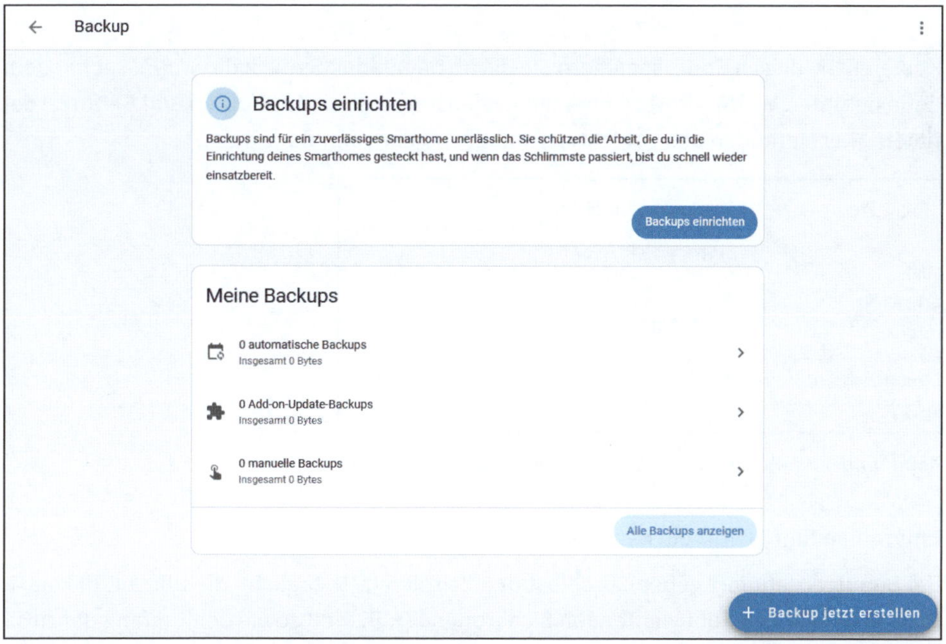

Abbildung 4.22: Backups mit Home Assistant

In der Kopfzeile finden Sie ein Menü-Icon mit der Funktion **Backup hochladen**. Klicken Sie darauf, öffnet sich ein Datei-Explorer, mit dem Sie zu der Sicherungsdatei navigieren können, die Sie hochladen wollen.

4.4.1 Automatische Backups einrichten

Backups einrichten richtet periodische Backup-Läufe ein. Backups werden verschlüsselt abgespeichert; den Verschlüsselungscode erhalten Sie beim erstmaligen Aufruf (siehe Abbildung 4.23).

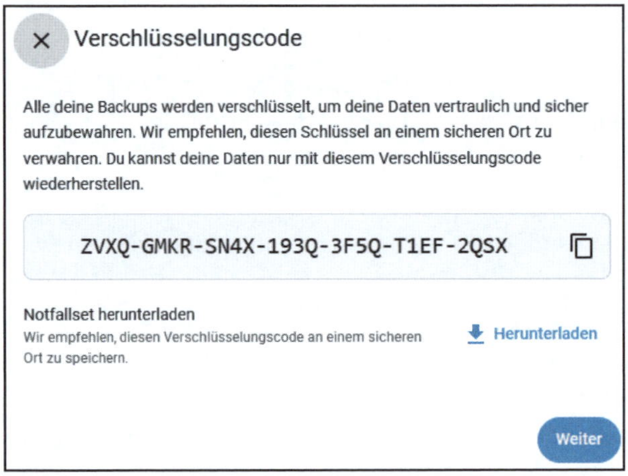

Abbildung 4.23: Backup-Verschlüsselungscode

Kopieren Sie diesen Code, speichern Sie ihn ab oder laden Sie sich das *Notfallset* mit dem Code herunter. **Weiter** führt zu einem Folgefenster, das mit **Empfohlen** und **Benutzerdefiniert** zwei Methoden des Einrichtens anbietet (siehe Abbildung 4.24).

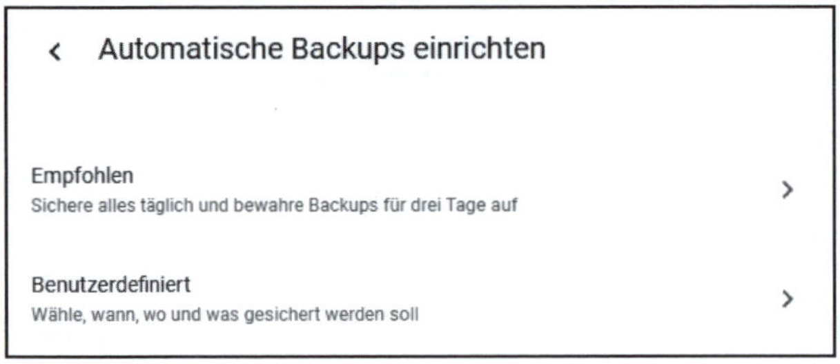

Abbildung 4.24: Automatisches Backup einrichten

Empfohlen führt sofort ein Backup durch (siehe Abbildung 4.25).

Bei **Benutzerdefiniert** geben Sie selbst den Zeitplan (z. B. täglich), die Uhrzeit, die maximale Anzahl der aufzubewahrenden Sicherungen (z. B. drei) sowie den Umfang der zu sichernden Daten vor.

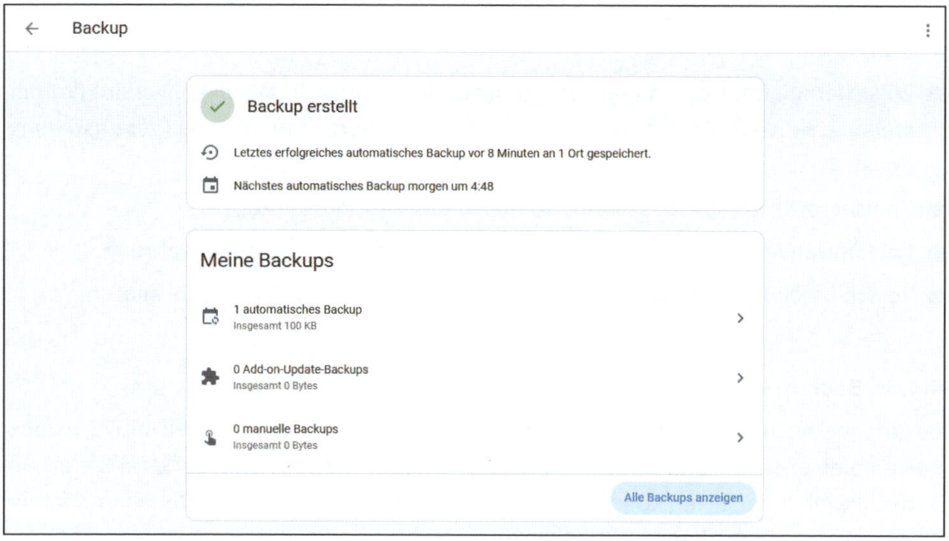

Abbildung 4.25: Automatisches Backup mit den empfohlenen Einstellungen

In Abschnitt 8.3 zeige ich Ihnen eine weitere Methode, wie Sie Backup-Vorgänge automatisieren können.

Backup Event Entity

Die Backup-Integration stellt eine Event Entity bereit, die den Status des letzten automatischen Backups repräsentiert (abgeschlossen, in Bearbeitung, fehlgeschlagen). Sie bietet außerdem verschiedene Ereignisattribute, die Sie in Automatisierungen wie z. B. einer Benachrichtigung über fehlgeschlagene Backups aufgreifen können.

Attribut	Beschreibung
`event_type`	Der übersetzte Status des letzten automatischen Backup-Auftrags (mögliche Status: `completed`, `in progress`, `failed`).
`backup_stage`	Die aktuelle Phase des automatischen Backups (ist `None`, wenn `event_type` nicht in Bearbeitung ist).
`failed_reason`	Der Grund für ein fehlgeschlagenes automatisches Backup (ist `None`, wenn `event_type` abgeschlossen oder in Bearbeitung ist).

4.4.2 Automatische Backups / Backup-Einstellungen ändern

Zu den Einstellungen für ein automatisches Backup gelangen Sie über **Backup-Einstellungen**. Hier haben Sie umfassende in Abschnitte gegliederte Möglichkeiten, das Backup-System auf Ihre Anforderungen zuzuschneiden:

- Automatische Backups: Zeitplan, Uhrzeit, Backup-Präferenz bei Updates, Aufbewahrung
- Zu sichernde Daten: Home-Assistant-Einstellungen (immer aktiviert), Verlauf (Voreinstellung: aktiviert), Medien (Voreinstellung: deaktiviert), Share-Ordner (Voreinstellung: deaktiviert)
- Speicherorte: das lokale System, Home-Assistant-Cloud-Backup
- Backup von Add-on-Updates: Backup-Präferenz bei Updates, Aufbewahrung
- Verschlüsselungscode: Notfallset herunterladen, Code anzeigen, Code ändern

4.4.3 Backup erstellen

Bei umfangreichen Tests und Manipulationen am System können manuell initiierte Backups empfehlenswert sein. So sichern Sie sich einen Zwischenstand, auf dem Sie im Bedarfsfall wieder aufsetzen können. Beginnen Sie mit **+ Backup jetzt erstellen** und fahren Sie mit **Manuelles Backup** fort. Wählen Sie die zu sichernden Daten, geben Sie der Sicherung einen Namen und starten Sie den Prozess mit **Backup erstellen**.

4.4.4 Die Liste Ihrer Backups

Die Liste Ihrer Backups enthält alle dem System bekannten Sicherungen. Lassen Sie sich **Alle Backups anzeigen** oder konzentrieren Sie sich auf eine nach der Backup-Methode gefilterte Liste (siehe Abbildung 4.26).

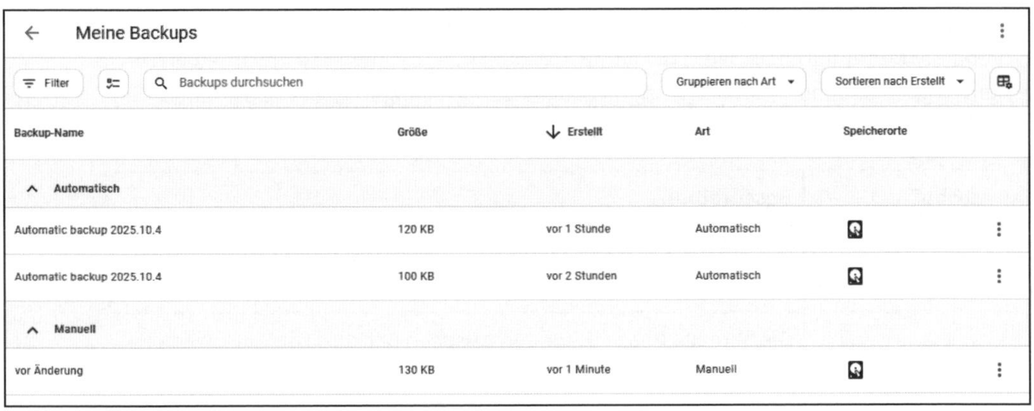

Abbildung 4.26: Backup-Liste

Die Kopfzeile bietet Ihnen unterschiedlichste Möglichkeiten, die Liste zu filtern oder Einträge zu suchen. Selbst die Struktur der Anzeige lässt sich mit dem Tabellen-Icon anpassen.

Ein bestimmtes Backup lässt sich nach Klick auf das entsprechende Menü-Icon löschen bzw. herunterladen.

Backup herunterladen

Die Option **Backup herunterladen** möchte ich Ihnen sehr ans Herz legen, denn damit können Sie einen Sicherungspunkt außerhalb von Home Assistant speichern. Dies bringt Sicherheit für den Fall, dass beim Arbeiten mit dem System die Anwendung derart außer Kontrolle geraten ist, dass auch die Snapshots aus der Anwendung nicht mehr zugänglich sind. Setzen Sie dann Home Assistant als Neuinstallation auf, laden Sie das extern gespeicherte Backup hoch und führen Sie einen Restore durch.

Einen zweiten Weg bietet die Samba-Freigabe (siehe Abschnitt 8.4). Mithilfe des Datei-Explorers haben Sie über das Netzwerk dann unmittelbar Zugriff auf den Home-Assistant-Ordner *backup*. Die Sicherungen sind dort als *.tar*-Dateien abgelegt (siehe Abbildung 4.27).

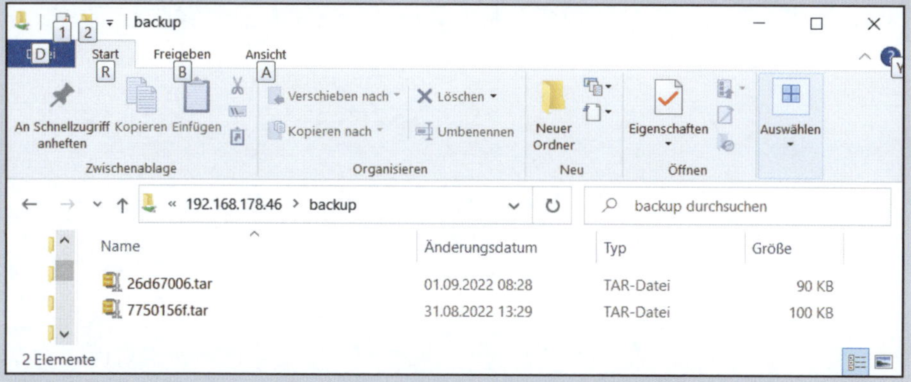

Abbildung 4.27: Die Home-Assistant-Backup-Dateien im Dateisystem

4.4.5 Einen Restore durchführen

Durch Klick auf einen Listeneintrag gelangen Sie zur Auswahl für die Wiederherstellung (siehe Abbildung 4.28).

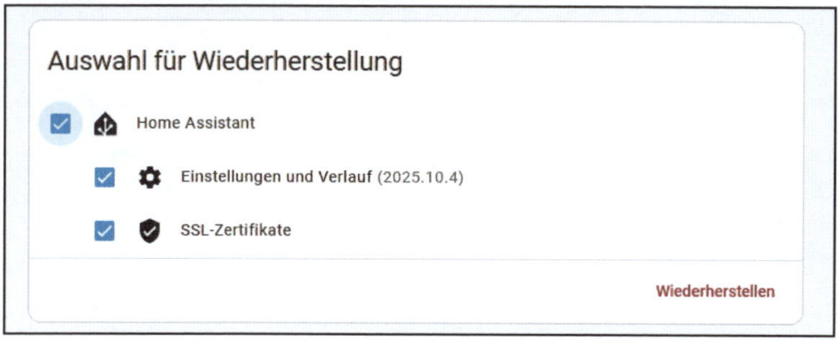

Abbildung 4.28: Die Home-Assistant-Wiederherstellung

Wählen Sie die wiederherzustellenden Elemente aus und starten Sie den Restore.

Fazit: Der Komfort von Home Assistant erstreckt sich auch auf Administrationstätigkeiten. Diese sind überwiegend bequem über die Benutzeroberfläche auszuführen. Weitere Hinweise zu den Entwicklungswerkzeugen finden Sie in Kapitel 13, »Werkzeuge und Helfer«.

Kapitel 5

Geräte und Dienste: die funktionalen Elemente

Wer kennt sie nicht? Legosteine, die beliebten Bauklötzchen zum Bauen auch komplexer Gegenstände. Ein Haus ist ein ebensolches Objekt, und die Elemente sind einzelne Geräte und Dienste, die es zu einem funktionierenden Etwas zusammenzufügen gilt.

Die Vielfalt der Geräte, die in einem Smart Home über ein System gesteuert werden sollen, erfordert eine flexible und anpassbare Softwarearchitektur. Das Stichwort heißt *Modularität* (auch *Baukastenprinzip*). Es bezeichnet Teile, die als *Module*, *Komponenten*, *Bauelemente*, *Baugruppen* oder *Bausteine* bezeichnet werden. In geeigneter Form und Funktion zusammengefügt, ergeben sie das Ganze, und die Interaktion erfolgt über entsprechende Schnittstellen.

Die folgenden Abschnitte befassen sich mit diesen Bausteinen und zeigen, wie das Bausteinprinzip in Home Assistant realisiert ist. Sie vertiefen außerdem den Überblick aus Kapitel 3. Es werden all die Belange zusammengefasst, die Sie über **Einstellungen • Geräte und Dienste** erreichen.

5.1 Nach der Erstanmeldung – wie es mit Geräten und Diensten weitergeht

Nach der Erstanmeldung gleicht der Fensterinhalt der Registerkarte **Integrationen** einem Zoo verschiedenster Einträge (siehe Abbildung 5.1).

Der Komfort, den das automatische Suchen und Einrichten von Elementen im Rahmen der Home-Assistant-Erstinstallation bietet, hat aber auch seine Schattenseiten. So sind manche der aufgenommenen Elemente vielleicht nicht erwünscht, oder sie funktionieren schlicht nicht (z. B. der **Fritz!Repeater 600**, der gar keine Smart-Home-Geräte steuern kann). Es ist also an der Zeit, hier aufzuräumen.

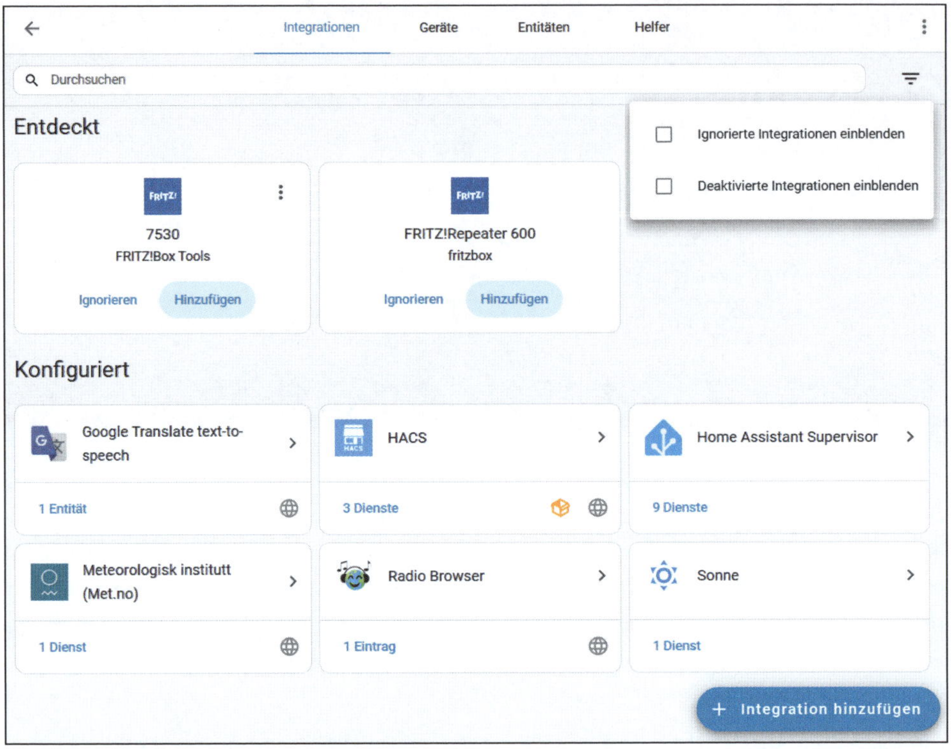

Abbildung 5.1: Das Bearbeitungsfenster für Geräte und Dienste

5.1.1 Die Registerkarte »Integrationen«

Integrationen können in Home Assistant verschiedene Status haben:

- Entdeckt
- Konfiguriert
- Ignoriert
- Deaktiviert

Entdeckte Integrationen

Als **Entdeckt** kennzeichnet das System alle durch die automatische Suchfunktion aufgespürten Integrationen.

Jede Integrationen-Kachel (hier z. B. **Fritz!Repeater 600**) verfügt in der Kopfzeile über ein Menü-Icon, dessen einzelne Positionen (siehe Abbildung 5.2) von Integration zu Integration unterschiedlich sein können.

Entdeckte Integrationen können Sie über die entsprechenden Schaltflächen in der Fußzeile **Ignorieren** bzw. **Konfigurieren** (sofern eine Konfiguration erforderlich ist).

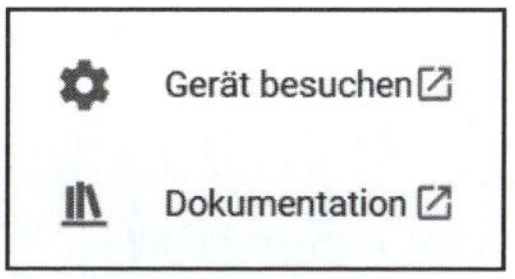

Abbildung 5.2: Menüpunkte der Kachel »Integration«

Konfigurieren Sie die Integrationen, die Sie nutzen möchten. Auf ein paar weiter verbreitete Integrationen gehe ich später ein (z. B. UPnP/IGD, FRITZ!Box).

Lassen Sie die Einträge in den Registerkarten **Geräte** und **Entitäten** zunächst unbearbeitet.

Ignorierte Integrationen

Ignorierte Integrationen sind dem System weiterhin bekannt; eine Konfiguration steht jedoch aus.

Verschieben Sie entdeckte Integrationen, die Sie vielleicht später einmal integrieren möchten, durch **Ignorieren** in den Hintergrund. Sie sorgen damit für mehr Übersichtlichkeit. Lassen Sie sich ignorierte Integrationen gegebenenfalls wieder einblenden. **Nicht mehr ignorieren** überführt die Integration zurück in den Abschnitt **Entdeckt**.

Konfigurierte Integrationen

Die Kachel einer konfigurierten und aktiven Integration beinhaltet wertvolle Informationen (siehe Abbildung 5.3).

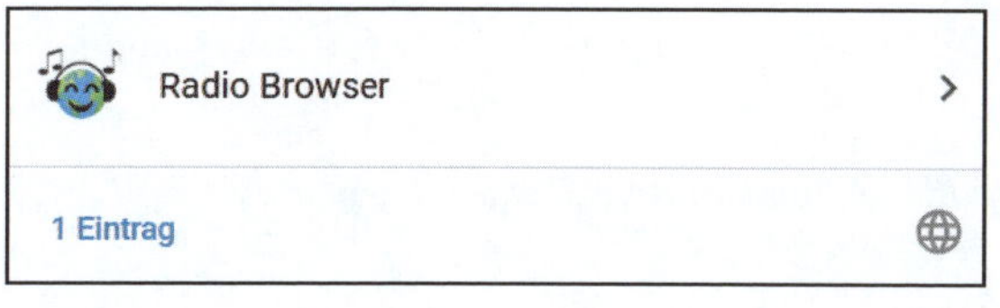

Abbildung 5.3: Kachel einer konfigurierten Integration

Die Fußzeile zeigt, was die Integration umfasst (Einträge, Dienste oder Entitäten) und in welcher Anzahl. Dies ist als Link konzipiert und führt zu den entsprechenden Übersichten (siehe auch Abschnitt 5.3 zu Geräten bzw. Abschnitt 5.4 zu Entitäten).

Hinweise geben auch diverse Icons. Zum Beispiel bedeutet der Globus, dass die Integration von einer Internetverbindung abhängig ist (siehe Abschnitt 5.2.2.)

Klappen Sie die Details der Integration für weitere Informationen und zur Administration auf (siehe Abbildung 5.4). Das Beispiel des *Radio Browser* ist an dieser Stelle mit einem Eintrag recht übersichtlich; andere Integrationen wie z. B. HACS können deutlich mehr Elemente aufweisen.

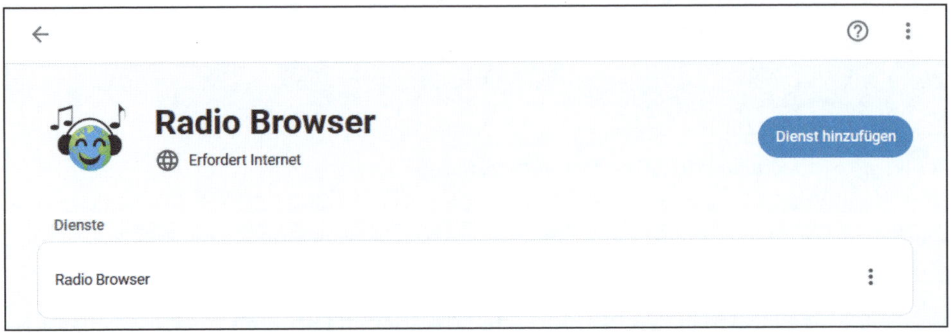

Abbildung 5.4: Details einer Integration

Das Menü-Icon in der Kopfzeile neben dem Fragezeichen-Icon hat mit **Bekannte Probleme** sowie **Debug-Protokoll aktivieren** nur zwei Positionen.

Relevanter ist das Menü in der Zeile der Integrationseinträge, in der der Dienst (der Eintrag, die Entität) aufgeführt wird. Hier verbergen sich die gängigen Möglichkeiten, den jeweiligen Dienst (den Eintrag, die Entität) zu administrieren.

Abbildung 5.5: Integration Administrations-Menü — Elemente

Einstellungen in **Systemoptionen** beeinflussen das Verhalten in Ihrer Home-Assistant-Anwendung (siehe Abbildung 5.6).

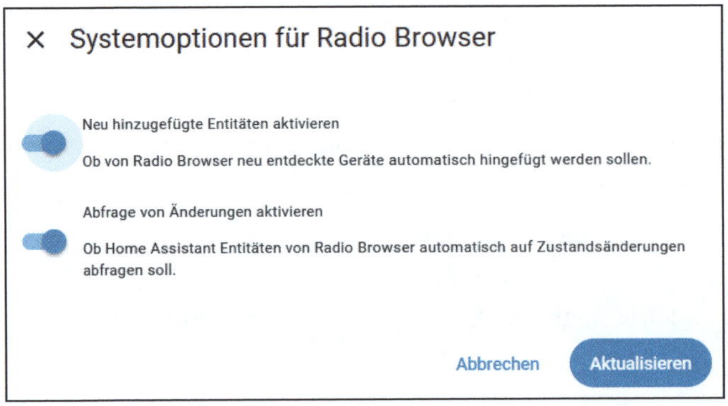

Abbildung 5.6: Systemoptionen innerhalb der Elemente einer Integration

- **Deaktivieren** versetzt das Element in den inaktiven Status.
- **Löschen** entfernt die Integration aus Ihrem System.

Deaktivierte Integrationen

Auf deaktivierte Integrationen kann das System nicht mehr zugreifen; die Konfiguration bleibt jedoch erhalten.

Lassen Sie sich die **deaktivierten Integrationen anzeigen** und **Aktivieren** Sie das gewünschte Element, wenn das System wieder darauf zugreifen soll.

5.1.2 Die strukturierte Herangehensweise

Die recht komfortable Gestaltung von Home Assistant verführt zu einer Strategie nach dem Motto »Klick dich zum Ergebnis«, besser bekannt als »Trial and Error«. Das kann erfolgreich sein, es kann aber auch sehr zermürbende und frustrierende Stunden nach sich ziehen, wenn in der Eile wichtige Randbedingungen nicht gesehen oder nicht gewürdigt wurden.

Langfristig ist ein strukturiertes Vorgehen vorteilhafter. Die Grundlage allen Handelns sollte ein gewisses Grundwissen über die generelle Implementierung von Geräten und Diensten in Home Assistant sein. (Dies gilt prinzipiell auch für alle anderen Funktionalitäten.) Machen Sie sich die Mühe und überlegen Sie, welches Ziel Sie erreichen wollen und was dafür notwendig ist. Bevor Sie beginnen, nehmen Sie sich die Zeit, einen Blick in die verfügbaren Informationsquellen (z. B. Dokumentation) zu werfen, da viele dieser Integrationen Abhängigkeiten haben, die vor der Aktivierung installiert werden müssen.

5.2 Integrationen

In Home Assistant sind *Integrationen* spezielle Softwaremodule, mit denen Geräte, Dienste oder Plattformen in das Smart-Home-System eingebunden werden können. Sie sorgen dafür, dass Home Assistant mit Geräten (z. B. Lampen, Sensoren, Lautsprecher) unterschiedlichster Hersteller, Cloud-Diensten oder Systemen wie KNX, Zigbee, Homematic und vielen weiteren kommunizieren und diese steuern kann.

5.2.1 Die Architektur der Integrationen

In diesem Abschnitt vertiefen wir den ersten kurzen Blick auf die Architektur von Home Assistant aus Kapitel 3. Abbildung 5.7 zeigt die Architektur rund um die Integrationen anhand eines Bewegungssensors mit Steuerung einer Lampe im Detail.

Home Assistant unterscheidet folgende Typen von Integrationen:

- **Integrationen, die eine »Internet of Things«-Domäne definieren**

  Diese Integrationen definieren eine bestimmte Kategorie von Geräten in Home Assistant, z. B. `switch` (Schalter), und sind mit der Installation von Home Assistant fertig implementiert. Welche Daten in Home Assistant verfügbar sind und in welchem Format diese vorliegen, ist dann der jeweiligen Integration überlassen.

Mit der Integration sind auch Dienste verbunden (z. B. bei der `light`-Integration der Dienst `SWITCH.TURN_ON`).

Eine Liste der definierten Domänen finden Sie unter *https://developers.home-assistant.io/docs/core/entity/*. Diese Liste ist eine Anlaufstelle, wenn Sie bei der Entwicklung eines Projekts Informationen zu den Eigenschaften eines Geräts bzw. einer Entität sowie zu verfügbaren Diensten benötigen.

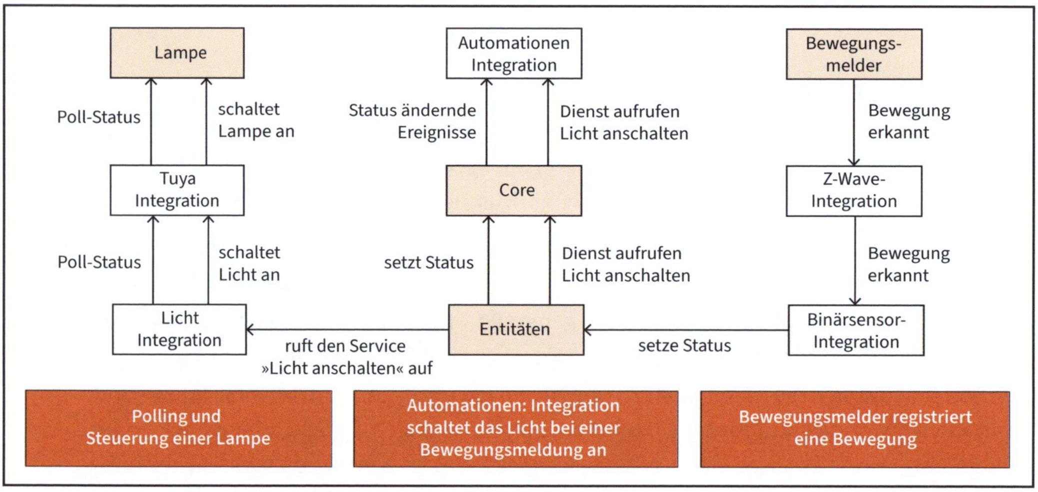

Abbildung 5.7: Integrationen im Detail

- **Integration zur Interaktion mit externen Geräten und Diensten**

  Diese Integrationen werden genutzt, um Home Assistant an andere Systeme anzubinden. Sie stellen diese Systeme in Home Assistant über Integrationen zur Verfügung, die IoT-Domänen (z. B. Licht) definieren. Ein Beispiel für eine solche Integration ist *Tuya*. Tuya-Lampen werden als Lichtobjekte in Home Assistant zur Verfügung gestellt.

  Einige dieser Integrationen sind in der Erstinstallation von Home Assistant vorhanden (z. B. die *sun*-Integration). Dieses Grundgerüst müssen Sie dann entsprechend Ihren Anforderungen erweitern (z. B. durch Installation einer *Tuya*-Integration, wenn Sie *Tuya*-Geräte einbinden möchten).

- **Integrationen, die virtuelle/berechnete Datenpunkte darstellen**

  Diese Integrationen beinhalten Entitäten, die entweder auf virtuellen Daten basieren (z. B. die `input_boolean`-Integration) oder die ihre Daten von anderen in Home Assistant verfügbaren Daten ableiten (z. B. von der Vorlagenintegration).

- **Integrationen können Aktionen sein, die vom Benutzer ausgelöst werden oder auf Ereignisse reagieren**

  Diese Integrationen bieten kleine Teile der Heimautomatisierungslogik, die allgemeine Aufgaben in Ihrem Haus erledigen. Sie werden beispielsweise viele Aufgaben mit der Automatisierungsintegration lösen (z. B. eine Automation `automation.fenster ist_offen` für Aktionen bei einem geöffneten Fenster). Auf diese Automation selbst lassen sich dann Dienste wie `automation.turn_on` ansetzen.

5.2.2 Die IoT-Klassen der Integrationen

Der *Home Assistant Core* muss wissen, welchen Zustand ein Gerät hat, und er muss Zustandsänderungen an ein Gerät weitergeben können. Dafür gibt es unterschiedliche Herangehensweisen. Der Primäransatz ist, Integrationen sogenannten IoT-Klassen zuzuordnen. Diese werden in Tabelle 5.1 aufgelistet.

Klassifizierung	Beschreibung
Assumed state	Der Zustand des Geräts ist nicht abzurufen. Das Beste ist, den Zustand basierend auf dem letzten Befehl anzunehmen.
Cloud Polling	Die Integration dieses Geräts erfolgt über die Cloud und erfordert eine aktive Internetverbindung. Das Abfragen des Status bedeutet, dass ein Update möglicherweise später bemerkt wird.
Cloud Push	Die Integration dieses Geräts erfolgt über die Cloud und erfordert eine aktive Internetverbindung. Home Assistant wird benachrichtigt, sobald ein neuer Status verfügbar ist.
Local Polling	Bietet direkte Kommunikation mit dem Gerät. Das Abfragen des Status bedeutet, dass ein Update möglicherweise später bemerkt wird.
Local Push	Bietet direkte Kommunikation mit dem Gerät. Home Assistant wird benachrichtigt, sobald ein neuer Status verfügbar ist.

Tabelle 5.1: Klassifizierung der Integrationen

Die Reihenfolge in der Tabelle spiegelt auch ein wenig die Stellung wider. So ist das Push-Verfahren in der Regel günstiger als Polling, weil der aktuelle Status sofort verfügbar ist und nicht immer wieder abgefragt werden muss (was die Systemressourcen belastet). Vorteilhaft ist auch die lokale Steuerung, da hier keine weiteren Sicherheitsbelange zu berücksichtigen sind und keine Abhängigkeiten von künftigen Geschäftsentscheidungen der Anbieter bestehen.

5.2.3 Integrationen installieren

Die Aktivität *Integrationen installieren* umfasst an dieser Stelle nur das Einfügen einer Integration in einen bestehenden Home Assistant. Sie umfasst nicht all die Dinge, die zu einem fehlerfreien Betrieb erforderlich sind (Konfiguration).

Es gibt vier Wege, um eine Integration zu installieren.

Die automatische Suche

Home Assistant sucht ständig das lokale Netz nach neuen bzw. unbekannten Geräten ab. Bei einem Treffer versucht Home Assistant, das Gerät einzurichten, und spielt erforderlichenfalls auch die Integration ein. Sie trägt dann das Signet **Entdeckt** im Banner. Die Konfiguration müssen Sie allerdings noch selbst vornehmen.

Das ist einerseits bequem, andererseits aber auch suboptimal bis ärgerlich:

- Einmal gelöschte Integrationen tauchen immer wieder als **Entdeckt** auf.
- Erfasst werden auch Integrationen, deren Funktionieren an bestimmte Voraussetzungen geknüpft ist (z. B. *Tuya*) oder die einfach diese Funktionalität nicht unterstützen (z. B. die *AVM FRITZ!SmartHome-Integration* für den FRITZ!Repeater 600).

Die Installation über das UI

In Kapitel 2 haben Sie bereits den direkten Installationsweg über das User-Interface von Home Assistant kennengelernt (**Einstellungen • Geräte & Dienste • Integration hinzufügen**). Anders als bei der automatischen Installation schließt dies auch die Konfiguration mit ein. Diese Methode bietet sich an, wenn Sie alle Erfordernisse der Installation und der Konfiguration kennen und im Blick haben.

Die Installation aus der Übersicht der Integrationen

Die Installation aus der Übersicht der Integrationen hat den Vorteil, dass sie eine systematischere Herangehensweise unterstützt. Home Assistant gibt Ihnen unter *https://www.home-assistant.io/integrations* einen sehr komfortablen Überblick über alle verfügbaren Integrationen. Suchen Sie gezielt über die Suche nach einer speziellen Integration (z. B. *rad* für Radio Browser) oder lassen Sie sich das Angebot funktionsbezogen nach einer Kategorie anzeigen (siehe Abbildung 5.8).

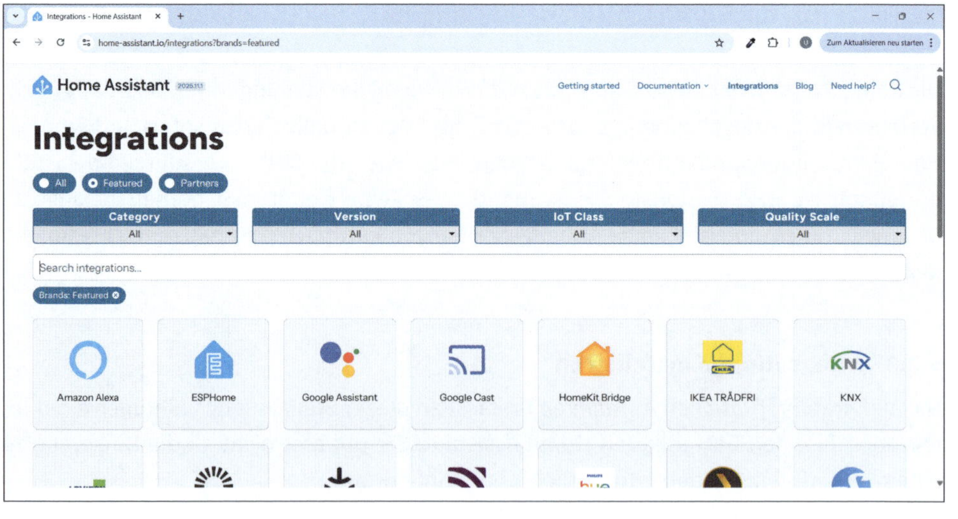

Abbildung 5.8: Liste der Integrationen

Ein Klick auf die Kachel der Integration blättert die Detailinformationen auf, die dann so wie in Abbildung 5.9 angezeigt werden.

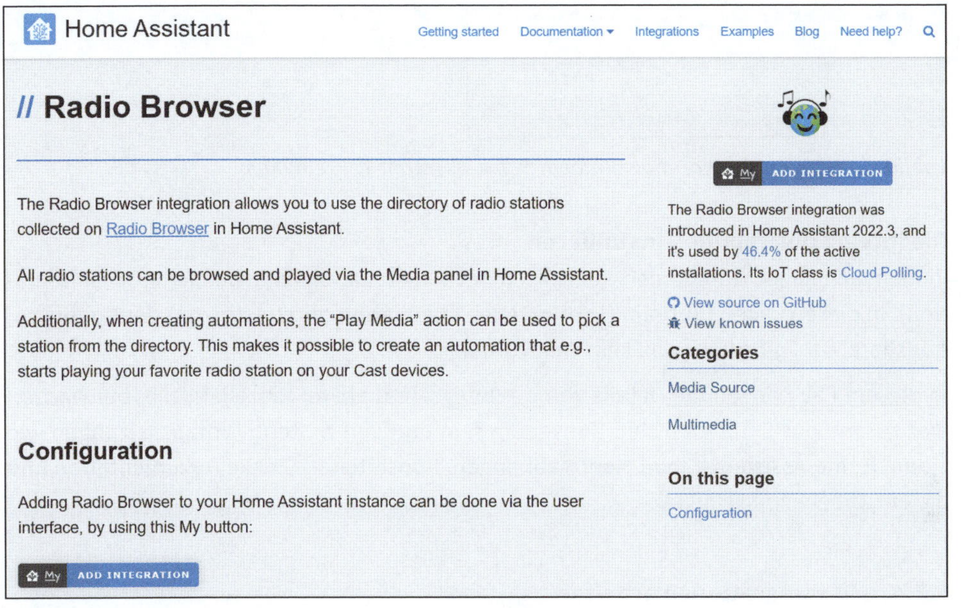

Abbildung 5.9: Wiki-Eintrag der »Radio Browser«-Integration

Nehmen Sie sich die Zeit und lesen Sie sich die Informationen gut durch. Das gilt insbesondere für die Abschnitte *Prerequistes* (dt. *Voraussetzungen*) bzw. *Requirements* (dt. *Anforderungen*) und *Configuration*. Dieses Beispiel bereitet keine Probleme; bei anderen aber (z. B. Tuya, Alexa) sollten Sie alle Voraussetzungen schaffen, bevor Sie die Integration installieren.

Die Hinweise in der rechten Spalte des Fensters runden das Bild ab. Hierzu zählen Angaben, in welcher Version von Home Assistant die Integration eingepflegt wurde und in wie vielen Systemen sie im Einsatz ist. Beides können Gradmesser für die Beliebtheit und Stabilität der Software sein. Ein weiterer Punkt ist die Angabe der IoT-Klasse.

Falls Sie sich unschlüssig sind, ob diese Integration für Ihre Zwecke die richtige ist, finden Sie über die Schlagwörter unter **Categories** Alternativen (z. B. andere Multimedia-Integrationen über **Multimedia**).

Wenn Sie sich sicher sind, öffnet ein Klick auf **ADD INTEGRATION** ein Fenster, das versucht, eine direkte Verbindung zu Ihrem Home Assistant herzustellen (siehe Abbildung 5.10). Nach der Anmeldung landen Sie direkt bei der Bestätigungsabfrage, ob die Integration tatsächlich eingerichtet werden soll.

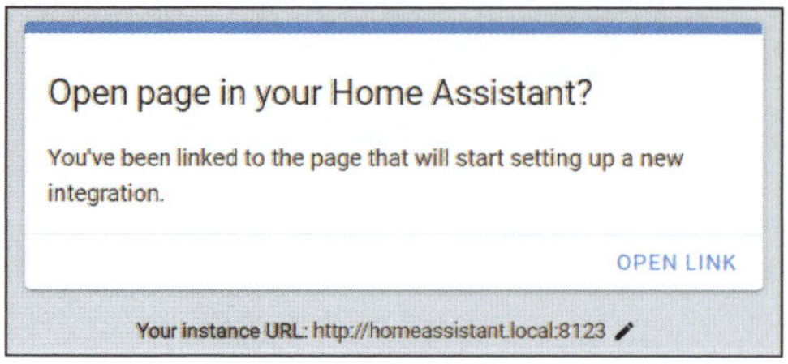

Abbildung 5.10: Eine Integration aus dem Home-Assistant-Wiki einfügen

Die Integration manuell installieren

In manchen Fällen funktioniert keine »geleitete« Installation (z. B. bei der MQTT-Integration). In diesen Fällen führt an der manuellen Installation durch Editieren der Konfigurationsdatei *configuration.yaml* kein Weg vorbei.

In diesem Fall hängen die Details von der Integration ab. Im Einzelfall (z. B. bei *Amazon Alexa*) kann das Einbinden sehr aufwendig sein und von weiteren Voraussetzungen wie einem Home-Assistant-Cloud-Konto abhängen. Konsultieren Sie die Dokumentation und die entsprechenden Hinweise.

5.2.4 Mit Integrationen arbeiten

Zu Beginn des Kapitels hatte ich in die Arbeit mit Integrationen nach der Erstanmeldung eingeführt. Dort hatte ich am Beispiel *Radio Browser* auch einige Details angerissen, die sich nach Aufklappen der Kachel der Integration ergeben (siehe Abbildung 5.4), und angemerkt, dass die Liste der Konfigurationseinträge durchaus umfangreicher sein kann (Beispiel HACS, siehe Abbildung 5.11).

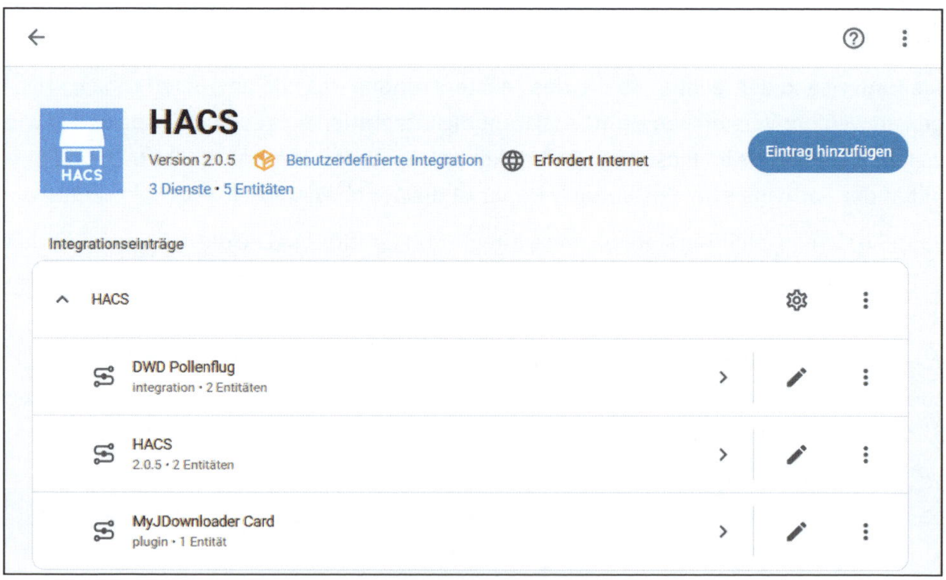

Abbildung 5.11: Liste der Integrationseinträge am Beispiel HACS

Verwirrend sind auch Brüche in den Bezeichnungen. Im Fall des *Radio Browser* zeigt der Inhalt der Kachel im Register **Integrationen** einen **Eintrag**; die aufgeklappten Details gehen dann von Diensten aus, wobei **Dienst hinzufügen** einen Hinweis ausgibt, der Ihnen sagt, dass die Integration nur eine Konfiguration erlaubt.

Als weiteres Beispiel dient *HACS*. Hier meldet der Kachelinhalt im Register **Integrationen** drei Dienste. Die aufgeklappten Details gehen dann von Einträgen aus (**Eintrag hinzufügen**, Überschrift **Integrationseinträge**). Ebenso geht die *FRITZ!SmartHome-Kachel* von einem Gerät aus; die Details sprechen auf einmal von *Hubs*.

Vielleicht lassen sich die Dinge etwa wie folgt vereinfachen:

- Ungeachtet der Bezeichnung gelangen Sie über die Links in der Kachel zu Folgefenstern. Entweder ist dies dann das Detailfenster der Integration, des Geräts oder des Diensts, oder es ist die Registerkarte **Geräte** oder **Entitäten**.
- Befinden Sie sich in den Details der Integration, hängen die Möglichkeiten und der Zugang zu diesen von der Integration ab. Da hilft leider nur, über die angebotenen Icons (Menü, Einstellungen) den Weg zur gewünschten Funktion zu suchen.

5.3 Die Registerkarte »Geräte«

Die Registerkarte **Geräte** listet all jene Komponenten auf, die Home Assistant als Gerät führt. Sie speist sich aus Integrationen und Add-ons (siehe Abbildung 5.12).

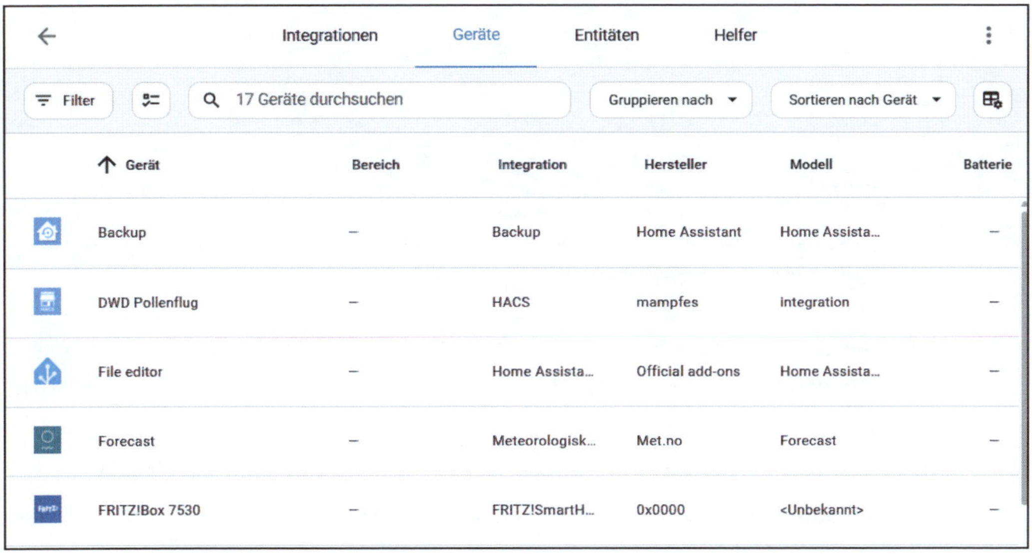

Abbildung 5.12: »Geräte & Dienste«, Registerkarte »Geräte«

Das können »echte« Geräte wie etwa Ihre FRITZ!Box sein, Sie werden dort aber auch beispielsweise die Vorhersage eines Wetterdiensts oder einen Dateiserver finden. Alle diese

Dinge fasst Home Assistant als ein Gerät auf, das eingebunden werden kann, um Automationen auszulösen.

In der Kopfzeile lässt sich die Liste nach verschiedenen Kriterien filtern (z. B. Status **deaktiviert**), gruppieren (z. B. nach **Bereich** oder **Integration**) oder sortieren (z. B. **Erstellt**). Das Tabelle-Icon führt zu diversen Anpassungsoptionen der Liste.

Ein Klick auf einen Listeneintrag öffnet ein Fenster mit dem Zugang zur Administration eines bestimmten Geräts (siehe Abbildung 5.13).

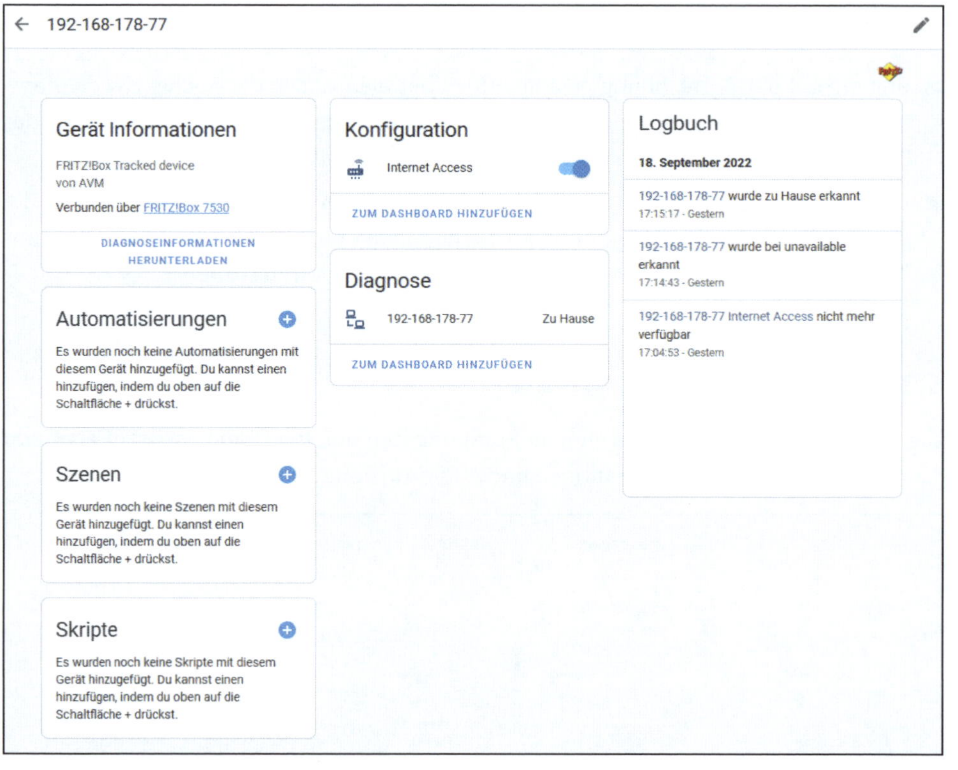

Abbildung 5.13: Geräte administrieren

Wenn Sie auf die Stiftsymbole klicken, erhalten Sie Zugang zu einem Gerät und können seinen Namen sowie seine Bereichszuordnung ändern und es aktivieren bzw. deaktivieren (siehe Abbildung 5.14).

Im Übrigen hat das Geräte-Administrationsfenster (siehe Abbildung 5.13) drei Spalten:

- **Gerätedaten:** In einzelnen Kacheln finden Sie links die Geräte- bzw. Dienstinformationen sowie **Automatisierungen**, **Szenen** und **Skripte**.
- **Kurzübersicht über die Entität:** Die Entitätskurzübersicht kann eine oder mehrere Kacheln umfassen. Kacheln können die Bezeichnung **Steuerelemente**, **Konfiguration** (siehe Beispiel) oder **Diagnose** und andere mehr tragen. **Zum Dashboard hinzufügen** fügt genau dieses Element dem Dashboard hinzu.

- **Logbuch:** Das **Logbuch** ist eine Verlaufsanzeige der Gerätezustände, die Home Assistant wahrgenommen hat. Die Einträge hier können durchaus von der Realität abweichen. Dennoch können diese Daten Ihnen bei einer Fehlersuche hilfreiche Informationen liefern. Klicken Sie auf den Link von einem der Verlaufseinträge, um zu den Informationen der Entität zu gelangen, die diesen Eintrag verursacht hat. Die gleichen Informationen erhalten Sie auch, wenn Sie den Weg über die Registerkarte **Entitäten** wählen (siehe Abschnitt 5.4).

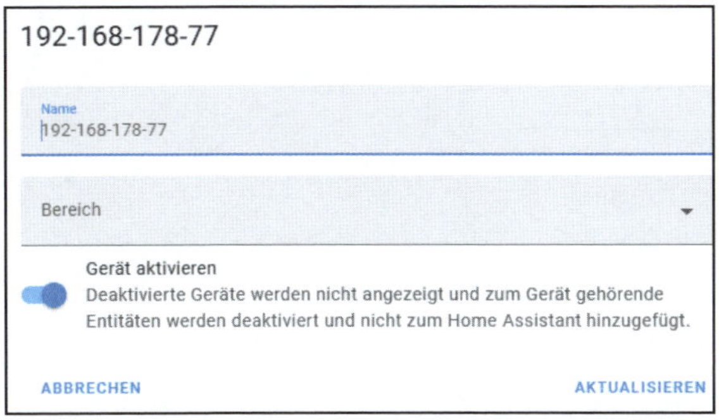

Abbildung 5.14: Gerätenamen, Bereichszuordnung und Gerätestatus ändern

5.4 Die Registerkarte »Entitäten«

Dieses Register ist der Zugang zu der Liste Ihrer Entitäten (siehe Abbildung 5.15). Es folgt in Design und Funktion der Registerkarte **Geräte**.

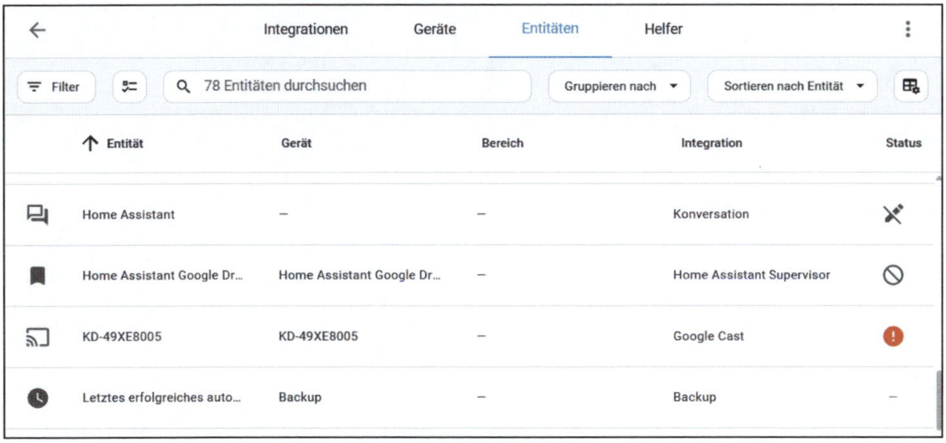

Abbildung 5.15: Die Registerkarte »Entitäten«

Sie entnehmen der Übersicht bereits den Status einer Entität (z. B. nicht editierbar, deaktiviert, nicht verfügbar usw.). Durch einen Klick auf einen Eintrag erhalten Sie detaillierte Informationen zu der entsprechenden Entität (siehe Abbildung 5.16).

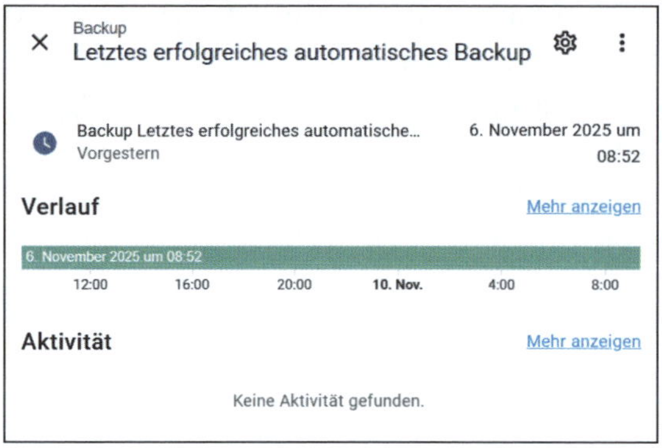

Abbildung 5.16: Details zu einer Entität

5.4.1 Das Einstellungen-Icon

Das Einstellungen-Icon führt zu diversen administrierbaren Eigenschaften der Entität (siehe Abbildung 5.17).

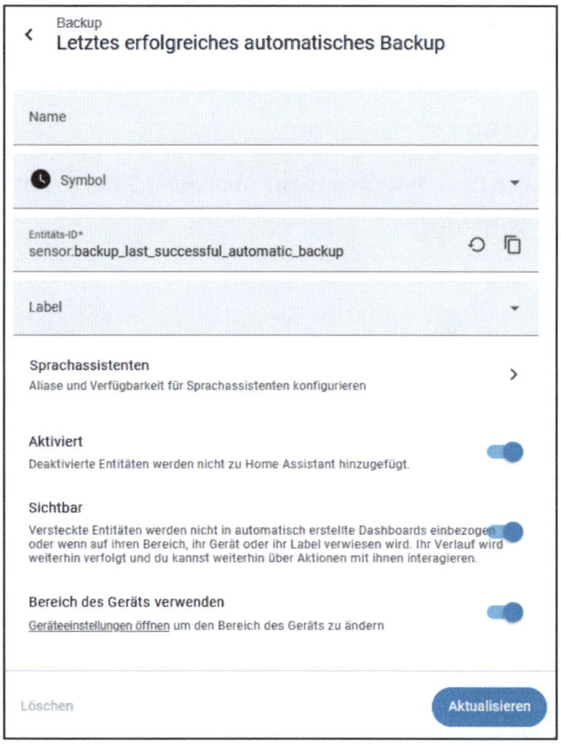

Abbildung 5.17: Einstellungen einer Entität

Die Vergabe eines Namens (des sogenannten *Friendly Name*) ist optional, aber empfehlenswert, da ein Name die Zuordnung von Geräten wesentlich einfacher macht. Fehlt dieser Eintrag, übernimmt das System die Entitäts-ID (hier ergäbe sich: `Backup Letztes erfolgreiches automatisches Backup`); dies führt manchmal zu Gebilden, aus denen nicht ganz einfach hervorgeht, worum es sich handelt.

Bei **Symbol** (engl. *Icon*) handelt es sich um sogenannte *Material Design Icons* (siehe *https://materialdesignicons.com/*); sie beginnen mit dem Präfix *mdi*. Eine bessere Übersicht über die Icons finden Sie auf der Webseite. Treffen Sie keine Auswahl, vergibt Home Assistant das themenbezogen hinterlegte Standard-Icon.

Die **Entitäts-ID** setzt sich aus zwei Teilen zusammen:

- Domain (Domäne/Plattform):

  Sie gibt den Typ der Entität an (hier: `sensor`). Die Zuordnung erfolgt in der Regel automatisch durch Home Assistant. Weitere Beispiele sind: `light`, `switch`, `binary_sensor`, `climate`, `cover`, `lock` usw.

- Object ID (Objekt-ID):

  Die Objekt-ID ist ein eindeutiger Bezeichner für diese spezifische Entität. Zulässig sind nur Kleinbuchstaben, Zahlen und Unterstriche.

Interessant ist auch die Option, für eine Entität einen anderen Bereich festzulegen als den, zu dem das Gerät derzeit gehört.

5.4.2 Das Menü-Icon

Das Menü-Icon enthält mit **Dienst-Info** und **Zugehörig** Links zur Detail-Seite des betreffenden Geräts/Diensts bzw. den Zuordnungen im System.

In manchen Fällen enthalten die Entitätsdetails auch die Sensoren und deren Werte (Beispiel *Forecast Home*, siehe Abbildung 5.18).

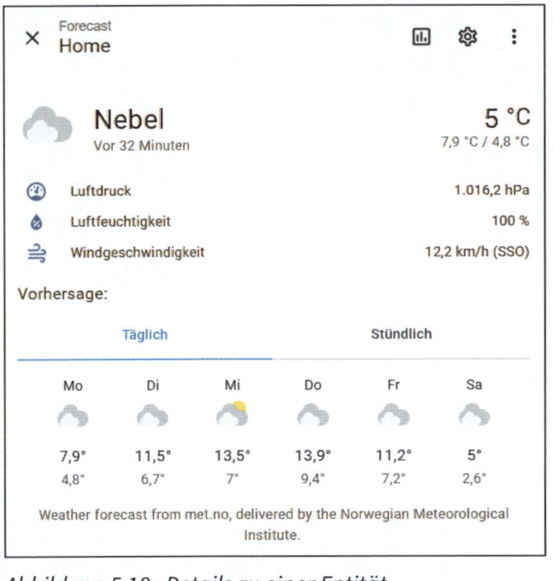

Abbildung 5.18: Details zu einer Entität

Das Thema Entitäten ließe sich noch ein gutes Stück ausweiten. Für den Anfang soll das aber genügen. In Kapitel 13 komme ich noch einmal darauf zurück. Im Übrigen ist *https://developers.home-assistant.io/docs/core/entity* eine Fundgrube.

5.5 Helfer

Helfer sind eine feine Sache und greifen Ihnen bei Problemen sichernd unter die Arme. Solche Situationen treten bei Home Assistant im Rahmen komplexerer Interaktionen auf, wenn Zwischenwerte von einer Funktion an eine andere übergeben werden sollen. Helfer nehmen an dieser Stelle die Funktion eines variablen Speichers wahr. Daher sind Helfer bei Automatisierungen gern genutzte Werkzeuge.

Ihre Einrichtung und – wenn man so will – Administration gleicht der von Integrationen. Aus diesem Grund und auch, weil in Home Assistant der Menüpfad diesen Weg geht, erörtere ich die Grundzüge von Helfern in diesem Kontext. Wie Sie Helfer einsetzen, zeige ich in Abschnitt 6.1, wenn es um die ersten Automatisierungen geht.

Helfer sind in etwa das, was in Programmiersprachen Variablen sind. Sie müssen daher recht universell einsetzbar sein und einen weiten Arbeitsbereich abdecken. Sie finden den Zugang zu Helfern im entsprechenden Register. Mit **Helfer Erstellen** erhalten Sie eine Übersicht der Helferpalette (siehe Abbildung 5.19).

Die wichtigsten Helfer sind:

- Umschalten
- Text
- Nummer
- Datum/Uhrzeit
- Auswahlliste
- Taste
- Zähler
- Gruppe

Abbildung 5.19: Übersicht über die Helfer

Der Service »reload«

Alle Helfer verfügen über den Service `reload`. Er ist nützlich, um in Automatisierungen einen definierten Ausgangszustand wiederherzustellen (z. B. zeitgesteuertes Zurücksetzen aller Heizkörperthermostat-Einstellungen um 24:00 Uhr sowie des Tagesverbrauchs an Elektrizität).

Nachfolgend möchte ich Ihnen ein paar Beispiel-Helfer vorstellen. Ausführlicher sind alle Helfer unter der URL *https://www.home-assistant.io/integrations/#helper* dokumentiert.

5.5.1 Der Helfer »Schalter«

Der Einstieg in das Thema soll ein einfacher Schalter sein, der lediglich zwischen den booleschen Werten (`true`/`false`, an/aus) wechseln kann. Ein schönes Anwendungsgebiet ist, über eine Automatisierung mit nur einem Schalter verschiedene Einstellungen zentral vorzunehmen (z. B. ein Szenario für die Abwesenheit im Urlaub oder ein Szenario für die Anwesenheit von Gästen).

Helfer über das UI erstellen

Wählen Sie aus der Liste der Helfer den *Schalter*, um die Eigenschaften des Helfers festlegen zu können (siehe Abbildung 5.20).

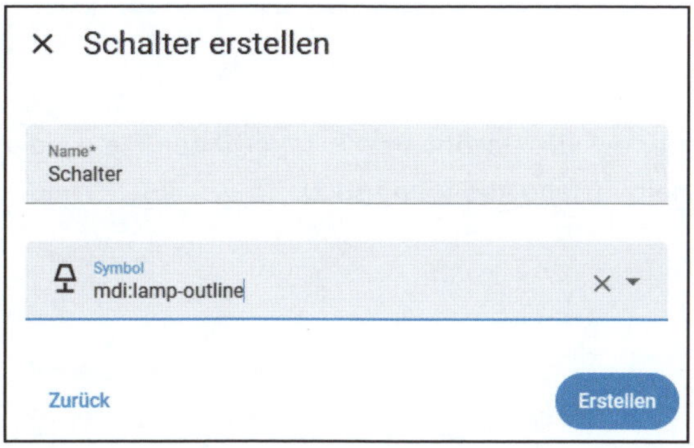

Abbildung 5.20: Den Helfer »Schalter« erstellen

Geben Sie dem Helfer einen Namen und legen Sie gegebenenfalls ein Symbol fest durch eine Suche in der Drop-down-Liste oder durch direkte Eingabe in das Feld (hier: **mdi:lamp-outline**). Als **Symbol** verwendet Home Assistant das Standard-Icon (bei dem Helfer *Schalter* ist es ein Kreis mit einem Kreuz). Schließen Sie den Vorgang mit **Erstellen** ab.

Helfernamen

Nehmen Sie sich ein wenig Zeit für die Namensgebung. Aus dem Namen leitet Home Assistant nämlich den Namen der Entität ab. Dieser Name ist dann fix, selbst wenn Sie den Helfernamen ändern. Natürlich können Sie nachträglich auch die Bezeichnung der Entität ändern (siehe Abbildung 5.24). Das hat aber den Haken, dass Sie alle Stellen in Ihrer Anwendung ändern müssen, an denen diese Bezeichnung verwendet wird (z. B. im Dashboard oder bei Automationen), denn Home Assistant zieht diese Änderungen leider nicht nach.

In der Liste der Helfer haben Sie nun einen neuen Eintrag (siehe Abbildung 5.21). Der Aufbau und die Funktionalitäten der Registerkarte **Helfer** entsprechen denen der Registerkarten **Geräte** und **Entitäten**.

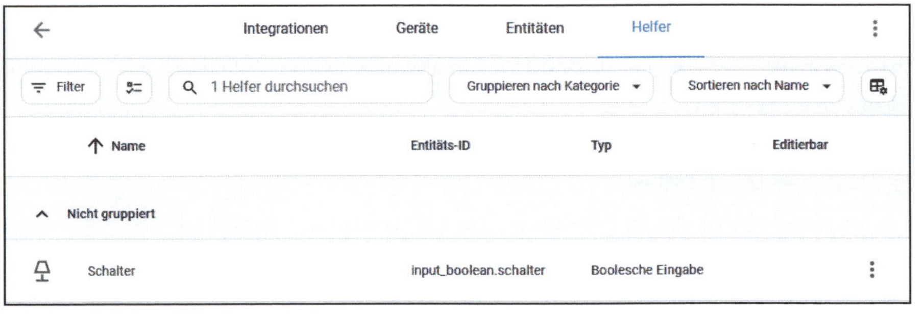

Abbildung 5.21: Neuer Eintrag unter »Helfer«

Mit einem Klick auf diesen Eintrag (oder auf die Dashboard-Karte) erhalten Sie wieder ausführliche Informationen über den Helfer (siehe Abbildung 5.22).

Abbildung 5.22: Einen Helfer administrieren

An dieser Stelle können Sie sogar den Wert des Helfers ändern – z. B. ihn ausschalten. Lassen Sie sich über das Diagramm-Icon in der Kopfzeile den Verlauf anzeigen (siehe Abbildung 5.23).

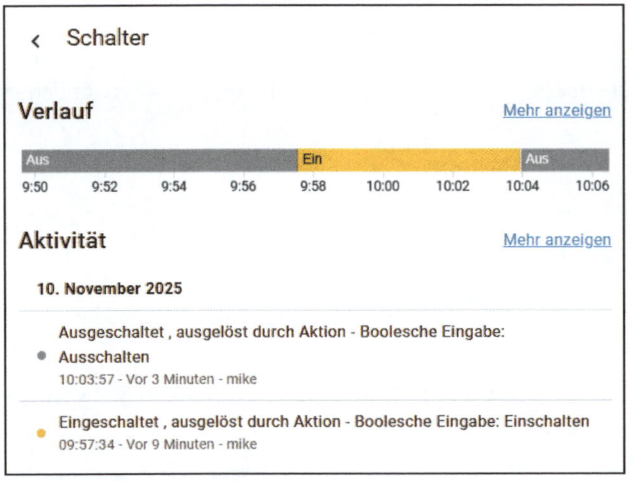

Abbildung 5.23: Verlauf Helfer

Viel wichtiger sind aber die Einstellungen. Hier sehen Sie auch die Entitäts-ID, die Sie an anderer Stelle gegebenenfalls noch brauchen. Darüber hinaus können Sie an dieser Stelle den Helfer deaktivieren oder löschen (siehe Abbildung 5.24).

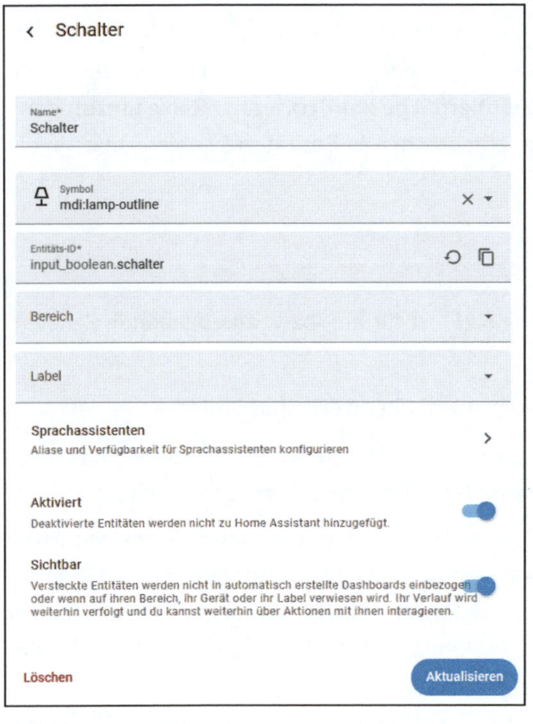

Abbildung 5.24: Einstellungen zum Helfer

Je nach Anwendungszweck bietet sich auch der Helfer *Taste* an.

Helfer in der configuration.yaml erstellen

Helfer können Sie generell auch mit wenigen Einträgen direkt in der *configuration.yaml* erstellen. Das folgende Beispiel gilt ebenfalls für alle anderen Helfer, die Sie in ähnlicher Art und Weise anlegen können:

```
input_boolean:
  garage_belegt:
    name: Nachricht, wenn ein Auto in der Garage ist
    icon: mdi:car
    initial: off
```

`name` ist der Friendly Name und als solcher Bestandteil der Entitäts-ID; sinnvoller ist ein einfacherer Name als der in dem Muster.

In diesem Fall leitet Home Assistant die Entitäts-ID nicht aus dem Namen ab, weil ja eine Vorgabe besteht (hier: `input_boolean.garage_belegt`).

Aktivieren Sie die Änderung mit **Entwicklerwerkzeuge • YAML • Eingabe-Booleans**. Sie können dieses Element dann aber nicht über die Benutzeroberfläche ändern.

Anzeige eines Helfers im Dashboard

Üblicherweise übernimmt das System neu angelegte Helfer automatisch in eine Entitäten-Karte **Helfer**. Selbstverständlich können Sie einen Helfer auch manuell zum Dashboard hinzufügen: Gehen Sie zu **Benutzeroberfläche konfigurieren • Karte hinzufügen • Nach Entität** und wählen Sie dann die entsprechende Entität aus – hier `input_boolean.Schalter`.

5.5.2 Der Helfer »Text-Eingabe«

Der Helfer *Text-Eingabe* (siehe Abbildung 5.25) ist für ein- bzw. auszugebende Zeichenketten (Strings, Text) vorgesehen.

Die Eigenschaften sind mit zwei Ausnahmen weitgehend selbsterklärend:

- Wenn Sie den Modus **Passwort** wählen, wird der Text verdeckt. Sie können diese Option also nutzen, wenn Text zwar verarbeitet, aber nicht angezeigt werden soll.
- *Regex* steht für *Regular Expression* (dt. *regulärer Ausdruck*). Mit einem Regex definieren Sie Mengen von Zeichenketten anhand bestimmter syntaktischer Regeln. Das Einsatzgebiet regulärer Ausdrücke ist die Entwicklung von Filterkriterien in der Textsuche. So erlaubt der Ausdruck `[0-9a-zA-Z]+` als Eingabe nur Ziffern sowie Groß- und Kleinbuchstaben. In Abschnitt 13.4 gehe ich näher darauf ein.

Änderungen an dem im Textfeld gespeicherten Wert erzeugen Zustandsereignisse, die dann auch als Automatisierungsauslöser verwendet werden können.

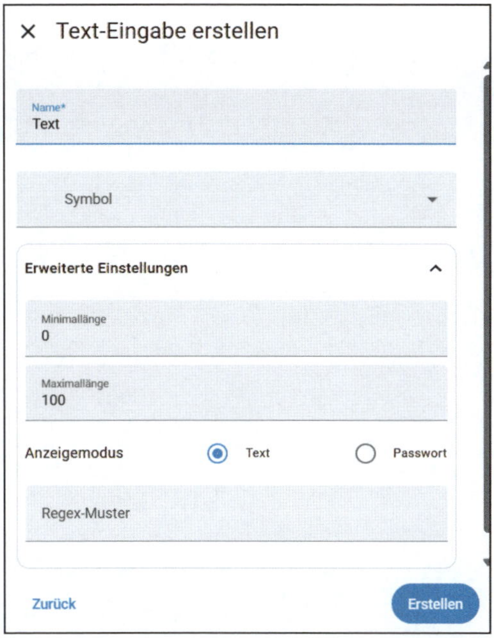

Abbildung 5.25: Den Helfer »Text-Eingabe« erstellen

Das Detailfenster, das Sie bei einem Klick auf den Eintrag erhalten, fasst hier anders als bei dem Helfer *Schalter* Informationen zum Zustand und zum Verlauf zusammen (siehe Abbildung 5.26).

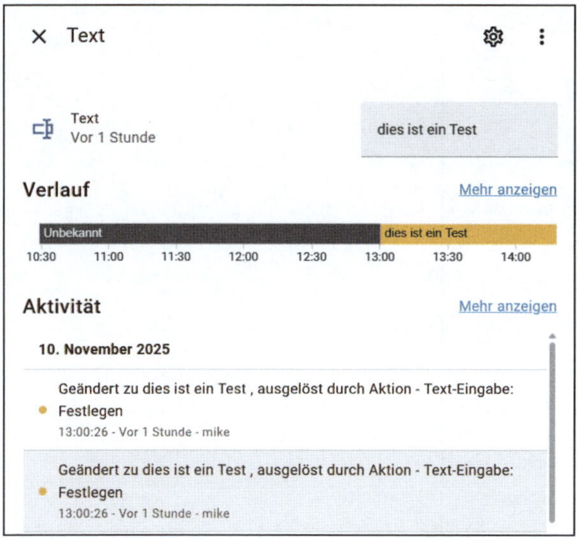

Abbildung 5.26: Einen Helfer »Text« administrieren

Das Einstellungsfenster ist analog zum Helfer *Schalter* aufgebaut.

5.5.3 Der Helfer »Zahlenwert-Eingabe«

Für das Speichern von Fließkommazahlen ist der Helfer *Zahlenwert-Eingabe* zuständig (siehe Abbildung 5.27).

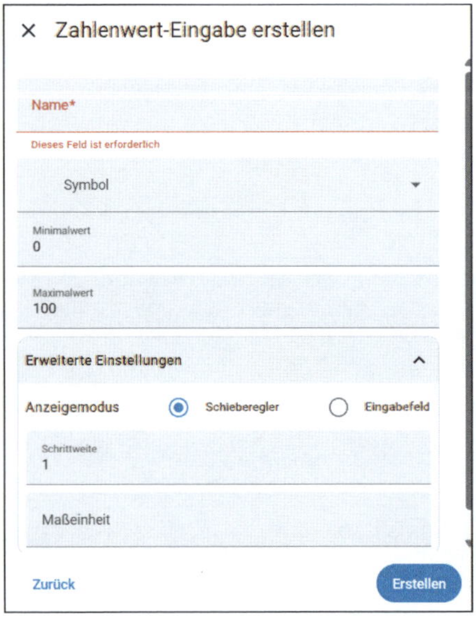

Abbildung 5.27: Den Helfer »Zahlenwert-Eingabe« erstellen

Auch hier illustrieren die Namen der Eigenschaften die Funktion bereits gut. Achten Sie bei der **Schrittweite** darauf, dass negative Werte hier nicht möglich sind. Die Detailansicht zeigt Abbildung 5.28.

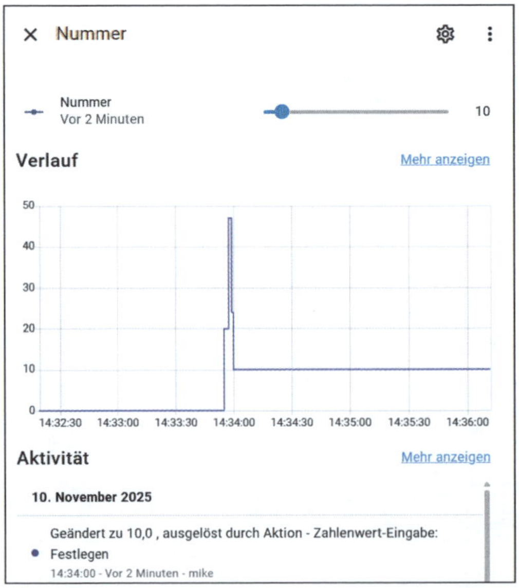

Abbildung 5.28: Einen Helfer »Nummer« administrieren

5.5.4 Der Helfer »Zeitpunkt-Eingabe«

Dieser Helfer speichert Datum und/oder Uhrzeit (siehe Abbildung 5.29).

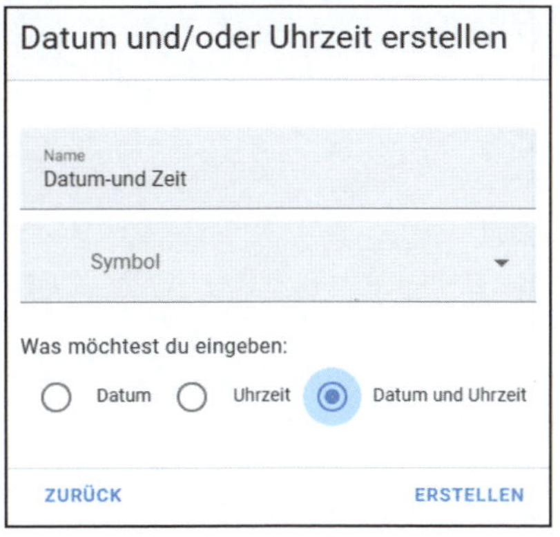

Abbildung 5.29: Den Helfer »Datum und/oder Uhrzeit« erstellen

Abbildung 5.30 zeigt die verfügbaren Detailinformationen des Helfers.

Abbildung 5.30: Einen Helfer »Datum und Zeit« administrieren

Bei Erreichen der angegebenen Zeit löst der Helfer ein Ereignis aus, das dann im Rahmen einer Automatisierung abgefangen werden kann, z. B. für eine Wartungsplanung oder ganz einfach als Wecker.

Die Einstellungen folgen dem bekannten Muster.

5.5.5 Der Helfer »Dropdown-Menü« (Auswahlliste)

Ein Dropdown-Menü bzw. eine Auswahlliste lässt sich mit diesem Helfer realisieren (siehe Abbildung 5.31).

Mit **Hinzufügen** ergänzen Sie die Liste auswählbarer Optionen. Eine Option löschen Sie über das Papierkorb-Icon; das Matrix-Icon erlaubt ein Verschieben des Elements.

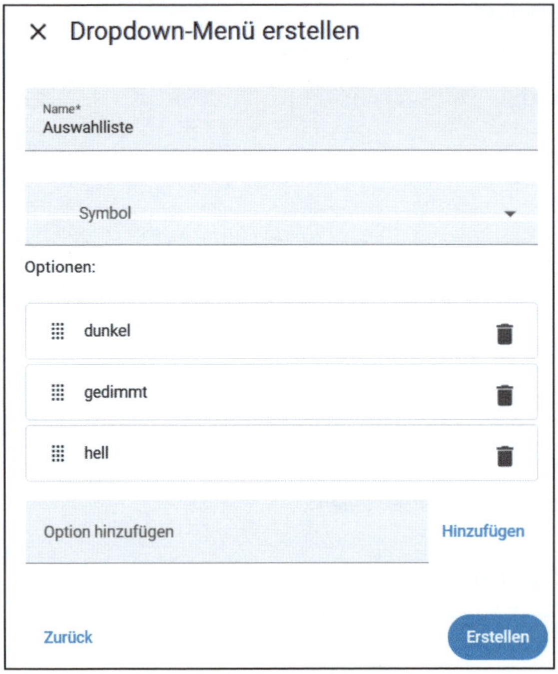

Abbildung 5.31: Den Helfer »Dropdown-Menü« erstellen

Änderungen lösen Zustandsereignisse aus (Detailfenster siehe Abbildung 5.32).

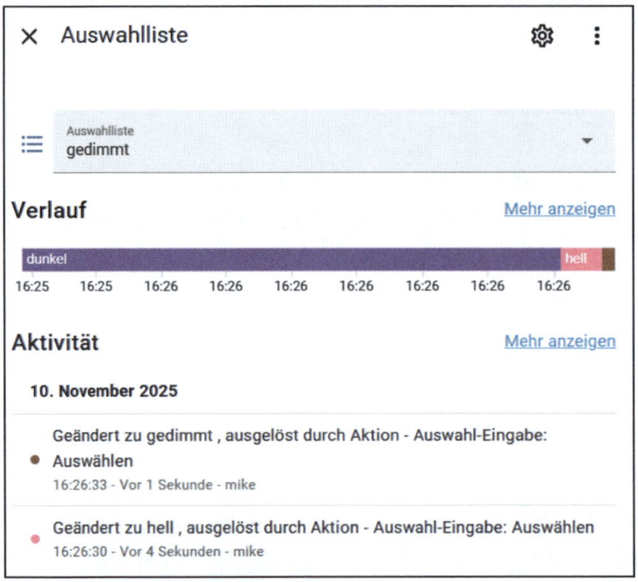

Abbildung 5.32: Einen Helfer »Auswahlliste« administrieren

Die näheren Informationen folgen helferbezogen dem bekannten Schema.

5.5.6 Der Helfer »Zähler«

Der Helfer *Zähler* (siehe Abbildung 5.33) reagiert auf Ereignisse, die durch Automationen ausgelöst werden.

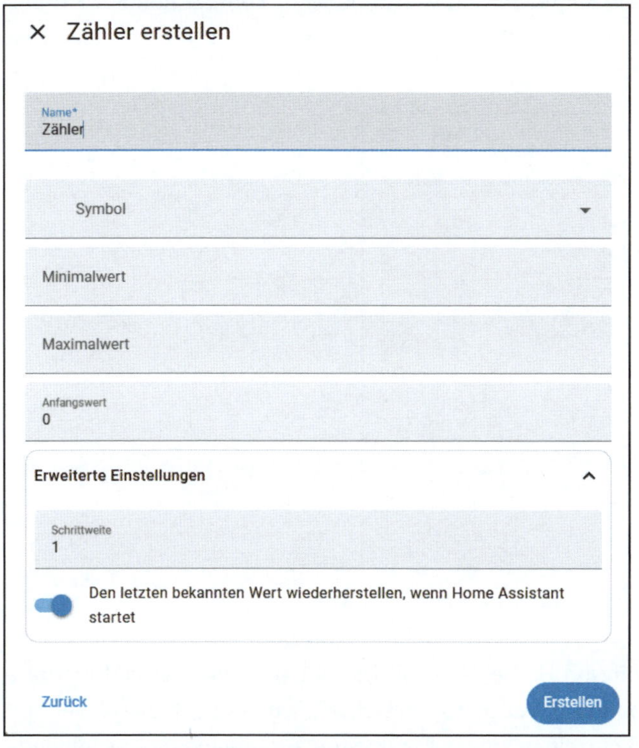

Abbildung 5.33: Den Helfer »Zähler« erstellen

Bei den Eigenschaften gibt es nur die Besonderheit, dass der Anfangswert nicht kleiner als 0 sein darf. Die Details sehen Sie in Abbildung 5.34.

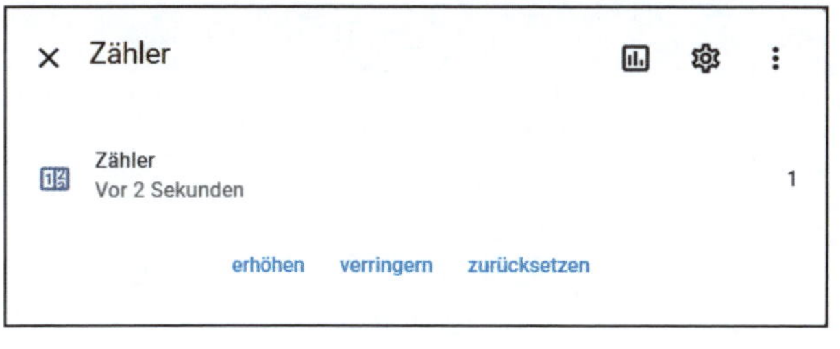

Abbildung 5.34: Einen Helfer »Zähler« administrieren

Der Verlauf als Liniendiagramm ist erreichbar über das Diagramm-Icon; die Einstellungen sind mit denen der anderen Helfer deckungsgleich.

5.5.7 Der Helfer »Gruppe«

Der Helfer *Gruppe* ist eine feine Sache, denn mit ihm können Sie mehrere Entitäten zu einer einzigen Entität kombinieren. Das ermöglicht die Steuerung und Überwachung von Instanzen als Ganzes, wenn sie Mitglieder einer Gruppe sind. Konkret können Sie beispielsweise mehrere Glühbirnen in einer Leuchte als einzelnes Licht in Home Assistant steuern (siehe Abbildung 5.35).

Abbildung 5.35: Eine »Gruppe« von Entitäten als Helfer erstellen

Die Gruppierungsfunktionalität von Home Assistant bezieht sich zunächst auf mehrere binäre Sensoren, Rollläden/Markisen, Ventilatoren, Lichter, Schlösser, Media-Player und Schalter – mit der Option, die einzelnen Mitgliedseinheiten auszublenden. Das folgende Beispiel geht von einer Schalter-Gruppe aus (siehe Abbildung 5.36).

Abbildung 5.36: Eigenschaften einer Helfer-Gruppe für Schalter

Die näheren Informationen folgen helferbezogen dem bekannten Schema (siehe Abbildung 5.37).

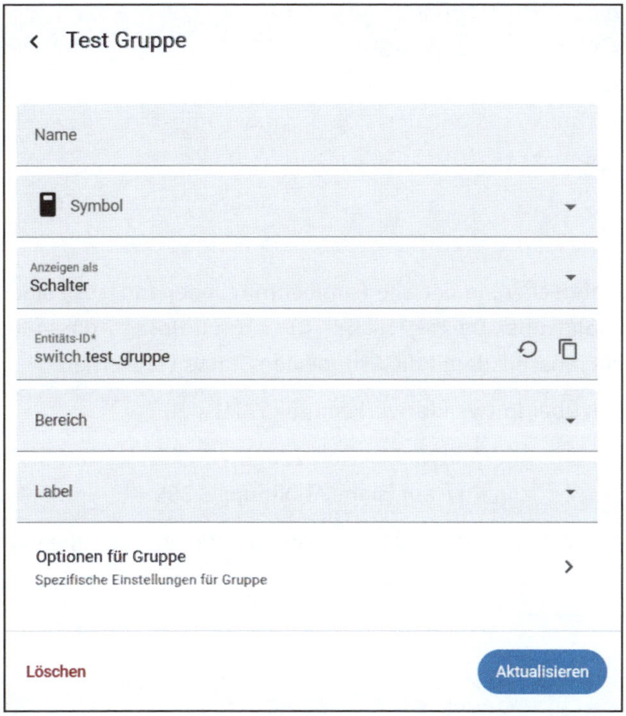

Abbildung 5.37: Einen Helfer namens »Test Gruppe« administrieren

Die Möglichkeiten, Gruppen über den Browser anzulegen, sind auf die Elemente der Drop-down-Liste beschränkt. Es geht jedoch mehr, wenn Sie direkt in YAML codieren. Um für mehr Übersichtlichkeit zu sorgen, sollten Sie hierfür eine eigene Konfigurationsdatei vorsehen (z. B. *groups.yaml*).

Schritt 1: Datei anlegen

Legen Sie die Datei *groups.yaml* mithilfe des File Editors oder mithilfe von *Samba share* (siehe Abschnitt 8.4) auf der gleichen Ebene wie die *configuration.yaml* an.

Schritt 2: configuration.yaml ergänzen

Verlinken Sie die angegebene Datei mit der *configuration.yaml* über den Eintrag in der Konfigurationsdatei:

```
group: !include groups.yaml
```

Starten Sie das System neu, damit die Änderung in der *configuration.yaml* Wirksamkeit erlangt.

Schritt 3: Gruppe in groups.yaml anlegen

Öffnen Sie die Datei *groups.yaml* und legen Sie eine Gruppe nach folgendem Muster an:

```
### alle Zu Hause
alle_zuhause:
  name: Alle sind Zu Hause
  entities:
  - device_tracker.huawei_p_smart_2019_bd902
  - device_tracker.m2004j19c_redmi9
  all: true
```

Das Beispiel soll eine Situation abdecken, in der alle Familienmitglieder zu Hause sind. Die Anwesenheitserkennung erfolgt über Device-Tracker. `all: true` besagt, dass alle überwachten Entitäten `true` sein müssen, damit die Gruppe den Status `true` erhält.

Laden Sie die YAML-Konfiguration über **Entwicklerwerkzeuge • YAML** neu.

Überprüfen Sie die Arbeitsweise, z. B. über **Entwicklerwerkzeuge • Zustände**, und blättern Sie dann die Entität `group.alle_zuhause` auf (siehe Abbildung 5.38).

In diesem Fall haben alle Device-Tracker den Status `home`, sodass auch die Gruppe den Status `home` annimmt.

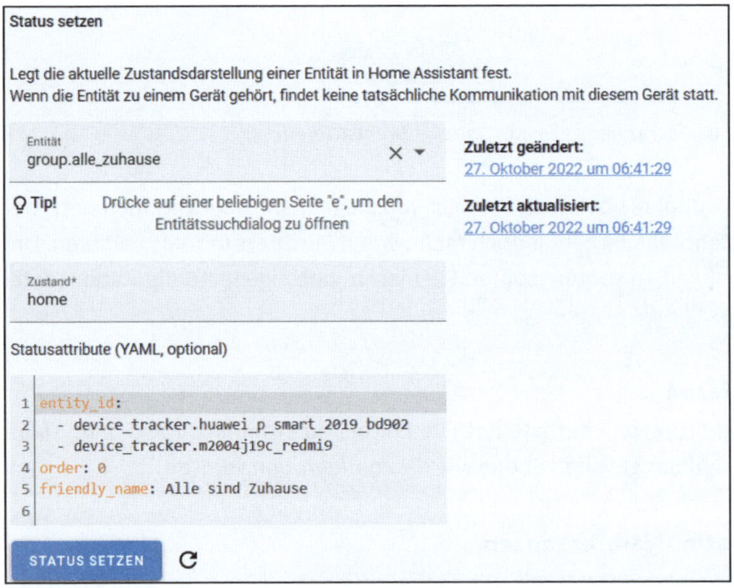

Abbildung 5.38: Die Gruppe »alle_zuhause«

5.5.8 Der Helfer »Template«

Der Helfer *Template* bezieht sich auf die gleichnamige Integration (siehe Kapitel 13). Der Helfer oder die damit abgedeckten Funktionalitäten gehören zu den Dingen, die Home

Assistant so außerordentlich flexibel machen. Damit geht jedoch einher, dass das System komplexer wird und schwieriger zu warten ist.

Angenommen, Sie hätten eine Außenbeleuchtung bestehend aus einem Terrassenlicht (Entitäts-ID: `schalter_1`) und einem Gartenlicht (Entitäts-ID: `schalter_2`). Der Helfer *Template* ist neben dem Helfer *Gruppe* ein Ansatz, um eine Warnbenachrichtigung zu erhalten, wenn ein Licht an ist.

Einrichten über das GUI

Über **+ Helfer erstellen • Template** erhalten Sie verschiedene Vorlagen zur Auswahl.

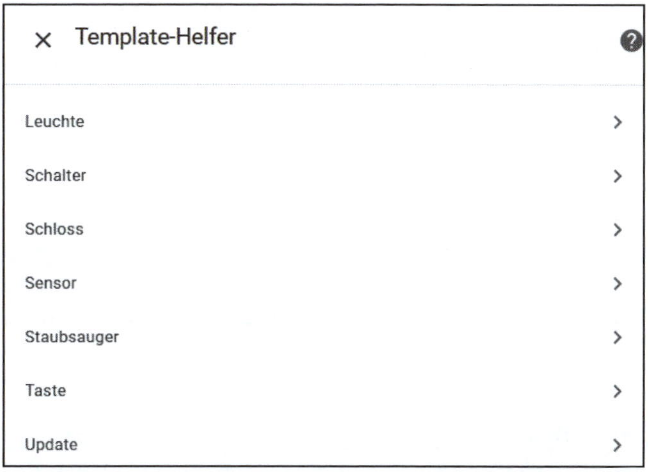

Abbildung 5.39: Auswahl der Vorlagen für den Helfer »Template«

Für das Beispiel eignet sich prinzipiell der *Schalter* oder der *Sensor*, wobei der *Sensor* meist sauberer ist, wenn es nur um An/Aus-Logik geht (siehe Abbildung 5.40).

Abbildung 5.40: Der Helfer »Sensor-Template«

Zwingend erforderlich sind der Template-Name – aus ihm leitet das System die Entitäts-ID ab (hier z. B. `sensor.aussenbeleuchtung_an`) – und das Zustands-Template:

```
{{ is_state('input_boolean.schalter_1', 'on')
   or is_state('input_boolean.schalter_2', 'on') }}
```

Der Helfer *Sensor-Template* erlaubt noch eine Reihe weiterer Einstellungen. Den Abschluss bildet eine Kurzübersicht (siehe Abbildung 5.41).

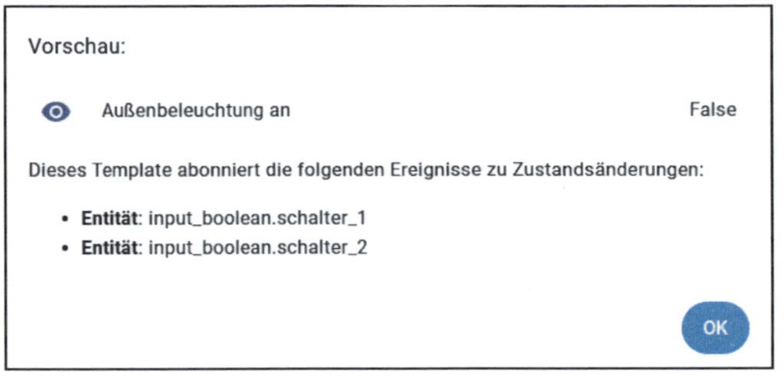

Abbildung 5.41: Abschließende Übersicht zum Helfer »Sensor-Template«

OK erstellt den Helfer. Nutzen Sie das Helfer-*Schalter*-Template, wenn das dem Helfer zugeordnete Icon auch den Zustand anzeigen soll.

Einrichten über die Konfigurationsdatei

Ein Einrichten über die *configuration.yaml* bietet an dieser Stelle den schlagenden Vorteil der Übersichtlichkeit.

```
binary_sensor:
  - platform: template
    sensors:
      aussenbeleuchtung_an_yaml:
        friendly_name: "Aussenbeleuchtung an (yaml)"
        value_template: >
          {{ is_state('input_boolean.schalter_1', 'on')
             or is_state('input_boolean.schalter_2', 'on') }}
```

Als weiteres Beispiel ist ein Template-Sensor zu nennen, der die Durchschnittstemperatur aus mehreren Temperatursensoren berechnet:

```
sensor:
  - platform: template
    sensors:
      average_room_temperature:
        friendly_name: "Durchschnittstemperatur"
        unit_of_measurement: "°C"
```

```
      icon_template: mdi:thermometer
      value_template: >
        {% set t1 = states('sensor.wohnzimmer_temp') | float(0) %}
        {% set t2 = states('sensor.schlafzimmer_temp') | float(0) %}
        {% set t3 = states('sensor.kueche_temp') | float(0) %}
        {{ ((t1 + t2 + t3) / 3) | round(1) }}
```

Und zu guter Letzt möchte ich Ihnen noch ein drittes Beispiel aus dem Alltag zeigen. Es basiert auf einem Ofen von Rika, der mit Pellets befeuert wird. Er verfügt über eine API, die mit einem HACS-Add-on ausgelesen werden kann (siehe Kapitel 9). Infos zum Verbrauch und zur aktuellen Temperatur werden so direkt in Home Assistant angezeigt. Auf diese Weise kann auch zwischen den unterschiedlichen Heizprogrammen gewechselt werden (siehe Abbildung 5.42).

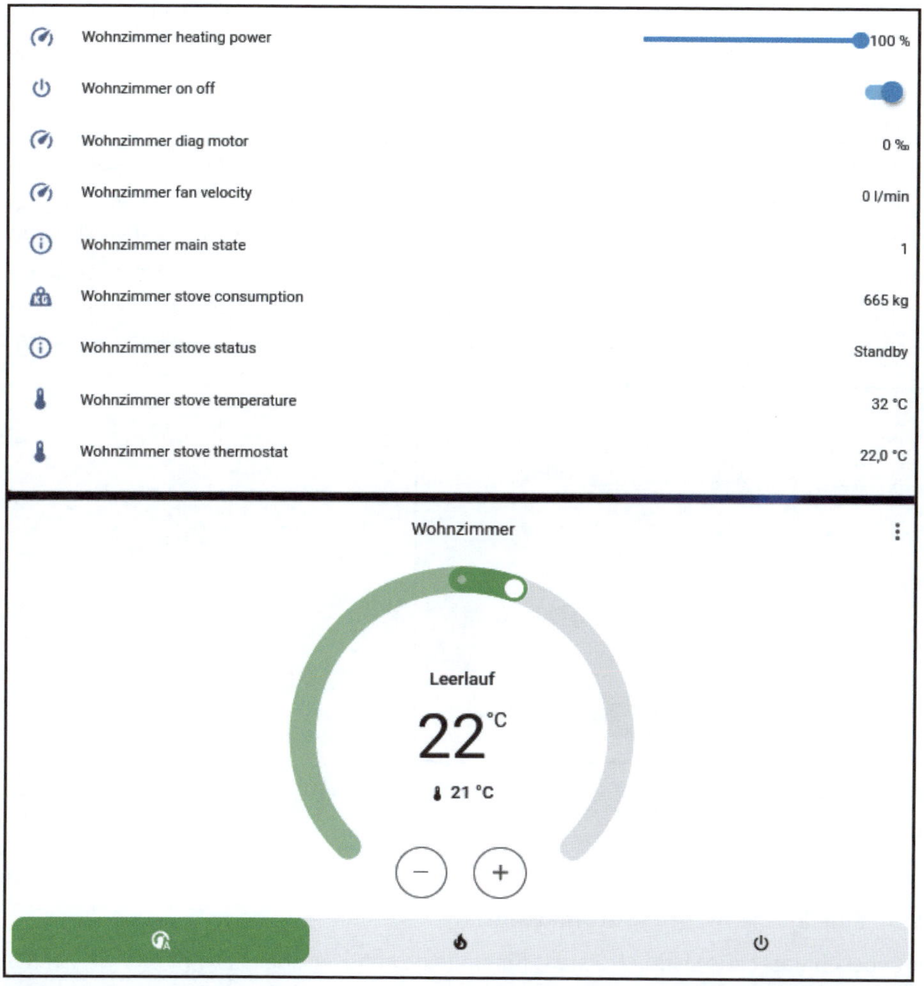

Abbildung 5.42: Die Entitäten des Ofens »Wohnzimmer« direkt nach der Installation

Das ist schon sehr praktisch, aber es wäre noch besser, wenn man damit auch die Heizkosten im Blick behalten könnte. Diese Information kann die Integration selbst jedoch nicht liefern, denn sie weiß ja nicht, wie viel Sie für die Pellets bezahlen. Das können Sie mit einem eigenen Sensor lösen.

Die Pellets kosten (in meinem Fall) 5,99 € pro 15-kg-Sack – wenn Sie größere Mengen abnehmen, geht das natürlich auch günstiger. Das sind also ungefähr 0,3993 € pro Kilo. Mit diesen Informationen lässt sich ein neuer Sensor in der Datei *configuration.yaml* anlegen:

```
- sensor:
    - name: "Heizkosten"
      unique_id: wohnzimmer_stove_costs
      unit_of_measurement: "€"
      icon: mdi:currency-eur
      state: "{{ (states('sensor.wohnzimmer_stove_consumption') |
              float(0) * 0.3993) | round(2) }}"
```

Listing 5.1: Der neue Sensor für die Heizkosten

Die Angabe zum `state` des neuen Sensors wurde auf zwei Zeilen umbrochen – eigentlich müsste es eine lange Zeile sein. Dort wird die Variable `sensor.wohnzimmer_stove_consumption` ausgelesen, mit dem Faktor 0,3393 multipliziert und dann auf zwei Nachkommastellen gerundet. Wenn Sie die Karte auf dem Dashboard noch ein bisschen schöner formatieren und den neuen Sensor mit der ID `wohnzimmer_stove_costs` versehen haben, haben Sie immer im Blick, wie teuer der Winter bereits war (siehe Abbildung 5.43).

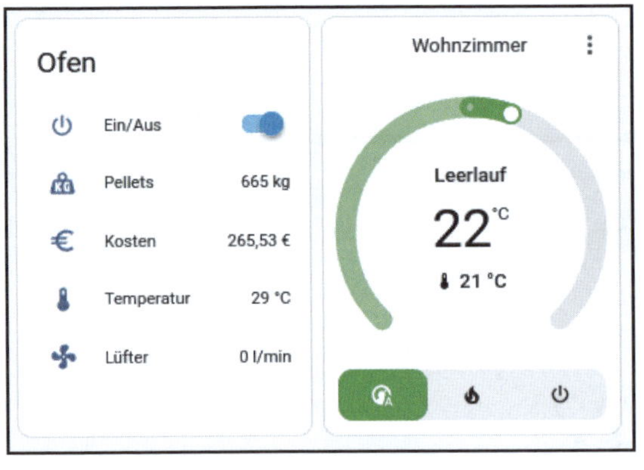

Abbildung 5.43: Mit dem neuen Sensor werden die Kosten angezeigt. Und ein bisschen schöner angeordnet wurden die Werte auch.

5.5.9 Eine kleine Beispielautomatisierung

Der Codeschnipsel aus Listing 5.2 steht für eine Automatisierung (siehe Kapitel 6), bei der ein Taster verschiedene Funktionen der vorgestellten Helfer auslöst. Dabei wird beispielsweise ein Schalter umgelegt, ein Nummernfeld erhöht, eine Zeit fortgeschrieben usw.

```
alias: Test Helfer
description: ''
trigger:
- platform: state
  entity_id:
  - input_button.taste
condition: []
action:
- service: input_boolean.toggle
  data: {}
  target:
    entity_id: input_boolean.schalter
- service: input_text.set_value
  data:
    value: Taste ausgelöst
  target:
    entity_id: input_text.text
- service: input_number.increment
  data: {}
  target:
    entity_id: input_number.nummer
- service: input_datetime.set_datetime
  data:
    datetime: '{{ now().strftime(''%Y-%m-%d %H:%M:%S'') }}'
  target:
    entity_id: input_datetime.datum_und_zeit
- service: input_select.select_next
  data: {}
  target:
    entity_id: input_select.auswahlliste
- service: counter.increment
  data: {}
  target:
    entity_id: counter.zaehler
mode: single
```

Listing 5.2: Automatisierung mit einem Taster

Abbildung 5.44 zeigt eine Zusammenfassung der Helfer im Dashboard.

Fazit: Geräte und Dienste sind Kernelemente in Home Assistant. Die Benutzeroberfläche stellt umfassende Möglichkeiten zu deren Administration bereit.

Abbildung 5.44: Beispiel für eine Automatisierung über Helfer im Dashboard

Kapitel 6

Automatisierungen mit Szenen, Skripten und Vorlagen

Sie wünschen sich sehr, dass sich Dinge wie von selbst erledigen? Dazu braucht es keine Heinzelmännchen mehr, das übernehmen entsprechend gestaltete Funktionen von Home Assistant.

Automatisierungen sind das Kernstück eines Smart Homes. Alle Geräte schön auf einer Oberfläche zu sehen, ist nämlich erst der Anfang. Richtig spannend wird es, wenn Dinge automatisiert ablaufen, weil die einzelnen Komponenten miteinander sprechen können.

Aber was heißt »automatisiert«? Im Grunde verbirgt sich dahinter die Einrichtung und Durchführung von Arbeitsprozessen in solch einer Weise, dass der Mensch für ihren Ablauf nicht unmittelbar tätig zu werden braucht: Alle Arbeitsschritte – einschließlich ihrer Steuerung, Regelung und teilweise auch Kontrolle – erfolgen selbsttätig. Home Assistant kennt in diesem Zusammenhang vier Funktionalitäten, die Sie unter **Einstellungen • Automationen & Szenen** finden:

- Eine *Automation* ist im Grunde ein Skript, das ausgeführt wird, wenn ein bestimmtes Ereignis oder eine Kombination von Umständen eintritt.
- Eine *Szene* ist ein definierter Zustand einer oder mehrerer Entitäten, der mit einem einzigen Serviceaufruf hergestellt werden kann.
- Ein *Skript* besteht aus einem oder mehreren Serviceaufrufen, die nacheinander ausgeführt werden.
- *Vorlagen* (engl. *Blueprints*) sind vorgefertigte Automatisierungen, die Sie ganz einfach zu Ihrer Home-Assistant-Anwendung hinzufügen können.

Neue Versionen von Home Assistant OS

Die Automationen sind die Kernelemente von Home Assistant, daher widmen ihnen die Entwickler aus gutem Grund viel Zeit und Aufwand. Das hat zum Teil erhebliche Auswirkungen auf die Inhalte, aber auch auf das Aussehen der Entwicklungsumgebung. So tauchen nach Versionsupdates Inhalte an anderer Stelle wieder auf, oder bekannte Dialoge treffen nicht mehr zu.

Das ist nicht nur bei der täglichen Arbeit mit Home Assistant oftmals frustrierend, sondern macht es auch sehr schwierig, alle Menüs richtig zu dokumentieren.

Lesen Sie daher darüber hinaus immer die offizielle Dokumentation, die meistens aktueller ist. Aber auch dort werden Sie feststellen, dass die Anleitungen oft nicht mit der Update-Frequenz Schritt halten können.

6.1 Automationen

Alle Automationen finden Sie in */config/automations.yaml*. Der Eintrag `automation: !include automations.yaml` in der *configuration.yaml* bindet den Inhalt der Datei ein. Selbstverständlich können Sie Automationen in der *automations.yaml* auch direkt erstellen und editieren. Diese müssen Sie dann im Abschnitt **Neuladen** der YAML-Konfiguration Automationen aktivieren, zu finden unter **Entwicklerwerkzeuge • YAML**. Damit eine in der *automations.yaml* erstellte Automatisierung später auch in der Benutzeroberfläche aufgerufen und verändert werden kann, muss eine `id` vorangestellt werden. Diese darf nur aus Ziffern bestehen und muss natürlich eindeutig sein:

```
-id: '1549050780445'
  alias: beispielAutomatisierung
  trigger:
  - event_data:
```

Die Benutzeroberfläche **Automationen** (siehe Abbildung 6.1) ist der smartere Weg, um Automationen zu erstellen und zu verwalten, da sie hilfreiche Funktionalitäten bietet, die im Editor so nicht zur Verfügung stehen.

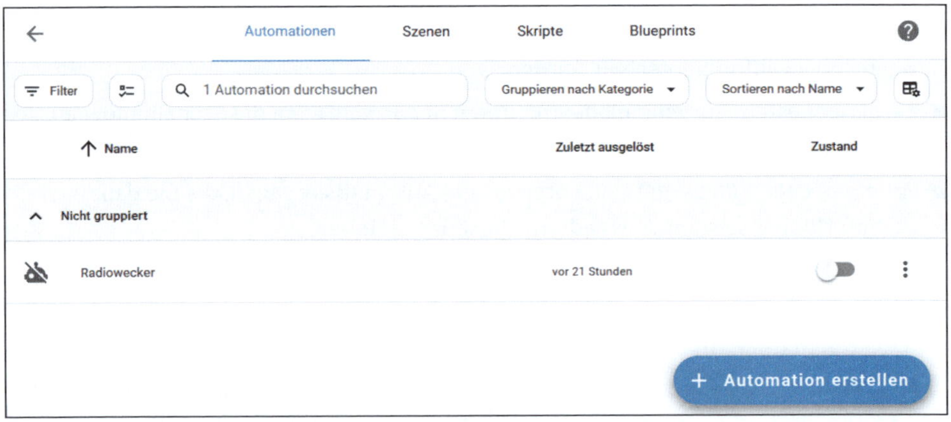

Abbildung 6.1: Die Registerkarte »Automationen«

Eine Annehmlichkeit der Benutzeroberfläche sind Funktionen, mit denen Sie die Elemente nach verschiedenen Kriterien suchen und filtern können. Sie erhalten außerdem Informationen zur letztmaligen Ausführung und zum Status (aktiviert/deaktiviert).

Der Klick auf einen Eintrag öffnet das Objekt. Sie haben so Zugang zu allen Belangen, um die Automation umfassend zu administrieren und zu bearbeiten. Eingeschränkte Administrationsmöglichkeiten verbergen sich hinter dem ⋮-Icon:

- **Detailansicht**: Die Automatisierungsinformationen (siehe Abbildung 6.2) sind vergleichbar mit den Geräte- bzw. Entitätsinformationen und zeigen beispielsweise an, wann die Automation zum letzten Mal ausgelöst wurde.

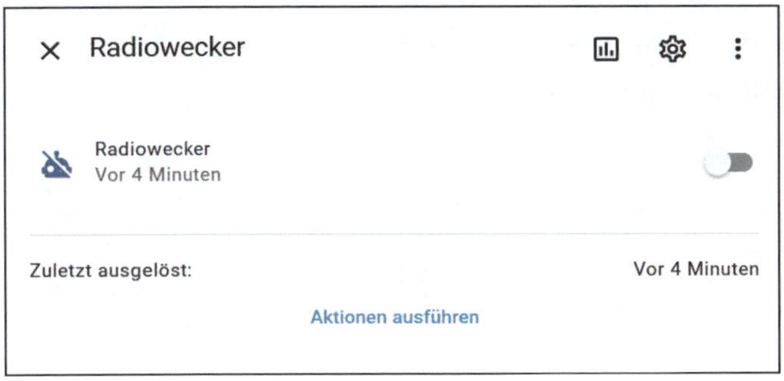

Abbildung 6.2: Automatisierungsinformation

- **Aktionen ausführen** führt eine Automatisierung direkt aus, damit Sie sie testen können.
- **Einstellungen** erlaubt das nachträgliche Ändern einiger Eigenschaften einer Automatisierung (siehe Abbildung 6.3).

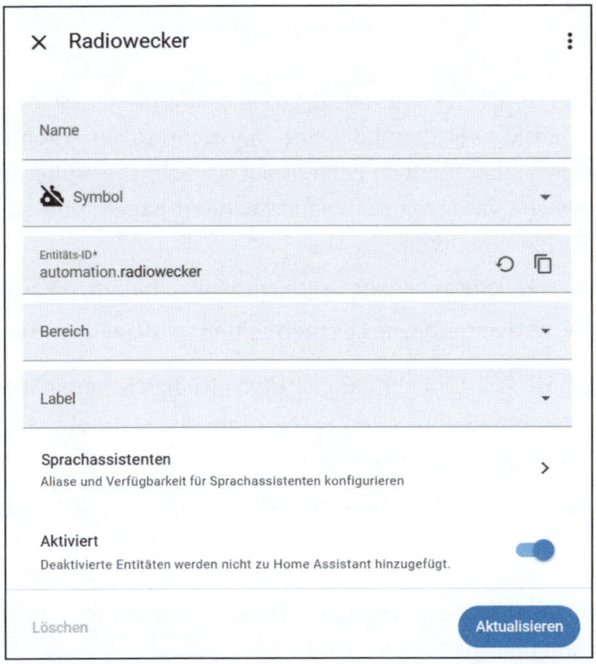

Abbildung 6.3: Einstellungen einer Automation ändern

- **Kategorie zuweisen**: Weist eine erstellte Kategorie zu.
- Hinter **Traces** (dt. *Spuren*) verbirgt sich ein mächtiges Test- und Diagnosewerkzeug (siehe Abbildung 6.4), das der Bedeutung von Automatisierungen in Home Assistant gerecht wird.

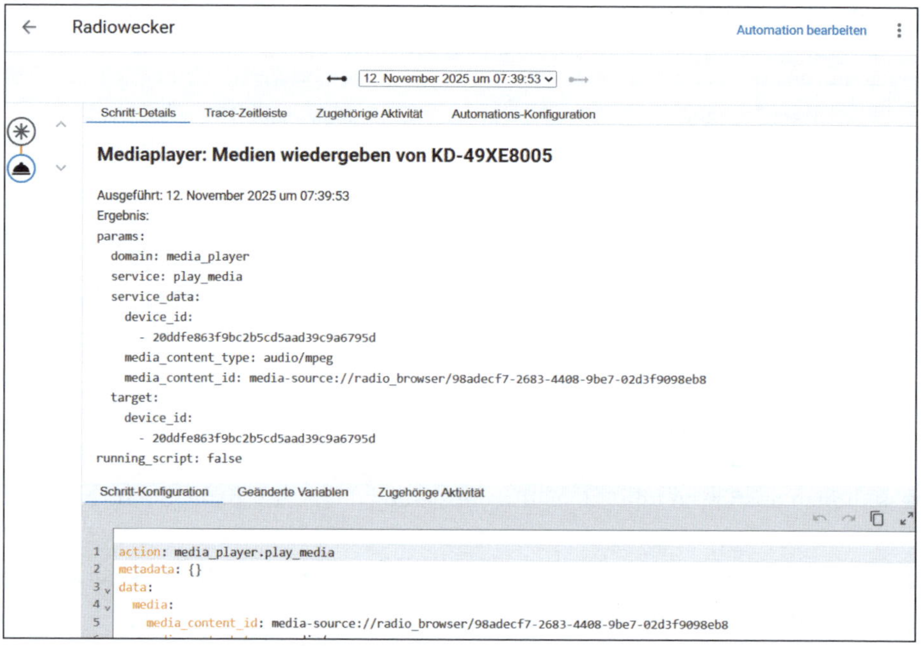

Abbildung 6.4: Das »Automatisierungen«-Diagnosewerkzeug »Spuren«

Greifen Sie auf dieses Hilfsmittel zurück, wenn es bei der Entwicklung oder im späteren Betrieb zu Problemen kommt. Sie können damit die einzelnen Schritte der Automatisierung analysieren und kommen so hoffentlich Fehlern auf die Schliche. Außerdem können Sie nachvollziehen, welche Variablen sich wann geändert haben, und so zu Testzwecken bestimmte Szenarien simulieren.

- **Duplizieren** Sie Automationen, wenn Sie auf etwas Bestehendem aufbauen möchten.
- Die Optionen **Deaktivieren** bzw. **Aktivieren** sowie **Löschen** sollten selbsterklärend sein.

Automationen funktionieren in Home Assistant immer nach dem gleichen Schema: Wenn etwas passiert – also unter bestimmten Bedingungen –, soll Home Assistant etwas tun. Diese Parts heißen *Auslöser*, *Bedingungen* und *Aktionen*.

Das Konzept funktioniert hervorragend für einfache Automatisierungen wie den Radiowecker aus Abschnitt 3.4, der zu einer bestimmten Zeit eine voreingestellte Station erklingen lässt. Jetzt sehen wir uns aber an, wie Sie von Grund auf mit einer leeren Automatisierung beginnen: Wählen Sie **+ Automation erstellen • Neue Automation erstellen**. Dann erscheint das Fenster aus Abbildung 6.5.

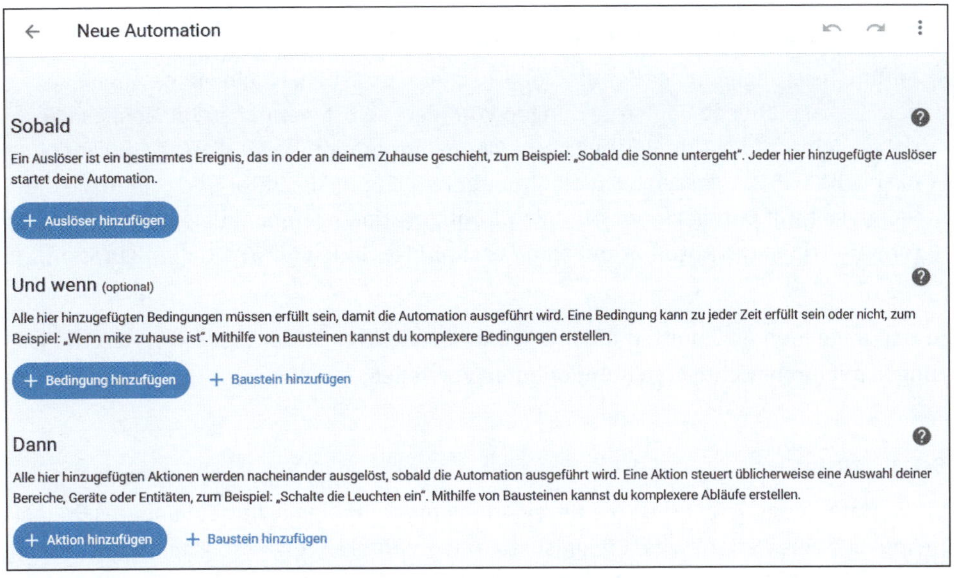

Abbildung 6.5: Das Fenster »Neue Automation« im visuellen Editor

In der Kopfleiste befindet sich ein ⋮-Icon, das Ihnen einen Zugang zu verschiedenen Administrationsfunktionen einer Automatisierung eröffnet (z. B. **Umbenennen**, **Duplizieren**, **Deaktivieren**, **Löschen**); beim erstmaligen Erstellen sind einige ausgegraut. Interessant sind aber auch:

- **Aktionen ausführen**: Hiermit starten Sie die Automatisierung für Tests unmittelbar aus dem Editor.
- **Modus**: Der Modus einer Automation in Home Assistant legt fest, wie sich die Automation verhält, wenn sie während ihrer eigenen Ausführung noch einmal ausgelöst wird (**single** [Standard], **restart**, **queued**, **parallel**).

  Nehmen Sie z. B. eine Automation an, die das Licht einschaltet, fünf Minuten wartet und es dann wieder ausschaltet. Mit der Einstellung **Modus** legen Sie das Verhalten des Systems fest, wenn während dieser fünf Minuten erneut Bewegung erkannt wird. So wird z. B. bei **single** das Licht nach Ablauf der ursprünglichen fünf Minuten ausgeschaltet.
- **Art der Bearbeitung**: Der Standard ist die Bearbeitung im visuellen Editor. Allerdings steht Ihnen dieser Weg nicht immer offen, sodass Sie unter Umständen auf eine Bearbeitung in YAML (**Als YAML bearbeiten**) ausweichen müssen.

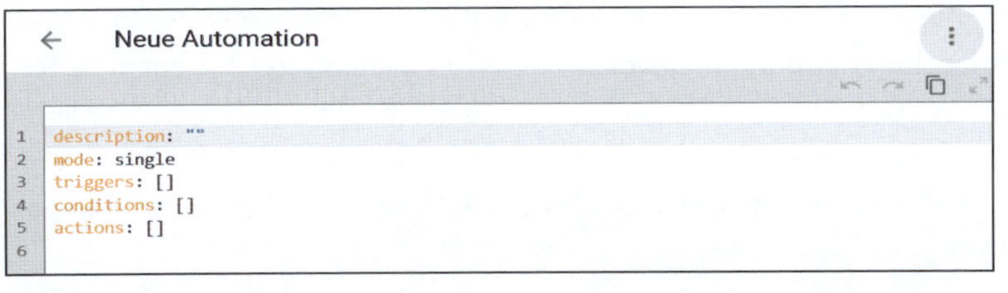

Abbildung 6.6: Das Fenster »Neue Automatisierung • Als YAML bearbeiten«

Fehlermeldungen bei Nutzung der Benutzeroberfläche

Automatisierungen in der Benutzeroberfläche zu erstellen, ist eine feine Angelegenheit. Es kann aber zu Fehlermeldungen kommen, selbst wenn man tatsächlich alles richtig gemacht hat. Ein Beispiel dafür ist die Automation *Radio Wecker Ambilight* in Abschnitt 16.5.3. Erfassen Sie die Automation mit dem File Editor und prüfen Sie die Richtigkeit mit **Entwicklerwerkzeuge • Konfiguration prüfen**. Aktivieren Sie die Automation dann mit **Automationen** im Abschnitt **Neuladen** der YAML-Konfiguration.

In den folgenden Abschnitten möchte ich Ihnen die drei Bestandteile von Automatisierungen mit ihren wichtigsten Komponenten vorstellen.

6.1.1 Auslöser

Ein *Auslöser* (engl. *Trigger*) ist die Bezeichnung für ein Ereignis, das ein anderes Ereignis (respektive eine Aktion), eine Ereigniskette oder mehrere Ereignisse gleichzeitig in Gang setzt. In diesem Abschnitt geht es um die Einflüsse, die in Home Assistant weitere Aktionen initiieren können. Beginnen Sie die Wahl des passenden Auslösers mit **+ Auslöser hinzufügen**. Abbildung 6.7 zeigt den Einstieg.

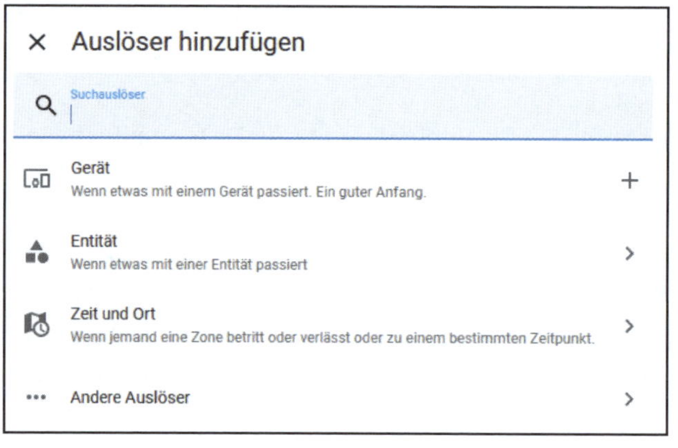

Abbildung 6.7: Auslöser auswählen

Die angebotenen Möglichkeiten verursachen meiner Meinung nach mehr Verwirrung, als dass sie Klarheit schaffen. Dies liegt an der vermeintlich einfachen Herangehensweise nach dem Ansatz »Klick dich zum Ergebnis«. Das ist aber bei einem komplexen System wie Home Assistant selten zielführend. Bevor Sie weitermachen, sollten Sie daher für sich festlegen, welchen Auslöser Sie genau brauchen. Nehmen Sie sich zumindest anfangs die Zeit für einen Blick die Dokumentation (*https://www.home-assistant.io/docs/automation/trigger/*). Suchen Sie sich dann mit der Eingabe in das Suchfeld (z. B. **Zeitraster**) den passenden Auslöser aus.

- **Ereignis** (siehe Abbildung 6.8) zielt auf den Kern von Home Assistant (siehe auch Kapitel 5). Dahinter verbergen sich Zustandsänderungen von Entitäten, der API, der Laufzeitumgebung von Home Assistant oder sogar selbst definierte Ereignisse (siehe Abschnitt 6.1.3), die über den Eventbus fließen. Eine Liste der integrierten Ereignisse findet Sie unter *https://www.home-assistant.io/docs/configuration/events*.
  - **Ereignistyp** bezeichnet die Art des Ereignisses (hier: das selbst definierte Ereignis *ereignis*).
  - Es gibt optionale, zum Ereignistyp gehörende **Ereignisdaten**. Ein Auslösen erfolgt nur, wenn diese Ereignisdaten vorliegen (siehe dazu das entsprechende Gegenstück *Aktion* aus Abschnitt 6.1.3).
  - Sie können auslösende Ereignisse auch auf einen **Benutzer** beschränken.

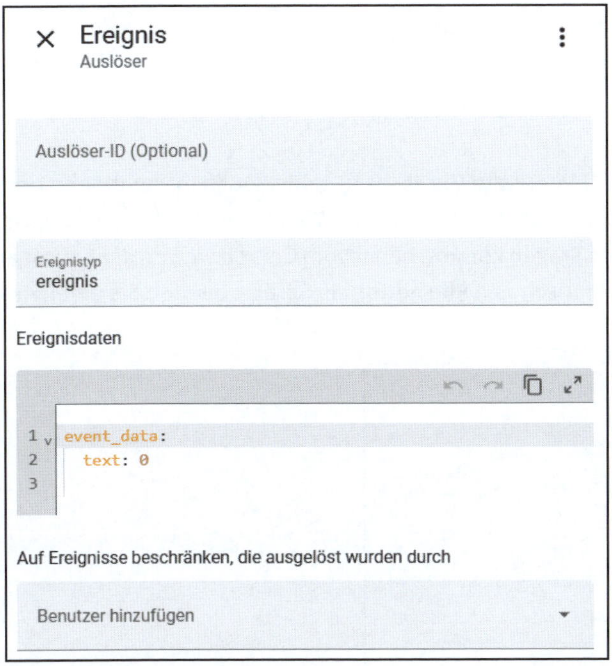

Abbildung 6.8: Der Auslöser »Ereignis«

- Der Trigger **Geolokalisierung** (siehe Abbildung 6.9) löst aus, wenn eine Entität eine Zone betritt oder sie verlässt. Dieser Trigger erfordert als Quelle eine Geolokalisierungsplattform (siehe *https://www.home-assistant.io/integrations/geo_location/*), die die Meldung von GPS-Koordinaten unterstützt. Geolokalisierung ist nicht für die Verwendung von `device_tracker`-Entitäten gedacht wie zum Beispiel für Telefone. Die bessere Wahl ist in diesem Fall **Zone**.

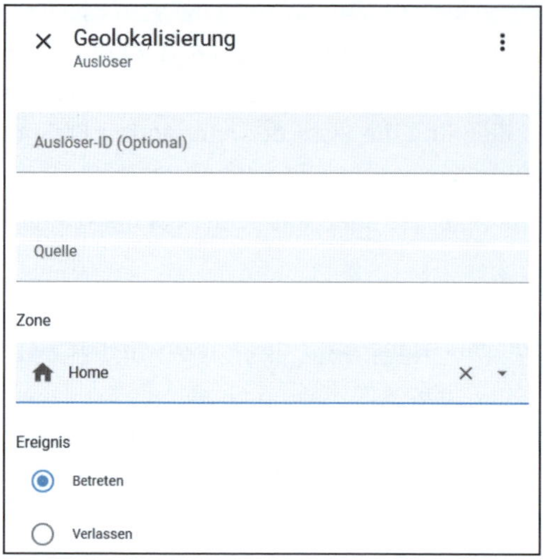

Abbildung 6.9: Der Auslöser »Geolokalisierung«

- Jedes in Home Assistant hinterlegte **Gerät** (dazu zählen auch Integrationen und Add-ons) kann über seine Entitäten Aktionen auslösen. Welcher Auslöser bei der Option **Gerät** im konkreten Fall zum Tragen kommt, hängt vom Gerät bzw. von der Entität ab. Abbildung 6.10 zeigt exemplarisch den **File editor** als Gerät, über den Sie einen Auslöser definieren könnten.

Abbildung 6.10: Der Auslöser »Gerät«

- Der Trigger **Home Assistant** fängt den Start und das Beenden von Home Assistant ab.
- **Kalender** bezieht sich auf Kalender-Integrationen wie den Google-Kalender oder CalDAV. Sie können so Aktionen abhängig von geplanten Ereignissen einrichten und

beispielsweise Automationen planen, die nur an Feiertagen oder Geburtstagen stattfinden.

- Eine **MQTT**-Nachricht kann ein Auslöser mit dem auslösenden Moment *Thema* (Topic) und optional *Payload* sein.
- Der Trigger **Numerischer Zustand** wird ausgelöst, sobald ein Wert über oder unter dem eingestellten Wert ist. Die Angabe einer Zeit ist optional. In Abbildung 6.11 sehen Sie einen Auslöser, der auf der Entität **Forecast Home** beruht, also auf der Wettervorhersage für Ihr Zuhause. Wenn das Attribut **Temperatur** unter den Wert 3 fällt, wird die Aktion ausgelöst.

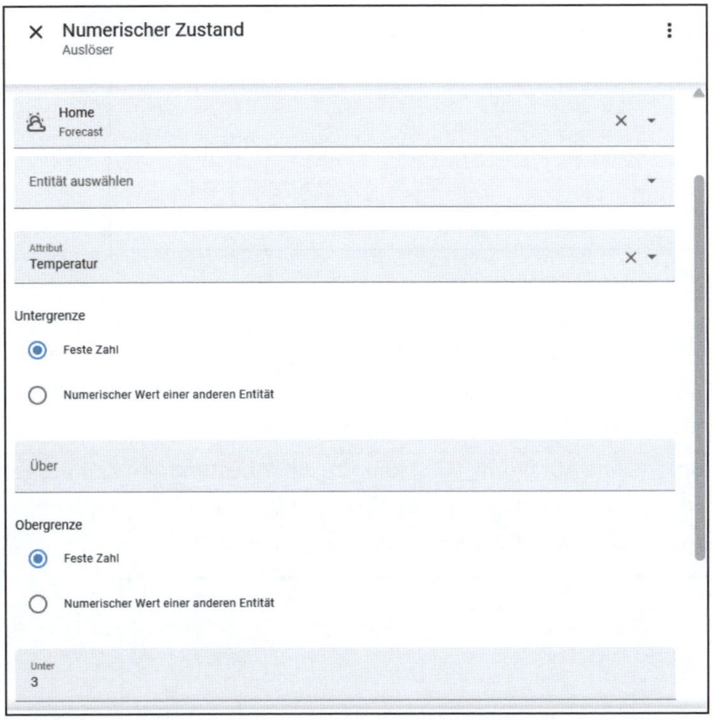

Abbildung 6.11: Der Auslöser »Numerischer Zustand«

Darüber hinaus können Sie ein Wer-Template vorgeben und eine Zeitdauer, die erfüllt sein muss, bis der Trigger auslöst (nicht in der Abbildung).

- Der Auslösertyp **Sonne** greift bei Sonnenaufgang oder Sonnenuntergang. Optional ist ein Versatz (z. B. `-00:30:00` für eine halbe Stunde vor dem Sonnenereignis).
- Mit dem Auslöser **Tag** sind Dinge wie NFC-Tags gemeint. Sie können damit Aktionen auslösen, wenn ein solches NFC-Tag in die Reichweite des Sensors kommt. Beispielsweise könnten Sie eine Türsteuerung realisieren, die auch Zugriffszeiten mitprotokolliert und gleichzeitig die Kaffeemaschine startet. Das ist dann aber ein schon sehr fortgeschrittenes Beispiel.

- Der Auslösertyp **Template** wertet vorhandene Templates aus. Er wird aktiv, wenn die Auswertung der Vorlage `true`, `yes`, `on` oder `enable` ist, falls der Status davor `false`, `no`, `off` oder `disable` war (siehe Abschnitt 13.2.4). Abbildung 6.12 zeigt ein Beispiel.

Abbildung 6.12: Der Auslöser »Template«

- Der **Webhook**-Trigger wird über eine HTTP-POST-Anfrage ausgelöst. Ein `POST` benötigt nur die Webhook-ID und keine Authentifizierung. Dies kann in Szenarien sinnvoll sein, in denen Änderungen über eine Webseite kommuniziert werden.
- Der Trigger **Zeitpunkt** (siehe Abbildung 6.13) kann zu einer bestimmten Zeit ausgelöst werden oder aber durch eine Entität, die eine Zeit angibt (z. B. durch den Helfer aus Kapitel 5). Maßgebend sind die Uhrzeit und der oder die Wochentag(e).

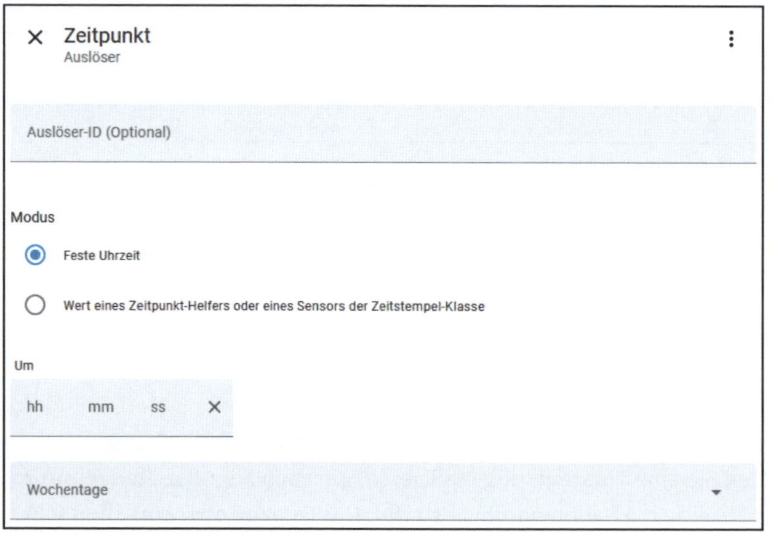

Abbildung 6.13: Der Auslöser »Zeitpunkt«

- Der Auslösertyp **Zeitschema** (siehe Abbildung 6.14) überprüft ein Zeitmuster, mit dem Sie detailliertere Vorgaben erstellen können als nur mit einem einfachen Zeitwert.

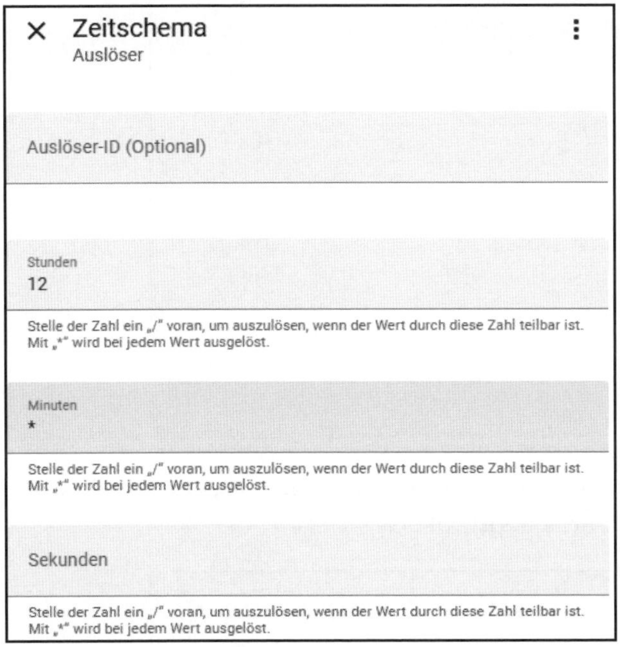

Abbildung 6.14: Der Auslöser »Zeitschema«

Ein Zeitmuster kann beispielsweise folgende Ausprägungen haben, die Sie vielleicht vom Linux-Tool `cron` kennen:

- **Feste Zeit:** z. B. **Stunden : 12; Minuten : 30; Sekunden : 00** – löst die Aktion jeden Tag um 12:30:00 aus.
- **Wildcard:** z. B. **Stunden : 12; Minuten : *** – löst die Aktion jede Minute von 12:00 bis 12:59 aus.
- **Intervall:** z. B. **Stunden : 12; Minuten : /5** – löst die Aktion alle 5 Minuten von 12:00 bis 12:59 aus.

- Der **Zone**-Trigger (siehe Abbildung 6.15) wird zur Anwesenheitserkennung eingesetzt und löst aus, wenn eine Entität eine Zone betritt oder verlässt. Voraussetzung ist ein Gerät, das die Meldung von GPS-Koordinaten unterstützt (z. B. GPS-Logger, Mobiltelefone).

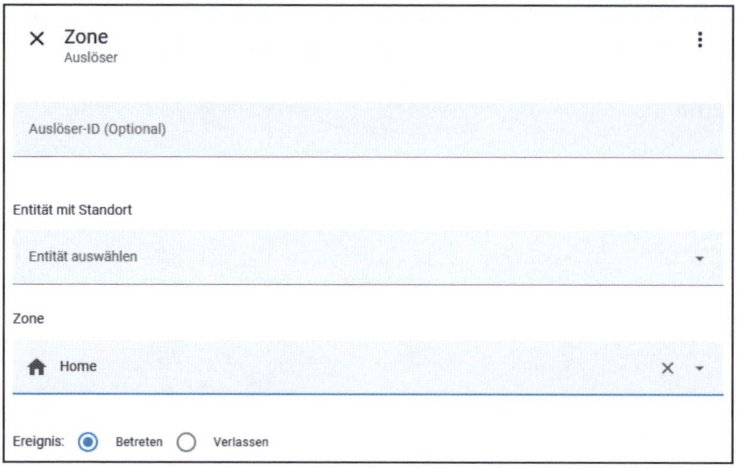

Abbildung 6.15: Der Auslöser »Zone«

- Bei **Zustand** (siehe Abbildung 6.16) ist die Zustandsänderung einer Entität der Auslöser. Die Spezifikation eines Attributs ist optional.

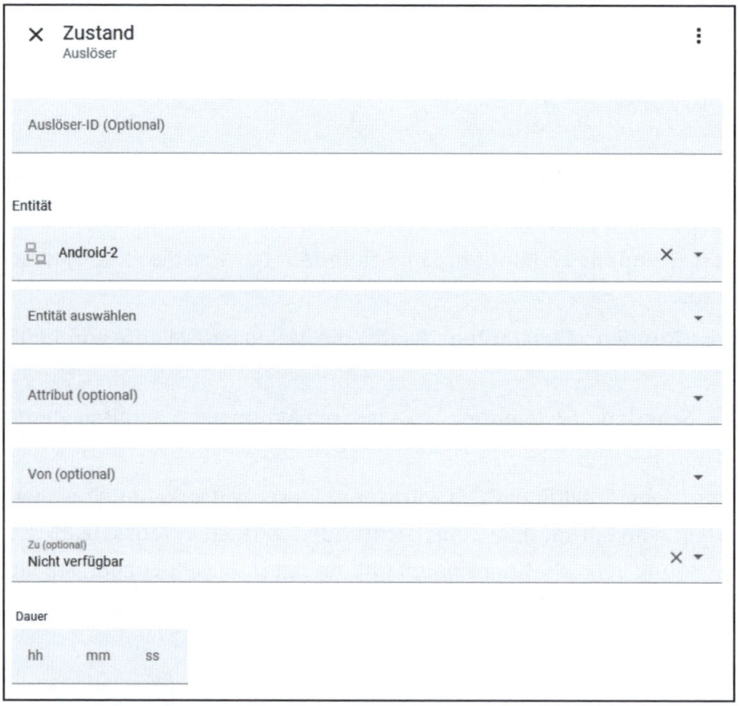

Abbildung 6.16: Der Auslöser »Zustand«

Das System übernimmt den einen neuen (oder den geänderten) Trigger, sobald Sie das Editor-Fenster des Auslösers verlassen.

Mehrere Auslöser verhalten sich wie in einer ODER-Verknüpfung. Die Reihenfolge können Sie durch Drag and Drop des Matrix-Icons ändern; hinter dem Menü-Icon verbergen sich Funktionen wie **Umbenennen**, **Deaktivieren** und **Löschen** (siehe Abbildung 6.17).

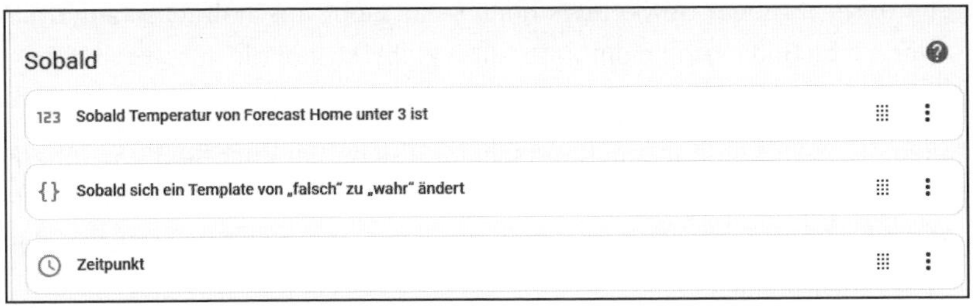

Abbildung 6.17: Mehrere Auslöser

Auch hier verfügt jeder Auslöser wieder über ein ⋮-Icon, das Ihnen Zugang zu verschiedenen Administrationsfunktionen dieses Auslösers bietet (z. B. **Umbenennen**, **Duplizieren**, **Deaktivieren**, **Löschen**).

Jedem Auslöser können Sie eine Auslöser-ID verleihen. Dies ist ein sehr nützliches Feature, wenn Sie mehrere Trigger in einer Automation haben und unterschiedlich darauf reagieren möchten. Ein Beispiel:

```
automation:
  - alias: Beispiel mit Auslöser-IDs
    trigger:
      - platform: state
        entity_id: binary_sensor.bewegung_garten
        to: "on"
        id: bewegung
      - platform: state
        entity_id: switch.tuer
        to: "on"
        id: tuer
    action:
      - choose:
          - conditions: "{{ trigger.id == 'bewegung' }}"
            sequence:
              - service: light.turn_on
                target:
                  entity_id: light.flur
          - conditions: "{{ trigger.id == 'tuer' }}"
            sequence:
              - service: notify.mobile_app_mein_handy
                data:
                  message: "Tür wurde geöffnet!"
```

6.1.2 Bedingungen (Und wenn)

Bedingungen sind ein optionaler Teil einer Automatisierungsregel. Mit ihnen können Sie die Ausführung einer Aktion verhindern, obwohl sie ausgelöst wurde. (Zum Beispiel könnten Sie verhindern, dass ein Bewegungsmelder das Licht anschaltet, solange die Sonne scheint.) Wenn eine Bedingung nicht `wahr` zurückgibt, stoppt die Automatisierung die Ausführung.

Bedingungen sehen Triggern sehr ähnlich, unterscheiden sich aber doch sehr von ihnen: Ein *Trigger* betrachtet Ereignisse, die im System stattfinden (ein Schalter z. B. wird eingeschaltet), während eine *Bedingung* nur betrachtet, wie das System gerade aussieht (der Schalter ist ein- bzw. ausgeschaltet).

Das Einrichten von Bedingungen ist auf den ersten Blick etwas verwirrend. Der entsprechende Abschnitt *Aber nur wenn* im visuellen Editor kennt zwei Schaltflächen: **+ Bedingung hinzufügen** und **+ Baustein hinzufügen** (siehe Abbildung 6.5). Die Bedeutung der ersten Schaltfläche ist recht klar, für Konfusion sorgt aber die Bezeichnung der zweiten Schaltfläche. In der englischen Originalversion wird die Sache verständlicher, denn dort lautet die Bezeichnung **Add Building Block**. Dahinter verbirgt sich der Zugang zu den logischen Operatoren `and`, `or` und `not`.

Abbildung 6.18 zeigt eine etwas komplexere Bedingung im visuellen Editor. Sie enthält als erstes Element eine Bedingung, der der Zustand einer Entität zugrunde liegt, und als zweites Element einen UND-Block mit wiederum zwei Bedingungen. Das Beispiel sorgt dafür, dass der Bewegungsmelder nur dann aktiv wird, wenn das Samsung Galaxy S8 (und damit wahrscheinlich auch sein Besitzer) daheim ist, es nachmittags nach 14 Uhr ist und die Sonne noch nicht untergegangen ist.

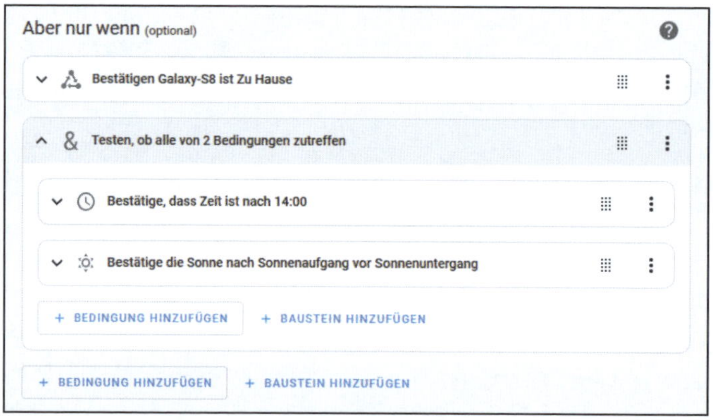

Abbildung 6.18: Eine Bedingung im visuellen Editor

Aus meiner Sicht ist der YAML-Code einfacher zu lesen.

```
condition:
  - condition: state
    entity_id: device_tracker.galaxy_s8
```

```
    state: home
  - condition: and
    conditions:
      - condition: time
        after: "14:00:00"
      - condition: sun
        after: sunrise
        before: sunset
```

Beispiele für Bedingungen sind:

- **Ausgelöst durch** (siehe Abbildung 6.19) filtert bei mehreren Auslösern die nicht erwünschten Trigger heraus. Voraussetzung ist, dass Sie die Auslöser mit einer ID versehen haben.

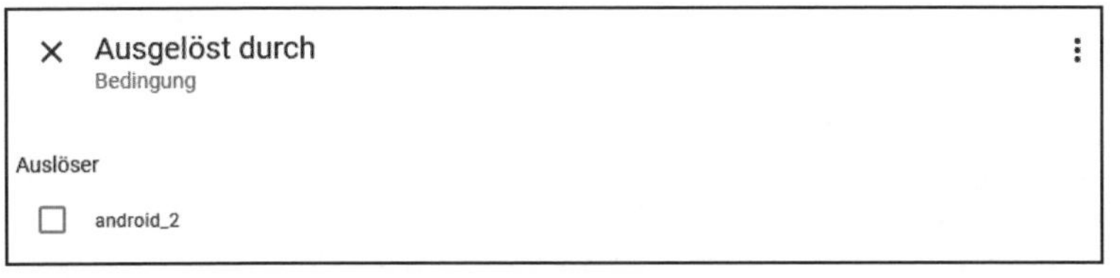

Abbildung 6.19: Die Bedingung »Ausgelöst durch«

- **Gerät** setzt bei einem eingerichteten Gerät an. Die möglichen Bedingungen hängen vom Gerät ab. Im Beispiel aus Abbildung 6.20 ist die Bedingung, dass das Smartphone nicht zu Hause ist.

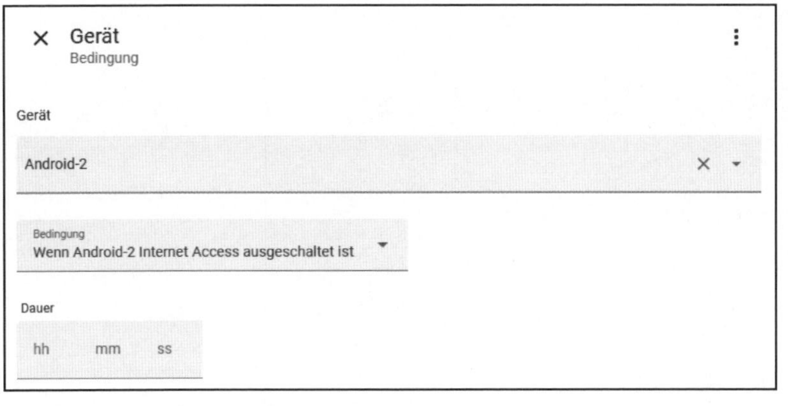

Abbildung 6.20: Die Bedingung »Gerät«

- **Nicht** (siehe Abbildung 6.21) eröffnet die Option, verschiedene Zustände als Bedingung auszuschließen. Die Ausschlüsse sind an die Nicht-Bedingung geknüpft (deshalb erfolgt die Einstellung auch über eine gesonderte Schaltfläche).

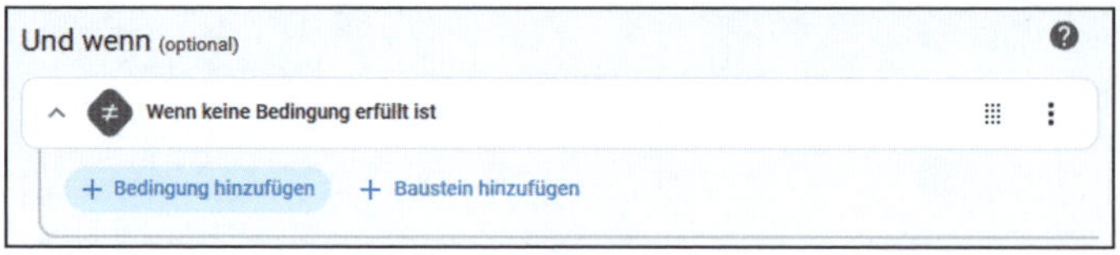

Abbildung 6.21: Die Bedingung »Nicht«

- Die **Oder**-Bedingung (siehe Abbildung 6.22) verknüpft zwei oder mehrere Bedingungen. Es genügt, dass eine dieser Bedingungen erfüllt ist, damit eine Aktion zum Tragen kommt. Die Bedingung **Sonne** ist äquivalent zum Auslöser **Sonne**.

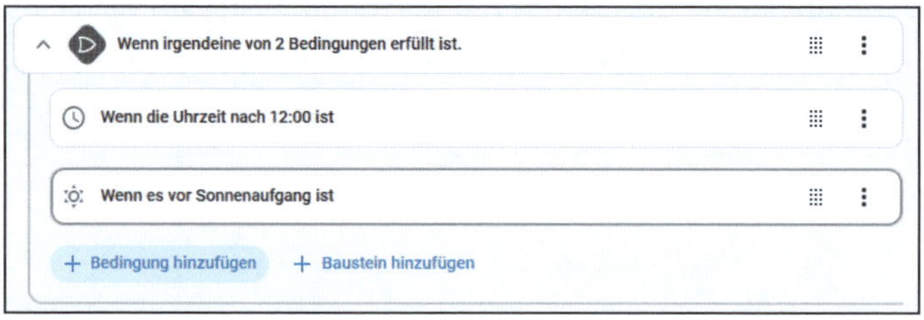

Abbildung 6.22: Die Bedingung »Oder«

- **Numerischer Zustand** (siehe Abbildung 6.23) setzt an einem Attribut einer Entität an. Hier können Sie wie beim Auslöser prüfen, ob ein Wert größer, kleiner usw. der Vorgabe ist.

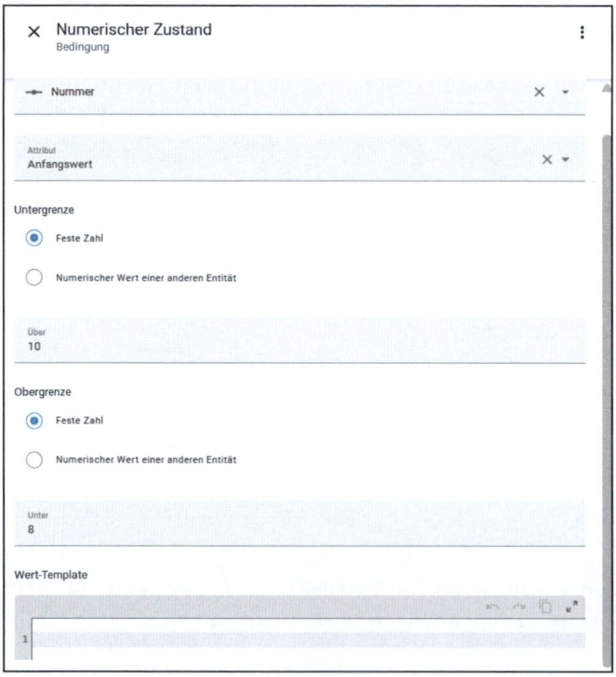

Abbildung 6.23: Die Bedingung »Numerischer Zustand«

- **Template** (siehe Abbildung 6.24) testet, ob die angegebene Vorlage einen Wert gleich `true` liefert. Dies wird erreicht, indem die Vorlage einen wahren booleschen Ausdruck ergibt oder indem die Vorlage `true` zurückliefert.

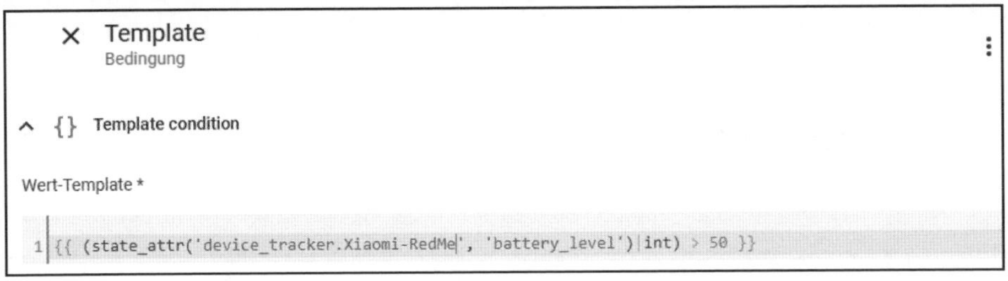

Abbildung 6.24: Die Bedingung »Template«

- Die **Und**-Bedingung ist das Gegenstück zur **Oder**-Bedingung. Sie ist erfüllt, wenn alle dazugehörigen Bedingungen zutreffen.
- Die **Zeit**-Bedingung testet einen Zeitpunkt auf feste bzw. per Helfer angegebene Zeitangaben und darauf, ob eine solche Zeitangabe vor bzw. nach diesem Zeitpunkt ist. Die Festlegung von Wochentagen ist möglich.
- Die **Zone**-Bedingung entspricht dem **Zone**-Auslöser.
- Die **Zustand**-Bedingung ist analog zum Auslöser **Zustand** zu betrachten. Die Abweichung bezieht sich hier aber nicht auf einen Zustandswechsel, sondern auf eine Ist-Situation.

6.1.3 Aktion

Die Aktion ist das automatisierte Handeln. Eine Aktion können einzelne oder mehrere Schritte sein, die dann in der definierten Reihenfolge ablaufen. Wählen Sie den passenden Auslöser aus einer Drop-down-Liste (**+ Aktion hinzufügen**, siehe Abbildung 6.25). Sie finden auch hier eine zweite Schaltfläche **+ Baustein hinzufügen**. Deren Sinn erschließt sich mir nicht so recht, da alle Aktionen, soweit ich das überblicken kann, auch über die erste Schaltfläche verfügbar sind.

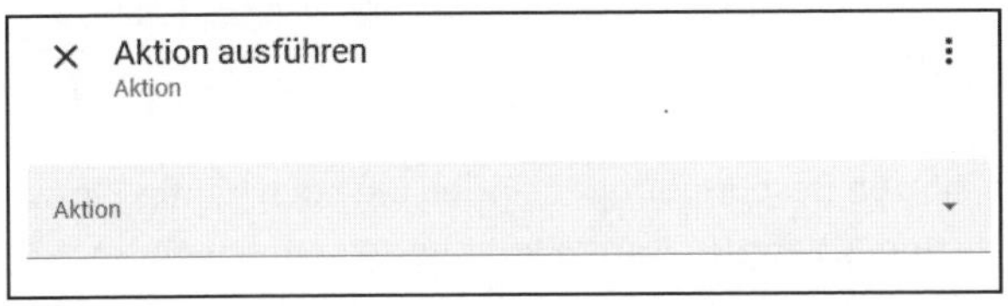

Abbildung 6.25: Aktion auswählen, Auswahlfenster

Mehr erfahren Sie unter *https://www.home-assistant.io/docs/automation/action/*. Bei den nachfolgenden Beispielen zeigen aus Gründen der Übersichtlichkeit einige Abbildungen die Eigenschaften als YAML-Code.

- Bei der Aktion **Auswählen** (siehe Abbildung 6.26) können Sie Optionen für Bedingungen und Aktionen hinzufügen und untereinander verknüpfen.

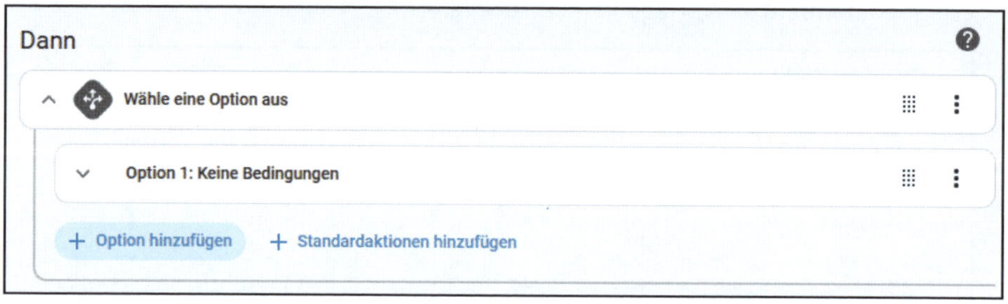

Abbildung 6.26: Die Aktion »Auswählen«

- Die **Bedingung** (siehe Abbildung 6.27) knüpft die weitere Abarbeitung der Aktionen an die festgelegte Bedingung. Das Schema hierfür folgt dem Schema bei den Bedingungen (siehe Abschnitt 6.1.2).

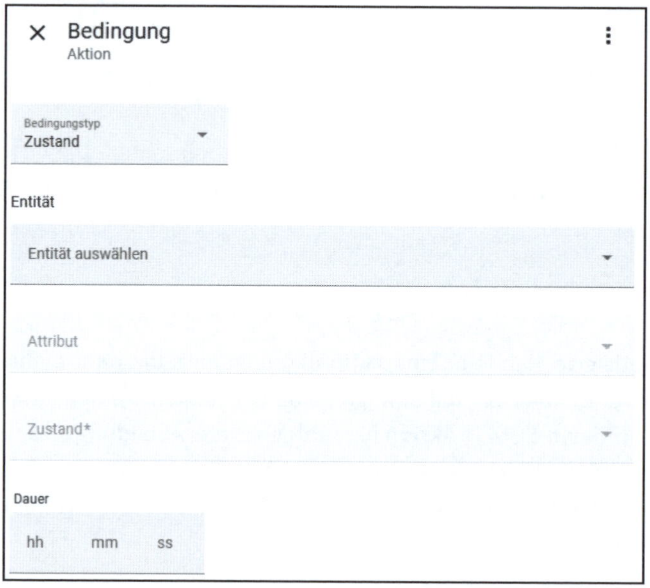

Abbildung 6.27: Die Aktion »Bedingung«

- Der Option **Aktion ausführen** (in älteren Beschreibungen finden Sie noch häufig **Dienst ausführen**) sind Sie bereits in Listing 5.1 in der Darstellung von YAML begegnet. Sie richten die Aktion schrittweise ein.
  - **Die Aktion »Aktion« auswählen:** Wählen Sie aus der Drop-down-Liste gegebenenfalls über eine teilqualifizierte Suche die gewünschte Aktion aus (siehe Abbildung 6.28). Hier soll es das Erhöhen eines Zählers sein.

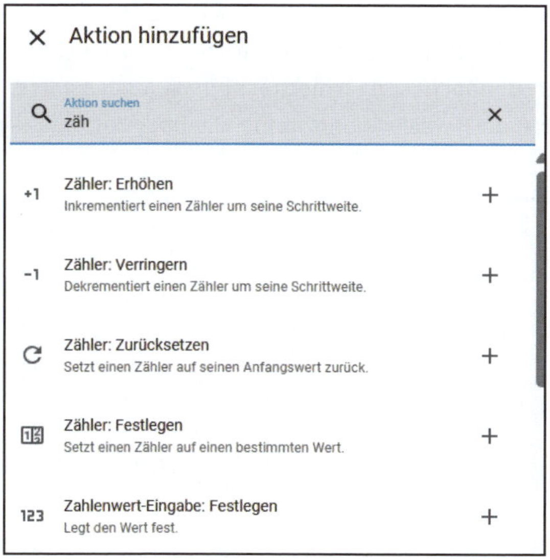

Abbildung 6.28: Die Aktion »Aktion« ausführen und die Aktion hinzufügen

- **Ziel auswählen:** Nach der Festlegung des Diensts gelangen Sie zu einem Fenster für die Zielauswahl (siehe Abbildung 6.29).

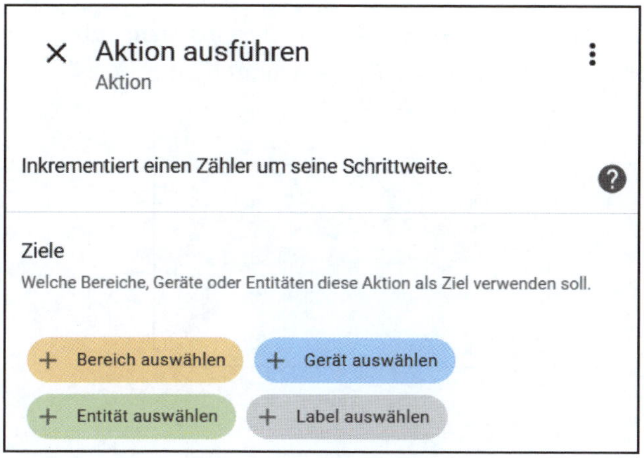

Abbildung 6.29: Die Aktion »Aktion« ausführen und ein Ziel auswählen

Sie stehen nun vor der Wahl des Ziels. Es ist möglich,

- einen Bereich,
- ein Gerät,
- eine Entität oder
- ein Label

zu verwenden.

An dieser Stelle ist Home Assistant komfortabel und fehlerträchtig zugleich: Es ist komfortabel, weil sich durch einen Klick auf eine der drei Schaltflächen ein Eingabefeld für die Festlegung des Ziels öffnet. Dennoch ist es fehlerträchtig, da auch sinnlose Ziele abgespeichert werden können (z. B. »Bereich: Wohnzimmer«). Abbildung 6.30 zeigt die endgültig festgelegte Aktion.

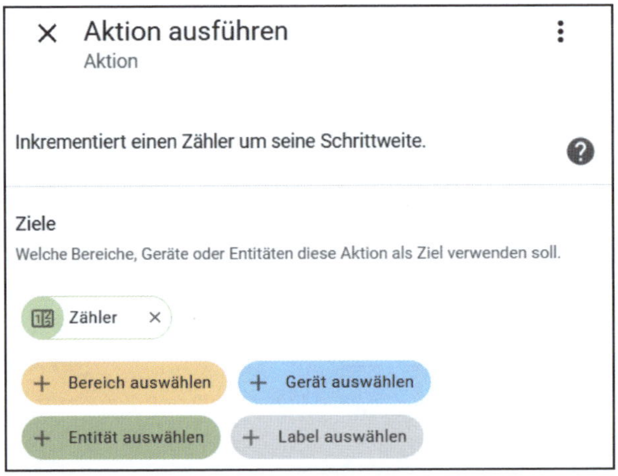

Abbildung 6.30: Die Aktion »Aktion« wurde komplett festgelegt.

- Die Aktion **Ereignis** (siehe Abbildung 6.31) wählen Sie für selbst definierte Ereignisse. Sie ist das Gegenstück zum Auslöser **Aktion** (siehe Abschnitt 6.1.1).

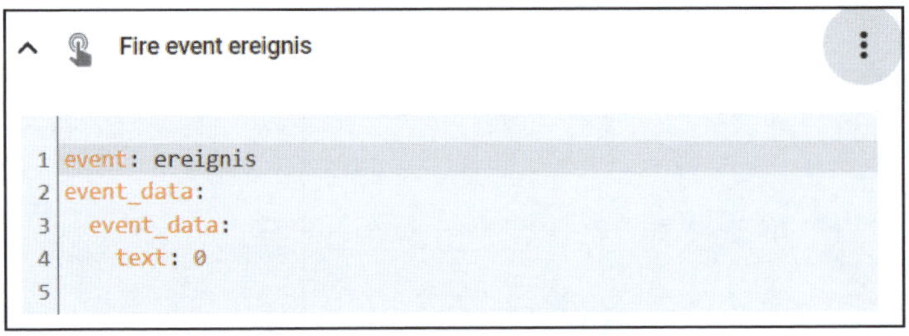

Abbildung 6.31: Die Aktion »Ereignis«

- Die Option **Gerät** (siehe Abbildung 6.32) löst Aktionen bei in Home Assistant registrierten Geräten aus. Die Auswahl von Gerät und Aktion folgt den bekannten Mechanismen.
- Die Aktion **Medien abspielen** haben Sie bereits in Kapitel 3 kennengelernt.
- Mit der Aktion **Stopp** halten Sie den Ablauf wegen eines unerwarteten Fehlers an. Wählen Sie als Erstes aus der Medienliste den Media-Player aus und legen Sie dann den abzuspielenden Service (das Programm) fest.
- **Szene** bezieht sich auf eine hinterlegte Szene, die Sie vorher erstellt haben.
- **Warten auf Ablauf Zeit** ist schlicht eine Verzögerung (engl. *Delay*) in Stunden, Minuten, Sekunden und Millisekunden.

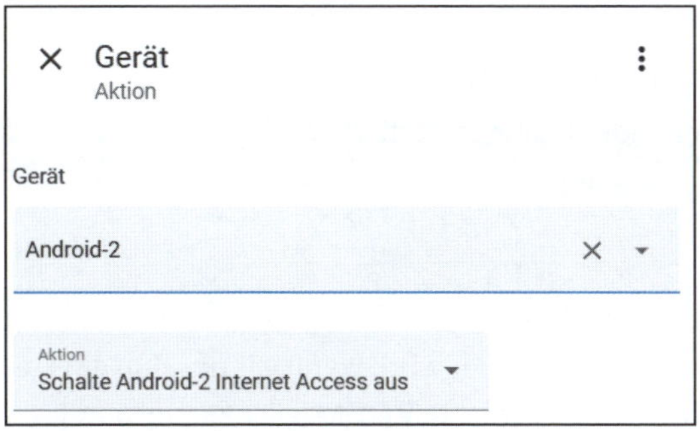

Abbildung 6.32: Die Aktion »Gerät«

- Der Aktionstyp **Warten auf eine Vorlage** wertet eine Vorlage (engl. *Template*) aus und wartet, bis die Auswertung `true` ist. Sie können ein Time-out angeben. In diesem Fall besteht die Wahl, ob der Prozess bei einem Time-out fortgesetzt oder beendet wird.
- Den Aktionstyp **Auf Auslöser warten** (siehe Abbildung 6.33) können Sie wieder als Bedingung verstehen. Hier wird überprüft, ob ein Status erfüllt ist, und zwar mit vergleichbaren Möglichkeiten, die Sie bei einer Bedingung haben.

Abbildung 6.33: Die Aktion »Auf Auslöser warten«

- Hinter der Aktion **Wenn-Dann** (siehe Abbildung 6.34) verbirgt sich das, was in Programmiersprachen eine bedingte Verzweigung ist (`if`/`else`-Konstrukt). Der **dann**-Zweig ist optional.

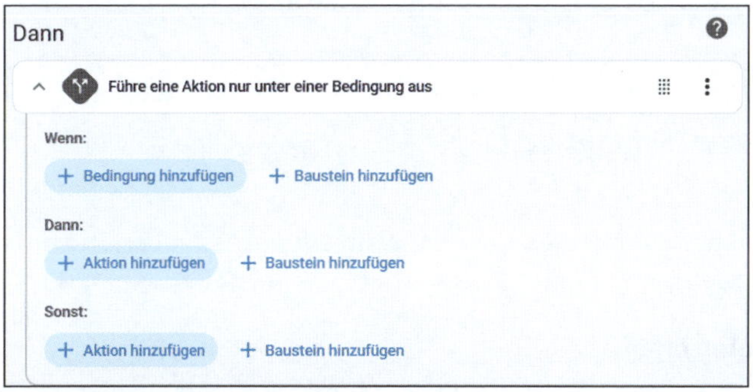

Abbildung 6.34: Die Aktion »Wenn-Dann«

- Der Aktionstyp **Wiederholen** kennt drei Wiederholungstypen:
  - **Anzahl**: eine vorzugebende Anzahl von Wiederholungen
  - **Während**: solange eine vorzugebende Bedingung erfüllt ist
  - **Bis**: so lange, bis eine Bedingung erfüllt ist

6.1.4 Beispiel: Die Überwachung der Haustür

Das war ein ganzer Haufen Theorie, die viel deutlicher wird, wenn wir uns nun ein kleineres Beispiel anschauen, das einige der eben vorgestellten Möglichkeiten anreißt. Wir überwachen eine Haustür, indem der Türkontakt ausgewertet wird. Beim Öffnen der Tür soll die Außentürbeleuchtung angehen. Außerdem soll bei einer mehr als fünfminütigen Öffnung eine Warnmeldung erfolgen. Steht die Tür dann länger als eine Stunde offen, soll eine Alarmmeldung ausgegeben werden. Und wird die Tür geschlossen, soll das Licht wieder erlöschen.

Starten Sie mit einer leeren Automation. Die Darstellung erfolgt mit einer Ausnahme in YAML. Das hat zwei Gründe:

- Die Arbeit mit dem UI-Editor ist zwar selbsterklärend, gleichzeitig aber auch vergleichsweise redundant, denn die vielen Einzelschritte lassen sich nicht gut beschreiben, ohne dass es unübersichtlich wird.
- Die Erfassung ist in YAML deutlich schneller, außerdem können Sie auf diese Weise viele Teile leichter übernehmen und für eigene Projekte nutzen. Mit etwas Übung wird die Eingabe über den YAML-Editor wahrscheinlich auch Ihre bevorzugte Methode werden, um Automatisierungen zu gestalten.

Beginnen Sie mit den Auslösern.

Auslöser

Sie benötigen vier Auslöser:

- **Tür offen**

  Dieser Trigger soll die Haustürbeleuchtung einschalten. Auslöser ist der **Zustand** eines Kontakts (Kontakt offen: aus). Geben Sie dem Auslöser die ID `normal`:

  ```
  trigger: state
  entity_id:
    - input_boolean.test_kontakt
  to: "off"
  id: normal
  ```

  Listing 6.1: Die Tür steht offen.

- **Tür für mehr als 5 Minuten offen**

  Dieser Trigger tritt ein, wenn der Kontakt mehr als fünf Minuten offen ist. Geben Sie diesem Auslöser die ID `vergessen`:

```
trigger: state
entity_id:
  - input_boolean.test_kontakt
to: "off"
for:
  hours: 0
  minutes: 5
  seconds: 0
id: vergessen
```

Listing 6.2: Die Tür steht für mehr als fünf Minuten offen.

- **Tür für mehr als 1 Stunde offen**

  Dieser Trigger tritt ein, wenn der Kontakt mehr als eine Stunde offen ist. Geben Sie diesem Auslöser die ID `alarm`:

```
trigger: state
entity_id:
  - input_boolean.test_kontakt
to: "off"
for:
  hours: 1
  minutes: 0
  seconds: 0
id: alarm
```

Listing 6.3: Die Tür steht für mehr als eine Stunde offen.

- **Tür wieder zu**

  Bei einem Schließen der Tür soll der Trigger nach einer Minute auslösen. Geben Sie dem Auslöser die ID `geschlossen`:

```
trigger: state
entity_id:
  - input_boolean.test_kontakt
to: "on"
for:
  hours: 0
  minutes: 1
  seconds: 0
id: geschlossen
```

Listing 6.4: Jetzt ist die Tür wieder zu.

Aktionen

Passend zu den Auslösern entstehen die Aktionen. Sie alle lassen sich unter der Aktion **Auswählen** abbilden:

- **Tür offen**

  Der Auslöser der Aktion *Türbeleuchtung einschalten* ist der Trigger mit der ID `normal`. Abbildung 6.35 zeigt **Option 1** der Aktion **Auswählen** mit der dazugehörigen Aktion.

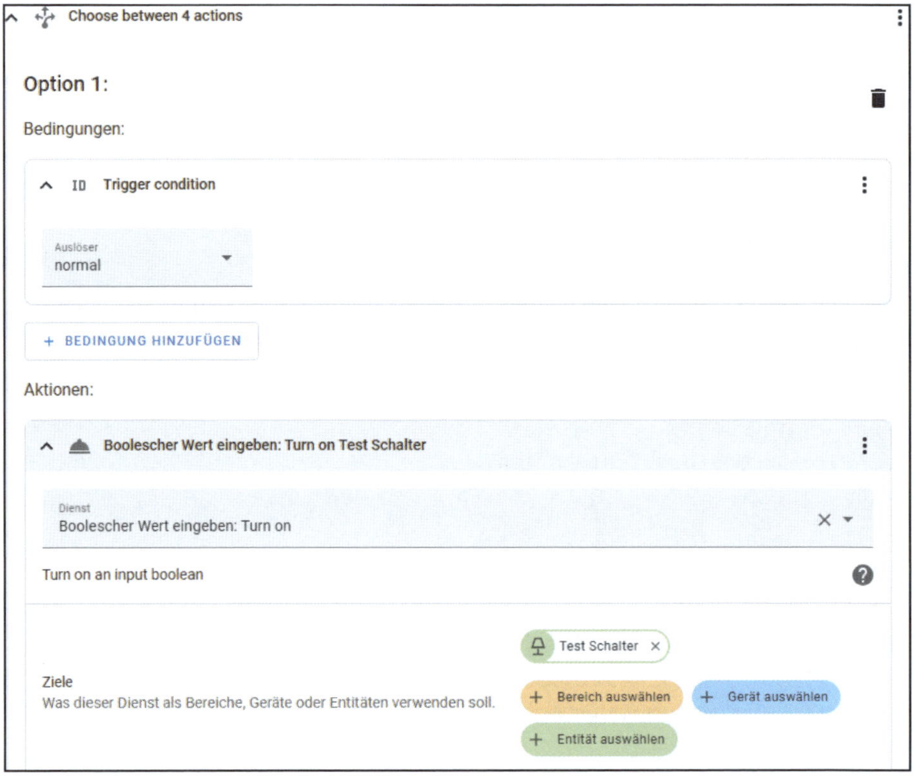

Abbildung 6.35: Beispiel Haustürüberwachung: Türbeleuchtung einschalten

- **Tür für mehr als 5 Minuten offen**

  Die passende Aktion für die Auslöser-ID `vergessen` ist das Senden einer Nachricht *Tür schließen vergessen*.

- **Tür für mehr als 1 Stunde offen**

  Neben der Auslöser-ID `alarm` kommt hier als weitere Bedingung hinzu, dass ein Mobiltelefon als Präsenzanzeiger den Status *abwesend* hat. Sind beide Bedingungen erfüllt, erfolgt eine Nachricht *Alarm: Tür permanent offen!!*. Die Nachricht geht an alle verknüpften Mobiltelefone, auf denen die Home-Assistant-App installiert ist.

- **Tür wieder zu**

  Bei dem Auslöser mit der ID `geschlossen` geht die Türbeleuchtung aus.

Die gesamte Aktionssequenz zeigt der YAML-Code aus Listing 6.5. Speichern Sie die Automation ab und testen Sie die einzelnen Aktionen für sich oder die gesamte Automatisierung vollständig.

```
choose:
  - conditions:
      - condition: trigger
        id: normal
    sequence:
      - service: input_boolean.turn_on
        data: {}
        target:
          entity_id: input_boolean.test_schalter
  - conditions:
      - condition: trigger
        id: vergessen
    sequence:
      - service: notify.notify
        data:
          message: Tür schließen vergessen.
  - conditions:
      - condition: trigger
        id: alarm
      - condition: device
        device_id: bb0156c8d10237206ad907cb76a361e7
        domain: device_tracker
        entity_id: device_tracker.xiaomi_redme
        type: is_not_home
    sequence:
      - service: notify.notify
        data:
          message: "Alarm: Tür permanent offen !!"
  - conditions:
      - condition: trigger
        id: geschlossen
    sequence:
      - service: input_boolean.turn_off
        data: {}
        target:
          entity_id: input_boolean.test_schalter
```

Listing 6.5: Die Aktionen für die Haustürüberwachung

6.1.5 Beispiel: Legionellenschutz

Moderne Heizungsanlagen verfügen in der Regel über eine direkt angeschlossene Warmwasseraufbereitung. Die Zieltemperatur ist häufig auf 55 °C und mehr eingestellt. Derart hohe Temperaturen sind im laufenden Betrieb eigentlich unnötig – niemand duscht bei

55 °C warmem Wasser. Diese hohe Temperatur ist teuer erkauft. So nutzen Gasgeräte den Brennwerteffekt nicht aus, und bei Wärmepumpen schaltet sich die elektrisch betriebene Zusatzheizung ein.

Dennoch haben die hohen Zielwerte ihren guten Grund: Sie schützen das Wasser vor dem Befall mit Legionellen. Sinnvoll wäre es daher, nur für einen bestimmten Tageszeitraum mit der hohen Zieltemperatur zu arbeiten und ansonsten die Anlage mit einer verringerten Temperatur zu fahren.

Hier setzt das Beispiel an. Sehr früh morgens hebt die Automatisierung die Zieltemperatur auf 60 °C. Diese Temperatur wird für eine Stunde gehalten und dann wieder auf einen niedrigeren Wert abgesenkt. Bis die Dusche das erste Mal gebraucht wird, bleibt genügend Zeit, um es den Legionellen ungemütlich zu machen.

Listing 6.6 enthält zusätzlich einen Helfer, mit dem Sie über entsprechende Dashboard-Einträge auch einen manuellen Boost auslösen können:

```
alias: Heizung-Warmwasser-Legionellen-Protect
trigger:
  - platform: state
    entity_id:
      - input_button.warmwasser_boost
  - platform: time
    at: "05:00:00"
condition: []
action:
  - service: water_heater.set_temperature
    metadata: {}
    data:
      temperature: 60
    target:
      entity_id: water_heater.mein_heim_domestic_hot_water_0
  - delay:
      hours: 1
      minutes: 0
      seconds: 0
      milliseconds: 0
  - service: water_heater.set_temperature
    metadata: {}
    data:
      temperature: 45.5
    target:
      entity_id: water_heater.mein_heim_domestic_hot_water_0
mode: single
```

Listing 6.6: Legionellenschutz

Die Voraussetzung dafür ist natürlich, dass Sie Ihr Heizungssystem in Home Assistant integriert haben. Das ist wahrscheinlich die schwierigere Aufgabe. Bei meiner Vaillant-Heizung ist es mir über das Projekt gelungen, das Sie unter *https://github.com/signalkraft/mypyllant-component* finden.

Die Integration funktioniert gut, und auf der GitHub-Seite finden Sie eine übersichtliche Liste aller Services und Entities, die Sie dann über Home Assistant steuern können. Da es sich aber nicht um ein offizielles Projekt des Herstellers handelt, gibt es natürlich keinen Support, und ob das Projekt und die API langfristig stabil sind, kann niemand garantieren.

6.2 Szenen

Eine *Szene* ist eine Abfolge von Aktionen, in der es – im Unterschied zu Automatisierungen – keine Auslöser und keine Bedingungen gibt. Szenen können verwendet werden, um unter anderem Lichter in einem Raum in bestimmten Farben leuchten zu lassen oder um den gewünschten Status von Geräten einzustellen (z. B. »Zimmerbeleuchtung aus, Leselampe ein«).

Alle Szenen finden Sie in */config/scenes.yaml*. Der Eintrag `scene: !include scenes.yaml` in der *configuration.yaml* bindet den Inhalt der Datei ein. Selbstverständlich können Sie Szenen in der *scenes.yaml* auch direkt erstellen und editieren. Dann ist jedoch eine Aktivierung über **Entwicklerwerkzeuge • YAML** im Abschnitt **Neuladen** der YAML-Konfiguration **Szenen** erforderlich.

Was die Benutzeroberfläche betrifft, so ähnelt die Registerkarte **Szenen** (siehe Abbildung 6.36) der Registerkarte **Automatisierungen**.

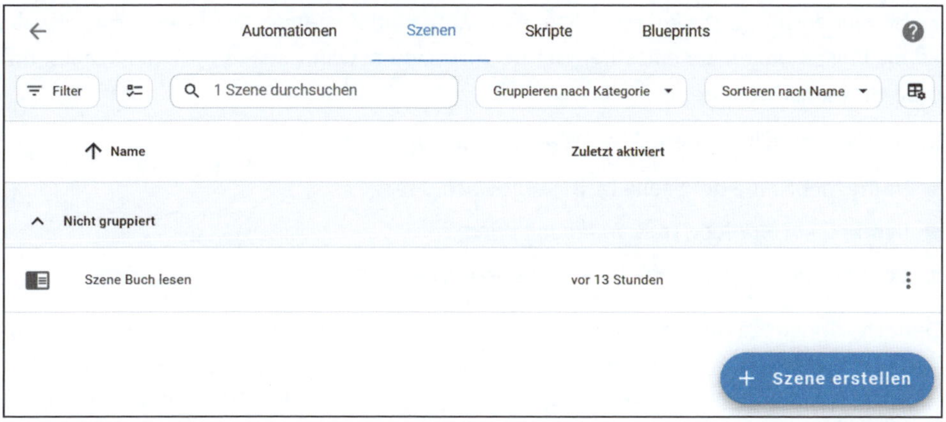

Abbildung 6.36: Die Registerkarte »Szenen«

+ Szene erstellen öffnet ein Fenster für das Erstellen einer neuen Szene (siehe Abbildung 6.37).

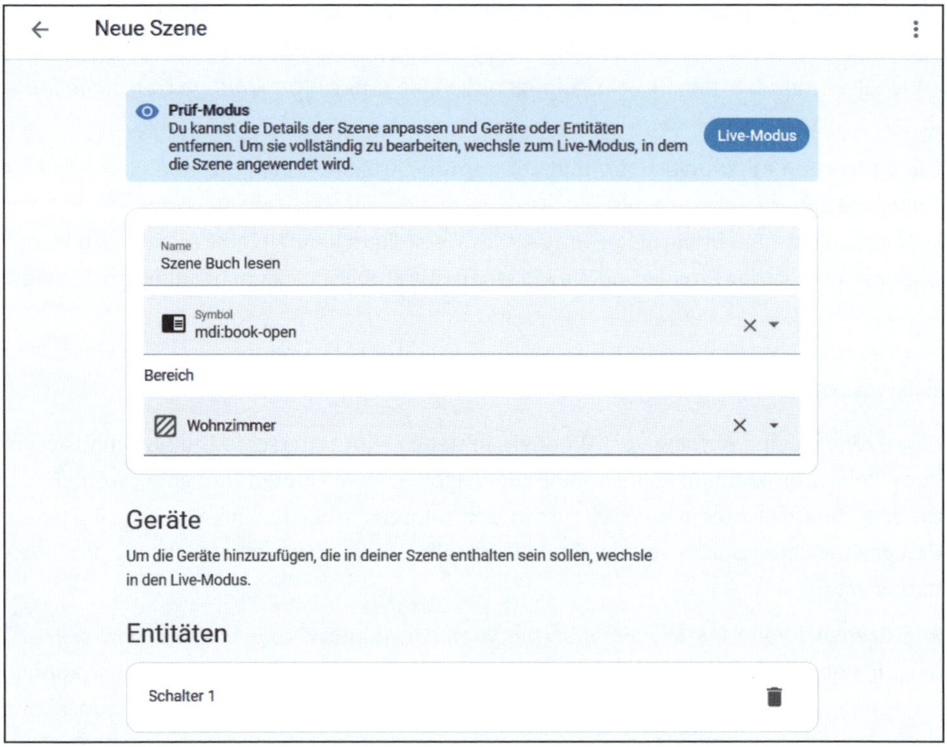

Abbildung 6.37: Im Fenster »Neue Szene« erstellen Sie eine weitere Szene.

Der **Live-Modus** bezieht sich auf das Bearbeiten von Szenen in Echtzeit, um vor dem Speichern der Szene die Zustände von Geräten/Entitäten interaktiv anzupassen. Üblicherweise dienen zum Erstellen einer Szene die aktuellen Zustände. Der Live-Modus erlaubt es, die Einstellungen der einzelnen Geräte anzupassen, während Sie sie in der Szenen-Bearbeitungsansicht haben.

Im oberen Bereich müssen Sie stets drei Werte angeben:

- **Name**: der Name der Szene (z. B. *Szene Buch lesen*)
- **Symbol**: ein *mdi*-Icon (z. B. *mdi:book-open*)
- **Bereich**: ein Bereich, dem die Szene zugeordnet sein soll

Danach können Sie Geräte oder Entitäten hinzufügen. Bei einer gemischten Eingabe ordnet Home Assistant alle Einträge einer der beiden Arten zu. Fügen Sie z. B. eine Entität hinzu, indem Sie diese aus der Drop-down-Liste auswählen oder sich Treffer mittels einer Suchabfrage im Eingabefeld anzeigen lassen.

Klicken Sie auf die ausgewählte Entität (hier: *Schalter 1*), um den Zustand für die Szene festzulegen (hier: *Ein*, siehe Abbildung 6.38).

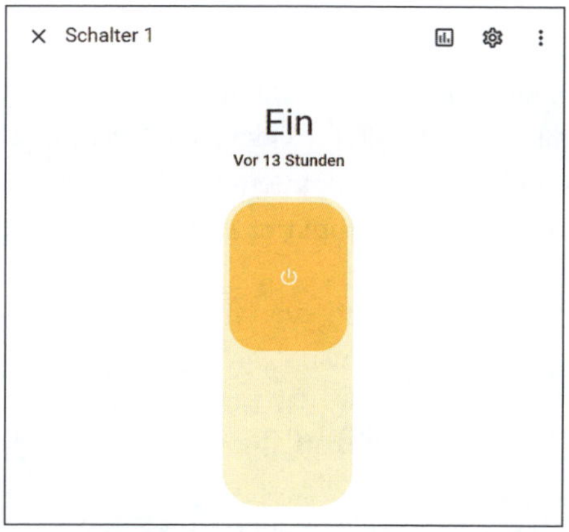

Abbildung 6.38: Szene – Zustand der Entität festlegen

Fügen Sie Geräte und Entitäten entsprechend Ihren Vorstellungen hinzu und **speichern** Sie die Änderungen.

Szenen lassen sich dann über das Dashboard ansteuern, nämlich über **Karte hinzufügen • nach Entität • <Entitätsname>** (z. B. **Szene Buch lesen**, siehe Abbildung 6.39). **Aktivieren** stellt die beschriebene Szene ein.

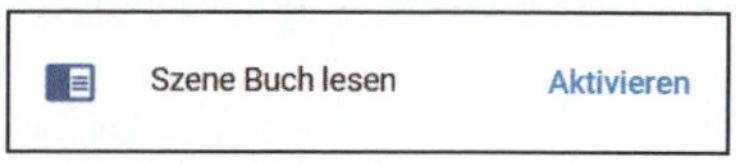

Abbildung 6.39: Die Dashboard-Karte »Szene«

Die wichtigere Anwendung dürfte aber der Einsatz für Aktionen bei Automatisierungen sein, wenn dort der Aktionstyp **Szene** (siehe Abbildung 6.40) genutzt wird. Sie können damit sehr komplexe Steuerungen erstellen, bei denen beispielsweise unterschiedliche Lampen geschaltet werden.

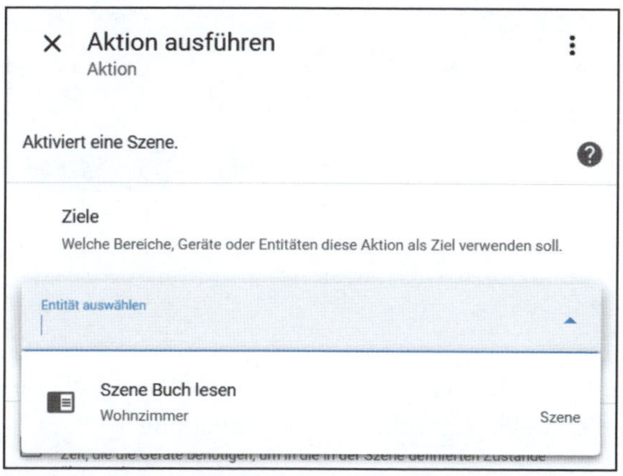

Abbildung 6.40: Szene in einer Automation

6.3 Skripte

Skripte gleichen Szenen darin, dass sie ebenfalls keinen Auslöser haben. Allerdings können Sie Skripte etwas dynamischer einsetzen, da auch Schleifen (Wiederholungen) und Bedingungen darstellbar sind und Sie den Ablauf beeinflussen können, indem Sie beim Aufruf Variablen übergeben. Skripte beinhalten damit Grundfunktionalitäten der Programmierung.

[»]

Home-Assistant-Skripte versus Node-RED

Die Skripte von Home Assistant stehen im Wettbewerb mit den *Flows* von Node-RED, um die es in Kapitel 18 geht. Meiner Meinung nach lassen sich einfache Schleifen besser in Skripten realisieren. Node-RED punktet dann, wenn eine Sequenz mit Verzweigungen und unterschiedlichen Verarbeitungssträngen aufzubauen ist, d. h., wenn Sie viele verschiedene Wenn-dann-Bedingungen auswerten müssen. Kurz gesagt: Je komplizierter es wird, desto sinnvoller kann es sein, die gewünschte Funktion mit einem Flow in Node-RED abzubilden.

Der Speicherort für Skripte ist üblicherweise */config/scripts.yaml*. Der Eintrag `script: !include scripts.yaml` in der *configuration.yaml* bindet den Inhalt der Datei ein. Auch hier ist ein direktes Editieren möglich, wenn Sie unter **Entwicklerwerkzeuge • YAML** im Abschnitt **Neuladen** die Schaltfläche **Skripte** aktivieren.

Abbildung 6.41 zeigt die Registerkarte **Skripte**.

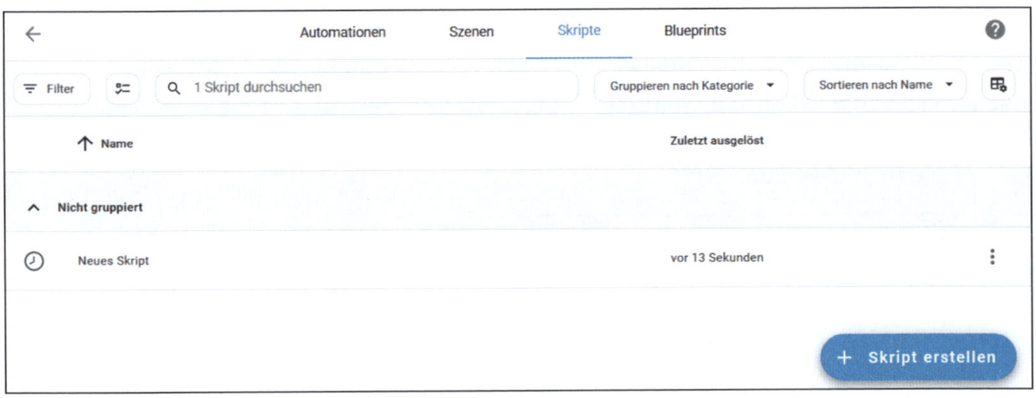

Abbildung 6.41: Die Registerkarte »Skripte«

6.3.1 Ein erstes Skript erstellen

Das erste Beispielskript soll lediglich einen Schalter einschalten. Wir erstellen es über die Benutzeroberfläche. **Skript erstellen** bietet eine Auswahl an (siehe Abbildung 6.42).

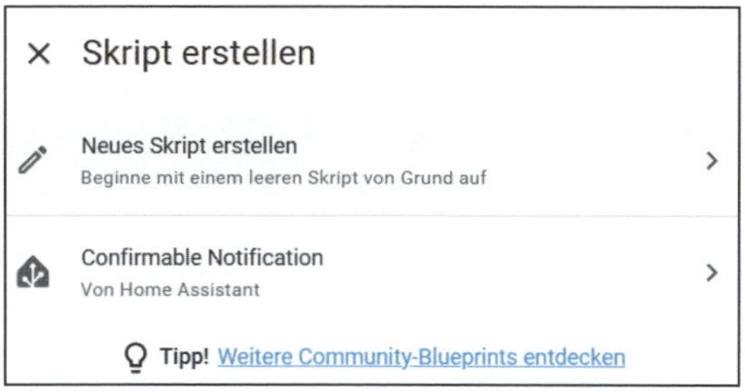

Abbildung 6.42: Auswahlmöglichkeiten unter »Skript erstellen«

Hinter **Confirmable Notification** verbirgt sich ein Skript-Blueprint (eine Vorlage, siehe unten), der vor der Ausführung der angegebenen Aktion eine Benachrichtigung mit Handlungsaufforderung und Bestätigungsabfrage versendet.

Neues Skript erstellen öffnet das entsprechende Fenster (siehe Abbildung 6.43).

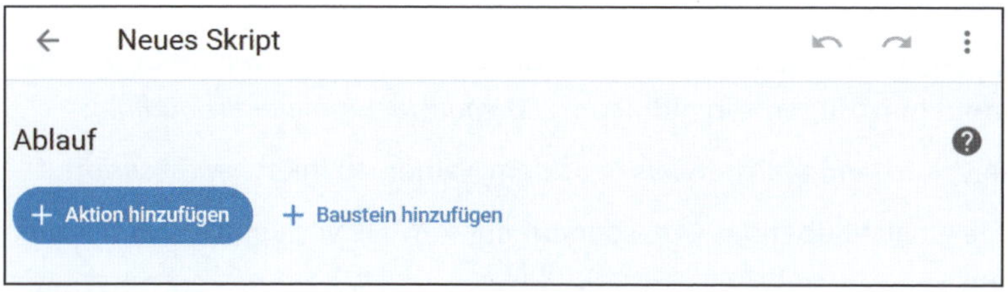

Abbildung 6.43: Über die Benutzeroberfläche ein Skript erstellen

Bestimmen Sie die durchzuführenden Aktionen mit **+ Aktion hinzufügen**, wie Sie es bei den Automationen kennengelernt haben (siehe Abbildung 6.44).

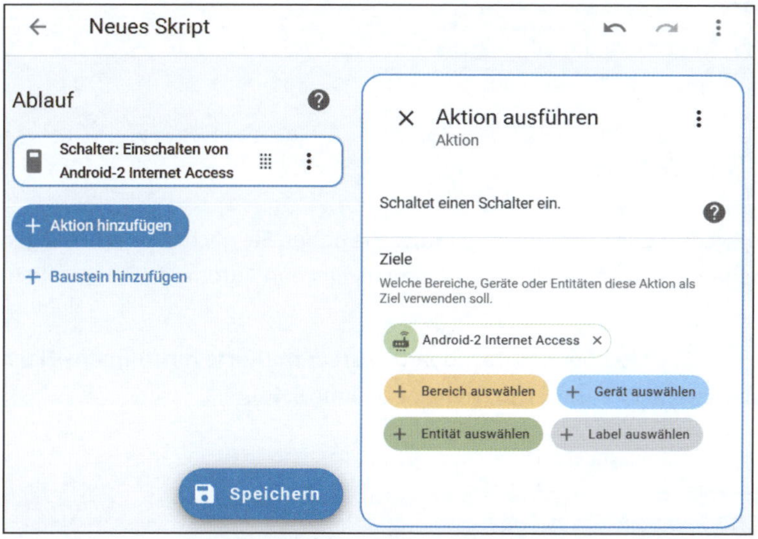

Abbildung 6.44: Skript erstellen – Aktion bestimmen

Speichern verlangt noch ergänzende Informationen (siehe Abbildung 6.45).

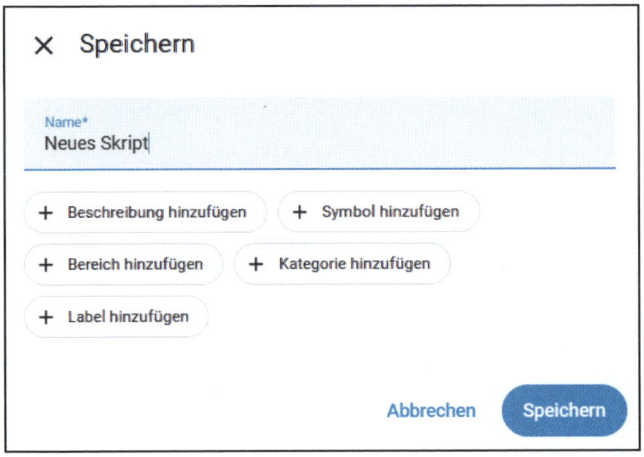

Abbildung 6.45: Skript speichern – ergänzende Informationen

Ändern Sie den vorgegebenen Namen und legen Sie gegebenenfalls weitere Eigenschaften fest (etwa **Symbol hinzufügen**: ein mdi-Icon, z. B. *mdi:clock-time-eight-outline*).

Die Entitäts-ID leitet sich dann üblicherweise aus dem Namen ab (hier: *neues_skript*).

Der Parameter `mode` ist nicht über das GUI, sondern nur in YAML verfügbar. Hier sieht das wie in Listing 6.7 aus:

```
alias: Neues Skript
sequence:
  - service: switch.turn_on
    data: {}
    target:
      entity_id: switch.android_2_internet_access
icon: mdi:clock-time-eight-outline
mode: single
```

Listing 6.7: Ein einfaches Beispielskript

Skript speichern speichert das Skript. In der Statuszeile haben Sie nach dem erstmaligen Speichern einen neuen Eintrag **Spuren**, den Sie bereits aus den Automatisierungen kennen.

Wie Szenen lassen sich Skripte über das Dashboard ansteuern (**Karte hinzufügen • Nach Entität • <Entitätsname>**, z. B. **Test Skript**, siehe Abbildung 6.46).

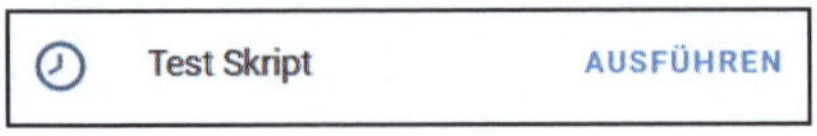

Abbildung 6.46: Die Dashboard-Karte »Skript«

Ausführen führt das Skript aus. In eine Automatisierung binden Sie ein Skript über den Aktionstyp **Dienst ausführen** ein (siehe Abbildung 6.47).

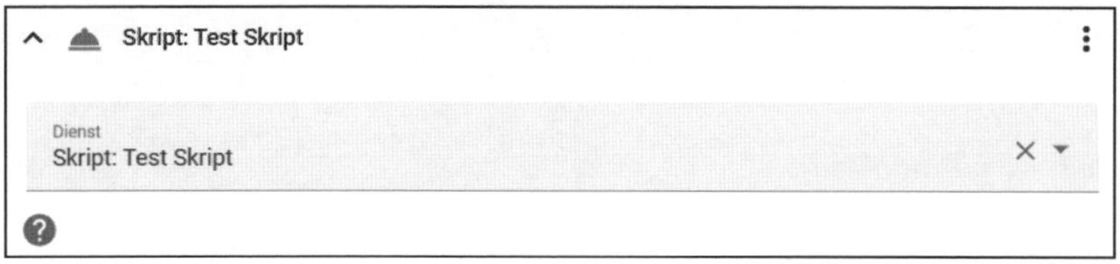

Abbildung 6.47: Eine Aktion in einer Automation

6.3.2 Variablen

Variablen haben den Vorteil, dass ihr Inhalt an mehreren Stellen des Skripts zum Zuge kommen kann, ohne dass Sie den gewünschten Wert immer wieder neu angeben müssen. Als Beispiel soll das Testskript eine Erweiterung um vier Aktionen erfahren:

- eine Verzögerung (*Delay*) nach dem Einschalten
- das Ausschalten
- eine Verzögerung nach dem Ausschalten
- persistente Nachricht versenden

Da die Verzögerungen gleich sein sollen, bietet sich der Einsatz einer Variablen an (hier: `var: 3`). Das Skript ist daher etwas gewachsen, wie Listing 6.8 zeigt:

```
alias: Test Skript
icon: mdi:clock-time-eight-outline
variables:
  var: 3
sequence:
  - service: switch.turn_on
    alias: skript sonoff_02 ON
    data: {}
    target:
      entity_id: switch.sonoff_02
  - delay:
      #  milliseconds, seconds, minutes, hours
      seconds: "{{ var }}"
  - service: switch.turn_off
    alias: skript sonoff_02 OFF
    data: {}
    target:
      entity_id: switch.sonoff_02
  - delay:
      seconds: "{{ var }}"
```

```
    - service: notify.persistent_notification
      alias: Nachricht Skript
      data:
        message: Nachricht Skript beendet
mode: restart
```

Listing 6.8: Ein Beispiel mit Variablen

Als Modus bietet sich `restart` an für den Fall, dass sich das Skript durch einen vorherigen Aufruf noch in einem Delay befindet.

[»]

Geltungsbereich von Variablen

Variablen haben einen lokalen Geltungsbereich. Das bedeutet: Wenn eine Variable in einem verschachtelten Sequenzblock geändert wird, ist diese Änderung in einem äußeren Sequenzblock nicht sichtbar.

6.3.3 Skripte aufrufen

Es gibt zwei Methoden, um ein (Unter-)Skript von einem (Haupt-)Skript aufzurufen:

- **den »Direktaufruf« (`script.<NAME>`):** Hier wartet das aufrufende Skript (Hauptskript) auf das Ende des aufgerufenen Skripts (Unterskript). Tritt im Unterskript ein Fehler auf, der zu einem Abbruch führt, hat das den Abbruch des Hauptskripts zur Folge.
- **den Aufruf mit `script.turn_on target:<ENTITÄT>`:** Beim Aufruf eines Skripts (oder mehrerer Skripte) über den Dienst `script.turn_on` wartet das aufrufende Skript nicht. Es startet das Skript oder die Skripte in der aufgeführten Reihenfolge und fährt nach dem Start des letzten Skripts mit der Abarbeitung seiner Anweisungen fort. Alle Fehler, die in den aufgerufenen Skripten auftreten und zum Abbruch führen, wirken sich nicht auf das aufrufende Skript aus.

Abbildung 6.48 zeigt den Ablauf von Hauptskript (HS) und Unterskript (US).

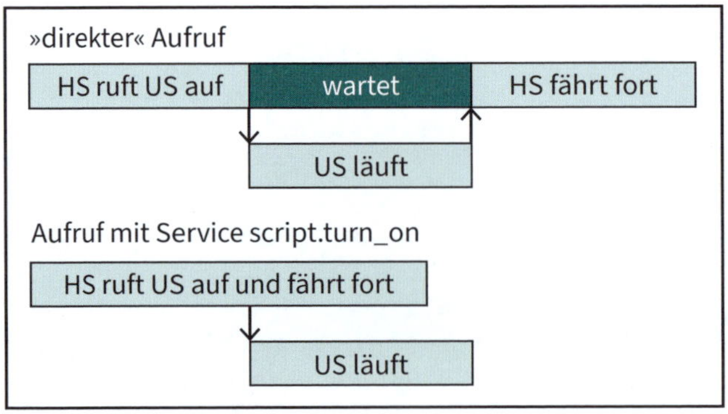

Abbildung 6.48: Der Ablauf von Hauptskript (HS) und Unterskript (US)

Die Ablauffolge soll ein Beispiel verdeutlichen. Es besteht aus zwei inhaltlich identischen Hauptskripten, die sich nur im Aufruf des Unterskripts unterscheiden (siehe Listing 6.9 bzw. Listing 6.10), sowie aus einem Unterskript (siehe Listing 6.11):

```
alias: Aufrufer direkt
icon: mdi:alpha-a-box-outline
sequence:
  - service: notify.persistent_notification
    alias: Nachricht Skript 1
    data:
      message: "Haupt-Skript: Unter-Skript aufrufen"
  - service: script.ausfuehrer
    data: {}
  - service: notify.persistent_notification
    alias: Nachricht Skript 2
    data:
      message: Haupt-Skript beendet
mode: single
```

Listing 6.9: Hauptskript mit Direktaufruf

Das Hauptskript bzw. die Hauptskripte geben eine Nachricht aus, rufen das Unterskript auf und geben wieder eine Nachricht aus:

```
alias: Aufrufer über script.turn_on
icon: mdi:alpha-a-box-outline
sequence:
  - service: notify.persistent_notification
    alias: Nachricht Skript 1
    data:
      message: "Haupt-Skript: Unter-Skript aufrufen"
  - service: script.turn_on
    data: {}
    target:
      entity_id: script.ausfuehrer
  - service: notify.persistent_notification
    alias: Nachricht Skript 2
    data:
      message: Haupt-Skript beendet
mode: single
```

Listing 6.10: Das Hauptskript mit »service.turn_on«

Das Unterskript wartet zwei Sekunden, bevor es seinerseits eine Meldung absetzt:

```
alias: Ausfuehrer
sequence:
  - delay:
      hours: 0
      minutes: 0
      seconds: 2
      milliseconds: 0
  - service: notify.persistent_notification
    alias: Nachricht Skript Ausfuehrer
    data:
      message: aufgerufenes Skript beendet
mode: single
icon: mdi:alpha-b-box-outline
```

Listing 6.11: Das Unterskript

Abbildung 6.49 zeigt die Unterschiede im Ablauf bei den beiden Methoden des Unterskript-Aufrufs (links: »Direktaufruf«, rechts: `service.turn_on`).

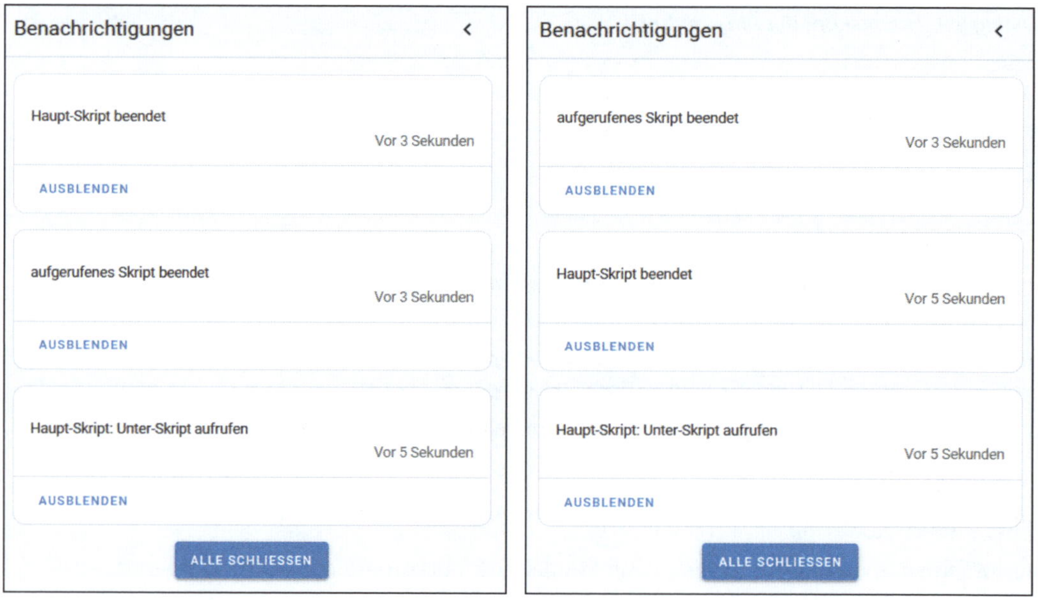

Abbildung 6.49: Unterschiede im Aufruf

Warten bei »service.turn_on«

Auch bei einem Aufruf via `service.turn_on` lässt es sich einrichten, dass das Hauptskript auf das Beenden des Unterskripts wartet:

```
sequence:
  - service: script.turn_on
    data: {}
    target:
      entity_id: script.ausfuehrer
  - wait_template: "{{ is_state('script. ausfuehrer', 'off') }}"
```

6.3.4 Parameter an Skripte übergeben

Skripte sind ein Mittel, um Abläufe flexibel zu gestalten. Vielfach stellt die Praxis aber noch höhere Anforderungen und verlangt, dass dem Skript zur Ausführung Parameter (Variablen) übergeben werden können. Home Assistant sieht hierfür die `fields`-Variable vor. Das Beispiel besteht wieder aus einem Hauptskript (siehe Listing 6.12) und einem Unterskript (siehe Listing 6.13):

```
alias: "Variable Aufrufer "
icon: mdi:home-export-outline
sequence:
  - service: script.variable_ausfuehrer
    data:
      bsp_text: abcdef
mode: single
```

Listing 6.12: Hauptskript mit Variablen

Dem auszuführenden Skript wird als `data` der Parameter bzw. die Variable `bsp_text` mit dem Wert `abcdef` übergeben:

```
alias: Variable Ausfuehrer
icon: mdi:home-import-outline
fields:
  bsp_text:
    description: Skript Parameter
    example: "Eine Zeichenkette"
sequence:
  - service: notify.persistent_notification
    data:
      message: "Die Variable (Parameter) ist: {{bsp_text}} "
mode: single
```

Listing 6.13: Unterskript mit Variablen

Der erwartete Parameter (`fields`) hat den Namen `bsp_text`, und sein Wert fließt mithilfe eines Templates `{{bsp_text}}` in die Ausführung ein.

Abbildung 6.50 zeigt die Ausgabe.

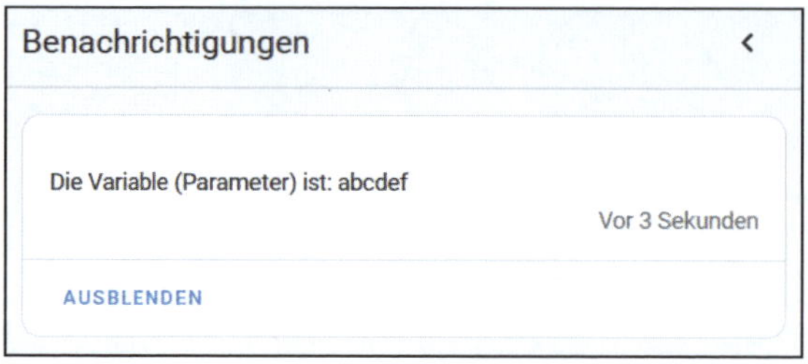

Abbildung 6.50: Ausgabe eines übergebenen Parameters

Die Variable `bsp_text` hat mit `description` und `example` zwei weitere Eigenschaften. Diese wirken sich nur im User-Interface aus (siehe Abbildung 6.51).

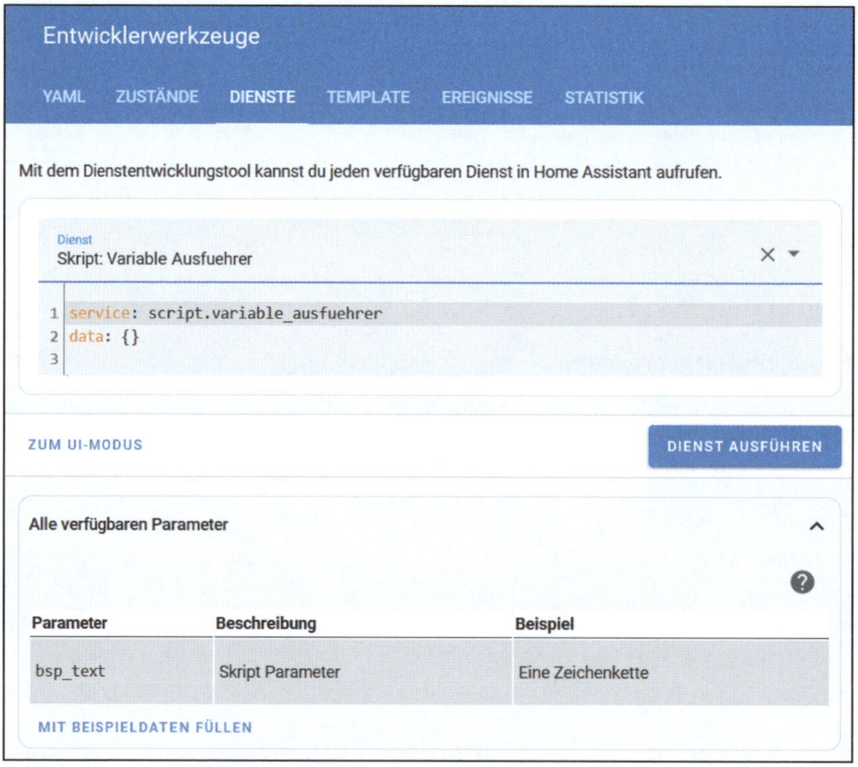

Abbildung 6.51: Skript in »Entwicklerwerkzeuge • Dienste«

Mit Beispieldaten füllen überträgt eine Zeichenkette in `data`:

```
data:
  bsp_text: Eine Zeichenkette
```

Listing 6.14 zeigt, wie Sie überprüfen können, ob dem Skript ein Parameter übergeben wurde oder nicht:

```
alias: Variable Ausfuehrer Test Parameter
icon: mdi:home-import-outline
description: Skript mit Parameter; Test, ob Aufruf mit / ohne
Parameter
fields:
  param1:
    description: Parameter 1
    example: irgendwas
sequence:
  - choose:
      - conditions:
          - condition: template
            value_template: "{{ param1 is not defined }}"
        sequence:
          - service: persistent_notification.create
            data:
              title: Testergebnis
              message: "Test Parameter: kein param1"
    default:
      - service: persistent_notification.create
        data:
          title: Testergebnis
          message: "Test: '{{ param1 }}'"
mode: single
```

Listing 6.14: Test: Werden Parameter übergeben?

6.3.5 Modi

Skripte kennen vier Ablaufmodi, die Tabelle 6.1 auflistet:

Feld	Beschreibung
Einzeln	Kein Neustart eines Skripts; Ausgabe einer Warnung.
Neu starten	Noch laufende Skripte stoppen; dann Neustart des Skripts.
In Warteschlange	Das Skript wird in eine Warteschlange eingestellt, es erfolgt ein sequenzielles Abarbeiten der Warteschlange.
Parallel	Parallele Verarbeitung mehrerer Skripte.

Tabelle 6.1: Ablaufmodi der Skripte

Abbildung 6.52 veranschaulicht das Verhalten der Skriptmodi.

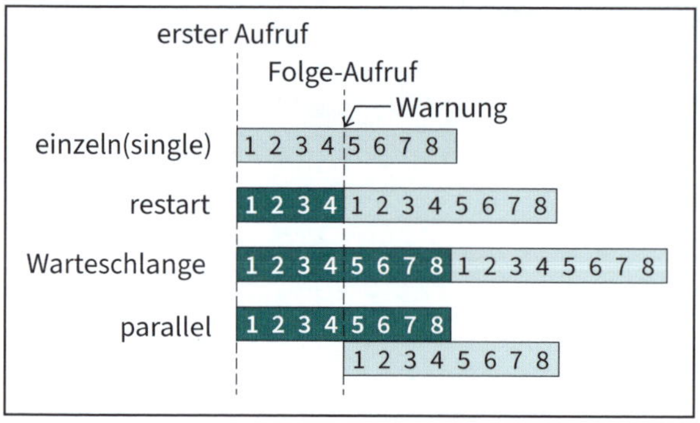

Abbildung 6.52: Der Ablauf der unterschiedlichen Skriptmodi

6.4 Vorlagen

Vorlagen oder, besser gesagt, *Blaupausen* (engl. *Blueprints*) sind eine feine Sache, denn mit ihrer Hilfe müssen Sie nicht immer das Rad neu erfinden, sondern können sich die Vorarbeit der Home-Assistant-Community bei Automatisierungen zunutze machen. Die Blueprints finden Sie üblicherweise in */config/blueprints/automation* bzw. */config/blueprints/script*. Die Erstinstallation von Home Assistant liefert unter **Vorlagen** bereits ein paar Blueprints als Beispiele mit (siehe Abbildung 6.53).

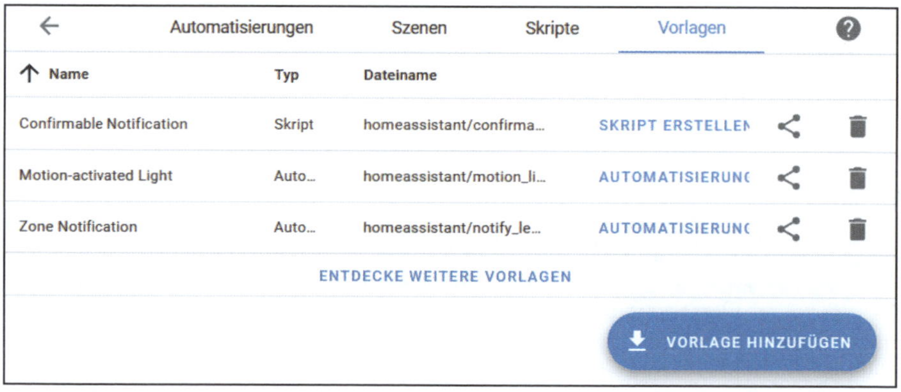

Abbildung 6.53: Die Registerkarte »Vorlagen«

Es gibt die beiden Blueprint-Typen *Skript* und *Automatisierung*. Machen Sie sich eine Vorlage zu eigen, indem Sie auf **Skript erstellen** bzw. **Automatisierung erstellen** klicken. In der Benutzeroberfläche haben Sie dann das vorgefertigte Skript bzw. die vorgefertigte Automatisierung zur weiteren Bearbeitung vor sich. Nehmen Sie gegebenenfalls Änderungen vor und speichern Sie sie unter **Skripte** bzw. **Automatisierungen** ab. Fertig.

Hinter **Entdecke weitere Vorlagen** verbirgt sich ein Link, der die Blueprint-Börse aufruft (siehe Abbildung 6.54).

Sie können dort in bereitgestellten Beispielen der Community stöbern und schauen, ob sich Vorlagen für Ihre eigenen Projekte eignen. Behalten Sie dabei im Hinterkopf, dass dieses Material nur durch die Community geprüft wird. Wie immer gilt, dass Sie genau hinschauen sollten, wenn Sie fremden Code übernehmen.

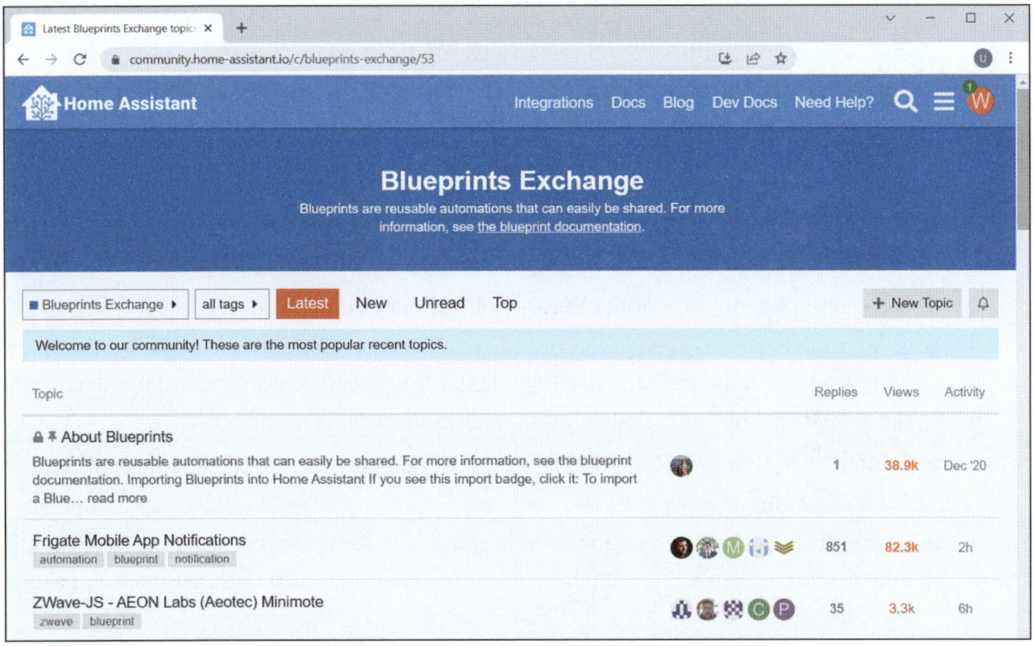

Abbildung 6.54: Die Blueprint-Börse

Sehen Sie sich die entsprechenden Details an, wenn ein Blueprint Ihr Interesse geweckt hat. *Import Blueprint to* startet einen Prozess, die Vorlage in Ihre Instanz zu überführen.

Ansonsten fügen Sie über das Menü **Vorschau • Vorlage importieren** eine Vorlage hinzu (siehe Abbildung 6.55). Sie benötigen dazu die Internetadresse der Vorlage. Testweise können Sie dies mit folgendem Link versuchen: *https://github.com/home-assistant/core/blob/dev/homeassistant/components/automation/blueprints/motion_light.yaml*.

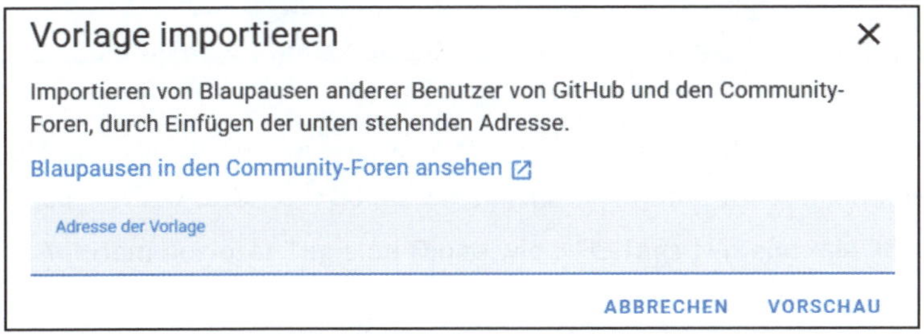

Abbildung 6.55: Blueprints importieren

[»]

Einen Home-Assistant-Community-Account anlegen

Sie brauchen nicht unbedingt ein neues Konto für die Blueprint-Börse. Stattdessen können Sie sich mit einem bestehenden GitHub-Account oder einem vorhandenen Home-Assistant-Cloud-Account anmelden.

Der Zugriff ist kostenfrei. Ob das aber auch auf Dauer so bleiben wird, ist offen.

Von der Community erstellte Blueprints können sich weiterentwickeln, z. B. weil der Urheber aufgrund eines Feedbacks neue Funktionen hinzufügt. Bedauerlicherweise gibt es keine integrierte Funktion, um einen bereits importierten Blueprint wieder zu aktualisieren. Jedoch können Sie seinen YAML-Inhalt manuell bearbeiten, um ihn auf dem neuesten Stand zu halten:

- Navigieren Sie zum Blueprints-Verzeichnis (*automation* bzw. *script*).
- Wählen Sie den entsprechenden Ordner aus. Dieser enthält pro importierten Blueprint einen Unterordner (z. B. aus der Erstinstallation *homeassistant*), der dann wiederum die *.yaml*-Datei mit dem Code enthält (z. B. *motion_light.yaml*).
- Öffnen Sie die *.yaml*-Datei mit einem Editor und aktualisieren Sie ihren Inhalt mit der neuen Fassung.
- Laden Sie die Automatisierungen neu, damit die Änderungen wirksam werden. Die neuen Änderungen sollten auch für Ihre bestehenden Automatisierungen angezeigt werden.

Fazit: Automatisierungen und in ihrem Gefolge Szenen sowie Skripte sind das A und O eines Smart Homes. Es kann einige Zeit und Mühe kosten, eine Automation nach den eigenen Vorstellungen anzulegen. Die Unterstützung, die Home Assistant Ihnen mit bordeigenen Mitteln bietet, ist umfassend und befindet sich ständig in Weiterentwicklung. Falls Sie besser mit einer visuellen Entwicklungsplattform zurechtkommen, bietet sich alternativ Node-RED an, um das es in Kapitel 18 geht.

Kapitel 7
Dashboards und Apps

Wer kennt es nicht: das Schwarze Brett, das Besucher – vorwiegend in öffentlichen Einrichtungen – über wechselnde Sachverhalte informiert. Heute übernehmen diese Aufgabe Dashboards, die entweder auf einem großen Display angezeigt werden oder auf die per Handy zugegriffen wird. Home Assistant ist da ganz auf der Höhe der Zeit.

Bei einem Smart-Home-System geht es nicht nur um die Gewinnung und Verarbeitung von Daten, sondern allgemein um ein umfassendes Informationsmanagement. In diesem Rahmen nimmt dann auch die Visualisierung von Ergebnissen, Zuständen und dergleichen eine zentrale Rolle ein. Die grafische Benutzeroberfläche, die für die Visualisierung der zentralen Funktionen zum Einsatz kommt, wird in Form eines *Dashboards* dargestellt.

Der Name entstammt dem englischen Begriff für das Armaturenbrett im Auto und bezieht sich darauf, dass wie auf einem Armaturenbrett bedarfsgerecht auf einen Blick Informationen aus verschiedenen Quellen angezeigt werden.

Das Dashboard von Home Assistant wird *Lovelace* genannt – nach der britischen Computer-Pionierin Ada Lovelace. Wenn Sie diese Oberfläche einmal ausprobieren wollen, ohne vorher Home Assistant zu installieren, können Sie die Demoseite des Projekts unter *https://demo.home-assistant.io* besuchen.

Dort wird sehr anschaulich gezeigt, wie ein vollständiges Smart Home mit einigen Sensoren und Schaltern aussehen kann.

Alternativen zu Lovelace

Wenn Sie sich mit dem Dashboard partout nicht anfreunden mögen, können Sie auch Alternativen ausprobieren, beispielsweise *TileBoard*, das Sie auf GitHub unter *https://github.com/resoai/TileBoard* finden.

Auf diese alternativen Dashboards werde ich nicht eingehen, und Sie sollten auch beachten, dass Sie sehr tief in die Funktionsweise von Home Assistant eingreifen, wenn Sie fremde Dashboards einbinden. Ob damit noch alle Integrationen und Visualisierungen laufen, muss getestet werden.

Zudem gibt es eine ganze Reihe von Themes, mit denen Sie das Aussehen der Oberfläche nach Ihren Bedürfnissen gestalten können. Da dies eine Geschmacksfrage ist, können Sie Ihrer Kreativität dort freien Lauf lassen.

7.1 Das individuelle Dashboard – der Start

Der Installationsprozess von Home Assistant richtet gleich ein erstes Dashboard ein (siehe Kapitel 2). Die Informationen, die in das Dashboard **Übersicht** aufgenommen wurden, beruhen dabei auf den Annahmen der Entwickler darüber, welche Informationen aus dem vorhandenen Pool für Sie von Interesse sein könnten. Auch fügt Home Assistant automatisch weitere Karten hinzu, wenn der implementierte Automatismus das für erforderlich hält.

Dies ist sicherlich für einen ersten Einstieg oder aus Gründen der Bequemlichkeit interessant. Sehr schnell wird aber der Wunsch aufkommen, das Dashboard an die eigenen Vorstellungen und Bedürfnisse anzupassen.

Das Dashboard-Fenster ist der am häufigsten angesteuerte Ausgangspunkt für Anpassungen. Klicken Sie auf das Stiftsymbol in der Statusleiste und dann auf **Benutzeroberfläche konfigurieren**. Ein anderer Weg führt über **Einstellungen • Dashboard • <Dashboard-Name> • Öffnen**. Über das Menü-Icon können Sie die Kontrolle über das Dashboard übernehmen (siehe Abbildung 7.1).

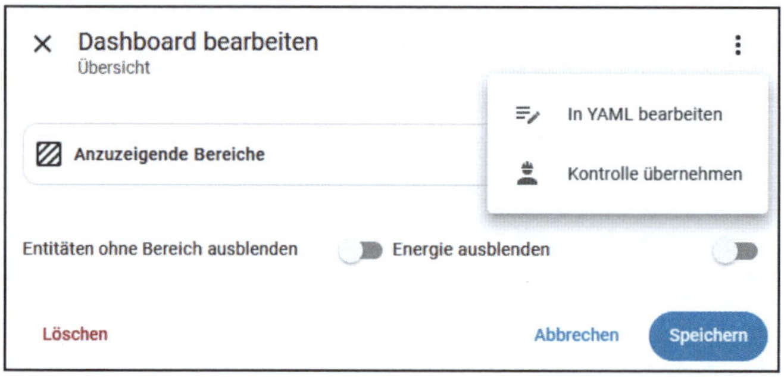

Abbildung 7.1: Menü »Dashboard bearbeiten«

Kontrolle übernehmen erzeugt eine Warnmeldung (siehe Abbildung 7.2).

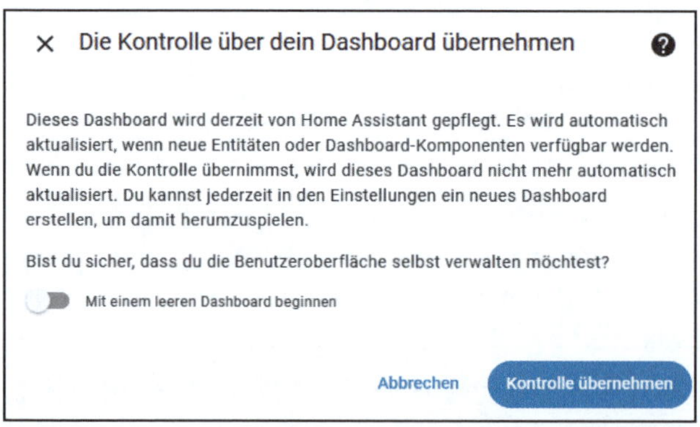

Abbildung 7.2: Warnmeldung vor dem Start eines individuellen Dashboards

Sie können durch Aktivierung des entsprechenden Schalters mit einem leeren Dashboard beginnen. Wenn Sie schon eine Idee zur Gestaltung Ihres Dashboards haben, ist das natürlich der richtige Ansatz. Für den Einstieg bietet es sich aber an, auf die Vorgaben von Home Assistant aufzubauen und mit den Einstellungen zu starten, die sich aus der Erstkonfiguration ergeben. Bestätigen Sie die Warnung also mit **Kontrolle Übernehmen**. Sie landen dann im Dashboard-Editor (siehe Abbildung 7.3).

Der Dashboard-Editor besteht aus einer zweizeiligen Kopfleiste und einem Feld, das den Dashboard-Inhalt in Form von *Karten* aufnimmt.

Abbildung 7.3: Der Editor für die Dashboards

7.1.1 Die Dashboard-Kopfleiste im Edit Mode

Die Dashboard-Kopfleiste besteht aus zwei Zeilen. Sie betreffen:

- allgemeine Einstellungen des Dashboards (1. Zeile)
- die verschiedenen Ansichten des Dashboards (2. Zeile)

Die allgemeine Dashboard-Administration

Die erste Zeile der Kopfleiste ist die Ausgangsbasis zur Administration Ihrer Dashboards. Per Stiftsymbol können Sie dem Dashboard einen neuen Titel geben, der dann in allen *Ansichten* des Dashboards angezeigt werden sollte. **Fertig** schließt den Editor. Das wichtigste Menü ist ziemlich versteckt und verbirgt sich hinter den unscheinbaren drei Punkten (⋮-Icon). Dort ist der Zugang zu weiteren Bearbeitungsmöglichkeiten versteckt (siehe Abbildung 7.4).

Abbildung 7.4: Die allgemeine Administration des Dashboards

Nicht verwendete Entitäten

Es gibt (fast) nichts, was Sie in Home Assistant nicht zur Anzeige bringen könnten. In der Voreinstellung versucht Home Assistant bereits, die wichtigsten Informationen anzuzeigen, aber Sie können selbstverständlich von Hand weitere Entitäten hinzufügen. Das geht über die teilqualifizierte Suche aus Abbildung 7.5: Geben Sie einfach einige Buchstaben in die Suchmaske ein, und die Liste der Treffer wird automatisch gefiltert.

Es ist oftmals nicht ganz einfach, nachzuvollziehen, unter welchem Namen sich die gesuchten Infos verbergen. Anhand der Angabe in der Spalte **Domain** können Sie erkennen, worum es sich bei der gewählten Entität handelt. Manchmal kommt man allerdings um ein bisschen Ausprobieren bei der Suche nach der gewünschten Entität nicht herum.

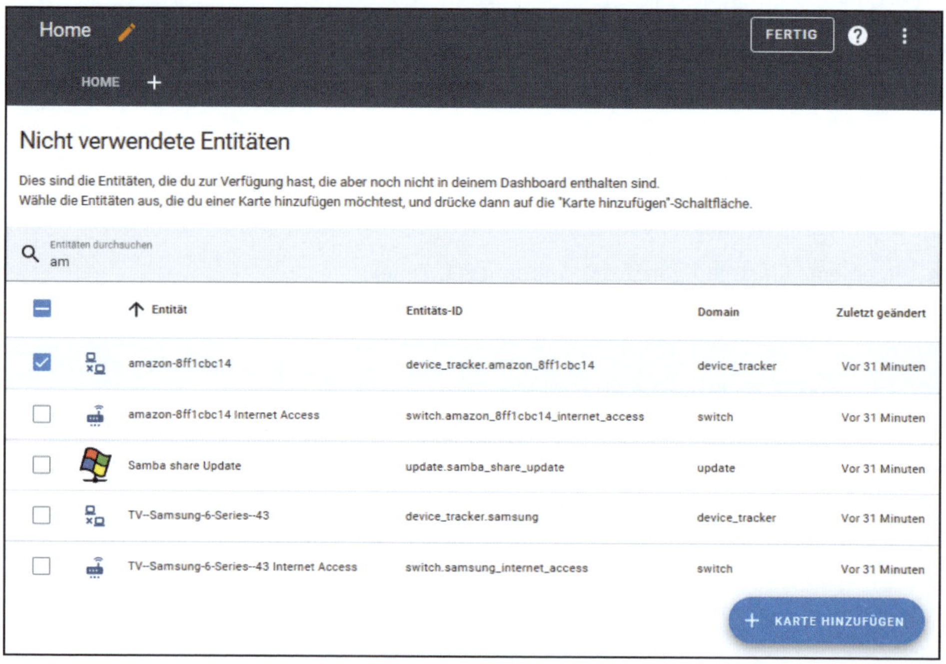

Abbildung 7.5: Die Liste der nicht verwendeten Entitäten

Aktivieren Sie das Kontrollkästchen der gewünschten Entität und klicken Sie dann auf **+ Karte Hinzufügen**. Home Assistant unterbreitet einen Vorschlag und folgt damit dem regulären Weg, eine Karte hinzuzufügen, zu dem ich in Abschnitt 7.1.3 komme.

Der Raw-Konfigurationseditor

Verwenden Sie den *Raw-Konfigurationseditor*, wenn Sie das Dashboard direkt in YAML bearbeiten möchten.

Dashboards verwalten

Es kann sinnvoll sein, unterschiedliche Informationen auf verschiedene Dashboards zu verteilen, etwa weil Sie sowohl eine kleine Übersicht mit den wichtigsten Infos zeigen als auch einen detaillierten Einblick über alles liefern wollen. Dazu können Sie über **Dashboards verwalten** weitere Übersichtsseiten erstellen. Zunächst gibt das Fenster einen Überblick über die angelegten Dashboards (siehe Abbildung 7.6).

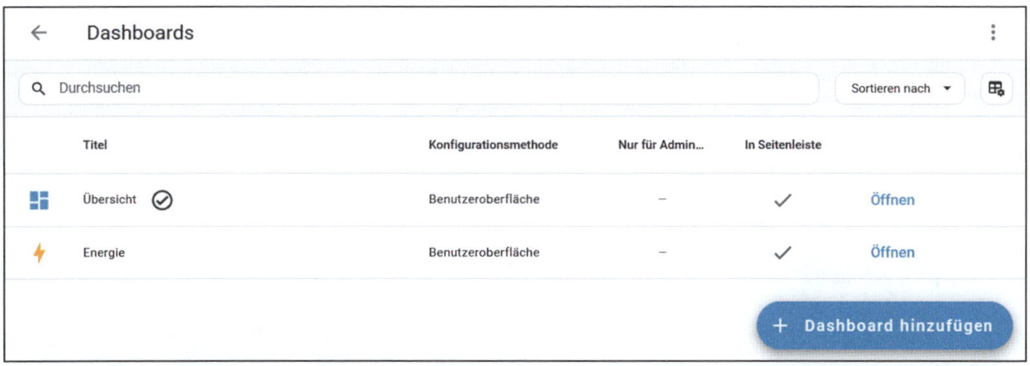

Abbildung 7.6: Dashboards verwalten

Das Dashboard »Energie«

Nach der Erstinstallation werden Sie auch ein Dashboard **Energie** sehen. Nach einer geführten Konfiguration beinhaltet dieser Bereich diverse Informationen zum Energiemanagement. Die Angelegenheit basiert aber auf einem in den Benelux-Ländern gebräuchlichen Standard. Die meisten der in Deutschland verbauten Zähler sind jedoch noch keine Smart-Meter und können daher mit diesem Standard bisher nichts anfangen. Es kann also gut sein, dass Ihnen keine Werte geliefert werden.

Deshalb ist dieses Dashboard eher im Hinblick auf den Energieverbrauch interessant: Wenn Sie in Ihrer Wohnung smarte Steckdosen eingebaut haben, sehen Sie so auf einen Blick, wie viel Energie gerade verbraucht wird. Wesentlich spannender wird dieses Menü, wenn Ihr Haus über eine eigene PV-Anlage verfügt, deren Werte Sie auslesen können. Dann können Sie sehr gut ablesen, wie viel Strom gerade erzeugt wird und wie es sich mit dem aktuellen Verbrauch verhält.

Es ist natürlich sinnvoll, den Energieverbrauch möglichst so zu steuern, dass er in Zeiten der größten Stromproduktion liegt, also meistens in den Mittags- und Nachmittagsstunden. Home Assistant kann Ihnen dabei beispielsweise helfen, indem die Waschmaschine erst dann automatisch gestartet wird, wenn die Produktion der PV-Anlage deutlich über dem Grundverbrauch Ihrer Wohnung liegt. Dazu brauchen Sie aber eine entsprechend smarte Waschmaschine, die sich über eine Integration fernsteuern lässt, und Sie müssen zudem dafür sorgen, dass sie immer ausreichend mit Schmutzwäsche gefüllt ist, damit es auch passend losgehen kann. So richtig praxistauglich ist das Beispiel daher nicht ...

+ Dashboard hinzufügen führt zu einer Auswahl verschiedener Dashboards (siehe Abbildung 7.7).

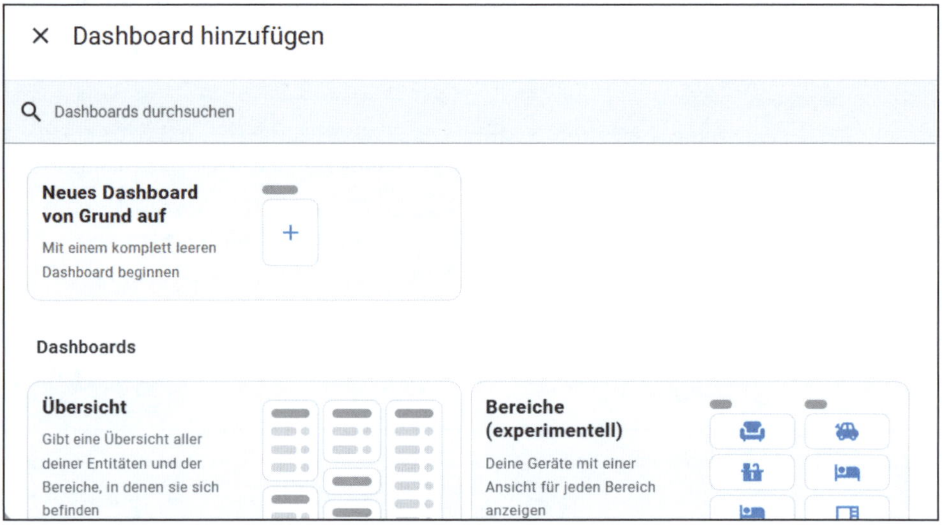

Abbildung 7.7: Fenster »Dashboard hinzufügen«

Sie haben nun die Wahl, ob Sie ein Dashboard von Grund auf neu erstellen wollen, einen Klon der vorhandenen Übersicht nutzen oder eines der experimentellen Dashboards verwenden möchten. Unabhängig von der getroffenen Entscheidung verlangt Home Assistant nach einigen Eigenschaften des Dashboards (siehe Abbildung 7.8).

- **Titel der Seitenleiste** ist der Name des Dashboards.
- **Seitenleistensymbol** ist ein *mdi*-Element (siehe Abschnitt 5.5). Wenn Sie hier kein Icon angeben, wird das per Default spezifizierte Icon angewendet.
- **URL** kennzeichnet den Bestandteil der Adresse, mit der Sie das Dashboard künftig direkt aufrufen können. Ist beispielsweise als URL *test* bestimmt, lautet die Adresse des Dashboards *http://homeassistant.local:8123/test/default_view*. Die URL-Angabe ist zwingend. Deshalb erzeugt Home Assistant bereits während der Eingabe des Titels einen Vorschlag.

- **Nur Admin**: Mit diesem Schalter können Sie den Zugang zum Dashboard auf Administratoren begrenzen.
- **In der Seitenleiste anzeigen**: Eine deaktivierte Schalterstellung versteckt das Dashboard, sodass es nicht mehr direkt über das Menü aufgerufen werden kann.

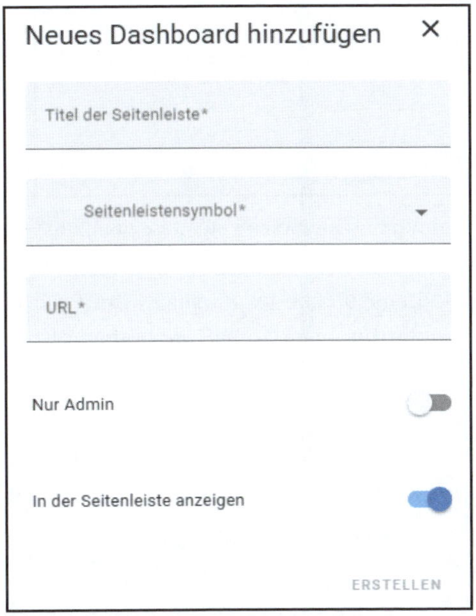

Abbildung 7.8: Ein neues Dashboard hinzufügen

Nach einem Klick auf **Erstellen** legt Home Assistant das Dashboard an und füllt es mit allen dem System bekannten Entitäten, die Daten anzeigen können. Die Ausgangssituation ist also gleich der bei dem Erststart des Systems.

Klicken Sie auf einen Listeneintrag der angelegten Dashboards, um die Eigenschaften zu ändern oder das Dashboard zu löschen. Die URL-Angabe ist jedoch fix und kann nach der Erstellung des Dashboards nicht mehr modifiziert werden.

Ressourcen verwalten

Wenn Sie die Home-Assistant-Benutzeroberfläche um benutzerdefinierte Karten oder Ansichten erweitern möchten, müssen Sie externe Ressourcen laden. Dies ist eine fortgeschrittene Technik, auf die ich in Abschnitt 7.3 eingehe. Im Übrigen bekommen Sie diesen Eintrag nur mit der persönlichen Einstellung **Erweiterter Modus** angeboten.

Die Administration einer Dashboard-Ansicht

Die zweite Zeile dient zur Administration der aktuellen Dashboard-Ansicht (Dashboard-Register). Abbildung 7.9 zeigt das Fenster für die Eigenschaften, das Sie für eine bestehende Ansicht mit einem Klick auf das Stiftsymbol erreichen.

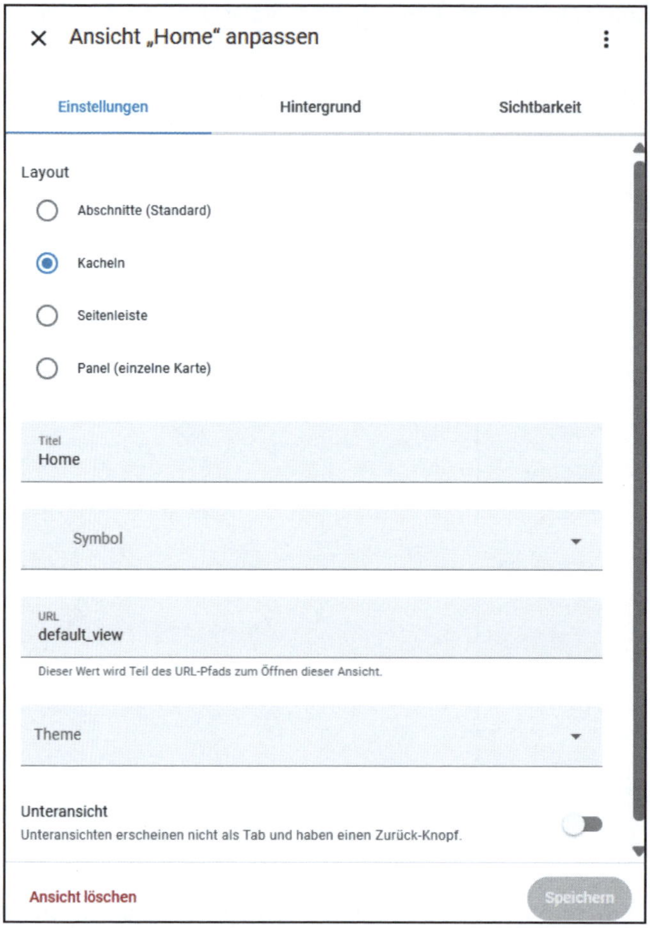

Abbildung 7.9: Konfiguration einer Dashboard-Seite

Sie konfigurieren eine Ansicht über die drei Registerkarten **Einstellungen**, **Hintergrund** und **Sichtbarkeit**. Unter den allgemeinen **Einstellungen** finden Sie folgende Optionen:

- **Layout** bestimmt die Struktur bzw. die Aufteilung der Elemente auf die darstellbare Fläche (siehe Folgeabschnitt).
- **Titel** ist der Name der Registerkarte.
- **Symbol** ist ein *mdi*-Element (siehe Abschnitt 5.5) und ersetzt in dem Moment die Anzeige des Registerkartentitels.
- **URL** ist die Adresse, unter der die Ansicht erreichbar ist. Für die erste Ansicht lautet die URL *default_view*. Sofern Sie nichts anderes bestimmen, setzt Home Assistant, abgesehen vom Layout **Seitenleiste**, als URL den Registerkartennamen ein.
- Unter **Theme** besteht die Möglichkeit, ein Theme zuzuweisen, das das gesamte Aussehen des Dashboards steuert. Themes werden meistens von engagierten Mitgliedern

der Community entwickelt. Oftmals erfordern Themes weitere Add-ons, und es müssen zusätzliche Konfigurationen vorgenommen werden. Ich gehe daher nicht weiter auf Themes ein – wählen Sie ein Theme, das Ihnen gefällt, und gestalten Sie die Oberfläche nach Ihren Wünschen.

- Die aktivierte Eigenschaft **Unteransicht** bedeutet eine versteckte Ansicht, die nicht in der Navigationsleiste (Tab-Leiste) oben erscheint. Sie ist nur über direkte Links oder Navigationskarten erreichbar. Damit ist sie ideal geeignet für Detailseiten oder Zusatzinformationen, zum Beispiel:
  - Hauptansicht: "Obergeschoss" zeigt eine Übersicht aller Räume (nur ein Raum Abbildung 7.10).
  - Unteransicht 1: "Schlafzimmer" zeigt Details für das Schlafzimmer.
  - Unteransicht 2: "Kinderzimmer" zeigt Details für das Kinderzimmer.

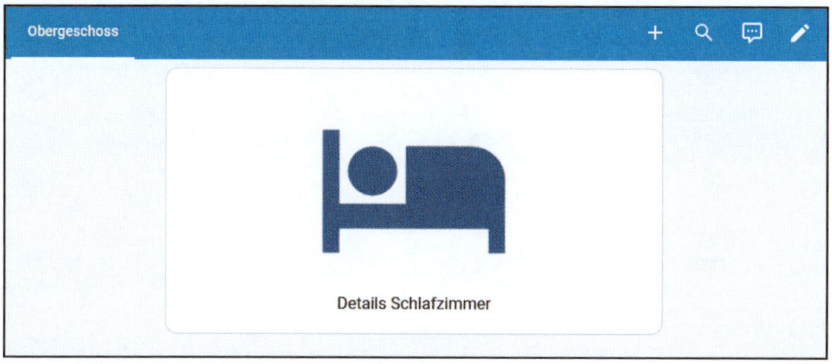

Abbildung 7.10: Beispiel Hauptansicht

Sie schaffen mit nachstehenden Methoden die Navigationsmöglichkeit zu derartigen Unterseiten:

Direkter Link

```
http://homeassistant.local:8123/lovelace/schlafzimmer
```

Navigation-Karte

```
show_name: true
show_icon: true
type: button
name: Zu Schlafzimmer
icon: mdi:sleep
tap_action:
  action: navigate
  navigation_path: /dashboard-home/schlafzimmer
```

Mit **+** in der zweiten Kopfzeile erstellen Sie eine neue Ansicht für das aktuelle Dashboard.

7.1.2 Badges

Mit **Badges** (dt. *Plaketten*) gibt es in Home Assistant eine kurze Informationsquelle zum Status von Entitäten. Die Badges befinden sich in der ersten Zeile nach der Statuszeile (siehe Abbildung 7.11).

Abbildung 7.11: Badges im Dashboard

Abbildung 7.12 zeigt das Fenster für das Einfügen neuer Badges.

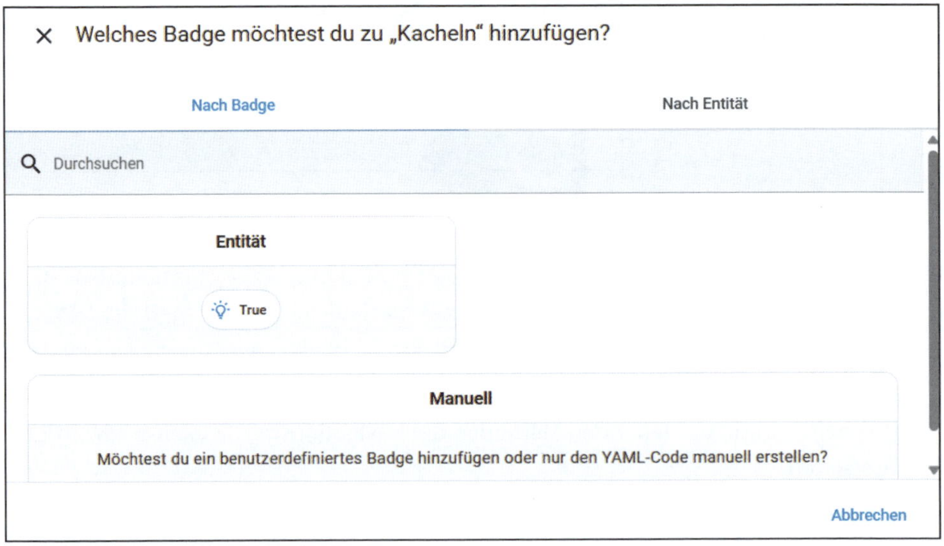

Abbildung 7.12: Badges einfügen

Ihnen stehen verschiedene Wege offen, ein Badge einzufügen. **Nach Entität** ist dabei vermutlich die einfachste Option, da Sie hier bequem die gewünschte Zielentität auswählen können und das System dann automatisch ein passgenaues Badge aufbaut.

Wenn ein Badge mit der Maus den Fokus erhält, zeigt sich ein Menü-Icon, über das Sie das Element administrieren können (**Bearbeiten**, **Duplizieren**, **Kopieren**, **Ausschneiden**, **Löschen**). Abbildung 7.13 zeigt das Eigenschaftenfenster.

Durch Aufklappen von **Inhalt** lassen sich **Name** (hier: `mike`), **Zustandsfarbe** (hier: `standard`, d. h. Grün für zu Hause), **Symbol** (hier: `mdi:lan-connect`, die Entität bezieht sich auf ein im heimischen Netz angemeldetes Mobiltelefon) sowie die angezeigten Elemente (**Name**, **Zustand**, **Symbol**) einstellen (siehe Abbildung 7.14).

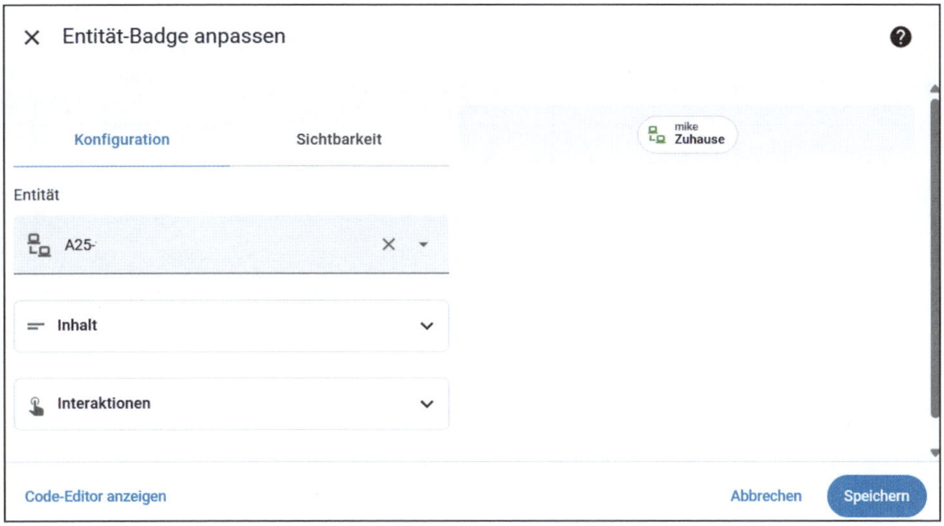

Abbildung 7.13: Eigenschaften eines Badges

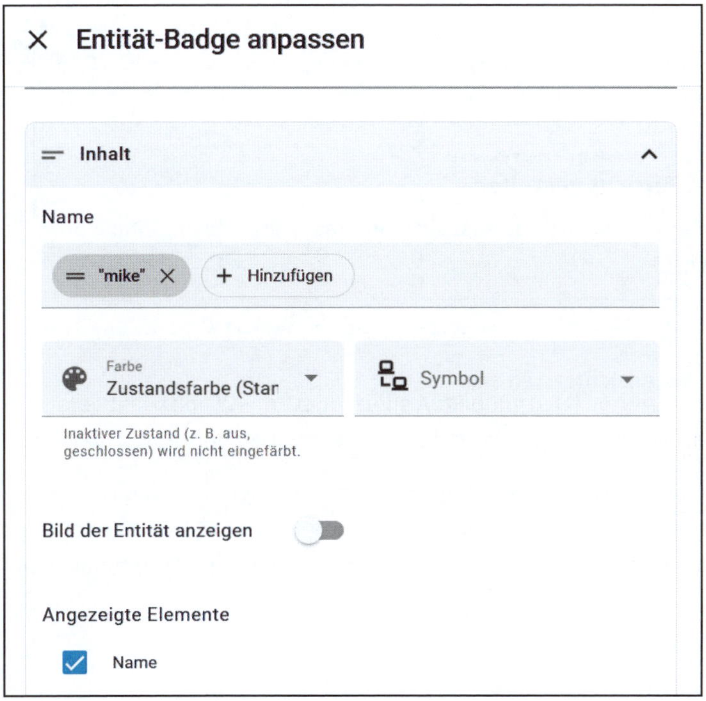

Abbildung 7.14: Eigenschaften eines Badges – Inhalt

Hinter **Interaktionen** verbirgt sich ein Bündel möglicher Aktionen bei Klick bzw. Antippen des Badges. **Standard** ist das Öffnen der Detailansicht, **Nichts** überführt z. B. das Badge in ein reines Informationselement.

Ein Badge wird immer angezeigt, es sei denn, Sie haben auf der Registerkarte **Sichtbarkeit** eine Bedingung festgelegt. Abbildung 7.15 zeigt die Einstellungen, wenn Sie z. B. das Badge nur bei Anwesenheit einer Person angezeigt haben wollen.

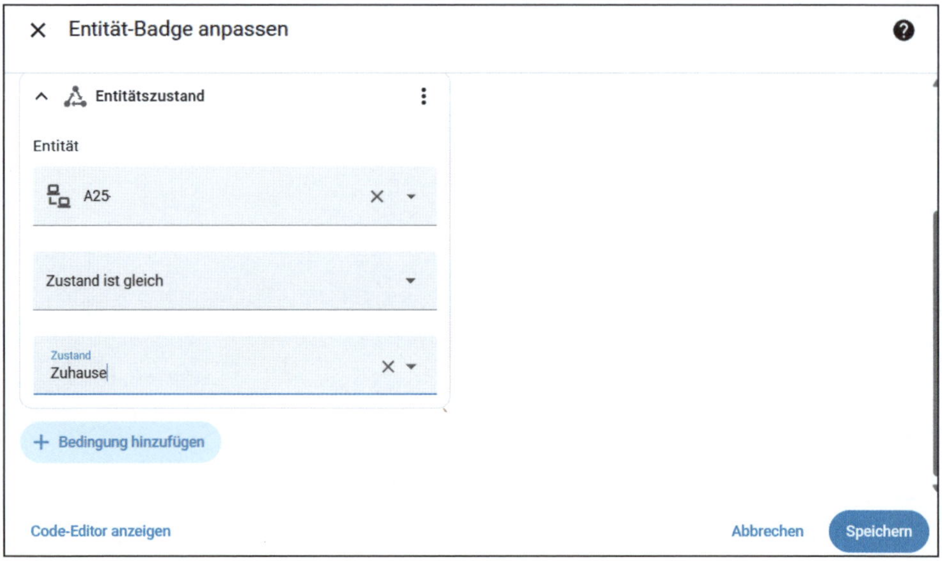

Abbildung 7.15: Bedingung für die Sichtbarkeit eines Badges

7.1.3 Die Dashboard-Ansicht gestalten

Die Gestaltung der Dashboard-Ansicht befasst sich mit Fragen zum Layout und womit die freie Fläche zu füllen ist.

Das Layout

Home Assistant bietet vier Ansichtsarten an.

Kacheln

Das Layout **Kacheln** ist die »älteste« Darstellungsform und kommt immer noch bei der Ersteinrichtung des Systems zum Zuge. Die Anordnung der Elemente (der sogenannten Karten) erfolgt als Kacheln über- und nebeneinander, sodass das Fenster optimal gefüllt ist.

Abschnitte

Abschnitte ist der aktuelle Standard für das Layout einer Ansicht (siehe Abbildung 7.16). Hier bieten sich umfassende Gestaltungsspielräume.

Verleihen Sie der Ansicht einen Titel. Das kann eine Kachel oder nur ein einfacher Text sein, der dann auch Templates enthalten kann (z. B. `Hallo {{ user }}`). Die Sichtbarkeit des Titels können Sie an Bedingungen knüpfen.

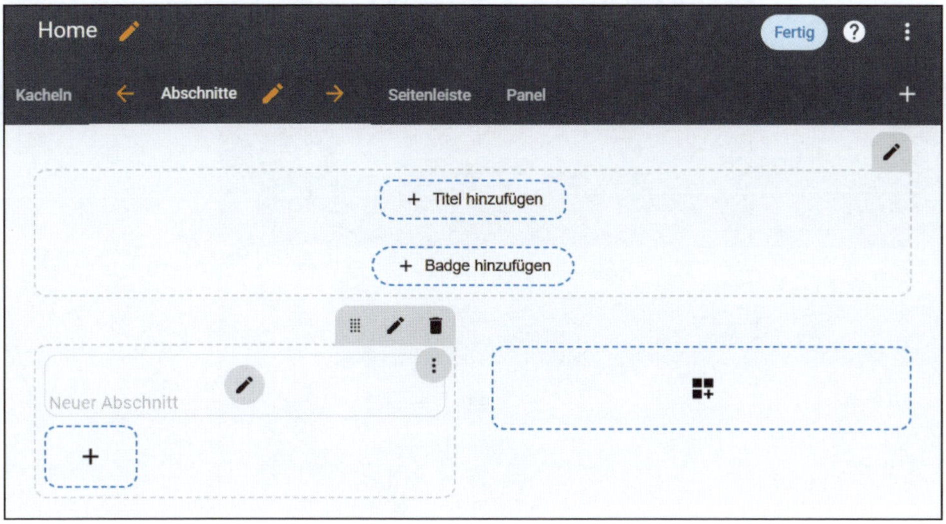

Abbildung 7.16: Leeres Ansichtslayout »Abschnitte«

Unter diesem Titel lassen sich die Elemente (Kacheln/Entitäten) thematisch in Abschnitte gliedern (z. B. Beleuchtung, Medien oder Raumklima.).

Einen Abschnitt administrieren Sie über die drei oberen Icons (**Verschieben**, **Bearbeiten** [Abschnittsbreite, Bedingungen für die Sichtbarkeit], **Löschen**) bzw. über die Elemente des Menü-Icons.

Der Titel eines Abschnitts ist zunächst ausgegraut. Das Bearbeitungssymbol erlaubt dann Anpassungen von Eigenschaften wie einen anderen Namen, ein Symbol, geänderte Interaktionen, Bedingungen für die Sichtbarkeit, ein spezifisches Abschnittslayout.

+ steigt in den Prozess des Hinzufügens einer Kachel/Entität ein.

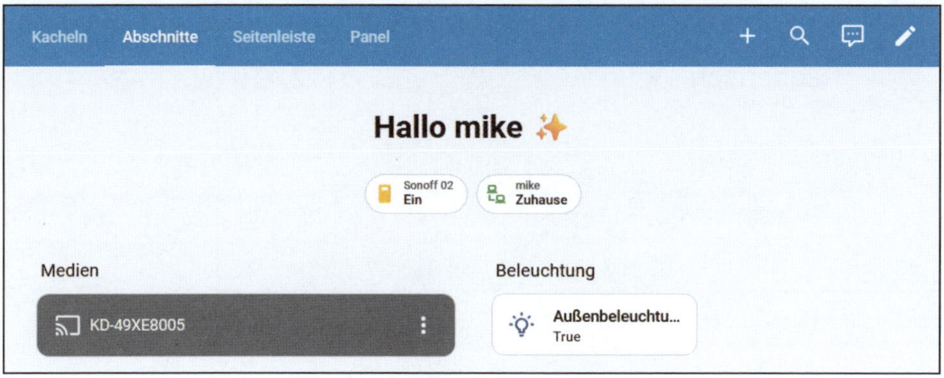

Abbildung 7.17: :Fertiges Beispiel für das Ansichtslayout »Abschnitte«

Seitenleiste

Mit der Option **Seitenleiste** erfolgt die Kartenanordnung in einer Spalte übereinander (siehe Abbildung 7.18).

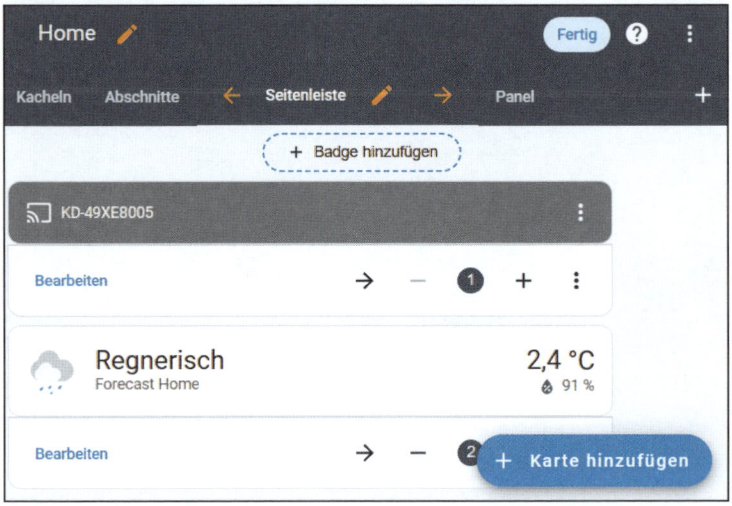

Abbildung 7.18: Ansichtslayout »Seitenleiste«

Panel

Wenn Sie **Panel** wählen, wird nur eine Karte pro Panel angezeigt. Badges entfallen.

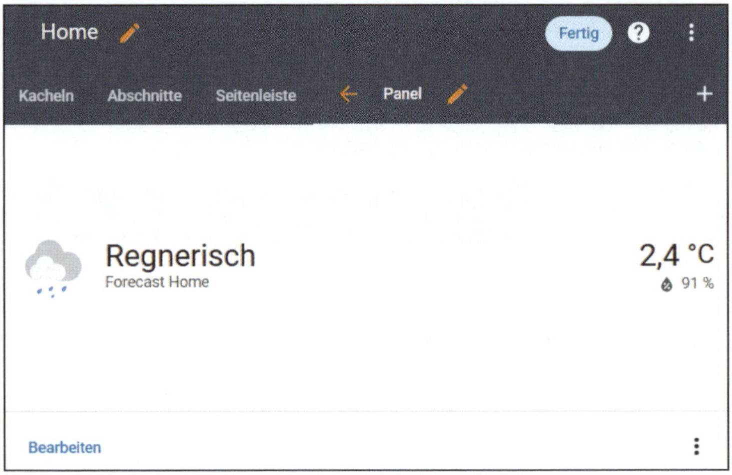

Abbildung 7.19: Ansichtslayout »Panel«

Der Inhalt

Der Inhalt einer Dashboard-Ansicht wird mit *Karten* gestaltet. Sie sind diesen Objekten bereits in Kapitel 3 und in Kapitel 5 begegnet. Home Assistant kennt inzwischen über 30 verschiedene Karten, mit denen das System ausgeliefert wird. Ich möchte Ihnen daher nur die wichtigsten Karten vorstellen – stöbern Sie selbst im Angebot und wählen Sie individuell aus, was für Sie nützlich ist.

Karten hinzufügen

Die Benutzeroberfläche von Home Assistant bietet ausgehend von **+ Karte hinzufügen** zwei Wege (siehe Abbildung 7.20) an, um weitere Karten auf dem Dashboard zu ergänzen.

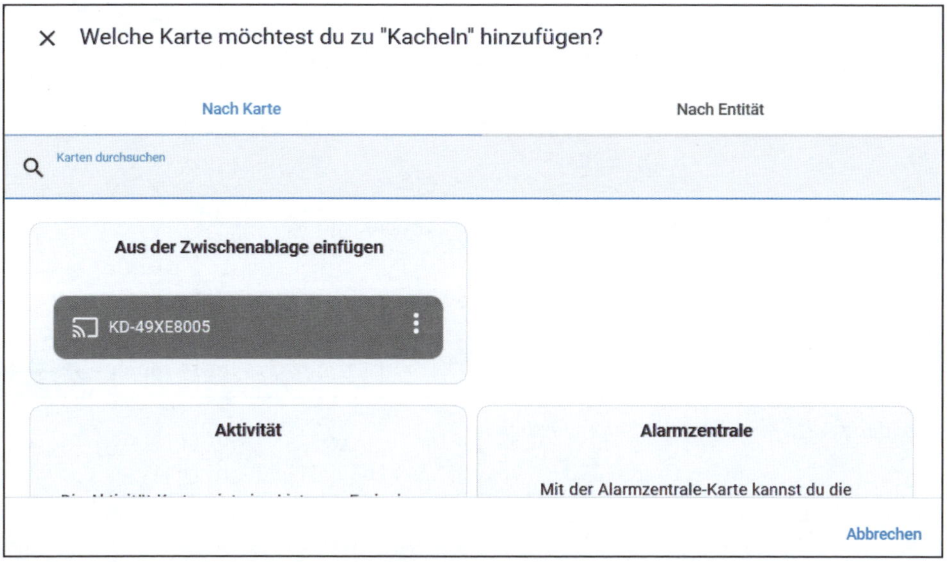

Abbildung 7.20: Über die Benutzeroberfläche eine neue Karte hinzufügen

Bei der Option **Nach Karte** kann das angebotene Material differieren. So ist **Aus der Zwischenablage einfügen** nur vorhanden, wenn die Zwischenablage eine Karte enthält. Einen Abschnitt **Benutzerdefinierte Karten** gibt es lediglich dann, wenn solche eingerichtet sind. Den Weg zur manuellen Karteneinrichtung (YAML-Code) finden Sie ganz am Ende der Liste.

Ein Klick auf die gewünschte Karte öffnet das Fenster für die Kartenkonfiguration; die genauen Eigenschaften unterscheiden sich je nach Karte. Home Assistant belegt die Eigenschaften teilweise mit mutmaßlich passenden Werten. Nehmen Sie Abbildung 7.21 als Beispiel, um daraus die zutreffenden Eigenschaften abzuleiten. Wesentlich ist der Inhalt der Eigenschaft **Entitäten**, mit der bestimmt wird, was die Karte überhaupt anzeigen soll. Sie legen die Eigenschaften nach der bekannten Vorgehensweise fest (z. B. durch Auswahl aus der Drop-down-Liste oder eine teilqualifizierte Suche).

Über das ?-Icon rufen Sie detaillierte Karteninformationen auf. Diese sind nützlich, wenn Sie die Karteneigenschaften über **Visuellen Editor anzeigen** in der YAML-Perspektive bearbeiten möchten (siehe Abbildung 7.22). Ein Klick auf **Speichern** legt die Karte schließlich an.

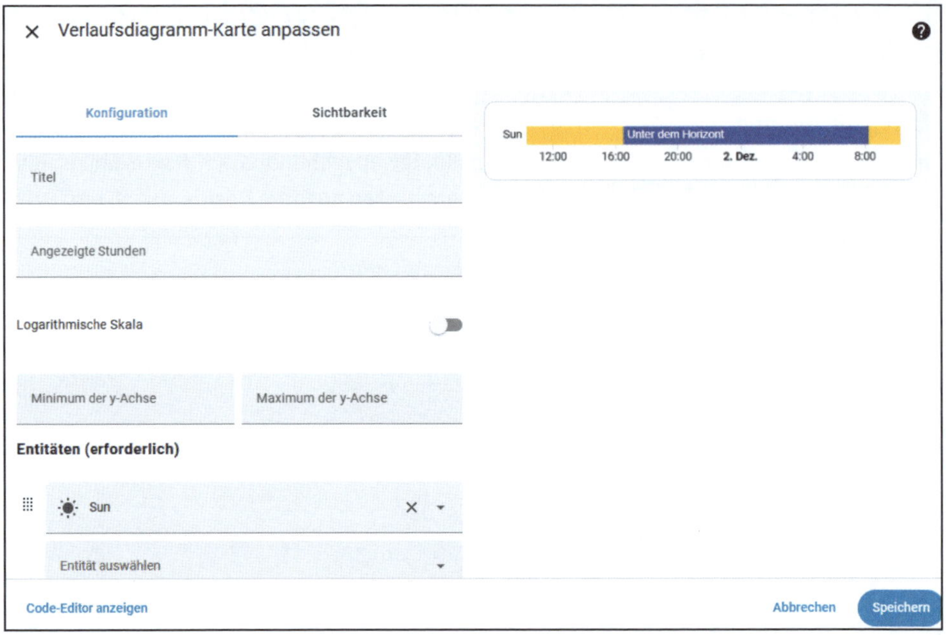

Abbildung 7.21: Karteneigenschaften festlegen

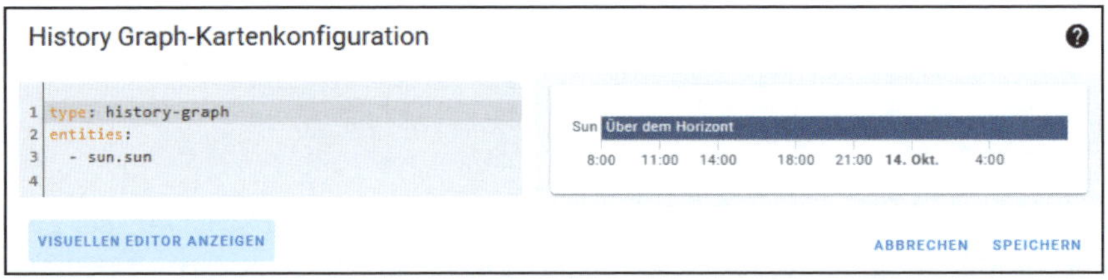

Abbildung 7.22: Karteneigenschaften festlegen aus der YAML-Perspektive

Die Option **Nach Entität** (siehe Abbildung 7.20) führt zu einem Fenster mit möglichen Entitäten (siehe Abbildung 7.23).

[»]

Benutzerdefinierte Karten

Manchmal entsprechen die vordefinierten Karten in Design oder Funktionalität vielleicht nicht Ihren eigenen Vorstellungen. Dann können Sie versuchen, eine eigene Karte zu entwickeln, was allerdings einigen Programmieraufwand bedeutet. Informationen dazu finden Sie unter *https://developers.home-assistant.io/docs/frontend/custom-ui/custom-card/*.

Wenn Sie Glück haben, verspürten bereits andere Nutzer vor Ihnen diesen Wunsch und haben eine eigens entwickelte Karte in die Community hochgeladen. Wie Sie solche *Custom Cards* einbinden, zeige ich Ihnen in Abschnitt 7.3.

Abbildung 7.23: Entitäten-Auswahlfenster

Karten platzieren

Home Assistant fügt neue Karten an das Ende der Liste der vorhandenen Karten an (siehe Abbildung 7.24).

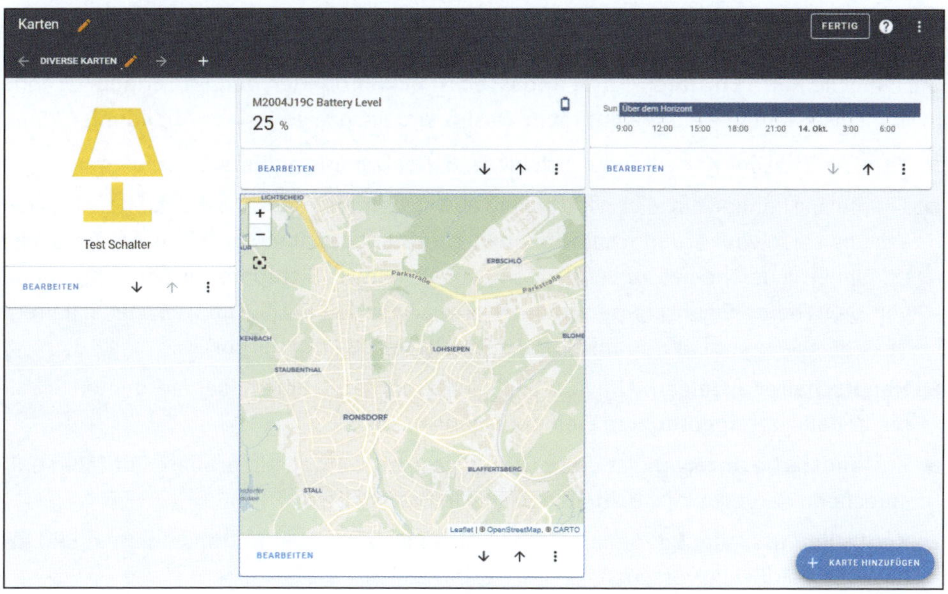

Abbildung 7.24: Die Liste der vorhandenen Karten

Mit den Pfeil-Icons in der Fußzeile verschieben Sie die Karte schrittweise um eine Stelle nach oben bzw. nach unten an die gewünschte Position.

Über das [⋮]-Icon können Sie die Karte

- in eine andere Ansicht verschieben,
- duplizieren oder
- löschen.

7.2 Karten für Ihr Dashboard

In diesem Abschnitt möchte ich Ihnen einige häufig verwendete Karten näherbringen.

Das Fenster für die Bearbeitung der Karteneigenschaften ist in zwei Spalten aufgeteilt. Die linke Spalte ist der Bereich, in dem Sie die Eigenschaften konkret festlegen, und die rechte Spalte zeigt eine Vorschau der Karte.

Bei den Karteneigenschaften folgt Home Assistant mit einem Register für die **Konfiguration** (dient kartenspezifisch der **Sichtbarkeit** – die Bedingung für die Anzeige im Dashboard) sowie optional für das **Layout** (Einstellungen zu Kartenhöhe und -breite) weitgehend einem einheitlichen Schema. Konfigurationseinstellungen sind kartenspezifisch; sie tauchen so oder ähnlich aber bei anderen Karten wieder auf.

In der Fußzeile finden sich Schaltflächen, um den YAML-Code-Editor aufzurufen, den Vorgang abzubrechen und das Ergebnis zu speichern. Das System belegt eine neu gewählte Karte mit mutmaßlichen Eigenschaften bzw. Inhalten vor.

7.2.1 Die Karte »Entität«

Die einfache Karte **Entitäten-Karte anpassen** ist ein Allrounder, denn sie erlaubt es, jede in Home Assistant hinterlegte Entität im Dashboard anzuzeigen (siehe Abbildung 7.25).

- **Titel**: Als Titel der Karte könnte sich hier z. B. *Backup-Info* anbieten.
- **Theme**: Sie können einzelnen Karten ein abweichendes Theme (siehe Kapitel 4) zuweisen und sie so vom Grunddesign abheben. (Gut sieht das aber nur selten aus. Besser ist es, einheitliche Themes zu verwenden.) Ob sich etwas Sichtbares ergibt, hängt dann von den Theme-Eigenschaften und der anzuzeigenden Entität ab (z. B. bei Schaltern `text-primary-color: purple` für die Schalterfarbe *An* in Purpur).
- **Hauptschalter anzeigen**: Aktiviert bei Schalterentitäten einen übergeordneten Schalter, der alle untergeordneten Elemente steuert.
- **Zustandsfarbe anzeigen**: Ist diese Option gesetzt, werden einfärbbare Entitäten entsprechend dargestellt (z. B. in Gelb bei *An*, in Grau bei *Aus*).
- **Kopfzeile/Fusszeile**: Bei Bedarf können Sie einen Graphen, Buttons oder ein Bild als Kopf- bzw. Fußzeile vorsehen.
- **Entitäten**: Löschen Sie die Vorgabe und suchen Sie die gewünschte Entität auf die bekannte Art und Weise, z. B. über die teilqualifizierte Suche. Die Reihenfolge lässt sich durch Drag and Drop des Matrix-Icons ändern. Über das Stiftsymbol lassen sich spezifische Darstellungseigenschaften der Entität anpassen:

- **Name** ist die Bezeichnung der Entität im Dashboard. Bei fehlender Angabe wird der Name der Entität angezeigt.
- **Symbol** ist ein *mdi*-Element (siehe Abschnitt 5.5).
- **Zusatzinformationen** wie *Letzte Änderung*. Dies ist nur interessant, wenn die Information nicht ohnehin angezeigt wird (z. B. bei *Backup Backup-Manager-Zustand*).

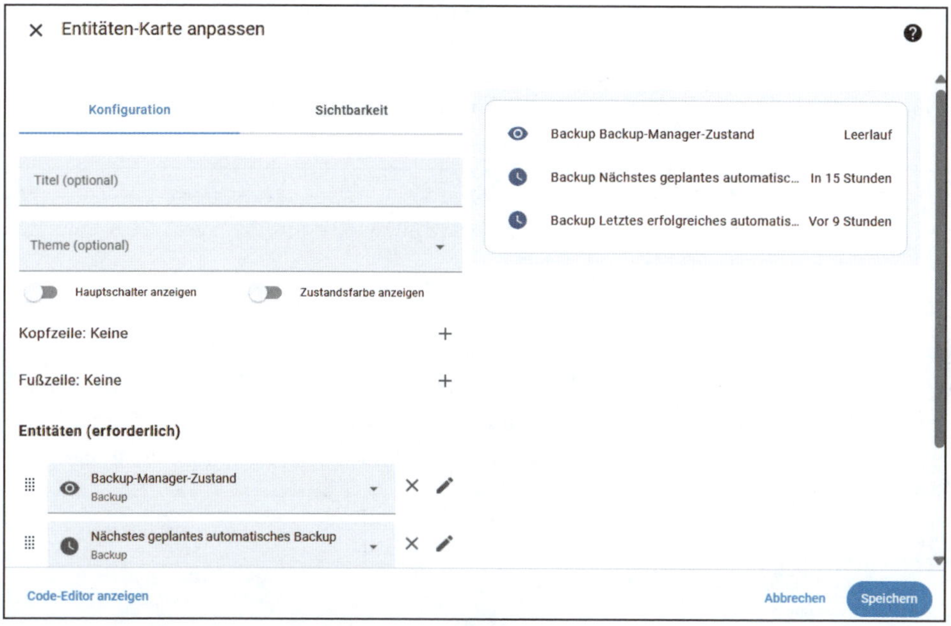

Abbildung 7.25: Die Dashboard-Karte für die Entität

Der Schalter **Code-Editor anzeigen** führt zum YAML-Editor, wo Sie die Karte direkt konfigurieren können. Das kann sich lohnen, denn einige Parameter zeigt das GUI nicht an.

Nutzen Sie die Karte, wenn Sie nur einfache Informationen auf Ihrem Dashboard anzeigen wollen oder wenn Sie keinen passenderen Kartentyp finden.

7.2.2 Die Karte »Verlaufsdiagramm«

Das **Verlaufsdiagramm** bringt eine Verlaufskurve einer oder mehrerer Entitäten auf das Dashboard (siehe auch **linke Seitenleiste • Verlauf** bzw. **linke Seitenleiste • Einstellungen • Geräte & Dienste • Entitäten • <Entitätsname> • Info**). Das können die Auswertungen von Temperaturmessungen oder anderer Sensoren sein, aber auch andere Statistiken lassen sich auf diesem Weg darstellen. Abbildung 7.26 zeigt als Beispiel den Verlauf der gesendeten Datenmenge eines Routers.

Ein Klick auf die Statusleiste deaktiviert die Verlaufsanzeige. Die Karteneigenschaften sind überschaubar, wie Abbildung 7.27 zeigt.

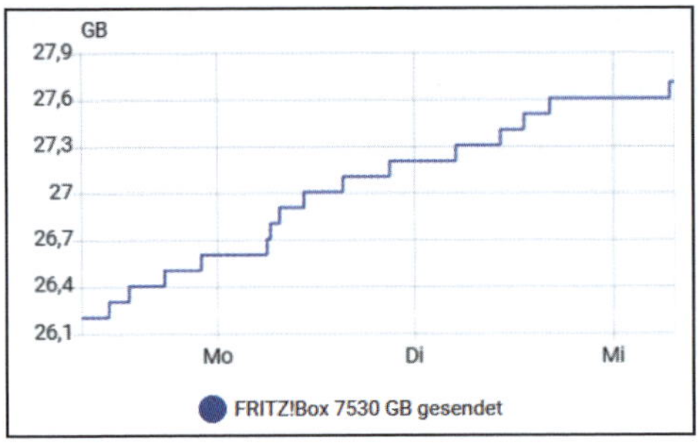

Abbildung 7.26: Ein Verlaufsdiagramm im Dashboard

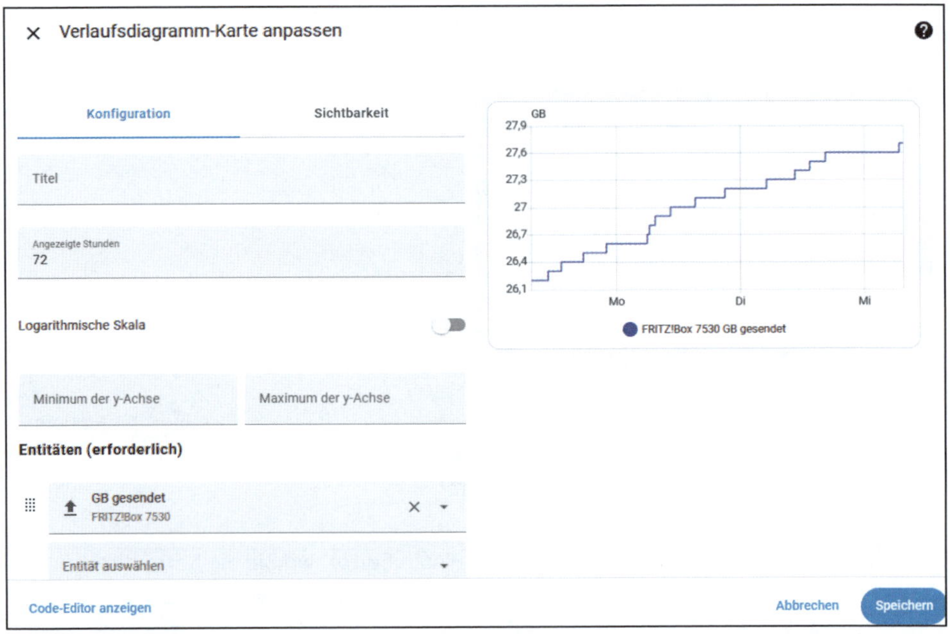

Abbildung 7.27: Die Dashboard-Karte »Verlaufsdiagramm«

Angezeigte Stunden: Hier legen Sie fest, wie viel Zeit das Diagramm darstellen soll. Minimum ist eine Stunde. Große Werte können zu verzögertem Erstellen des Graphen führen, insbesondere wenn die ausgewählten Objekte viele Zustandsänderungen aufweisen.

Wechseln Sie in den YAML-Editor, um Parameter wie z. B. das *Aktualisierungsintervall* zu ändern. Dies gibt an, wie oft die Darstellung aktualisiert werden soll. Voreingestellt sind 0 Sekunden, also laufende Updates. Das bedeutet natürlich, dass Home Assistant ständig nach neuen Daten sucht und (ein wenig) die CPU auslastet. Wenn neue Daten sowieso nur im Minuten- oder gar Stundentakt bereitstehen, bietet es sich an, diesen Wert ebenfalls entsprechend zu erhöhen.

```
type: history-graph
entities:
  - sensor.fritz_box_7530_gb_gesendet
```

```
hours_to_show: 72
refresh_interval: 60          # Aktualisiert alle 60 Sekunden
```

Verwenden Sie die Karte **Statistikdiagramm**, wenn Sie eine andere Darstellungsform wünschen (siehe Abbildung 7.28).

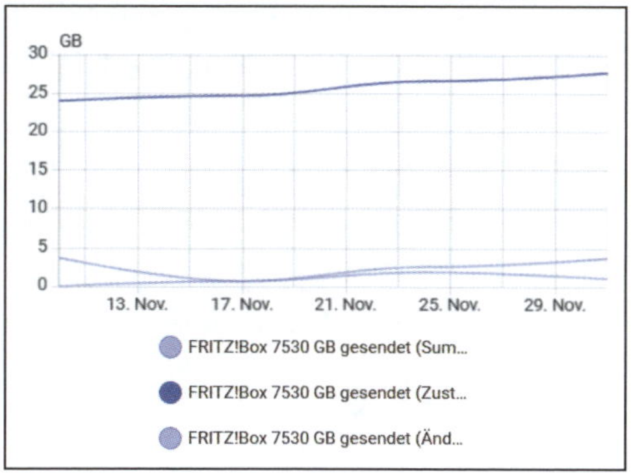

Abbildung 7.28: Ein Statistikdiagramm im Dashboard

7.2.3 Die Karte »Bilder«

Für Bilder kennt Home Assistant mehrere Karten mit zum Teil speziellen Aufgaben. Am wichtigsten ist die einfache **Bilder**-Karte, deren Eigenschaften (Ausschnitt) Sie in Abbildung 7.29 sehen.

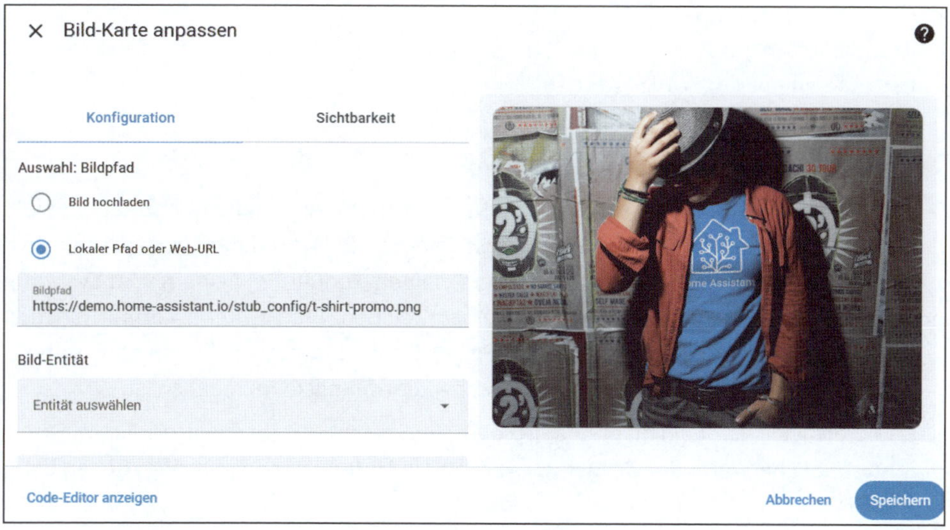

Abbildung 7.29: Die Dashboard-Karte »Bilder«

Bildpfad kennzeichnet den Speicherort des Bildes. **Bild hochladen** startet den Dialog zum Upload einer Bilddatei in das System (siehe unten). Hier ist es ein Server, der über das Netz zu erreichen ist.

Bild-Entität ist eine Entität, die im System als solche hinterlegt ist (z. B. der QR-Code des FRITZ!Box-Gastzugangs). Bei Angabe wird das Dargestellte aus dem Bildpfad überschrieben.

Interaktionen (Abschnitt nicht im Bild) ermöglicht es, bestimmte Aktionen aufzurufen, wenn auf das Bild getippt oder geklickt wird.

- **Standard / Detailansicht** wechselt in die Detailansicht einer angegebenen Bildentität.
- **Umschalten** schaltet zwischen mehreren Bildentitäten um. Die Codierung erfolgt im YAML-Modus.
- **Navigieren** ruft die entsprechende Seite auf (z. B. */lovelace/default_view*).
- **URL** öffnet die angegebene URL in einer neuen Registerkarte (z. B. *https://www.berlin.de*).
- **Aktion aufrufen** führt einen Dienst aus. In der Drop-down-Liste finden Sie die Optionen.
- **Assist** ruft den Sprachassistenten auf.
- **Nichts**

Im YAML-Modus haben Sie präzisere Möglichkeiten, das Verhalten zu bestimmen:

- **Klick-Aktion**: Aktionen bei Bild-Klick
- **Halte-Aktion**: Aktionen bei längerem Bild-Klick
- **Doppeltipp-Aktion**: Aktionen bei Bild-Doppelklick

```
type: picture
image: /local/home.jpg
double_tap_action:
  action: navigate
  navigation_path: /lovelace/home
```

[»]

Eigene Bilder in Ihr System hochladen

Der Upload-Assistent bietet die einfachste Methode, eigene Bilder hochzuladen, Sie finden die Bilder im Ordner */homeassistant/images/*. Die Krux daran ist, dass dort die Bilder nicht unter ihrem Originalnamen erscheinen, sondern mit einem vom System willkürlich vergebenen Namen aus diversen Zeichen. Erschwerend kommt hinzu, dass Home Assistant bei Bedarf die Größe des Bildes anpasst; Sie finden dann unter Umständen zwei Dateien, deren thematische Zuordnung kaum möglich ist.

Erfolgreicher scheint ein manueller Upload. Der Speicherort für eigene Bilder im System ist üblicherweise der Ordner *www*; er ist ein Unterordner von *config*. Gehen Sie wie folgt vor:

1. Öffnen Sie den *File Editor* (siehe Kapitel 8).
2. Suchen Sie über das Icon **Browse File System** nach dem Ordner *www*.
3. Legen Sie gegebenenfalls mit **New Folder** den Ordner neu an und führen Sie anschließend einen Neustart durch.

4. Navigieren Sie in den Unterordner *www* und starten Sie **Upload File**.
5. Suchen Sie mit **FILE** über den Datei-Explorer nach der gewünschten Datei.
6. Klicken Sie auf **Öffnen** und auf **OK**.

Home Assistant quittiert den Vorgang mit **Upload successful**. Der Bildpfad lautet dann *local/<Bildname>*, also z. B. *local/das_bild.jpg*.

7.2.4 Die Karten »Querstapel« und »Stapel«

Die Karten **Querstapel** und **Stapel** (vertikal) fassen mehrere Karten zu einer übergeordneten Karte zusammen und helfen so, das Dashboard besser zu organisieren. Abbildung 7.30 zeigt ein Beispiel für einen Querstapel.

Abbildung 7.30: Die Dashboard-Karte »Querstapel«

Dem Kartenstapel fügen Sie weitere Karten mit + hinzu. Der hinzugefügten Karte weisen Sie die spezifischen Eigenschaften in gewohnter Weise zu. Einzelne Karten löschen Sie mit dem -Icon.

Die Karte **Vertikaler Stapel** verhält sich analog.

7.2.5 Die Karte »Leuchte«

Die Karte **Leuchte** greift die Steuerung von Lampen und dergleichen auf (siehe Abbildung 7.31).

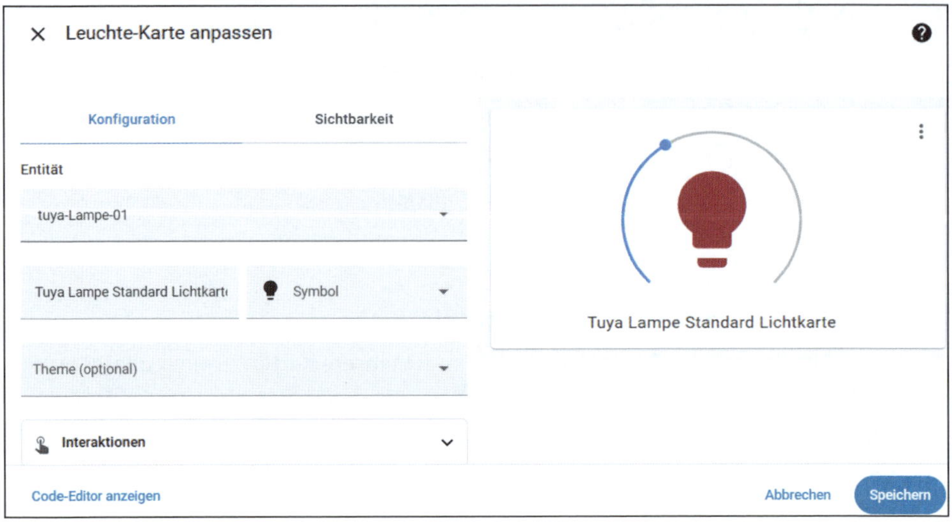

Abbildung 7.31: Eine »Leuchte«-Karte konfigurieren

Die Belegung der Eigenschaften **Entität**, **Name**, **Symbol** und **Theme** sowie **Interaktionen** erfolgt im bereits bekannten Rahmen.

Interessant ist jedoch, dass die Karte neben dem An- und Ausschalten zwei weitere Funktionalitäten aufweist:

- Die Lichtstärke stellen Sie bei dimmbaren Leuchtmitteln ein, indem Sie den Punkt um das Glühbirnensymbol herumziehen.
- Die Farbe und die Temperatur des Lichts wählen Sie bei RGB-Leuchtmitteln mithilfe des ⋮-Icons. Sie sehen dann das Fenster aus Abbildung 7.32.

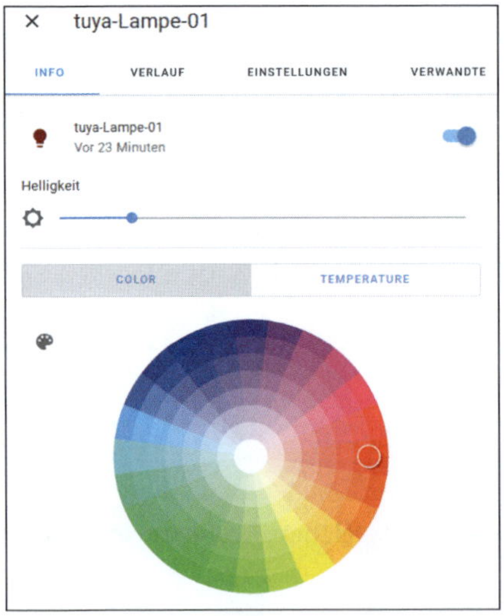

Abbildung 7.32: Lichtfarbe und -temperatur auswählen

7.2.6 Die Karte »Bildelement«

Die **Bildelemente**-Karte ist eine der vielseitigsten Kartenarten. Sie ermöglicht Ihnen, Symbole oder Text und sogar Dienste anhand von Koordinaten auf einem Bild zu positionieren. Sie ist ideal geeignet für Grundrisse und darin eingezeichnete Geräte. Abbildung 7.33 beruht auf dem Beispielgrundriss aus Kapitel 1.

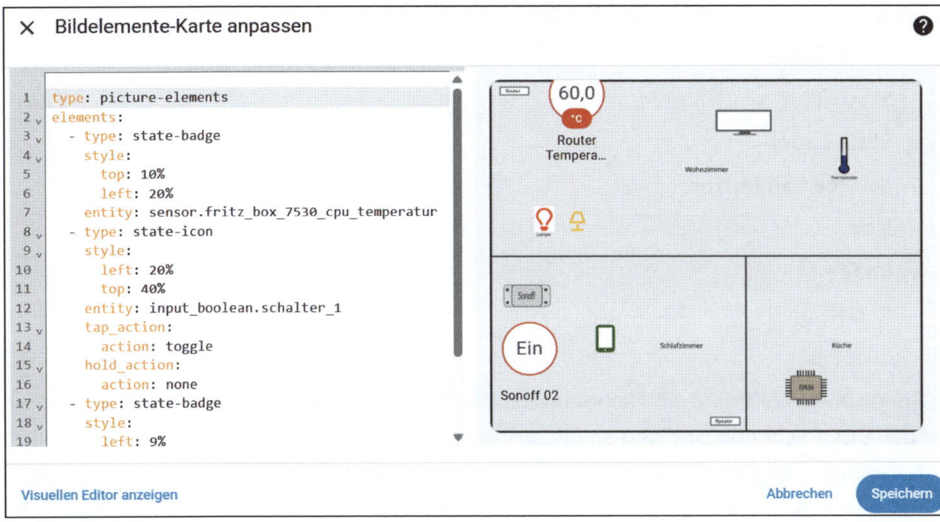

Abbildung 7.33: Die Dashboard-Karte »Bildelemente«

Die **Bildelemente**-Karte ist damit ideal, um mithilfe z. B. eines an der Wand hängenden Tablets schnell und übersichtlich Informationen zu einzelnen Räumen eines Geschosses zu erhalten und direkt Aktionen auszulösen.

Eine solche Darstellung ist sehr übersichtlich und komfortabel in der Bedienung, erfordert jedoch bei der Einrichtung etwas Arbeit. Gehen Sie hier schrittweise vor:

1. **Grundriss erstellen**

   Erstellen Sie einen Grundriss mit einem Bildbearbeitungsprogramm Ihrer Wahl (GIMP, Paint, Inkscape, Paint 3D). Speichern Sie das Bild z. B. als *.png*-Datei ab.

2. **Grundriss in Home Assistant überführen**

   Überführen Sie das Bild in den Ordner *www* (Unterordner von *config*, wie bei der **Bilder**-Karte beschrieben).

3. **Karte hinzufügen**

   Mit **Karte hinzufügen • Picture Elements** haben Sie einen Beispielgrundriss mit einem Beispielgerät. Nutzen Sie dieses Ausgangsmaterial, um komfortabel Ihre Wohnung abzubilden. Das Editieren der Karte erfolgt im YAML-Editor.

4. **Den image-Eintrag ändern**

   Ändern Sie den `image`-Eintrag im YAML-Code, z. B. zu `image: local/grundriss.png`. In der Vorschau sehen Sie jetzt das neue Bild, nämlich Ihren Grundriss.

5. **Geräte (Entitäten) aufnehmen und parametrisieren**

   Platzieren Sie nun Ihre Elemente. Home Assistant kennt eine Reihe unterschiedlicher Elementtypen, mit denen Sie sehr professionelle Darstellungen umsetzen können. Eine ausführliche Übersicht finden Sie unter *https://www.home-assistant.io/dashboards/picture-elements/*.

   Ihnen stehen dabei folgende Elemente zur Verfügung:

   - **State Badge**
   - **State Icon**
   - **State Label**
   - **Service Call Button**
   - **Icon**
   - **Image**
   - **Conditional**
   - **Custom**

   Einige diese Elemente sind sehr einfach und selbsterklärend – ein Icon oder ein Image fügt entsprechende Grafiken an die ausgewählte Stelle ein. Andere Optionen, wie zum Beispiel der **Service Call Button**, mit dem Sie auf Knopfdruck bestimmte Aktionen auslösen können, sind deutlich komplexer.

   - `entity` ist die anzuzeigende Entität. Kopieren Sie einfach den Namen aus einer Suche in **Entwicklerwerkzeuge • Zustände** oder **Einstellungen • Geräte & Dienste • Entitäten**.
   - `style` positioniert und beeinflusst das Erscheinungsbild des Elements mit CSS. Es kann durchaus etwas fummelig sein, das Element richtig auf dem Grundriss zu platzieren. Ein wenig Ausprobieren führt aber meistens zum Ziel.
   - `tap_action` wirkt sich auf das Verhalten bei einem Klick aus. Der FRITZ!Box-WAN-Status soll hier unveränderbar sein. Deshalb ist die `action: none`. Anders ist das bei dem Sonoff-Schalter. Hier führt ein Klick zum Umschalten des Schalters.

Dem Beispiel liegt nachstehender Code zugrunde:

```
type: picture-elements
elements:
  - type: state-badge
    style:
      top: 10%
      left: 20%
    entity: sensor.fritz_box_7530_cpu_temperatur
  - type: state-icon
    style:
      left: 20%
```

```
      top: 40%
    entity: input_boolean.schalter_1
    tap_action:
      action: toggle
    hold_action:
      action: none
  - type: state-badge
    style:
      left: 9%
      top: 80%
    entity: switch.sonoff_02
image: /local/Grundriss.png
```

Auch hier lohnt es sich, in der Dokumentation zu stöbern. Sehr wahrscheinlich ergeben sich Anregungen für die passgenaue Lösung Ihres Problems.

7.3 Custom Cards einsetzen

Die von Home Assistant selbst angebotenen Karten decken schon einen weiten Anwendungsbereich ab. Dennoch ist es vielleicht zuweilen so, dass sich die eine oder andere Vorstellung nicht realisieren lässt. Unter Umständen hält dann der *Home Assistant Community Store* (HACS, siehe Kapitel 9) etwas Passendes bereit. Die Karten aus dem HACS tragen die Bezeichnung *Custom Cards*. Sie finden nähere Informationen unter *https://developers.home-assistant.io/docs/frontend/custom-ui/registering-resources/*. Denken Sie daran, in den persönlichen Einstellungen **Erweiterter Modus** zu wählen (siehe Kapitel 4). Allerdings lassen sich Custom Cards in aller Regel nicht mithilfe der grafischen Benutzeroberfläche einrichten. Sie kommen also an dieser Stelle nicht um YAML herum.

Die Konfiguration der Karten ist aber nicht schwierig, auch wenn Sie sich mit ein wenig Code auseinandersetzen müssen. Glauben Sie mir: Die Codierung in YAML ist wirklich keine Hexerei.

Als Einstieg können Sie sich die **Entität**-Karte in Abbildung 7.34 und die dazugehörigen drei Zeilen Code anschauen.

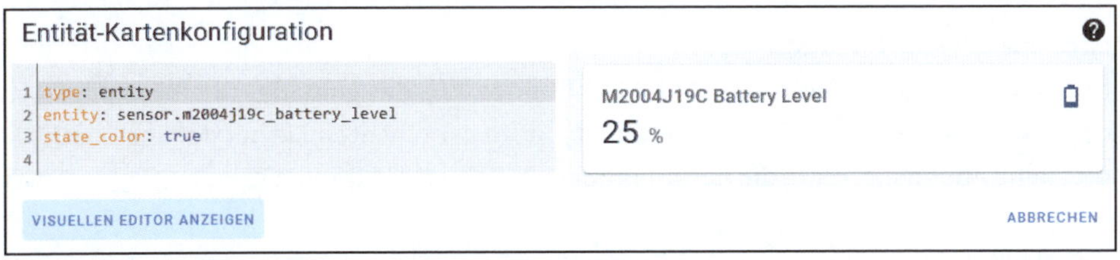

Abbildung 7.34: Die Dashboard-Karte »Entität« im YAML-Editor

Hier sind gerade einmal drei Einträge vorhanden, die die nötigen Informationen festlegen. Noch komfortabler ist es, dass Home Assistant mit der automatischen Vervollständigung im YAML-Mode eine wunderbare Funktionalität bietet, mit der Sie mühelos neue Objekte ergänzen können. Fangen Sie einfach an zu tippen – dann öffnet sich ein neues Fenster mit sinnvollen Vorschlägen dazu, welche Informationen an dieser Stelle ausgelesen und angezeigt werden können (siehe Abbildung 7.35).

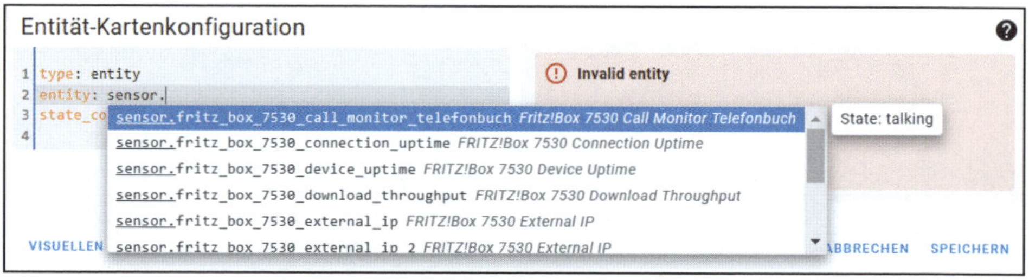

Abbildung 7.35: Autovervollständigung im YAML-Editor

Den YAML-Editor verwenden

Verwenden Sie bevorzugt den YAML-Editor, wenn Sie komplexere Dashboards designen. Auf diese Weise haben Sie den maßgeblichen Code im Detail vor Augen.

7.3.1 card-mod

Die Erweiterung `card-mod` ermöglicht Ihnen, CSS-Stile auf verschiedene Elemente des Home-Assistant-Frontends anzuwenden. Das bedeutet, dass Sie die Farbe, die Größe, die Schriftart und viele Kartenattribute mehr anpassen können.

card-mod und Themes

Viele individuelle Themes nutzen `card-mod` ausgiebig, um anspruchsvolle Dashboards zu designen. Um diese Themes anzuwenden, müssen Sie `card-mod` ebenfalls installieren.

card-mod herunterladen

Laden Sie das Paket `card-mod` aus HACS herunter. Wie das geht, beschreibt Kapitel 9, in dem es um den Home Assistant Community Store geht. Achten Sie auf den Installationsort (siehe Abbildung 7.36); die Kenntnis kann im Fehlerfall hilfreich sein.

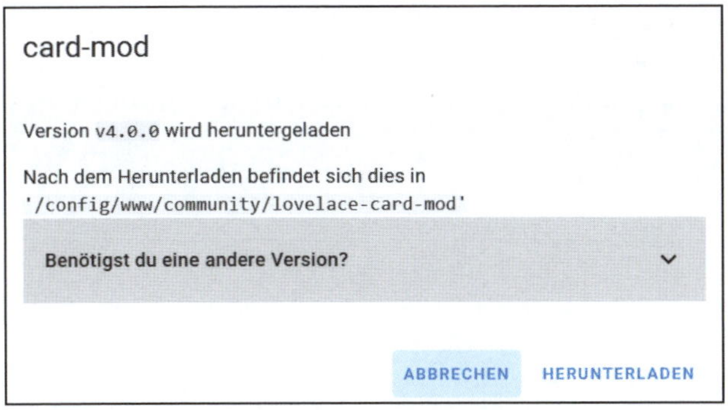

Abbildung 7.36: Installationsort von card-mod

7.3.2 Konfigurationsdatei ergänzen

Ergänzen Sie die Konfigurationsdatei *configuration.yaml* um folgende drei Zeilen:

```
frontend:
  extra_module_url:
    - /local/card-mod.js
```

Starten Sie dann Home Assistant neu.

7.3.3 Karteneigenschaften ändern

Gehen Sie bei der betreffenden Karte in den YAML-Editor (siehe Abbildung 7.34) und fügen Sie beispielsweise den nachstehenden Code ein:

```
card_mod:
  style: |
    ha-card {
      color: blue;
    }
```

Die Vorschau zeigt sofort die geänderte Darstellung an (siehe Abbildung 7.37).

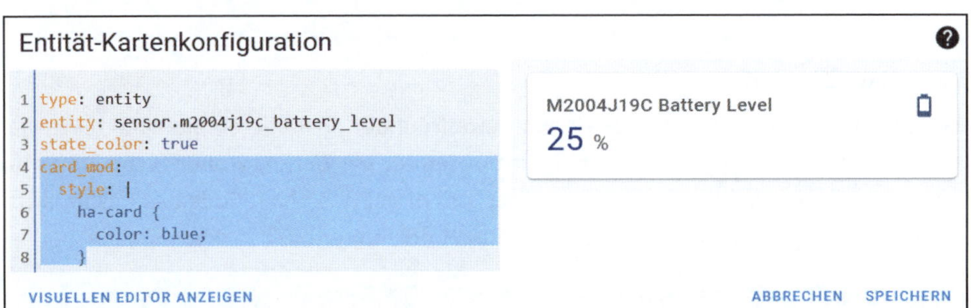

Abbildung 7.37: Der YAML-Editor mit »card-mod«-Ergänzung

Jetzt können Sie auch solche Funktionalitäten realisieren wie z. B. eine in Abhängigkeit vom Wert wechselnde Farbe bzw. ein Icon, das dann seine Farbe wechselt, oder eine andere Hintergrundfarbe oder abgerundete Kartenecken. Listing 7.1 und Abbildung 7.38 zeigen das Ergebnis:

```
card_mod:
  style: |
    ha-card {
      --ha-card-background: lightgrey;
      --ha-card-border-radius: 14px;
      {% if states('sensor.m2004j19c_battery_level')|int >= 30%}
        color: green !important;
      {% elif states('sensor.m2004j19c_battery_level')|int >= 20%}
        color: orange !important;
      {% else %}
        color: red !important;
      {% endif %}
    }
    :host {
      {% if states('sensor.m2004j19c_battery_level')|int >= 30%}
        --card-mod-icon: mdi:battery;
      {% elif states('sensor.m2004j19c_battery_level')|int >= 20%}
        --card-mod-icon: mdi:battery-30;
      {% else %}
        --card-mod-icon: mdi:battery-10;
      {% endif %}
    }
```

Listing 7.1: Anpassungen mit »card_mod«

Abbildung 7.38: Der YAML-Editor mit »card-mod« für weitere Modifizierungen

7.3.4 button-card

Die Erweiterung `button-card` ist ein wahrer Allrounder. Installieren Sie auch diese via HACS. Öffnen Sie dann den Raw-Konfigurationseditor mit **Benutzeroberfläche konfigurieren • ⋮-Icon • Raw-Konfigurationseditor**, um direkt den YAML-Code des Dashboards zu editieren. Fügen Sie für einen Test folgenden Code hinter `cards:` ein:

```
      - type: custom:button-card
        entity: input_boolean.test_schalter
        tap_action:
```

```
    action: toggle
  state:
    - value: 'off'
      color: red
    - value: 'on'
      color: green
  icon: mdi:button-cursor
  name: Helfer Test Schalter
```

Abbildung 7.39 zeigt das Ergebnis im fertigen Dashboard. Bei jedem Klick ändern sich der Schalterstatus und dementsprechend die Farbe.

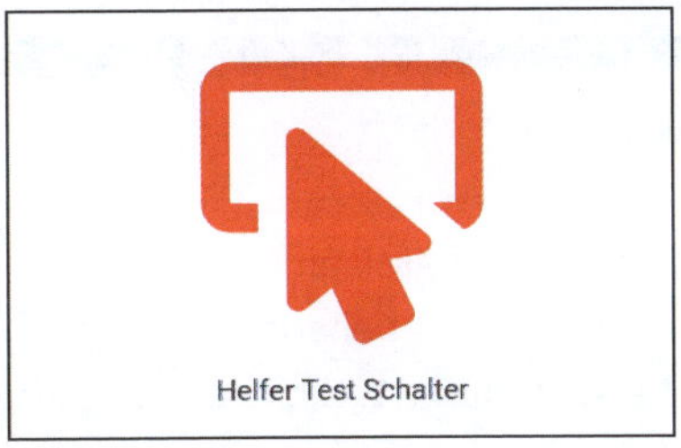

Abbildung 7.39: Die »custom:button-card« im YAML-Editor

Die `button-card` hat eine derartige Fülle von einstellbaren Eigenschaften, dass eine umfassende Erörterung schon fast ein Buch für sich füllen könnte. Stöbern Sie in der Dokumentation unter *https://www.home-assistant.io/dashboards/button*, um das für Ihre Zwecke Passende zu finden.

7.4 Die Home-Assistant-App

Das Dashboard lässt sich auf Mobilgeräten wie gewohnt im Browser anzeigen. Alternativ hierzu steht die Home-Assistant-App (*Home Assistant Companion*) zur Verfügung. Sie geht auf die Besonderheiten von Tablet, Smartphone und Smartwatch ein und bietet daher ein paar Vorteile für die mobile Bedienung. Die App ist für Android- und iOS-Geräte verfügbar.

Die Basis der folgenden Beispiele ist die Android-App; bei iOS gelten unter Umständen Besonderheiten. Nähere Informationen dazu finden Sie in der App-Dokumentation unter *https://companion.home-assistant.io*.

Installieren Sie die App wie gewohnt aus dem entsprechenden App-Store. Es ist vorteilhaft, wenn Sie zu diesem Zeitpunkt bereits eine aktive Home-Assistant-Instanz haben, weil der Installationsprozess automatisch nach einer Instanz sucht und dann auch probiert, eine Verbindung aufzubauen (siehe Abbildung 7.40).

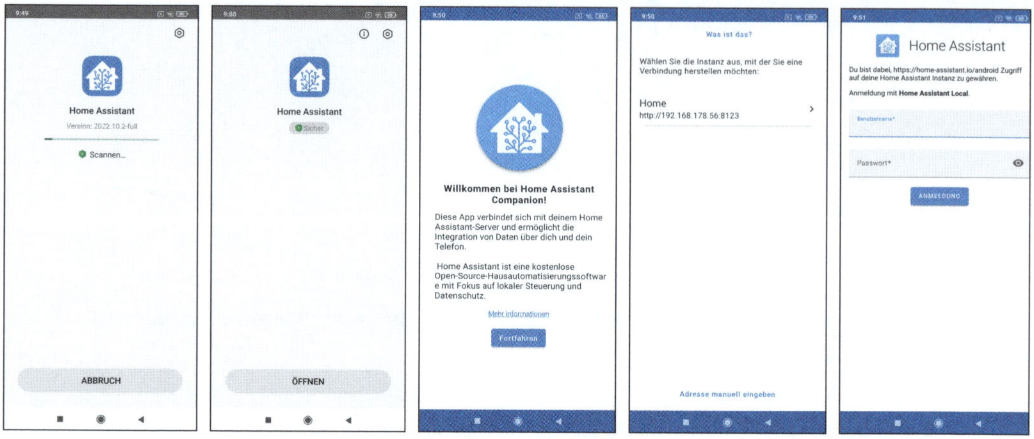

Abbildung 7.40: App-Installation und ein erstes Log-in über die App

Wählen Sie die gefundene Instanz und melden Sie sich an. Home Assistant erkennt auch automatisch einen bereits vorhandenen Gerätenamen. Sie stehen aber vor der Frage, ob Sie die Standorterkennung aktivieren möchten (siehe Abbildung 7.41). Die Standorterkennung ist eine feine Sache, wenn man Automatisierungen auf dieser Basis laufen lassen will; sie hat aber auch einige Nachteile, z. B. einen höheren Stromverbrauch und natürlich die Datenschutzprobleme, denn schließlich muss so zwangsläufig ständig Ihr Standort ausgelesen werden. Verwenden Sie diese Option nur, wenn Sie sie wirklich benötigen.

Nehmen Sie Ihre Einstellungen vor und schließen Sie sie mit **Fertig** ab. Sie gelangen nun auf den gewohnten Home-Screen.

Unter **Geräte & Dienste** finden Sie für Ihr Mobilgerät eine neue Integration namens *Mobile App*.

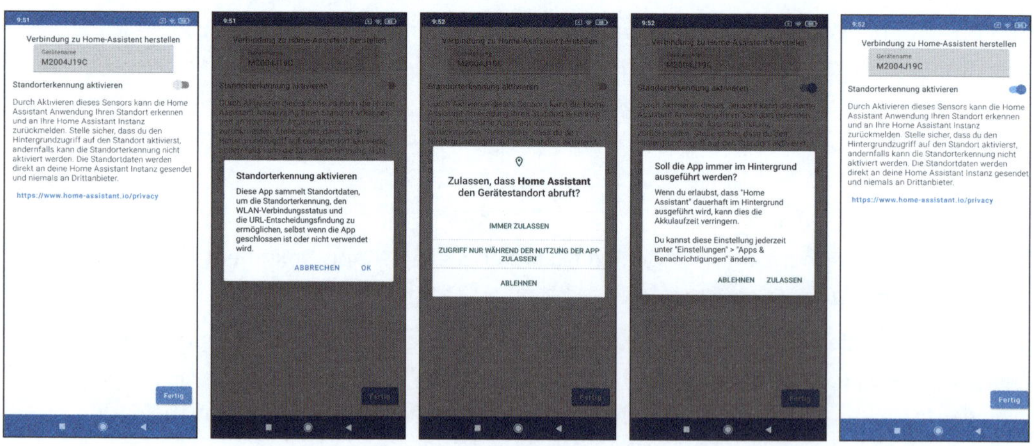

Abbildung 7.41: Standorterkennung aktivieren

Mit der App sind vielfältige Einstellungsoptionen verbunden. Sie gelangen zu den Einstellungen in der App über **App-Konfiguration** (wenn Sie als Benutzer ohne Administratorrechte eingeloggt sind) bzw. über **Einstellungen • Companion App** (als Administrator). Die Einstellungen gliedern sich in mehrere Abschnitte, die ich nachstehend in Teilen aufgreifen möchte:

- Unter **Server & Geräte** befindet sich der Gerätename, mit dem das Mobilgerät über die Integration *Mobile App* in Home Assistant registriert ist. Sie können den Gerätenamen ändern. Home Assistant zieht diese Änderungen aber nicht vollständig im System nach.
- Lohnenswert ist ein Blick auf den Bereich **Sensoren**. Es ist schon ziemlich erschreckend, welche Fülle an Sensordaten von Ihrem Mobilgerät gesammelt werden und welche Funktionalitäten verfügbar sind. Dankenswerterweise lassen sie sich jedoch einzeln deaktivieren.
- **Sensoren verwalten** führt zu einer nach funktionalen Gesichtspunkten gegliederten Liste der App-Sensoren. Der Umfang der Liste ist geräteabhängig:
  - Der Bereich **Batteriesensoren** (engl. **Battery Sensors**) umfasst Sensoren wie **Akkuladung** (in %), **Status** (z. B. ladend) und vieles mehr.
  - Unter **Netzwerksensoren** (engl. **Network Sensors**) finden Sie eine Vielzahl von Sensoren, die im Zusammenhang mit einem Wi-Fi-Netzwerk stehen. Unter **WLAN-Verbindung** wird beispielsweise der Name des Netzwerks angegeben, mit dem das Gerät derzeit verbunden ist (`wifi_connection`).
  - Der Zustand der unter **Standortsensoren** (engl. **Location Sensors**) zusammengefassten Sensoren hat Auswirkungen auf die Anwesenheitserkennung. Möchten Sie die Funktion nutzen und haben Sie die notwendigen Sensoren nicht bereits bei der Installation der App aktiviert, können Sie dies hier nachholen. Folgende Sensoren müssen mindestens aktiviert sein:
- **Geolokalisierungssensoren**: Diese beziehen sich auf die Art (z. B. immer aktiv), die Genauigkeit und die Häufigkeit der mit GPS ermittelten Adresse. Das kann dann aber einen erhöhten Batterieverbrauch zur Folge haben. Der Sensor ist standardmäßig deaktiviert.
- **Standortsensoren**: Dies ist der Ansatzpunkt, um die Anwesenheitserkennung über die App genau auf die eigenen Bedürfnisse zuzuschneiden (z. B. hohe Standortgenauigkeit, Zone des Standorts, einzelner genauer Standort).

7.5 NFC mit der Home-Assistant-App

NFC (*Near Field Communication*) ist heutzutage weit verbreitet und kaum mehr wegzudenken. Es ist eine Technologie zur berührungsfreien und sichtkontaktfreien Datenübertragung. Sie beruht auf RFID (*Radio Frequency Identification*), die sich hierfür der elektromagnetischen Induktion mittels loser gekoppelter Spulen über kurze Strecken von wenigen Zentimetern bedient.

Ein RFID-System besteht aus einem *Transponder* (auch *RFID-Tag*) und einem Reader. Das zentrale Element ist der Transponder, der aus einem Computerchip und einer Antenne besteht. Gebräuchlich sind Transponder in Scheckkarten (z. B. zur Zugangs- und Zugriffskontrolle), NFC-Tags in Schlüsselanhängern, als kleine Implantate zur Identifizierung von Tieren oder im Warenmanagement (z. B. als Diebstahlsicherung und zur Bestandserfassung, siehe Abbildung 7.42).

Abbildung 7.42: NFC-Tags

Transponder sind vergleichsweise preiswert. Sie brauchen keine Batterie und sind Witterungseinflüssen gegenüber recht unempfindlich. In einem Smart Home sind sie daher häufig als Ersatz für einen Schalter im Außenbereich oder an Stellen im Einsatz, die auf preiswerte und einfache Weise mit Schaltfunktionen ausgestattet werden sollen.

Die Funktion des NFC-Readers übernimmt dann ein Smartphone.

7.5.1 Ein NFC-Tag anlernen

Das Anlernen eines NFC-Tags in Home Assistant ist über die App ein Kinderspiel.

App-NFC-Einstellungen öffnen

Öffnen Sie in der Home-Assistant-App das Hauptmenü und navigieren Sie über **Einstellungen • Companion App** weiter in den Abschnitt **Andere Einstellungen • NFC Tags** (siehe Abbildung 7.43).

Abbildung 7.43: Das Fenster »App-Konfiguration • NFC Tags«

Das NFC-Tag schreiben

Führen Sie einen Lese- bzw. Schreibversuch mit **NFC-Tag schreiben** durch. Stellen Sie aber sicher, dass NFC an Ihrem Mobilgerät aktiviert ist! Abbildung 7.44 zeigt ein Beispiel für die Meldung, die dann eingeblendet wird.

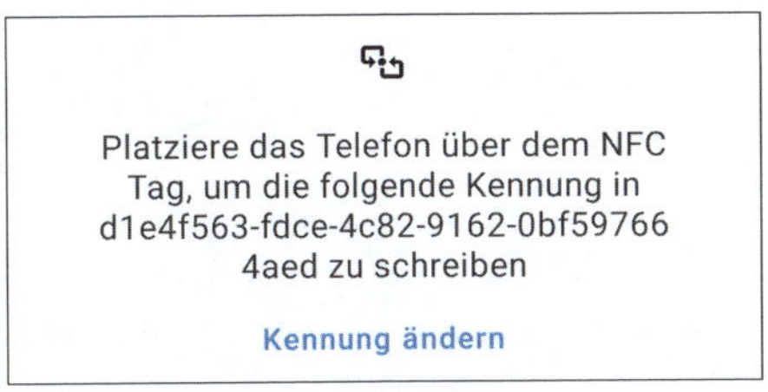

Abbildung 7.44: Das NFC-Tag lesen

Die vom Gerät festgelegte Kennung ist jedoch wenig anwenderfreundlich.

Die Tag-Kennung ändern

Ändern Sie die Kennung, denn sie ist später auch die interne Home-Assistant-Referenz (siehe Abbildung 7.45).

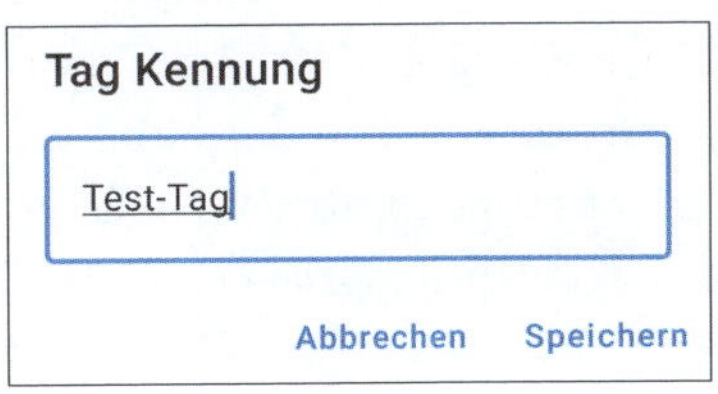

Abbildung 7.45: NFC-Tag-Kennung ändern

Schließen Sie die Änderung mit **Speichern** ab. Das NFC-Tag ist jetzt eingerichtet, und die App zeigt nun die neue Kennung an (siehe Abbildung 7.46).

Das NFC-Tag in die Home-Assistant-Anwendung übernehmen

Sobald das NFC-Tag eingerichtet ist, können Sie über die App auch weitere Informationen ausgeben lassen, Duplikate erstellen und Aktionen auslösen (siehe Abbildung 7.46). Halten Sie hierzu Ihr Lesegerät erneut über das NFC-Tag. **Aktion auslösen** richtet das NFC-Tag final in Ihrer Home-Assistant-Anwendung ein.

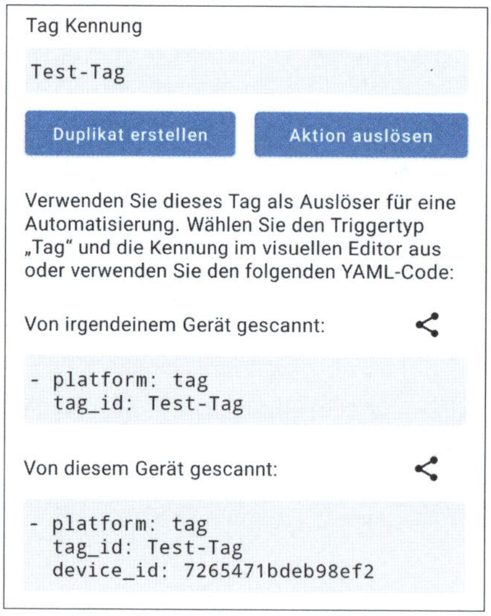

Abbildung 7.46: Die App gibt Informationen zum NFC-Tag aus.

7.5.2 NFC-Tags in Home Assistant

Sie können nun das NFC-Tag mit Home Assistant verwalten und es als Sensor nutzen. Navigieren Sie mit **Einstellungen • NFC Tags** in den entsprechenden Bereich (siehe Abbildung 7.47).

Abbildung 7.47: Einstellungen zu NFC-Tags

Über zwei Icons geht es weiter: Das ⚙-Icon führt zu den Tag-Einstellungen (siehe Abbildung 7.48), das 🤖-Icon ruft das Fenster für eine neue Automatisierung auf. Der Auslöser ist dabei bereits gesetzt (siehe Abbildung 7.49).

Abbildung 7.48: Die NFC-Tag-Einstellungen

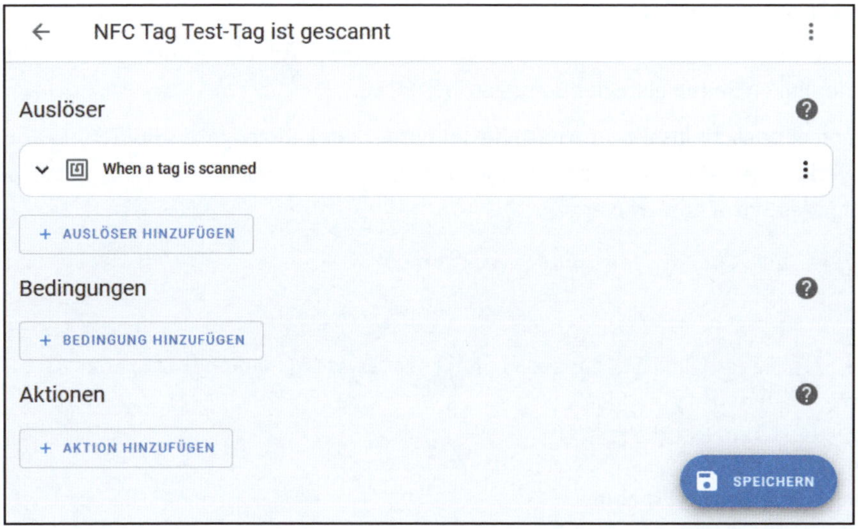

Abbildung 7.49: Das Fenster für eine neue Automatisierung via NFC-Tag

Fügen Sie noch eine Aktion hinzu. Listing 7.2 zeigt beispielhaft die Automatisierung mit dem Umschalten eines Sonoff-Schalters als Aktion in YAML.

```
alias: NFC Tag Test-Tag ist gescannt
description: ""
trigger:
  - platform: tag
    tag_id: Test-Tag
```

```
condition: []
action:
  - service: switch.toggle
    data: {}
    target:
      entity_id: switch.sonoff_02
mode: single
```

Listing 7.2: NFC-Automatisierung

7.6 Benachrichtigungen

Aus den unterschiedlichsten Gründen kann das Dashboard oder die App nicht immer Ihre ungeteilte Aufmerksamkeit haben. Benachrichtigungen (engl. *Notifications*) helfen, Sie sofort über wichtige Ereignisse zu informieren. Home Assistant kennt für den internen Nachrichtenverkehr fünf unterschiedliche Ansätze, die wir uns im Folgenden ansehen.

7.6.1 Persistent Notification

Persistent Notifications (*persistent* im Sinne von »anhaltend, ständig«) führen zu einer Anzeige in der linken Seitenleiste der Benutzeroberfläche.

Der folgende Codeschnipsel wurde mithilfe der Entwicklerwerkzeuge aus dem Menü **Entwicklerwerkzeuge • Aktionen** erstellt (siehe Abschnitt 13.2.3). Er kann so in jede Automation oder jedes Skript kopiert werden.

```
service: notify.persistent_notification
data:
  message:
    Die Luftfeuchtigkeit aussen ist {{state_attr("weather.forecast_
    home", "humidity") }} %.
  title: Luftfeuchtigkeit
```

Abbildung 7.50 zeigt das Ergebnis.

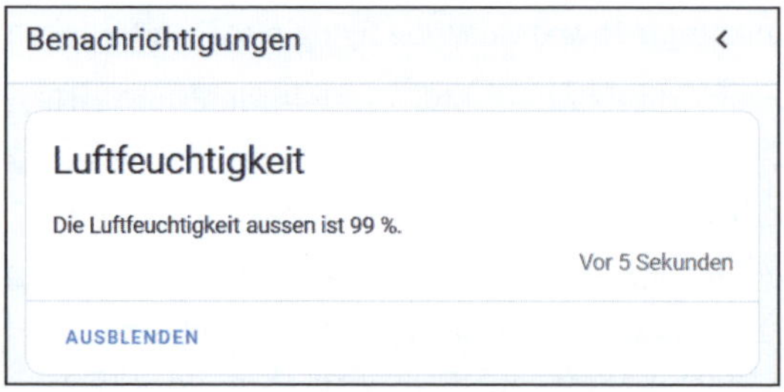

Abbildung 7.50: Persistent Notification

7.6.2 Nachrichten an die App senden: Push-Nachricht

Nachrichten lassen sich auch zielgenau und personenbezogen an Mobilgeräte senden. Voraussetzung ist die installierte Home-Assistant-App. Allerdings unterscheiden sich Android und iOS-Geräte ein wenig. Dem Beispiel liegt ein Android-Gerät zugrunde.

Einfache Push-Nachricht

Die folgenden vier Zeilen bilden den Codeschnipsel für eine einfache Nachricht:

```
action: notify.mobile_app_m2004j19c          # Ihre App-Entität
data:
  title: Warnung
  message: Die Garagentüre ist offen!
```

Ein Test mit den Entwicklerwerkzeugen lässt unmittelbar darauf die Meldung auf dem Bildschirm des Mobilgeräts erscheinen (siehe Abbildung 7.51).

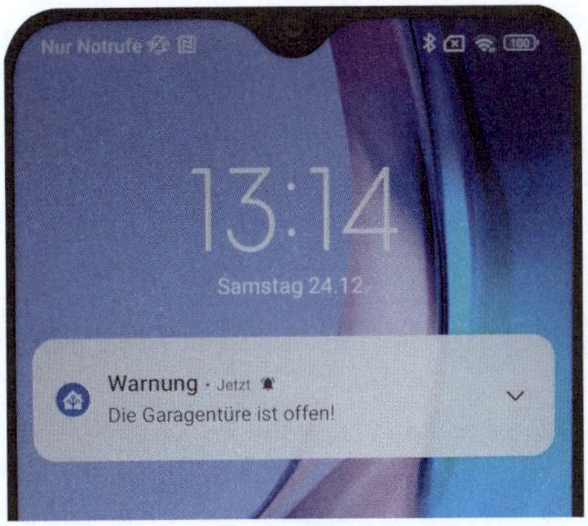

Abbildung 7.51: Einfache Push-Nachricht

Push-Nachricht mit Template

Selbstverständlich lassen sich in die Nachricht auch Templates einbinden:

```
action: notify.mobile_app_m2004j19c          # Ihre App-Entität
data:
  title: Warnung
  message: Die Garagentür ist offen! {{states("switch.sonoff_02") }}
```

Push-Nachricht mit Link zu einer Dashboard-Seite

Besonders smart ist eine Erweiterung der Nachricht mit der Möglichkeit, eine Aktion auszulösen:

```
action: notify.mobile_app_m2004j19c          # Ihre App-Entität
data:
```

```
  title: Warnung
  message: Die Garagentür ist offen!
  data:
    actions:
      - action: URI
        title: "Öffne Home Assistant"
        uri: /schalter/0
```

`data` enthält in diesem Code ein weiteres Objekt `data`; darin findet sich die Aktion. Diese ist vom Typ `URI`, hat einen Titel und verweist auf eine Seite Ihrer Home-Assistant-Anwendung (hier: `/schalter/0`, eine Dashboard-Seite mit Schaltern). Die Nachricht, die Sie erhalten, entspricht zunächst der aus Abbildung 7.51. Blättern Sie sie auf, damit Sie die Ansicht aus Abbildung 7.52 erhalten. Durch Tippen auf den Link gelangen Sie zur hinterlegten Dashboard-Seite.

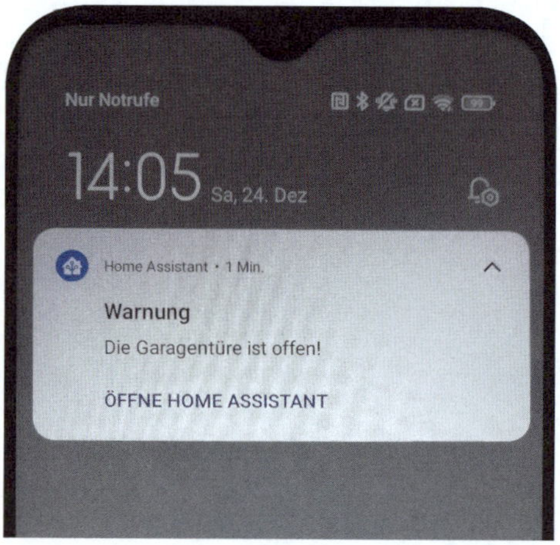

Abbildung 7.52: Push-Nachricht mit Aktion

Push-Nachricht: Abfrage einer Aktion

In dem vorherigen Beispiel ist die auszulösende Aktion die Anzeige einer Dashboard-Seite; jetzt soll die möglicherweise auszulösende Aktion darin bestehen, direkt einen Schalter zu aktivieren (oder eben auch nicht, indem die Nachricht »weggewischt« wird). Die Realisierung führt über zwei Automatisierungen.

Die erste Automatisierung besteht im Auslösen der Benachrichtigung (Codeschnipsel für die Aktion):

```
action: notify.mobile_app_m2004j19c          # Ihre App-Entität
data:
  title: Warnung
  message: Die Garagentür ist offen!
  data:
```

```
    actions:
      - action: TAP_JA
        title: schliessen?
```

Die Aktion besteht jetzt selbst aus einer Aktion (hier: `TAP_JA`). Dies greift eine zweite Automatisierung auf:

```
alias: push-nachricht-an-app-aktion-durchfuehren
description: ""
trigger:
  - platform: event
    event_type: mobile_app_notification_action
    event_data:
      action: TAP_JA
condition: []
action:
  - service: switch.turn_off
    data: {}
    target:
      entity_id: switch.sonoff_02
mode: single
```

Der Auslöser (`trigger`) ist ein Ereignis (`event`). Der Ereignistyp (`event_type`) ist `mobile_app_notification_action`. Und wenn dann noch die Ereignisdaten ein `action: TAP_JA` sind, gelangt die Aktion der Automatisierung zur Ausführung.

Weitere Benachrichtigungsfunktionalitäten

Mit diesen Beispielen ist das Reservoir an Möglichkeiten, Benachrichtigungen an die App zu schicken, noch lange nicht erschöpft. Vibrationsalarm, verschiedene Nachrichtenkanäle oder TTS (*Text to Speech*) sind nur ein paar Stichworte. Möchten Sie tiefer eintauchen, helfen Ihnen die Ausführungen unter *https://companion.home-assistant.io/docs/notifications/notifications-basic/* weiter.

7.6.3 Nachrichten in eine Datei umleiten

Mit der *notify*-Integration lassen sich Nachrichten auch direkt in eine Datei schreiben. Das ist von Interesse, wenn gesammelte Daten für externe Auswertungen in einem anderen Format (z. B. als *.csv*-Datei, *Comma-separated Values*) verfügbar sein sollen. Dieser Weg wird in sehr vielen Fällen einfacher sein, als für eine Auswertung Daten direkt aus der Home-Assistant-Datenbank auszulesen.

Dateiplattform erstellen

Erstellen Sie mit dem *File editor* einen neuen Ordner, der solcherlei Dateien beherbergen soll, also etwa *file_notifications*. Auf diesen Ordner muss der externe Zugriff erlaubt sein. Das ist eine Angelegenheit der Home-Assistant-Core-Integration, die Sie auch über die *configuration.yaml* erreichen:

```
homeassistant:
  allowlist_external_dirs:
    - "/config/file_notifications"
```

Starten Sie das System neu, damit die Einstellungen wirksam werden.

Besorgen Sie sich die *File*-Integration (**Einstellungen • Geräte & Dienste • Integration hinzufügen • File**). Entscheiden Sie sich für das **Einrichten eines Benachrichtigungsdienstes**. Geben Sie in dem Folgefenster den vollständigen Dateipfad ein, also etwa */config/file_notifications/wetter.csv*, wie in Abbildung 7.53 gezeigt.

Abbildung 7.53: Dateipfad einer Benachrichtigung an den Dateidienst

Wenn die Option **Zeitstempel** aktiviert ist, erhält jeder Benachrichtigungseintrag eine Zeitangabe. Nach **Absenden** sollte das System den Erfolg mit einer Meldung quittieren. Klicken Sie auf **Fertig**, und Sie haben eine neue Integration mit einer Entität `notify.file`.

Die Nachricht erstellen und testen

Erstellen Sie testweise das Nachrichten-Template mit **Entwicklerwerkzeuge • Template**, z. B. so:

```
; {{state_attr("weather.forecast_home", "temperature") }} ; ⮐
  {{state_attr("weather.forecast_home", "humidity") }} ; ⮐
  {{state_attr("weather.forecast_home", "pressure") }}
```

Das erste Semikolon ist dafür verantwortlich, den Zeitstempel von dem Temperaturwert zu trennen. Wechseln Sie zu **Entwicklerwerkzeuge • Aktionen**. Suchen Sie in **Aktion** nach der Aktion **Benachrichtigungsmeldung senden**, so wie in Abbildung 7.54 gezeigt. Ziel ist die angelegte File-Entität. Fügen Sie bei **Meldung** das erstellte Template ein. Der Editor wechselt in den YAML-Modus (siehe Abbildung 7.55).

Machen Sie einen Test mit **Aktion Ausführen.** Bei Erfolg zeigt die Schaltfläche für einen Moment einen weißen Haken auf grünem Hintergrund.

Navigieren Sie nun zur festgelegten Datei, zum Beispiel über *Samba share* (siehe Kapitel 8). Abbildung 7.56 zeigt den Inhalt der neu angelegten Datei */config/file_notifications/wetter.csv*.

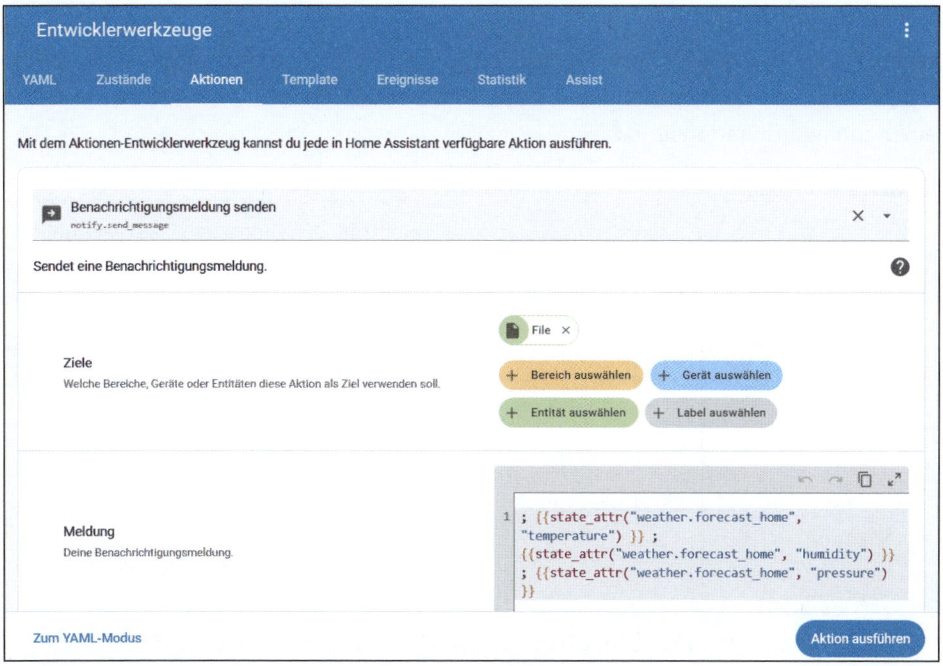

Abbildung 7.54: Der Dienst »Eine Benachrichtigung senden«

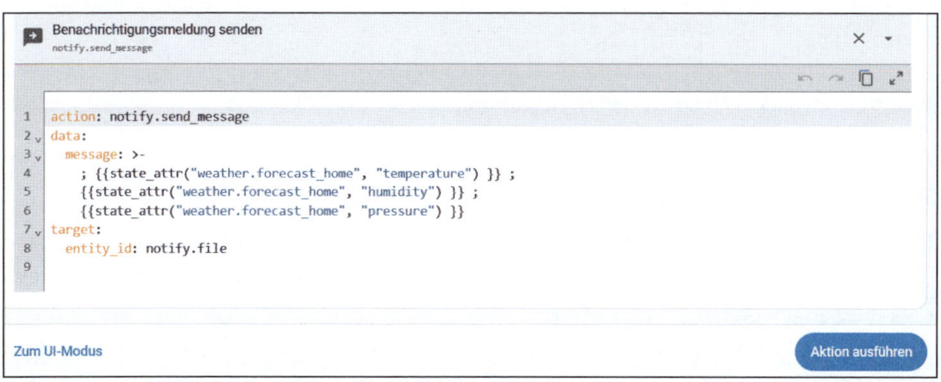

Abbildung 7.55: Nachricht des Benachrichtigungsdiensts

	A	B	C	D
1	cations (Log started: 2022-12-14T05:44:3			
2	--			
3	2022-12-24T05:44:37.247629+00:00	7.4	95	1010.0

Abbildung 7.56: Der Dateiinhalt von »wetter.csv«

Eine Automation erstellen

Lassen Sie das Logging durch eine Automation selbstständig ablaufen. Die Erstellung erfolgt einfach über die Benutzeroberfläche (**Einstellungen • Automationen & Szenen • Automation erstellen**).

Das Logging soll stündlich sein. Auslöser ist daher ein Zeitschema (**Stunden** : *; **Minuten** : **00**; **Sekunden** : *). Wechseln Sie in den YAML-Modus, weil der visuelle Editor nicht zu einer guten Automation führt:

```
alias: Wetterdaten in Datei speichern
description: ''
triggers:
  - trigger: time_pattern
    hours: '*'
    minutes: '00'
    seconds: '*'
conditions: []
actions:
  - action: notify.send_message
    metadata: {}
    data:
      message: >-
        ; {{state_attr("weather.forecast_home", "temperature") }} ;
        {{state_attr("weather.forecast_home", "humidity") }} ;
        {{state_attr("weather.forecast_home", "pressure") }}
      entity_id: notify.file
mode: single
```

Mit **Speichern** aktivieren Sie die Automation.

7.6.4 E-Mail-Benachrichtigungen

E-Mails sind einer der ältesten Wege des elektronischen Datenaustauschs über das Netz. Sie erfreuen sich auch heute noch hoher Beliebtheit, trotz Push-Nachrichten oder zahlreicher Messenger-Dienste.

Im Hintergrund sorgen Protokolle und Techniken für einen sicheren Verbindungsaufbau mit dem E-Mail-Konto und für einen datenschutzgerechten Informationsaustausch zwischen E-Mail-Client und E-Mail-Server. Je nach Provider und wählbaren Sicherheitseinstellungen weichen die Details zudem voneinander ab. Geeignete Lösungen zu entwickeln, erfordert demnach einigen Aufwand.

Gmail

Sehr verbreitet ist die Einrichtung des E-Mail-Transfers mit einem Google-Account. Zwar stellt auch Google standardmäßig hohe Sicherheitsanforderungen an die Anbindung eines E-Mail-Clients, jedoch lassen sich die Sicherheitsoptionen aktuell (noch) so einstellen, dass der Home-Assistant-Client akzeptiert wird.

Leider unterstützt Google zum besseren Schutz Ihres Kontos seit dem 30. Mai 2022 keine Drittanbieter-Apps oder -Geräte mehr, bei denen Ihr Nutzername und Passwort ausreichen, um sich an Ihrem Google-Konto anzumelden. Ihr Konto benötigt nun zwingend eine **2-Faktor-Authentifizierung**, die Sie über **Google-Konto verwalten • Sicherheit und Anmeldung** aktivieren (siehe Abbildung 7.57).

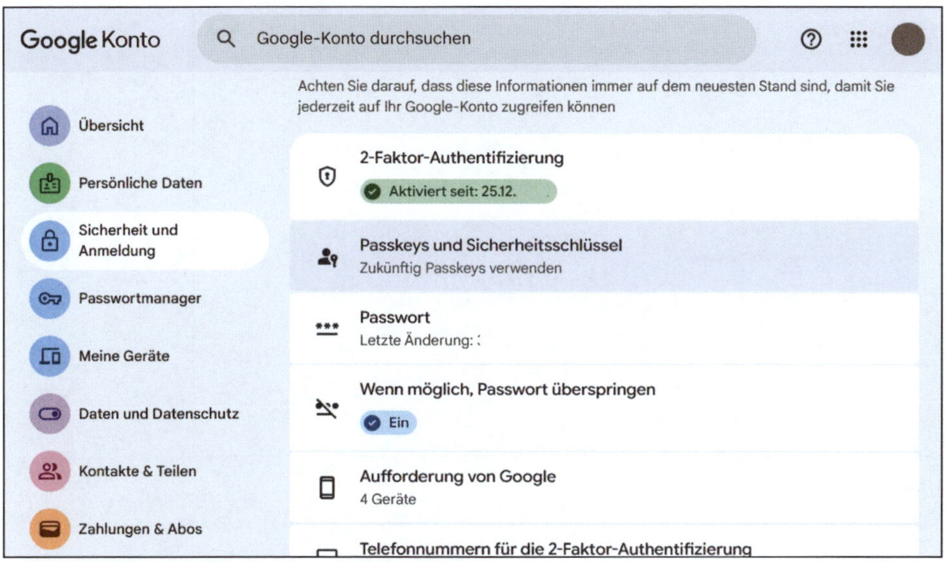

Abbildung 7.57: Google-Sicherheitseinstellungen

Mit der aktivierten 2-Faktor-Authentifizierung können Sie sich ein App-Passwort besorgen. Sie benötigen es später in den E-Mail-Integrationen. Öffnen Sie dazu **2-Faktor-Authentifizierung**; Google fordert Sie dann zur Bestätigung Ihrer Identität auf (siehe Abbildung 7.58).

Mit **Weiter** zeigt Google Ihnen Ihre App-Passwörter an (siehe Abbildung 7.59). Wenn Sie angemeldet sind, können Sie auch genau die URL *https://myaccount.google.com/apppasswords* aufrufen).

Abbildung 7.58: Google-Identitätsbestätigung

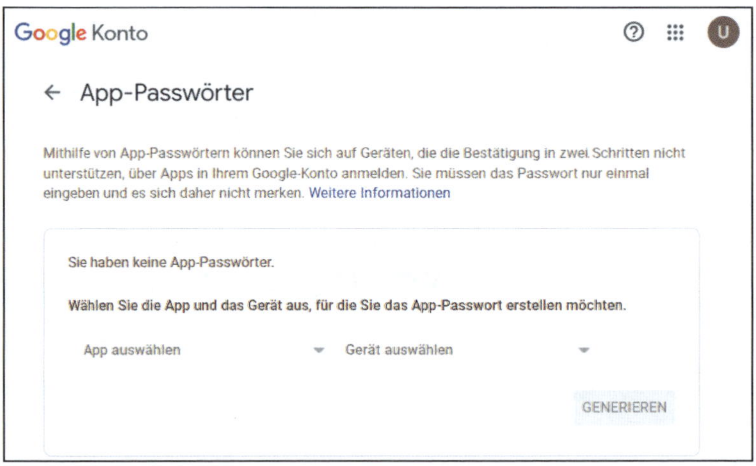

Abbildung 7.59: Google-App-Passwörter

Wählen Sie aus der Drop-down-Liste als App **E-Mail** sowie das passende Gerät aus (hier: **Windows-Computer**, siehe Abbildung 7.60).

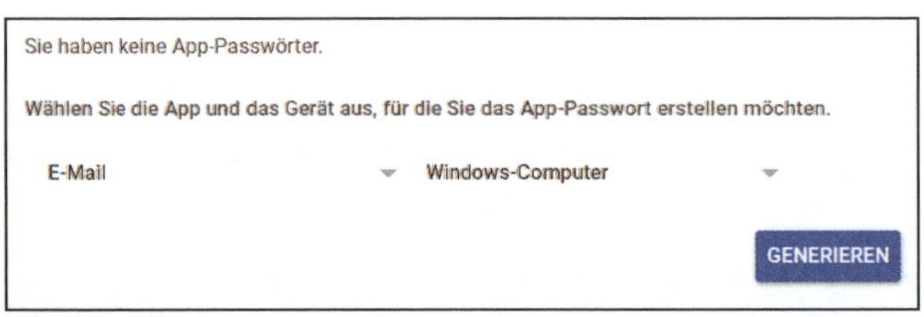

Abbildung 7.60: Google-App-Passwörter: App und Gerät sind ausgewählt.

Generieren Sie dann das Passwort (siehe Abbildung 7.61).

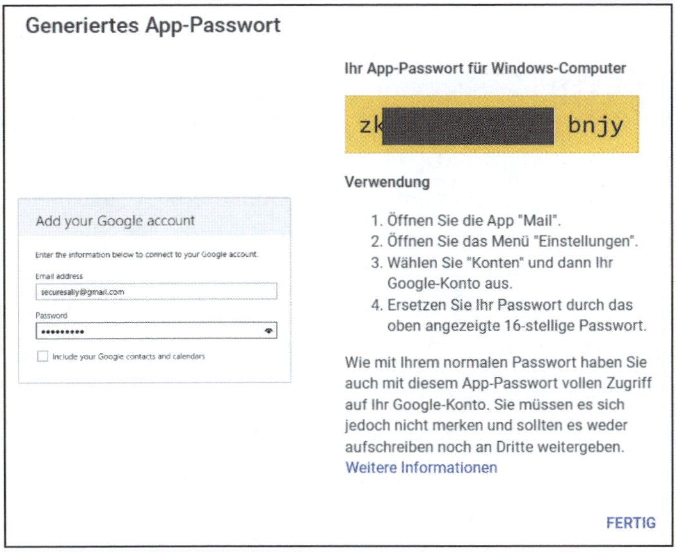

Abbildung 7.61: Generiertes App-Passwort

Notieren Sie sich das Passwort und verlassen Sie das Fenster mit **Fertig**.

> **Andere Mailanbieter**
>
> Bei anderen Mailanbietern ist es teilweise noch möglich, Mails ohne eine 2-Faktor-Authentifizierung zu verschicken. Die Zahl dieser Anbieter nimmt allerdings ab, weil diese Funktion leider oftmals für den Versand von Spam missbraucht wird. Informieren Sie sich gegebenenfalls in der Dokumentation Ihres Anbieters zum Stichwort »SMTP-Relay«.

E-Mails versenden

Der E-Mail-Versand erfolgt über SMTP (*Simple Mail Transfer Protocol*). Das folgende Beispiel geht von einem Gmail-Konto aus.

SMTP einrichten

Die SMTP-Plattform ermöglicht Ihnen, Benachrichtigungen von Home Assistant an einen E-Mail-Empfänger zu senden. Öffnen Sie mit einem Editor (siehe Kapitel 8) die Konfigurationsdatei *configuration.yaml* und fügen Sie den folgenden Codeschnipsel ein:

```
notify:
  - name: "Test-Nachricht"
    platform: smtp
    server: "smtp.gmail.com"
    port: 587
    timeout: 15
```

```
  sender: "YOUR_USERNAME@gmail.com"
  encryption: starttls
  username: "YOUR_USERNAME@gmail.com"
  password: "YOUR_PASSWORD"
  recipient:
    - "RECIPIENT_1@example.com"
    - "RECIPIENT_N@example.com"
  sender_name: "SENDER_NAME"
```

Ersetzen Sie die Werte nach Ihren Gegebenheiten:

- `name` ist die Bezeichnung der Nachricht, z. B. `Test-Nachricht`.
- `sender` ist die E-Mail-Adresse des Senders, z. B. `max_mustermann@gmail.com`.
- `username` ist Ihr Google-Benutzername, z. B. `max_mustermann@gmail.com`.
- `password` ist Ihr App-Passwort aus Abbildung 7.61.
- `recipient` ist die Empfänger-E-Mail-Adresse.
- `sender_name` ist der Name, der als Sender in der E-Mail steht, z. B. `Max Mustermann`.

Speichern Sie die Änderungen. Führen Sie einen Check durch (**Entwicklerwerkzeuge • YAML • Konfiguration prüfen**) und starten Sie die Anwendung neu.

Die Aktion testen

Öffnen Sie **Entwicklerwerkzeuge • Aktionen**. Suchen Sie die erstellten Mailaktionen in der Eingabe **Aktion** durch eine teilqualifizierte Suche (hier: `Test Nachricht`). Abbildung 7.62 zeigt eine mögliche Nachricht im UI-Modus.

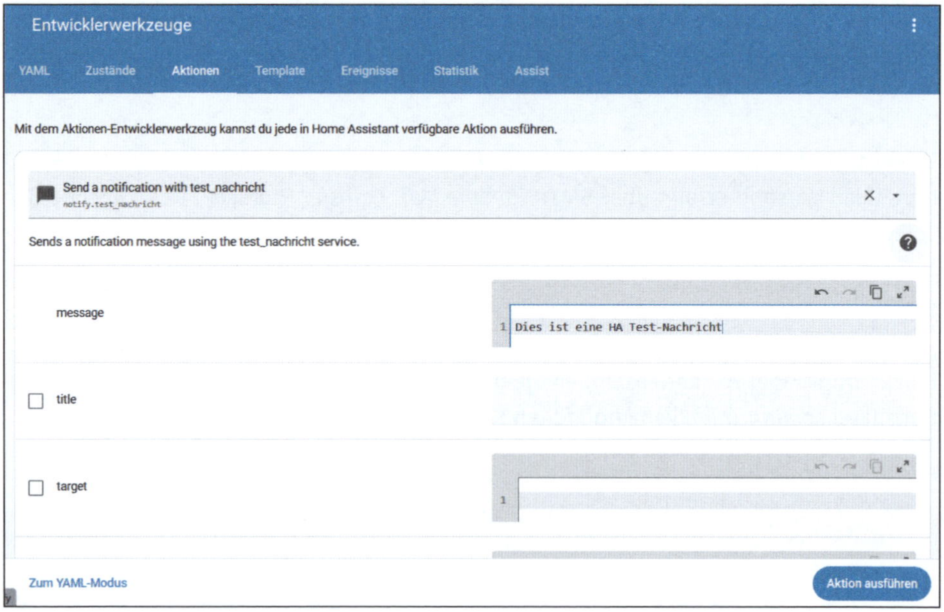

Abbildung 7.62: Test-Gmail-Nachricht

Aktion ausführen versendet die Test-E-Mail. Home Assistant (HA) quittiert den Erfolg wieder mit der kurzen Darstellung eines weißen Hakens auf grünem Hintergrund.

Überprüfen Sie auch den Empfang der Nachricht in dem angegebenen Empfängerpostfach (siehe Abbildung 7.63).

Abbildung 7.63: HA-Gmail-Nachricht im Postfach

Natürlich können Sie die Nachricht in HTML aufbauen oder ihr Anlagen beifügen. Näheres finden Sie unter *https://www.home-assistant.io/integrations/smtp/*. Ein Grundgerüst für diesen Code sieht so aus:

```
- action: notify.test_nachricht
  data:
      message: "Einbruchalarm!!"
      data:
        images:
          - /home/pi/snapshot1.jpg
          - /home/pi/snapshot2.jpg
        html: >
          <!DOCTYPE html>
              <html >
                  <head>
```

E-Mails empfangen

Der Empfang von E-Mails erfolgt mittels IMAP (*Internet Message Access Protocol*). Home Assistant bietet diesbezüglich zwei Integrationen an:

- **IMAP:** Die reine IMAP-Integration beobachtet den angegebenen IMAP-Server und meldet die Menge ungelesener E-Mails.
- **IMAP Email Content:** Diese Option liest E-Mails von einem IMAP-E-Mail-Server und meldet sie als Statusänderung in Home Assistant. Dies ist hilfreich bei Geräten, die ihren Status nur per E-Mail melden.

Die folgenden Beispiele beruhen auf einem Microsoft-Konto.

Beispiel mit IMAP

Die IMAP-Integration (built-in) erreichen Sie zur Konfiguration über **Einstellungen • Geräte & Dienste • Integration hinzufügen • IMAP**.

Abbildung 7.64: Konfiguration der IMAP-Integration

OK sollte eine Meldung **Gerät erstellt** zeigen.

Der klassische Weg führt über einen Eintrag in der *configuration.yaml*; die IMAP-Integration ist dort ein Sensor.

```
sensor:
  - platform: imap
    name: "imap hotmail"
    server: outlook.office365.com
    port: 993
    username: max.mustermann@hotmail.de
    password: xyz123
    charset: US-ASCII
```

Passen Sie den Sensornamen (`name`) sowie `username` und `password` Ihren Gegebenheiten an. Sichern Sie die Konfiguration, starten Sie Home Assistant neu und versenden Sie gegebenenfalls Testnachrichten an die E-Mail-Adresse.

Das Ergebnis können Sie dann mit **Entwicklerwerkzeuge • Zustände** überprüfen (siehe Abbildung 7.65), ehe Sie das Ergebnis des Sensors anderweitig einsetzen.

Abbildung 7.65: Ergebnis des IMAP-Sensors

Dabei gibt der Wert bei **Zustand** die Anzahl ungelesener E-Mails an.

Interessant ist in diesem Zusammenhang die Möglichkeit, das Ergebnis zielgenauer abzufragen, z. B. mit:

```
...
    password: xyz123
    search: FROM ute.mustermann@web.de, SUBJECT "Verabredung"
..
```

So können Sie auf Ihrem Dashboard anzeigen lassen, ob und wie viele Mails von einer bestimmten Adresse eingegangen sind. Das ist besonders bei Warnungen aus einem Monitoring-System nützlich.

Sie können auch den Inhalt einer E-Mail »einlesen«, da die IMAP-Integration bei Eingang einer neuen Nachricht ein Event mit den entsprechenden Feldern absetzt.

```
template:
  - trigger:
      - platform: event
        event_type: "imap_content"
        id: "mail_inbox"
        event_data:
          initial: true   # only first event for this message
    sensor:
      - name: imap_last_subject
        state: "{{ trigger.event.data['subject'] }}"
      - name: imap_last_body
        state: "{{ trigger.event.data['text'] }}"
```

Beispiel mit IMAP Email Content

Die Integration *IMAP Email Content* ist ebenfalls ein Sensor. Halten Sie bei der Einrichtung der Integration Angaben zu Ihren Anmeldedaten (E-Mail-Benutzername, Passwort) sowie zu den Serverdaten bereit (Servername, Port, Zeichensatz; z. B. bei Outlook/Hotmail: `US-ASCII`). Der folgende Codeschnipsel zeigt den Eintrag in der *configuration.yaml*:

```
sensor:
  - platform: imap_email_content
    name: "imap hotmail inhalt"
    server: outlook.office365.com
    port: 993
    username: max.mustermann@hotmail.de
    password: xyz123
    senders:
      - max.mustermann@web.de
```

Passen Sie wieder den Sensornamen (`name`) sowie `username` und `password` Ihren Gegebenheiten an. Zwingend ist die Angabe zumindest einer Sender-E-Mail-Adresse (`senders`).

Abbildung 7.66 zeigt das Ergebnis in **Entwicklerwerkzeuge • Dienste**.

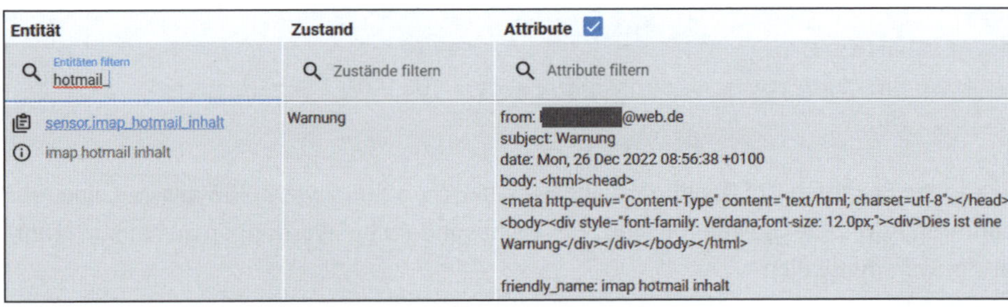

Abbildung 7.66: Ergebnis des »IMAP Email Content«-Sensors

Der Betreff der E-Mail ist der Status der Entität. Der Inhalt taucht hier als Attribut `body` auf.

Templates erweitern das Anwendungsspektrum z. B. wie folgt:

```
..
    senders:
      - ute.mustermann @web.de
    value_template: >-
      {% if 'Batterie leer' in subject %}
        batterie_leer
      {% elif 'Batterie wieder geladen' in subject %}
        batterie_voll
      {% endif %}
```

Hier erfolgt auch eine Auswertung des E-Mail-Betreffs. Der Sensorstatus ist `batterie_voll`, wenn der Betreff `Batterie wieder geladen` ist. Ein komplexeres Beispiel zur Auswertung des Nachrichtenkörpers finden Sie in der Dokumentation unter *https://www.home-assistant.io/integrations/imap_email_content/*.

7.6.5 Nachrichten mit einem Messenger-Dienst

Messenger-Dienste haben sich in den vergangenen Jahren neben den althergebrachten elektronischen Kommunikationsmitteln wie E-Mail oder SMS etabliert und treten vielfach an deren Stelle. Zu den bekannten Vertretern zählen WhatsApp, Telegram, Signal und Threema.

Instant Messaging (IM, dt. *sofortige Nachrichtenübermittlung*) ist der einfache Austausch von Daten und Nachrichten mit anderen Teilnehmern. Das zugrunde liegende Prinzip ist in etwa das gleiche wie beim Chat, nur dass Chats offen gestaltet sind, während es beim IM grundsätzlich um die Kommunikation zwischen ganz bestimmten Teilnehmern geht.

Die Teilnehmer werden durch Daten identifiziert, die bei der Erstanmeldung festgelegt werden. Das ist meistens eine eindeutige Nummer oder ein Name. In jedem IM ist gewöhnlich eine Kontaktliste hinterlegt, die bei der Nutzung des Diensts viele Unterstützungs- und Nachrichtenfunktionen bedient. Bei mobilem IM ist dies vorzugsweise die Telefonnummer des Smartphones.

Die Nachrichtenübertragung erfolgt mittels entsprechender Programme bzw. Apps, die entweder über das Internet direkt oder über einen Server verbunden sind. Inzwischen unterstützen die Messenger-Dienste auch die Übertragung von Bilddateien, Videostreams und Sprachnachrichten.

Bedauerlicherweise bieten nicht alle Dienste eine Schnittstelle, mit der man einfach auf diese Dienste zugreifen könnte – so z. B. WhatsApp (zwischenzeitlich nur für gewerbliche Nutzer). Als Alternative zu WhatsApp wird vielfach Telegram (*https://web.telegram.org*) angeführt. Ganz ohne Vorbehalte ist dies aber nicht, denn …

- … die Ende-zu-Ende-Verschlüsselung greift nur, wenn der Nutzer sie explizit einstellt und die sogenannten *geheimen Chats* benutzt. Reguläre Chats sind zwar verschlüsselt, aber durch die Cloud-Funktion erfolgt eine Zwischenspeicherung auf den Telegram-Servern, wo sie vom Anbieter theoretisch entschlüsselt werden können.
- … der Sourcecode ist nur für die Clients offen. Der eigentlich interessante Servercode ist nicht bekannt.
- … der Standort der Server ist ebenfalls nicht bekannt.

Telegram bietet dafür jedoch eine sehr komfortable API, auf die Sie sehr einfach zugreifen können und die sich für eigene Anwendungen bestens einspannen lässt. Vergessen Sie jedoch die oben angesprochenen Kritikpunkte nicht ganz.

Telegram bedient sich dabei sogenannter Bots. Der Begriff *Bot* leitet sich vom englischen Begriff *robot* ab. Bots sind Computerprogramme, die nach ihrer Aktivierung ohne menschliches Zutun automatisiert im Internet agieren. Ihren Ursprung haben sie bereits in den 1960er-Jahren, als erstmals Systeme mit computerbasierter Sprachsteuerung entwickelt wurden.

Da heute unzählige Aufgaben im Internet gelöst werden, liegt es nahe, auch Prozesse mit Sprachanteilen teilweise oder ganz zu automatisieren, indem sie von menschlichen Gesprächspartnern entkoppelt werden. Denken Sie beispielsweise an Support-Hotlines, die dadurch rund um die Uhr zur Verfügung stehen und Antworten auf typische Fragen geben können. Häufig finden sich Klassifizierungen wie *Social-Bot* oder *Chat-Bot*. Social-Bots kommen überwiegend in sozialen Netzwerken zum Einsatz und sollen dort z. B. in bestimmten Zeitabständen Inhalte für den Nutzer veröffentlichen, Beiträge anderer kommentieren oder bewerten. In Hinblick auf die Gefahr des Missbrauchs der Anwendung weniger kritisch sind Chat-Bots, da sie eher darauf ausgelegt sind, mit dem Nutzer interaktiv zu kommunizieren.

Telegram und einen Telegram-Bot einrichten

Sie brauchen einen Account, um Telegram generell nutzen zu können, sowie einen Bot, um Daten mit Home Assistant austauschen zu können:

Telegram-Account einrichten

Clients für Telegram gibt es als mobile Apps (iPhone, Android), Desktop-Apps (Windows, Mac, Linux) und Web-Apps (*https://telegram.org/apps*). Nach dem Download und der Installation erfolgt eine Autorisierung über einen Aktivierungscode, der z. B. per SMS übermittelt wird. Für die weitere Arbeit an dieser Stelle empfiehlt sich eine Desktop-App.

BotFather hinzufügen

Fügen Sie in Telegram zunächst den »Nutzer« *@botfather* hinzu. Dies geht zum einen über die Suchfunktion (siehe Abbildung 7.67).

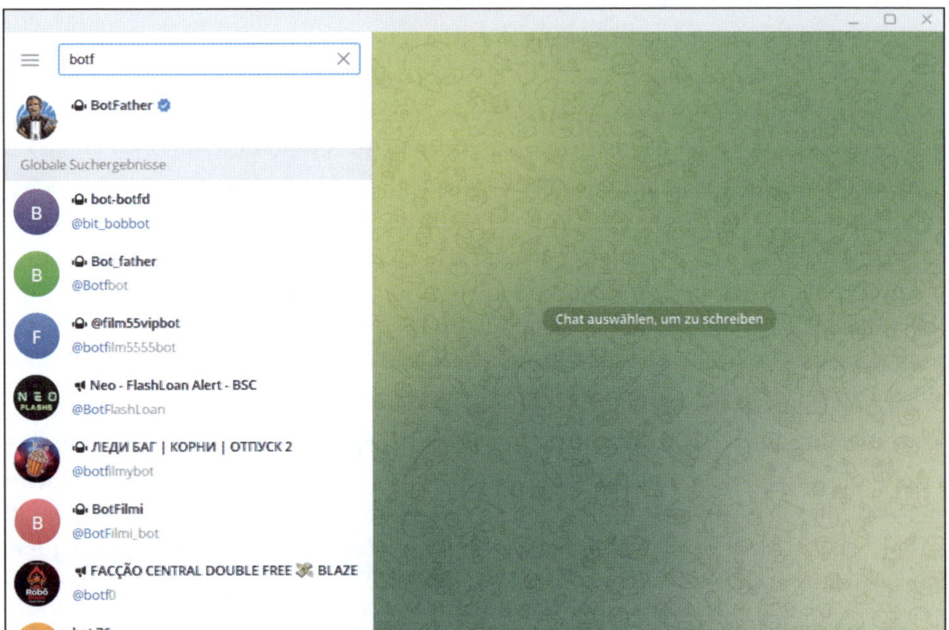

Abbildung 7.67: Suche nach BotFather

Klicken Sie auf den Eintrag **BotFather** und anschließend auf **Starten**. *BotFather* ist nun ein neuer Kontakt und bereit für den Dialog (siehe Abbildung 7.68).

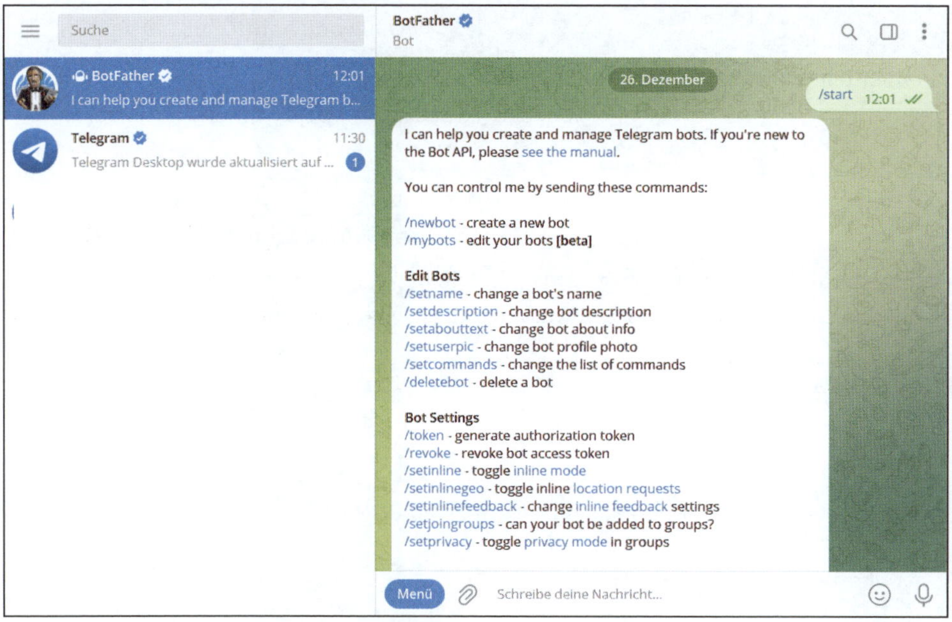

Abbildung 7.68: BotFather wurde gestartet.

Eine andere Möglichkeit führt über den Link auf der Homepage (*https://telegram.me/botfather*) und dort über das Register **API**. Klicken Sie auf **Telegram Bots**, um zum nächsten Teilschritt zu gelangen. Starten Sie mit einem Klick auf den entsprechenden Link den Dialog mit *BotFather*.

Einen eigenen Bot erstellen

Erstellen Sie einen eigenen Bot, indem Sie auf **/newbot** klicken (siehe Abbildung 7.68) oder dem Kontakt *BotFather* eine neue Nachricht senden (siehe Abbildung 7.69).

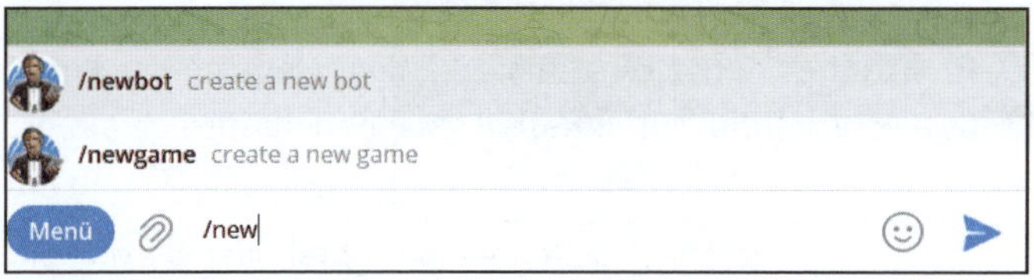

Abbildung 7.69: Beginn des Dialogs »Neuen Bot erstellen«

Nun folgt ein Dialog, in dem als Erstes der Bot-Name festgelegt wird. Dieser wird in der Chatliste angezeigt. Es folgt der Username – das ist der Name, den Sie unter anderem für die Konfiguration in Node-RED benötigen, sofern Sie Telegram-Nodes in Node-RED einsetzen möchten. Der Name muss mit *bot* oder *Bot* enden (hier: *HomeAssistUB_bot*).

Ist der Bot erfolgreich angelegt worden, teilt BotFather Ihnen das Token für die HTTP-API mit (siehe Abbildung 7.70). Notieren Sie sich das Access-Token.

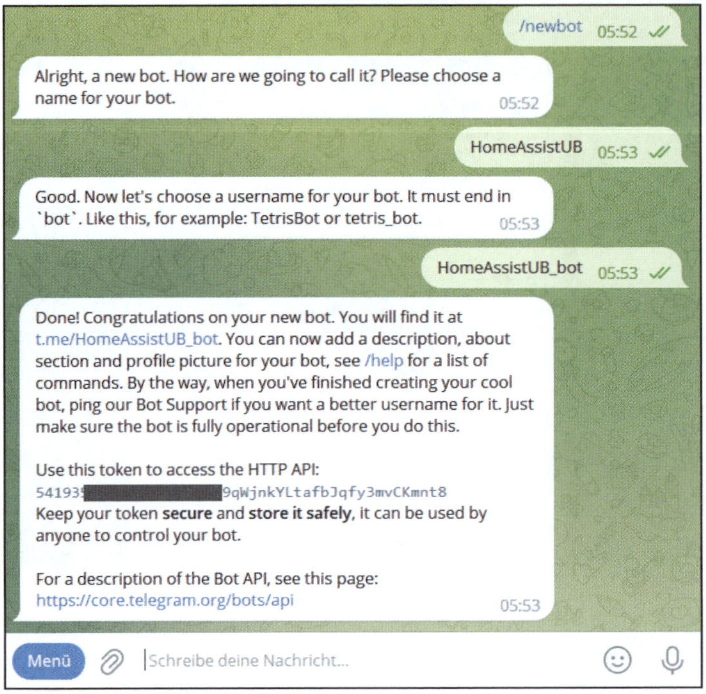

Abbildung 7.70: Einen neuen Bot über den Dialog erstellen

Den Bot starten

Der Bot ist jetzt angelegt. Damit er auch erreichbar ist, müssen Sie ihn aber noch starten. Geben Sie in der Nachrichtenzeile das Kommando `/mybots` ein, um eine Liste Ihrer Bots angezeigt zu bekommen (siehe Abbildung 7.71).

Abbildung 7.71: Die Liste der eigenen Bots

Klicken Sie auf den gewünschten Bot in der Liste (hier: **@HomeAssistUB_bot**), um den Bot administrieren zu können (siehe Abbildung 7.72).

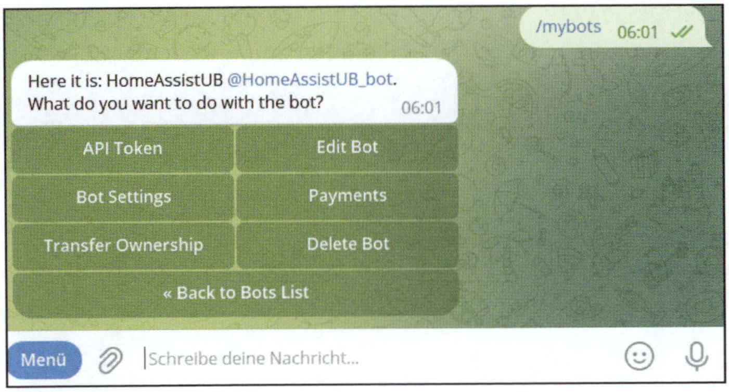

Abbildung 7.72: Den Telegram-Bot administrieren

Klicken Sie auf den Link (dies ist der Username des Bots, beginnend mit einem @, hier: **@HomeAssistUB_bot**) und in dem Folgebildschirm auf **Starten**. Sie haben nun einen Chat mit Ihrem Bot eröffnet (siehe Abbildung 7.73).

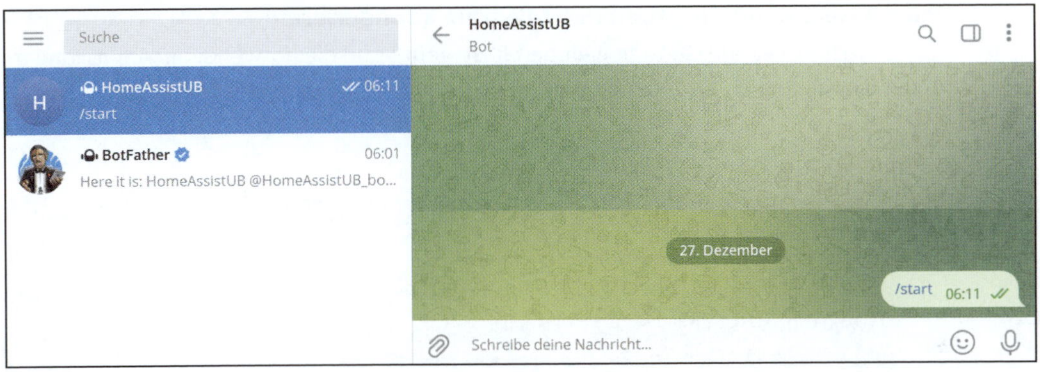

Abbildung 7.73: Der Chat mit dem eigenen Bot wurde gestartet.

Chat-ID ermitteln

Jede »Unterhaltung« mit Telegram hat eine *Chat-ID*. Diese benötigen Sie, damit Home Assistant mit Telegram kommunizieren kann. Sie finden die Chat-ID mit dem Bot *GetIDs* heraus. Suchen Sie nach dem Kontakt (siehe Abbildung 7.74).

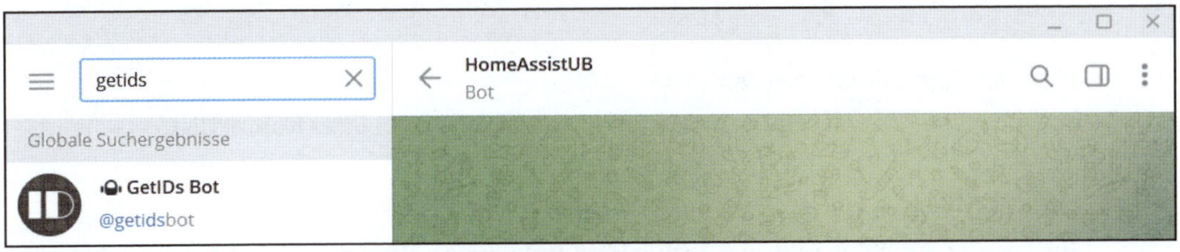

Abbildung 7.74: Kontakt mit dem GetIDs-Bot herstellen

Wählen Sie den Kontakt **GetIDs** aus und starten Sie eine Unterhaltung. Sie bekommen eine umfassende Antwort, aus der Sie die Chat-ID entnehmen können (siehe Abbildung 7.75).

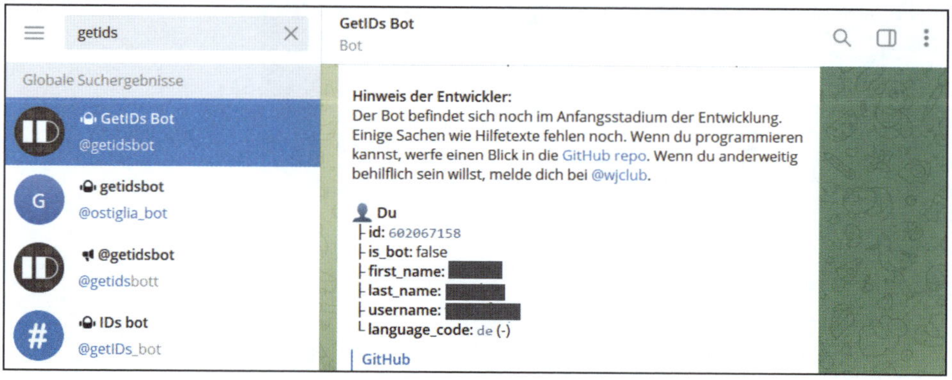

Abbildung 7.75: Die Telegram-Chat-ID

Home Assistant für die Arbeit mit Telegram konfigurieren

Nachdem die Telegram-Seite so weit bereit ist, geht es an die notwendigen Anpassungen in Home Assistant:

Die Konfigurationsdatei ergänzen

Ergänzen Sie die *configuration.yaml* um nachstehenden Codeschnipsel:

```
# Telegram Bot
telegram_bot:
  - platform: polling
    api_key: 5419356976:AAEhxxxxxxxxxxxxxxxxxxxxxx3mvCKmnt8
    allowed_chat_ids:
      - 602067158
```

Ändern Sie den Wert von `api_key` in den Ihres Access-Tokens und nehmen Sie die Chat-ID in die Liste der `allowed_chat_ids` auf.

Selbstverständlich können Sie Access-Token und Chat-IDs auch in der *secrets.yaml* ablegen. Überprüfen Sie die Änderungen und starten Sie Home Assistant neu.

Chat mit dem Bot überprüfen

Überprüfen Sie, ob der Bot in Telegram gestartet ist und in Ihrer Kontaktliste erscheint.

Chat zwischen Home Assistant und Telegram testen

Ein Test lässt sich wieder mit **Entwicklerwerkzeuge • Dienste** durchführen. Wählen Sie als Dienst **Telegram bot: Send message** und geben Sie in **Message** eine Testnachricht ein (siehe Abbildung 7.76).

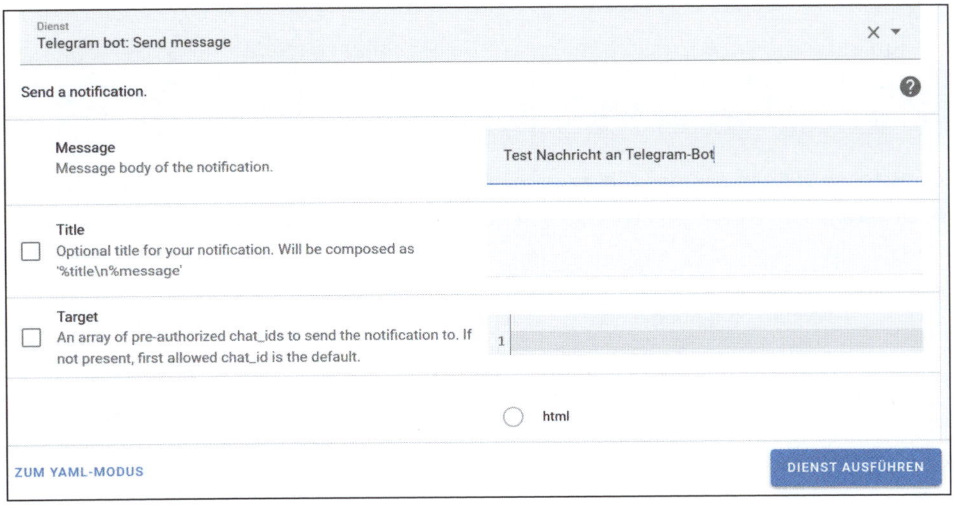

Abbildung 7.76: Telegram-Testnachricht

Ein Klick auf **Dienst ausführen** sendet die Benachrichtigungen an den Bot. Die Nachricht in Telegram sehen Sie in Abbildung 7.77.

Abbildung 7.77: Nachricht in Telegram

Für den Einstieg sollte das Prinzip klar sein. Die Telegram-Plattform kann aber bedeutend mehr, so z. B.:

- `send_photo`: ein Foto senden
- `send_video`: ein Video senden
- `send_voice`: eine Sprachnachricht senden
- `send_document`: eine Datei senden
- `send_location`: Positionsdaten senden

Darüber hinaus gibt es weitere Services, um z. B. eine Nachricht zu löschen oder einen Chat zu verlassen. Interessant sind sogenannte *Keyboard-Funktionen*, mit denen Sie Aktionen aus der empfangenen Nachricht heraus auslösen.

Telegram-Nachrichten empfangen

Für das Senden von Benachrichtigungen an Telegram (einfacher Broadcast) reicht die Konfiguration. Sie reicht jedoch nicht, um Nachrichten aus Telegram zu empfangen. Hierzu benötigen Sie eine `notify`-Plattform in der *configuration.yaml*:

```
notify:
  - platform: telegram
    name: "Telegram Bot"
    chat_id: 602067158
```

Als Beispiel soll ein simples Pingpong dienen. Erstellen Sie eine neue Automation. Der Auslösertyp ist `telegram_command` mit den Daten `command: /ping` (siehe Abbildung 7.78).

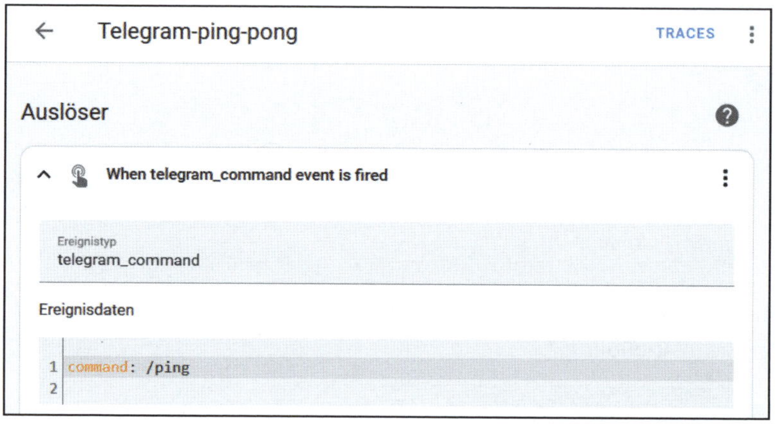

Abbildung 7.78: Die Automation »Telegram-ping-pong«: Auslöser festlegen

Die Aktion ist ein Aufruf des Diensts `notify.telegram_bot` mit dem Nachrichteninhalt *pong* (siehe Abbildung 7.79).

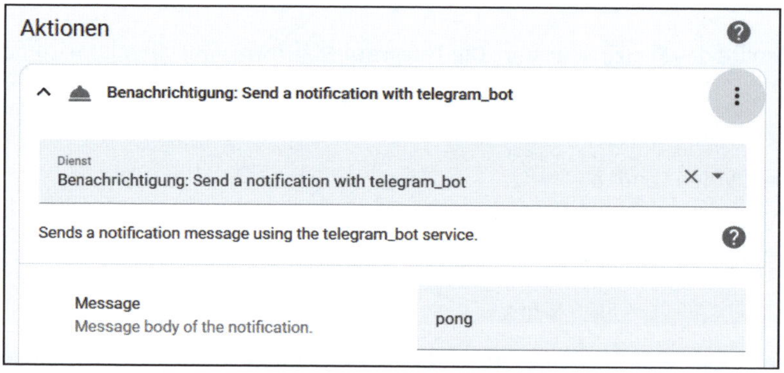

Abbildung 7.79: Die Automation »Telegram-ping-pong«: Aktion definieren

Abbildung 7.80 zeigt den Ablauf aus der Telegram-Perspektive: Wenn Sie den Befehl `/ping` an den Bot schicken, antwortet er mit einem *pong*.

Abbildung 7.80: »Telegram-ping-pong« aus der Telegram-Perspektive

In der Praxis können Sie diese Funktion nutzen, um über Befehle Automationen auszulösen. Definieren Sie beispielsweise den Befehl `/licht_aus` und verknüpfen Sie ihn mit einer entsprechenden Automation, um mit einer Telegram-Nachricht automatisch alle Lampen im Haus auszuschalten.

Fazit: Dashboards und Apps sowie ihre Begleiter wie NFC und Messenger-Dienste jedweder Natur informieren nicht nur. Sie lassen sich bestens zu Steuerungszwecken einsetzen und sind neben Automationen ein wichtiger Baustein, um Ihr Home smart zu machen.

Kapitel 8

Home Assistant durch Add-ons erweitern

Add-ons (dt. Zusätze) sind wie das Salz in der Suppe: Ohne Salz bleibt das Essen fad und ohne Add-ons die Anwendung nur ein eingeschränktes Basissystem.

Home Assistant macht bereits im Auslieferungszustand viel Spaß und verfügt über zahlreiche Funktionen, mit denen Sie Ihre Wohnung automatisieren können. Ergänzt wird diese Basis durch Add-ons. Diese enthalten nützliche Zusatzfunktionen, die das Kernsystem zunächst einmal nicht hat. In den folgenden Abschnitten möchte ich Ihnen ein paar dieser Add-ons vorstellen.

Keine Add-ons für Container und Core

Die einfache Installation von Add-ons ist nur möglich, wenn Sie sich für die Installationsvariante *Home Assistant Supervised* oder *Home Assistant Operating System* entschieden haben (siehe Abschnitt 2.1). In einem Docker-Container oder in einer *Core*-Installation können Sie keine Add-ons nutzen – der Menüeintrag wird dann überhaupt nicht angezeigt. [!]

Den Einstieg in die Installation und die Administration von Zusatzdiensten bietet das Menü **Einstellungen • Add-ons** (siehe Abbildung 8.1).

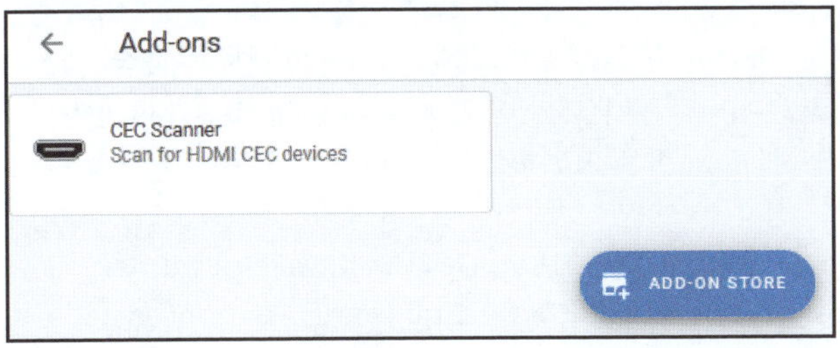

Abbildung 8.1: Home-Assistant-Einstellungen für Add-ons

Das **Add-ons**-Fenster zeigt Ihnen die installierten Add-ons in Form von Karten (hier den *CEC Scanner*). Durch einen Doppelklick auf die entsprechende Karte öffnet sich ein Fenster, das über Registerkarten den Zugang zu weiteren Eigenschaften des Add-ons ermöglicht. Auf die Register des Menüs und die Optionen, die sich dahinter verbergen, gehe ich im folgenden Abschnitt ein.

8.1 Add-ons hinzufügen

Klicken Sie im Fenster aus Abbildung 8.1 auf **Add-on Store**, um in den *Add-on Store* zu gelangen (siehe Abbildung 8.2).

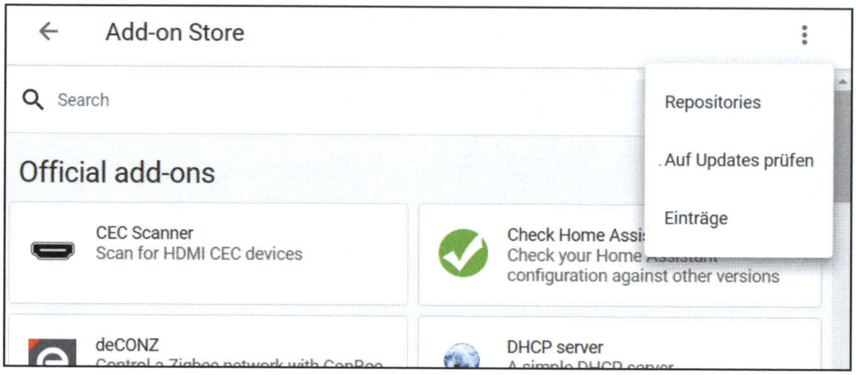

Abbildung 8.2: Der »Add-on Store« von Home Assistant

Der Add-on Store listet sein Angebot in drei Abschnitten auf:

- Official add-ons
- ESPHome
- Home Assistant Community Add-ons
- Music Assistant

Darüber hinaus können Sie hier andere Repositorys hinterlegen, aus denen Sie weitere Software herunterladen können. Es gibt dann für jedes installierte Repository einen weiteren Abschnitt.

[»]

Software-Repositorys

Ein *Repository* ist in der IT-Sprache ein Ort, an dem Code sowie fertige Programme gespeichert werden. Der größte Sammelpunkt für Repositorys aller Art ist die Plattform GitHub: *http://www.github.com/*. Viele Projekte werden dort verwaltet, die Adressen zu diesen Repositorys lauten also stets *https://www.github.com/...*

Obwohl GitHub eine seriöse Plattform ist, die 2018 von Microsoft gekauft wurde, sollten Sie solche Software-Repositorys nicht leichtfertig Ihrer Home-Assistant-Installation hinzufügen, denn letztendlich ist dies nur ein weiterer Weg, um Code aus dem Internet auszuführen: Eigentlich ist es damit vergleichbar, eine ausführbare *.exe*-Datei aus dem Internet zu laden und sie direkt zu starten. Der Unterschied ist allerdings, dass der Code auf GitHub (meistens) öffentlich einsehbar ist und die Community demnach sicherstellen kann, dass sich keine schädlichen Funktionen dort verstecken. Dennoch gilt: Prüfen Sie, ob Sie dem Anbieter des jeweiligen Repositorys vertrauen, und fügen Sie nicht wahllos neue Softwarequellen hinzu.

8.1.1 Ein Add-on aus der Add-on-Liste installieren

Add-ons lassen sich leicht aus der vorkonfigurierten Liste installieren. Gehen Sie dazu wie folgt vor:

Das Add-on suchen

Suchen Sie im Add-on Store nach dem Add-on, das Sie installieren wollen, und klicken Sie auf den Treffer. Sie erhalten dann im Register **Informationen** weitere Auskünfte. Im Beispiel aus Abbildung 8.3 wird der *File Editor* erläutert. Der *File Editor* ist ein Must-have, und ich stelle ihn in Abschnitt 8.2 näher vor.

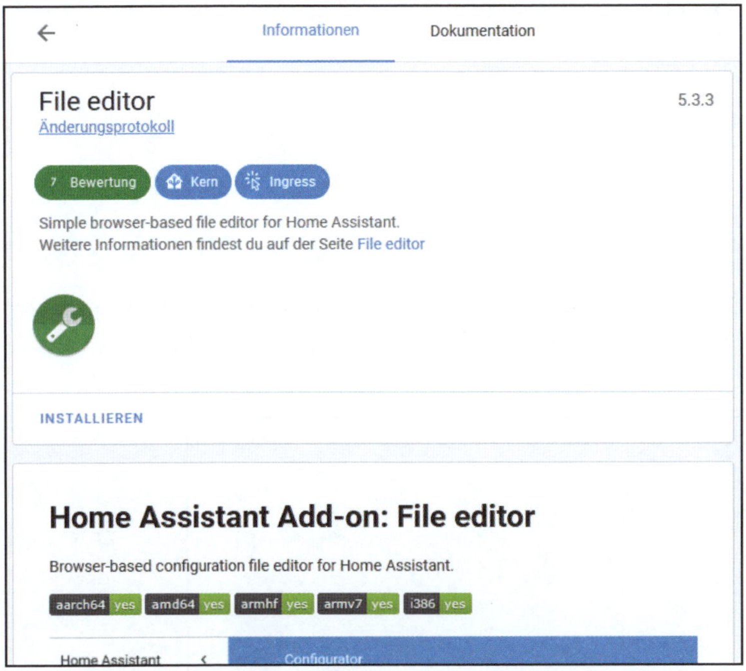

Abbildung 8.3: Add-on-Informationen

Klicken Sie, wenn Sie ein Add-on gefunden haben, nicht einfach auf **Installieren**, sondern gönnen Sie den angebotenen Informationen durchaus etwas Beachtung. Dies hilft, Fehler von vornherein zu vermeiden. Ist das Add-on mit der eigenen Hardware kompatibel? Benötigt es weitere Software, etwa eine Datenbank?

Diverse Schaltflächen im oberen Fensterbereich (hier **Bewertung**, **Kern**, **Ingress**) geben Aufschluss über weitere Kerneigenschaften des Add-ons, deren Bedeutung nach einem Klick angezeigt wird. Eingehen möchte ich nur auf folgende:

- Die **Bewertung** beinhaltet eine Add-on-Sicherheitsbewertung auf einer Skala von 1 bis 8. Die niedrigste Punktzahl ist 1. Das heißt, es handelt sich um ein sehr unsicheres Add-on mit dem höchsten Risiko.

- **Signiert** heißt, dass dieses Add-on vom *Codenotary Community Attestation Service* (CAS) signiert und verifiziert wurde. Angebote sollen dadurch sicherer und vertrauenswürdiger sein. Weitere Informationen dazu finden Sie im offiziellen Blog unter *https://www.home-assistant.io/blog/2022/03/14/cas-content-trust*.
- Ein Link führt als Verweis zum entsprechenden GitHub-Repository (hier: *File Editor*).
- Die beiden Schaltflächen **Kern** und **Ingress** zeigen an, dass dieses Add-on zu den wichtigsten Angeboten gehört und dass die Ingress-Funktion aktiviert wurde. Das bedeutet, dass sich dieses Add-on besonders gut in die Oberfläche von Home Assistant integriert und beispielsweise keine weitere Passworteingabe mehr notwendig ist.
- Das Register **Dokumentation** bietet wertvolle Informationen über die genaue Funktion des Add-ons.

Das Add-on installieren

Nach der Installation finden Sie in der Kopfzeile zwei weitere Register:

- **Konfiguration**
- **Protokoll**

Auch das Fenster selbst hat weitere Einträge (siehe Abbildung 8.4), mit denen Sie festlegen können, wie sich das Add-on verhält. Sie können etwa einfach einstellen, ob es automatisch aktualisiert werden soll.

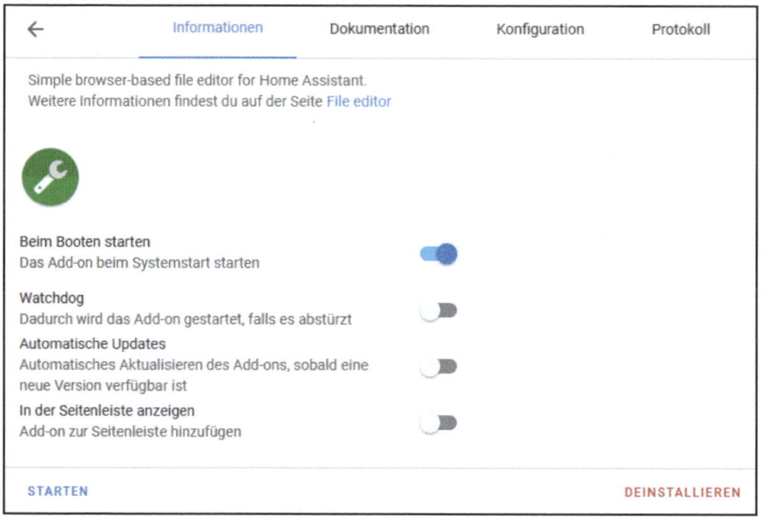

Abbildung 8.4: Das Add-on wurde installiert.

Add-on-Einstellungen vornehmen

Standardmäßig gesetzt ist die Option **Beim Boot starten**. Sie bewirkt, dass das Add-on direkt aktiviert ist. Wenn Sie diese Option ändern, müssen Sie das Add-on bei Bedarf über den Button starten. Je nach Add-on kommen weitere Optionen hinzu, die Sie meistens nicht ändern müssen.

Vor dem erstmaligen Start eines Add-ons müssen Sie aber häufig noch Änderungen über das Register **Konfiguration** vornehmen. Sie erhalten eine entsprechende Fehlermeldung, wenn diesbezüglich noch Parameter offen sind. In den folgenden Abschnitten, die sich konkret auf die Add-on-Konfiguration beziehen, gehe ich explizit auf notwendige Einstellungen ein.

Generell empfehle ich Ihnen (auch wenn ich mich wiederhole), sich die Zeit zu nehmen, um die Inhalte der Registerkarten **Dokumentation** und **Konfiguration** durchzulesen. Selbst bei kurzem Überfliegen bleiben Hinweise haften, die Ihnen später vielleicht von Nutzen sind.

Das Add-on starten

Starten Sie das Add-on, wenn alles konfiguriert ist. Den erfolgreichen Betrieb des Add-ons zeigt das Fenster mit einem grünen Punkt in der linken oberen Ecke an. Sie erhalten auch Angaben über den Hostnamen sowie über die CPU- und RAM-Auslastung des Add-ons (siehe Abbildung 8.5). Prüfen Sie diese Werte, denn sie lassen Rückschlüsse darauf zu, ob das Add-on richtig funktioniert. Wenn eine kleine Zusatzfunktion plötzlich mehrere Hundert Megabyte RAM verbraucht oder die CPU stark auslastet, sollten Sie misstrauisch werden.

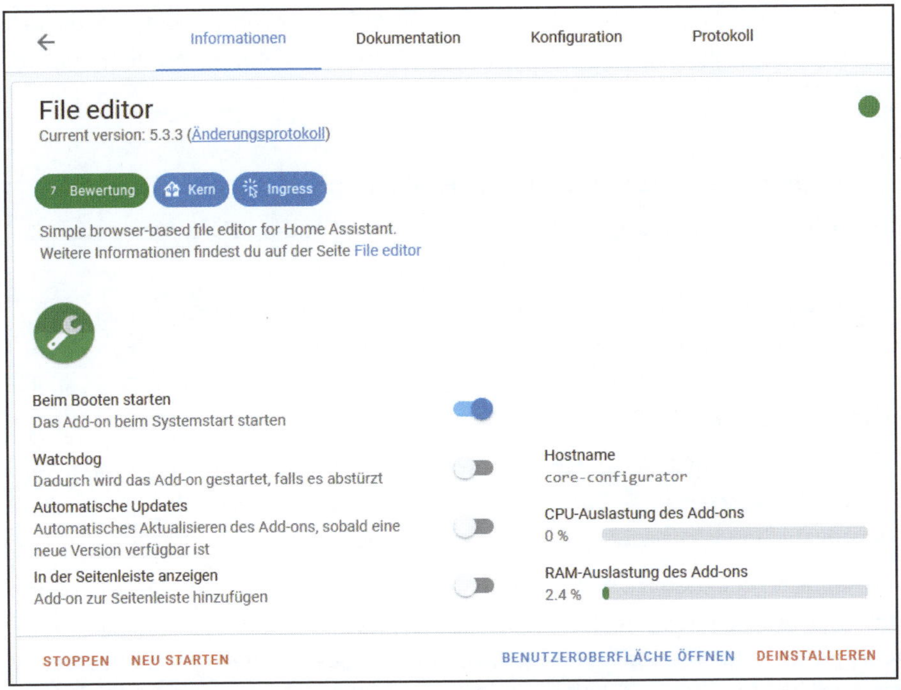

Abbildung 8.5: Nach dem Start finden Sie weitere Informationen.

Der Inhalt der Registerkarte **Protokoll** ist im Rahmen einer Fehlersuche eine gute Anlaufstelle (siehe Abbildung 8.6). Ihnen wird dort detailliert aufgelistet, was das ausgewählte Add-on gerade tut.

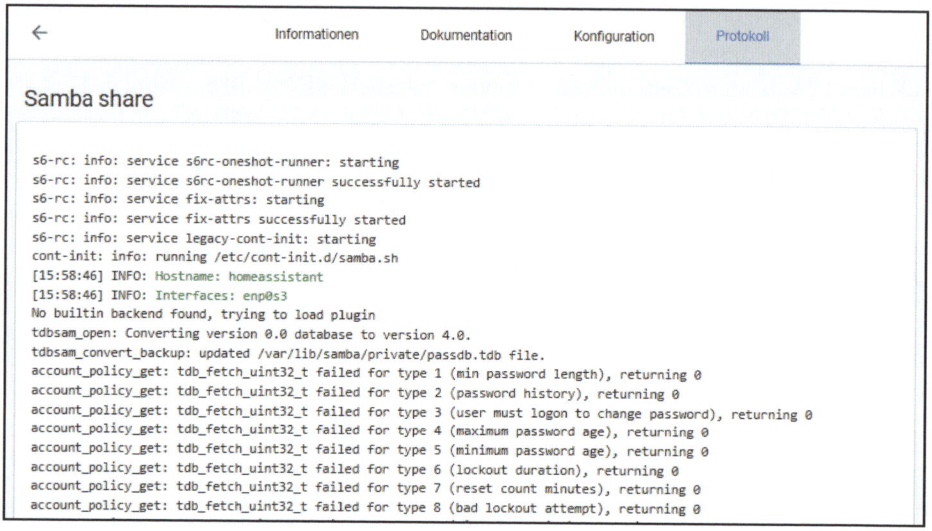

Abbildung 8.6: Protokolle für Add-ons

Sie können diese Informationen entweder selbst für die Fehlersuche nutzen oder diese Angaben dem Entwicklerteam bereitstellen, falls Sie auf Fehler stoßen oder irgendetwas nicht richtig funktioniert. Auch die Community wird Ihnen viel besser helfen können, wenn Sie solche Infos zur Hand haben.

8.1.2 Ein Add-on aus einem Repository installieren

Nicht alle wichtigen Add-ons finden sich in der offiziellen Add-on-Liste. Die meisten Zusatzprogramme werden in eigenen Repositorys gespeichert.

Eine wichtige Fundgrube für Add-ons ist die Home-Assistant-Community. Unter *https://community.home-assistant.io/tag/hassio-repository* finden Sie eine Sammlung von Programmen, die zwar nicht Teil des Home-Assistant-Projekts sind, aber zumindest von der Community gepflegt werden.

Eine weitere gute Anlaufstelle ist das Repository *https://github.com/alexbelgium/hassio-addons*, in dem beispielsweise Tools wie die Container-Verwaltungssoftware *Portainer* oder die private Cloud-Software *Nextcloud* angeboten werden.

Weitere Repositorys finden Sie im Internet. Beachten Sie aber, dass Sie wie immer beim Ausführen von fremden Programmen vorsichtig sein müssen – das Einbinden fremder Repositorys ist auch nur ein anderer Weg, um fremden Code aus dem Internet zu laden. Zwar bürgt normalerweise eine aktive Community oder ein engagierter Entwickler für die Qualität, trotzdem sollten Sie Repositorys nie ohne Prüfung einbinden.

Den Installationsvorgang starten

Klicken Sie im Add-on Store auf das **Menü**-Icon in der Kopfzeile und dann auf **Repositories** (siehe Abbildung 8.2), um für ein Add-on den Dialog zur Verwaltung der Repositorys aufzurufen (siehe Abbildung 8.7).

Abbildung 8.7: Neue Add-on-Repositorys hinzufügen

Als Beispiel verwende ich an dieser Stelle das *Home Assistant Google Drive Backup*. Fügen Sie die GitHub-Adresse des gewünschten Repositorys in das Eingabefeld ein. Hier ist es *https://github.com/sabeechen/hassio-google-drive-backup*. Klicken Sie auf **Hinzufügen**.

Die Liste der Repositorys hat nun einen neuen (ersten) Eintrag (siehe Abbildung 8.8).

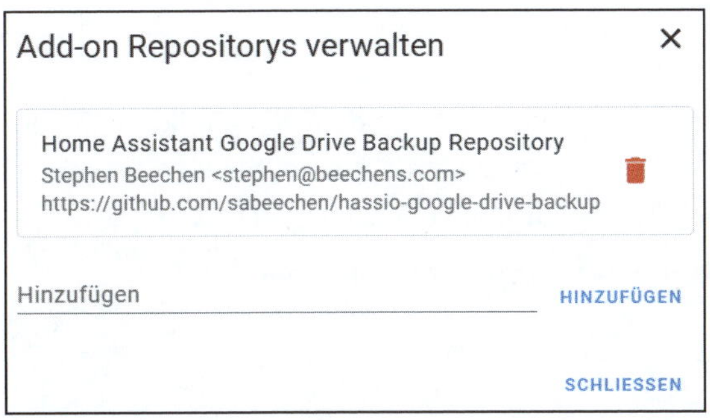

Abbildung 8.8: Das Repository wurde hinzugefügt.

Klicken Sie gegebenenfalls auf das **Papierkorb**-Icon, um ein Repository wieder aus der Liste zu entfernen. Verlassen Sie das Verwaltungsfenster mit **Schliessen**.

Das Add-on suchen, installieren und starten

Sie sehen nun am Ende des Add-on Store einen neuen Abschnitt namens **Home Assistant Google Drive Backup Repository**.

> **Cache leeren**
>
> Auch hier kann es sein, dass Sie den Browsercache löschen müssen, um den neuen Eintrag angezeigt zu bekommen.

Klicken Sie auf den Eintrag, um das Add-on in das Bearbeitungsfenster zu holen (siehe Abbildung 8.9).

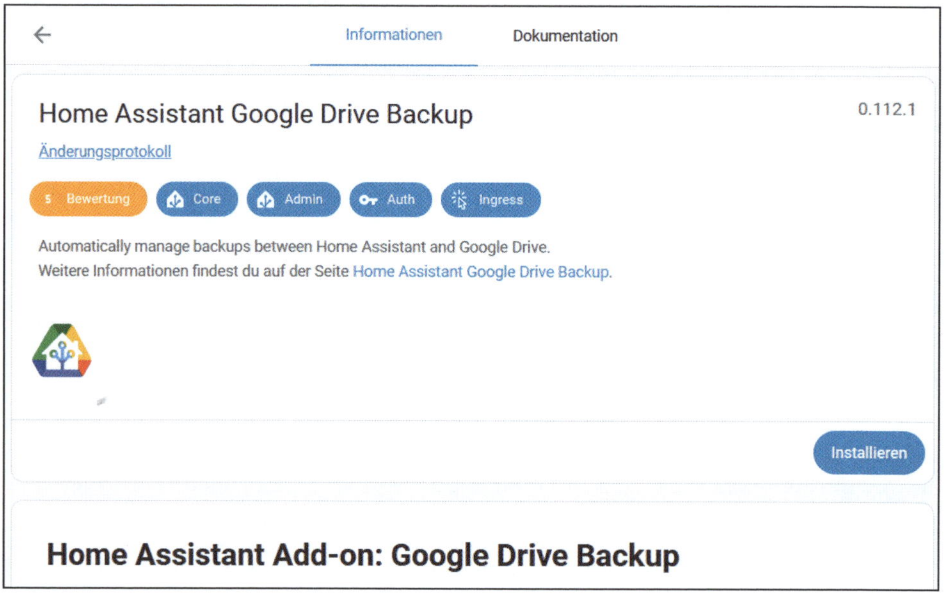

Abbildung 8.9: Add-on-Informationen zum »Google Drive Backup«

Installieren Sie das Add-on. Der Fensterinhalt entspricht nun dem von Abbildung 8.4 aus Abschnitt 8.1.1. **Starten** Sie dann das Add-on, um es zu initialisieren. Nehmen Sie, wie im vorherigen Abschnitt beschrieben, gegebenenfalls noch Einstellungen vor.

Auf *Home Assistant Google Drive Backup* gehe ich in Abschnitt 8.3 näher ein.

8.2 File Editor

Das Add-on *File Editor* (siehe Abbildung 8.10) ist ein Must-have. Seine Fähigkeiten sind enorm: Es bietet einen webbasierten Editor zum Ändern Ihrer Dateien mit Syntaxhervorhebung und *YAML-Linting*, also eine Syntaxprüfung, die Ihnen bereits beim Schreiben des Codes Hinweise gibt und Sie auf Fehler aufmerksam macht.

Sie können mit dem Add-on außerdem Dateien hochladen und herunterladen sowie Shell-Befehle ausführen. Mit diesem Add-on ist es einfach, Listen mit verfügbaren Entitäten, Auslösern, Ereignissen, Bedingungen und Diensten zu finden, und zu guter Letzt gibt es sehr übersichtlich direkte Links zur Home-Assistant-Dokumentation.

Sie werden diesen Datei-Explorer insbesondere bei der Änderung von Konfigurationsdateien schätzen lernen.

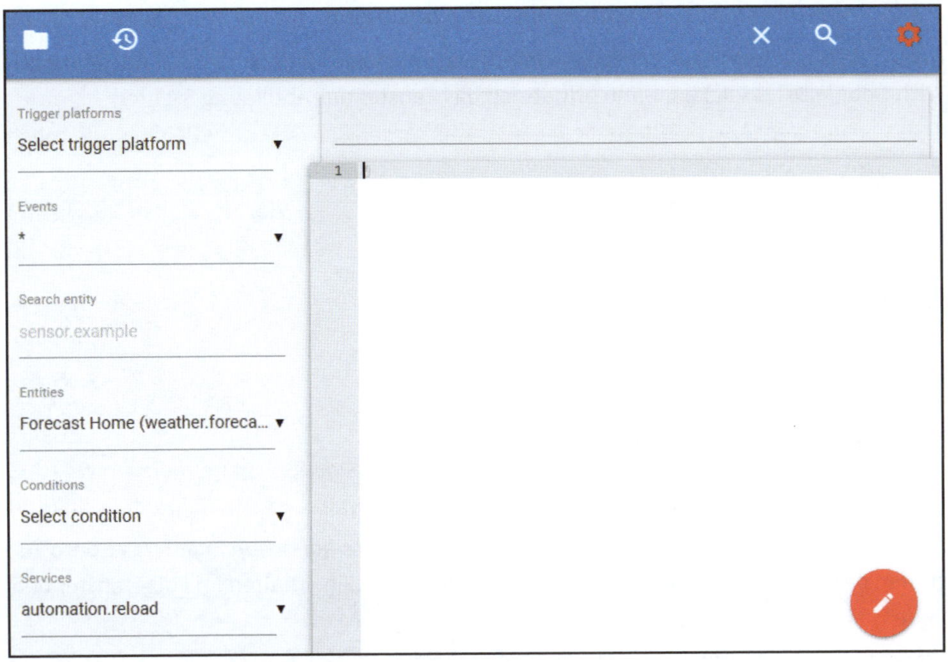

Abbildung 8.10: Die Oberfläche des Editors

Mit dem File Editor das gesamte Dateisystem erfassen
In der Grundkonfiguration erfasst der *File Editor* nur Dateien und Ordner im *config*-Ordner. Das lässt sich ändern. Gehen Sie zur Konfiguration des File Editor in **Einstellungen • Add-ons • File editor • Konfiguration**. Deaktivieren Sie dort den Schalter **Enforce Basepath** (in YAML: `enforce_basepath: false`).

8.3 Home Assistant Google Drive Backup

Home Assistant Google Drive Backup ist eine einfache und trotzdem äußerst mächtige Möglichkeit, um die Konfigurationen von Home Assistant auf ein Google Drive zu sichern. Dieses Add-on ist schnell und ohne großen Aufwand zu implementieren und erfordert keine tieferen Kenntnisse in Home Assistant, zu seiner Architektur oder in Google Drive.

8.3.1 Das Add-on installieren und erstmalig aufrufen

Nach erfolgreicher Installation und gelungenem Start sehen Sie bei entsprechender Einstellung in der linken Seitenleiste einen neuen Eintrag **Backups**. Beim erstmaligen Aufruf (durch einen Klick auf diesen Eintrag) weist das Add-on auf einige Rahmenbedingungen hin und erbittet den Zugang zu Google Drive.

8.3.2 Den Google-Authentifizierungscode besorgen

Holen Sie sich den Google-Drive-Authentifizierungscode, indem Sie auf **Authenticate With Google Drive** klicken. Dann öffnet sich das Fenster aus Abbildung 8.11.

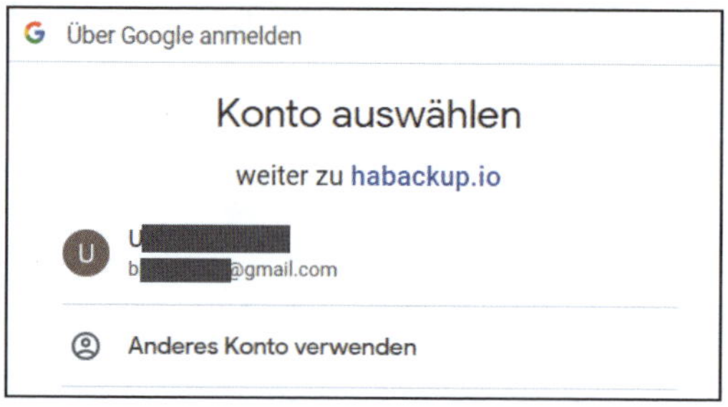

Abbildung 8.11: An Ihrem Google Drive anmelden

Wählen Sie ein bestehendes Google-Konto aus (oder erstellen Sie ein neues) und melden Sie sich an. Google verlangt nun Ihr Einverständnis, dass *habackup.io* auf das Konto zugreifen darf. Bestätigen Sie die Abfrage mit **Weiter**, und Sie erhalten im Folgefenster den Code (siehe Abbildung 8.12).

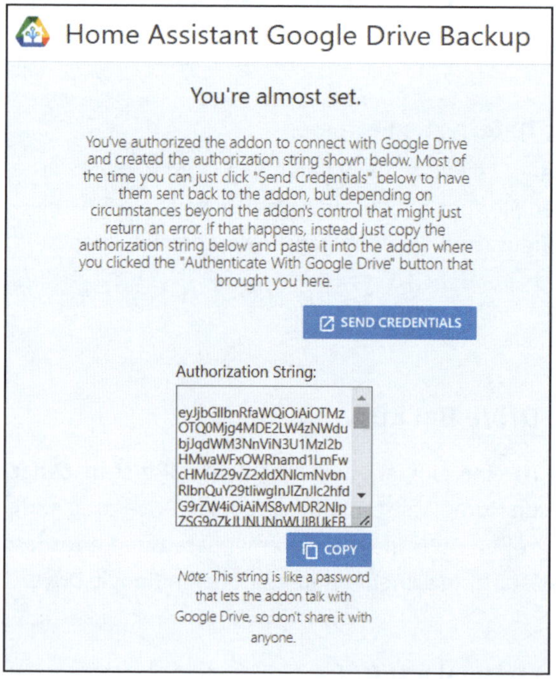

Abbildung 8.12: Der Google-Authentifizierungscode

8.3.3 Authentifizierung abschließen

Kopieren Sie den Authentifizierungscode und fügen Sie ihn im Home Assistant in das entsprechende Feld ein. Schließen Sie den Vorgang mit **Save** ab. Home Assistant Google Drive Backup ist nun aktiv (siehe Abbildung 8.13) und wartet darauf, die Konfigurationen zu sichern.

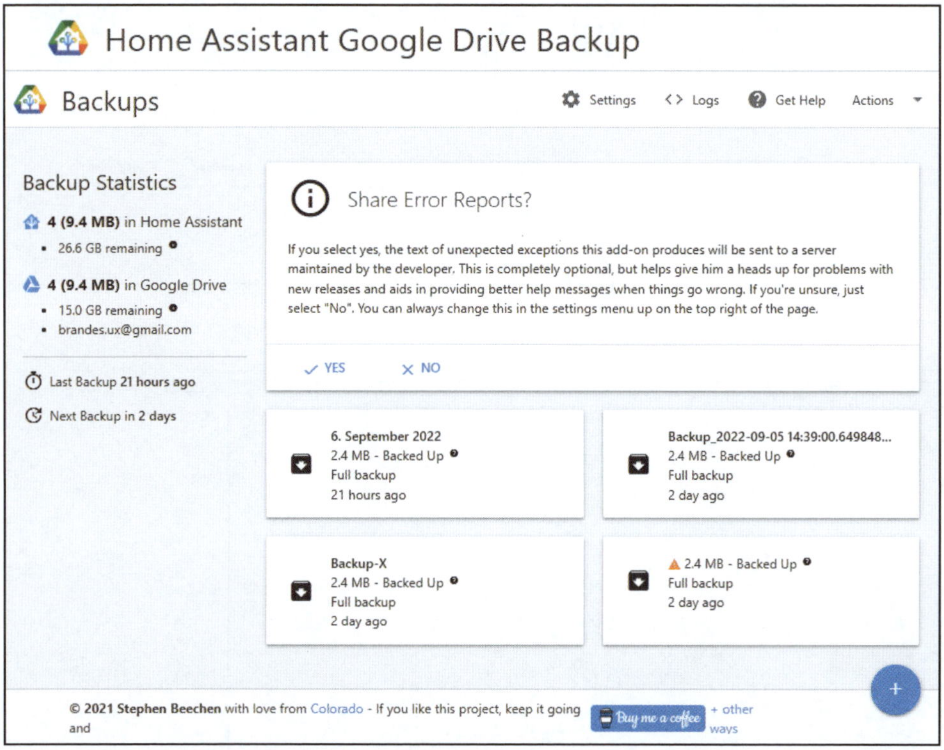

Abbildung 8.13: Backups werden angelegt.

Das Fenster bietet nun eine Übersicht über die vorhandenen Backups sowie umfassende statistische Informationen. Ein Blick in Ihr Google Drive zeigt, dass das Add-on bereits alle Backups hochgeladen hat (siehe Abbildung 8.14).

Home Assistant Google Drive Backup bringt umfangreiche Werkzeuge mit, um die Backups zu administrieren. So öffnet beispielsweise ein Klick auf ein im Bearbeitungsfenster angezeigtes Backup ein Fenster mit detaillierteren Informationen zur Sicherung und zu einigen Bearbeitungsmöglichkeiten (siehe Abbildung 8.15).

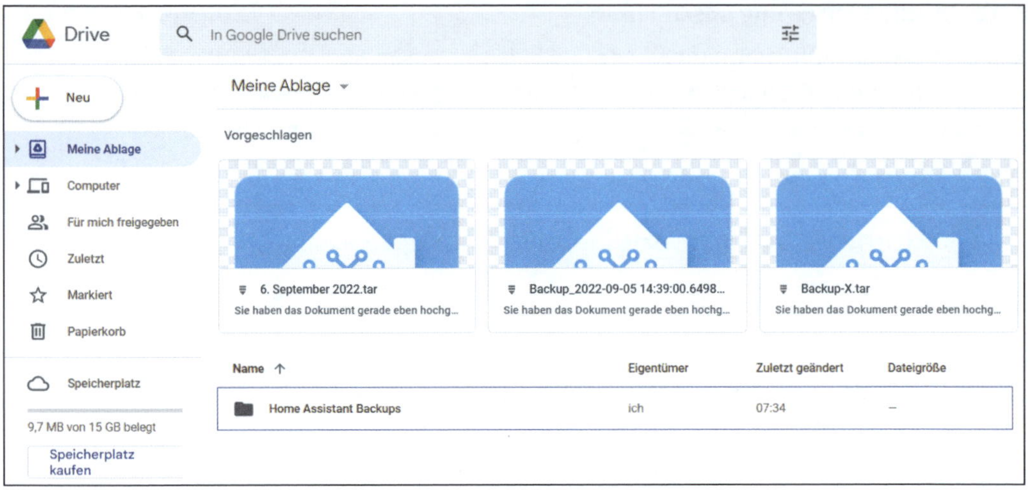

Abbildung 8.14: Sicherungen in Google Drive

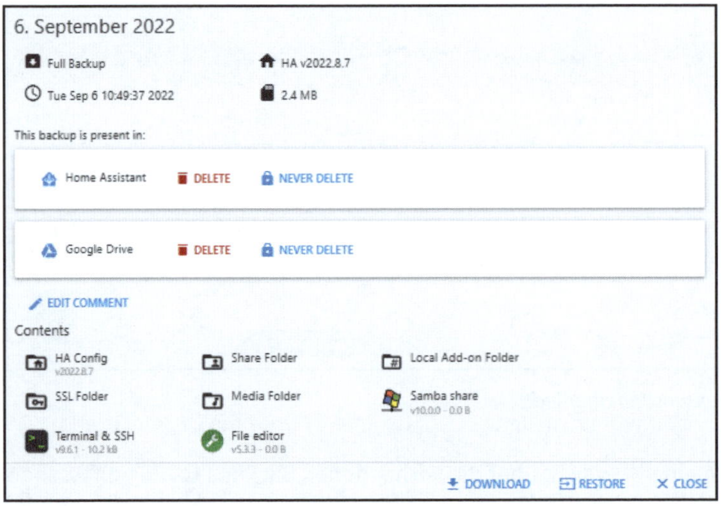

Abbildung 8.15: Eine einzelne Sicherung administrieren

Das Add-on ist ein mächtiges Tool. Diverse Einstellungen erlauben Ihnen, das Tool passgenau auf Ihre Anforderungen hin zuzuschneiden. Sie erreichen die Add-on-Einstellungen selbst über **Settings**. Die Optionen sind recht umfangreich, sodass ich an dieser Stelle nur einige exemplarisch aufgreifen möchte:

- Die Anzahl der Backups kann getrennt nach Home Assistant und Google Drive konfiguriert werden. So bestimmen Sie, wie viele Backups Sie an den jeweiligen Speicherorten (also lokal oder in der Cloud) vorhalten möchten. Voreingestellt sind jeweils vier. Bei Speichermangel auf dem lokalen Datenträger lohnt es sich vielleicht, die Anzahl der Versionen in Google Drive zu erhöhen.

- Die Anzahl der Tage zwischen den Backups: Von Haus aus ist ein dreitägiger Abstand vorgesehen. Dies ist zunächst ein guter Kompromiss zwischen sparsamem Ressourceneinsatz des Speicherplatzes und den Erfordernissen, auf einen gesicherten Stand zurückgreifen zu können. Müssen Sie wertvolle Sensordaten verfügbar halten, bietet sich ein kürzerer Zeitraum an. Entwicklungsstände Ihrer Arbeiten am System sollten Sie mit manuellen Backups speichern. Ein Wert von 0 deaktiviert die automatische Backup-Erstellung.
- Die Backup-Uhrzeit: Bestimmen Sie die Uhrzeit in der Form `HH:MM`. Günstige Zeiten sind die, in denen das System wenig arbeitet und einen konsolidierten Stand hat, z. B. morgens um 03:00 Uhr.
- Eine Vorlage für einen Backup-Namen: Jedes Backup hat einen Namen, den eine Vorlage bestimmt. Per Voreinstellung ist dies `{type} Backup {year}-{month}-{day} {hr24}:{min}:{sec}`, was dann zu einem Dateinamen wie *Full Backup 2024-10-28 09:53:18* führt. Löschen Sie Bestandteile wie z. B. `sec`, um den Namen lesbarer zu halten.
- Sie können eine Benachrichtigung bei Problemen während der Sicherungserstellung über den Sensor `binary_sensor.backups_stale` aktivieren. Die Benachrichtigung erfolgt als Ausgabe in **Benachrichtigungen** in der linken Seitenleiste.
- Außerdem können Sie einen Sensor aktivieren, der Sie über den Backup-Status informiert: `sensor.backup_state`. Die Attribute dieses Sensors enthalten Angaben zu den einzelnen Backups.
- Und schließlich können Sie Parameter für das Google Drive einstellen, z. B. wie oft das Add-on den Sensor `binary_sensor.backups_stale` in Home Assistant aktualisieren soll.

8.4 Samba share

Mit dem Add-on *Samba share* richten Sie eine Dateifreigabe zwischen verschiedenen Betriebssystemen über ein Netzwerk ein. Auf diese Weise können Sie mit Windows- und macOS-Geräten auf Ihre Home-Assistant-Dateien zugreifen, wenn Sie beispielsweise Konfigurations- und Sicherungsdateien direkt auf Ihrem Bürorechner bearbeiten wollen.

Vor dem erstmaligen Start müssen Sie *Samba share* noch konfigurieren. Öffnen Sie das Register **Konfiguration** (siehe Abbildung 8.16).

Samba share verlangt einen Benutzernamen und einen Workgroup-Namen. Es empfiehlt sich zudem, ein Passwort zu setzen. Belassen Sie es gegebenenfalls bei den Vorschlägen; das Passwort müssen Sie jedoch selbst festlegen. Mit **Speichern** sichern Sie die Konfiguration.

Gehen Sie auf **Informationen** und klicken Sie auf **Starten**. Der Dienst ist jetzt in Betrieb und sollte das mit einem grünen Punkt rechts oben im Add-on-Informationsfenster anzeigen.

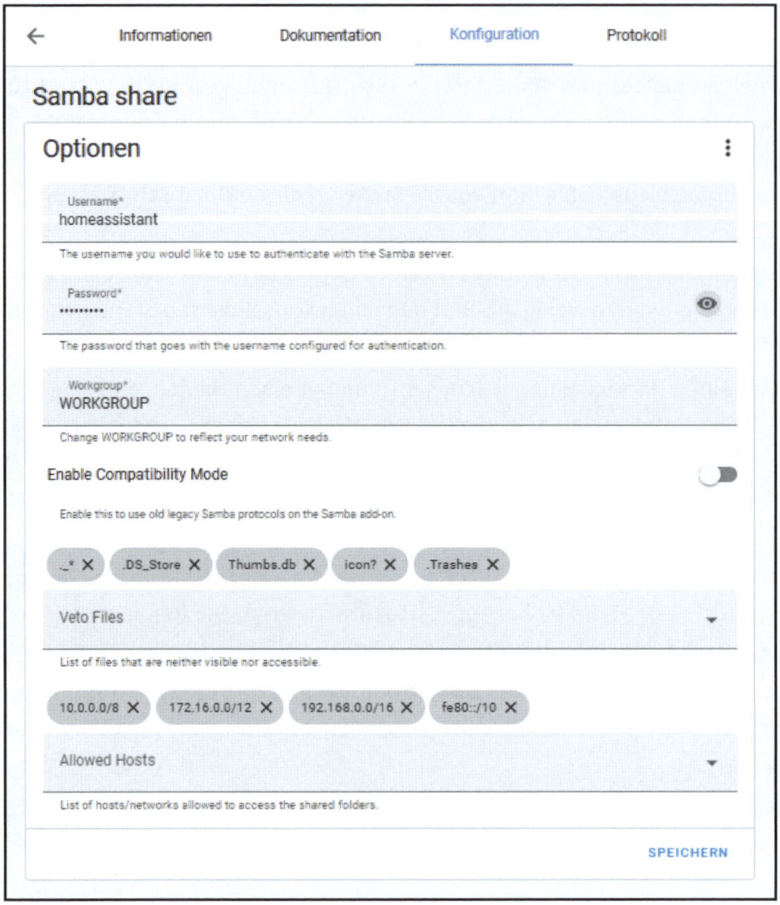

Abbildung 8.16: Das Add-on »Samba share« konfigurieren

An dieser Stelle möchte ich den Zugriff über einen Windows-PC demonstrieren – der Zugriff über den Finder von macOS oder ein Linux-System funktioniert ähnlich. Öffnen Sie den Datei-Explorer und geben Sie im Feld für die Eingabe des Dateipfads die IP-Adresse Ihres Home Assistant ein, eingeleitet von zwei Backslashs. Im Beispiel ist dies die IP-Adresse *\\192.168.178.46* (siehe Abbildung 8.17).

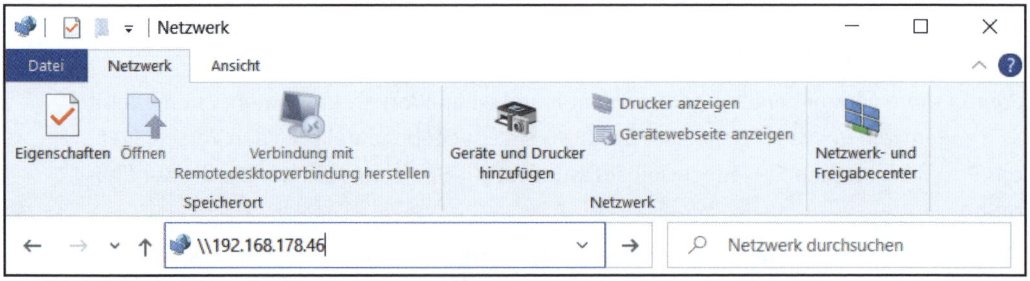

Abbildung 8.17: Dateien mit »Samba share« aufrufen

Bei der erstmaligen Nutzung über das Netzwerk verlangt Windows den Benutzernamen und das Passwort in der Schreibweise, die Sie während der Konfiguration von *Samba share* angegeben haben (siehe Abbildung 8.18).

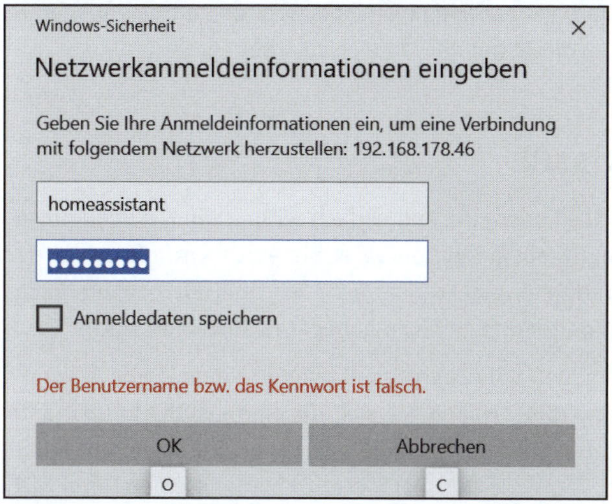

Abbildung 8.18: Netzwerkinformationen eingeben

Klicken Sie nach dem Ausfüllen der Felder auf **OK**. Sie landen im Datei-Verzeichnis *\home* von Home Assistant (siehe Abbildung 8.19) und haben nun über das Netzwerk Zugriff auf alle Dateien der Anwendung.

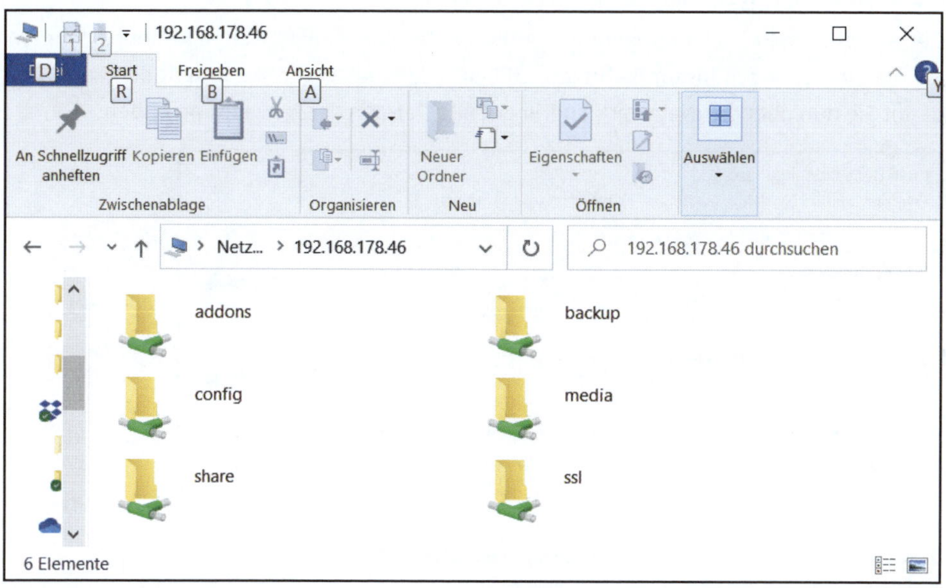

Abbildung 8.19: Das Dateisystem wurde hier mit »Samba share« aufgelistet.

Selbstverständlich können Sie mit dem Add-on einzelne Ordner und Dateien sowohl aus Home Assistant heraus auf einen externen Datenträger kopieren als auch den umgekehrten Weg vom externen Datenträger wieder zurückgehen.

Wenn Ihr Home Assistant auf einem kleinen Rechner ohne Monitor und Eingabegeräte läuft, ist dies ein einfacher Weg, um direkt mit den Dateien zu arbeiten.

8.5 Secure Socket Shell (SSH)

Secure Socket Shell (auch *Secure Shell* oder kurz und einfach *SSH*) ist ein Netzwerkprotokoll, das Ihnen einen sicheren Zugriff auf einen Computer bietet. Es wird oftmals in der professionellen Systemadministration eingesetzt, ist aber auch sehr nützlich, um Rechner zu verwalten, an denen kein Monitor und keine Eingabegeräte installiert sind.

In diesem Abschnitt geht es darum, den SSH-Zugriff zu aktivieren, wenn Home Assistant die Rolle des Betriebssystems einnimmt. Haben Sie sich für eine Installationsvariante entschieden, bei der Home Assistant nur als Dienst läuft, müssen Sie SSH auf dem eigentlichen Betriebssystem aktivieren. Wenn Sie beispielsweise Debian auf einem Intel NUC als Basis nutzen, brauchen Sie den SSH-Dienst dort.

Aber auch in einer eigenständigen Home-Assistant-Installation gibt es die Möglichkeit, den SSH-Zugriff zu aktivieren:

8.5.1 Den erweiterten Modus aktivieren

Der erweiterte Modus ist notwendig, damit Sie das SSH-Fenster sehen können. Nehmen Sie die Einstellung in Ihrem Benutzerprofil vor (siehe Abschnitt 4.1 und Abbildung 8.20), damit Sie nun über das Netzwerk Zugriff auf alle Dateien der Anwendung haben.

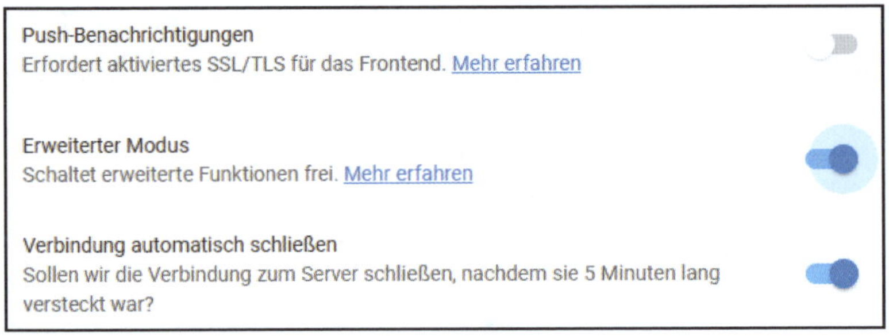

Abbildung 8.20: Benutzerprofil – der erweiterte Modus ist aktiviert.

8.5.2 Das Add-on »Terminal & SHH« installieren

Besuchen Sie den Add-on Store über **Einstellungen • Add-ons • Add-on Store** und suchen Sie nach *SSH*. Sie erhalten zwei Treffer (siehe Abbildung 8.21).

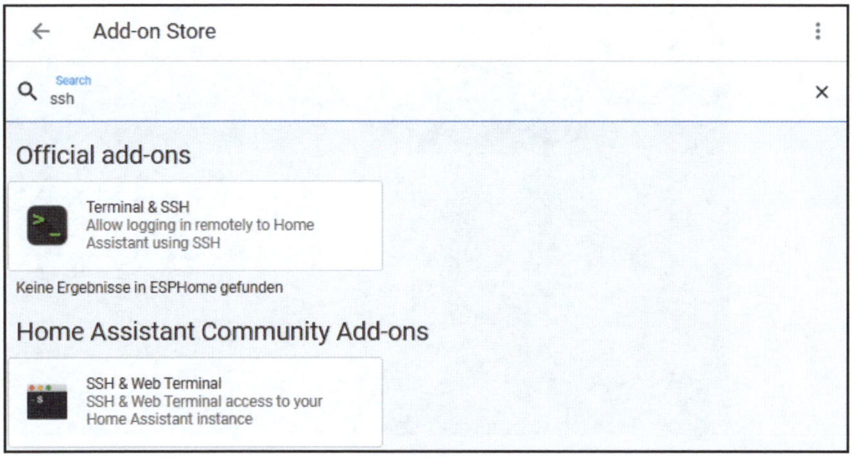

Abbildung 8.21: Das Add-on »Terminal & SSH« ist einer von zwei Suchtreffern.

Wählen Sie die gewünschte Variante; ich bevorzuge an dieser Stelle die offizielle Version. Führen Sie anschließend mit **Installieren** die Installation durch. Aktivieren Sie dann **In der Seitenleiste anzeigen** und gegebenenfalls **Automatische Updates**.

Starten Sie das Add-on durch einen Klick auf das entsprechende Schaltfeld.

Probleme beim Starten

Es kann vorkommen, dass der Start des Add-ons Probleme bereitet, wenn bei Ihnen Home Assistant in einer virtuellen Maschine läuft. Fahren Sie dann die Anwendung in der virtuellen Maschine herunter und starten Sie sie aus der virtuellen Maschine neu.

Mit diesem Add-on haben Sie Zugriff auf zwei Funktionen:

- auf ein Webterminal, das Sie von Ihrem Browser aus verwenden können, sowie
- auf die Möglichkeit, eine Verbindung zu Ihrem System über einen SSH-Client zu aktivieren.

8.5.3 Das Webterminal

Sie finden nun in der Seitenleiste einen neuen Eintrag **Terminal**, über den Sie unmittelbar auf die Kommandozeile gelangen (siehe Abbildung 8.22).

In der alltäglichen Arbeit mit Home Assistant sollten Sie die Kommandozeile nicht brauchen, für fortgeschrittene Wartungsarbeiten kann das Terminal aber hilfreich sein. Dafür sollten Sie solide Linux-Kenntnisse mitbringen – und können sich darüber freuen, dass das Terminal bereits einige nützliche Werkzeuge mitbringt. Als Shell ist die moderne ZSH mit dem *Oh-my-ZSH*-Paket vorgesehen, außerdem sind Diagnosewerkzeuge wie *curl*, *Nmap* und Clients für den Datenbankzugriff vorinstalliert.

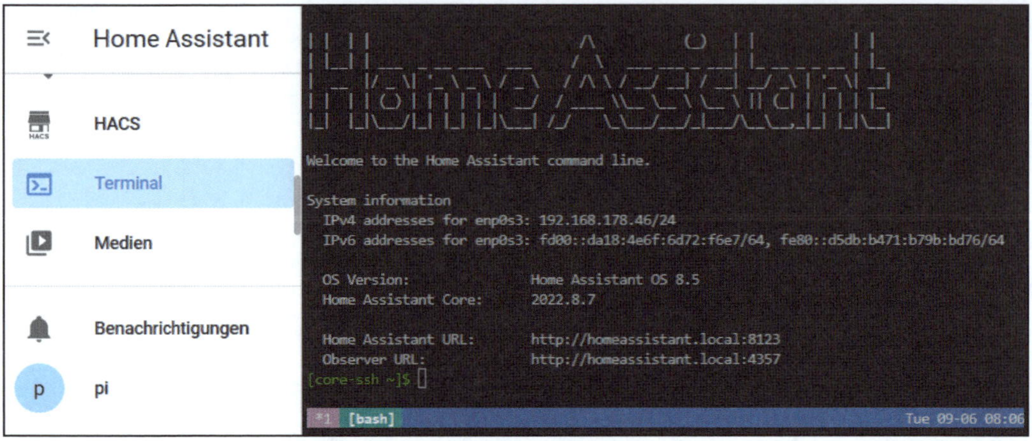

Abbildung 8.22: Terminalzugriff auf Home Assistant

Sie haben nun außerdem Zugriff auf die CLI-Befehle des Home-Assistant-Betriebssystems, die Sie mit `hassio help` auflisten.

8.5.4 Die Verbindung über einen SSH-Client nutzen

Nach der Installation des Add-ons ist die SSH-Verbindung zunächst noch deaktiviert. Das hat einen guten Grund, denn durch die Verbindung öffnen Sie Ihr System ein Stück weit und machen es damit angreifbarer.

Wenn Sie den praktischen SSH-Zugriff aktivieren wollen, gehen Sie in die **Konfiguration** des Add-ons und dort in den ersten Abschnitt **Optionen**. Hier sollten Sie den Zugriff zumindest durch ein Passwort absichern (hier: `raspberry`). In YAML sieht die Konfiguration dann wie folgt aus:

```
authorized_keys: []
password: raspberry
apks: []
server:
  tcp_forwarding: false
```

Speichern Sie die Änderungen und lassen Sie einen Neustart des Add-ons zu.

Absicherung mit einem SSH-Key

Besser, aber auch komplizierter ist der Einsatz eines SSH-Keys, der ein Passwort überflüssig macht. Dies setzt jedoch voraus, dass Sie sich ein entsprechendes Schlüsselpaar erstellen und die Schlüssel verwalten. Informationen dazu finden Sie unter *https://www.simon42.com/home-assistant-ssh-root-os/*.

Aktivieren Sie im Abschnitt **Netzwerk** den Zugriff und setzen Sie den Port auf 22 (siehe Abbildung 8.23).

Abbildung 8.23: Der SSH-Port

Für eine SSH-Verbindung benötigen Sie einen SSH-Client (z. B. PuTTY, *https://www.putty.org*). Windows verfügt inzwischen aber auch über einen integrierten OpenSSH-Client, den Sie über die PowerShell aufrufen können. Geben Sie dort als Kommando `ssh root@192.168.178.56` ein. Passen Sie die IP-Adresse entsprechend an. Das verlangte Passwort ist dasjenige, das Sie während der Konfiguration festgelegt haben. Abbildung 8.24 zeigt den Ablauf.

Sie haben nun von Ihrem Arbeitsrechner aus direkten Zugriff auf das System – genau so, als würden Sie das Webterminal nutzen. Das Terminal kann im Fehlerfall weiterführende Informationen liefern. Je nach Installationsart funktionieren auch Linux-Befehle (d. h. nicht bei Installationen über `hass.io`).

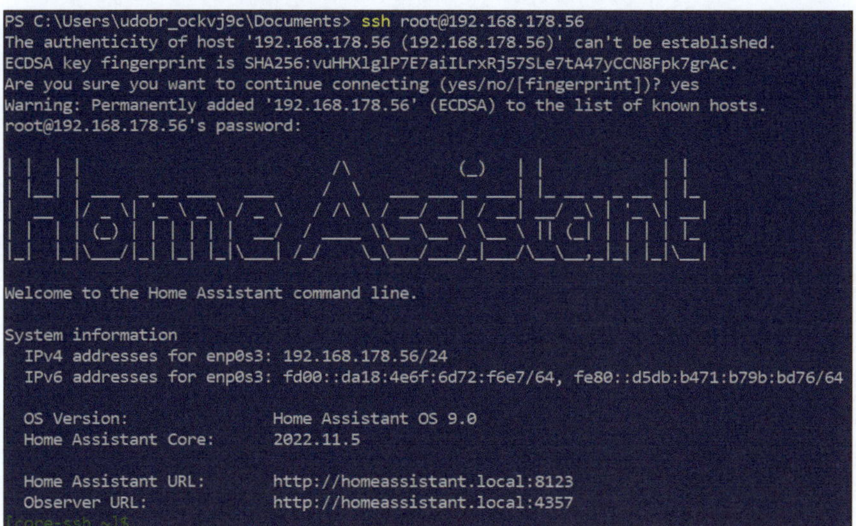

Abbildung 8.24: Verbindung über SSH

Fazit: Add-ons machen Home Assistant erst richtig spannend. Manchmal sind sie sogar unverzichtbar, wie beispielsweise der *File Editor*. Überfliegen Sie in einer ruhigen Minute die Liste der offiziellen Add-ons. Vielleicht finden Sie ja die eine oder andere Anregung für Ihre Projekte.

Kapitel 9

Der Home Assistant Community Store

Die Home-Assistant-Community unterhält einen Laden, der manch interessantes und nützliches Produkt bereithält. Gehen Sie shoppen.

Der *Home Assistant Community Store* (HACS), den Sie unter *https://hacs.xyz/* finden, ist eine wahre Fundgrube für Software rund um Home Assistant.

Das Entwicklerteam kann nicht alle von Anwendern gewünschten Funktionalitäten in das Kernsystem integrieren. Anwendungen und Geräte, die noch nicht in Home Assistant eingebunden sind, tragen die Bezeichnung *Custom Components* (also »benutzerdefinierte Komponenten«). Diese können selbst oder von anderen entwickelt werden.

Home Assistant sieht dafür ein spezielles Unterverzeichnis mit dem Namen *custom_components* (für Integrationen) bzw. *www* (für Frontends) vor. Um die Installation dieser zahlreichen Komponenten einfacher zu machen, gibt es HACS. Damit lassen sich Custom Components bequem und wie gewohnt über die Weboberfläche von Home Assistant installieren. Außerdem sorgt HACS dafür, dass diese Komponenten immer auf dem neuesten Stand gehalten werden, und spielt Updates auf Wunsch automatisch ein.

9.1 HACS-Integration erstellen

HACS ist ein Add-on, das über ein Repository verfügbar ist. Erst wenn das Add-on installiert ist, können Sie die Integration hinzufügen.

9.1.1 HACS installieren

Es gibt zwei Wege, das Repository zu besorgen und zu installieren:

- skriptgesteuert
- über das GUI

Skriptgesteuertes Hinzufügen des Repository

Obwohl es etwas aufwendiger erscheinen mag und obwohl ein wenig mehr Sorgfalt gefordert ist, läuft der Prozess meines Erachtens mithilfe eines Skripts einfacher ab.

Voraussetzungen schaffen

Sie benötigten den Zugang über eine Konsole, z. B. über das Add-on *Terminal & SSH*. Folgen Sie der Anleitung in Abschnitt 8.5.

Hinzufügen durchführen

Der Kommandozeilenbefehl dazu lautet:

```
wget -O - https://get.hacs.xyz | bash -
```

Sie finden ihn neben der Installationsanleitung für *Home Assistant Container* und *Home Assistant Core* auch auf *https://hacs.xyz/docs/faq/download/*.

Öffnen Sie nun ein Terminal (z. B. über das Icon in der linken Seitenleiste) und geben Sie die Befehlszeile ein. Wenn Sie Copy and Paste verwenden, funktioniert das Einfügen entweder mit [Strg] + [V], [Strg] + [⇧] + [V], [⇧] + [Einfg] oder einem Rechtsklick. Drücken Sie [↵] und verfolgen Sie den Prozess im Terminalfenster (siehe Abbildung 9.1).

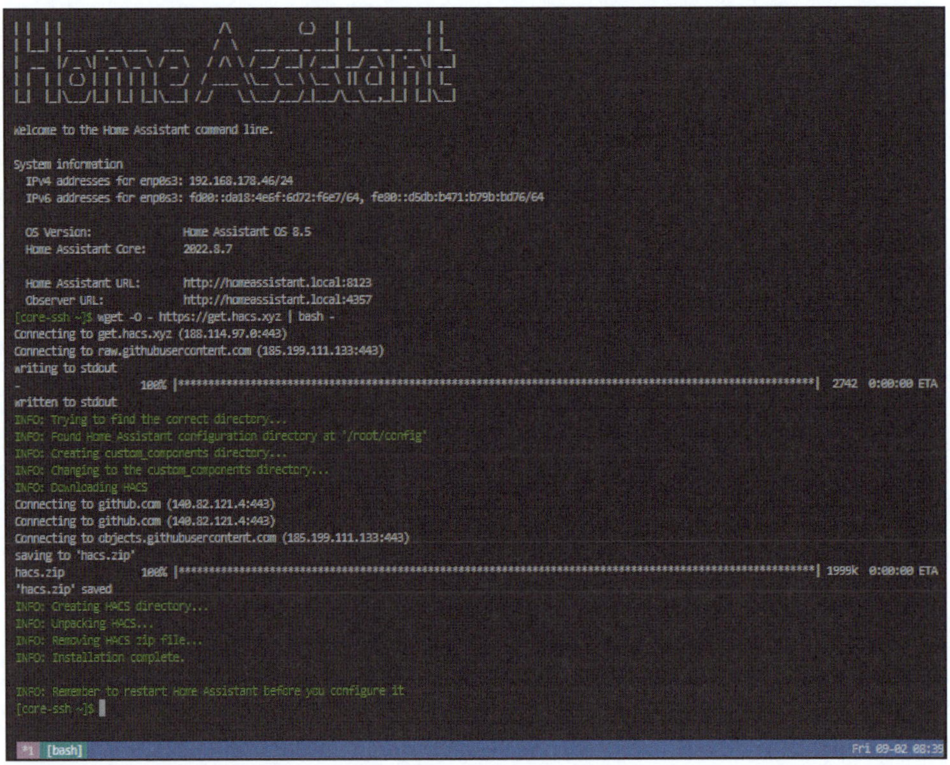

Abbildung 9.1: Das HACS-Installationsskript ausführen

Überprüfen Sie gegebenenfalls den Erfolg der Maßnahme

- über **Entwicklerwerkzeuge • Konfiguration prüfen** oder
- über den Datei-Explorer (siehe Abschnitt 8.4, »Samba share«). Der *config*-Ordner sollte eine neue Ordnerstruktur *custom_components/hacs* haben.

Das Hinzufügen über das GUI

Die Anweisungen für das Hinzufügen finden Sie auf der Download-Seite von HACS (*https://hacs.xyz/docs/use/download/download/#to-download-hacs*). Öffnen Sie die Seite in dem gleichen Browser, in dem Sie das GUI von Home Assistant geöffnet haben. Unter Punkt 1 sehen Sie einen Link (**my link**, siehe Abbildung 9.2).

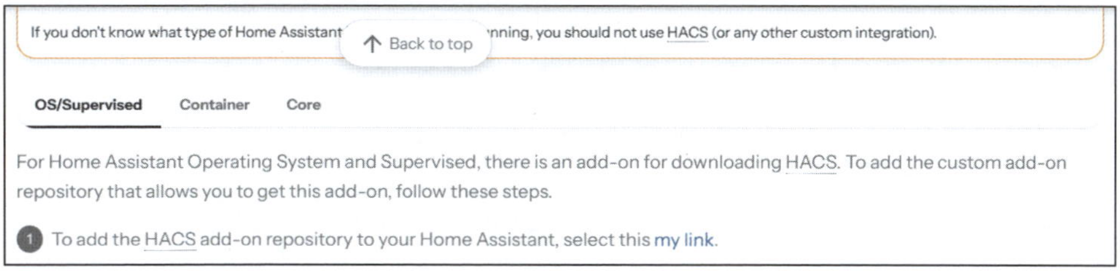

Abbildung 9.2: HACS-Link

Dieser Link erstellt einen Vorschlag für die URL Ihrer Home-Assistant-Instanz (siehe Abbildung 9.3).

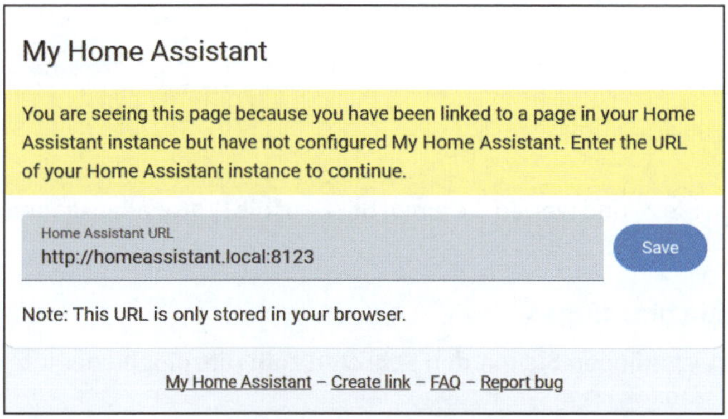

Abbildung 9.3: Linkvorschlag für die URL der Home-Assistant-Instanz

Überprüfen Sie die URL und ändern Sie sie bei mehreren Instanzen gegebenenfalls ab (z. B. *http://192.168.178.139:8123*). **Save** führt zu einem Folgefenster mit der Bitte, den Link zu Ihrer Anwendung zu öffnen (siehe Abbildung 9.4).

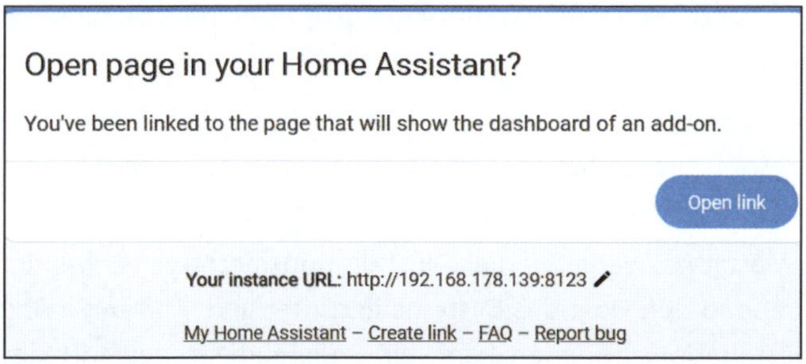

Abbildung 9.4: Vom HACS-Einrichtungsassistent generierter Link zu Ihrer Anwendung

Open link führt zu Ihrer Anwendung und meldet das fehlende HACS-Repository (siehe Abbildung 9.5).

Abbildung 9.5: Meldung zum fehlenden HACS-Repository

Hinzufügen fügt das Repository hinzu (Folgefenster siehe Abbildung 9.6).

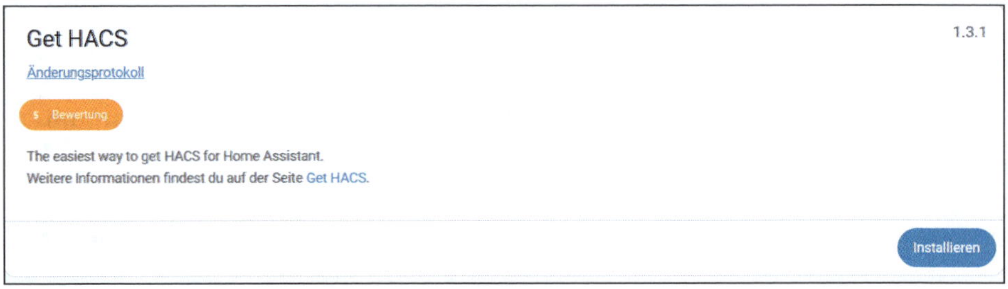

Abbildung 9.6: HACS installieren

Installieren Sie HACS. Starten Sie es und werfen Sie einen Blick auf die Protokollausgaben.

9.1.2 Die HACS-Integration hinzufügen

Sobald das Add-on installiert ist, können Sie mit den Schritten zum Hinzufügen der Integration beginnen.

Home-Assistant-Neustart

An dieser Stelle ist der Prozess sehr empfindlich. Das Skript (siehe Abbildung 9.1) und auch die Protokollausgaben bei einer GUI-Installation fordern lediglich zum Neustart von Home Assistant auf (**Entwicklerwerkzeuge • Neu starten**).

Das reicht aber häufig nicht. Es sind noch einige weitere Schritte zumindest ratsam, um die Installation abzuschließen:

- Löschen Sie den Cache des Browsers. (Bei Google Chrome beispielsweise gehen Sie über das Menü-Icon in der Kopfzeile auf **Weitere Tools • Browserdaten löschen**. Dort aktivieren Sie das Kontrollkästchen **Bilder und Dateien im Cache löschen**.)
- Beenden Sie die virtuelle Maschine, wenn Sie diese Installationsmethode verwendet haben. Fahren Sie abschließend den Host des Systems herunter und starten Sie ihn neu. Auch bei anderen Installationsszenarien kann ein vollständiger Neustart des Hosts helfen.

HACS integrieren

Gehen Sie nach dem Neustart auf **Einstellungen • Geräte und Dienste** und fügen Sie mit der Suchfunktion bei **Integration hinzufügen** *HACS* hinzu. Das Entwicklerteam von HACS besteht aus vorsichtigen Leuten, die von den Nutzern die Bestätigung verlangen, dass sie die Rahmenbedingungen kennen und akzeptieren (siehe Abbildung 9.7).

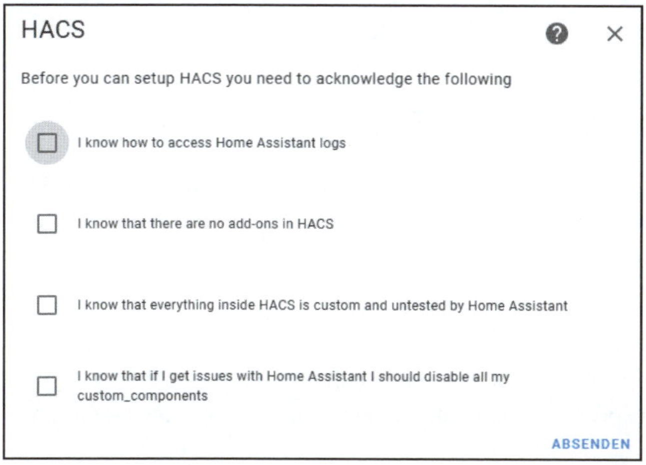

Abbildung 9.7: Bestätigung der Rahmenbedingungen

Sie müssen alle Antworten bestätigen, sonst geht es nicht weiter. Aber machen Sie sich auch ein paar Gedanken über den sachlichen Hintergrund:

- Die Anmerkung zu Home-Assistant-Logs soll Sie darauf hinweisen, dass die Logs eine wichtige Informationsquelle bei der Fehlersuche sind. Schauen Sie zunächst dort nach, bevor Sie Fehler melden, denn vielleicht gibt es bereits in den Logs Hinweise.
- HACS verteilt keine Add-ons, sondern nur Integrationen.
- Anders als in *Home Assistant Core* wurden die Dinge in HACS nicht durch das Home-Assistant-Entwicklerteam getestet. Um es böswillig zu überspannen: Jeder kann in HACS Software einstellen – egal, ob sie funktioniert oder nicht, und egal, ob sie Schaden anrichtet oder nützt.
- Aus diesem Grund sollten Sie Ihre Anwendung vor der Neuinstallation von Integrationen aus HACS sichern. Sollte das System mit der neuen Integration nicht mehr stabil laufen, ist das die erste Fehlerquelle. Misslich wird es allerdings, wenn diese Fehler erst mit einer neuen Home-Assistant-Version auftreten.

HACS aktivieren

HACS braucht den Zugriff auf GitHub, um von dort Code herunterladen zu können. Da diese Downloads sehr umfangreich sein können, scheidet die öffentliche Gratis-API hierfür aus. Deshalb geht es nach einem Klick auf **Absenden** zur Aktivierung von HACS über GitHub (siehe Abbildung 9.8). Dies setzt allerdings einen GitHub-Account voraus.

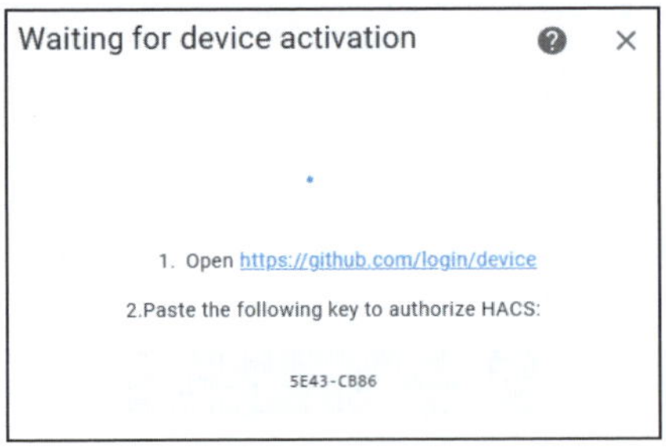

Abbildung 9.8: Start der HACS-Aktivierung über GitHub

Klicken Sie auf den angezeigten Link, um zum GitHub-Log-in zu gelangen. Geben Sie hier Ihre Log-in-Daten ein oder erstellen Sie einen neuen Account.

[»]

Neuer GitHub-Account

Es ist nicht sehr schwierig, einen neuen Account einzurichten. Der Prozess verlangt zunächst eine E-Mail-Adresse, ein Passwort und einen Benutzernamen. Um die Existenz der E-Mail-Adresse zu prüfen, versendet GitHub eine Aktivierungs-E-Mail an eben dieses Konto.

Falls Sie GitHub noch nicht kennen: Es ist die größte IT-Plattform, auf der Code ausgetauscht wird und Projekte organisiert werden. Fast alle Softwareprojekte haben eine Projektseite auf GitHub. Beachten Sie aber die Hinweise zum Einbinden von Software-Repositorys aus Abschnitt 8.1.

Nach dem GitHub-Log-in landen Sie im Aktivierungsfenster (siehe Abbildung 9.9).

Geben Sie hier den Aktivierungscode ein (siehe Abbildung 9.8) und gehen Sie mit **Continue** zum Bestätigungsfenster weiter (siehe Abbildung 9.10).

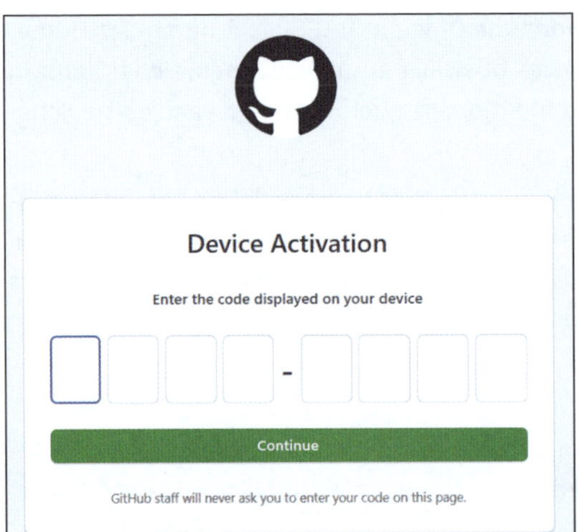

Abbildung 9.9: Das Aktivierungsfenster von GitHub-HACS

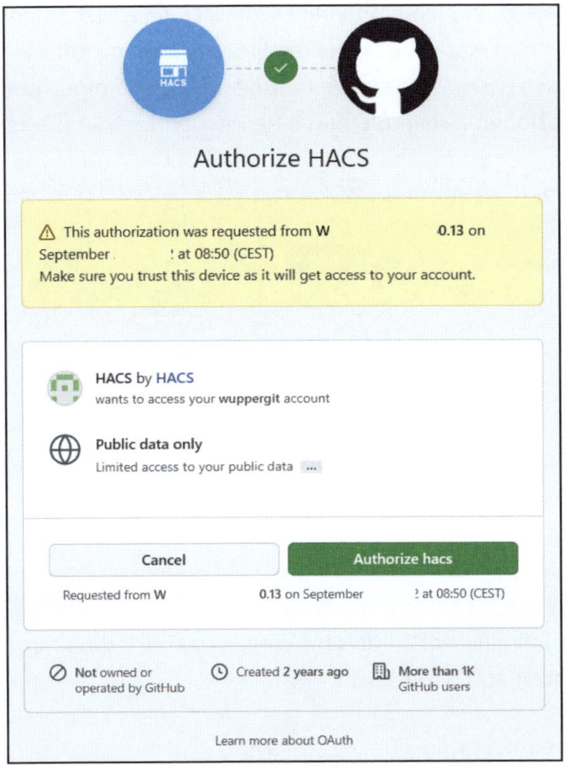

Abbildung 9.10: Das GitHub-HACS-Bestätigungsfenster

Bestätigen Sie mit **Authorize hacs**. GitHub zeigt Ihnen noch eine Mitteilung über die geglückte Geräteverbindung an.

HACS einem Bereich zuordnen

Home Assistant zeigt nun ebenfalls eine Erfolgsmitteilung (siehe Abbildung 9.11).

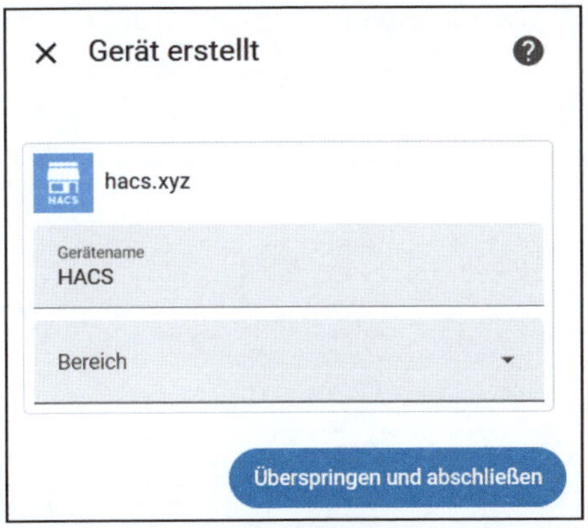

Abbildung 9.11: Erfolgsmitteilung von HACS

Fügen Sie HACS einem bekannten Bereich zu. Ich empfehle an dieser Stelle, der Übersichtlichkeit halber einen neuen Bereich zu erstellen. Schließen Sie den Vorgang mit **Fertig** bzw. **Überspringen und abschliessen** (wenn Sie keine Änderungen vorgenommen haben) ab. In der Übersicht der **Integrationen** haben Sie nun einen neuen Eintrag (siehe Abbildung 9.12).

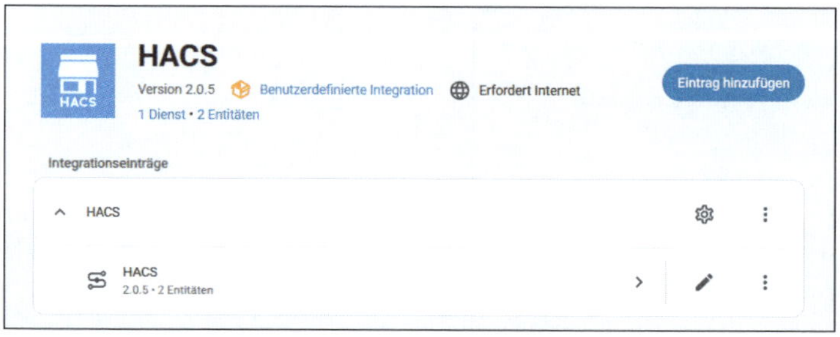

Abbildung 9.12: HACS-Eintrag in den Integrationen

Geben Sie dem System nun Zeit (in der Regel 10 bis 20 Minuten, abhängig von der verwendeten Hardware und der Netzwerkgeschwindigkeit), um die erforderlichen Pakete im Hintergrund herunterzuladen und zu installieren. Zu diesem Vorgang gehört, dass nunmehr in der linken Seitenleiste ein Eintrag **HACS** auftaucht.

Fehlendes HACS-Icon

Ein fehlendes HACS-Icon ist auf ein Browsercache-Problem zurückzuführen. Dieses Problem lässt sich mit einem Neuladen der Seite ohne Browsercache beheben. In Google Chrome geht dies mit `Strg` + `F5`.

9.2 Die HACS-Repositorys

Ein Klick auf **HACS** öffnet das HACS-Hauptfenster (siehe Abbildung 9.13).

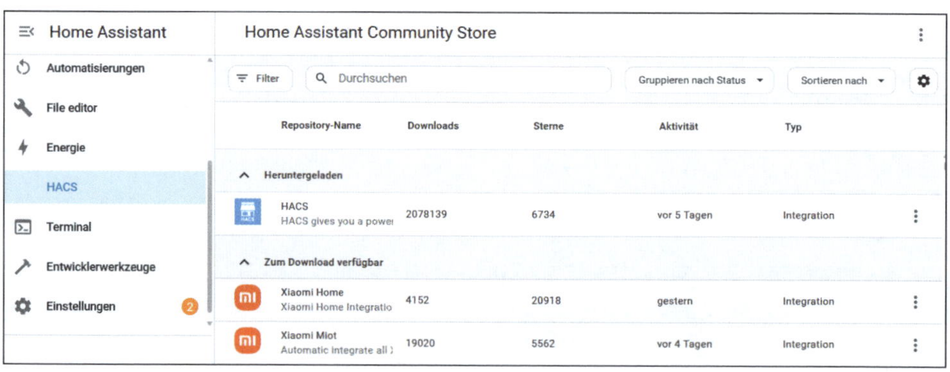

Abbildung 9.13: Das Hauptfenster von HACS

Das Hauptfenster von HACS gibt Ihnen in übersichtlicher und einfacher Form einen Überblick über die heruntergeladenen wie auch die zum Download verfügbaren Komponenten. Dabei unterscheidet HACS zwischen den Typen *Integration*, *Dashboard* und *Theme*. Das Menü-Icon eines jeden Listeneintrags ist der Zugang zu verschiedenen Funktionen wie z. B. dem **Herunterladen** (siehe Abbildung 9.14). Bei heruntergeladenen Elementen finden Sie hier zusätzliche Optionen zum **Entfernen** und **Löschen**.

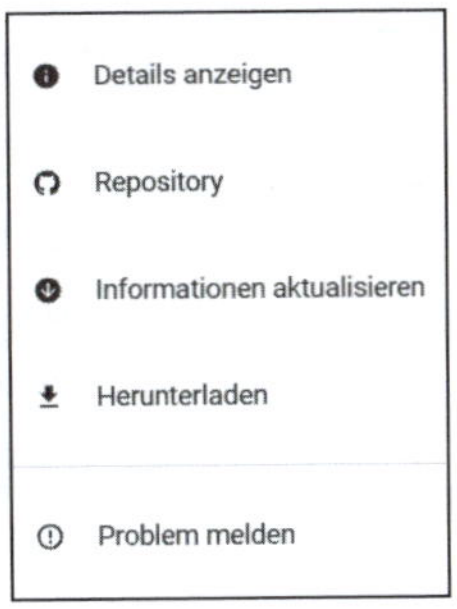

Abbildung 9.14: Menüfunktionen eines HACS-Elements

Ich empfehle unbedingt vor jedweder Installation, einen Blick auf die Details zu werfen (siehe Beispiel zum *DWD Pollenflug*, siehe Abbildung 9.15). Dies gilt insbesondere für Abschnitte wie **Installation** oder **Prerequisites** (dt. *Voraussetzungen*). Wertvoll ist auch ein Blick auf **Configuration** (Hinweise zu Konfigurationsnotwendigkeiten) und **Example Configuration** (Beispielkonfiguration), sofern diese Passagen vorhanden sind.

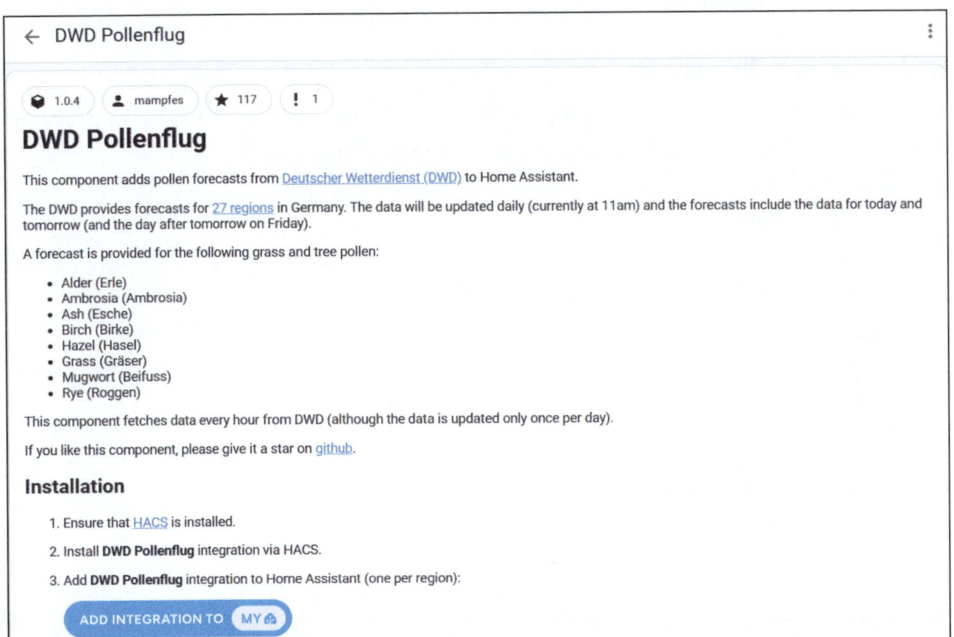

Abbildung 9.15: HACS-Repository, Details eines Elements

9.2.1 Integrationen aus dem Home Assistant Community Store

Gehen Sie für das Hinzufügen von Integrationen aus dem Community Store wie folgt vor:

Repository suchen

Mit **+ Durchsuchen und Herunterladen von Repositories** öffnet sich das Suchfenster, das Sie bereits kennen. Als Beispiel installieren wir hier die Pollenfluginformationen des Deutschen Wetterdienstes; ein teilqualifizierter Suchbegriff erleichtert das Auffinden (siehe Abbildung 9.16).

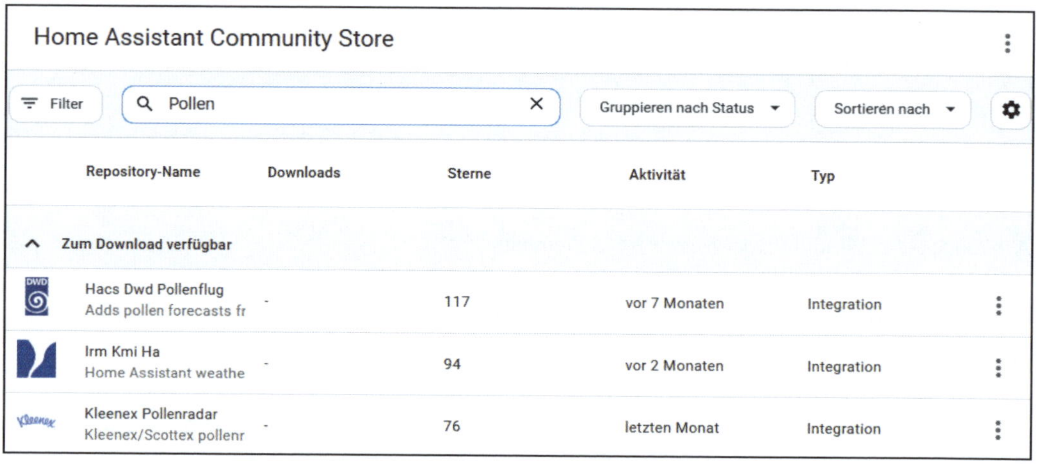

Abbildung 9.16: Integrationen suchen

Repository herunterladen

Über das Menü-Icon des gewünschten Eintrags erhalten Sie weitere Informationen zu der Komponente bzw. gelangen zum Download (siehe Abbildung 9.17).

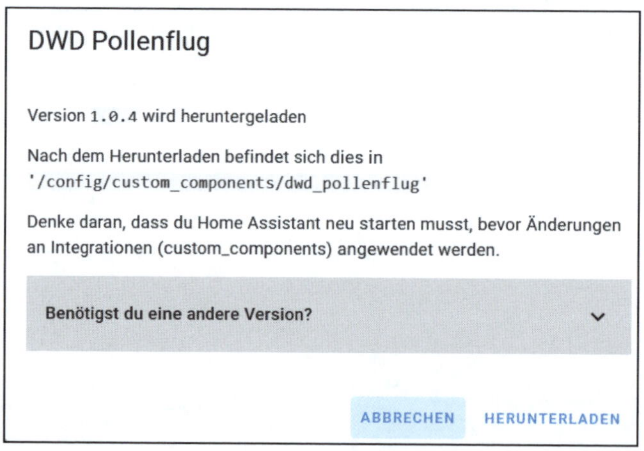

Abbildung 9.17: Informationen zur ausgewählten Komponente

Herunterladen macht die Software auf Ihrem System verfügbar.

Das System neu starten

Sie landen wieder im HACS-Hauptfenster (siehe Abbildung 9.13). Dort sehen Sie das heruntergeladene Repository in einem Abschnitt **Ausstehender Neustart** (siehe Abbildung 9.18).

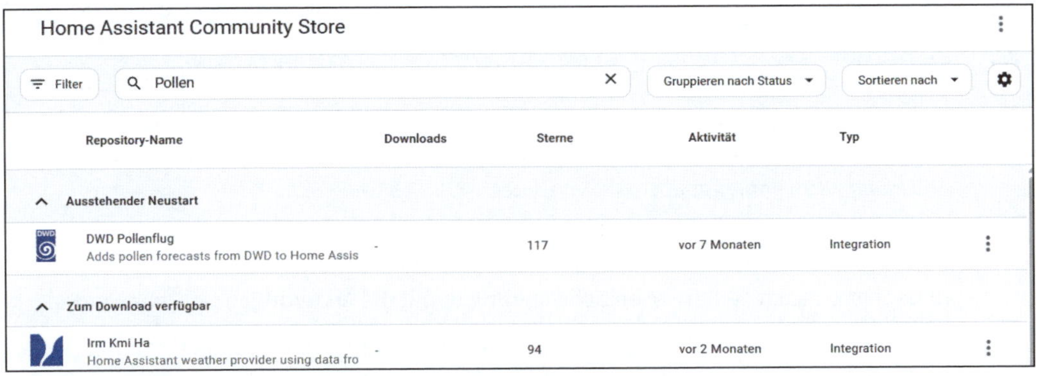

Abbildung 9.18: Neustart durchführen

Bevor Sie einen Neustart des Systems durchführen (z. B. mit **Entwicklerwerkzeuge • Neu starten**), sollten Sie in der Systemkonfiguration über **Entwicklerwerkzeuge • Konfiguration prüfen** überprüfen, ob bei der Installation alles gut gegangen ist. Finden Sie dort keine Fehler, folgt der Neustart.

Danach sollten Sie das Element im Abschnitt **Heruntergeladen** finden.

Die gewünschte HACS-Repository-Integration hinzufügen

Wechseln Sie zu den Integrationen (**Einstellungen • Geräte & Dienste • Integrationen**) und fügen Sie die Integration über **+ Integration hinzufügen** hinzu.

9.2.2 Frontend-Module aus dem Home Assistant Community Store

Frontend-Module sollen für eine verfeinerte Darstellung des Dashboards sorgen. HACS kennt hier die Typen *Dashboard* und *Theme*. Dabei sind Dashboards benutzerdefinierte Ansichten und Steuerungsoberflächen für das Smart Home, während Themes das gesamte Aussehen (Farben, Icons, Schriften) der Benutzeroberfläche verändern.

Das Vorgehen bei der Installation entspricht dem im vorherigen Abschnitt aufgezeigten Weg (Beispiel *Mydownloader Card*, siehe Abbildung 9.19).

Abbildung 9.19: Frontends über HACS erweitern

Sie müssen im Anschluss an das Herunterladen und Installieren den Browser neu laden (besser noch auch den Browsercache leeren), damit die Änderungen sichtbar werden.

Fazit: Was der *Add-on Store* nicht von Haus aus zu bieten hat, hat die Community vielleicht schon entwickelt (HACS). Dabei handelt es sich vielfach um ausgereifte und leistungsfähige Lösungen, die immer eine Recherche und einen Versuch wert sind.

Kapitel 10

Medien

Im Miteinander ist eine Verständigung durch Sprache und Zeichen unverzichtbar. Moderne Ausprägungen dieser Kommunikationsmittel sind Medien und Sprachdienste. Diese Werkzeuge muss auch ein Assistent beherrschen.

Das Wort *Medium* bedeutet laut Duden aus dem Lateinischen übersetzt *Mitte*. Ein Medium in der zwischenmenschlichen Kommunikation ist demnach ein vermittelndes Element, das aus Sprache, Zeichen oder Symbolen bestehen kann. Medien sind in ihren unterschiedlichsten Ausprägungen (Buch, Video, Musik usw.) allgegenwärtig. Ähnliches gilt inzwischen auch für Sprachdienste.

In diesem Kapitel geht es vorrangig um die Bordmittel (*Media Sources*, dt. *Medienquellen*) von Home Assistant. Sie rufen diesen Bereich (siehe Abbildung 10.1) über einen Klick auf den entsprechenden Eintrag in der linken Seitenleiste auf.

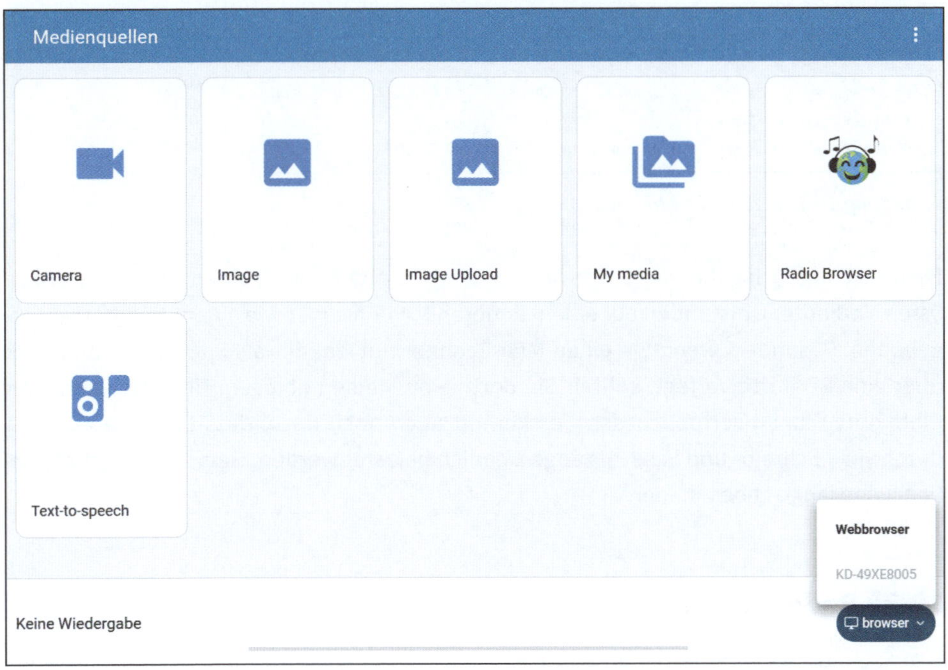

Abbildung 10.1: Der Bereich »Medienquellen« nach der Erstinstallation

Im Rahmen eines Tests können Sie alle aus der Quelle *Medienquellen* angebotenen Medien auf der Benutzeroberfläche abspielen (**browser**). Für Automatisierungen und dergleichen benötigen Sie jedoch einen Media-Player (hier z. B. das Gerät *KD-49EX8005*). Eine Liste der Media-Player-Integrationen finden Sie unter *https://www.home-assistant.io/integrations#media-player*.

Dieses Kapitel wird durch Kurzdarstellungen zu weiteren Diensten abgerundet (z. B. Google Cast, DLNA). Zunächst möchte ich Ihnen jedoch die Möglichkeiten vorstellen, die Home Assistant bereits mitbringt.

10.1 Local Media

Home Assistant bringt bereits einen lokalen Medienordner mit. Alle in diesem Ordner abgelegten Audio- oder Videodateien sind über den Medienbrowser zugänglich. Der einfachste Weg, um Ihre Medien unter *Home Assistant OS* und *Home Assistant Supervised* zu verwalten, führt über das Add-on *Samba share* (siehe Abschnitt 8.4 und Abbildung 10.2). Sie können auf diese Weise einen Netzwerkserver einrichten, auf den Sie von einem Windows- oder macOS-Rechner aus zugreifen können. Kopieren Sie einfach die gewünschten Musik- oder Videodateien in den Ordner *media*.

Abbildung 10.2: Medien im »media«-Ordner

Berücksichtigen Sie aber die Größe des Speichers. Umfangreiche Videos oder lange Playlisten sind unter Umständen auf einem anderen Medienserver wie einem NAS besser aufgehoben. Besonders wenn Sie einen Mini-Rechner nutzen, der als Speichermedium nur über eine SD-Karte verfügt, sollten Sie dort keine Medien ablegen: Nicht nur, dass der Platz dort schnell verbraucht ist – es kommt auch noch dazu, dass diese Datenträger durch viele Schreib- und Lesevorgänge ziemlich belastet werden. Gerade Billiggeräte haben keine lange Lebensdauer.

10.2 Radio Browser

Den *Radio Browser* haben Sie bereits in Kapitel 3 kennengelernt. Wählen Sie aus der Fülle der angebotenen Internet-Radiosender aus, was Ihnen gefällt.

10.3 Beispiele zu Medienintegrationen

In diesem Abschnitt sehen wir uns weitere Integrationen aus dem Bereich Medien an. Auf diese Weise können Sie DLNA- oder UPnP-fähige Geräte oder ein Chromecast von Google einbinden.

10.3.1 DLNA

Die Abkürzung *DLNA* steht für *Digital Living Network Alliance*. Bis 2017 war DLNA eine Herstellervereinigung mit dem Ziel, durch Produktzertifizierung (DLNA-Zertifikat) eine störungsfreie Kommunikation zwischen entsprechend zertifizierten Geräten im Heimnetz sicherzustellen, die mindestens dem Protokollstandard UPnP (*Universal Plug and Play*) entspricht. Nachfolger dieser Vereinigung ist *SpireSpark International*, die die Zertifizierung fortsetzt.

Fälschlicherweise werden UPnP und DLNA oft synonym genannt. Das liegt daran, dass jedes DLNA-zertifizierte Gerät mindestens das UPnP-Protokoll beherrschen muss. Der Unterschied zwischen UPnP und DLNA besteht darin, dass Hersteller das UPnP-Protokoll an die eigenen Bedürfnisse anpassen können. DLNA als zertifizierter Standard befasst sich vor allem mit der Wiedergabe von Medieninhalten.

Die Digital Living Network Alliance definierte verschiedene Geräteklassen. Diese Geräteklassen beschreiben Funktionalitäten und Eigenschaften und sind prinzipiell nicht an eine bestimmte Hardware gebunden. Beispielsweise kann ein Gerät wie ein PC gleichzeitig als DLNA-Server oder als DLNA-Player agieren. Zu den Klassen bei den Heimnetzwerkgeräten zählen *Digital Media Server* (DMS), *Digital Media Player* (DMP), *Digital Media Renderer* (DMR), *Digital Media Controller* (DMC) und *Digital Media Printer* (DMPr).

Im Rahmen von DLNA werden Musikdateien nach Titel, Interpret, Veröffentlichungsdatum und Cover aufgelistet, Fotos zur schnellen Auswahl als Miniaturbilder und Videos nach Dateinamen.

DLNA Digital Media Server

Der *DLNA Digital Media Server* beheimatet die Mediendateien. Über diese Funktionalität verfügt beispielsweise auch die FRITZ!Box (siehe Abbildung 10.3).

Der automatische Gerätescan von Home Assistant sollte die Integration *DLNA Digital Media Server* erkennen und installieren. Für die Inbetriebnahme reicht ein Klick auf **Konfigurieren**, und der Vorgang endet mit einer entsprechenden Erfolgsmeldung (siehe Abbildung 10.3).

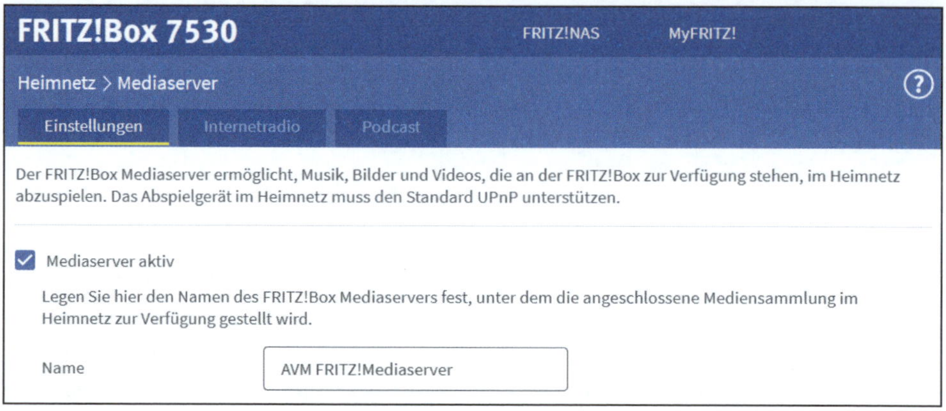

Abbildung 10.3: FRITZ!Box-Mediaserver

In **Medien** befindet sich dann eine neue Karte **DLNA-Servers**. Thematisch gruppiert, finden Sie hier in den entsprechenden Ordnern die Mediendateien, die Ihre FRITZ!Box bereitstellt (siehe Abbildung 10.4). Sie können diese Dateien dann über Home Assistant abspielen.

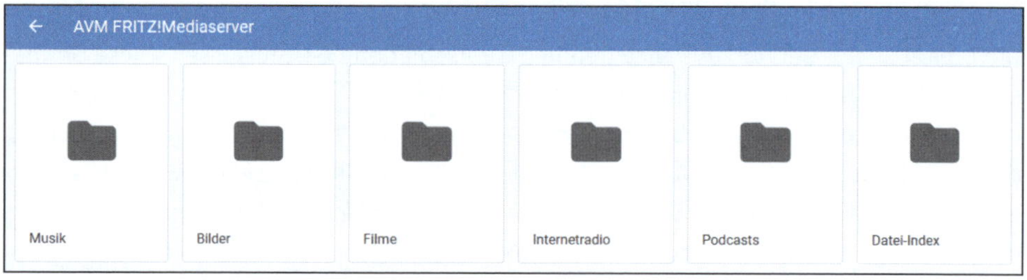

Abbildung 10.4: Die Ordner von AVM FRITZ!Mediaserver

DLNA Digital Media Renderer

Der *DLNA Digital Media Renderer* ist eine eher unbeliebte Integration. Diese automatische Installationsfunktion schiebt für jedes DLNA-fähige Empfangsgerät einen entsprechenden Baustein als **Entdeckt** in die Integrationsliste. In den allermeisten Fällen gibt es bessere Alternativen (z. B. *Kodi*, siehe Abschnitt 10.4), sodass ich auf eine weitere Beschreibung verzichte.

10.3.2 Google Cast

Über *Google Cast* können Sie bestimmte Geräte (z. B. Smartphones, Tablets) mit einem Fernseher oder einem Audiogerät verbinden, um in den Genuss eines besseren Bildes oder einer besseren Audioqualität zu kommen. Wenn Google Cast einmal in Home Assistant integriert ist, können Informationen auf dem Dashboard angezeigt und kann die Wiedergabe gesteuert werden. Die bekannteste Implementierung dieses Protokolls wird wohl Googles eigenes *Chromecast* sein, mit dem Sie ältere Fernseher smart machen.

Die Implementation von Google Cast erfolgt durch Home Assistant üblicherweise automatisch, wenn die Unterstützung der mDNS-Erkennung in Ihrem lokalen Netzwerk im Router aktiviert ist. Dabei löst das Multicast-DNS-Protokoll (*mDNS*) Hostnamen in IP-Adressen innerhalb kleiner Netzwerke auf.

Wenn mDNS in Ihrem Netzwerk nicht funktioniert, können Sie die IP-Adressen der Cast-Geräte manuell in die Konfiguration eintragen, wie Abbildung 10.5 zeigt.

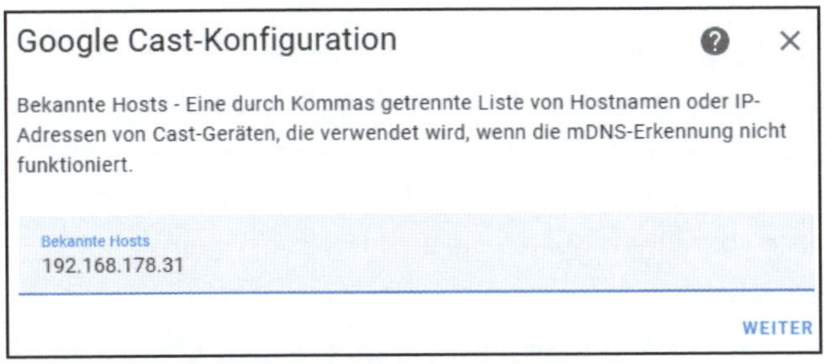

Abbildung 10.5: Die »Google Cast«-Konfiguration

10.3.3 UPnP/IGD

Die UPnP-Integration stellt Ihnen Netzwerkstatistiken Ihres Routers zur Verfügung. Das sind z. B. ein- bzw. ausgehende Bytes bzw. ein-/ausgehende Pakete, die Betriebszeit, die WAN-IP-Adresse und der WAN-Konnektivitätsstatus. Diese Informationen werden vom UPnP bzw. vom *Internet Gateway Device*-(IGD-)Protokoll bereitgestellt, sofern diese Funktionalität bei Ihrem Router aktiviert ist.

Aktuell unterstützt die Integration mit Home Assistant die folgenden Gerätetypen:

- **Binärer Sensor** – zeigt an, ob der Router mit dem WAN verbunden ist.
- **Sensor** – ermöglicht das Abrufen von Netzwerkstatistiken von Ihrem Router, z. B. ein-/ausgehende Bytes und ein-/ausgehende Pakete, Betriebszeit, Status und IP-Adressen. Der Sensor für die Betriebszeit ist nur dann vorhanden, wenn er vom Router unterstützt wird.

Die UPnP- oder NAT-PMP-Funktionalität muss auf Ihrem Router für diese Integration aktiviert sein.

UPnP und wie Sie UPnP in der FRITZ!Box aktivieren

UPnP steht für *Universal Plug and Play*. Diese Funktion erleichtert die Arbeit mit Ports erheblich. Ports finden sich bei der Verbindung von externen USB-Geräten (beispielsweise Druckern) mit einem Computer, aber auch als Bestandteil der IP-Adresse (z. B. Port 8123 für Home Assistant: *http://homeassistant.local:8123*).

Anstatt Ports manuell zu konfigurieren, stellt das Protokoll einen Verbindungs- und Kommunikationsstandard zur Verfügung, der eine universelle Kommunikation zwischen verschiedenen Geräten gewährleistet, ohne dass sich der Benutzer um die Einstellungen kümmern muss. Dabei werden die Geräte in einem UPnP-Netzwerk in *Kontrollpunkte* (*Control Points*) und *Dienstanbieter* (*Service Provider*) unterteilt. Im Gegensatz zu einem Client-Server-Netzwerk übernehmen bei UPnP sowohl Control Points als auch Service Provider aktive Rollen. Initiator ist immer ein Control Point. Die UPnP-fähigen Geräte erkennen sich automatisch gegenseitig und wissen, welche Dienste sie ausführen können.

Beispielsweise kann in einem Netzwerk ein UPnP-fähiger Medienserver die Rolle des Dienstanbieters übernehmen, während ein über Wi-Fi angeschlossenes, ebenfalls UPnP-fähiges Audiosystem die Rolle des Kontrollpunkts übernimmt. Soll das Audiosystem nun Musik abspielen, sendet es über Wi-Fi eine Anfrage an den Medienserver. Dieser stellt dann die Musikdaten bereit und sendet sie an das Audiosystem.

Bei UPnP muss der Benutzer weder dem Medienserver noch dem Audiosystem manuell IP-Adressen oder Rollen zuweisen. Die Geräte werden automatisch konfiguriert. Das ist zwar komfortabel, hat aber auch Nachteile.

Ein großer Nachteil ist, dass UPnP ursprünglich für lokale Netzwerke entwickelt wurde. Mittlerweile bieten Router aber einen permanenten Zugang zum Internet. Offene Ports können dann zum Einfallstor für Schadsoftware werden. Aus diesem Grund ist es wichtig, den Routereinstellungen und dem Passwortschutz besondere Aufmerksamkeit zu schenken.

Außerdem ist es bei der Aktivierung des UPnP-Protokolls (zumindest bei der FRITZ!Box) vielfach so, dass Sie nicht mehr nachvollziehen können, welche Ports für welche Anwendungen freigegeben wurden. In die gleiche Richtung geht, dass sich das UPnP häufig (wieder z. B. bei der FRITZ!Box) nur global freischalten lässt – mit der Konsequenz, dass sich alle Anwendungen die UPnP-fähig sind, selbstständig Ports freischalten können.

Wägen Sie also zwischen Bequemlichkeit und der Kontrolle des Geschehens ab.

Um UPnP bei der FRITZ!Box zu aktivieren, gehen Sie wie folgt vor:

- Klicken Sie in der Benutzeroberfläche der FRITZ!Box auf **Heimnetz • Netzwerk**.
- Rufen Sie die Registerkarte **Netzwerkeinstellungen** und dort **weitere Einstellungen** auf.
- Aktivieren Sie die Option **Statusinformationen über UPnP übertragen**.

Beginnen Sie mit **Konfigurieren** und bestätigen Sie die Kontrollfrage mit **Absenden**. Sie sollten eine Erfolgsmeldung erhalten (siehe Abbildung 10.6).

Abbildung 10.6: Die UPnP/IGD-Integration wurde konfiguriert.

Ordnen Sie die Integration gegebenenfalls noch einem Bereich zu und schließen Sie den Vorgang mit **Fertig** ab. Sie sollten nun eine konfigurierte Integration im Arbeitsfenster vorfinden (siehe Abbildung 10.7).

Abbildung 10.7: Die Integration »UpnP/IGD« wurde konfiguriert.

In der Übersicht finden Sie dann die vom Router gelieferten Betriebsdaten. Einen Ausschnitt sehen Sie in Abbildung 10.8.

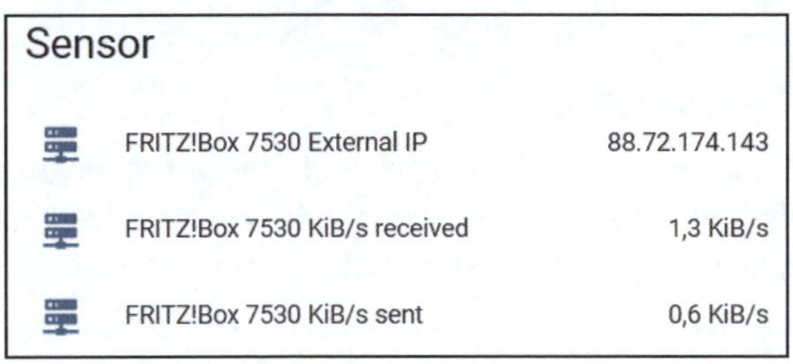

Abbildung 10.8: Über UPnP bereitgestellte Router-Betriebsdaten

FRITZ!Box

Bei einer automatischen Installation der Integration (z. B. im Rahmen der Erstanmeldung und der folgenden Konfiguration) kann es bei der FRITZ!Box zu dieser Fehlermeldung kommen:

```
Unable to communicate with IGD at: http://[fe80::3ea6:2fff:fe9d:df7f%3]
:49000/igddesc.xml
```

Installieren Sie die Integration dann manuell über **Integration hinzufügen**.

Außerdem bedient die FRITZ!Box 7530 bedauerlicherweise nur recht wenige der zwölf Entitäten. Die spezielle Integration *AVM FRITZ!Box Tools* bietet da mehr (siehe Abschnitt 16.2).

10.4 Kodi

Kodi (*https://kodi.tv*) ist eine freie und plattformübergreifende Media-Player-Software. Die Software ist durch Plug-ins erweiterbar. Sie wurde ursprünglich für die Spielekonsole *Xbox* entwickelt und hieß anfangs »Xbox Media Player«. 2002 erfolgte eine Namensänderung in »Xbox Media Center« (XBMC) und mit Version 14 im Jahr 2015 dann in *Kodi*.

Kodi ist ein echter Allrounder. Das Auslesen von Metadaten aus lokal vorliegenden Mediendateien und das Abspeichern in einer eigenen Datenbank ist nur ein kleiner Teil seiner Funktionalität. Bedeutender ist, dass Kodi im Unterschied zu reinen (Hardware-)Media-Playern zusätzliche Inhalte aus dem Internet aufgreift und so seinen Nutzern einen echten Mehrwert im Vergleich zu klassischen reinen Wiedergabegeräten bietet. Erweiterungsmöglichkeiten von Kodi mittels herunterladbarer Plug-ins ergänzen das Einsatzspektrum in ungeahnter Weise.

Kodi stellt vergleichsweise geringe Ansprüche an die Hardwareleistung. Es läuft problemlos unter Linux, Android, Raspberry OS, Windows und macOS.

Das deutsche Forum unter *https://www.kodinerds.net/* hilft bei Problemen weiter.

10.4.1 Kodi auf einem Raspberry Pi installieren

Für den Einsatz von Kodi bietet sich aufgrund seiner sparsamen und dennoch umfangreichen Systemausstattung der Raspberry Pi (hier ein Raspberry Pi 3B+) an. Mit *LibreELEC* (*https://libreelec.tv*) – einem minimalen Linux-System extra für Kodi – gibt es sogar eine eigene Linux-Distribution.

Das LibreELEC-Image flashen

Der einfachste Weg, um das LibreELEC-Image auf eine SD-Karte zu flashen, führt über den *Raspberry Pi Imager* (siehe Abschnitt 2.2). Wählen Sie **Betriebssystem • Media Player OS • LibreELEC** (siehe Abbildung 10.9).

Wählen Sie das Image aus, das zu Ihrem Raspberry Pi passt. Bestimmen Sie noch die SD-Karte und setzen Sie das Flashen mit **Schreiben** in Gang. Der Raspberry Pi Imager sollte den Vorgang mit einer Erfolgsmeldung quittieren.

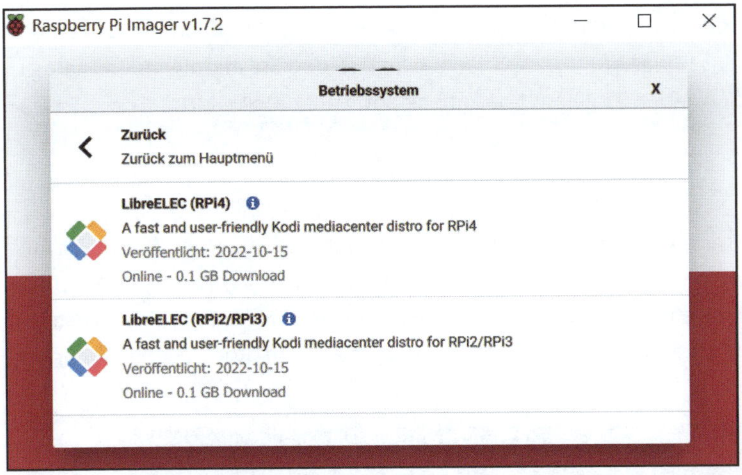

Abbildung 10.9: LibreELEC im »Raspberry Pi Imager«

Der LibreELEC USB-SD Creator

Eine andere Möglichkeit bietet der *LibreELEC USB-SD Creator* aus dem LibreELEC-Download-Bereich (bisher ist allerdings nur eine Windows-Version verfügbar). Sie können dann das Tool direkt öffnen; eine Installation ist nicht erforderlich (siehe Abbildung 10.10).

Abbildung 10.10: Der »LibreELEC USB-SD Creator« für Kodi

Wählen Sie unter ❶ Ihr Gerät und die gewünschte LibreELEC-Version. **Herunterladen** ❷ speichert das Image auf Ihrem PC an einem Ort, den Sie im folgenden Dialog festlegen ❸. Mit **Schreiben** ❹ gelangt das Image dann auf die SD-Karte.

Erstmaliger Start

Stecken Sie die SD-Karte in Ihren Raspberry Pi. Dieser sollte zudem über den HDMI-Ausgang mit einem Fernseher oder einem Monitor verbunden sein. Auch eine angeschlossene Maus sollte nicht fehlen, denn mit ihr bedienen Sie gleich eine *On-Screen-Tastatur*. Beim erstmaligen Start landen Sie im Setup-Assistenten von Kodi (siehe Abbildung 10.11).

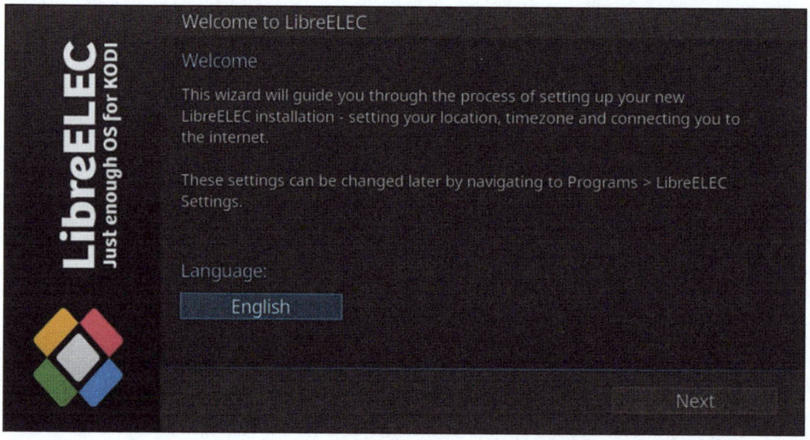

Abbildung 10.11: Kodi – erstmaliger Start

Wählen Sie eine andere Sprache und klicken Sie auf **Next** bzw. **Weiter**. Als Nächstes geht es um die Festlegung des Rechnernamens (siehe Abbildung 10.12).

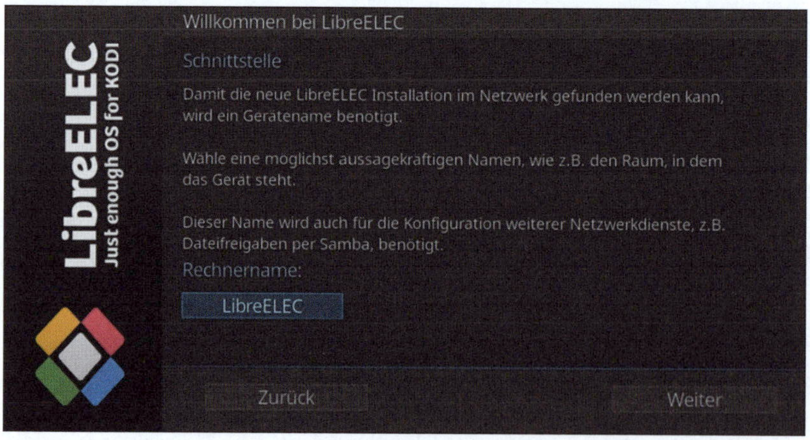

Abbildung 10.12: Kodi – den Rechnernamen festlegen

Ändern Sie gegebenenfalls die Namensvorgabe und setzen Sie den Prozess mit **Weiter** fort. Nun geht es um die Verbindung zum Internet (siehe Abbildung 10.13).

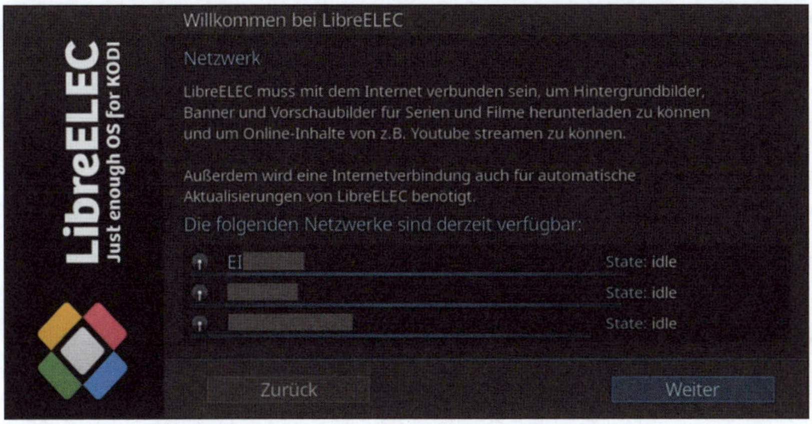

Abbildung 10.13: Kodi – die Internetverbindung konfigurieren

LibreELEC zeigt Ihnen alle gefundenen Wi-Fi-Verbindungen an. Klicken Sie auf die gewünschte Verbindung und geben Sie das Passwort des Routers ein. Natürlich ist auch eine Ethernet-Verbindung möglich. Im nächsten Fenster geht es um die Dateifreigabe und den Fernzugriff (siehe Abbildung 10.14).

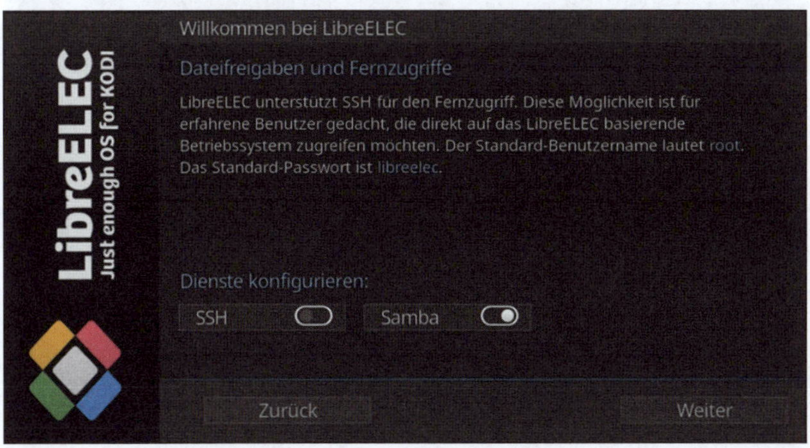

Abbildung 10.14: Kodi – Dateifreigaben und Fernzugriffe

Aktivieren Sie die Dienste, wenn Sie von Ihrem PC aus auf Kodi zugreifen möchten. Sie können dies natürlich auch später in den Einstellungen tun. **Weiter** führt zu einem abschließenden Fenster mit einigen Hinweisen. Dann ist die Erstkonfiguration abgeschlossen. Kodi ist nun betriebsbereit.

10.4.2 So steigen Sie ein

Kodi ist ein eigenständiges Softwareprodukt mit vielfältigen Anwendungs- und Einstellungsmöglichkeiten. An dieser Stelle gehe ich jedoch nur auf die Belange der Inbetriebnahme und der Anbindung an Home Assistant ein.

Das Kodi-Hauptfenster

Abbildung 10.15 zeigt das Kodi-Hauptfenster nach Start und Ersteinrichtung.

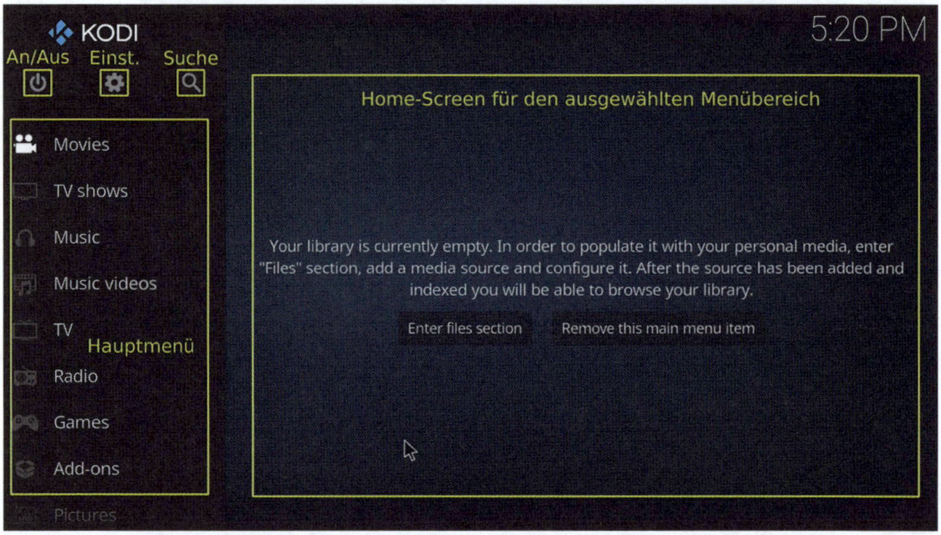

Abbildung 10.15: Das Kodi-Hauptfenster

Die **An/Aus**-Optionen hängen von der verwendeten Hardware ab. Beim Raspberry Pi sind dies Ausschalten, zeitgesteuertes Ausschalten und Neustart.

Das Hauptmenü gliedert Ihre Medienquellen. Der Startbildschirm enthält die Details zum ausgewählten Menübereich des Hauptmenüs. Nach dem ersten Start ist er natürlich leer.

[»]

Navigation zwischen den Menüs

Kodi ist auf die Bedienung mit Fernseh- bzw. Konsoleneingabegeräten ausgerichtet. Haben Sie eine Tastatur angeschlossen, kehren Sie mit [Esc] in die vorherige Ebene zurück bzw. beenden die Wiedergabe.

Einstellungen

Es lohnt sich, einige vorgegebene Einstellungen zu ändern. Sie gelangen in das Untermenü **System** (siehe Abbildung 10.16), indem Sie auf das Zahnrad-Icon klicken.

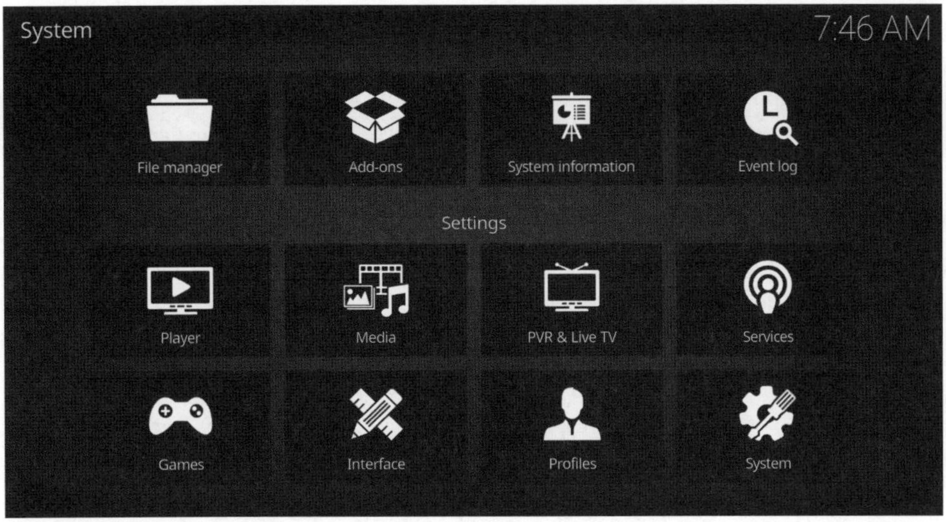

Abbildung 10.16: Der Einstieg in die Systemeinstellungen von Kodi

Die Benutzeroberfläche (Interface)

Ändern Sie die Sprache über **Regional • Language** und wählen Sie **German**. Ändern Sie bei dieser Gelegenheit auch direkt die Einstellungsoptionen (Schaltfläche links unten) von **Standard** auf **Expert**. Sie haben dann alle Optionen im Blick und zur Auswahl.

Systemeinstellungen

Die Kodi-Systemeinstellungen (siehe Abbildung 10.17) beinhalten ein paar wichtige Elemente.

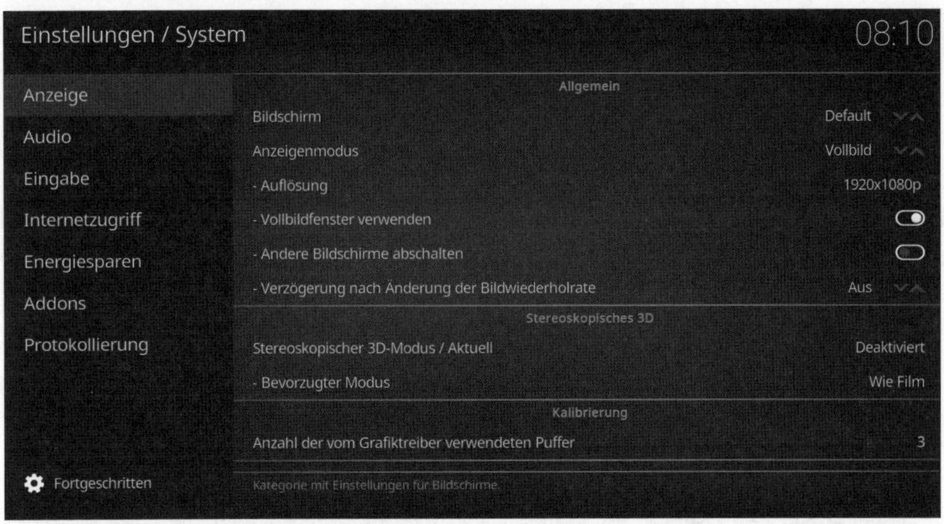

Abbildung 10.17: Kodi-Systemeinstellungen

Legen Sie bei **Anzeige** unter anderem den Anzeigemodus fest, also entweder **Vollbild** oder die Darstellung im **Fenster**.

Über den Menüpunkt **Audio** lassen sich Einstellungen zur Audioausgabe (z. B. zum Ausgabegerät) vornehmen. Dies ist interessant, wenn Sie Kodi nicht an einem Fernseher betreiben.

Je nach Gerät ist im Bereich **Eingabe** eine Änderung der Tastaturbelegung (englische/deutsche Belegung) möglich.

Nehmen Sie in dem Bereich **Energiesparen** gegebenenfalls die Einstellungen vor, die Ihren Gewohnheiten und ökologischen Vorstellungen entgegenkommen. Sie können hier beispielsweise einstellen, ob und wann das Gerät automatisch ausgeschaltet wird.

Dienste (Services)

Hier lassen sich im Nachgang der Rechnername (**Allgemein**) und die Webservereinstellungen (**Steuerung**, siehe unten) ändern.

LibreELEC (nur auf dem Raspberry Pi)

Wenn Sie LibreELEC auf dem Raspberry Pi nutzen, ändern Sie bei **System** gegebenenfalls die Tastaturbelegung auf **de** (Deutsch).

Im Menüpunkt **Verbindungen** lässt sich eine unterbrochene Wi-Fi-Verbindung wiederherstellen, und über **Dienste** lassen sich unter anderem Zugriffsmöglichkeiten via Samba und SSH verwalten:

- Sie können sich einfach über Ihren SSH-Client mit dem Kodi-Host verbinden. Das SSH-Passwort lautet `libreelec`. Es ist bislang nicht änderbar.
- Eigene Mediendateien lassen sich bequem mit Samba hochladen. Öffnen Sie auf Ihrem Windows-Rechner den Datei-Explorer und tragen Sie im Feld für die Eingabe des Dateipfads die IP-Adresse Ihrer LibreELEC/Kodi-Anwendung ein (hier: *\\192.168.178.35*, siehe Abbildung 10.18).

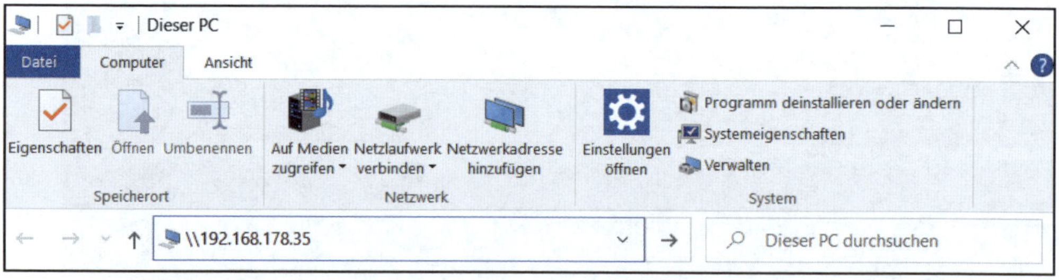

Abbildung 10.18: Dateien mit Samba aufrufen

Drücken Sie [↵]. Bei der erstmaligen Nutzung über das Netzwerk verlangt Windows den Benutzernamen und das Passwort, wenn in den Kodi-Einstellungen die Passwort-

Authentifikation aktiviert ist. Ansonsten landen Sie direkt im Kodi-Dateiverzeichnis (siehe Abbildung 10.19) und haben nun über das Netzwerk Zugriff auf alle Dateien der Anwendung.

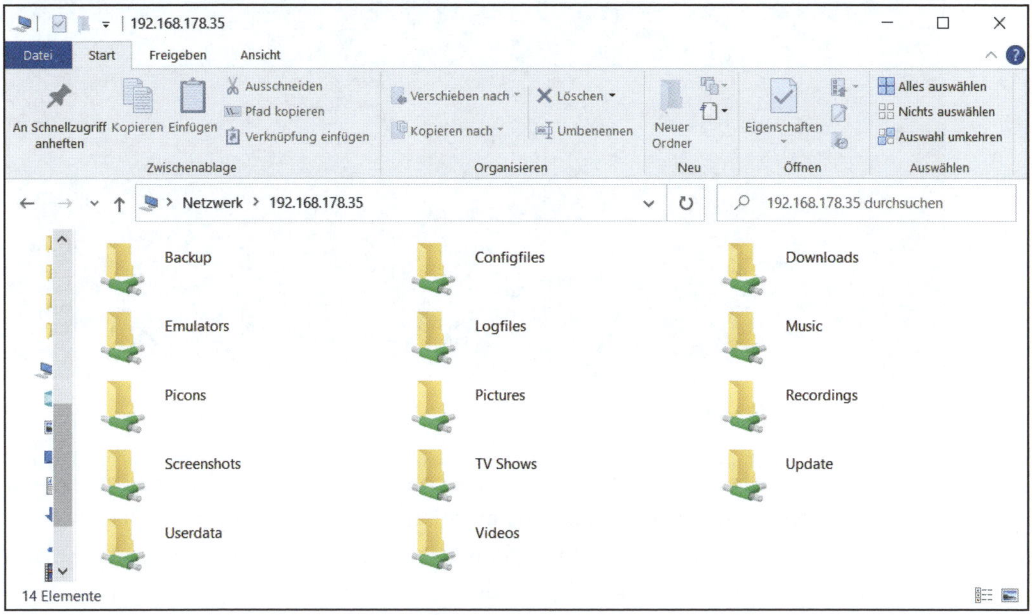

Abbildung 10.19: Kodi – das Dateisystem mit Samba aufgelistet

Ordnerstruktur

Nehmen Sie sich Zeit für ein paar Überlegungen hinsichtlich der Ordnerstruktur Ihrer Mediensammlung. Da sich dort wahrscheinlich sehr viele Dateien tummeln werden, ist eine gute Struktur äußerst wertvoll, damit es nicht zu großem Chaos kommt. Unter *https://www.kodi-blog.de/kodi-grundeinstellungen-ordnerstruktur-und-dateibenennung/* finden Sie ein paar Denkanstöße.

Das ist wichtig, da Kodi verschiedene Scraper einsetzt, mit denen die Metadaten der Filme und Serien aus dem Internet gelesen werden. Diese funktionieren jedoch nur dann gut, wenn die Namen der Dateien eindeutig erkannt werden können. Halten Sie sich daher besser an die Konventionen.

Webinterface

Über das Kodi-Webinterface gestatten Sie anderen Geräten, über das Netzwerk auf das Kodi-Setup zuzugreifen. Es muss also aktiviert werden, damit Sie Kodi in Home Assistant integrieren können und damit die beiden Systeme Informationen austauschen können. Sie aktivieren das Webinterface über **Einstellungen** (Zahnrad-Icon) • **Service / Settings** • **Control** (siehe Abbildung 10.20).

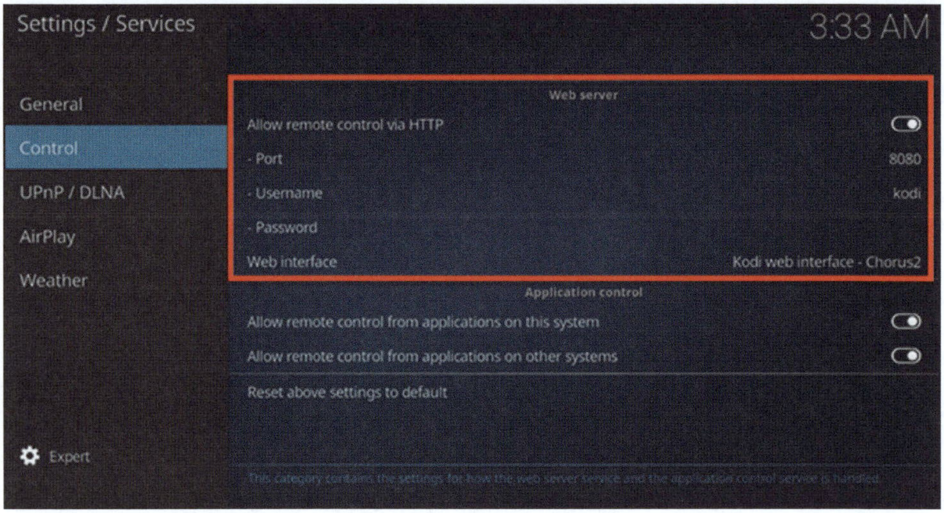

Abbildung 10.20: Das Kodi-Webinterface

Erlauben Sie **remote control via HTTP**, **remote control from applications on this system** sowie **remote control from applications on other systems** und vergeben Sie ein Passwort. Sie erreichen anschließend Kodi im Browser über die Eingabe von IP-Adresse und Portnummer (z. B. *http://192.168.178.35:8080/*).

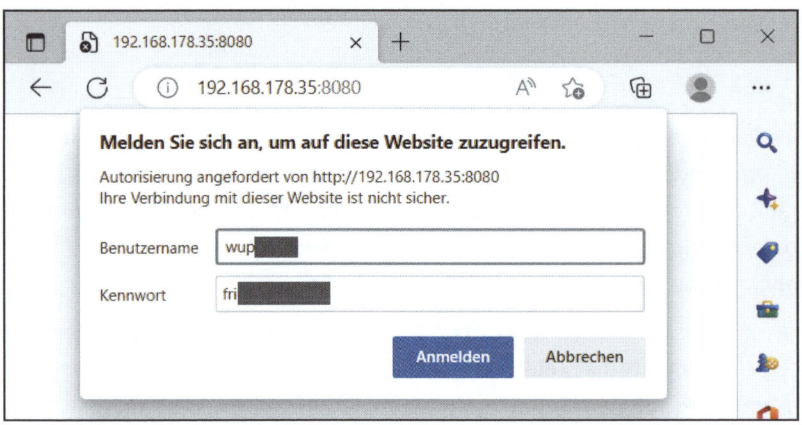

Abbildung 10.21: Browserzugriff auf Kodi

Abbildung 10.22 zeigt das Kodi-Webinterface. In der URL-Zeile ist auch der Websocket-Port 8080 erkennbar, den Sie über **Settings • General • Web Interface • Advanced Options** festlegen können. Diese Daten brauchen Sie auch, wenn Sie Ihr Smartphone als Fernbedienung verwenden möchten. In den App-Stores finden Sie dazu beispielsweise die App *Yatse*, die Sie über die angegebenen Netzwerkdaten mit Kodi verbinden können. Es gibt auch eine offizielle Remote-App des Kodi-Projekts. Ihr Handy steuert dann Ihre Musik- und Filmesammlung.

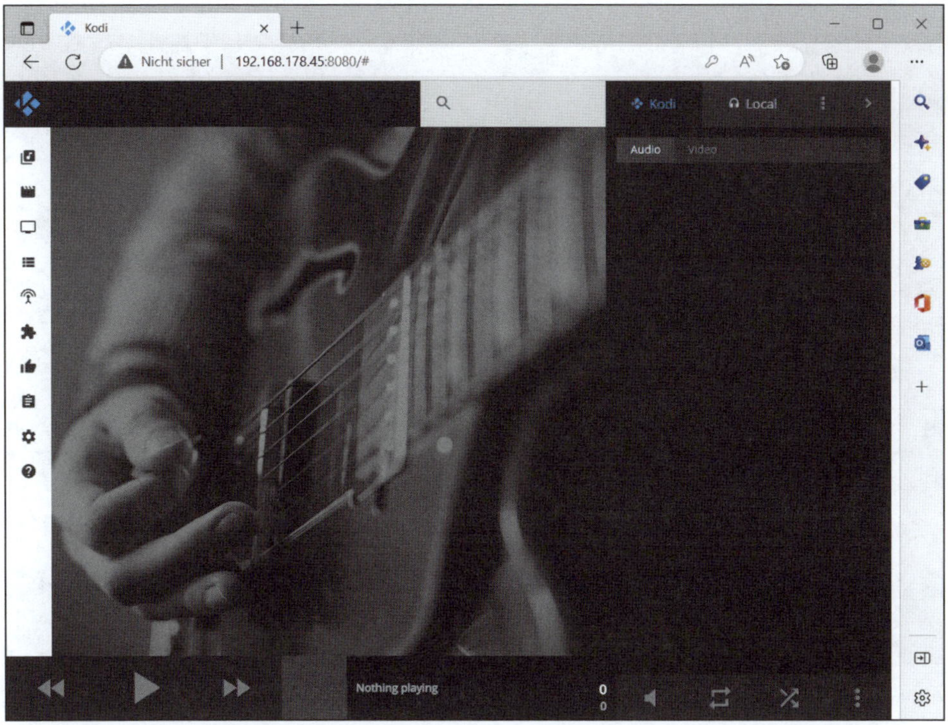

Abbildung 10.22: Das Kodi-Webinterface

Feste IP-Adresse

Ein Hinweis zum Abschluss: Legen Sie in Ihrem Router fest, dass Ihrem Kodi-Host immer eine feste IP-Adresse zugeordnet wird. Das vereinfacht die Netzwerkkonfiguration deutlich.

10.4.3 Medien bereitstellen

Kodi ist nach der Installation zunächst einmal ohne Inhalt. Als Beispiele sollen an dieser Stelle TV-Kanäle und lokale Musikdateien aufgenommen werden.

TV-Kanal

Markieren Sie im Hauptmenü den Eintrag **TV** (siehe Abbildung 10.23).

Kodi zeigt dann an, dass noch kein *Personal Video Recorder* (PVR) eingerichtet ist. Dies ist ein zu installierendes Add-on. Gehen Sie also schrittweise vor:

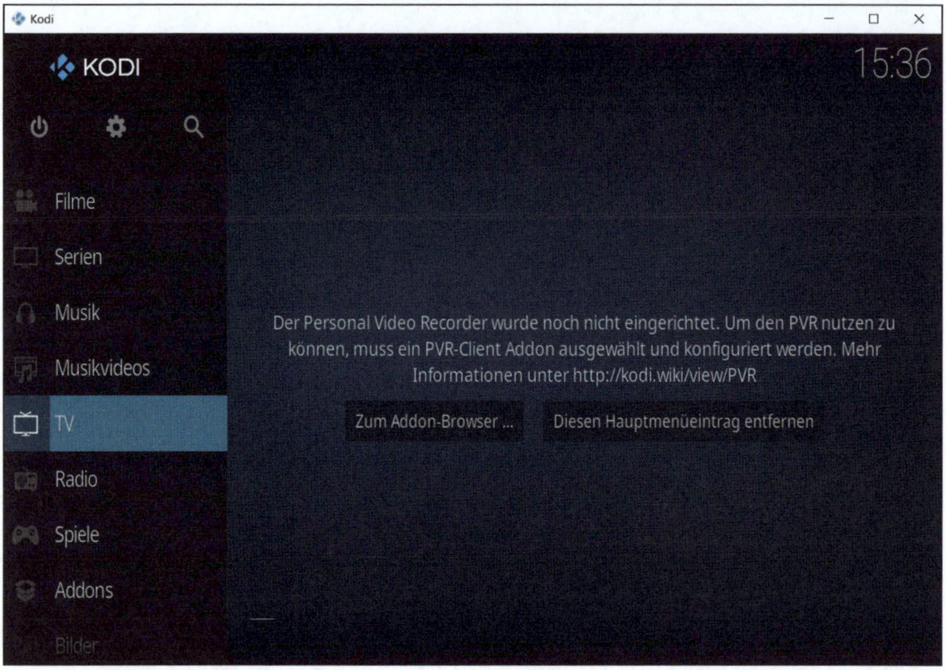

Abbildung 10.23: Der Hauptmenüeintrag »TV«

Den Personal Video Recorder installieren

Klicken Sie auf **Zum Addon-Browser**, um eine Liste verschiedener Browser vorgeschlagen zu bekommen (siehe Abbildung 10.24).

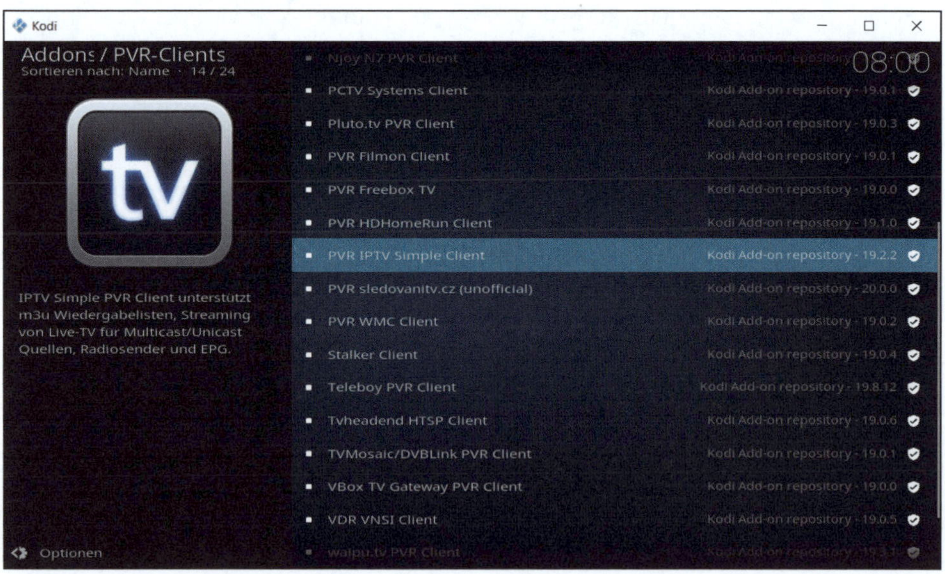

Abbildung 10.24: Kodi-PVR-Add-ons

Wählen Sie den PVR-Client Ihrer Wahl (hier *PVR IPTV Simple Client*) mit einem Klick auf den Listeneintrag aus. Sie erhalten dann weitere Add-on-Informationen (siehe Abbildung 10.25).

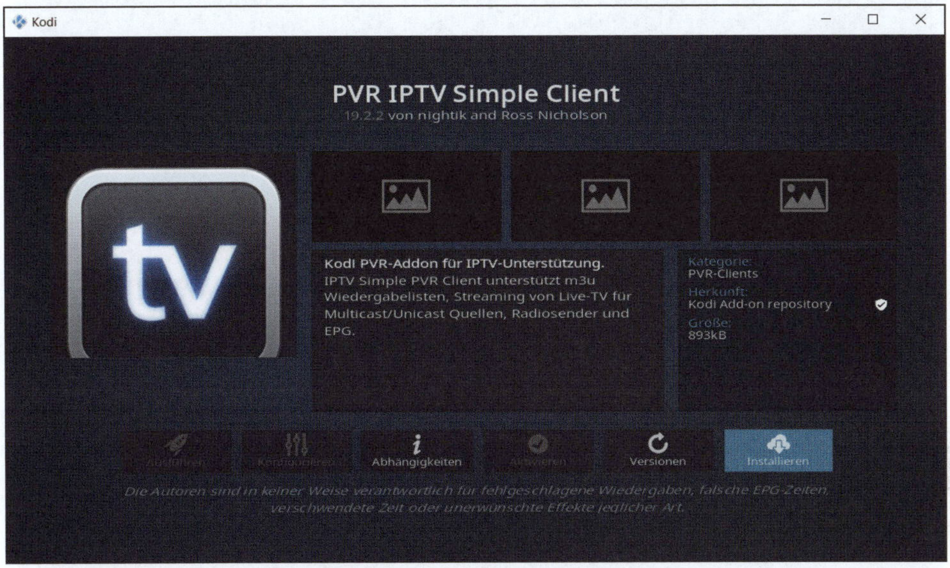

Abbildung 10.25: Das Kodi-PVR-Add-on »PVR IPTV Simple Client«

Installieren Sie das Add-on. Einige PVR-Clients benötigen zusätzliche Add-ons, die nach einer Bestätigungsabfrage ebenfalls eingerichtet werden. Sie kehren dann zur Liste der PVR-Add-ons zurück. Ein Haken signalisiert, dass der *PVR IPTV Simple Client* installiert ist (siehe Abbildung 10.26).

Abbildung 10.26: Das Kodi-PVR-Addon »PVR IPTV Simple Client« ist jetzt installiert.

Den Personal Video Recorder konfigurieren

Der PVR ist zwar jetzt betriebsbereit, Sie benötigen aber zumindest eine Playlist, um PVR nutzen zu können. Klicken Sie auf den Listeneintrag mit dem Haken, um wieder zu den Add-on-Informationen (siehe Abbildung 10.25) zu gelangen. Fahren Sie dann mit **Konfigurieren** fort. Sie sehen nun die Add-on-Einstellungen aus Abbildung 10.27.

Zwingend ist die Angabe einer M3U-Wiedergabeliste. Diese sollte natürlich möglichst aktuell sein. Wenn Sie im Netz suchen, finden Sie sicherlich eine Liste, die Ihren Vorlieben entspricht. Ein guter Ansatzpunkt ist z. B. *https://github.com/iptv-org/iptv*. Für den deutschsprachigen Raum ist dann *https://iptv-org.github.io/iptv/countries/de.m3u* eine Option.

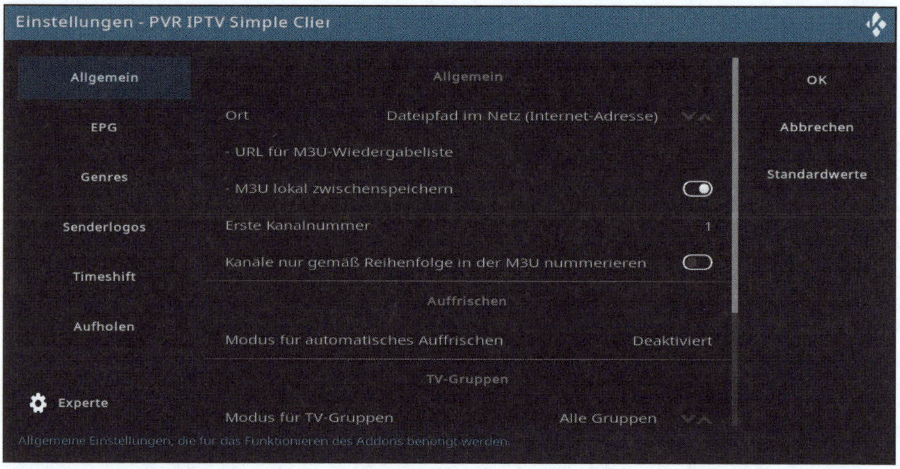

Abbildung 10.27: Die Einstellungen zu »PVR IPTV Simple Client«

Tragen Sie den Link bei **Allgemein • URL für M3U-Wiedergabeliste** ein (siehe Abbildung 10.28).

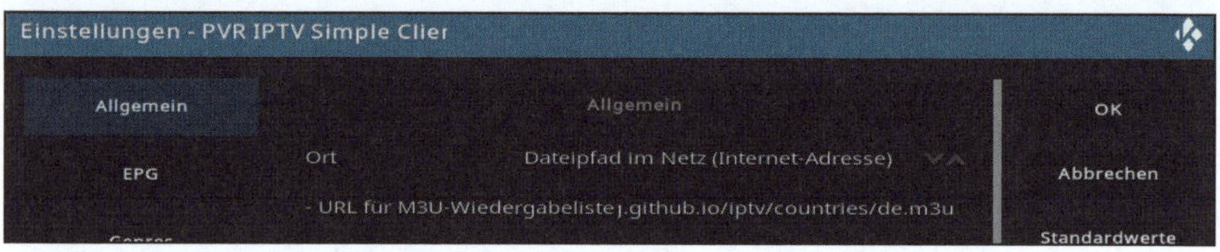

Abbildung 10.28: Die »PVR IPTV Simple Client«-Einstellung der Playlist

Bestätigen Sie mit **OK** und kehren Sie zum Kodi-Hauptfenster zurück. Im Hauptmenüeintrag **TV** haben Sie nun die Auswahl zwischen den unterschiedlichsten Kanälen (siehe Abbildung 10.29).

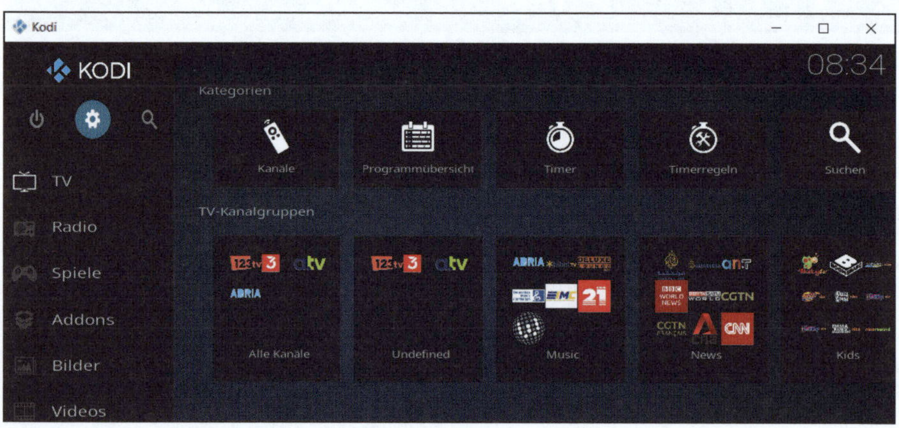

Abbildung 10.29: Die TV-Kanalgruppen

Video

Wechseln Sie durch einen Klick auf den Eintrag **Addons** im Hauptmenü in die Kategorie **Addons** (siehe Abbildung 10.30).

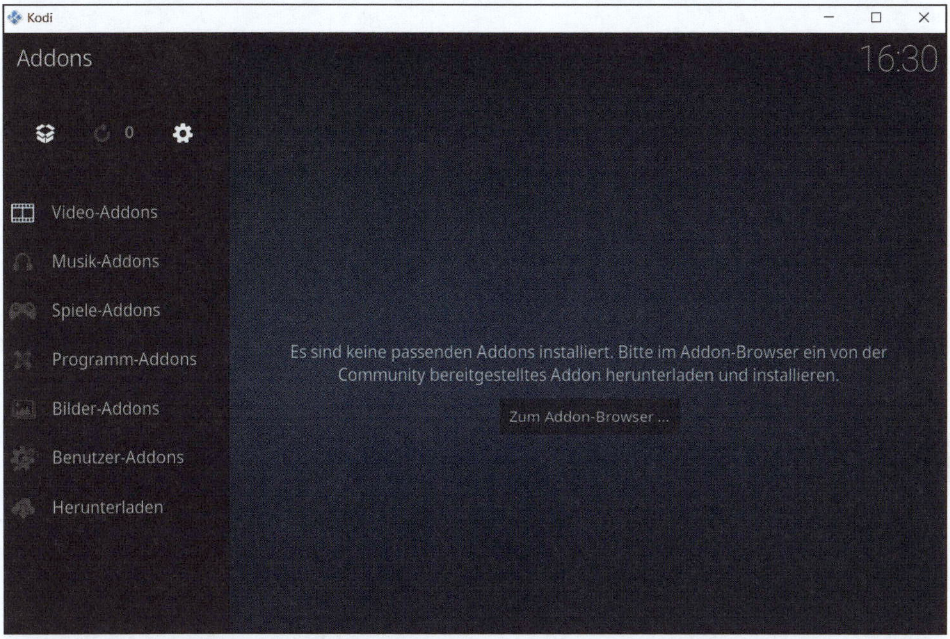

Abbildung 10.30: Der Add-on-Browser von Kodi

Geben Sie z. B. mit der Maus einem Menüeintrag (z. B. **Video-Addons**) den Fokus und klicken Sie auf **Zum Addon-Browser**. Sie erhalten eine Add-on-Liste für diese Kategorie (siehe Abbildung 10.31). In diesem Beispiel installieren wir die Mediathek des Senders 3sat.

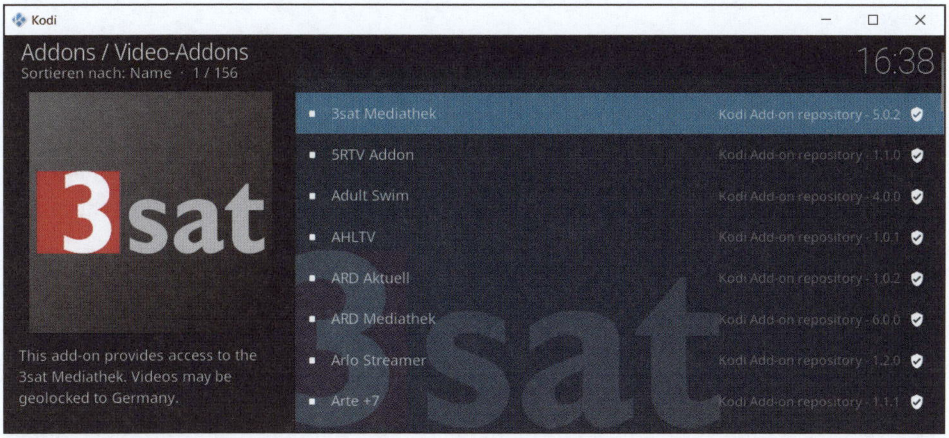

Abbildung 10.31: Liste der Video-Add-ons

Wählen Sie dazu das gewünschte Add-on aus und installieren Sie es. Der Hauptmenüeintrag **Addons** weist danach einen neuen Abschnitt **Video-Addons** mit zwei Einträgen auf (siehe Abbildung 10.32), nämlich mit der **3sat Mediathek** und **ARD Aktuell**.

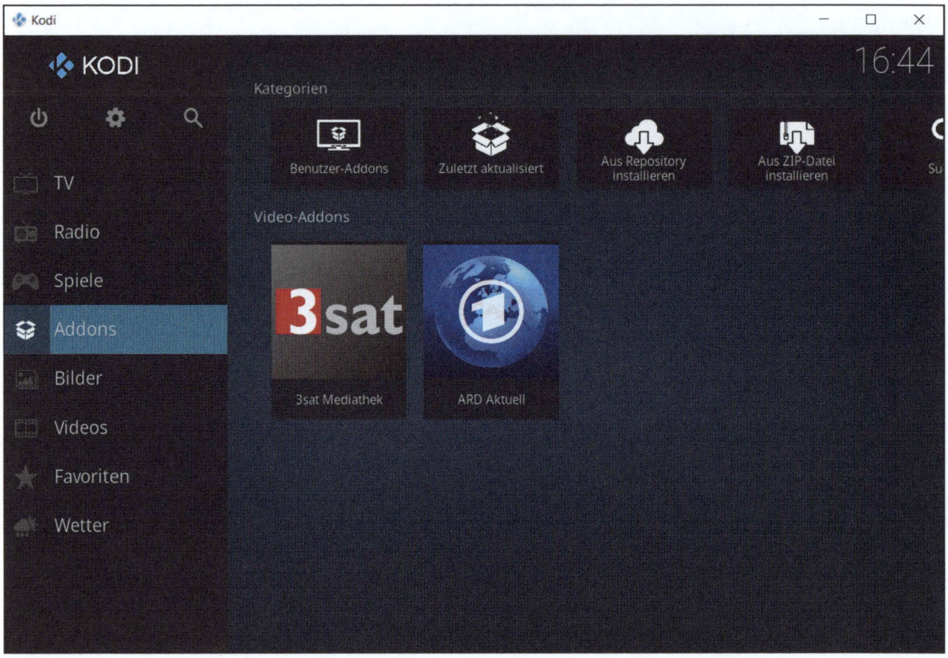

Abbildung 10.32: Der Menübereich »Addons« mit dem Abschnitt »Video-Addons«

Durch einen Klick auf das Add-on gelangen Sie zum Inhalt des Anbieters. Auf diese Weise können Sie Ihre Mediathek um weitere Anbieter ergänzen und auch kommerzielle Dienste nutzen. Dazu müssen Sie dann in der Konfiguration ein aktives Abonnement hinterlegen.

Ein alternativer Weg zur Installation von Add-ons führt über **Einstellungen • Addons Addon / Browser • Aus Repository erstellen • Video-Addons**. Außerdem finden Sie im Internet Add-ons, die als Zip-Dateien angeboten werden und die über die entsprechende Schaltfläche integriert werden können. Seien Sie damit jedoch vorsichtig. Zum einen gibt es so keine automatischen Updates, und zum anderen finden sich solche Angebote oftmals nur auf wenig seriösen Seiten.

Musik

Als letzten Punkt zum Thema »Medien bereitstellen« möchte ich Ihnen zeigen, wie Sie eine Medienquelle in einer Grundeinrichtung aufbauen. Unser Beispiel soll aus der Kategorie »Musik« stammen. Den Ausgangspunkt bilden die Kodi-Einstellungen (siehe Abbildung 10.33).

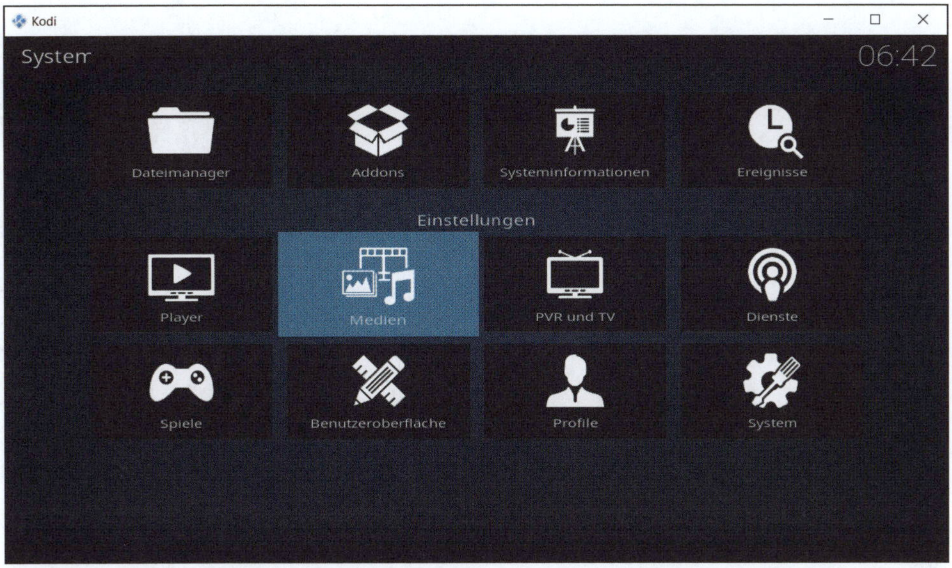

Abbildung 10.33: Die Kodi-Systemeinstellungen

Rufen Sie die Einstellungen für **Medien** auf (siehe Abbildung 10.34).

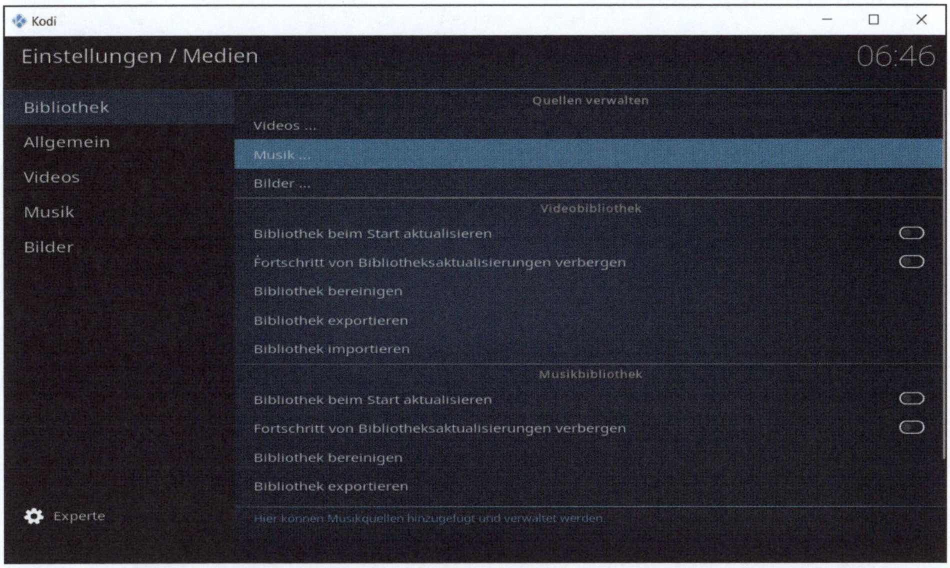

Abbildung 10.34: Die Kodi-Einstellungen für Medien

Wählen Sie die Kategorie **Musik**. Diese ist zunächst noch leer (siehe Abbildung 10.35).

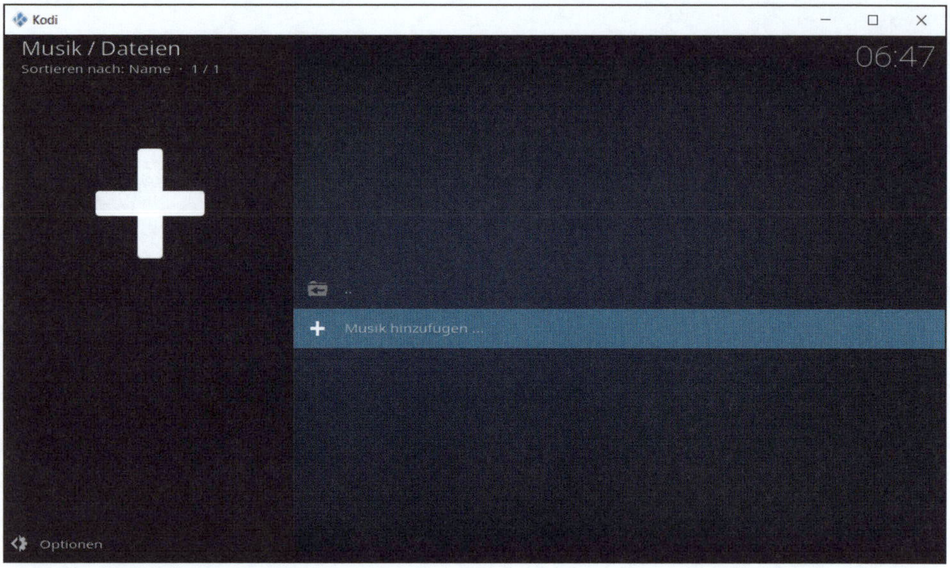

Abbildung 10.35: Die leere Kategorie »Musik«

Dieses Fenster erreichen Sie bei einer leeren Bibliothek auch über den Kodi-Hauptmenüeintrag **Musik • Zu Dateien**.

Mit **+ Musik hinzufügen** gelangen Sie in den Dialog zur Ergänzung Ihrer Medienquellen (siehe Abbildung 10.36).

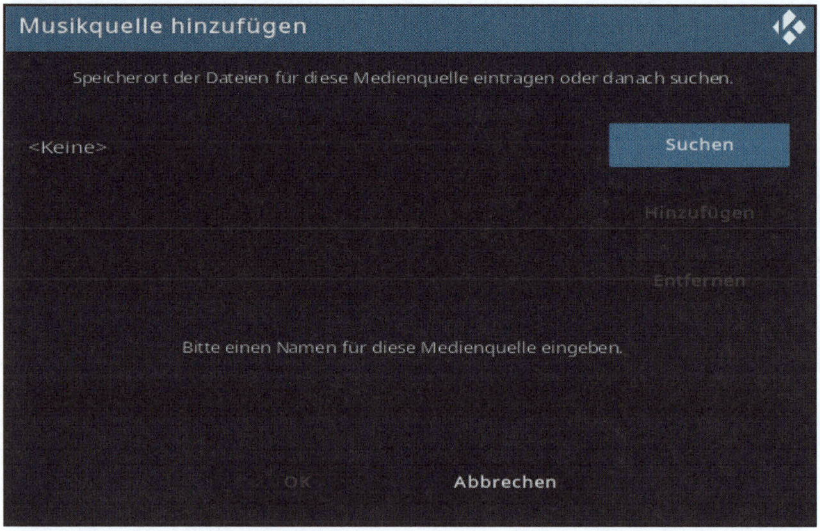

Abbildung 10.36: Medien hinzufügen

Ein Klick auf **Suchen** öffnet eine Liste möglicher Quellen (siehe Abbildung 10.37).

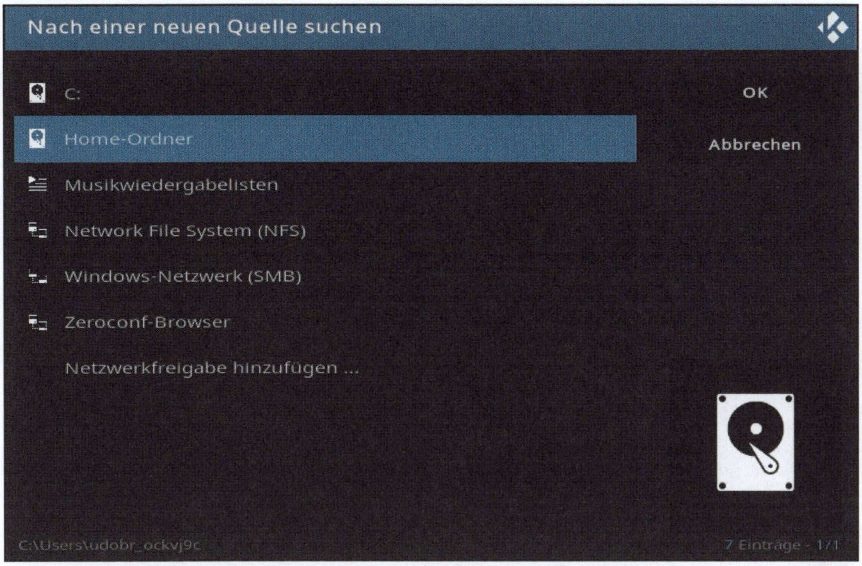

Abbildung 10.37: Kodi listet mögliche Quellen auf.

Wählen Sie die Quelle aus. Mit **OK** öffnet sich ein Datei-Explorer zur Auswahl des Ordners mit den Musikmedien. Der Ausgangspunkt ist der **Home-Ordner** von Kodi im Dateisystem, so wie Sie ihn in Abbildung 10.19 sehen. Vergeben Sie nach Auswahl der Quelle gegebenenfalls noch einen anderen Namen (siehe Abbildung 10.38).

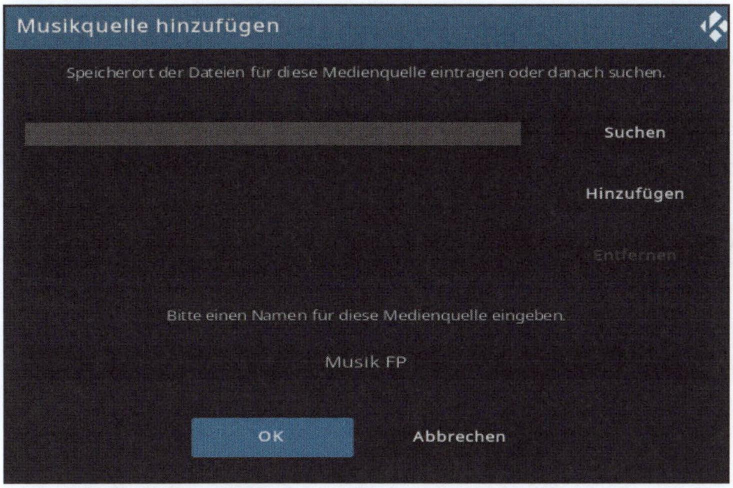

Abbildung 10.38: Die selektierte Medienquelle für Musik

Nach **OK** erfolgt die Abfrage, ob die Medien zur Bibliothek hinzugefügt werden sollen (siehe Abbildung 10.39). Nutzen Sie den Service und nehmen Sie die **Einstellungen** vor (siehe Abbildung 10.40).

Abbildung 10.39: Medienquellen zur Bibliothek hinzufügen?

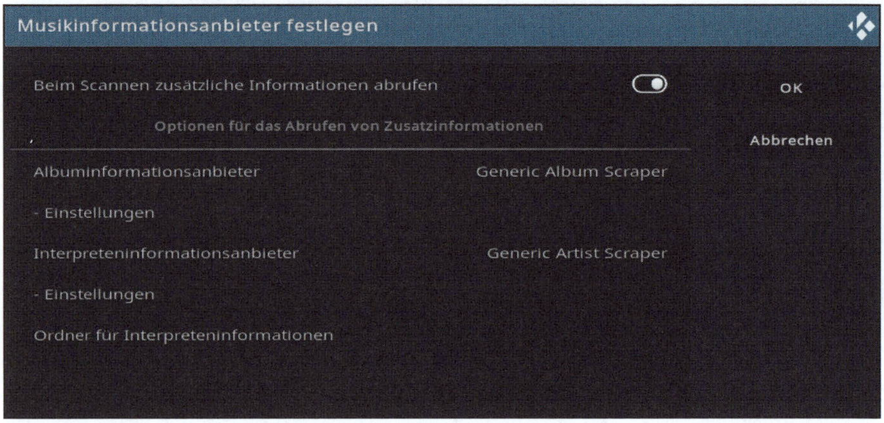

Abbildung 10.40: Kodi – Musikinformationen festlegen

Aktivieren Sie den Abruf zusätzlicher Informationen beim Scannen und kehren Sie mit **OK** zum Vorgängerfenster zurück. Schließen Sie das Hinzufügen zu einer Bibliothek mit **Ja** ab. Die Kategorie **Medienquellen Musik** hat nun einen Eintrag (siehe Abbildung 10.41).

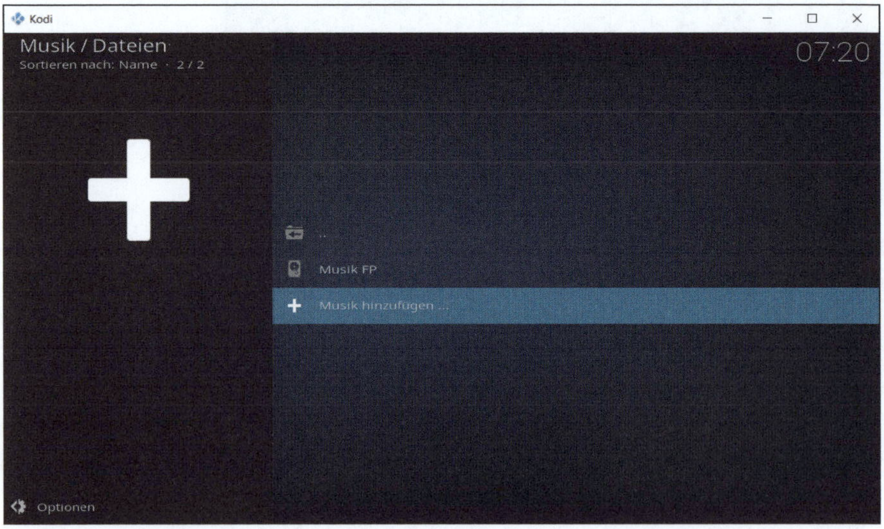

Abbildung 10.41: Kodi mit gefüllter Kategorie »Medienquellen Musik«

Ein Klick auf den Eintrag zeigt Ihnen die enthaltenen Titel (siehe Abbildung 10.42).

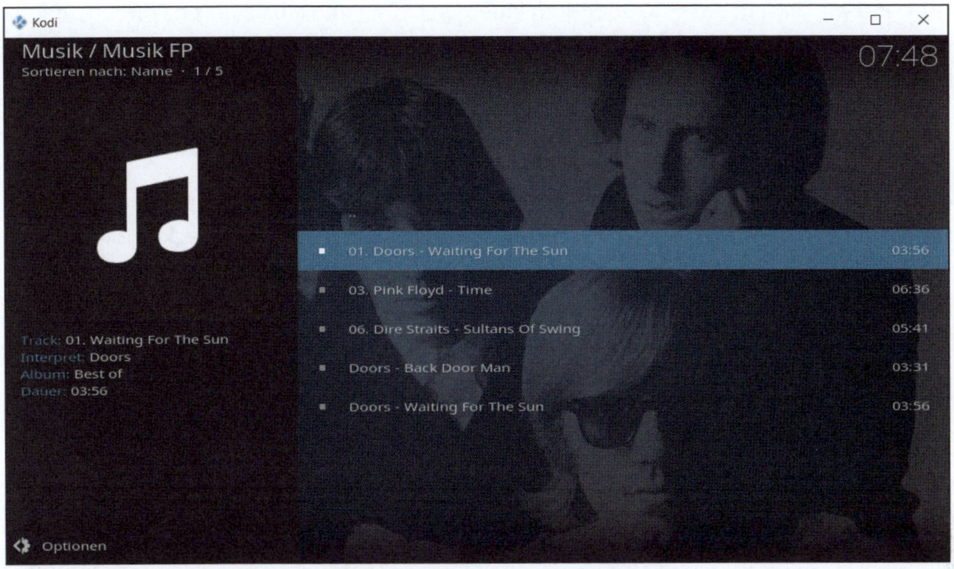

Abbildung 10.42: Die aufgelisteten Einträge einer Medienquelle

Der Home-Screen für den Bereich **Musik** hat jetzt zwei neue Abschnitte mit den zur Bibliothek hinzugefügten Medien (siehe Abbildung 10.43).

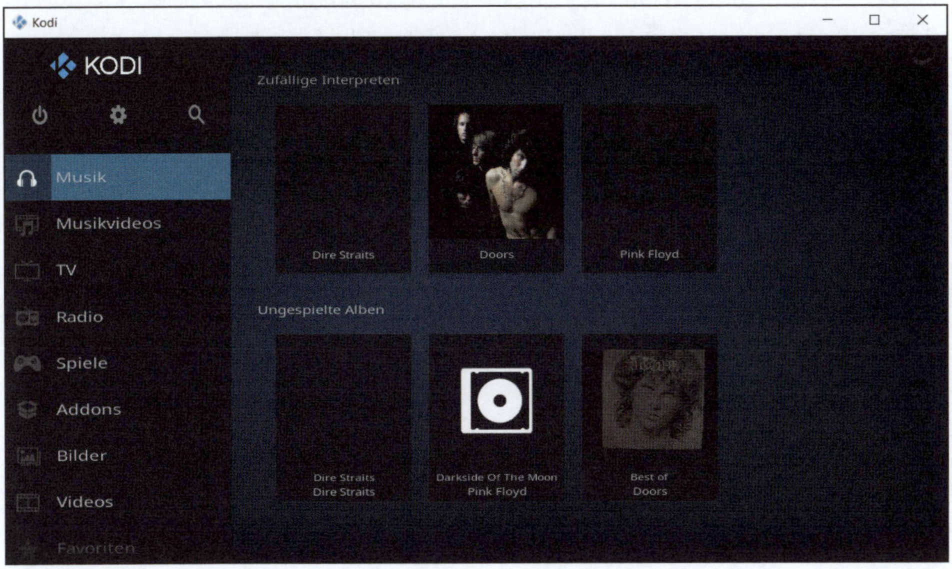

Abbildung 10.43: Der Home-Screen für den Bereich »Musik«

10.4.4 Die Kodi-Integration

Nun sind wir so weit, dass Sie über Kodi Videos schauen und Musik hören können. Indem Sie Kodi in Home Assistant integrieren, automatisieren Sie Vorgänge rund um TV und Musik.

Installation

Installieren Sie die Kodi-Integration über **Einstellungen • Geräte & Dienste**. In der Regel sollte die Integration aber auch von der automatischen Suche entdeckt worden sein (siehe Abbildung 10.44). Holen Sie dies gegebenenfalls über **Integration hinzufügen** nach.

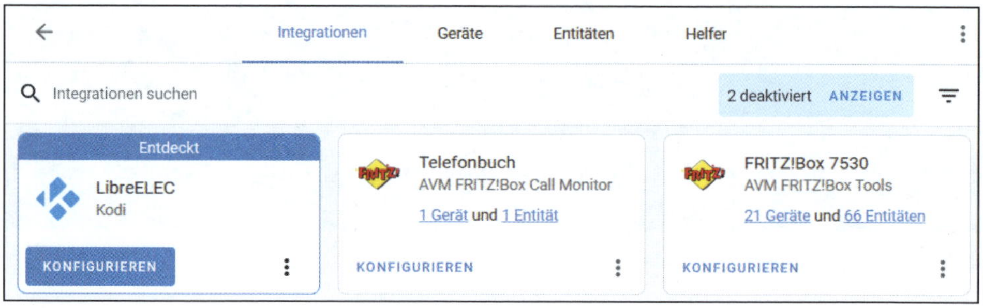

Abbildung 10.44: Die »Kodi«-Integration

Ein Klick auf **Konfigurieren** führt zur Eingabe von Benutzername und Passwort (siehe Abbildung 10.45). Dort müssen Sie die Werte eingeben, die Sie für das Webinterface von Kodi festgelegt haben.

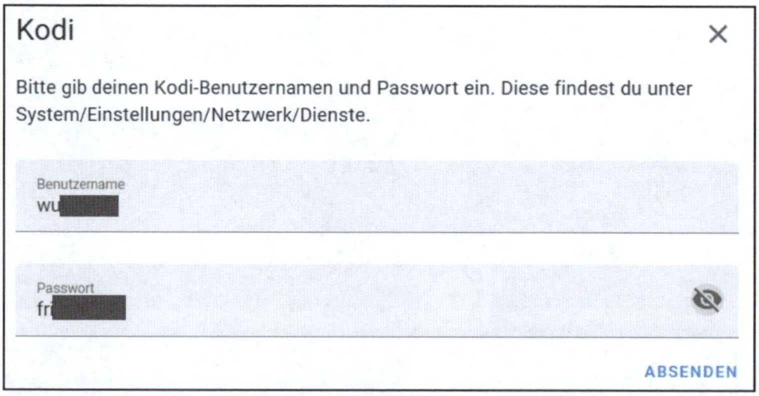

Abbildung 10.45: »Kodi«-Integration – Benutzerangaben hinzufügen

Nach einem Klick auf **Absenden** erbittet der Setup-Assistent Zugriff auf den Port des WebSocket (siehe Abbildung 10.46). Dieser lautet normalerweise 8080, in meinem Beispiel geht Home Assistant aber davon aus, dass 9090 genutzt wird.

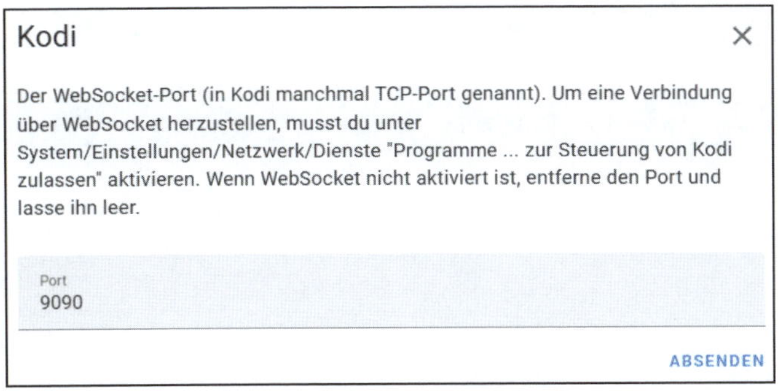

Abbildung 10.46: Portangaben in der »Kodi«-Integration festlegen

Entfernen Sie den Port und lassen Sie den Eintrag leer. Nach dem Klick auf **Absenden** sollten Sie die übliche Erfolgsmeldung einer Integrationsinstallation erhalten. Diese bietet dann noch die Option, dem Gerät einen Bereich zuzuordnen. Abbildung 10.47 zeigt die Karte mit der neu eingerichteten Integration.

Abbildung 10.47: Die Karte »Kodi« in »Geräte & Integrationen«

Kodi in Ihrem Home-Assistant-System

Die Integration folgt dem Integrationsschema von Home Assistant. So öffnen Sie mit einem Klick auf den Link **1 Gerät** das Fenster mit den gerätespezifischen Informationen. Ein Klick auf **Steuerelemente** bietet dann den Zugang zu Kodi (siehe Abbildung 10.48).

Abbildung 10.48: Kodi steuern über den Browser und über Home Assistant

Gleichzeitig finden Sie im Bereich **Medien** neue Medienquellen sowie einen weiteren Media-Player (siehe Abbildung 10.49).

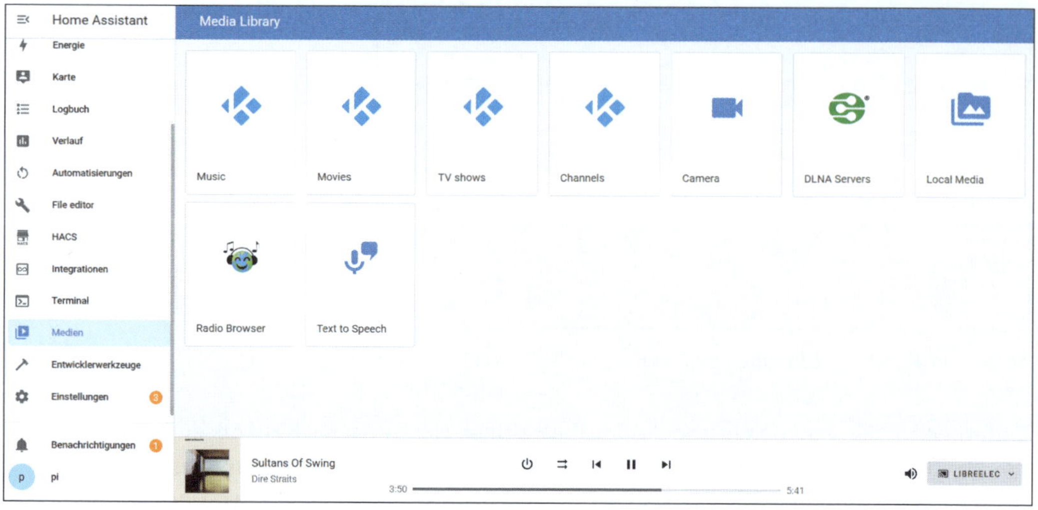

Abbildung 10.49: Kodi im Bereich »Medien«

10.5 Music Assistant

Music Assistant begann als privates Projekt von Marcel van der Veld. Mit der Veröffentlichung des Codes auf GitHub im Jahr 2019 erfolgte der Übergang in ein gemeinschaftliches Open-Source-Projekt. Im Juni 2022 wurde Version 1.0 von Music Assistant veröffentlicht. Der kontinuierlichen Weiterentwicklung ist die zwischenzeitlich erreichte tiefe Integration in Home Assistant zu verdanken.

So ist Music Assistant eine separate, aber eng integrierte Musik-Engine, die Home Assistant in eine zentrale Steuerung für alle Ihre Musikquellen und Musikplayer verwandelt. Sie läuft als eigenständiger Server; eine entsprechende Integration verbindet diesen Server mit Ihrer HA-Instanz.

Die Kernidee besteht darin, lokale Audiodateien (z. B. NAS, lokaler Speicher) und zahlreiche Streaming-Dienste (z. B. Spotify, YouTube Music, Tidal, Apple Music, Plex, Jellyfin und Internetradio) in einer gemeinsamen Musikbibliothek zu vereinen. Music Assistant kann diese Elemente dann auf einer Vielzahl von Geräten über unterschiedliche Protokolle abspielen (z. B. Sonos, Chromecast, AirPlay, DLNA, HA-Media-Player usw.). Dabei unterstützt Music Assistant erweiterte Wiedergabefunktionen wie synchronisierte Multiroom-Wiedergabe, Überblendung und Lautstärkenormalisierung, und zwar unabhängig von den nativen Funktionen der verwendeten Lautsprecher.

Aus Nutzersicht bietet Music Assistant eine einheitliche Benutzeroberfläche (ein eigenes Bedienfeld plus HA-Dashboards) und eine zentrale Suche für alle verbundenen Musikbibliotheken, anstatt mehrere Apps verschiedener Anbieter zu verwenden. Eine weitere Stärke des Ansatzes ist die Automatisierung und Sprachsteuerung, weil Medien basierend auf ausgelösten Ereignissen und per Sprachbefehl über Assist gezielt abgespielt werden können.

10.5.1 Installation: Music Assistant integrieren

Der empfohlene Weg ist, den Server von Music Assistant als Add-on zu installieren (siehe Kapitel 8). Wählen Sie bevorzugt die stabile Version – also die Version ohne einen Zusatz wie Beta.

Eine Änderung der Konfiguration ist nicht nötig, die erreichbaren Einstellungen betreffen lediglich das Log-Level und einen sogenannten *Safe mode*, der im Default deaktiviert ist.

Starten Sie den Server. Der Webserver lauscht auf Port 8095 (z. B. *http://192.168.178.139:8095*) und kann auch ohne eine Anbindung an Ihre Home-Assistant-Instanz betrieben werden.

Üblicherweise sollte der Server von Home Assistant automatisch gefunden werden und unter **Einstellungen • Geräte & Dienste • Integrationen** auftauchen.

10.5.2 Inbetriebnahme

Die Inbetriebnahme von *Music Assistant* erfolgt mittels eines Assistenten. Besuchen Sie die Weboberfläche, indem Sie entweder die entsprechende IP-Adresse mit dem Port aufrufen, oder Sie beginnen den Weg aus Home Assistant heraus: **<Music Assistant Add-on Fenster> • Benutzeroberfläche öffnen**. Sie sehen dann die Oberfläche aus Abbildung 10.50.

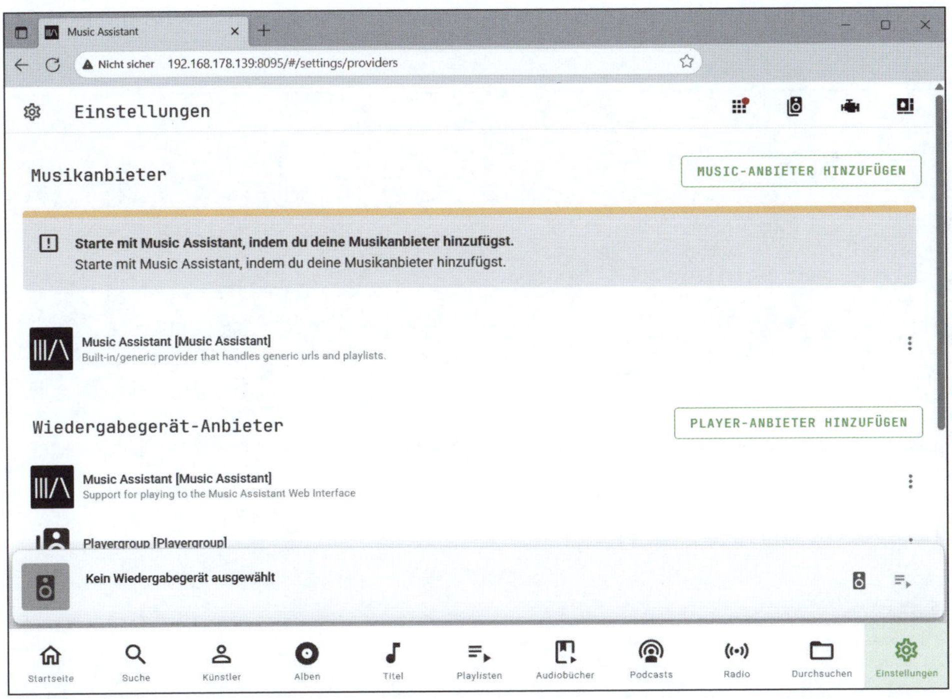

Abbildung 10.50: Allgemeine Einstellungen in Music Assistant

Wählen Sie über **Music-Anbieter hinzufügen** aus der Liste eine Datenquelle aus, z. B. einen Ordner auf Ihrer Festplatte. Die entsprechende Option heißt **Filesystem (local disk)** (siehe Abbildung 10.51) und entspricht dem Prinzip, das Sie bereits aus Abschnitt 10.1 kennen.

Abbildung 10.51: Einstellungen für den Musikanbieter

Speichern Sie die Einstellung, sodass Sie für einen ersten Test gerüstet sind (siehe Abbildung 10.52).

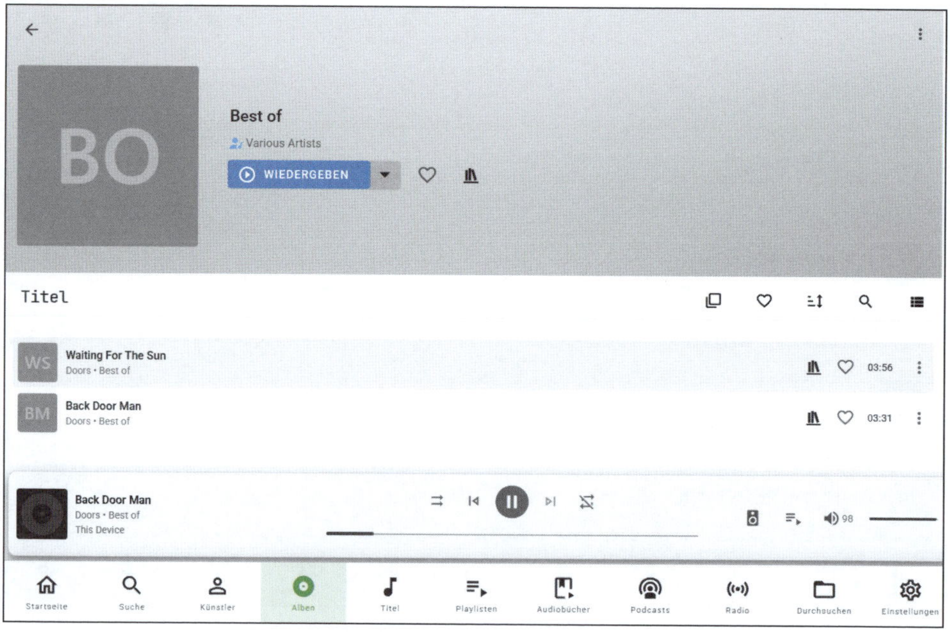

Abbildung 10.52: Musik abspielen

Das ist natürlich nur der allereinfachste Fall: Spannend wird es, wenn Sie Anbieter wie Spotify oder Tidal integrieren oder auf Ihre Plattensammlung zugreifen, die Sie auf Ihrem NAS digitalisiert haben. Eine vollständige Liste der Quellen, die Music Assistant auslesen kann, finden Sie unter *https://www.music-assistant.io/music-providers/*.

Dann geht es an die Ausgabe: Wenn Sie Home Assistant auf einem Raspberry Pi oder in einer virtuellen Maschine installiert haben, ist die direkte Musikwiedergabe nicht möglich oder macht zumindest keinen Spaß. Sie müssen daher einen *Output* definieren: Das kann ein netzwerkfähiger, smarter Speaker sein oder andere Geräte, die das Sonos/Ikea-Symfonsik-Protokoll, AirPlay (von Apple) oder das Google Cast Protocol unterstützen. Genauso wie beim *Input* ist die Liste der Möglichkeiten lang und hängt von Ihrer Hardware ab. Informieren Sie sich unter *https://www.music-assistant.io/faq/stream-to/* über die Optionen: Die Chancen stehen gut, dass Sie fündig werden.

10.5.3 Nutzung in Home Assistant

Selbstverständlich können Sie nun auch aus Ihrem Home Assistant heraus auf Informationen zur Musikwiedergabe zugreifen. Starten Sie am besten mit einem Test in den Entwicklungswerkzeugen, der Ihnen alle gespeicherten Titel auflistet (siehe Abbildung 10.53).

```
action: music_assistant.search
data:
  limit: 5
  library_only: false
  config_entry_id: 01KBYAHKN44F2NN79RKV8SHAHC
  name: "*"
```

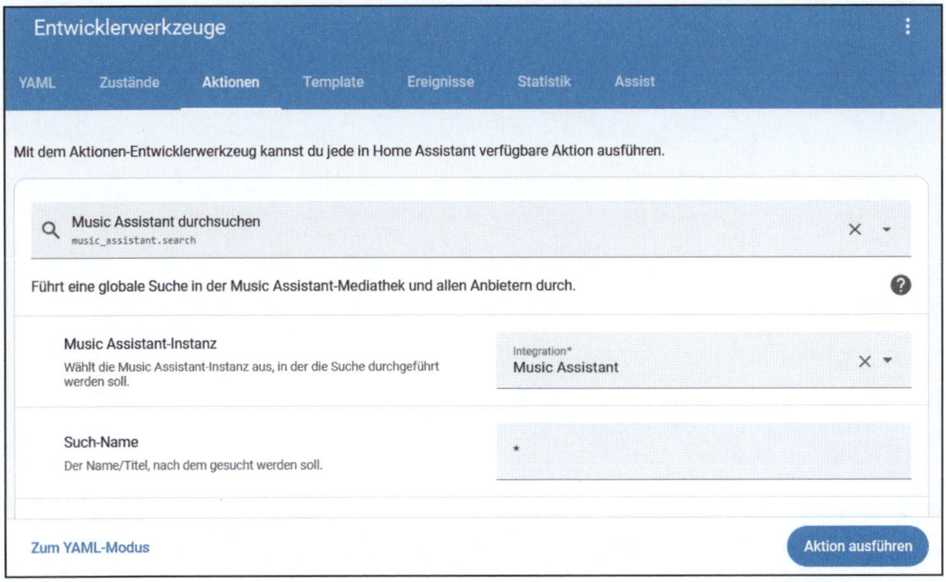

Abbildung 10.53: Alle Titel über eine Aktion durchsuchen

Auf diesem Weg sind dann beispielsweise Automationen denkbar, mit denen Sie Lampen abhängig von der Musik schalten oder die Lautstärke von der Tageszeit abhängig machen.

Fazit: Selbstverständlich gilt auch hier, dass in einem Smart-Home-System der zentrale Zugriff auf Medienquellen der erste Schritt ist. Richtig interessant werden dann aber Automationen und Szenen, wie Sie sie in Ansätzen bereits in Kapitel 3 mit dem selbst gebauten Radiowecker oder im Rahmen von TTS kennengelernt haben. Hier sind Ihrer Fantasie kaum Grenzen gesetzt.

Kapitel 11
Sprachdienste und künstliche Intelligenz

Künstliche Intelligenz ist nur so klug wie die Fragen, die wir ihr stellen – und so weise wie die Grenzen, die wir ihr setzen. In diesem Sinne können Sie sie sich zunutze machen. Wie, darauf geht dieses Kapitel ein.

Sprachdienste hören, verstehen und reagieren, ohne dass ein Schalter oder ein Regler betätigt werden muss. Alexa gehört in diese Kategorie genauso wie so mancher Assistent zur sprachgesteuerten Steuerung von z. B. Fernsehern. Hinter einem scheinbar einfachen Sprachbefehl steckt jedoch ein komplexes Zusammenspiel aus Spracherkennung, semantischer Analyse und lernenden Algorithmen.

Die Entwicklung auf diesem Gebiet hat mit der Integration von *künstlicher Intelligenz* (engl. *Artificial Intelligence*, AI) einen neuen Schub erfahren. Künstliche Intelligenz verleiht Anwendungssoftware wie Sprachassistenten die Fähigkeit, nicht nur Wörter zu erkennen, sondern auch deren Bedeutung und Kontext zu erfassen.

Damit markiert die Verbindung von Applikationen und KI einen entscheidenden Schritt hin zu intuitiverer Mensch-Technik-Interaktion und verändert dauerhaft, wie Sie Informationen abrufen, Abläufe starten und eben auch Geräte steuern. Home Assistant versucht, diesen neuen Gegebenheiten mit *Assist* und verschiedenen KI-Integrationen Rechnung zu tragen.

11.1 Sprachdienste

Die Home-Assistant-Entwickler hatten 2023 zum *The Year Of Voice* (dt. »das Jahr der Sprachverarbeitung«) erklärt. Und in der Tat: Die Home-Assistant-Mannschaft hat in diesem Bereich einiges geleistet und auf die Beine gestellt. Ihr Ausgangspunkt war sicherlich die Überlegung, dass ein Smart-Home-System ohne die Integration mächtiger Sprachsysteme etwas auf verlorenem Posten steht und ins Abseits zu geraten droht. Dementsprechend haben die Entwickler ganze Arbeit geleistet und das Thema so tief und breit verankert, dass es Ihnen nahezu an jeder Stelle begegnet. Das hat aber leider zur Folge, dass es schwierig ist, einzelne Facetten an einer Stelle in einem Abschnitt zu bündeln. Ganz abgesehen davon zeichnet sich gerade dieser Bereich durch eine unglaubliche Innovationsgeschwindigkeit aus, und die Maker-Szene wird noch viele Anpassungen beisteuern.

11.1.1 Was sind Sprachdienste, und was ist ihr Einsatzgebiet?

Sprachdienste konzentrieren sich auf die Verarbeitung und Interpretation von menschlicher Sprache. Unter diesem Dach gibt es diverse Ausprägungen und Formen:

- **Sprachsynthese**: Diese Sprachdienste können Text in gesprochene Sprache umwandeln. Das ermöglicht beispielsweise virtuellen Assistenten, Informationen verbal an Benutzer weiterzugeben.
- **Spracherkennung**: Derartige Sprachdienste können gesprochene Wörter und Sätze in Text umwandeln. Dies ermöglicht Benutzern, mit Computern und anderen Geräten über gesprochene Befehle zu interagieren.
- **Dialogsysteme**: Sprachdienste können interaktive Dialogsysteme ermöglichen, die natürliche Gespräche mit Benutzern führen können. Das wird oft bei virtuellen Assistenten, Chatbots oder Kundenbetreuungssystemen eingesetzt.
- **Maschinelle Übersetzung**: Durch den Einsatz von maschinellem Lernen und Sprachmodellen können Sprachdienste Texte von einer Sprache in eine andere übersetzen. Dies ist nützlich für die Kommunikation zwischen Personen, die verschiedene Sprachen sprechen.
- **Textanalyse**: Durch die Analyse von Texten können Sprachdienste Informationen extrahieren, wie z. B. Schlüsselwörter, Themen oder Stimmungen. Das kann für verschiedene Anwendungen wie *Sentimentanalyse*, automatisierte Zusammenfassungen oder das Filtern von Inhalten verwendet werden.

Sprachdienste können, wenn sie richtig umgesetzt werden, die Kommunikation zwischen Menschen und Maschinen erleichtern, und in den oben genannten Formen finden sie sich daher in Anwendungen wie virtuellen Assistenten, Übersetzungsprogrammen, Spracherkennungssystemen und Chatbots. Ihre Basis bilden oft künstliche Intelligenz und maschinelles Lernen, um die Sprachverarbeitung zu verbessern und natürlichere Interaktionen zu ermöglichen.

11.1.2 Text to Speech: der Einstieg out of the box

Ein *Text-to-Speech*-System (TTS, Sprachsynthese) wandelt Fließtext in eine akustische Sprachausgabe um. Einen solchen Service bietet der Google-Übersetzer (*Google Translate*), der bereits integriert ist. Abbildung 11.1 zeigt einen Test *out of the box* im Browser (**Medien • Text-to-speach • Google Translate en**).

Im Rahmen einer Automation ist der Dienst als `tts.speak` erreichbar. Testen Sie ihn über **Entwicklerwerkzeuge • Aktionen**:

```
action: tts.speak
data:
  message: >-
    Hallo mike, du kannst jeden Text auf jedem unterstützten
    Mediaplayer wiedergeben lassen!
```

```
  media_player_entity_id: media_player.kd_49xe8005
target:
  entity_id: tts.google_translate_en_com
```

Abbildung 11.1: TTS-Beispiel im Browser

Lassen Sie sich beispielsweise bei Ihrer Heimkehr begrüßen, z. B. wenn Ihr Smartphone (hier ein Huawei-Gerät) wieder in Ihrer Home-Zone erkannt wird. Eine derartige Automation könnte dann so wie in Listing 11.1 aussehen:

```
alias: Anwesenheit Ankunft TTS
description: ""
trigger:
  - entity_id:
      - device_tracker.huawei_p_smart_2019_bd902
    to: home
    trigger: state
condition: []
actions:
  - action: tts.speak
    target:
      entity_id: tts.google_translate_en_com
    data:
      cache: true
      media_player_entity_id: media_player.kd_49xe8005
      message: Hallo mike
mode: single
```

Listing 11.1: Automation mit Text to Speech

Der Auslöser ist der Statuswechsel meines Huawei-Smartphones nach `home`. Die Aktion ist eine TTS-Nachricht an einen zulässigen Media-Player. (Dies sind an dieser Stelle aber keine Alexa-Geräte, siehe dazu Kapitel 15.) `message` enthält den Begrüßungstext.

11.1.3 Lokale und Cloud-basierte Sprachdienste

Sie haben prinzipiell zwei Optionen: eine lokale oder eine Cloud-basierte Installation. Beide haben ihre Vorzüge und ihre Nachteile (siehe Tabelle 11.1), die im Übrigen gleichermaßen auch für die Auswahl an Produkten für die Hausautomation (siehe Kapitel 16) gelten:

Kriterium	Lokal (Assist)	Cloud-basiert (z. B. Alexa)
Datenschutz	– keine Daten an Dritte – volle Kontrolle	– Anbieter verarbeitet alle Anfragen – Sprachaufnahmen werden gespeichert
Cloud-Abhängigkeit	keine	– erfordert Internet – erfordert Erreichbarkeit eines externen Servers
Integration und Steuerung	– direkte Integration – alle Home-Assistant-Entitäten sofort verfügbar – keine weiteren Installationen (z. B. Skill) nötig – Automationen, Skripte und Szenen direkt steuer- und ansprechbar – eigene Sprachbefehle definierbar (Custom Intents)	– Smart-Home-Skill erforderlich – begrenzte Entitäten – nicht alles ist steuerbar – unter Umständen umständlichere Einrichtung bei komplexen Automationen – viele Drittanbieter-Skills verfügbar
Spracherkennung und KI	– mehrere Optionen: lokal: Piper, Whisper angebundene Cloud: OpenAI, Google, andere – grundlegende Spracherkennung weniger ausgereift als z. B. bei Alexa, insbesondere im Deutschen – gegebenenfalls erweiterbar mit eigenen Modellen	– ausgereifte Spracherkennung – besseres Sprachverständnis in natürlicher Sprache – besseres Kontextverständnis über mehrere Anfragen – nicht anpassbar

Tabelle 11.1: Lokale vs. Cloud-basierte Sprachdienste

Kriterium	Lokal (Assist)	Cloud-basiert (z. B. Alexa)

Hardware und Ausgabe	– flexible Hardware:
	  – Companion App
	  – HA Voice
	  – M5Stack ATOM Echo
	  – ESP32-basierte Geräte
	  – Browser-Interface
	– Text to Speech:
	  – lokal
	  – Cloud
		– hochwertige Komponenten
		– hardwaregebunden an das Ökosystem (z. B. Amazon)

Tabelle 11.1: Lokale vs. Cloud-basierte Sprachdienste (Forts.)

In der Summe ist der lokale Assist ideal, wenn Privatsphäre, Anpassung und Smart Home im Vordergrund stehen. Cloud-Dienste wie Alexa haben ihre Vorteile, wenn der Schwerpunkt auf Entertainment, Komfort und Ökosystemintegration liegt. Je nach persönlichem Ziel kann auch die Kombination aus beidem und damit der Zugriff auf das Beste aus beiden Welten eine Lösung sein.

Lokale Sprachdienste

Als lokale Sprachdienste bieten sich *Piper* (Text To Speech) und *Whisper* (Speech To Text) an. Hier sind verschiedene Sprachen (auch Deutsch) möglich. Allerdings sind die Ergebnisse im Wesentlichen unbefriedigend, sodass eher Englisch den Vorzug erhält.

Piper- und Whisper-Add-ons installieren

Bei beiden handelt es sich um Add-ons, die Sie auf dem gewohnten Weg aus dem *Add-on Store* installieren (siehe Kapitel 8).

Die Konfiguration umfasst bei *Piper* neben der Stimme (Sprache, Sprecher/Sprecherin, siehe Abbildung 11.2) auch Belange wie:

- **Length Scale**: Beschleunigt oder verlangsamt die Stimme. Ein Wert von 1,0 (Default) bedeutet, dass die Standardsprechgeschwindigkeit der Stimme verwendet wird; Werte unter 1,0 bedeuten eine schnellere, Werte über 1,0 eine langsamere Sprechgeschwindigkeit.
- **Noise Scale**: Steuert die Variabilität des Audiosignals durch Hinzufügen von Rauschen während der Audioerzeugung. Der Effekt hängt stark von der Stimme selbst ab, aber im Allgemeinen beseitigt ein Wert von 0 die Variabilität, während Werte über 1 die Audioqualität beeinträchtigen (Default: 0,667).

- **Speaking cadence**: Steuert die Variabilität der Sprechkadenz (Phonembreite). Die Wirkung hängt stark von der Stimme selbst ab, aber im Allgemeinen beseitigt ein Wert von 0 die Variabilität, während Werte über 1 zu starkem Stottern und Pausen führen (Default: 0,333).

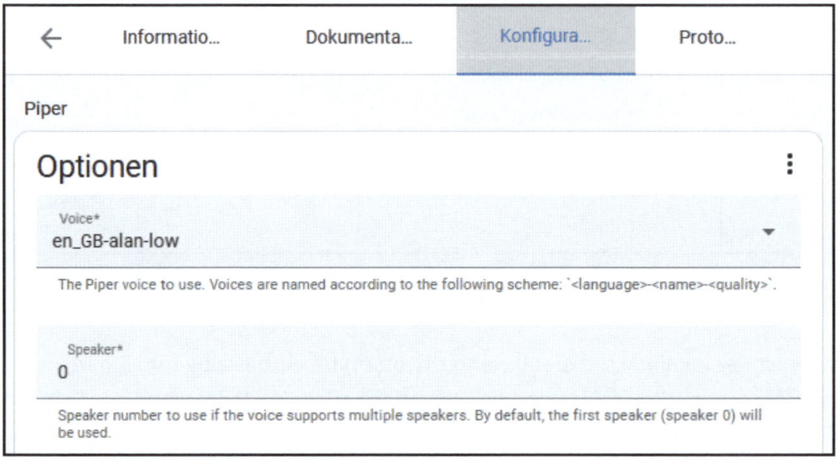

Abbildung 11.2: Piper – Konfiguration der Stimme

Bei *Whisper* müssen Sie das Sprachmodell und die Sprache einstellen (siehe Abbildung 11.3).

Die Auswahl des Sprachmodells richtet sich nach der Leistungsfähigkeit der Hardware, die Ihnen zur Verfügung steht. Für **tiny-int8** soll auch ein Raspberry Pi 4 ausreichend sein. Insgesamt benötigt Whisper aber deutlich mehr RAM als Piper.

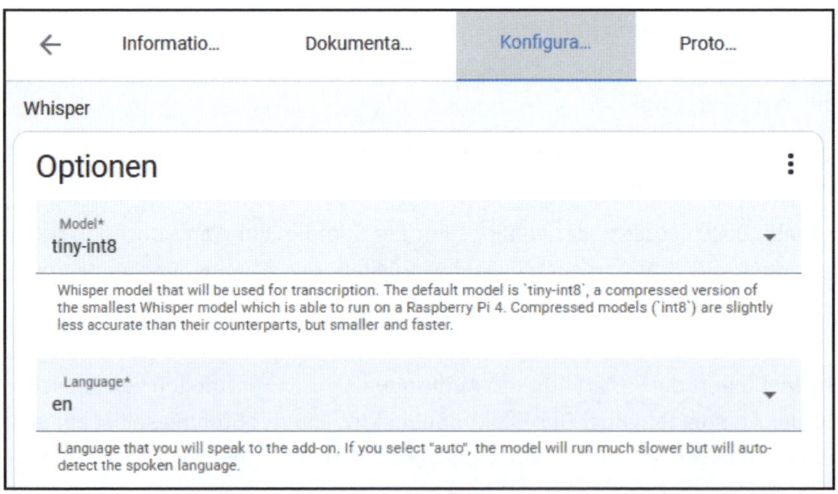

Abbildung 11.3: Whisper – Konfiguration der Sprache

Starten Sie die Add-ons und überprüfen Sie den Erfolg im Detail in **Protokoll**.

Wyoming-Protocol-Integrationen einrichten

Häufig findet Home Assistant die neuen Dienste automatisch und bietet sie bei Integrationen zur Konfiguration an (siehe Abbildung 11.4).

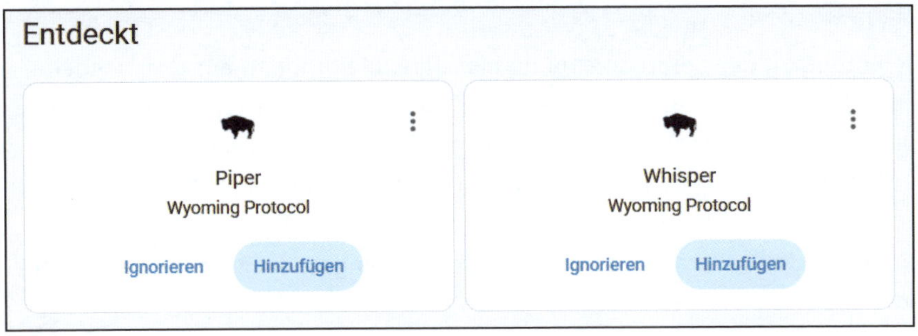

Abbildung 11.4: Wyoming-Protocol-Integrationen für Piper bzw. Whisper

In beiden Fällen fragt das System, ob Sie damit einverstanden sind, dass der Sprachdienst durch das *Wyoming Protocol* unterstützt wird. Wenn Sie das Protokoll nutzen wollen, klicken Sie auf **Konfigurieren**. Mit ein wenig Glück war es das schon.

Startschwierigkeiten

Gibt es keine Schwierigkeiten, ist das ein Grund zur Freude. Anderenfalls wird es eher zäh.

Setzen Sie den Schalter im Fenster des Add-ons auf **Beim Booten starten**. Führen Sie einen kompletten Reboot aus (**Entwicklerwerkzeuge • neu starten**). Wenn Sie Home Assistant unter VirtualBox nutzen, führen Sie zusätzlich einen Reboot der virtuellen Maschine durch. Löschen Sie auch den Browsercache. Überprüfen Sie dann, ob die Add-ons erfolgreich gestartet sind (grüner Punkt). Werfen Sie einen Blick auf den angezeigten Hostnamen (*core-piper* bzw. *core-whisper*, siehe Abbildung 11.5).

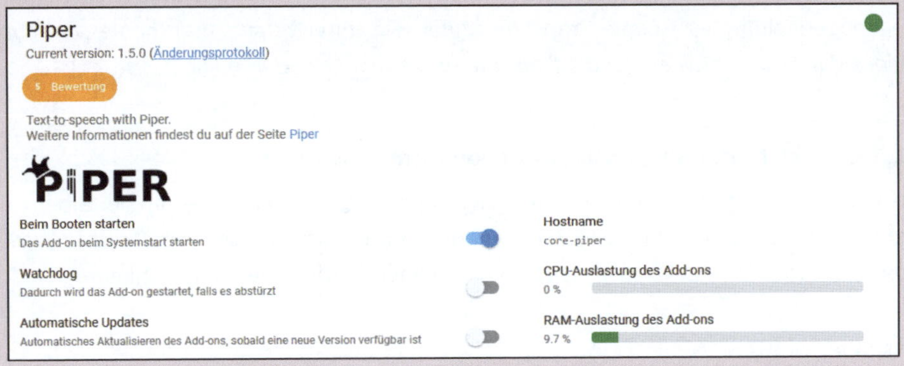

Abbildung 11.5: Das Add-on Piper wurde gestartet.

Gehen Sie, um sich zu informieren, in die **Konfiguration** und dort in den Abschnitt **Netzwerk**. Aktivieren Sie **Deaktivierte Ports anzeigen**. Für Piper ist dies der Port 10200, für Whisper 10300 und für OpenWakeWord 10400. Lassen Sie die Einstellungen aber unverändert!

Läuft die Automatik der Geräteerkennung ins Leere, bleibt Ihnen nur der manuelle Weg. Fügen Sie mit **+ Integration hinzufügen** die Integration *Wyoming Protocol* hinzu. Der Einrichtungsassistent bittet dabei um die Angabe von **Host** und **Port**. Verwenden Sie hier die oben genannten Angaben (also für Piper *core-piper* und *10200*).

Weitere lokale Dienste – allerdings ohne eine vergleichbar gute systemseitige Unterstützung – sind:

- MaryTTS
- PicoTTS

Wenn Sie diese Systeme nutzen wollen, müssen Sie die Sprachausgaben installieren. Alles Weitere zu MaryTTS finden Sie unter *https://github.com/marytts/marytts*.

Die Projektseite von PicoTTS ist ebenfalls auf GitHub (*https://github.com/ihuguet/picotts*) zu finden. Wie Sie es einbinden, ist unter *https://www.home-assistant.io/integrations/picotts* beschrieben.

Cloud-basierte Installation

Im Prinzip handelt es sich bei dem eingangs behandelten *Google Translate* bereits um einen Vertreter dieser Art. Top integriert ist aber die Sprachassistenz aus dem Hause *Nabu Casa* selbst (siehe Kapitel 15). Zugang erhalten Sie jedoch nur über einen kostenpflichtigen Account.

Ein weiterer Dienst ist *Alexa Media Player*, der jedoch mit ein paar Unwägbarkeiten behaftet ist (siehe Kapitel 15). Erwähnen möchte ich noch *Amazon Polly* und *Google Cloud*. (Eine Gegenüberstellung zu Google Translate finden Sie unter *https://smarthomescene.com/guides/difference-between-google-translate-and-google-cloud-in-home-assistant*.)

11.1.4 Assist – der Sprachassistent von Home Assistant

Sie können Home Assistant auch ohne den integrierten Sprachassistenten betreiben und dennoch Sprachelemente benutzen. Mit der Unterstützung von *Assist* (*https://www.home-assistant.io/voice_control/*) ergeben sich aber deutlich mehr Möglichkeiten.

Assist einrichten

Gehen Sie auf **Einstellungen • Sprachassistenten**. Der Gesamtaufbau der Seite möchte Sie ein wenig in Richtung *Nabu Casa* lenken (siehe Abbildung 11.6).

Abbildung 11.6: Einstellungen von Assist

Nutzen Sie **+ Assistent hinzufügen**, um einen lokalen oder einen weiteren Cloud-basierten Sprachassistenten zu etablieren (eine sogenannte *Pipeline* aufzusetzen) und in dessen Konfiguration zu gelangen (siehe Abbildung 11.7).

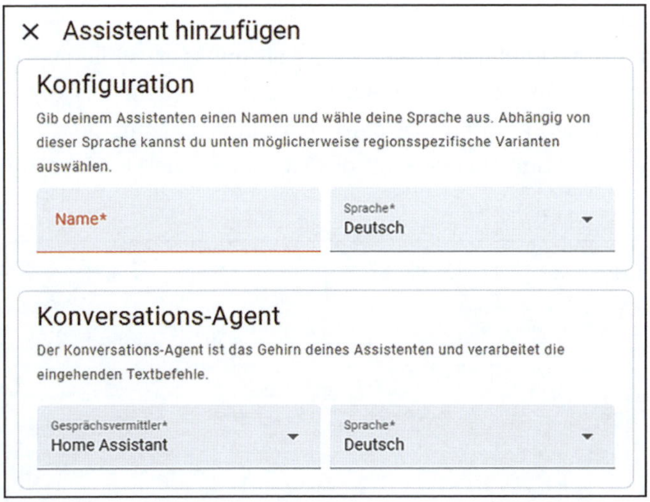

Abbildung 11.7: Assist-Konfiguration

Vergeben Sie einen Namen (z. B. *Mein HA*) und ändern Sie die Sprache in den ersten beiden Abschnitten auf Englisch. Die Konfiguration umfasst jedoch noch drei weitere Abschnitte, die Sie nicht in Abbildung 11.7 sehen:

- **Speech-To-Text**: Wählen Sie hier aus der Drop-down-Liste **faster-whisper** und legen Sie die Sprache fest (**Englisch**).
- **Text-To-Speech**: Wählen Sie **Piper**. Danach bestimmen Sie noch die Sprache (**en_GB**) und eine Stimme (z. B. **alan_low**). Ein Klick auf **Stimme ausprobieren** liefert Ihnen einen Vorgeschmack auf künftige Sprachausgaben.
- **Aktivierungswort**: Natürlich sollen nicht alle Unterhaltungen ständig in die Cloud geschickt werden, während das System auf einen relevanten Befehl wartet. Stattdessen

werden bestimmte Sätze als Aktivierung genutzt – Sie kennen wahrscheinlich »Hey, Siri« oder »Okay, Google«. Erst danach wird der Sprachbefehl in der Cloud verarbeitet.

Dazu brauchen Sie aber besondere Hardware, denn Sie sehen sicherlich das Henne-Ei-Problem: Der Sprachassistent soll zwar nicht ständig mithören, aber trotzdem sein Aktivierungswort bemerken. Dieses Setup ist also nur etwas für den fortgeschrittenen Einsatz, den ich nicht weiter beschreiben werde. Informieren Sie sich unter *https://www.home-assistant.io/voice_control/install_wake_word_add_on/* über die möglichen Wege, auf denen Sie ein so professionelles Setup lokal mit Maker-Tools umsetzen können.

Mit einem Klick auf **Erstellen** schließen Sie die Konfiguration ab.

Sie haben nun zwei Sprachassistenten, wobei der mitgelieferte Home Assistant der bevorzugte ist. Das erkennen Sie an dem Stern in dem Listeneintrag. Rufen Sie noch einmal die Konfiguration Ihres soeben erstellten Assistenten auf und setzen Sie den Stern dort.

Entitäten verfügbar machen

Jetzt gilt es, noch einen Blick auf die Entitäten zu werfen, die Sie mit Assist steuern werden. Aktivieren Sie am besten **Neue Entitäten verfügbar machen**). Öffnen Sie das Register **Verfügbarkeit**. Sie erhalten eine Entitätenliste, deren einzelne Elemente Sie Assist zuordnen können, indem Sie das entsprechende Kontrollkästchen aktivieren (siehe Abbildung 11.8).

Abbildung 11.8: Entitäten für Assist verfügbar machen

+ Entitäten verfügbar machen nimmt weitere Entitäten in die Liste auf.

Mit einem Klick auf das Assist-Icon können Sie näher definieren, für welchen der angelegten Sprachassistenten die Entität verfügbar sein soll. Zudem lässt sich ein Alias vergeben, der unter Umständen die Steuerung per Sprachbefehl verbessert.

Ein Test im Dashboard

Nun ist alles für einen Test im Dashboard bereit. Aktivieren Sie ihn über das Icon **Assist**. Über die Eingabezeile oder das Mikrofon können Sie nun Sprachbefehle an Home Assistant absenden. Home Assistant führt die Anweisung aus und quittiert die Aktion mit einer Meldung wie die in Abbildung 11.9.

Abbildung 11.9: Assist-Dialog im Dashboard

> **HTTPS-Verbindung bei Mikrofonnutzung**
> Assist setzt bei Nutzung des Mikrofons in einem Browser auch lokal zwingend eine HTTPS-Verbindung voraus. Sollten Sie nicht über eine eigene Domain verfügen, ist vielleicht *DuckDNS* eine Option (siehe Kapitel 15).

[!]

Ein Test mit der Home Assistant Companion App

Setzen Sie die Companion App als Standard für digitale Assistenten. Dies geht am einfachsten über die App selbst, nämlich im Menü unter **Einstellungen • Companion app** (siehe Abbildung 11.10).

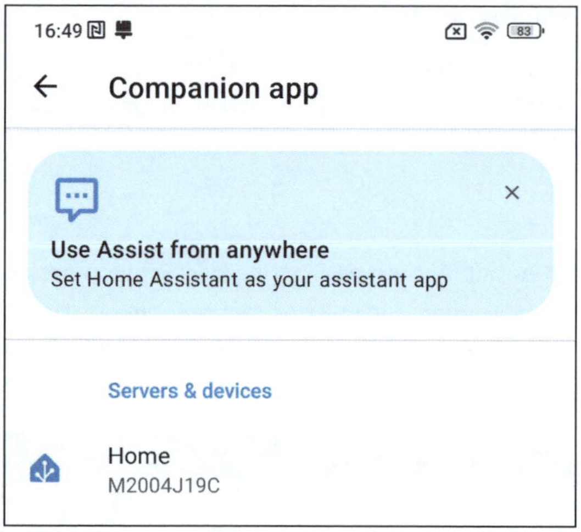

Abbildung 11.10: Die Home Assistant Companion App als Standard für digitale Assistenten festlegen

Tippen Sie auf den Eintrag. Sie sollten zu den Einstellungen Ihres Smartphones weitergeleitet werden (siehe Abbildung 11.11).

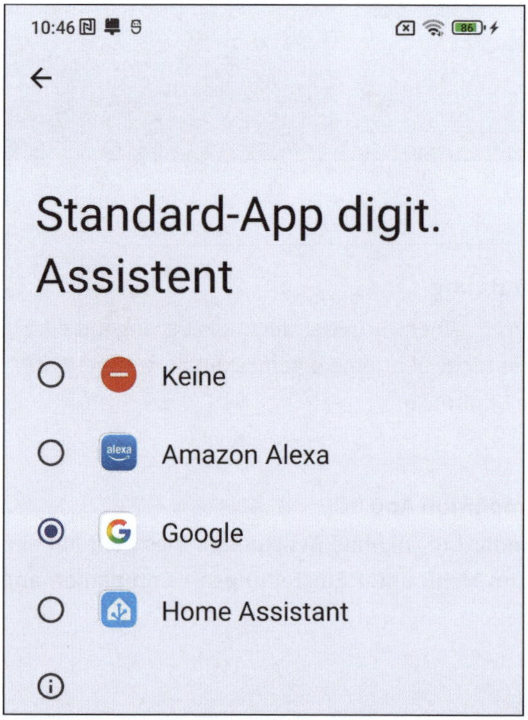

Abbildung 11.11: Die entsprechende App wählen – hier ist noch »Google« vorausgewählt. Markieren Sie »Home Assistant«.

Setzen Sie dort Home Assistant als Standard-App und rufen Sie dann Assist in der Companion App auf (siehe Abbildung 11.12).

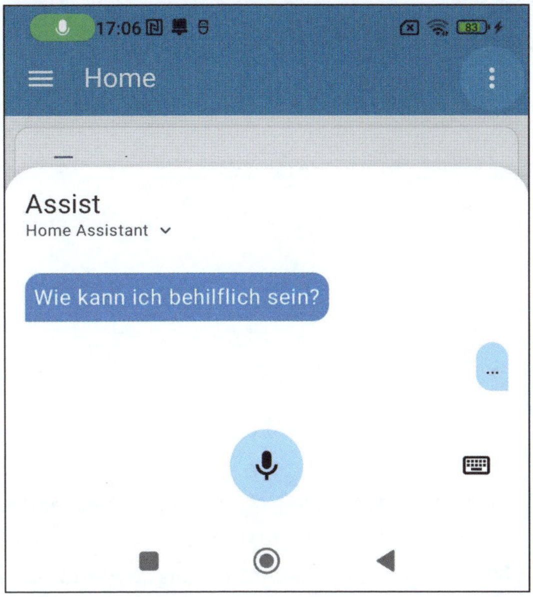

Abbildung 11.12: Assist in der Companion App

Versuchen Sie nun, über das Mikrofon Geräte Ihres Systems zu steuern, indem Sie beispielsweise Lampen einschalten oder nach dem Wetter fragen.

> **Und wenn es nicht funktioniert?**
> Die Sprachsteuerung funktioniert leider noch nicht so reibungslos wie bei den professionellen Cloud-Angeboten von Amazon, Google & Co. Wenn Sie mit den Tests nicht zufrieden sind, können Sie in den Smartphone-Geräteeinstellungen wieder den alten Zustand herstellen. Der Zugriffsweg hängt von Gerät und Betriebssystemversion ab, z. B. **Einstellungen • Apps • Apps verwalten • 3-Punkte Menü • Andere Einstellungen • Standard Apps • Assistent & Spracheingabe • App für digitalen Assistenten**. Wechseln Sie dort wieder zu Google oder Alexa oder schalten Sie die Sprachsteuerung über das eigene Handy komplett ab.

11.1.5 Ergänzungen und Anmerkungen

Mit Assist haben die Home-Assistant-Entwickler eine höchst respektable Arbeit abgeliefert, die noch weit über das Dargestellte hinaus geht:

- **Home Assistant Voice Preview Edition**: Dies ist ein komplettes Smart-Speaker-Gerät, vorinstalliert sind Mikrofon-Array, Lautsprecher und Wyoming-Satellit-Software. Es funktioniert mit der Cloud, unterstützt aber auch lokale STT/TTS/LLM-Systeme und ist hierzulande ab 60 € erhältlich (siehe Abbildung 11.13).

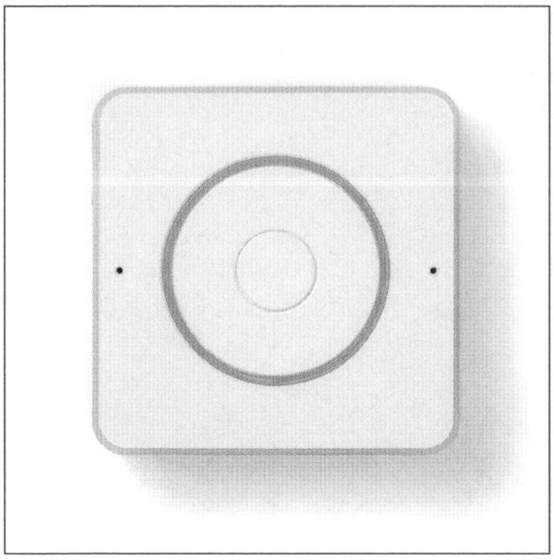

Abbildung 11.13: Home Assistant Voice Preview Edition (Originalfoto)

- **ESPHome**: In ESPHome können Sie auf Basis eines M5ATOM Echo (ca. 25 €), eines ESP32-S3-BOX-3 oder eines eigenen ESP32 mit Mikrofon/Lautsprecher einen eigenen Sprachlautsprecher einbinden. Inwiefern dieser an die Qualität quersubventionierter Produkte der »großen« Anbieter (Amazon, Google, Apple) heranreicht, ist schwer zu beurteilen. Auf *https://www.home-assistant.io/voice_control/thirteen-usd-voice-remote/* und *https://www.home-assistant.io/blog/2023/12/13/year-of-the-voice-chapter-5/* finden Sie ausführliche Hinweise, wenn Sie einsteigen möchten.
- **Eigene Sprachsequenzen mit Node-RED/YAML**: Mit Assist sind auch eigene Sprachsequenzen möglich. Auch hier erklärt ein Video recht ausführlich, wie Sie vorgehen (*https://www.youtube.com/watch?v=g0u6g6am1pU*). Einen Überblick über die von Haus aus hinterlegten Sprachsequenzen finden Sie unter *https://www.home-assistant.io/voice_control/builtin_sentences/*. Alles in allem: *fancy stuff* – aber es ist fraglich, ob dies mit dem Prinzip KISS in Übereinstimmung zu bringen ist.

Vielleicht ist aber auch *rhasspi* eine lohnenswerte Alternative (*https://rhasspy.readthedocs.io/en/latest/*).

Zwischenfazit: Trotz allem stellt sich die Frage, ob ein lokaler Sprachdienst für eine geschmeidige Sprachsteuerung schnell genug und zumindest für den deutschsprachigen Raum hinreichend breit aufgestellt ist. Wenn Sie auf ein robustes System Wert legen, sollten Sie Ihren Experimentierdrang auf diesem Feld vielleicht zügeln.

Und wenn es klemmt …

- … ist *https://www.home-assistant.io/voice_control/troubleshooting/* ein guter Startpunkt.
- … kann die Debug-Funktion wertvolle Hinweise geben: **Einstellungen • Sprachassistenten • <derAssistent> • Menu-Icon • Debuggen**.

11.2 Künstliche Intelligenz

So mancher betrachtet 2025 als das Jahr der künstlichen Intelligenz. Wenngleich in diesem Jahr das Thema im öffentlichen Diskurs große Präsenz einnahm, ist die Transformation dahinter eher ein fortlaufender Prozess als ein einzelnes Jahr, der auch vor Home Assistant nicht haltmacht. In diesem Abschnitt möchte ich mit Ihnen in das Thema eintauchen und Ihnen eine erste Orientierung bieten.

11.2.1 Die Basis von KI

Intelligenz gilt als die geistige Fähigkeit, Informationen aufzunehmen, zu verarbeiten, zu verstehen, logisch zu schlussfolgern, Probleme zu lösen und aus Erfahrungen zu lernen: Diese Kompetenz wird im Allgemeinen dem Menschen und zum Teil auch Tieren zugebilligt; sie entsteht durch das komplexe Zusammenspiel verschiedener Hirnregionen.

KI braucht eine andere Basis. Das können ganz unterschiedliche Algorithmen für verschiedene Anwendungszwecke sein, der Fokus liegt momentan aber voll auf *LLMs* (*Large Language Models*). Das sind Systeme, die mit riesigen Mengen an Textdaten trainiert wurden, um natürliche Sprache zu verstehen und zu erzeugen. Sie führen keine Aktionen in der »realen Welt« aus, sondern produzieren Texte auf Basis von Eingaben: Sie erstellen Text, beantworten Fragen, übersetzen, fassen zusammen usw. Sie basieren auf neuronalen Netzen, insbesondere dem Transformer-Modell. Beispiele sind ChatGPT, BERT oder LLaMA.

Home Assistant benötigt für KI-Fähigkeiten den Zugriff auf ein LLM. Nun ist LLM nicht gleich LLM. Es gibt zwischenzeitlich eine Vielzahl von Anbietern mit mehreren Modellen aus dem gleichen Haus. So bietet beispielsweise auch OpenAI nicht nur ChatGPT an, sondern hat mehrere Modelle wie z. B. GPT-3.5 Turbo oder GPT-4o mini im Angebot. Die Unterschiede orientieren sich an verschiedenen Eckpunkten:

- **Release-Nummer**: Neuere Releases sollten mehr Fähigkeiten und geringere Fehlerraten haben.
- **Training**: Manche Modelle lernen durch die Interaktion mit Personen. Das heißt, dass Ihre Nutzung für das Training verwendet wird. Überlegen Sie sich, ob Ihnen das recht ist.
- **Größe**: KI-Modelle bestehen aus Milliarden von sogenannten Parametern. Das chinesische Modell DeepSeek R1 gibt es beispielsweise in Größen von 1,5 bis 671 Milliarden Parametern. Grob lässt sich sagen, dass mit zunehmender Größe das Modell »mehr weiß« und bessere Ergebnisse liefert. Kleinere Varianten sind hingegen schneller.
- **Generelle Ausrichtung**: Es gibt Allrounder-Modelle, aber auch Spezialisten, die sich etwa auf Textklassifizierung, Textgenerierung, Codegenerierung oder Sprachübersetzung konzentrieren. Wenn Sie genau wissen, was Sie brauchen, ist ein spezialisiertes Modell meistens besser.

Den wichtigsten Aspekt bilden aber die Kosten, die für die Nutzung von LLMs entstehen. Wenn Sie ein LLM lokal betreiben (siehe Abschnitt 11.2.3), werden Sie das am Stromverbrauch merken. Bei professionellen Systemen ist die Kostenfrage komplizierter. Zwar ist der Zugriff über einen Webbrowser in der Regel zumindest nach einer Anmeldung beim Anbieter kostenfrei, dies hilft jedoch nicht, wenn LLMs an Home Assistant angebunden sein sollen. Dann ist der Zugang über eine API zwingend, und der ist wiederum allgemein mit Kosten verbunden.

Dabei variieren die Pläne von Anbieter zu Anbieter erheblich. Basis sind meist *Token*. Ein Token repräsentiert einen Teil eines Textes zur Verarbeitung in einem LLM und umfasst etwa 4 Zeichen oder 0,75 Wörter (Englisch). Satzzeichen wie der Punkt gelten als ein Token. Stellen Sie sich ein Token ungefähr als eine Silbe eines Worts vor.

LLM-Kosten werden in der Regel pro 1.000 Token berechnet. Einige Modelle, wie GPT-4, kosten bis zu 0,03 US-Dollar pro 1.000 Eingabetoken und 0,06 US-Dollar pro 1.000 Ausgabetoken, andere Modelle wie Mistral Small liegen für Eingabe und Ausgabe jeweils bei 0,01 US-Dollar pro 1.000 Token.

11.2.2 KI in Home Assistant

Innerhalb von Home Assistant existieren mehrere konzeptionell unterschiedliche Wege, KI-Funktionalitäten einzubinden. Die Ziele – also das Warum – können sein:

- **Hilfestellung bei der Konfiguration von Home Assistant:** LLMs können Ihr Setup analysieren und Verbesserungsvorschläge machen. In der Softwareentwicklung sind LLMs bereits ein wichtiges Werkzeug, das entsprechend auch bei der Programmierung von Home Assistant genutzt werden kann.
- **Erweiterung von Home-Assistant-Automationen:** Automationen mit Wenn-dann-Unterscheidungen und Schleifen sind schön und gut. Es gibt aber Szenarien, die sich nur mit den Möglichkeiten von künstlicher Intelligenz umsetzen lassen. Ein Beispiel stelle ich Ihnen gleich in Abschnitt 11.2.5 vor.

Wenden wir uns zunächst der Frage zu, wie man an ein solches LLM kommt und wie man es einsetzen kann. Es gibt grundsätzlich zwei Möglichkeiten: Sie nutzen ein LLM eines etablierten Cloud-Providers, oder Sie installieren ein LLM lokal auf Ihrem Rechner.

Wo liegt der Unterschied?

Ganz allgemein lässt sich sagen, dass die inhaltliche und sprachliche Qualität freier Modelle, die Sie lokal und damit privat nutzen können, hinter den kommerziellen Diensten zurückbleibt. Das wird nochmals deutlicher, wenn es wirklich in die praktische Umsetzung geht: Sie werden auf Ihrem privaten Rechner unmöglich mit den großen Datencentern der Technologieunternehmen konkurrieren können. Die Hardwareanforderungen und der Energieverbrauch großer KI-Modelle sind immens; das ist ungefähr so, als würde man einen Flugzeugträger mit einem privaten Pkw vergleichen.

Dennoch: Auch bei den lokalen Modellen ist die Entwicklung rasant, und bereits auf einem normalen Rechner lassen sich inzwischen beeindruckende Ergebnisse erzielen. Schauen wir uns also an, wie mit Ollama lokale Modelle betrieben werden können.

11.2.3 Der lokale Dienst Ollama

Ollama (*https://ollama.com/*) ist eine Plattform, um Sprachmodelle lokal auszuführen, ohne auf Cloud-Dienste angewiesen zu sein. Sie sorgen also dafür, dass Ihre Daten und Gespräche Ihr Haus nicht verlassen. Aber wie schon gesagt: Solange Sie nicht zufälligerweise ein eigenes Rechenzentrum mit Hardware für einige Millionen Euro betreiben, werden die Ergebnisse nicht ganz an die Antworten von ChatGPT, Claude & Co. heranreichen.

Hardware und Kosten

Es lässt sich nicht pauschal sagen, ob es günstiger ist, Modelle lokal zu betreiben. Zwar bezahlen Sie dann nichts mehr für die Nutzung, aber entsprechende Hardware ist eine teurere Investition und verbraucht im Betrieb schnell 400 Watt und mehr. Welche Auswirkungen das auf Ihre Stromrechnung hat, müssen Sie sich selbst ausrechnen.

Die minimalen Hardwareanforderungen erlauben es zwar, Ollama sogar auf einem Raspberry Pi 5 zu betreiben, erwarten Sie dabei aber keine Wunderdinge.

Ollama ist für macOS, Linux, Windows und seit einiger Zeit auch als Docker-Image verfügbar. Das Bündel unterstützt verschiedene Modelle wie Llama 3, DeepSeek R1 und Gemma 3. Eine vollständige Liste finden Sie unter *https://ollama.com/models*.

Sie müssen Ollama als Dienst in Ihrem Netzwerk bereitstellen. Laden Sie dazu das Installationspaket herunter und starten Sie Ollama. Die Schritte sind sehr einfach, unter Linux reicht eine Zeile für alles. Für Windows und Mac-Rechner gibt es entsprechende Hinweise unter *http://ollama./com/download*.

Ollama wird dann auf der entsprechenden IP lauschen. Voreingestellt ist Port 11434. Probieren Sie es einfach aus, indem Sie die Adresse im Browser aufrufen.

Ollama-Zugriffserlaubnis

Ollama verweigert den Zugriff, wenn Sie den Befehl nicht auf demselben Host absetzen, auf dem Ollama läuft. Wenn Sie Ollama also auf einem anderen Rechner installiert haben, müssen Sie noch die Startdatei für den Systemdienst *Ollama* ändern und den Zugriff erlauben. Der Name der Datei kann variieren; Sie können ihn aber über das `status`-Kommando in Erfahrung bringen.

```
sudo nano /etc/systemd/system/ollama.service
```

Fügen Sie folgende Zeilen ein, die dafür sorgen, dass Ollama Zugriffe von überall akzeptiert:

```
[Service]
Environment="OLLAMA_HOST=0.0.0.0"
Environment="OLLAMA_ORIGINS=*"
```

Führen Sie einen Neustart des Daemons und von Ollama durch.

Wenn das geschafft ist, fügen Sie die Integration *Ollama* in Home Assistant hinzu: **Einstellungen • Geräte & Dienste • Integrationen • + Integration hinzufügen • Ollama**. Der Einrichtungsassistent verlangt die URL Ihres (lokalen) Ollama-Servers (siehe Abbildung 11.14).

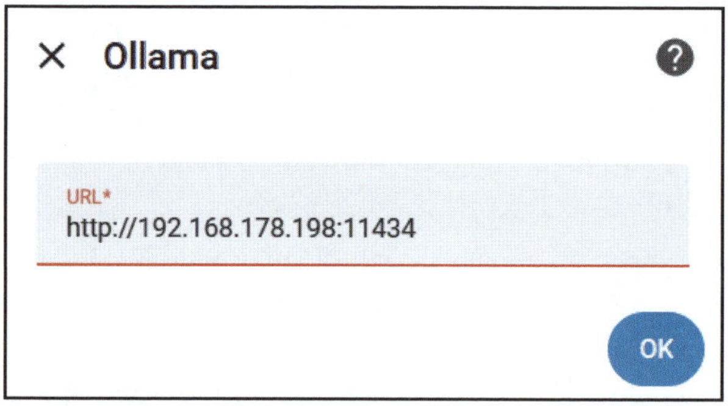

Abbildung 11.14: URL des lokalen Ollama-Servers

Ein Klick auf **OK** richtet die Verbindung ein. Sie sollten eine Erfolgsmeldung erhalten. Danach landen Sie in den Integrationseinstellungen (siehe Abbildung 11.15).

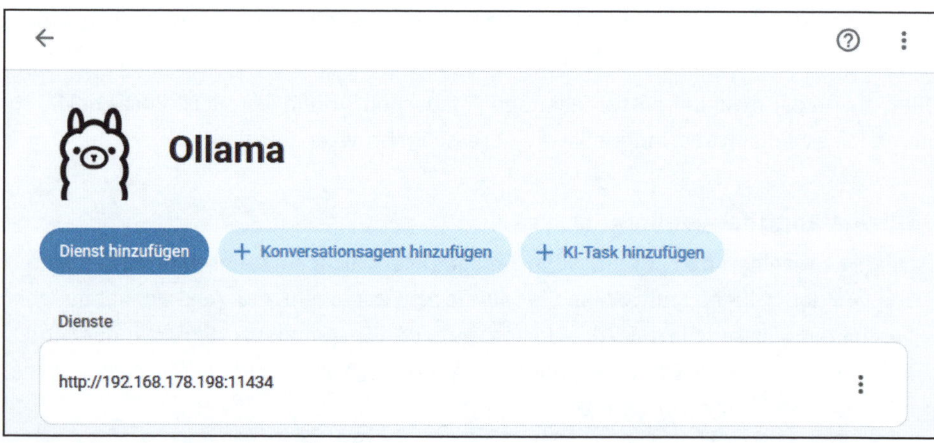

Abbildung 11.15: Ollama-Integration

Ab hier funktioniert Ihre lokale KI genauso wie die Modelle eines Cloud-Anbieters. Das schauen wir uns zunächst an, weiter geht es dann in Abschnitt 11.2.5.

11.2.4 LLM eines etablierten Cloud-Providers: OpenRouter

Home Assistant hat verschiedene Integrationen für die Anbindung des LLM eines etablierten Cloud-Providers an Bord (z. B. OpenAI, Anthropic (Claude) oder Google Gemini). Die Angebote aus dem HACS erweitern die Palette um z. B. Groq, Azure OpenAI, Mistral AI oder Cohere.

Eine Sonderrolle nimmt *OpenRouter* (*https://openrouter.ai*) ein. Dies ist eine Plattform, mit der Sie verschiedene LLMs über eine einheitliche API oder Benutzeroberfläche verwenden können. Der Name spiegelt die einem Router ähnliche Funktionsweise wider, mit der Anfragen an unterschiedliche AI-Anbieter weitergeleitet werden. Das Portfolio umfasst alle namhaften Anbieter: OpenAI (z. B. GPT-4), Anthropic (Claude), Google (Gemini), Mistral, Meta (LLaMA), Perplexity und viele mehr. Das Webinterface erlaubt es, mit den verschiedenen Modellen zu chatten. Eine API sorgt für eine einfache Integration in bestehende Anwendungen. OpenRouter ist daher prädestiniert für den Einsatz in Home Assistant.

Einen API-Key besorgen

Legen Sie sich zunächst einen Account an. Mit vorab bezahlten Credits lässt sich ein Kostenrahmen stecken, der nicht überschritten werden kann: **Benutzerkonto • Settings • Credits**. Sie können also zunächst Ihr Konto aufladen und müssen sich keine Gedanken darüber machen, dass die Kosten davongaloppieren könnten.

Mit **API Keys • Create API Key** erstellen Sie einen neuen Zugangsschlüssel.

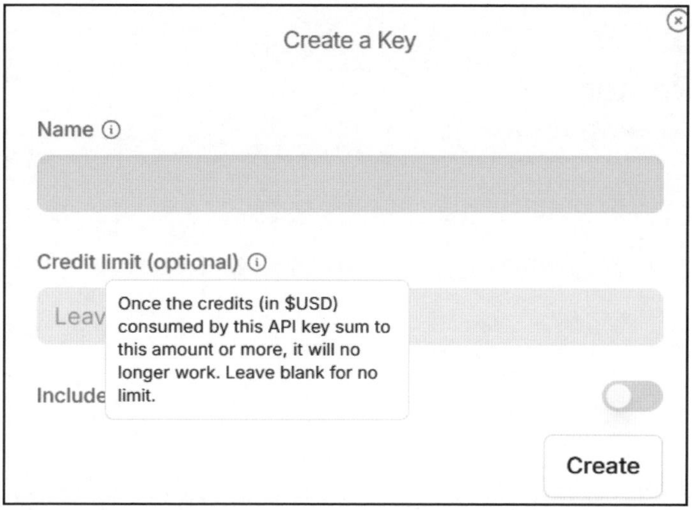

Abbildung 11.16: OpenRouter-API-Key erstellen

Unter der Eingabe eines Namens lässt sich eine Kostengrenze für den API-Key einziehen. Mit **Create** zeigt Ihnen OpenRouter in einem neuen Fenster den API-Key an. Wichtig: Sie sehen den Key nur einmal! Kopieren Sie ihn an eine sichere Stelle. Wenn Sie ihn verlieren, müssen Sie einen Key erstellen.

Die OpenRouter-Integration laden und einrichten

Fügen Sie die OpenRouter-Integration hinzu: **Einstellungen • Geräte & Dienste • Integrationen • + Integration hinzufügen • OpenRouter**. Das System fordert Sie dabei zur Eingabe eines API-Keys auf (siehe Abbildung 11.17).

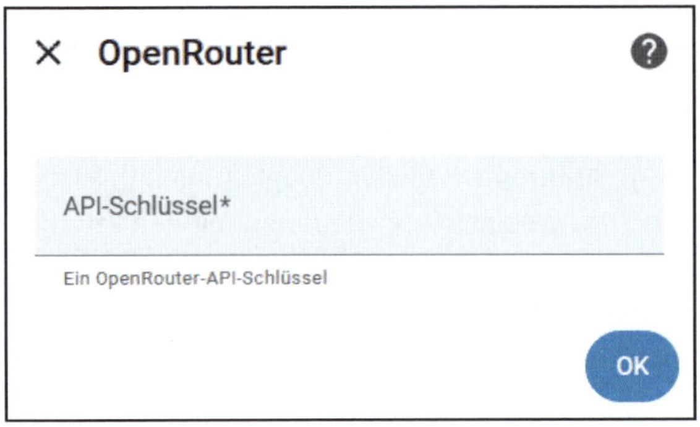

Abbildung 11.17: OpenRouter-API-Key einfügen

Sie sollten eine Erfolgsmeldung erhalten. **Fertig** schließt die Einrichtung ab, sodass Sie im Fenster der Integration landen (siehe Abbildung 11.18).

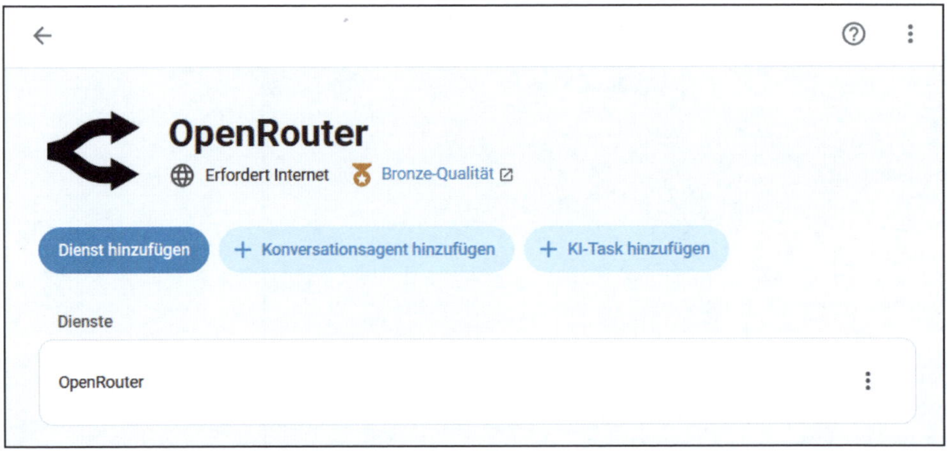

Abbildung 11.18: OpenRouter-Integration

Dienst hinzufügen fügt eine weitere OpenRouter-Verbindung hinzu. Sie können so beispielsweise mit einem anders konfigurierten API-Key unterschiedliche Kostenlimits nutzen.

11.2.5 Der Konversationsagent

Sie haben nun Ihre Home-Assistant-Installation mit einem LLM bekannt gemacht – entweder über eine Cloud-API oder indem Sie in Ollama ein lokales Modell geladen haben. Darauf wollen wir nun aufbauen.

Der Konversationsagent in Home Assistant ist sozusagen das Gehirn hinter Assist: Er

- bekommt fertigen Text (»Was ist die Temperatur im Wohnzimmer?«),
- analysiert den Text,
- erkennt die Absicht (*Intent*) sowie zugehörige Entitäten (z. B. Gerät, Raum, Wert)
- und trifft auf Basis seiner Erkenntnisse eine Entscheidung. Das kann der Aufruf passender Aktionen (Services) sein (z. B. Licht schalten, Szene aktivieren) oder die Lieferung einer Antwort als Text, die dann gegebenenfalls per TTS ausgegeben werden kann.

Die Einbindung in Home Assistant erfolgt über die Integration *Conversation* (*https://www.home-assistant.io/integrations/conversation/*). Dabei kann es mehrere Konversationsagenten geben.

Hinterlegen Sie in der entsprechenden Integration das LLM als einen Konversationsagenten mit **+ Konversationsagent hinzufügen**. (Einstellungen für OpenRouter siehe Abbildung 11.19).

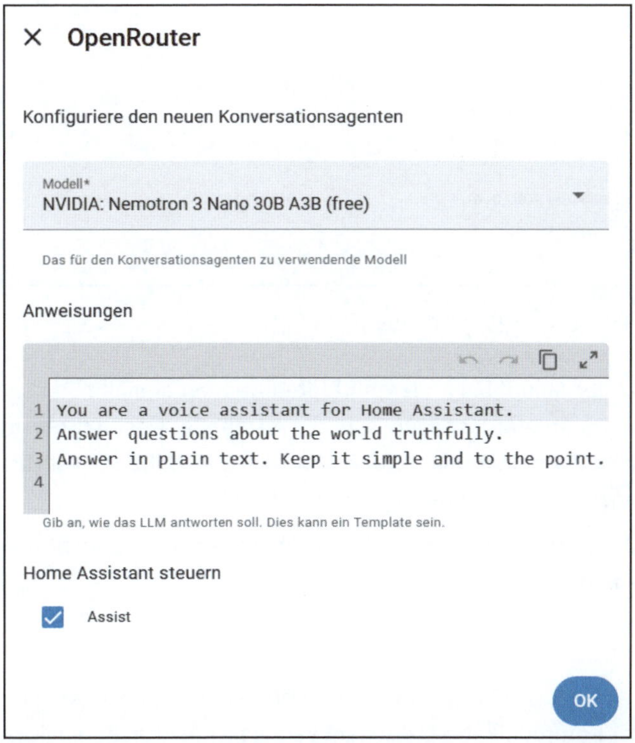

Abbildung 11.19: OpenRouter-Konversationsagent hinzufügen

Modell stellt mehrere Modelle zur Wahl (z. B. aus der Google-Gemini-Familie). Wählen Sie idealerweise zunächst ein möglichst kleines Modell. Das lässt sich leider nicht immer am Namen erkennen, aber eine Zahl wie `30B` oder `270m` in der Beschreibung ist ein guter Hinweis. Das bezeichnet die Anzahl der Parameter, im Beispiel aus Abbildung 11.19 sind es also 30 Billion (das sind auf Deutsch 30 Milliarden) Parameter – schon recht stattlich.

Anweisungen ist der Systemprompt, mit dem das Chat-Modell vorbereitet wird. Beachten Sie, dass der Systemprompt wie der eigentliche Prompt bei der Berechnung der Token einbezogen wird. Ein Klick auf **OK** sollte eine Erfolgsmeldung ausgeben und einen entsprechenden Eintrag in der Integration erzeugen (siehe Abbildung 11.20).

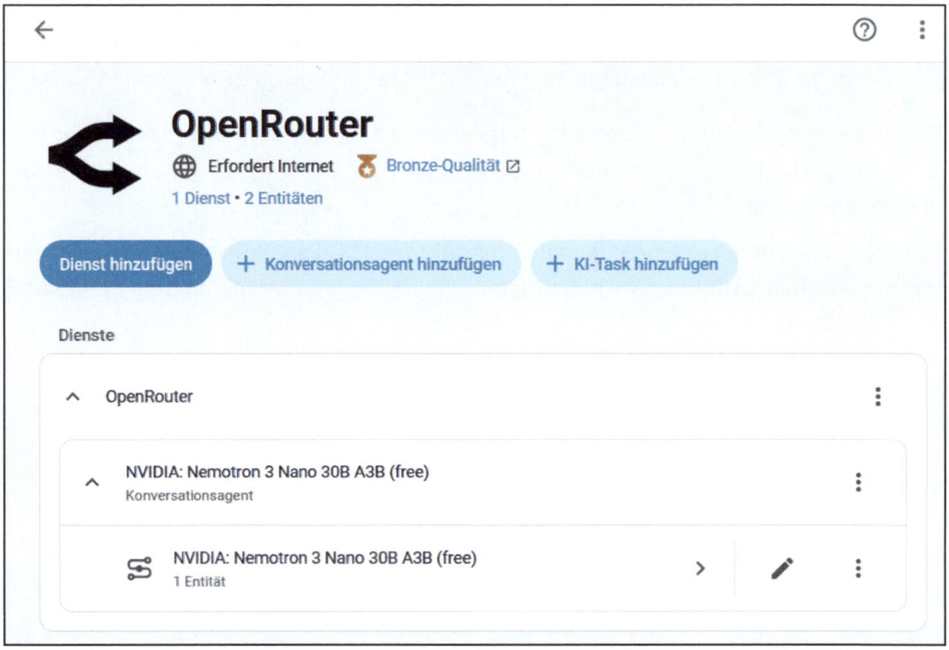

Abbildung 11.20: Konversationsagent in OpenRouter ergänzt

In einem gewissen Rahmen ist der Ablauf bei anderen KI-Integrationen ähnlich. So können Sie bei Ollama zusätzliche Parameter festlegen, z. B. die Anzahl der Nachrichten im Verlauf oder ob das LLM zunächst überlegen soll, bevor es antwortet. Auch können Sie bei Ollama den Systemprompt ändern, bei OpenRouter jedoch nicht.

Gehen Sie nun auf **EINSTELLUNGEN • SPRACHASSISTENTEN**, um einen eingerichteten LLM-Konversationsagenten hinzuzufügen.

Eigene Sätze erstellen

Home Assistant verfügt über eine große und ständig wachsende Zahl an im System hinterlegten Sätzen, mit denen der Kommunikationsassistent versucht, die Absicht (engl. *Intent*) der Nachricht zu bestimmen. So können Sie z. B. »Schalte Sonoff Sauna an« sagen, um den Schalter zu aktivieren. Diese Sätze gibt es in einer Vielzahl von Sprachen (siehe *https://github.com/OHF-Voice/intents/tree/main/sentences*). Die Flexibilität von Home Assistant erlaubt es sogar, eigene Sätze zu erstellen.

Schauen wir uns ein einfaches Beispiel an: Unser Konversationsagent soll die Frage »Wie warm ist es draußen« verstehen und eine Antwort formulieren, die uns die aktuelle Außentemperatur mitteilt.

Schritt 1: Ordner erstellen

Erstellen Sie unterhalb Ihres *config*-Ordners eine Unterordnerstruktur *custom_sentences/<language>*. Dabei ist *<language>* `de`, also die Sprache des Konversationsagenten. Dieser Ordner nimmt YAML-Dateien auf, die automatisch zusammengeführt werden, und können Intents, Listen oder Erweiterungsregeln enthalten.

Schritt 2: Satzdatei erstellen

Erstellen Sie in dem Unterordner *custom_sentences/de* eine Datei für die Absicht (z. B. *aussentemperatur.yaml*) und speichern Sie nachstehenden Inhalt:

```
language: "de"
intents:
  CustomAussenTemperatur:
  data:
    - sentences:
      - "Wie warm ist es draussen"
```

Schritt 3: Konfigurationsdatei anpassen

Ergänzen Sie die *configuration.yaml* um einen Abschnitt `intent_script`, der folgenden Inhalt hat

```
intent_script:
  CustomAussenTemperatur:
    speech:
      text: "Es sind gerade aussen {{ state_attr('weather.forecast_
      home', 'temperature') }} Grad."
```

Schritt 4: Geänderte Konfiguration laden

Laden Sie die geänderte Konfiguration neu: **Einstellungen • alle YAML Konfigurationen neu laden**. Beim ersten Mal und bei Änderungen in der Datei- oder Ordnerstruktur empfiehlt sich jedoch ein vollständiger Neustart.

Führen Sie nun einen Test wie in Abbildung 11.21 durch. Stellen Sie sicher, dass der Sprachassistent auf **Deutsch** eingestellt ist.

Abbildung 11.21: Test mit einem benutzerdefinierten Satz

Das hat also funktioniert! Das LLM hat unsere Anfrage verstanden und daraus eine Abfrage der Temperatur gemacht.

11.2.6 KI-Tasks

Ein *KI-Task* in Home Assistant ist eine spezielle Integration, die seit Version 2025.8 Aufgaben an ein KI-Modell (LLM) delegiert, um Daten zu analysieren oder zu generieren (z. B. Bilder zählen, Text erstellen oder strukturierten Output liefern). KI-Tasks können unter anderem als Entitäten in Automatisierungen eingebunden werden.

Sie fügen Home Assistant einen LLM-bezogenen KI-Task über die entsprechende LLM-Integration hinzu (**+ KI-Task hinzufügen**, siehe Abbildung 11.22).

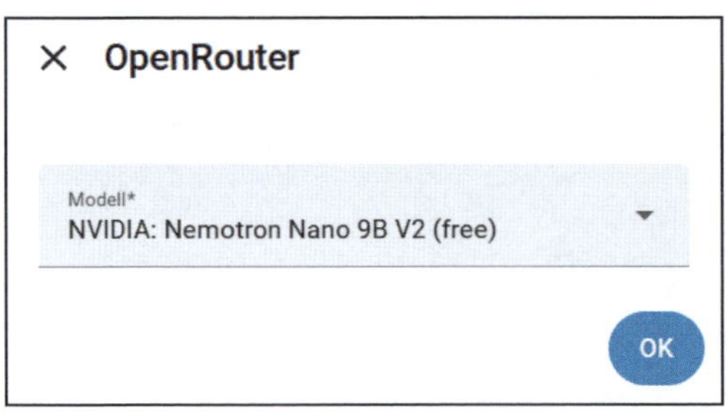

Abbildung 11.22: OpenRouter-KI-Task hinzufügen

Wählen Sie Ihr Modell und schließen Sie mit **OK** ab. Nach einer Erfolgsmeldung hat die Integration einen neuen Eintrag (siehe Abbildung 11.23).

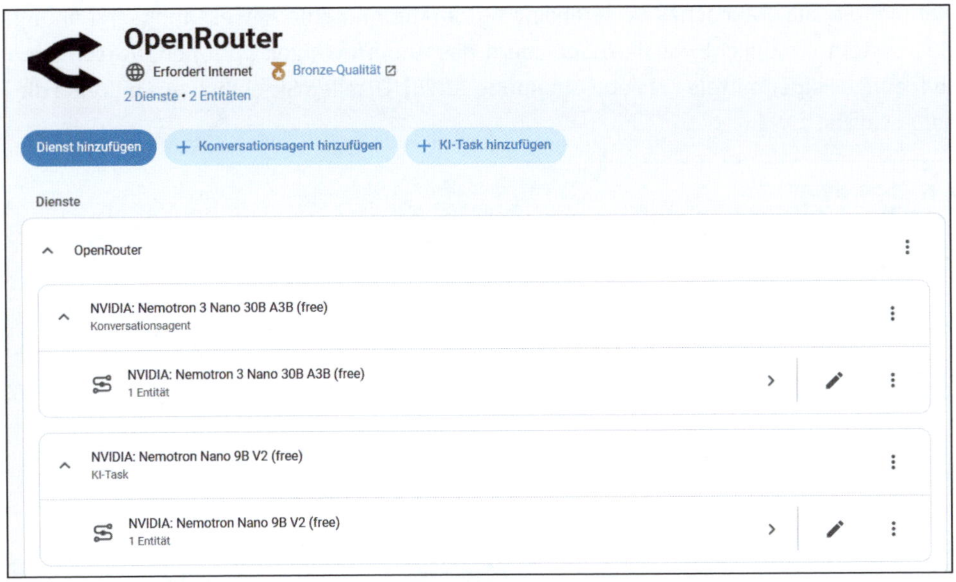

Abbildung 11.23: OpenRouter-KI-Task hinzugefügt

Der Weg ist bei anderen KI-Integrationen ähnlich.

KI-Vorschläge

Sie können KI-Tasks für *KI-Vorschläge* nutzen. Das sind Funktionen, bei denen künstliche Intelligenz passende Namen, Beschreibungen oder sogar komplette Automationsideen auf Basis einer bestehenden Konfiguration vorschlägt. Das Ziel ist, die Arbeit beim Erstellen und Optimieren von Automationen abzunehmen und die Einstiegshürde zu senken. Sie aktivieren die Funktion über **Einstellungen • System • Allgemein** im Abschnitt **KI-Vorschläge** (siehe Abbildung 11.24).

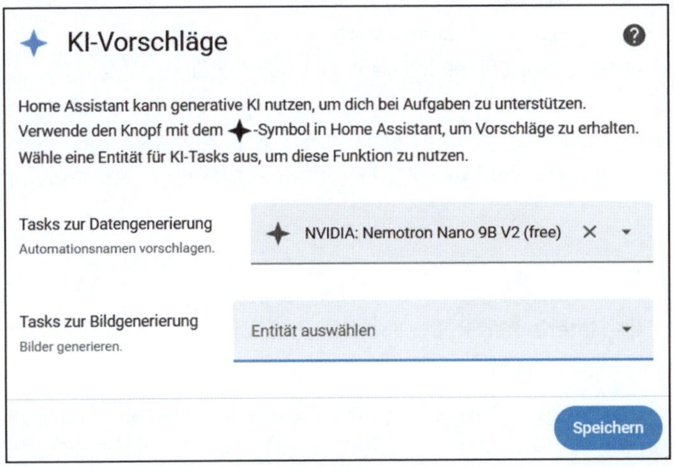

Abbildung 11.24: KI-Vorschläge aktivieren

Nehmen Sie als praktisches Beispiel eine Automation für eine Anwesenheitserkennung. Das System ermöglicht vor dem Speichern das Ändern einiger Optionen. **Vorschlagen** füllt einige Felder mittels KI (siehe Abbildung 11.25). Urteilen Sie selbst, wie hilfreich dieser Ansatz ist.

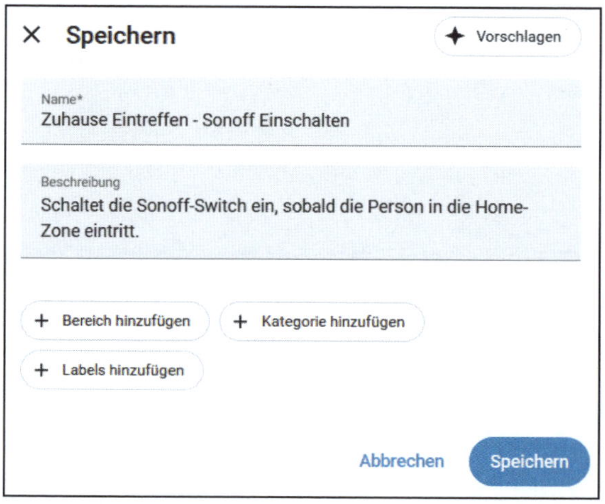

Abbildung 11.25: Felder mit KI-Vorschlägen belegen

[+]

Die HACS-Integration AI Automation Suggester

Die HACS-Integration *AI Automation Suggester* geht noch weiter: Sie scannt die Entitäten, Geräte, Bereiche und vorhandenen Automationen und erkennt Lücken oder Optimierungspotenziale. Daraus erzeugt sie konkrete, fertige YAML-Vorschläge, die nach eventuellen Anpassungen nur noch übernommen werden müssen.

Zustandsänderungen mit KI-Tasks

Mit KI-Tasks (respektive AI-Tasks) lassen sich auch Zustände von Entitäten ändern. Die Dokumentation gibt anhand von ein paar Beispielen dazu gewisse Anhaltspunkte (*https://www.home-assistant.io/integrations/ai_task/*). Der Teufel steckt aber im Detail, und meines Erachtens ist die Angelegenheit noch etwas ausbaufähig. Grund ist, dass AI-Tasks nicht mit einem Systemprompt versehen werden können. Damit entfällt eine Option auf eine zielgerichtete Antwort.

Ein einfaches Beispiel

Tasten Sie sich langsam an die Materie heran. Die Aufgabenstellung ist, einen Satz mit einem Tier auf dem Dashboard auszugeben.

Erstellen Sie einen Helfer *Text-Eingabe*: **Einstellungen • Geräte & Dienste • Helfer • + Helfer erstellen • Text Eingabe**.

Wechseln Sie dann in den Bearbeitungsmodus eines Dashboards und legen Sie für den Helfer eine Karte an (**+ Karte hinzufügen**). Ich empfehle an dieser Stelle die Markdown-Karte, da sie jeglichen Stil (kursiv, fett, Symbole usw.) ausgeben kann: `"{{states('input_text.text')}}`. Außerdem ist die Ausgabe nicht auf eine Zeile beschränkt (z. B. Entitätskarte), sondern umfasst den gesamten Inhalt.

Erstellen Sie eine Automation nach Listing 11.2.

```
alias: AI-Task A  (Tiersatz)
description: ""
triggers:
  - trigger: time_pattern
    hours: "*"
    minutes: "00"
    seconds: "00"
conditions: []
actions:
  - action: ai_task.generate_data
    metadata: {}
    data:
      task_name: Automation AI-Task A
      instructions: Gib mir einen kurzen Satz mit einem Tier
    response_variable: ai_ergebnis
  - action: input_text.set_value
    metadata: {}
    target:
      entity_id: input_text.text
    data:
      value: {{ai_ergebnis.data}}
mode: single
```

Listing 11.2: Einfache Automation AI-Task

Die Automation soll stündlich ausgelöst werden. Die Aktion ist ein AI-Task, der Daten generiert (`ai_task.generate_data`). `instructions` enthält die Anweisung, und das Ergebnis des AI-Tasks soll in der Antwortvariablen `ai_ergebnis` abgelegt werden. Ein Teil dieses Ergebnisses (`data`) überträgt die Aktion `text.set_value` in die Entitäts-ID `input_text.text`. Mit etwas Glück zeigt das Dashboard dann einen generierten Spruch an (siehe Abbildung 11.26).

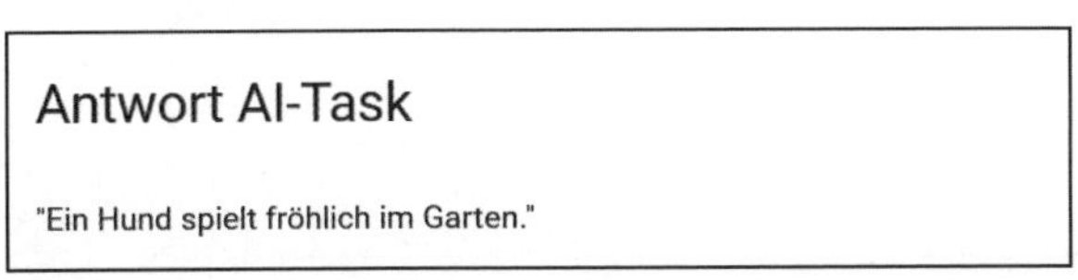

Abbildung 11.26: In Automation durch AI-Task generierter Wert

Wie gesagt, die Angelegenheit ist etwas tricky. Ein Stolperstein ist z. B. die Begrenzung der Länge eines Text-Helpers auf 255 Zeichen. In der Praxis sind es eher 240 Zeichen. Eventuell generiert ein AI-Task längere Antworten, und es ist nur schwer festzustellen, warum die Automation nicht das gewünschte Ergebnis zeigt. Aber wo bieten sich Ansätze zur Problembeseitigung?

- Ein Test des AI-Tasks in der Entwicklungsumgebung.
- Den AI-Task in der Automation für sich ausführen (**AI-Task • 3-Punkte-Menü • Aktion ausführen**). Sie sollten eine Meldung »Aktion erfolgreich ausgeführt« erhalten.
- Eine Analyse der Traces der Automation. Schauen Sie sich dazu zunächst die Zeitleiste an (siehe Abbildung 11.27).

Abbildung 11.27: Die Zeitleiste der Trace-Analyse

Wenn die Zeitleiste den ordnungsgemäßen Gesamtablauf dokumentiert, können Sie in die **Schritt-Details** einsteigen. Lassen Sie sich die Details des AI-Tasks anzeigen (siehe Abbildung 11.28).

Abbildung 11.28: Die »Schritt-Details« des AI-Tasks

Öffnen Sie **Geänderte Variablen** für die Anzeige des Ergebnisses (siehe Abbildung 11.29).

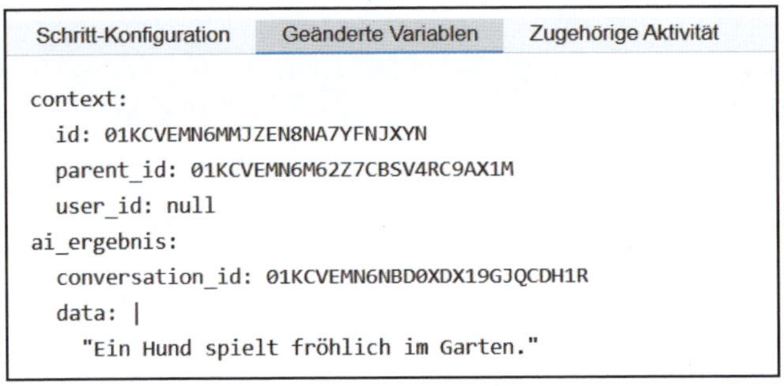

Abbildung 11.29: Das Register »Geänderte Variablen« hilft bei der Analyse.

In diesem Fall hat der AI-Task erfolgreich und richtigerweise einen Satz in `ai_ergebnis.data` abgelegt. Lassen Sie sich nun die **Schritt-Details** der *Text-Eingabe* anzeigen (siehe Abbildung 11.30).

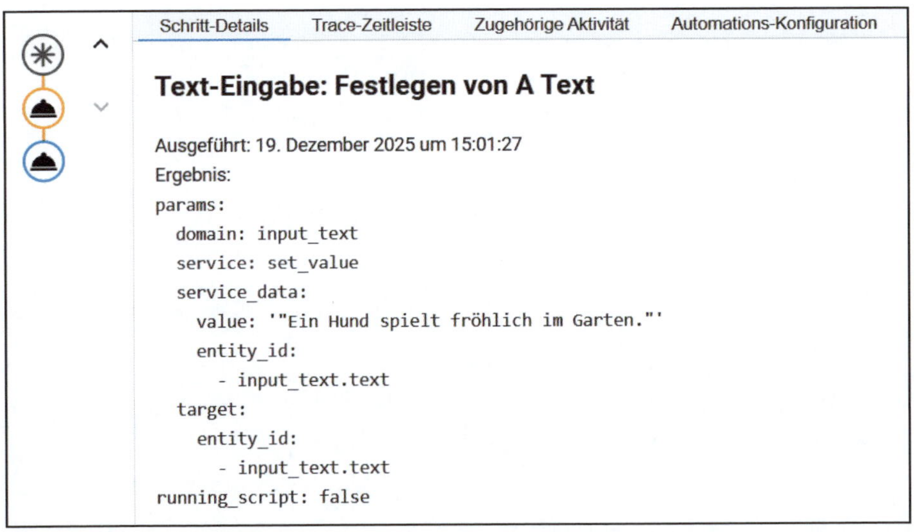

Abbildung 11.30: Die Trace-Analyse der »Schritt-Details« der Text-Eingabe

Der generierte Text ist angekommen. In diesem Fall ist also alles wunschgemäß abgelaufen.

Beispiel Outdoor-Aktivität

In diesem Beispiel soll ein AI-Task auf Basis der Wetterdaten eine Outdoor-Aktivität vorschlagen. Beachten Sie jedoch, dass vieles in Home Assistant auf Englisch vorgehalten wird. Ein Fall sind die Wetterdaten, die die Integration *Meteorologisk institutt (Met.no)* liefert. So ist der Zustand der Entität `weather.forecast_home` beispielsweise `cloudy`, während das Dashboard in der entsprechenden Karte *Bewölkt* anzeigt. Dafür sorgen Routinen im Hintergrund.

Für sprachlich einheitliche Anweisungen in AI-Tasks benötigen Sie also eine Übersetzung. Dies lässt sich mit dem Aufruf `{{ state_translated('weather.forecast_home') }}` erreichen (siehe Listing 11.3).

```
alias: AI-Task B (Outdooraktivitäten)
description: ""
triggers:
  - trigger: time_pattern
    hours: "*"
    minutes: "*"
    seconds: "00"
conditions: []
actions:
  - action: ai_task.generate_data
    metadata: {}
    data:
      task_name: Automation_AI-Task_B
      instructions: >-
        Es sind draussen gerade {{ state_attr('weather.forecast_home',
        'temperature') }} Grad und {{ state_translated
        ('weather.forecast_home')
        }}. Gib mir in einem kurzen Satz einen Vorschlag für eine
        Outdoor-Aktivität.
      entity_id: ai_task.nvidia_nemotron_nano_9b_v2_free
    response_variable: ai_ergebnis_b
  - action: input_text.set_value
    metadata: {}
    target:
      entity_id: input_text.text
    data:
      value: "{{ ai_ergebnis_b.data }}"
mode: single
```

Listing 11.3: Outdoor-Aktivitäten-AI-Task

Abbildung 11.31 zeigt eine Ausgabe im Dashboard.

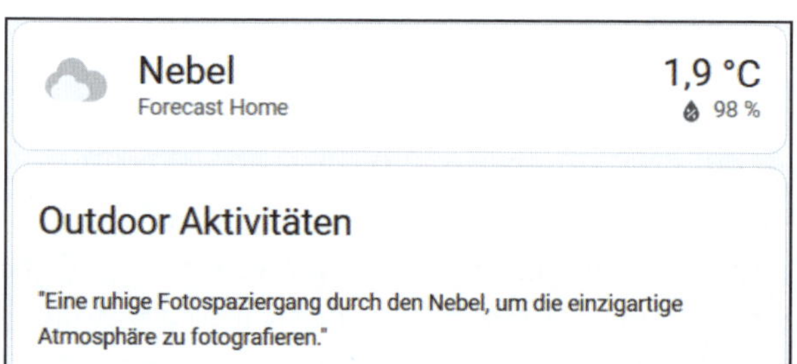

Abbildung 11.31: AI-Task Outdoor-Aktivität

Über sprachliche und sonstige Unzulänglichkeiten sollten Sie großzügig hinwegsehen! Das liegt am verwendeten Modell, das auf Englisch besser funktioniert.

Fazit: Aber als Fazit kann festgehalten werden, dass künstliche Intelligenz auch in Smart-Home-Systemen wie Home Assistant einziehen wird. Wie sinnvoll die Features umgesetzt werden, wird sich zeigen müssen. Möglich ist zweifellos sehr viel!

Kapitel 12
Bereiche, Labels und Zonen

Haben Sie schon einmal von Geofencing (also einem geografischen Zaun) gehört? Geofences grenzen ein geografisches Gebiet oder Areal virtuell ein. Das ist bezogen auf ein Smart Home keine Einschränkung, sondern eher eine Erweiterung der Funktionalität.

Die Begriffe *Bereiche* und *Zonen* bezeichnen im Deutschen räumlich zusammenhängende Flächen. Home Assistant unterscheidet jedoch zwischen den beiden Begriffen: *Bereich* (engl. *Area*) steht entweder für einen abgegrenzten Raum in Ihrem Haus (z. B. das Wohnzimmer) oder für einen virtuellen Ort, dem ein Objekt der Anwendung zugeordnet ist (z. B. das Gerät *hacs*). *Zonen* beziehen sich auf reale Gebiete.

Labels (dt. *Etiketten*) sind in der Software flexible Markierungen oder Tags, um Inhalte zu organisieren, zu kategorisieren und wiederzufinden. Sie gehören zu den grundlegendsten Organisationswerkzeugen in modernen Anwendungen.

Die Administration erfolgt über **Einstellungen • Bereiche, Labels & Zonen**.

12.1 Bereiche

Home Assistant kennt mit *Bereichen* und *Gruppen* (siehe dazu auch den Helfer *Gruppe* in Abschnitt 5.5.7) zwei Ansätze, um Komponenten (Geräte/Entitäten) zusammenzufassen:

- **Gruppen** stellen diese Komponenten so zusammen, dass Sie sie z. B. alle durch Drücken einer Taste umschalten können. Gruppen haben daher ihre eigene Entität. Sie können alle einzelnen Entitäten im Pop-up **Weitere Informationen** sehen. Alle Entitäten können zu einer Gruppe hinzugefügt werden, manchmal jedoch nur über eine Konfiguration in der Datei *configuration.yaml*.
- **Bereiche** gruppieren ebenfalls Komponenten. Sie können sie jedoch mit Aktionen belegen (z. B. »alle auf einmal umschalten«). Es gibt auch weder eine eigene Entität noch ein Pop-up mit weiteren Informationen. Primär sind Bereiche für die Darstellung im Dashboard da.

Die *Home Assistant Images* beinhalten schon drei Bereiche (siehe Abbildung 12.1).

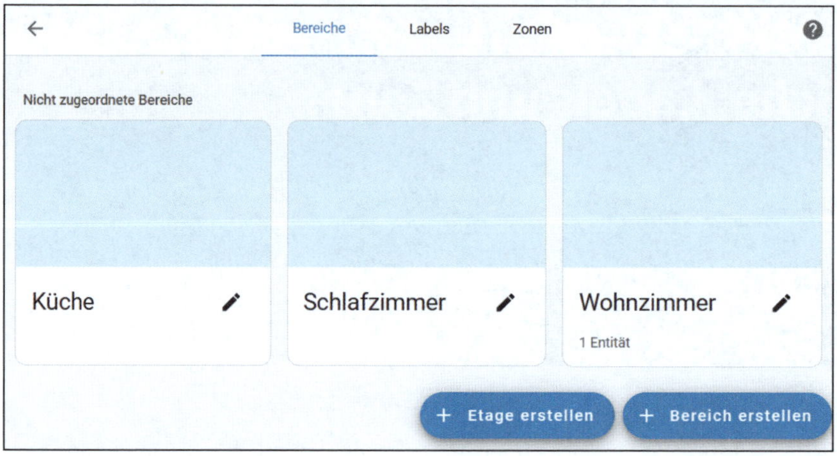

Abbildung 12.1: Home-Assistant-Bereiche

Wenn Sie beim erstmaligen Setup oder später Geräte einem Bereich zugeordnet haben, ist das auf der Karte vermerkt. Mit einem Klick auf die Karte erhalten Sie nähere Informationen und sehen, welche Geräte, Szenen, Automatisierungen usw. beispielsweise dem Wohnzimmer zugeordnet sind (siehe Abbildung 12.2).

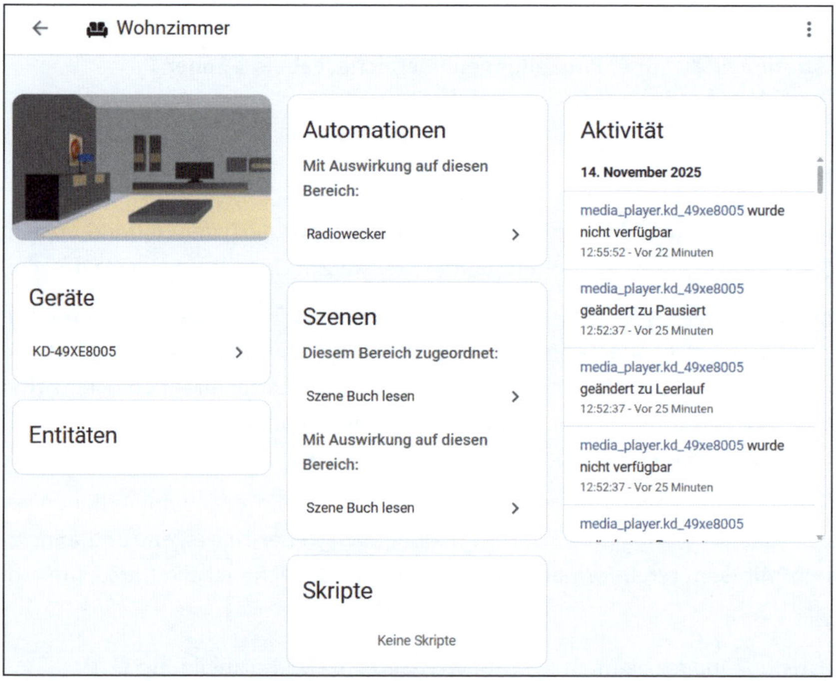

Abbildung 12.2: Informationen zu einem Bereich

Mit dem Menü-Icon administrieren Sie einen Bereich (siehe Abbildung 12.3).

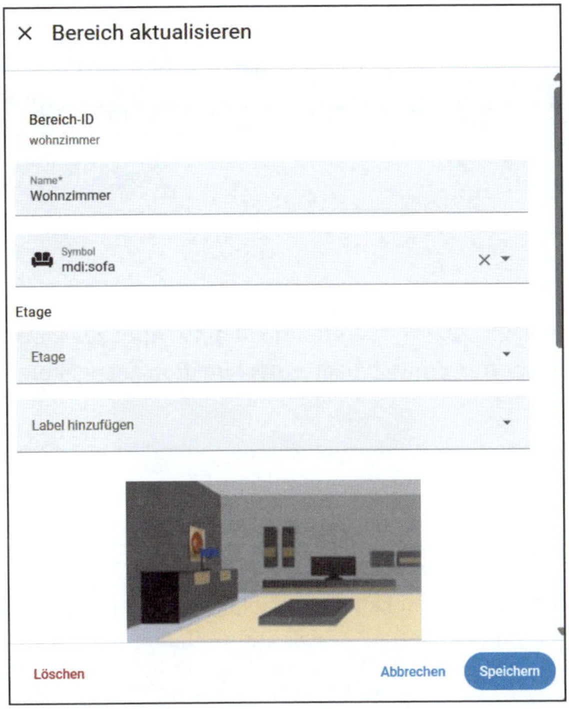

Abbildung 12.3: Einstellungen des Bereichs

Bild hinzufügen (nicht im Bild) öffnet den Datei-Explorer, sodass Sie eine Bilddatei hochladen können (ca. 320 × 180 Pixel), und mit **Etage** ordnen Sie den Bereich einer Ebene zu.

Die Dashboard-Karte »Bereich«

Home Assistant hat in seinem Arsenal an Dashboard-Karten auch eine Karte **Bereich**. Abbildung 12.4 zeigt ein Beispiel dazu, wie das System die Karte anhand der Beispieldaten inhaltlich füllt.

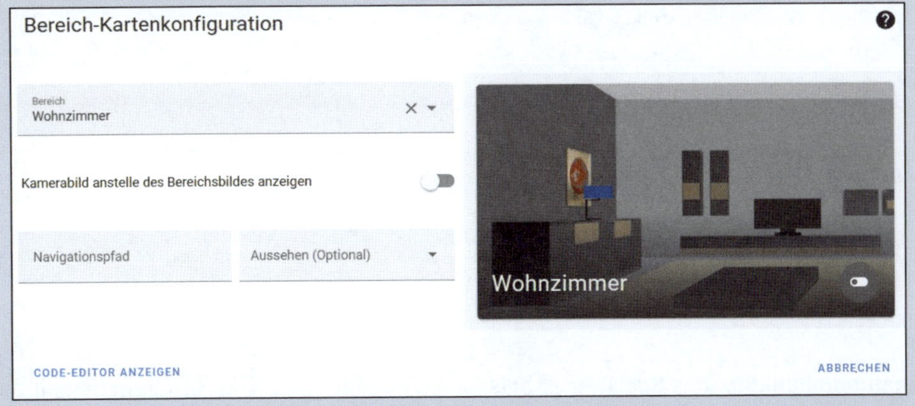

Abbildung 12.4: Die Dashboard-Karte »Bereich«

Leider übersieht das automatische Einrichten die Mehrzahl der Geräte: Nur der Schalter ist präsent. Fehlende Geräte können aber auch nicht nachgerüstet werden.

Dieses Manko betrifft in gleicher Weise die Anzeige eines Kamerabildes bei mehreren Kameras.

12.2 Labels

Labels gibt es in Home Assistant seit Version 2024.4 – veröffentlicht am 3. April 2024. Damit sind die Entwickler dem häufig geäußerten Wunsch nach einer Funktion nachgekommen, Automatisierungen zu gruppieren.

Labels ermöglichen es, Elemente unabhängig von ihrem physischen Standort oder Typ zu gruppieren. Labels können Areas, Geräten, Entitäten, Automatisierungen, Szenen, Skripten und Helfern zugewiesen werden. Sie sind sehr flexibel einsetzbar. Als Verwendungsmöglichkeiten bietet sich Folgendes an:

- **In Automatisierungen und Skripten:** Sie können Labels als Ziel für Aktionen verwenden. Ein Beispiel ist, alle Geräte mit dem Label *High Power* auszuschalten (siehe unten), wenn nicht viel Solarenergie verfügbar ist.
- **Zum Filtern:** Sie können Labels einsetzen, um Daten zu filtern – beispielsweise die Geräteliste so zu filtern, dass nur Geräte mit einem bestimmten Label angezeigt werden.
- **Für Templates:** Sie können sich auch der Labels in Templates bedienen, um dynamische Abfragen zu erstellen.
- **Flexible Organisation:** Im Gegensatz zu Kategorien, die Elemente gruppieren, bieten Labels eine detaillierte Kontrolle, da Sie einzelne Entitäten, Automatisierungen und Geräte ansprechen können. Dabei ist es möglich, einem Element mehrere Labels zuweisen.

Beispiel:

```
alias: High-Power-Geräte abschalten
trigger:
  - platform: numeric_state
    entity_id: sensor.home_energy
    above: 5000
action:
  - service: switch.turn_off
    target:
      label_id: high_power
mode: single
```

Inhalt und Funktion des Registers **Labels** (siehe Abbildung 12.5) folgen dem bekannten Schema.

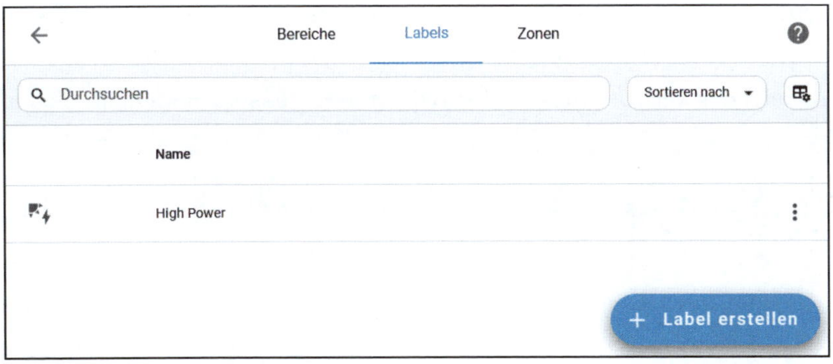

Abbildung 12.5: Register »Labels«

12.3 Zonen

Während des erstmaligen Starts von Home Assistant haben Sie bereits Zonen kennengelernt (siehe Kapitel 2), als Sie Ihre Home-Zone festgelegt haben.

12.3.1 Die Home-Zone

Die *Home-Zone* ist ein Areal mit einem unveränderbaren Radius von rund 100 Metern. Wie der Name schon sagt, legt diese Information fest, wo sich Ihr Zuhause befindet.

Sie können neben der Home-Zone selbstverständlich noch weitere Zonen festlegen. Das ist nützlich, wenn Sie beispielsweise über das Wetter an Ihrem Arbeitsort informiert werden wollen oder wissen möchten, ob gerade jemand in Ihrer Ferienwohnung angekommen ist.

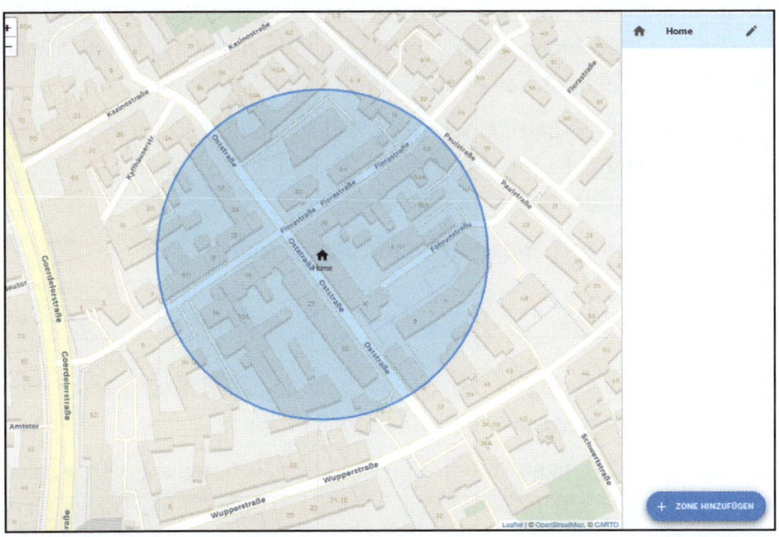

Abbildung 12.6: Die Home-Zone

Die Informationen aus diesen Zonen können Sie im Rahmen einer Anwesenheitserkennung (siehe Abschnitt 19.1) und darauf basierenden Automatisierungen nutzen.

Abbildung 12.7 zeigt den bei Home Assistant einsehbaren Kartenausschnitt (linke Seitenleiste • **Karte**).

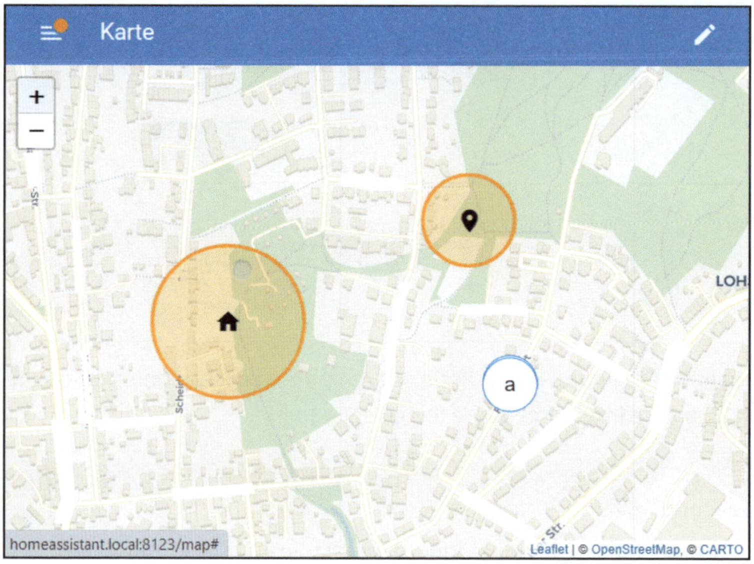

Abbildung 12.7: Karte mit Zonendarstellung und einem Nutzer

Sie sehen die Home-Zone und eine weitere Zone. Erkennbar ist auch der Aufenthalt einer dem System bekannten Person, die ein Mobilgerät hat, auf dem die Home-Assistant-App installiert ist.

Über das ✎-Icon gelangen Sie zu einem Fenster, in dem Sie die ursprünglich beim Start festgelegten Parameter ändern können. Diese sind die Zeitzone, die Höhe über dem Meeresspiegel, das Einheitensystem (metrisch oder US-üblich) und die Währung.

Die Festlegungen gelten für die gesamte Anwendung. Auf sie greift das System automatisch zurück (wie bei der Zeitangabe mit z. B. `states.sun.sun.next_dawn: 2024-01-29T06:32:40.338407+00:00` oder bei den Wetterdaten).

Die Home-Zone selbst bewegen Sie per Drag and Drop mit der Maus.

12.3.2 Weitere Zonen

Zone hinzufügen richtet eine weitere Zone ein (siehe Abbildung 12.8). Die Eigenschaften **Name**, **Icon**, **Breiten**- sowie **Längengrad** und **Radius** sprechen für sich.

Nicht abgebildet sind die Einstellungen **Zonenradius** und **Passiv**. Passive Zonen werden im Frontend ausgeblendet und nicht als Standort von Personen oder Geräte-Trackern angezeigt. Dies ist nützlich, wenn sie nur in Automationen zur Anwendung kommen sollen.

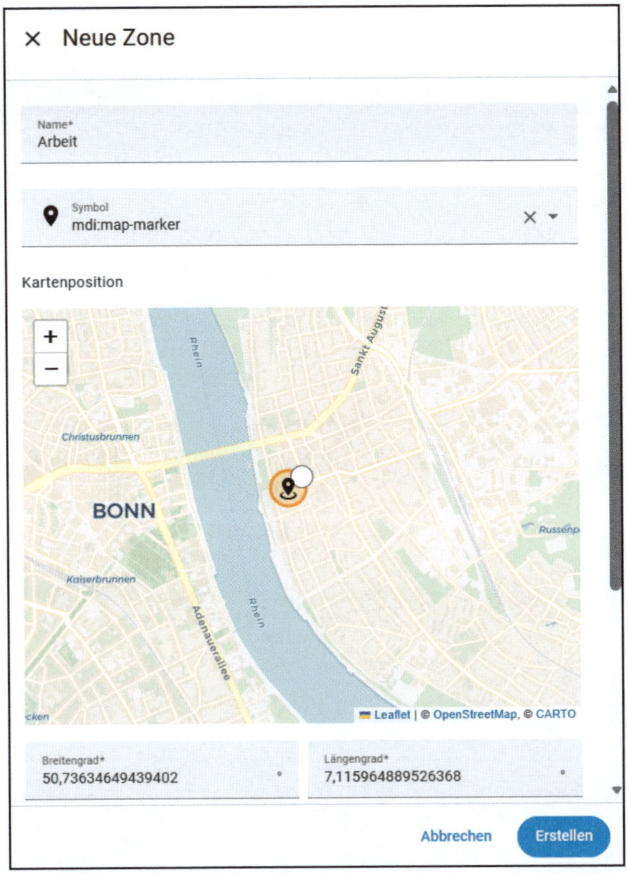

Abbildung 12.8: Eine weitere Zone einrichten

Mit **Erstellen** beenden Sie das Einrichten einer neuen Zone. Ebenso wie die Home-Zone können Sie auch jede andere Zone mit Drag and Drop verschieben. Darüber hinaus können Sie den Radius ändern, indem Sie den weißen Kreis mit gedrückter Maustaste nach innen bzw. nach außen ziehen.

Fazit: Bereiche und Zonen sind Funktionalitäten, die wesentliche Annehmlichkeiten zu einem Smart Home beitragen können. Ob ihr Einsatz im Hinblick auf die Wahrung von Persönlichkeitsrechten wünschenswert ist, bleibt eine andere Frage.

Kapitel 13
Werkzeuge und Helfer

»Werkzeug« ist ein prägnanter Begriff. Er beschreibt klar und einfach, dass es sich um einen Gegenstand handelt, der bei der Herstellung eines fertigen Werks hilfreich oder sogar notwendig ist. Werkzeuge sind sowohl bei der Herstellung realer Gegenstände als auch bei der Entwicklung von Software unverzichtbar.

Home Assistant ist ein mächtiges System, bei dem vieles über die Benutzeroberfläche konfiguriert werden kann, ohne in die Tiefen des Codes oder der Programmierung einsteigen zu müssen. Allerdings werden Sie schnell auf eine gläserne Decke stoßen, über der sich neue und interessante Funktionalitäten verbergen. Nutzen Sie die angebotenen Entwicklungswerkzeuge, um diese Decke zu durchbrechen. Das Universum der Möglichkeiten, das sich dann auftut, ist allerdings so groß, dass es in diesem Buch nur ansatzweise behandelt werden kann.

13.1 Erweitertes Customizing in Home Assistant

Unter *Customizing* (dt. *Anpassen*) versteht die IT das Zuschneiden einer Anwendung auf die eigenen Bedürfnisse. Das geht weit über reine Administrationstätigkeiten hinaus. Es umfasst auch Dinge wie das Anlegen von Automationen oder das Installieren von Integrationen bzw. Add-ons.

Nicht alles lässt sich »on the fly« über die Benutzeroberfläche einrichten. Manchmal sind tiefere Eingriffe in die Konfiguration nötig. Sie sind schon mehrfach bei der Arbeit mit Home Assistant auf die Ordnerstruktur gestoßen und haben die Konfigurationsdateien kennengelernt. In diesem Abschnitt geht es speziell um den *config*-Ordner und seine Dateien.

13.1.1 Der config-Ordner

Der *config*-Ordner hat eine besonders wichtige Stellung inne, da er alle Konfigurationsdateien enthält (siehe Abbildung 13.1). Unterordner bündeln themenbezogen die verschiedenen Konfigurationen, beispielsweise zum Add-on *Node-RED*.

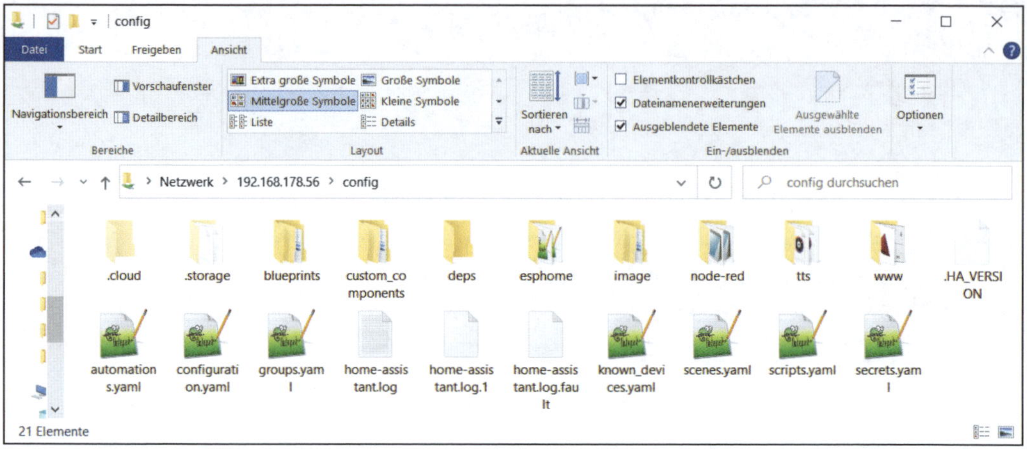

Abbildung 13.1: Home Assistant – der »config«-Ordner

Sie finden aber auch eine Reihe von *.yaml*-Dateien. Einige dieser Dateien richtet das System bei der Erstinstallation ein (z. B. *automations.yaml*). Andere müssen Sie im Rahmen Ihres individuellen Setups anlegen, wie z. B. *groups.yaml* aus Kapitel 5. Eine Sonderstellung nimmt die Datei *home-assistant_v2.db* ein: Sie enthält Verlaufs- und Statusdaten (siehe Kapitel 14).

Die wichtigste Datei ist sicherlich die *configuration.yaml*. Der Dateiname legt nahe, dass hier die gesamte Konfiguration von Home Assistant zu Hause ist. Leider ist das nicht so. Hinsichtlich der Grundkonfiguration gibt es nur einen Verweis auf `default_config`:

```
# Loads default set of integrations. Do not remove.
default_config:
```

Dieser Eintrag sorgt dafür, dass einige Integrationen automatisch geladen werden (z. B. `automation`, `backup`, `bluetooth` usw.). Selbstverständlich können Sie den Eintrag entfernen und damit die volle Kontrolle über Ihr System übernehmen. Davon rate ich jedoch deutlich ab, da die Gefahr, eine notwendige Komponente zu übersehen, recht hoch ist und in der Folge Home Assistant unter Umständen nicht mehr ordnungsgemäß läuft.

Die *configuration.yaml* sammelt also nur alle Konfigurationen, die von den Standardeinstellungen abweichen. Sie können beispielsweise Ihre Einstellungen in mehrere Dateien aufgliedern und dann über `Includes` hier zentral laden:

```
# Loads default set of integrations. Do not remove.
default_config:

# Includes
automation: !include automations.yaml
script: !include scripts.yaml
```

```
scene: !include scenes.yaml
group: !include groups.yaml

# Custom Frontend
frontend:
  extra_module_url:
    - /local/card-mod.js

# Text to speech
tts:
  - platform: google_translate
```

Listing 13.1: Beispiel für eine »configuration.yaml«-Datei

Sie müssen dann die Einstellungen jedoch auch in diesen Dateien pflegen. Auch die Tatsache, dass viele Einstellungen, die über die Benutzeroberfläche im Browser vorgenommen werden, nicht aus der *configuration.yaml* bzw. den damit verknüpften Dateien ersichtlich sind, trägt nicht gerade zur Übersichtlichkeit bei. Dies mag ein Grund dafür sein, auf die Annehmlichkeiten der Benutzeroberfläche zu verzichten und die notwendigen Einstellungen in YAML direkt mit einem Editor in der Konfigurationsdatei vorzunehmen. Aber auch hier kann die Übersichtlichkeit schnell leiden. Einfache Maßnahmen schaffen Ordnung.

Abschnittsgliederung und Kommentare

Es empfiehlt sich, die Abschnitte nach funktionalen Gesichtspunkten zu gliedern (z. B. ein separater Abschnitt für Frontend-Ergänzungen). Trennen Sie die Abschnitte durch eine Leerzeile. Setzen Sie am Anfang jedes Abschnitts einen Kommentar. Kommentarzeilen beginnen mit #.

Einstellungen ausgliedern

Um die Konfiguration zu strukturieren, leistet die Anweisung `!include` wertvolle Dienste. Sie bindet je nach Thema andere Konfigurations(unter)dateien ein. So ist z. B. die Datei *automations.yaml* der Ort für selbst erstellte Automationen außerhalb der Benutzeroberfläche.

Der Sonderfall »secrets.yaml«

In der Ordnerübersicht (siehe Abbildung 13.1) finden Sie auch eine Datei *secrets.yaml*. Sie ist für Benutzernamen, Passwörter und dergleichen vorgesehen. Das hat zwei Vorteile:

- Alle sensiblen Daten sind an einer Stelle gesammelt.
- Echte Daten müssen bei der Weitergabe eigener Skripte oder bei Hilfeersuchen im Forum nicht gezeigt werden.

Konkret sieht das Zusammenspiel z. B. so aus, dass Sie in einem Skript mit einem ! eine Variable anlegen, die Sie dann in der Datei *secrets.yaml* befüllen:

```
clean_up_snapshots_service:
  host: !secret base_url
  token: !secret clean_up_token
```

Listing 13.2: Angaben in der Datei »configuration.yaml«

```
base_url: http://192.168.178.46:8123
clean_up_token: sxhsdjfhpoöwhf
```

Listing 13.3: Die zugehörigen Daten liegen in der Datei »secrets.yaml«.

[!]

secrets.yaml

Es versteht sich natürlich von selbst, dass Sie die Datei *secrets.yaml* niemals aus den Augen verlieren sollten, wenn Sie dort die Zugangsdaten für Ihr Setup hinterlegen. Mit diesen Werten stehen einem Eindringling sonst – vielleicht wortwörtlich – alle Türen offen.

Natürlich ist es auch schon ärgerlich, wenn versehentlich Zugriff auf ein Dashboard gewährt wird und Fremde Informationen sehen, die vielleicht nicht für sie bestimmt sind. (Wie interessant die aktuelle Temperatur in Ihrem Wohnzimmer und der Status Ihrer Beleuchtung ist, sei einmal dahingestellt.)

Wichtiger ist jedoch, dass Home Assistant ein sehr mächtiges Tool ist, das über die Automationen einigen Schaden anrichten kann. Auch wenn in vielen Fällen ein Zugriff auf Home Assistant harmlos erscheint: Es kann leicht zum Einfallstor werden, über das sich Angreifer Zugang zu Ihrem Netzwerk und anderen Geräten verschaffen können.

Und falls Sie tatsächlich eine ganze Gebäudesteuerung mit Home Assistant umsetzen, müssen Sie selbstverständlich dafür sorgen, dass kein Unbefugter Zugriff auf diese bekommt.

13.2 Entwicklerwerkzeuge

Die Macher von Home Assistant haben dem System einen extra Bereich für eigene Entwicklungen in der Anwendung spendiert. Sie finden ihn in der linken Seitenleiste unter **Entwicklerwerkzeuge** (siehe Abbildung 13.2). Er vereinigt einige recht hilfreiche Tools, die Sie beim Programmieren sehr gut unterstützen.

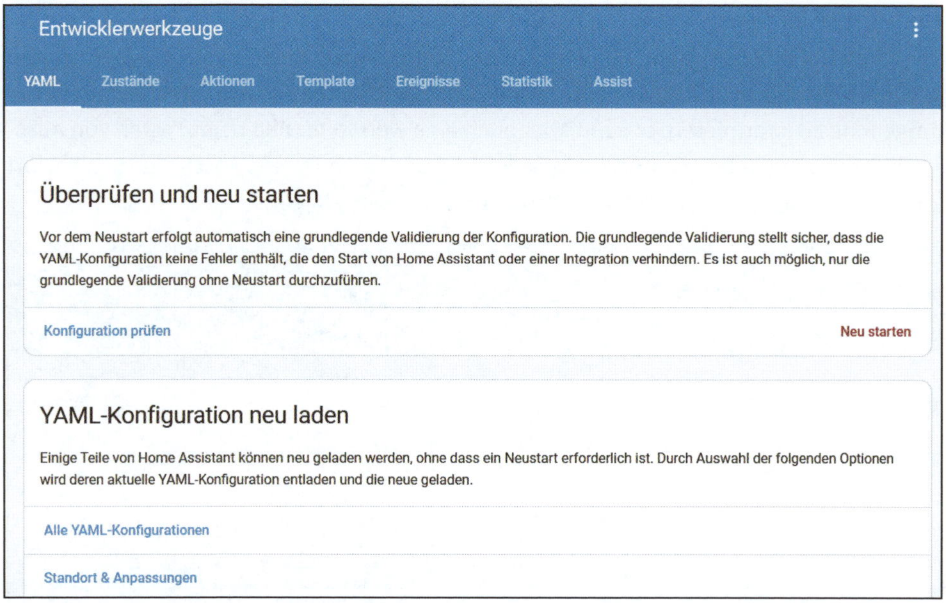

Abbildung 13.2: Der UI-Bereich »Entwicklerwerkzeuge«

13.2.1 Die Registerkarte »YAML«

Das Register **YAML** verfügt über zwei Abschnitte.

Der erste Abschnitt betrifft die Überprüfung der Konfiguration nach jedweder Änderung. Nehmen Sie das Angebot **Konfiguration prüfen** unbedingt an, wenn Sie Änderungen vorgenommen haben. Änderungen an der *configuration.yaml* erfordern immer ein **Neu starten** des Systems, damit sie Wirksamkeit erlangen.

Ein Neustart ist bei Anpassungen anderer Konfigurationsdateien (z. B. der *automation.yaml*) nicht erforderlich. Sie können die jeweilige Konfigurationsdatei im zweiten Abschnitt durch einen Klick auf den entsprechenden Eintrag (z. B. **Automatisierungen**) neu laden und damit aktivieren (siehe Abbildung 13.3).

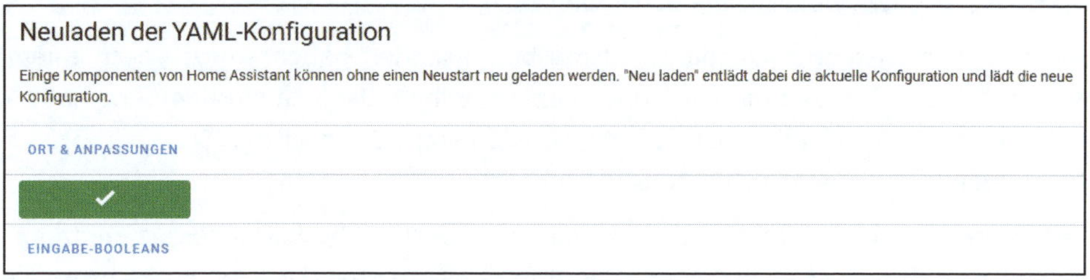

Abbildung 13.3: Die Konfigurationsdatei »automations.yaml« überprüfen

13.2.2 Zustände

Der Bereich **Zustände** (siehe Abbildung 13.4) bietet einen Überblick über alle Entitäten und ihren jeweiligen Status. Er ist vorrangig dazu da, Sie über den aktuellen Zustand Ihrer Umgebung zu informieren, er kann aber auch eine wertvolle Hilfe beim Testen von Automatisierungen oder bei der Entwicklung von Templates sein (siehe Abschnitt 13.2.4 – dort finden Sie auch Näheres zum Zustandsobjekt, dem *State-Objekt*).

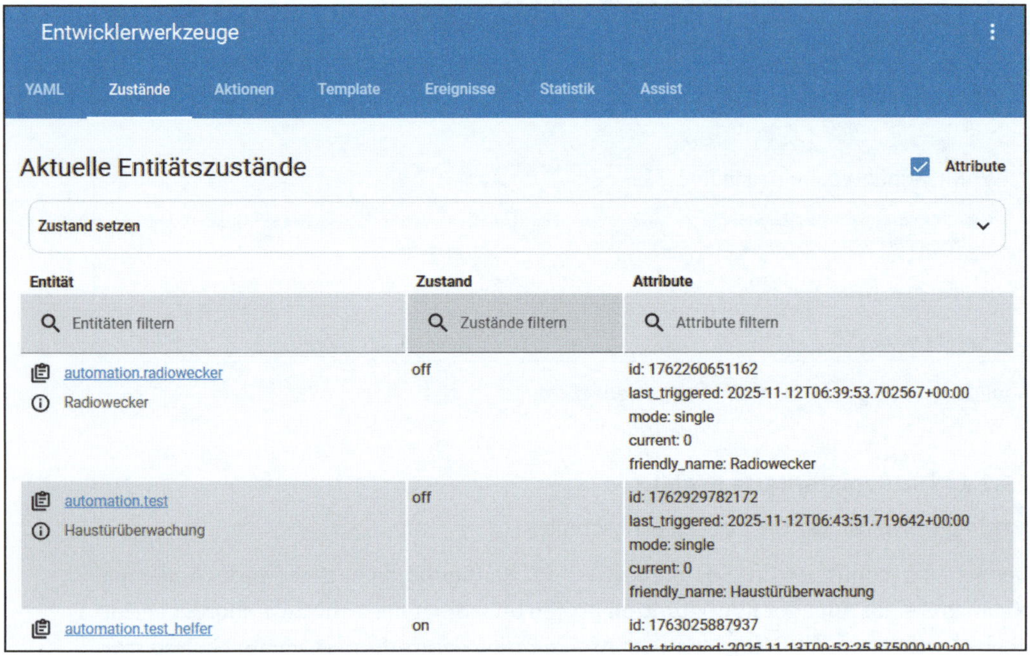

Abbildung 13.4: Die zwei Abschnitte der Registerkarte »Zustände«

Attribute blendet diese ein bzw. aus.

Über Eingaben im ersten Abschnitt können Sie die Eigenschaften von Entitäten ändern. Blättern Sie den Abschnitt auf und suchen Sie gegebenenfalls teilqualifiziert nach der Entität, die Sie ändern wollen (siehe Abbildung 13.5).

Wenn Sie den Zustand sowie die Statusattribute geändert haben, werden nach einem Klick auf **Zustand setzen** die Änderungen übernommen. Die Zustandsänderung hat jedoch keinen Einfluss auf das Gerät selbst: Das Ergebnis der nächsten Zustandsabfrage überschreibt wieder manuell gesetzte Werte!

Der zweite Abschnitt verschafft Ihnen einen umfassenden Überblick über die Entitäten, deren Zustände und – bei aktiviertem Kontrollkästchen – über die Attribute (siehe Abbildung 13.6). Der Blickwinkel ist im Gegensatz zu dem, den wir in Kapitel 5 angewandt haben, nicht administrativ, sondern auf den Inhalt gerichtet.

Durch teilqualifizierte Angaben in den Suchfeldern lässt sich die Ausgabe auch eingrenzen.

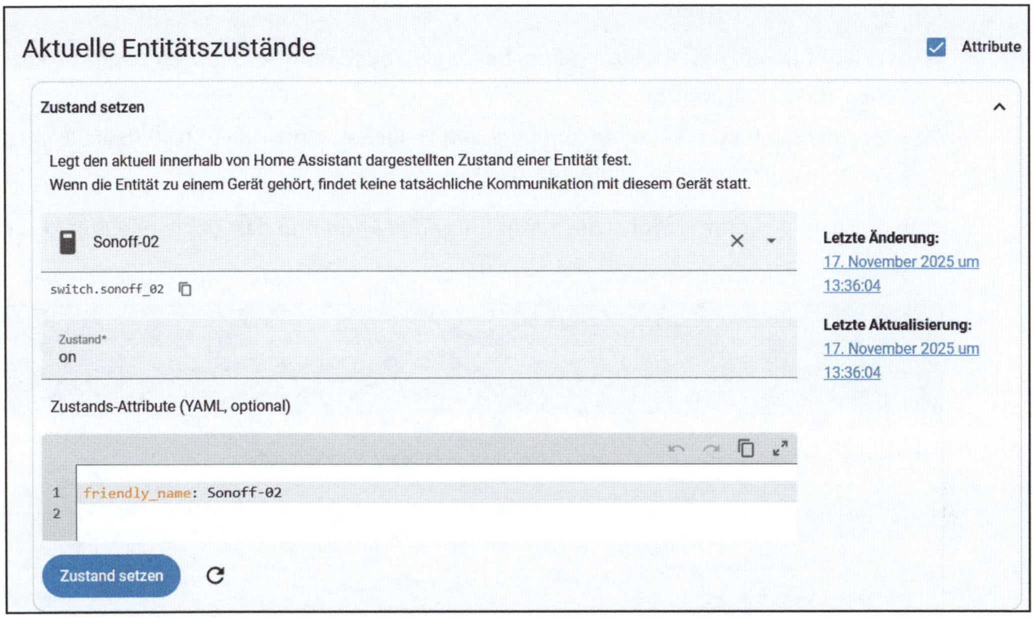

Abbildung 13.5: Der Abschnitt »Zustand setzen« in der Registerkarte »Zustände«

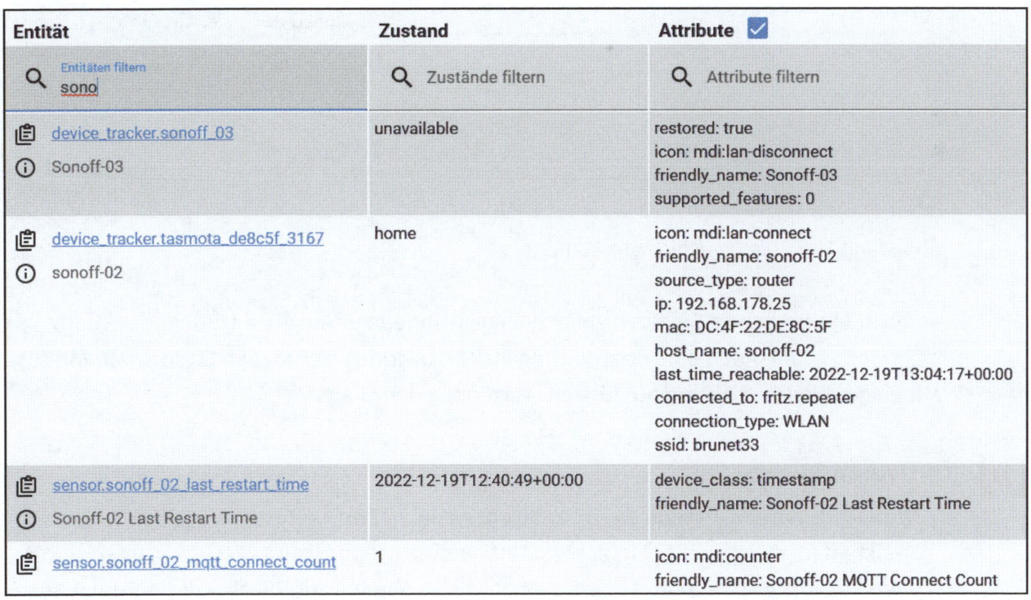

Abbildung 13.6: Der Abschnitt »Entitätsübersicht« auf der Registerkarte »Zustände«

13.2.3 Aktionen

Über das Tool *Aktionen* können Sie alle verfügbaren Services in Home Assistant ausführen. Das ist wertvoll, denn

- es erlaubt Ihnen, Aktionen zu testen, bevor sie anderweitig in Skripten oder Automationen verwendet werden.
- es ermöglicht Ihnen, Aktionen einmalig und zielgenau einzusetzen (z. B. das Löschen von Datenbankeinträgen, siehe Kapitel 14).

Wählen Sie in gewohnter Weise die auszuführende Aktion und das Ziel (siehe Abbildung 13.7).

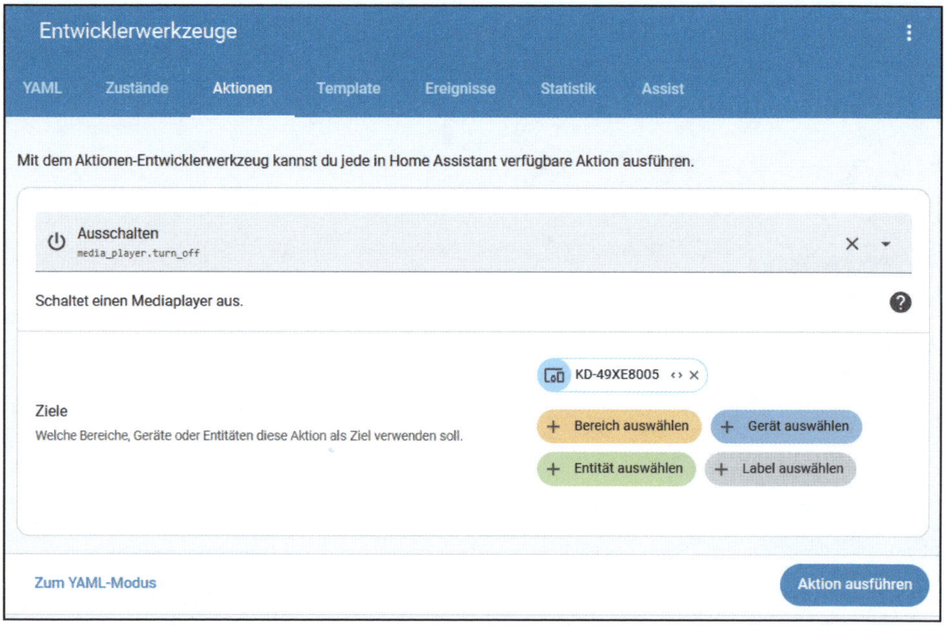

Abbildung 13.7: Die Registerkarte »Aktionen«

Je nach Aktion haben Sie noch zusätzliche Optionen zur Auswahl (z. B. `Abdeckung: Set tilt position`). Auch eine Bearbeitung im YAML-Modus ist möglich (**Zum YAML-Modus**). Mit einem Klick auf **Aktion ausführen** starten Sie den Dienst.

[»]

Python-Skripte

Wenn Sie bereits Python-Skripte geschrieben haben, können Sie diese in Home Assistant integrieren. Für einfache Skripte bietet sich die Home-Assistant-Integration *Python Skripte* an. Sie setzt das Skript als einen Service auf. Dieser wird automatisch für jede Python-Datei im Ordner */config/python_scripts* ausgeführt. Sie können problemlos entwickeln, da der Inhalt nicht zwischengespeichert wird. Gehen Sie wie folgt vor:

1. Ergänzen Sie die *configuration.yaml* um die folgenden Zeilen:

   ```
   python_script:
   logger:
     default: info
   ```

   Der `logger`-Eintrag ist nur für die Ausgabe des Hello-World-Beispiels erforderlich.
2. Erstellen Sie einen Ordner */config/python_scripts*.
3. Erstellen Sie in dem Ordner eine Datei *hello_world.py* mit folgendem Inhalt:

   ```
   name = data.get("name", "world")
   logger.info("Hello {} at {}".format(name, time.time()))
   ```
4. Starten Sie Home Assistant neu.
5. Öffnen Sie **Entwicklerwerkzeuge • Aktionen** und geben Sie im YAML-Modus diese Zeilen ein:

   ```
   service: python_script.hello_world
   data:
     name: "Input-Text"
   ```
6. Testen Sie den Dienst mit **Aktion ausführen**.

Das Ergebnis finden Sie in der Log-Datei */config/Home Assistant.log* (siehe Abbildung 13.8).

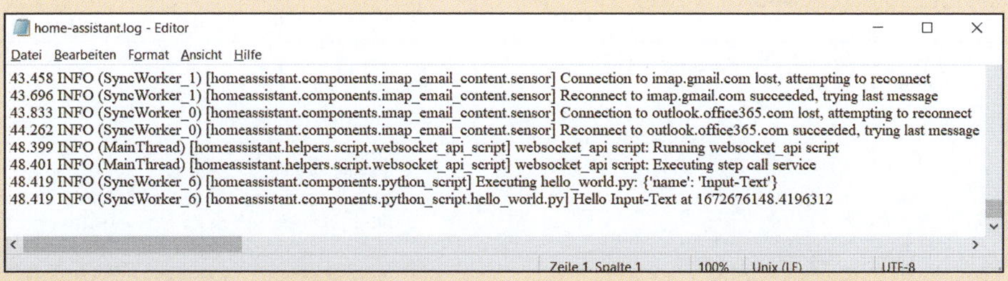

Abbildung 13.8: Python-Log-Ausgabe

Selbstverständlich können Sie mit Python-Skripten auch Ereignisse auslösen (`hass.bus.fire()`) oder aus ihnen Dienste aufrufen (`hass.services.call()`).

Dennoch sind die Möglichkeiten begrenzt, da der Gebrauch von Python-Importen nicht zur Verfügung steht. Hier hilft unter Umständen *AppDaemon* oder *pyscript* weiter.

13.2.4 Templates

Templates (dt. *Vorlagen*) sind ein mächtiges Feature von Home Assistant. In der Informatik sind Templates ein Hilfsmittel zum Erstellen ähnlicher Gebrauchsmuster, die dann als kleine »Codeschnipsel« im Code auftauchen. Diese Vorlagen gehen in ihrer Leistungsfähigkeit weit über das hinaus, was mit einfachen *Mustern* (engl. *Patterns*) zu erreichen ist, denn in ihnen können auch Elemente der Programmierung wie `if`-Verzweigungen und Schleifen enthalten sein.

Templates begegnen Ihnen in Home Assistant in fast allen Bereichen. Insbesondere Automatisierungen und Skripte kommen oft nicht ohne Templates aus. Ein weiteres Einsatzgebiet ist die Formatierung von eingehenden Daten oder dynamischen Nachrichtenbestandteilen. Templates ermöglichen Ihnen aber auch, spezielle Sensoren und Ad-hoc-Auswertungen Ihres Systems zu erstellen. Tauchen Sie zum besseren Verständnis etwas tiefer in die Struktur von Home Assistant ein.

State Objects

Bekanntlich werden Ihre Geräte in Home Assistant als Entitäten dargestellt. Die Entitäten schreiben ihren aktuellen *State* (dt. *Zustand*) in die *State-Machine* (dt. *Zustandsmaschine*), damit andere Entitäten, Vorlagen bzw. das User-Interface darauf zugreifen können. States bzw. das, was in dem State-Objekt hinterlegt ist, sind aktuelle Darstellungen der Entität.

An dieser Stelle noch einmal der Hinweis: Ein Überschreiben des Status durch das State-Entwicklungstool oder die API hat keine Auswirkung auf das Gerät selbst. Eine erneute Abfrage des Gerätezustands durch die State-Machine überschreibt den internen Wert.

Das State-Objekt hat immer eine Entitäts-ID, einen Zustand (engl. *state*; siehe Abbildung 13.9) und einen Zeitstempel (siehe Abbildung 13.5), der anzeigt, wann es zuletzt aktualisiert und zuletzt geändert wurde.

Abbildung 13.9: Zustände der Entität »sun.sun« in der Registerkarte »Zustände«

Tabelle 13.1 listet die Felder des State-Objekts auf.

Feld	Beschreibung
`state.state`	die Zeichenkette für den aktuellen State einer Entität, z. B. `below_horizon`

Tabelle 13.1: Das »State«-Objekt

Feld	Beschreibung
`state.entity_id`	die Entitäts-ID im Format `<domain>.<object_id>`, z. B. `sun.sun`
`state.domain`	die Domain der Entität, z. B.`sun`
`state.object_id`	die Object-ID der Entität, z. B. `sun`
`state.name`	der Name der Entität, basierend auf dem Attribut `friendly_name`, z. B. `Sun`
`state.last_updated`	der Zeitpunkt, zu dem der Zustand in UTC-Zeit in die Zustandsmaschine geschrieben wurde, z. B. `2024-12-28 08:13:36.715874+00:00`
`state.last_changed`	die Zeit, zu der sich der Zustand in der Zustandsmaschine in UTC-Zeit geändert hat; dies wird nicht aktualisiert, wenn nur aktualisierte Attribute vorhanden sind, z. B. `2024-10-28 08:13:36.715874+00:00`
`state.attributes`	eine Liste mit zusätzlichen Attributen, die mit dem aktuellen Status verbunden sind
`state.context`	eine Liste mit zusätzlichen Attributen, die mit dem State-Kontext verbunden sind

Tabelle 13.1: Das »State«-Objekt (Forts.)

Templates-Merkmale

Eingangs habe ich schon erwähnt, dass Templates Vorlagen sind. Ein Beispiel dafür ist `{{states("sun.sun")}}`. In Abfragen oder Ausgaben eingesetzt, ist der Wert für den Vergleich oder die Ausgabe nicht die Zeichenkette, sondern der durch das Template repräsentierte Wert (beispielsweise `below_horizon`). Ein weiteres Beispiel ist `{{ state_attr("weather.forecast_home", "temperature") + 10}}`. Hier ist der Vergleichs- oder Ausgabewert nicht die aktuelle Temperatur, sondern die um 10 Grad erhöhte Temperatur.

Wenn Sie Templates in Home Assistant erstellen wollen, werden Sie von der *Jinja2*-Vorlagen-Engine unterstützt. Jinja2 (*https://palletsprojects.com/p/jinja/*) ist eine der am häufigsten verwendeten Template-Engines für Python. Jinja2 ist vom Templating-System des Webframeworks Django inspiriert, erweitert es aber um eine ausdrucksstarke Sprache mit einer großen Auswahl an Funktionen und Operationen:

- mathematische Operationen
- Vergleiche
- Logik

Jinja verfolgt eine eigene Syntax. Folgende (Struktur-)Begrenzer (sogenannte *Delimiter*) kommen häufig zur Anwendung:

- `{% ... %}` für Anweisungen (z. B. `for`, `endfor`)
- `{{ ... }}` für Ausdrücke, die ihr Ergebnis an die Template-Ausgabe senden (z. B. `"weather.forecast_home"`)
- `{# ... #}` für Kommentare, die nicht an die Template-Ausgabe gehen

Templates erstellen und testen

Der eleganteste Weg, um Templates zu schreiben und zu testen, führt über **Entwicklerwerkzeuge • Template**.

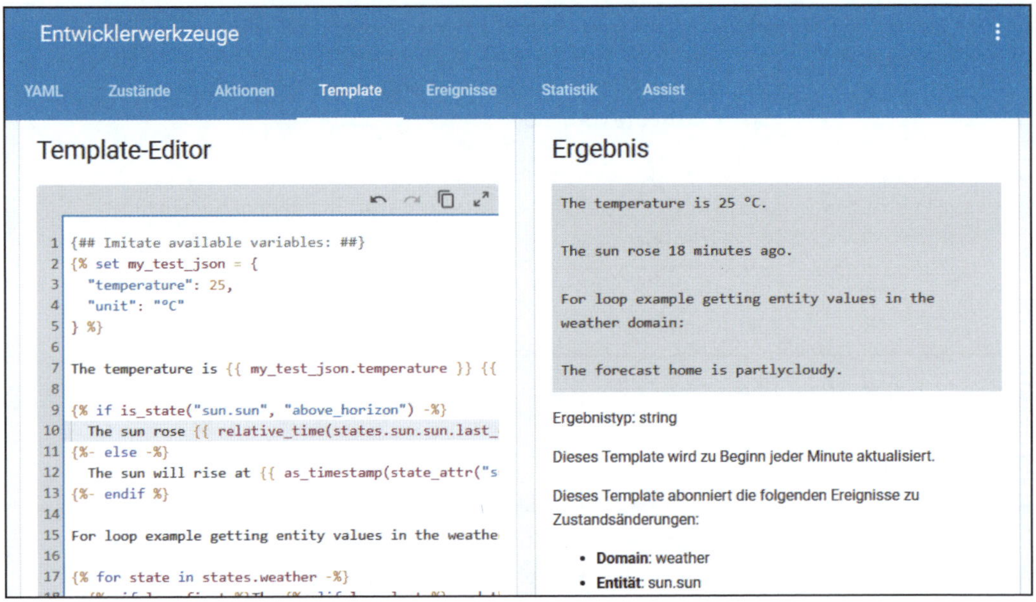

Abbildung 13.10: Die Registerkarte »Template«

Die Registerkarte teilt sich in zwei Spalten:

- Links sehen Sie den **Template-Editor**.
- Rechts wird sofort das **Ergebnis** angezeigt. Dieser Bereich enthält Informationen zum Ergebnistyp und zu den betroffenen Entitäten oder Domains.

Die Demo-Templates bieten an sich schon einen guten Einstieg. Wir ergänzen sie im Folgenden um ein paar weitere Beispiele.

Beispiel »sun.sun«

Das Beispiel mit der Entität `sun.sun` soll verschiedene Wege darstellen, über die Sie an Entitätswerte gelangen (siehe Abbildung 13.11). Es geht also darum, dass Sie beispielsweise für ein Skript die Angabe brauchen, ob die Sonne gerade auf- oder untergegangen ist. Wie kommen Sie an diese Informationen?

Augenscheinlich führen zwei Schreibweisen zum gleichen Ergebnis (siehe Zeile 3 und 4 im Template-Editor in Abbildung 13.11). Dennoch ist der Unterschied fundamental:

- `{{states.sun.sun.state}}` liefert als Rückgabewert ein Objekt.
- `{{states("sun.sun")}}` liefert als Rückgabewert einen String (eine Zeichenkette).

Dabei gilt die Empfehlung, nach Möglichkeit die zweite Variante – also als Rückgabewert einen String – zu verwenden.

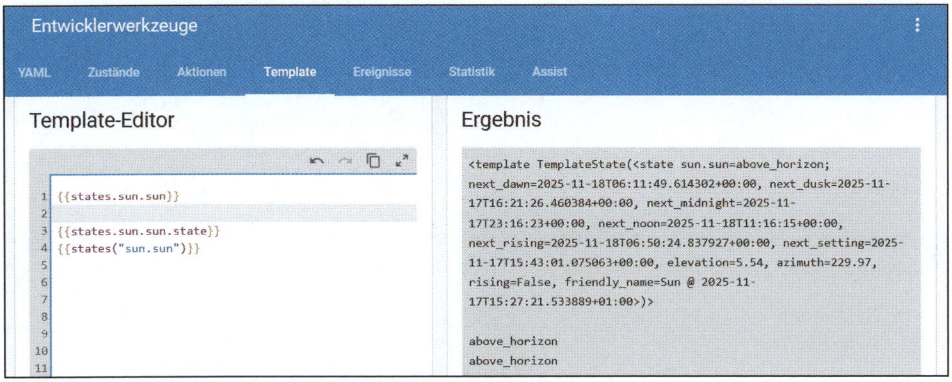

Abbildung 13.11: Beispiel-Template mit der Entität »sun.sun«

Beispiel »sensor.hacs«

Bei diesem Beispiel geht es darum, anhand der Entität `sensor.hacs` (siehe Abbildung 13.12) aufzuzeigen, wie Sie auch an tiefer verschachtelte Informationen gelangen und diese in anderer Form aufbereiten können. Der Sensor zeigt die ausstehenden Repository-Updates an.

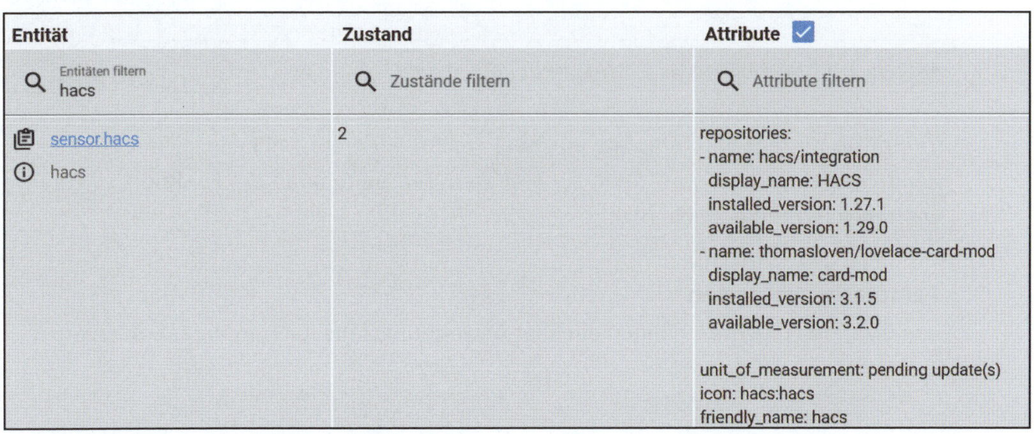

Abbildung 13.12: Die Entität »sensor.hacs«

Das Attribut `repositories` ist eine Tabelle mit zwei Elementen. Jedes Element wiederum besteht aus vier Werten.

Abbildung 13.13 zeigt die Notation für den Zugriff auf die Felder in verschiedenen Verschachtelungen.

Beachten Sie, dass das erste Element einer Tabelle mit dem Index 0 angesprochen wird. Die Zählung beginnt also (wie in der Informatik üblich) mit 0 und nicht mit 1.

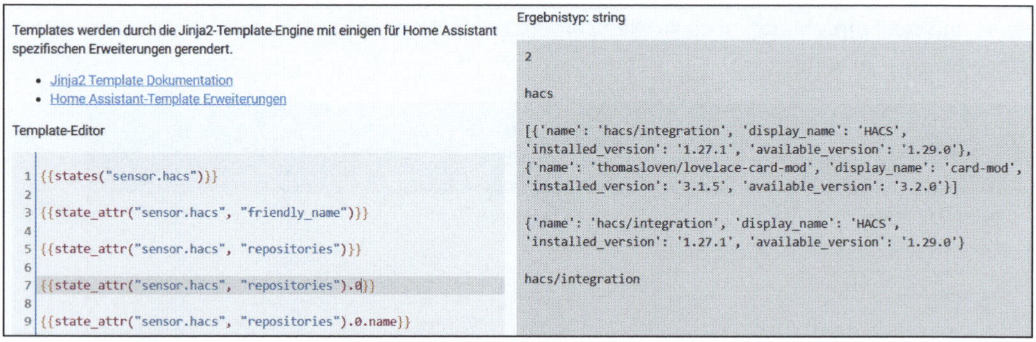

Abbildung 13.13: Template zum Zugriff auf Werte einer Tabelle

Das JSON-Format

Je nach Anwendung können Werte nur im JSON-Format als Eingaben vorliegen oder als Ausgabe aufzubereiten sein. Das Template-Demobeispiel zeigte hierzu bereits einen Ansatz.

Abbildung 13.14 zeigt ein Beispiel mit der Funktion `to_json()`.

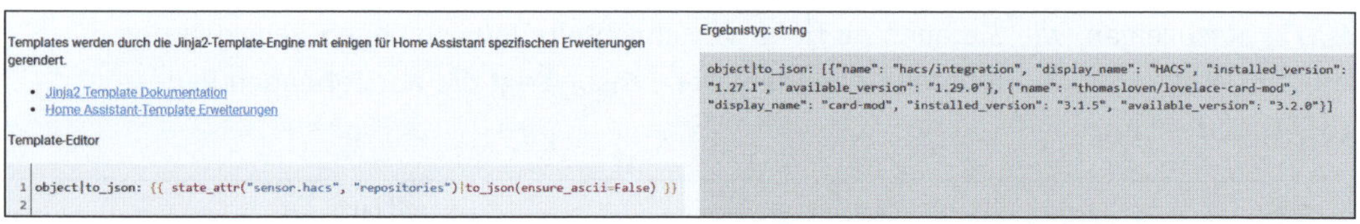

Abbildung 13.14: Objekte ins JSON-Format umwandeln

Im Prinzip besteht das Template aus zwei Teilen. Der erste Teil kennzeichnet das zu behandelnde Objekt. Es wird dann zur weiteren Bearbeitung an die Funktion `to_json()` weitergeleitet (Pipe-Zeichen |).

Templates anwenden

Im Folgenden möchte ich Ihnen ein paar Anwendungsfälle für Templates vorstellen.

Ein Template in einer zu sendenden Benachrichtigung

Unser Ziel soll es sein, dass in einer Nachricht die in der Wettervorhersage gespeicherten letzten Temperaturwerte übermittelt werden. Der Ausgangspunkt dafür ist die Entität `weather.forecast_home` (siehe Abbildung 13.15).

Die gesuchten Temperaturen befinden sich im Attribut `forecast`, einer Tabelle mit mehreren Elementen. Das Template für die Auswertung umfasst gerade einmal vier Zeilen:

```
{% set temperaturen = state_attr("weather.forecast_home", "forecast") %}
{% for temperaturen in temperaturen %}
  {{temperaturen.temperature}}
{%- endfor %}
```

In der ersten Anweisung erhält die Variable `temperaturen` den Inhalt des Attributs `forecast`. Eine Schleife durchläuft die Tabelle und gibt den Wert der Temperaturen in jedem Element aus.

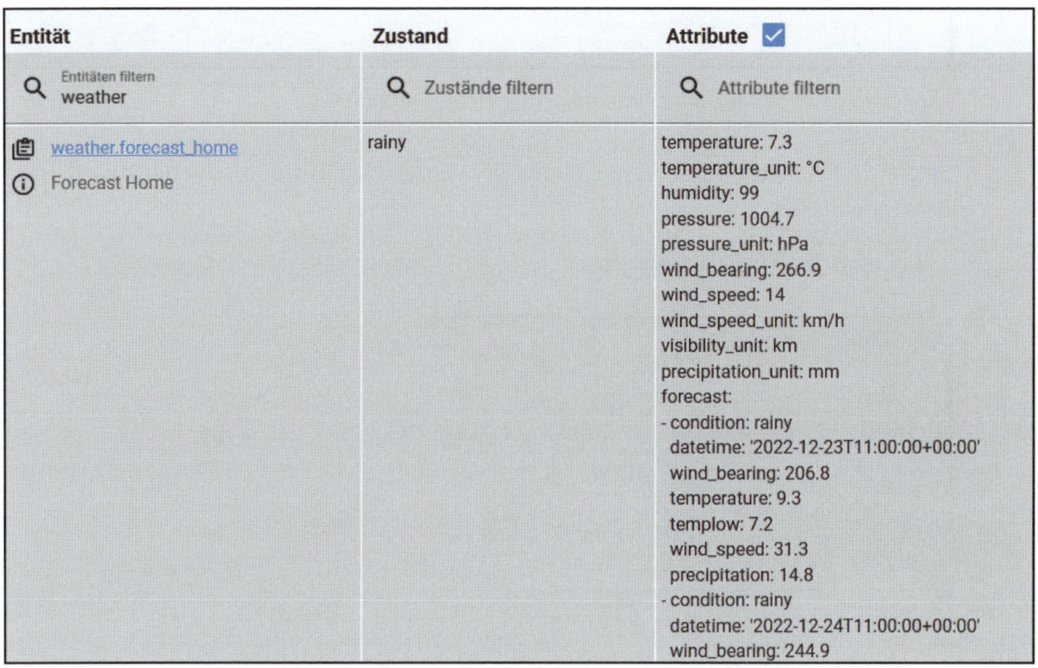

Abbildung 13.15: Die Entität »weather.forecast_home«

Übertragen Sie diesen Schnipsel in eine Automation, die eine Nachricht senden soll (siehe Abbildung 13.16). Sie erhalten dann eine Benachrichtigung wie die in Abbildung 13.17, die den Temperaturverlauf zeigt.

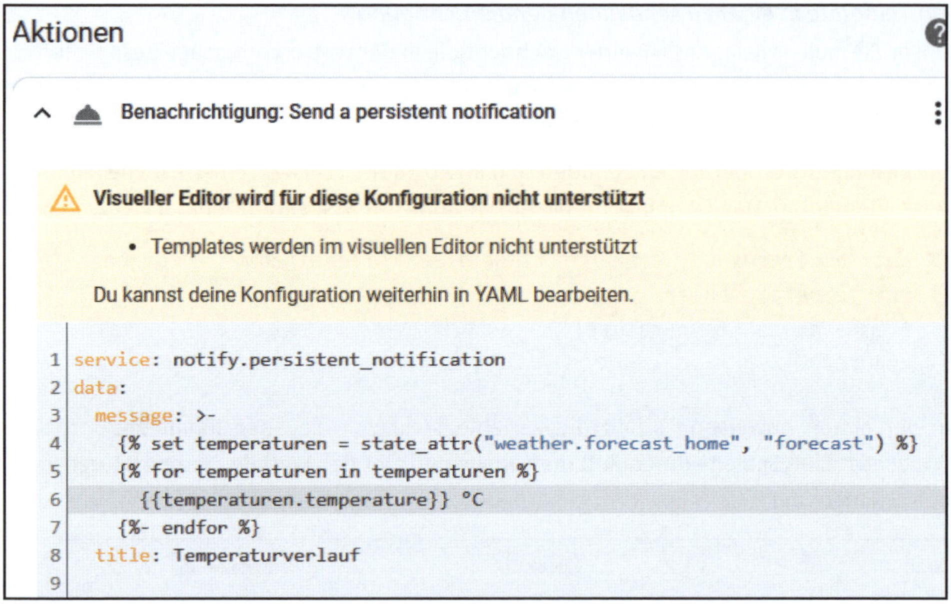

Abbildung 13.16: Aktion einer Automation mit einem Template

Selbstverständlich können Sie auch mehrere Werte ausgeben und/oder die Ausgabe anders formatieren:

```
{{temperaturen.temperature}} °C  - {{temperaturen.wind_speed}}
```

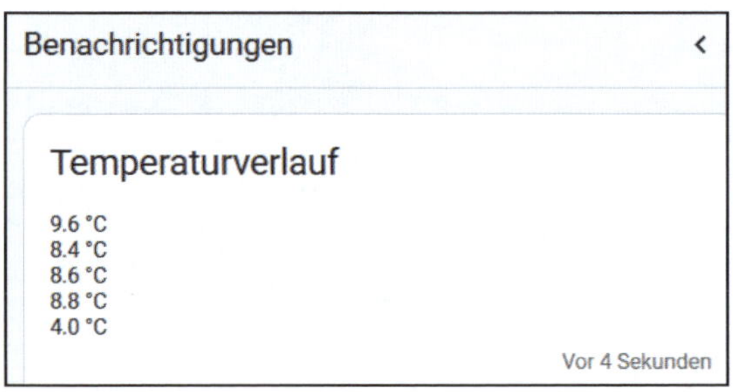

Abbildung 13.17: Das Ergebnis der Benachrichtigung mit einem Template

Zum Erstellen eines Sensors

Sie haben sich vielleicht gefragt, woher und wie Home Assistant die Wetter-Informationen bei einer Dashboard-Karte **Wettervorhersage** bezieht. Ganz offensichtlich wird dafür die Entität `weather.forecast_home` genutzt. Klar ist auch der Status, z. B. »Regnerisch«, der sich aus dem Wert `{{states("weather.forecast_home")}}` ergibt. Etwas nebulöser ist dies zunächst mit der Temperatur. Es gibt zwar ein entsprechendes Attribut der Entität, aber der Zugriff ist nicht so ohne Weiteres möglich. In diesem Fall führt der Weg über einen sogenannten *Template-Sensor*.

Als Beispiel soll an dieser Stelle die Luftfeuchtigkeit im Außenbereich dienen. Sie ist als Attribut der Entität `weather.forecast_home` verfügbar (`{{ state_attr("weather.forecast_home", "humidity") }}`). Jetzt geht es nur noch darum, einen eigenen Sensor in der Datei *configuration.yaml* zu definieren:

```
# template-sensors
template:
  - sensor:
      - name: "Luftfeuchtigkeit außen"
        state: '{{  state_attr("weather.forecast_home", "humidity") }}'
        state_class: measurement
        unit_of_measurement: "%"
        device_class: humidity
```

Gehen Sie gedanklich im Hinblick auf die Konzeption von Home Assistant noch einmal einen Schritt zurück:

- `sensor`: Dies ist die Domain, also der grundsätzliche Typ, der Entität und bestimmt damit, welche Funktionen und Services verfügbar sind (`sensor`, `binary_sensor`, `light`, `switch`, `climate` usw.).
- `device_class`: Die `device_class` ist eine Unterkategorie innerhalb einer Domain. Sie definiert die spezifische Art der Entität genauer (hier: `humidity`):
  - Bestimmt das Icon und die Einheit (*Unit of Measurement*; die explizite Angabe von `unit_of_measurement` wäre also obsolet).
  - Beeinflusst, wie die Entität im Energy Dashboard oder anderen Bereichen behandelt wird.
  - Ist ein Attribut der Entität, nicht Teil der Entitäts-ID.
- `state_class`: Während die `device_class` die Bedeutung und Darstellung eines Sensors bestimmt, beschreibt die `state_class`, wie sich der Wert im Zeitverlauf verhält:
  - `measurement`: klassischer aktueller Messwert (z. B. Temperatur, Luftfeuchtigkeit, Spannung)
  - `total`: ein Zähler, der immer weiter steigt (z. B. Gesamtenergieverbrauch)
  - `total_increasing`: wie `total`, toleriert aber gelegentliches Zurücksetzen (z. B. Stromausfall)
  - `none`: keine Statistiken

Nach einem Neustart haben Sie einen neuen Sensor (siehe Abbildung 13.18).

Eine Aktualisierung des Sensors erfolgt, wenn die Quelle aktualisiert wird. Die Details dazu finden Sie unter *https://www.home-assistant.io/integrations/template*.

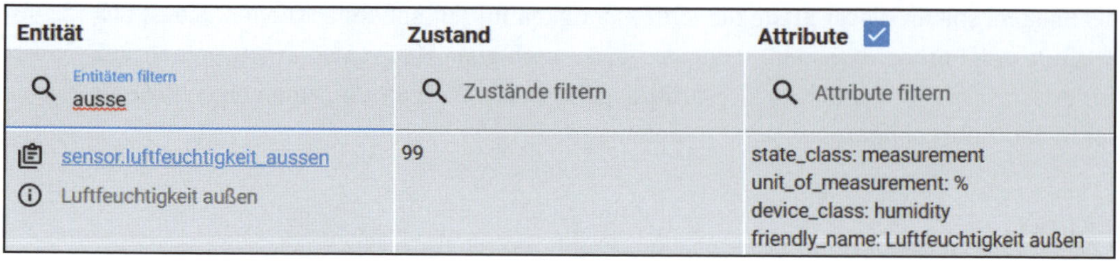

Abbildung 13.18: Der neue Sensor »Luftfeuchtigkeit außen«

[»]

Veraltete Notation

Im Netz finden Sie Beispiele, die auf einem veralteten Stil für das *Sensor-Template* beruhen:

```
sensor:
  - platform: template
    sensors:
      my-sensor-name:
```

Benutzen Sie den modernen Stil (*Template-Sensor*), denn er ist in der Reaktionsfähigkeit und Abfragegeschwindigkeit wesentlich schneller und zuverlässiger:

```
template:
  - sensor:
    - name: my-sensor-name
```

Systemadministration

Manchmal kann ein Überblick über Home-Assistant-Details z. B. vor und nach einem Update bzw. vor der Neuinstallation von Integrationen oder Add-ons interessant sein. Der Codeschnipsel aus Listing 13.4 gibt einen Überblick über Domains:

```
{% set na_sp = namespace(domains=[]) %}
{%- for s in states -%}
{%- set na_sp.domains = (na_sp.domains + [s.domain])|unique|list -%}
{%- endfor %}
Es gibt {{ states|length  }} states in Home Assistant.
By domain these are;
{%- for domain in na_sp.domains %}
- {{ states[domain]|length }} {{ domain }}
{%- endfor %}
```

Listing 13.4: Die Domains anzeigen

Abbildung 13.19 zeigt das Ergebnis.

Weiterführende Informationen zum Templating finden Sie unter *https://www.home-assistant.io/docs/configuration/templating/*.

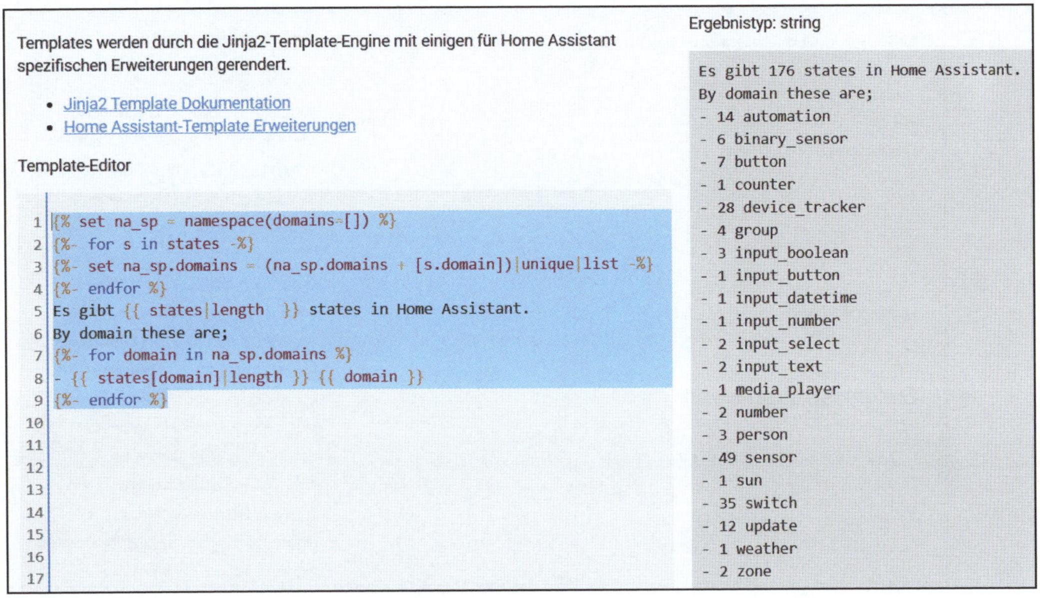

Abbildung 13.19: Übersicht über die aktuellen Domains

13.2.5 Ereignisse

Ereignisse (engl. *Events*) bestimmen das Geschehen in Home Assistant. Kern des Geschehens ist der *Eventbus* (dt. *Ereignisbus*). Er ermöglicht jeder Integration, Ereignisse auszulösen oder abzuhören. Beispielsweise wird jede Zustandsänderung auf dem Eventbus als `state_changed`-Ereignis angekündigt, das den vorherigen und den neuen Zustand einer Entität zeigt. Home Assistant enthält einige vordefinierte Ereignisse für die Koordination zwischen verschiedenen Integrationen.

Somit können Integrationen Ereignisse auslösen, und andere Integrationen können auf ausgelöste Ereignisse lauschen (engl. *to listen*). Diese *Listener* gibt es aber nicht nur bei Integrationen, sondern auch bei bestimmten Add-ons (z. B. Node-RED). Im Rahmen von Automationen und Skripten arbeiten Sie direkt mit Ereignissen.

Die Registerkarte **Ereignisse** (siehe Abbildung 13.20) gibt Ihnen in diesem Zusammenhang nicht nur einen Überblick über die aktuellen Ereigniskategorien, sondern schafft auch eine Testmöglichkeit.

Ein selbst definiertes Ereignis veranschaulicht in Abbildung 13.21, wie das Werkzeug funktioniert.

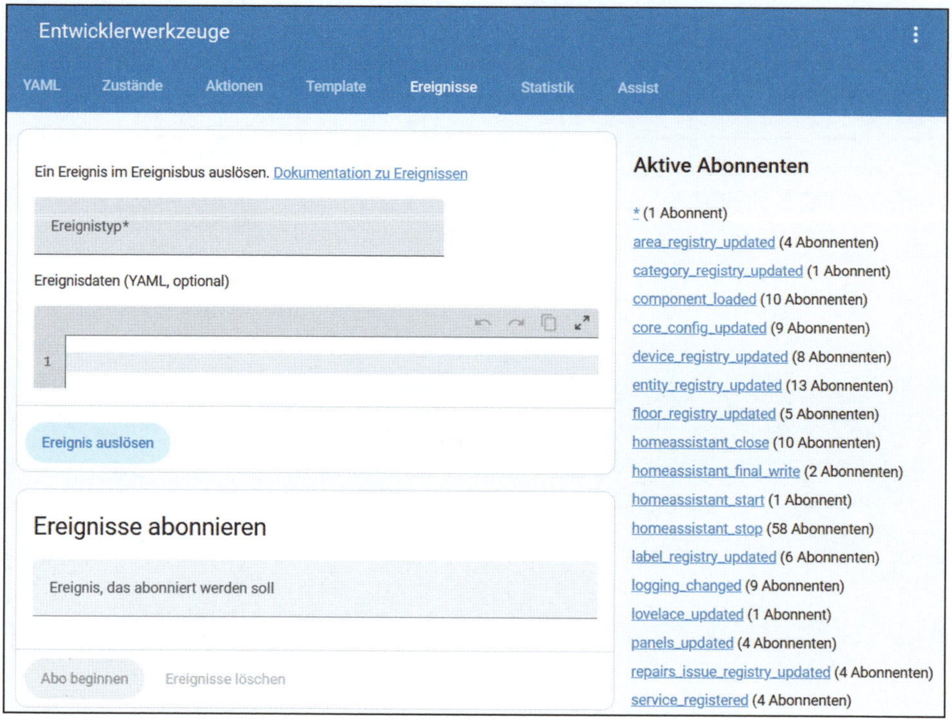

Abbildung 13.20: Die Registerkarte »Ereignisse«

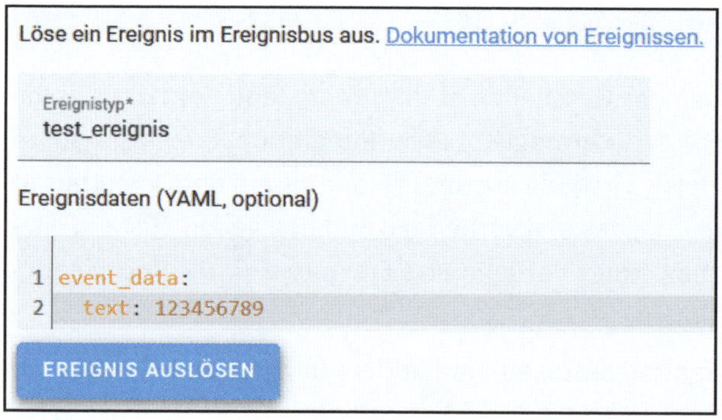

Abbildung 13.21: Ein Ereignis auslösen

Aktivieren Sie das Hören auf das Ereignis *test_ereignis* mit **Anfangen zuzuhören**. Nachdem Sie auf **Ereignis auslösen** geklickt haben, sehen Sie die über den Eventbus geschickten Daten (siehe Abbildung 13.22).

Leider fehlen hier Filtermöglichkeiten. So erzeugt ein Lauschen auf die `state_changed`-Ereignisse eine Flut schwer auswertbarer Ausgaben. Ein wenig ärgerlich ist auch, dass derart durchgeführte Tests einen internen Eintrag `test_ereignis` nach sich ziehen, der nicht so einfach zu löschen ist.

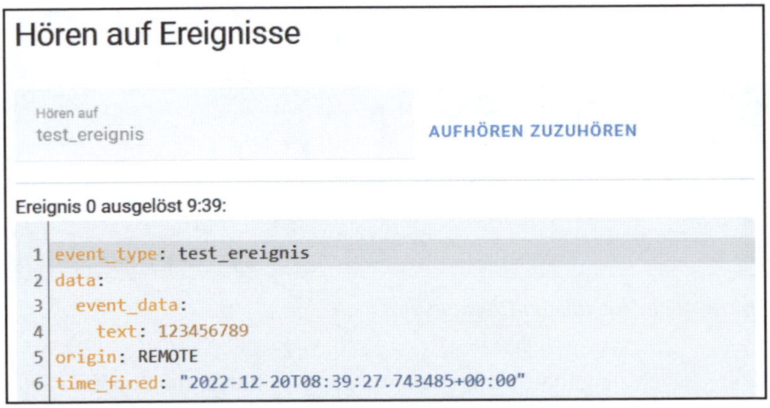

Abbildung 13.22: Die Registerkarte »Ereignisse • Hören auf Ereignisse«

13.2.6 Statistik

Die Registerkarte **Statistik** listet zunächst Entitäten auf, über deren Werteverlauf statistische Angaben verfügbar sind (siehe Abbildung 13.23).

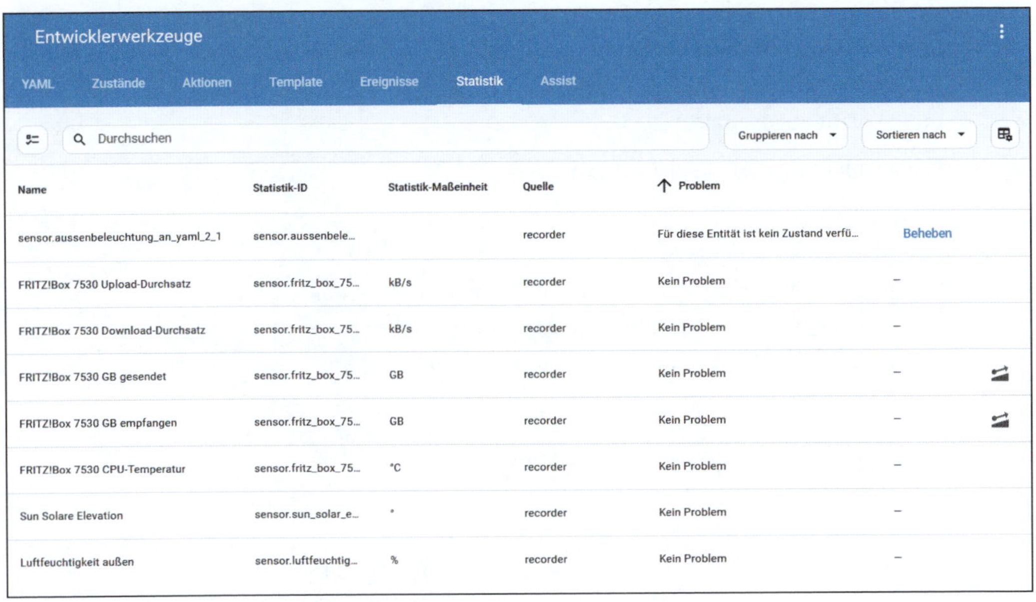

Abbildung 13.23: Die Registerkarte »Statistik«

Ein Klick auf einen Eintrag veranschaulicht die Werte in einem Graphen. Dieser steht in Konkurrenz zu anderen Wegen, sich Historienverläufe anzeigen zu lassen, etwa mit **Verlauf** oder mit den Angaben, die Sie unter **Einstellungen • Geräte und Dienste • Entitäten** finden. Abbildung 13.24 zeigt alle Möglichkeiten im Vergleich.

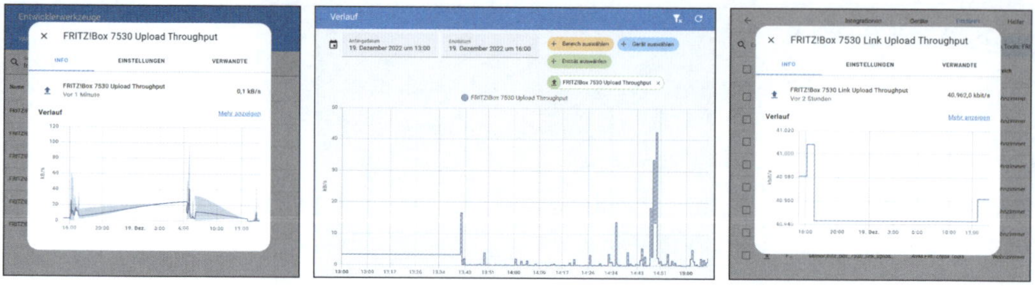

Abbildung 13.24: Verschiedene Statistik- und Verlaufsanzeigen

Sie können Statistiken jedoch zielgenauer angehen. Ausgangspunkt ist die Statistik-Sensorplattform. Sie beobachtet den Zustand eines Quellensensors und liefert aggregierte statistische Merkmale über seine jüngste Vergangenheit. Diese Integration kann neben der generellen Informationsausgabe in Automatisierungen sinnvoll sein, um z. B. eine Aktion auszulösen, wenn sich der Mittelwert der Luftfeuchtigkeit in einem Raum als zu hoch einpendelt, oder um zu ermitteln, wie häufig eine Anwesenheitserkennung ausgelöst hat.

Die Aktualisierung des Statistiksensors erfolgt über den Quellensensor. Infrage kommen numerische Sensoren und binäre Sensoren. Die Festlegungen hinsichtlich des zu berücksichtigenden Zeitraums und/oder der Anzahl der letzten Zustandsänderungen erfolgt in der Konfiguration. Voraussetzung ist, dass die *Recorder*-Integration (siehe auch Abschnitt 14.5.5) nicht abgeschaltet ist.

Ein Beispiel sehen Sie in Listing 13.5:

```
sensor:
  - platform: statistics
    name: "Durchschnittsluftfeuchtigkeit Kueche"
    entity_id: sensor.kueche_luftfeuchtigkeit
    state_characteristic: average_linear
    max_age:
      hours: 1
    sampling_size: 50
    precision: 1
  - platform: statistics
    name: "Anzahl Besuche der letzten 12 Stunden"
    entity_id: binary_sensor.espresense_wohnzimmer
    state_characteristic: count_on
    max_age:
      hours: 12
    sampling_size: 100
```

Listing 13.5: Die »Recorder«-Integration wertet die Besuche der letzten zwölf Stunden aus.

Selbst konfigurierte Statistiken tauchen dann auch in der Liste der von Home Assistant geführten Statistiken auf.

Ein weiterer Ansatz ist die `history_stats`-Sensorplattform. Sie nutzt die Daten der *history*-Integration. Sie kann verfolgen, wie lange sich die Integration in einem benutzerdefinierten Zeitraum in einem bestimmten Zustand befunden hat, z. B. wie lange ein Gerät angeschaltet gewesen ist:

```
sensor:
  - platform: history_stats
    name: Sonoff Ein
    entity_id: switch.sonoff_02
    state: "on"
    type: time
    start: "{{ now().replace(hour=0, minute=0, second=0) }}"
    end: "{{ now() }}"
```

Listing 13.6: Die »history_stats« auswerten

Der zu erfassende Zeitraum beginnt um 0:00 Uhr des laufenden Tages und endet in diesem Augenblick 24 Stunden später. Der Sensorwert ist dann eine Zeitangabe in Stunden (siehe Abbildung 13.25).

Abbildung 13.25: Der Sensorwert »history_stats« des angelegten Sensors »Sonoff Ein« mit der Entity-ID »sensor.sonoff_ein«

Die Zeitangabe lässt sich auch über eine Dauer ab einem Start- bzw. Endzeitpunkt festlegen, z. B. so:

```
duration: "00:01:30"
```

Neben dem Sensortyp `time` gibt es noch zwei Typen:

- `ratio`: die nachverfolgte Zeit, geteilt durch die Dauer ihrer Periode in Prozent
- `count`: gibt an, wie oft die nachverfolgte Entität während des Zeitraums mit dem konfigurierten Zustand übereinstimmte.

13.2.7 Assist

Assist ist eine geniale Möglichkeit, die Auswirkungen einer Spracheingabe zu überprüfen und auf der Basis der gewonnenen Erfahrungen Anpassungen vorzunehmen (siehe Abbildung 13.26).

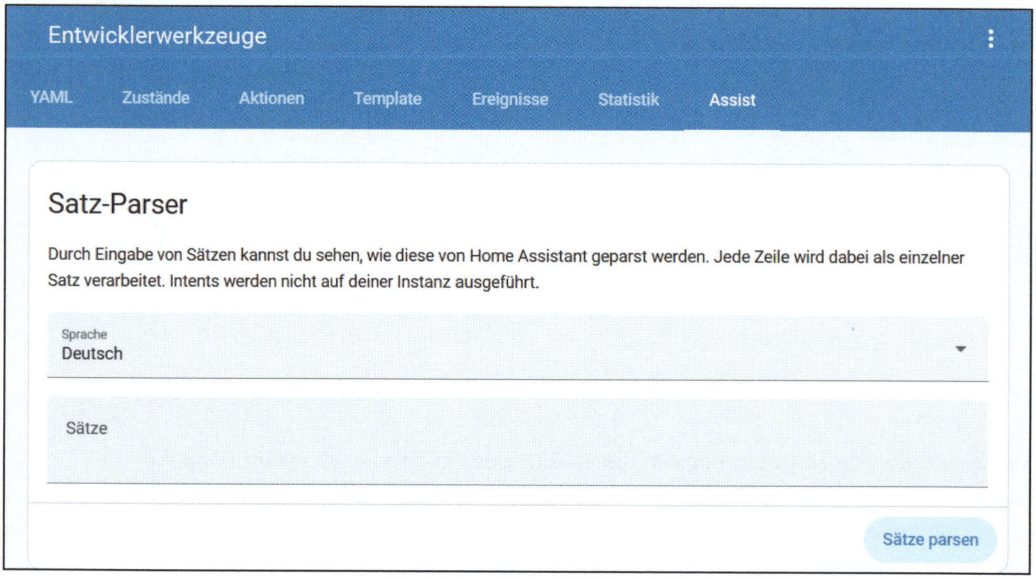

Abbildung 13.26: Die Registerkarte »Assist«

Stellen Sie vor Ihren Tests mit Assist sicher, dass:

- Assist/Voice Assistant konfiguriert ist (**Einstellungen • Sprachassistenten**). Mindestens ein Assistent muss eingerichtet sein (z. B. der Standard *Home Assistant* – dieser ist allerdings in Englisch).
- die Integration *Conversation* aktiv ist. Diese ist standardmäßig aktiviert und ermöglicht die Verarbeitung natürlicher Sprache. Suchen Sie gegebenenfalls bei den **Zuständen** nach der Entität `conversation.home_assistant`.
- steuerbare Geräte/Entitäten im System vorhanden sind. Diese müssen für Assist freigeschaltet sein (in den Entitätseinstellungen unter **Sprachassistenten • Verfügbar machen**).
- die richtige Sprache eingestellt ist (**Einstellungen • System • Allgemein**).

Die folgenden Beispiele gehen aus Gründen der Vereinfachung von dem Standardsprachassistenten (Englisch) und dem Gerät *Sonoff-02* aus, das dem Bereich *Sauna* zugeordnet ist. Testen Sie mit:

Switch Sonoff-02 in the sauna on.

Abbildung 13.27 zeigt das Ergebnis.

```yaml
intent:
  name: HassMediaNext
slots:
  area: Sauna
details:
  area:
    name: area
    value: Sauna
    text: Sauna
targets:
  sensor.sonoff_02_last_restart_time:
    matched: true
  sensor.sonoff_02_wifi_connect_count:
    matched: true
  sensor.sonoff_02_mqtt_connect_count:
    matched: true
```

Abbildung 13.27: Assist: Auswertung eines Befehls

Diese Antwort ist die interne Darstellung von Home Assistant, wie Ihr Satz verstanden und einer Absicht sowie den entsprechenden Slots zugeordnet wurde. Home Assistant hat wohl das Gerät erkannt, aber alle anderen Feststellungen sind unbrauchbar. Nun verfügt die natürliche Sprache nicht über einen Bindestrich. Wiederholen Sie den Test mit:

Switch Sonoff 02 in the sauna on.

Das Ergebnis ist aber nicht besser. Einen Hinweis liefert jedoch die Fülle gefundener Targets (Entitäten). Gehen Sie in die Liste der Entitäten (**Einstellungen • Geräte & Dienste • Entitäten**) und filtern Sie nach `Sonoff-02` (Ergebnis siehe Abbildung 13.28).

Integrationen | Geräte | Entitäten | Helfer

Filter 1 | 8 Entitäten durchsuchen | Gruppieren nach Gerät | Sortieren nach Entität

↑ Entität	Gerät	Bereich	Integration	Status
Sonoff-02				
Internet Access	Sonoff-02	Sauna	FRITZ!Box Tools	–
Last Restart Time	Sonoff-02	Sauna	Tasmota	–
MQTT Connect Count	Sonoff-02	Sauna	Tasmota	–
Restart Reason	Sonoff-02	Sauna	Tasmota	–
Sonoff-02	Sonoff-02	Sauna	FRITZ!Box Tools	–
Sonoff-02	Sonoff-02	Sauna	Tasmota	–

Abbildung 13.28: Geräteentitäten für Test Assist

Die Zielentität ist hier das Gerät *Sonoff-02* aus der Integration *Tasmota* mit dem Schalter-Icon. Rufen Sie die Eigenschaften auf und vergeben Sie einen Namen (z. B. `Sonoff 02`). Tun Sie gegebenenfalls ein Übriges und gehen Sie zu **Sprachassistenten**. Vergeben Sie einen Alias, z. B. `Sonoff sauna` (siehe Abbildung 13.29).

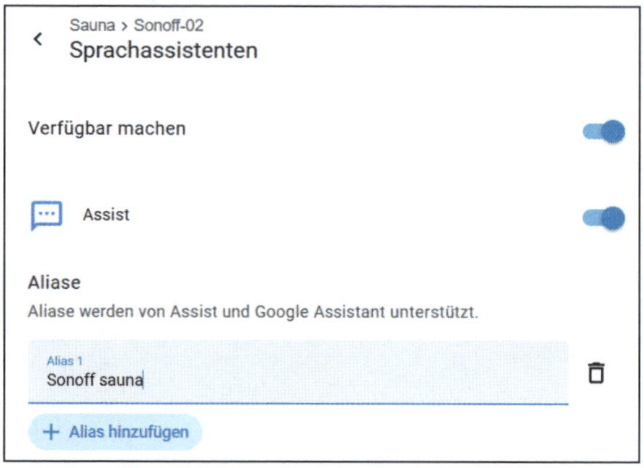

Abbildung 13.29: Assist Alias vergeben

Führen Sie jetzt erneut einen Test durch. Nun passt es (siehe Abbildung 13.30).

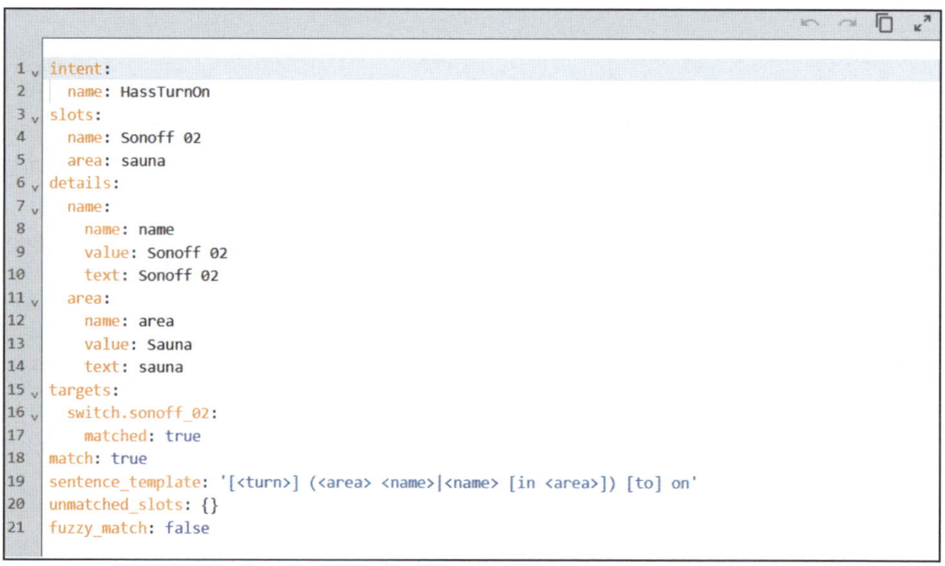

```
intent:
  name: HassTurnOn
slots:
  name: Sonoff 02
  area: sauna
details:
  name:
    name: name
    value: Sonoff 02
    text: Sonoff 02
  area:
    name: area
    value: Sauna
    text: sauna
targets:
  switch.sonoff_02:
    matched: true
match: true
sentence_template: '[<turn>] (<area> <name>|<name> [in <area>]) [to] on'
unmatched_slots: {}
fuzzy_match: false
```

Abbildung 13.30: Assist-Auswertung des Befehls bei geänderten Entität-Eigenschaften

Analysieren Sie die Antwort:

- `intent: HassTurnOn`

  Home Assistant klassifizierte den Satz als Befehl »etwas einschalten« und ordnete ihn der integrierten *HassTurnOn-Intent* zu, die zum Einschalten von Geräten verwendet wird (*Intent* bedeutet *Absicht*).

- `slots`

  Dies sind die aus Ihrem Satz extrahierten *Slots* (Parameter): Der Gerätename lautet *Sonoff-02*, und der Bereich ist *Sauna*. Sie stammen aus den von Home Assistant verwalteten generischen Listen *Name* und *Bereich*.

- `details`

  Für jeden Eintrag werden folgende Details angezeigt:

  - `name`: der Eintragstyp (z. B. Name, Bereich)
  - `value`: der intern verwendete normalisierte Wert (z. B. *Sauna* mit großem S)
  - `text`: der exakte Text aus Ihrem Satz (z. B. *sauna* in Kleinbuchstaben)

  Sonoff 02 ist also der Name der Zielentität, und *sauna* ist der Bereichskontext, der bei der Zuordnung geholfen hat.

- `targets`

  Die Intent-Engine hat die Slots einer konkreten Entität zugeordnet.

- `match: true`

  Dies bedeutet, dass der Satz erfolgreich mit einem der definierten Satzmuster für `HassTurnOn` übereinstimmt, die Absicht also als gültig angesehen und ausgeführt wird.

- `sentence_template`

  `sentence_template: '[<turn>] (<area> <name>|<name> [in <area>]) [to] on'`

  Dies ist das Satzmuster, dem die Äußerung entsprach. In einfachen Worten:

  - optional `[turn]` zu Beginn (z. B. *turn*)
  - entweder `<area> <name>` (z. B. »*sauna Sonoff-02*«) oder `<name> [in <area>]` (z. B. »*Sonoff-02 in sauna*«)
  - optional `[to]` vor `on` (z. B. »*to on*«)

- `unmatched_slots: {}`

  Es gibt keine übrig gebliebenen Wörter oder Platzhalter, die der Parser keinem bekannten Platzhalter zuordnen konnte. Anders ausgedrückt: Alles in Ihrem Satz passt zum Muster.

- `fuzzy_match: false`

  Der Parser fand eine exakte Übereinstimmung mit der Vorlage, daher war keine unscharfe Übereinstimmung oder ungefähre Erkennung erforderlich.

Testen Sie weiter mit dem Alias *Switch Sonoff sauna on*. Das Ergebnis bleibt.

13.3 YAML-Schnelleinstieg

YAML (*YAML Ain't Markup Language*, siehe *https://yaml.org/*) ist eine Datenserialisierungssprache, die auf Benutzerfreundlichkeit ausgelegt ist und für alltägliche Aufgaben gut mit anderen Programmiersprachen zusammenarbeitet. Sie finden YAML auch in vielen anderen modernen Projekten, unter anderem in OpenAPI, Docker, Kubernetes und Ansible Playbooks. Ein anderer Vertreter dieses Ansatzes ist JSON (*JavaScript Object Notation*). YAML-Dateien haben das Dateisuffix *.yaml* oder *.yml*.

YAML-Code lässt sich ohne viel Vorwissen und mit wenig Aufwand gut lesen. Ein wenig schwieriger wird es, wenn Sie selbst Code schreiben möchten. Dann müssen Sie sich an einige Konventionen halten, die ich Ihnen in diesem Abschnitt kurz vorstellen möchte.

Kommentare in einer YAML-Datei beginnen mit einem #:

```
# Dies ist ein Kommentar.
```

YAML arbeitet wie JSON mit Schlüssel-Wert-Paaren:

```
name: Max
alter: 25
stadt: Berlin
```

Zwischen den Elementteilen *müssen* Leerzeichen vorhanden sein. Außerdem rücken Sie in YAML mit Leerzeichen ein, nicht mit Tabulatoren.

Zeichenketten (Strings) können Sie ohne Anführungszeichen, mit einfachen oder mit doppelten Anführungszeichen angeben:

```
string: eine Zeichenkette
string1: 'eine Zeichenkette'
string2: "eine Zeichenkette"
```

Zuweilen ergibt sich die Notwendigkeit, Zeichenketten über mehrere Zeilen laufen zu lassen, die aber als eine Zeile interpretiert werden (*Single Line*). Verwenden Sie dann das >-Zeichen:

```
string: eine Zeichenkette ist eine Folge mehrerer Zeichen
string: >
    eine Zeichenkette ist
    eine Folge mehrerer Zeichen
```

Das Zeichen | erlaubt Ihnen, einen String zu schreiben, der sich über mehrere Zeilen erstreckt und der genau so interpretiert wird, wie er geschrieben ist:

```
string: |
    eine Zeichenkette ist
    eine Folge mehrer Zeichen
```

Zahlen sind einer der Skalare (ein *Skalar* ist eine mathematische Größe, die allein durch die Angabe eines Zahlenwerts charakterisiert ist), die Sie als Wert in einer YAML-Datei verwenden können. Die Zahlen können dezimal, als Fließkommazahl, exponentiell, oktal und hexadezimal codiert sein. Ziffern werden immer wie eine Zahl behandelt, solange Sie sie nicht in einfache oder doppelte Anführungszeichen setzen:

```
decimal     : 10
float       : 2.5
exponential : 5.0e+12
infinity    : .inf
octal       : 0o12
hexadecimal : 0xF
```

Bei einigen Standardnotationen, die Zahlen als Zeitangaben, Oktalcodes, Hexadezimalcodes und dergleichen darstellen, ergeben sich Fallstricke, denn sie können anders interpretiert werden, als Sie es beabsichtigt haben. Achten Sie daher darauf, dass Sie bei Werten die richtige *Typisierung* verwenden.

Boolesche Werte, die anderen Programmiersprachen oder Darstellungen ähnlich sind, haben einen der beiden Zustände `true` oder `false`. In YAML-Dateien werden neben `true` und `false` auch die Begriffe `yes` und `no` sowie `on` und `off` als boolesche Werte interpretiert, sofern Sie sie nicht in Anführungszeichen setzen:

```
boole_wert : true
```

Setzen Sie die Werte in Anführungszeichen, gelten sie als String.

Auch YAML kann Objekte darstellen, deren Attribute durch Einrückungen gruppiert werden, nämlich zum Beispiel so:

```
team:
  name: Stuttgart
  rang: 3
  captain: Rolf
  jahr:  2021
  punkte: 3.4
```

Tabellen haben in YAML folgendes Format:

```
teams:
  - name: Stuttgart
    rang: 3
  - name: Berlin
    rang: 4
  - name: Hamburg
    rang: 1
  - name: Dortmund
    rang: 2
```

Jedes Element in einem Array wird durch einen Bindestrich (-) dargestellt. Und alle Elemente sollten sich auf derselben Ebene mit derselben Einrückung befinden. Enthält die Tabelle anstelle von Objekten nur einfach Elemente, ist auch folgende Schreibweise zulässig:

```
teams: [Stuttgart, Berlin, Hamburg, Dortmund ]
```

Darüber hinaus gibt es noch eine Vielzahl weiterer Formatierungsmöglichkeiten. Näheres können Sie der YAML-Homepage entnehmen. Nutzen Sie einen Online-YAML-Checker wie *YAML Lint* (*https://www.yamllint.com/*), um außerhalb von Home Assistant YAML-Code zu validieren. Außerdem gibt es für alle wichtigen IDEs und Editoren wie beispielsweise Visual Studio entsprechende Plug-ins, die Ihnen beim Erstellen von YAML-Code helfen.

13.4 Reguläre Ausdrücke

Ein *regulärer Ausdruck* (engl. *Regular Expression* oder verkürzt *RegExp* oder *Regex*) steht in der theoretischen Informatik für eine Zeichenfolge, mit der eine Reihe von Zeichenfolgen mithilfe bestimmter Syntaxregeln beschrieben wird. Das klingt kompliziert – und ist es oft auch, wenn Sie mit langen, komplizierten und wenig verständlichen Zeichenkolonnen arbeiten müssen. Dennoch sind reguläre Ausdrücke in der Softwareentwicklung unverzichtbar und weit verbreitet: Viele Texteditoren verwenden reguläre Ausdrücke in der Funktion »Suchen und Ersetzen«. Ein einfacher Anwendungsfall von regulären Ausdrücken sind Wildcards.

Häufiger noch finden sie sich als Filterkriterien in der Textsuche (z. B. »nur Zahlen als Eingabe erlaubt«). Sie gleichen hier den Text mit dem Muster des regulären Ausdrucks ab (engl. *Pattern Matching*). Reguläre Ausdrücke sind so vielseitig, dass es beispielsweise möglich ist, alle Wörter aus einer Wortliste herauszusuchen, die mit *R* beginnen und auf *X* enden, ohne die dazwischenliegenden Buchstaben oder deren Anzahl explizit vorgeben zu müssen.

Deshalb erleichtern reguläre Ausdrücke die Softwareentwicklung in mehrfacher Hinsicht:

- **beim Überprüfen von Formaten:** Sie können mit regulären Ausdrücken prüfen, ob ein Format oder eine Syntax richtig ist.
- **beim Durchsuchen von Texten:** Sie können Texte nach bestimmten Regeln zerlegen. Dabei setzen Sie im Regex z. B. spezifische Filter zur vereinfachten Suche nach Keywords ein.
- **beim Untersuchen von Eingaben:** Sie können eine Benutzereingabe auf ihre Gültigkeit prüfen.
- **beim Vereinheitlichen der Kommunikation:** Arbeiten mehrere Entwickler an einem Projekt, sorgen reguläre Ausdrücke für eine einheitliche Sprachbasis.

[«]

Ausprägungen der Regex-Syntax

Es gibt mehrere Ausprägungen der Regex-Syntax:

- *Basic Regular Expressions* (BRE)
- *Extended Regular Expressions* (ERE)

BRE ist veraltet, und die meisten Programme verwenden ERE. Der Unterschied zwischen Basic und Extended Regular Expressions besteht darin, dass Sonderzeichen (`?`, `+`, `()`, `{}` und `|`) sich anders verhalten. Bei den BRE muss zudem ein `\` vor einem Zeichen gesetzt sein, damit es als Sonderzeichen interpretiert wird. Bei ERE ist es umgekehrt: Ein `\` sorgt dafür, dass ein Sonderzeichen nicht als solches wahrgenommen wird, sondern in seiner eigentlichen Bedeutung.

13.4.1 Regex-Zeichen

Ein Regex besteht aus einer Musterzeichenkette (Sie haben eine solche bereits in Abschnitt 5.5.2 kennengelernt). Diese Zeichenkette wiederum besteht aus einem oder mehreren Zeichen. Diese Zeichen dienen als Platzhalter. Zeichen sind normale Zeichen (`abc`) oder eine Kombination aus normalen Zeichen und Metazeichen (`ab * c`). Metazeichen sind:

`[ ] ( ) { } | ? + - * . ^ $ \`

Metazeichen haben die Aufgabe, bestimmte Konstruktionen oder Anordnungen von Zeichen zu beschreiben. Sie geben z. B. an, ob ein Zeichen am Anfang der Zeile stehen soll oder ob ein Zeichen genau einmal, keinmal, öfter oder seltener vorkommen kann.

Einfache Muster für ein Zeichen

Tabelle 13.2 zeigt Bausteine für den Aufbau eines einfachen Musters.

Zeichen	Bedeutung
`0`	genau die Ziffer 0
`Z`	genau der Buchstabe Z
`[abc]`	Die eckigen Klammern `[` und `]` definieren eine Zeichenauswahl. Hier bedeutet der Ausdruck: »Treffer bei einem der Zeichen `a`, `b` oder `c`; ein Zeichen reicht.«
`[a-e]`	Ein Bindestrich definiert einen bestimmten Bereich, hier: »Treffer bei einem der Zeichen `a`, `b`, `c`, `d` oder `e`; ein Zeichen reicht.«
`[0-9]`	wie zuvor, nur mit Ziffern

Tabelle 13.2: Einfache Regex-Muster

Zeichen	Bedeutung
`[a-zA-Z0-9]`	eine Zeichenauswahl, die aus mehreren Gruppen und Einzelzeichen besteht, hier: »Treffer bei den Kleinbuchstaben `a` bis `z`, den Großbuchstaben `A` bis `Z` sowie bei den Ziffern `0` bis `9`«

Tabelle 13.2: Einfache Regex-Muster (Forts.)

Ein auf dieser Basis aufgebauter Regex bezieht sich auf eine zu überprüfende Zeichenkette von der Länge von genau einem Zeichen, beispielsweise :

```
a    => [a-e] => match
A    => [a-e] => no match
aa   => [a-e] => no match
```

Klassen

Klassen (siehe Tabelle 13.3) fassen mehrere Zeichen zusammen und vereinfachen so den Aufbau eines Regex.

Zeichen	Bedeutung
`\d`	eine Ziffer von 0 bis 9
`\D`	keine Ziffer, also jedes andere Zeichen außer 0 bis 9
`\w`	das Wort-Zeichen; steht für einen Buchstaben, eine Ziffer oder einen Unterstrich, z. B. `[a-zA-Z0-9_]`
`\W`	kein Wort-Zeichen
`\s`	ein Leerzeichen oder Tabulator
`\S`	kein Leerzeichen oder Tabulator, also die Negation von `\s`

Tabelle 13.3: Regex-Klassen

Ein auf dieser Basis aufgebauter Regex bezieht sich immer noch auf eine zu überprüfende Zeichenkette von der Länge von genau einem Zeichen, beispielsweise

```
0    => \d    => match
A    => \d    => no match
01   => \d    => no match
```

Wiederholungen: Quantoren

In den meisten Fällen besteht die zu überprüfende Zeichenkette aus mehr als einem Zeichen. Im einfachsten Fall stimmen die zu prüfende Zeichenkette und die Musterzeichenkette in der Länge überein, und es soll ein spezifisches Muster zu überprüfen sein, beispielsweise:

```
0a9  => \da\d => match
007  => \da\d => no match
```

Eine dreistellige Zahl irgendwo im String suchen Sie mit folgender Notation:

```
/\d\d\d/
```

Diese Notation lässt sich aber mit *Quantoren* (siehe Tabelle 13.4) vereinfachen.

Zeichen	Bedeutung
`?`	Das Gesuchte kommt null- oder einmal vor, d. h., der Ausdruck ist optional.
`+`	mindestens einmal
`*`	beliebig oft (auch keinmal)
`{n}`	genau n-mal
`{min,max}`	mindestens `min`-mal und maximal `max`-mal
`{min,}`	mindestens `min`-mal
`{,max}`	höchstens `max`-mal

Tabelle 13.4: Regex-Quantoren

Beispiele:

```
xhtml => x?html => match
xtml  => x?html => match
007   => \d+    => match
```

Weitere Beispiele

Reguläre Ausdrücke sind unglaublich mächtig und vielseitig, aber auch ziemlich komplex und in der Theorie wenig anschaulich. Schauen Sie sich daher ein paar Beispiele für häufig auftauchende Fragestellungen an, die demonstrieren, was ein Regex leisten kann:

- Sie wollen eine fünfstellige Postleitzahl identifizieren:

  ```
  ^\d{5}$
  ```

- Hat eine Mailadresse die richtige Form?

  ```
  (?:[a-z0-9!#$%&'*+/=?^_`{|}~-]+(?:\.[a-z0-9!#$%&'*+/=?^_`{|}~-
  ]+)*|"(?:[\x01-\x08\x0b\x0c\x0e-\x1f\x21\x23-\x5b\x5d-\x7f]|\\[\x01-
  \x09\x0b\x0c\x0e-\x7f])*")@(?:(?:[a-z0-9](?:[a-z0-9-]*[a-z0-9])?\
  ```

```
.)+[a-z0-9](?:[a-z0-9-]*[a-z0-9])?|\[(?:(?:25[0-5]|2[0-4][0-9]|[01]?
[0-9][0-9]?)\.){3}(?:25[0-5]|2[0-4][0-9]|[01]?[0-9][0-9]?|[a-z0-9-
]*[a-z0-9]:(?:[\x01-\x08\x0b\x0c\x0e-\x1f\x21-\x5a\x53-\x7f]|\\[\
x01-\x09\x0b\x0c\x0e-\x7f])+)\])
```

- Ist eine Zeichenfolge ein Unix-Pfad?

```
(/([\w_%!$@:.,~-]+|\\.)*)+
```

- Ist eine Zeichenfolge ein Windows-Pfad?

```
(?>[A-Za-z]+:|\\)(?:\\[^\\?*]*)+
```

- Ist ein Wust von Zeichen hexadezimal codiert?

```
(?<![0-9A-Fa-f])(?:[+-]?(?:0x)?(?:[0-9A-Fa-f]+))
```

- Ist eine Zeichenkette ein Quoted String?

```
(?>(?<!\\)(?>"(?>\\.|[^\\"]+)+"|""|(?>'(?>\\.|[^\\']+)+')|''|(?>`(?
>\\.|[^\\`]+)+`)|``))
```

13.4.2 Reguläre Ausdrücke validieren

Für den Test von regulären Ausdrücken gibt es Onlinetools wie beispielsweise *https://regex101.com/* (siehe Abbildung 13.31).

Sie können aber auch den Template-Editor von Home Assistant nutzen (siehe Abbildung 13.32), der ebenfalls Regex-Formulierungen auflösen kann und bei der Erstellung hilft.

Wenn Sie das Thema vertiefen möchten, finden Sie auf den Seiten des Leibniz-Rechenzentrums einen guten Startpunkt unter *https://www.lrz.de//services/schulung/unterlagen/regul*.

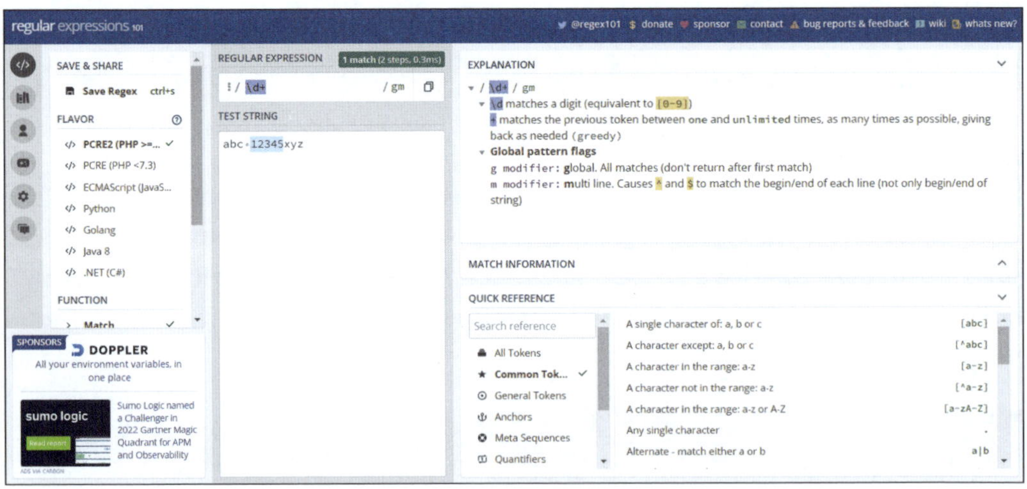

Abbildung 13.31: Das Regex-Onlinetool »regex101«

Ein Beispiel:

```
Beispiel {{ 'abc 12345xyz' | regex_findall_index ('\d+') }}
```

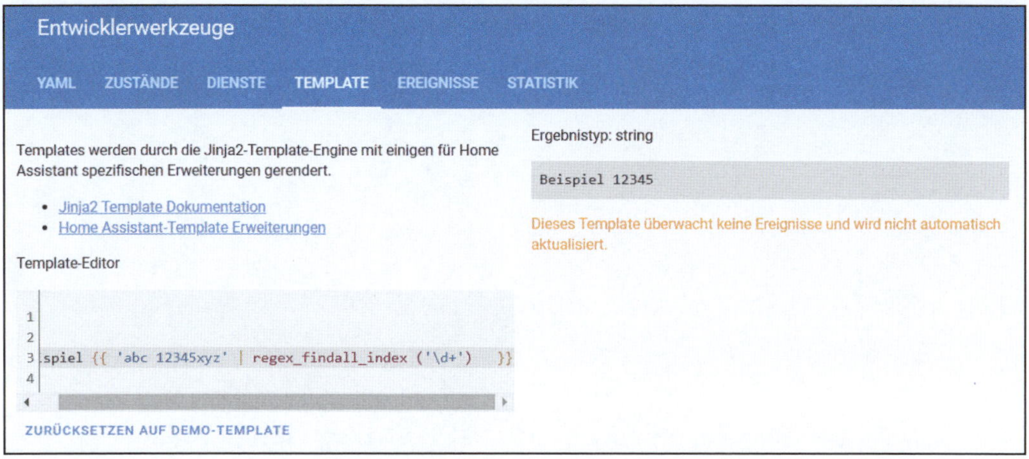

Abbildung 13.32: Ein Regex im Template-Editor

Fazit: Mithilfe der Entwicklerwerkzeuge haben Sie einen vielseitigen und mächtigen Werkzeugkasten an der Hand, um Fragestellungen in Ihrer Anwendung zu klären und Prototypen zu entwickeln. Wenn Sie lernen, diese Werkzeuge sicher anzuwenden, erspart Ihnen das viel Frustration und eröffnet Ihnen neue Möglichkeiten.

Kapitel 14
Datenspeicherung

Der Mensch ist von jeher Jäger und Sammler. Da das Erjagte und Gesammelte nicht immer zum sofortigen Verzehr bestimmt ist, muss es gelagert bzw. aufbewahrt werden. Bei der Datenverarbeitung verhält es sich im Prinzip nicht anders.

Die Datenerhebung ist der erste Schritt in einem Prozess, der allgemein als *Datenverarbeitung* bezeichnet wird. Dabei handelt es sich jedoch nur um eine Momentaufnahme. In vielen Fällen reicht dies auch aus, um z. B. auf ein eingetretenes Ereignis oder einen bestimmten Zustand zu reagieren und weitere Aktionen auszulösen. Die größte Bedeutung dürften jedoch Anwendungen haben, die die erfassten Daten für spätere Auswertungen und Aktionen sammeln. Dieses Kapitel beleuchtet zunächst in einem theoretischen Part die Hintergründe gängiger Speichertechniken. Dies ist die Grundlage, damit Sie eigene Vorstellungen zur Speicherung Ihrer Daten in Home Assistant verwirklichen können. Denn aus meiner Erfahrung mit zahlreichen komplexen Systemen kann ich sagen: Wenn das Fundament der Datenspeicherung nicht stabil ist, funktioniert der ganze Rest auch nicht richtig. Möchten Sie daher ein Heimautomationssystem intensiver nutzen, sollten Sie sich einige Gedanken über die Datenspeicherung machen, und das geht (leider) nicht ohne ein bisschen Theorie.

14.1 Daten speichern

Die Verarbeitung von Daten ist nicht neu. Tontafeln mit Keilschrift sind bei Weitem nicht der Beginn der Aufzeichnung von Informationen. Die elektronische Datenverarbeitung hat eigene Modelle und Methoden entwickelt, um Daten aufzuzeichnen und für weitere Zwecke verfügbar zu halten. Nach Lochkarten und später Magnetbändern wurden bald Magnetplatten als Speichermedium eingesetzt.

Doch nicht nur das Speichermedium änderte sich. Vielmehr hat sich die Art und Weise geändert, wie Informationen gespeichert und wieder abgerufen werden. Ursprünglich wurden die Daten *sequenziell* abgelegt. Dies beschreibt eine Datenstruktur, in der die Datensätze ähnlich einer Liste nacheinander angeordnet sind.

Auch die Programme kannten anfangs nur den sequenziellen Zugriff auf die Daten. Das bedeutet, dass der gesamte Datenbestand gelesen werden muss, um einen bestimmten Datensatz zur Verarbeitung bereitzustellen. Dies ist jedoch aufgrund des hohen Zeit- und Arbeitsaufwands ungünstig und wird heute allenfalls noch im Zusammenhang mit dem Logging und der Sicherung von Daten verwendet.

Der nächste Entwicklungsschritt beseitigte diesen Nachteil, indem ein wahlfreier (engl. *random*) Zugriff geschaffen wurde. Das heißt, die Daten werden zwar weiterhin sequenziell abgelegt; innerhalb eines Datensatzes gibt es jedoch ein Feld, das diesen Datensatz eindeutig definiert (z. B. durch eine Produktnummer oder eine andere Identifikationsnummer). Dieses Feld bildet den *Index*, der einen direkt adressierbaren Zugriff ermöglicht.

Mit zunehmender Rechnerleistung stiegen auch die Anforderungen an die Datenhaltung und -verwaltung. Die Datenmodelle wurden komplexer, da die benötigten Informationen nicht mehr sinnvoll und übersichtlich in einem einzigen Datensatz gespeichert werden konnten. Darüber hinaus wuchs die Anforderung, Datensätze mit einem bestimmten, aber nicht eindeutigen Merkmal schnell und einfach aus einem Datenpool auswählen zu können. Im Vordergrund standen einige Wünsche bzw. Notwendigkeiten, die direkten Einfluss auf die Datenstruktur und -organisation haben:

- schnelles Finden von Daten innerhalb einer Datei (geringer Zeitaufwand)
- wenig Speicherverbrauch beim Abspeichern aller Daten (geringe Kosten)
- wenig Aufwand beim Löschen, Einfügen, Ändern (geringer Zeitaufwand)
- einfacher Algorithmus (wenig Wartung und geringe Fehleranfälligkeit)

Die Antwort sind *Datenbanken* mit unterschiedlichen Ansätzen des Datenbankmanagements. Aber was bedeutet das?

14.2 Daten strukturieren

Stellen Sie sich hierzu folgendes Szenario vor: Ihr Zuhause hat mehrere Zimmer. Die Zimmer haben einen Namen sowie eine Größe und verfügen über unterschiedliche Ausstattungsgegenstände (z. B. über eine oder mehrere Lampen, gegebenenfalls über ein Thermometer für die Raumtemperatur oder sogar über einen Sensor für die Luftfeuchtigkeit).

Das kennzeichnende Element ist der Zimmername, alles andere sind *Eigenschaften* (*Attribute*). Die Datenstruktur, die eine solche Situation in einer sequenziellen Datei beschreibt, sieht beispielsweise so aus:

```
Name          Fläche      Lampe  Lumen        Thermometer Grad
Wohnzimmer      40        Couch   400          FRITZ!DECT  21
Schlafzimmer    20        Bett    200
Küche           10        Decke   800              Xiaomi  19
. . . .
```

Es entstünde also ein Wust an Datensätzen, der umso unübersichtlicher wird, je mehr Eigenschaften und Ausprägungen (z. B. mehrere Lampen) zu berücksichtigen sind. Daher ist ein Datenmodell besser, das die Daten thematisch strukturiert, etwa so, dass für jedes Thema eine eigene Datei existiert:

```
Z-ID  Z-Name           Flaeche      I-Lampe  I-Thermometer Grad
01    Wohnzimmer         40            C            F         21
02    Schlafzimmer       20            B
03    Küche              10            D            X         19
. . . .
```

Listing 14.1: Aufbau der Mustertabelle »Zimmer«

```
I-Lampe  L-Ort  L-Lumen
C        Couch    400
B        Bett     200
D        Decke    800
. . . .
```

Listing 14.2: Aufbau der Mustertabelle »Lampen«

```
I-Therm    T-Fabrikat     T-Anbindung
F          FRITZ!DECT        WiFi
X            Xiaomi          MQTT
. . . .
```

Listing 14.3: Aufbau der Mustertabelle »Thermometer«

Die Datensätze in der *Zimmer*-Tabelle enthalten nunmehr nur noch die Daten, die das einzelne Zimmer beschreiben. Die Informationen zu Eigenschaften sind als Schlüssel in Feldern hinterlegt und verweisen auf Einträge in gesonderten Dateien (hier z. B. das Feld `I-Lampe` mit dem Schlüssel für die Lampe). Hätte ein Zimmer mehrere Lampen (z. B. am Bett und an der Decke), wäre dies dann kein Einzelwert, sondern eine Tabelle mit den Werten `B` und `D` für die Lampenvarianten.

Der Vorteil dieser Datenstruktur ist ihre Übersichtlichkeit und Erweiterbarkeit bei Änderungen oder Ergänzungen. Dem steht der Nachteil eines Mehraufwands an Programmlogik und Speicherzugriffen gegenüber, der sich in der Praxis aber kaum auswirkt.

Der Grund dafür ist, dass sich neben neuen Datenmodellen auch ein neuer Ansatz der Datenverwaltung entwickelt hat. Die Verknüpfung und Verwaltung (Lesen, Schreiben, Ändern etc.) der vorgehaltenen Daten erfolgt seitdem zunehmend durch speziell zugeschnittene Software, die zwischen Betriebssystem und Anwendungssoftware geschaltet wurde. Man spricht dann von einer *Datenbank*.

14.3 Das Grundmodell einer Datenbank

Eine Datenbank ist eine organisierte Sammlung von strukturierten Informationen oder Daten, die üblicherweise elektronisch in einem Computersystem gespeichert sind. Die wesentliche Aufgabe einer Datenbank ist es, große Datenmengen effizient, widerspruchsfrei und dauerhaft zu speichern. Darüber hinaus soll eine Datenbank die enthaltenen Informationen in den angeforderten (Teil-)Mengen in unterschiedlichen, bedarfsgerechten Darstellungsformen für Benutzer und Anwendungsprogramme bereitstellen. Damit besteht eine Datenbank aus zwei Teilen: aus der Verwaltungssoftware (*Datenbankmanagementsystem*, DBMS) und aus der Datenbasis (DB, der Datenbank im engeren Sinn, siehe Abbildung 14.1).

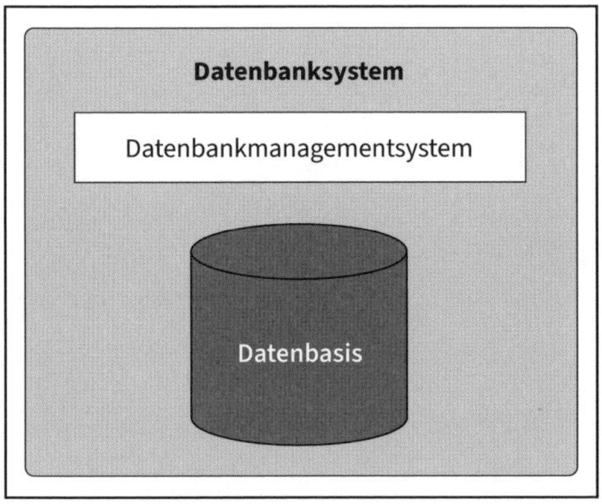

Abbildung 14.1: Bestandteile einer Datenbank

Das DBMS hat vier Kernfunktionen:

- **Datendefinition:** Das Erstellen, Ändern und Entfernen von Definitionen hinsichtlich der Organisation der Daten.
- **Update:** Das Einfügen, Ändern und Löschen der Daten.
- **Abruf:** Die Bereitstellung von Informationen in einer direkt verwendbaren Form oder zur Weiterverarbeitung durch andere Anwendungen. Die Form kann dabei im Wesentlichen der Speicherung in der Datenbank entsprechen oder durch Ändern und Kombinieren neue Ausprägungen annehmen.
- **Administration:** Die Registrierung und Überwachung von Benutzern, die Einrichtung der Datensicherheit, die Überwachung der Leistung usw.

Das DBMS gibt durch seine Software weitgehend vor, wie, d. h. nach welchem Datenbankmodell (und Datenbankschema), die zu speichernden Daten in der Datenbank abgelegt werden. Hierzu gibt es verschiedene Ansätze:

- **hierarchisch:** Die Datenobjekte in hierarchischen Datenbanken sind in einer baumartigen Struktur organisiert, wobei jede Datensatzebene in eine Reihe weiterer untergeordneter Kategorien verzweigt. Die Datenobjekte stehen ausschließlich in einer Eltern-Kind-Beziehung zueinander.
- **netzwerkartig:** Nicht alle Speichergeräte sind an einen gemeinsamen Prozessor angeschlossen, sondern physikalisch auf mehrere Standorte verteilt. Die Datenobjekte sind miteinander in Netzen verbunden.

- **relational:** Die Datenverwaltung erfolgt zeilenweise in Tabellen. Es kann beliebige Beziehungen zwischen Daten geben. Die Verknüpfung übernehmen Werte bestimmter Tabellenspalten. (Beispiele für relationale Datenbanken sind MySQL und MariaDB.)
- **objektorientiert:** Die Beziehungen zwischen Datenobjekten werden vom Datenbanksystem selbst verwaltet. Objekte können Eigenschaften und Daten von anderen Objekten erben. (Beispiele für objektorientierte Datenbanken sind IRIS von Hewlett-Packard und ORION von Microelectronics.)
- **dokumentenorientiert:** Die zu speichernden Objekte werden als Dokumente mit möglicherweise verschiedenen Attributen gespeichert, d. h. ohne die Voraussetzung der Strukturgleichheit. (Ein Beispiel für dokumentenorientierte Datenbanken ist MongoDB.)
- **zeitreihenorientiert:** Alle Datensätze werden chronologisch hintereinander abgespeichert. (Ein Beispiel für zeitreihenorientierte Datenbanken ist InfluxDB.)

Nicht alle diese Ansätze lassen sich sinnvoll für eine Home-Assistant-Installation verwenden, denn ihre Einsatzbereiche liegen in der Speicherung von großen Forschungsdaten oder in der Echtzeitverarbeitung von Datenströmen. Für die Verwendung von relationalen Datenbanken und Zeitreihendatenbanken gibt es jedoch sinnvolle Einsatzszenarien.

14.4 InfluxDB, MariaDB und SQLite

InfluxDB, MariaDB und SQLite stehen für drei unterschiedliche Ansätze, mit denen eine Datenbank umgesetzt werden kann. Alle haben ihre Berechtigung – es kommt einfach darauf an, welche Arten von Daten Sie speichern möchten. Ich stelle Ihnen im Folgenden kurz die ausgewählten Datenbanksysteme vor.

14.4.1 InfluxDB

InfluxDB (*https://www.influxdata.com*) ist ein DBMS speziell für *Zeitreihen* (engl. *Time Series*). Sie können InfluxDB als Open-Source-Software selbst installieren und mit Home Assistant nutzen. Weitere Optionen sind InfluxDB auf Amazon AWS und InfluxEnterprise als Bezahlmodelle.

Was ist eine Time Series Database (TSDB)?

Zeitreihen sind zunächst eine Folge von Datenpunkten, also Messungen, die über Zeiträume hinweg das Gleiche messen und in zeitlicher Reihenfolge gespeichert werden. Sie haben damit den Charakter einer Stichprobe. Ein als Zeitreihe erfasster meteorologischer Datensatz könnte wie folgt aufgebaut sein:

```
Zeitstempel              Temperatur         Luftfeuchtigkeit
1603989302806395143        20,4                   60
1603989861259578154        19,5                   62
1603989888207776368        22,2                   55
```

Damit haben die Datensätze hauptsächlich drei Gemeinsamkeiten:

- Jeder Dateneingang bildet in der Regel einen neuen Eintrag.
- Die Daten kommen normalerweise in zeitlicher Reihenfolge an.
- Die Zeit ist eine Hauptachse. Dabei können die Zeitintervalle regelmäßig oder unregelmäßig sein.

Üblicherweise wird jeder neue Datensatz an die bestehende Liste »angehängt«. Er markiert in dem Moment die aktuelle Situation; ein Update von Datensätzen erfolgt nicht – abgesehen von Fehlerkorrekturen oder einem Löschen.

Der Ansatz, jede einzelne Änderung des Datenspeichers als neuen Datensatz abzuspeichern, macht Zeitreihendaten so leistungsfähig. Zeitreihendatenbanken (TSDB) ermöglichen Ihnen auf einfache Weise, Veränderungen zu messen: zu analysieren, Änderungen in der Vergangenheit präzise aufzuspüren, zu überwachen, Veränderungen in der Gegenwart zu bestimmen oder sogar Entwicklungen in der Zukunft zu prognostizieren.

Allgemeine Anforderungen an das Datenbankmanagement einer TSDB

Der Ansatz einer TSDB stellt jedoch das Gesamtsystem vor bestimmte Herausforderungen, die das Datenbankmanagementsystem (DBMS) lösen muss. Das Speichern von Daten mit einer hohen Auflösung an Datenpunkten bringt natürlich ein offensichtliches Problem mit sich: Sie erhalten ziemlich schnell viele Daten. Eine Anforderung ist also, dass das DBMS automatisiert die angesammelten Daten bereinigt und auf ein verträgliches Maß reduziert. Die InfluxDB realisiert das mit *Retention Policys* (dt. *Aufbewahrungsrichtlinien*).

Außerdem treten Probleme dabei auf, eine große Datenmenge performant abzufragen. An dieser Stelle greift dann eine Indizierung einzelner Datenfelder.

Und schließlich tritt die Anforderung in den Vordergrund, unnötige Informationen (wie etwa eine Folge von Leerzeichen, Nullen oder nicht belegte Feldinhalte) erst gar nicht zu speichern. Dies besorgt die Datenkompression. Sie ist wie das Indexmanagement Teil der sogenannten *Storage Engine* (dt. *Speichermotor*).

Datenbankkonzept und -aufbau

Abbildung 14.2 verdeutlicht schematisch die Struktur; die »Datenbasis« ist das Dateisystem von InfluxDB.

Das InfluxDB-Dateisystem beherbergt eine oder mehrere Datenbanken. Diese enthalten dann zumindest ein *Measurement* (dt. *Messung*). Darunter versteht man nicht einen einzelnen Wert, sondern eine Reihe von thematisch gebündelten Messungen, die sich in einer zeitlichen Abfolge befinden. Ein Reiheneintrag weist Feld-Wert-Paare auf (sogenannte `tag keys` und `field keys`), die mit einem Zeitstempel (*Timestamp*) versehen sind. `tag key`-Felder sind indiziert, `field key`-Felder nicht. Alle `tag keys` bilden das `tag set`, alle `field keys` das `field set`.

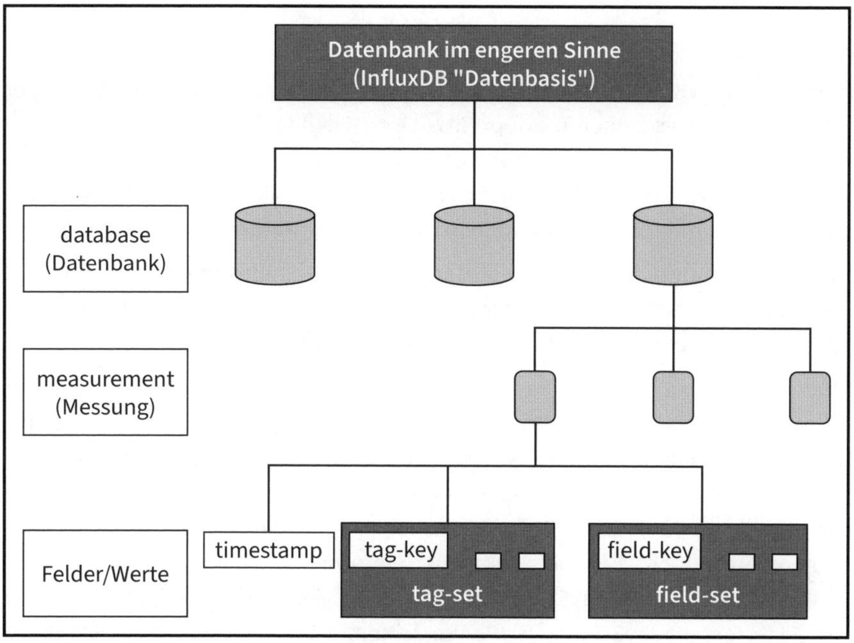

Abbildung 14.2: Der Aufbau einer InfluxDB-Datenbank

Der besondere Aufbau einer InfluxDB sorgt für einige Randbedingungen hinsichtlich des DB-Designs, die Sie beachten sollten:

- **Vermeiden Sie zu große Indexlisten:** `tag keys`, die hinsichtlich ihres Werts stark differieren oder sogar einzigartig sind (wie Hash-Werte, UUIDs o. Ä.), führen zu großen Indexlisten, die viel Speicherplatz beanspruchen.
- **Vermeiden Sie es, den gleichen Namen für einen `tag key` und einen `field key` zu vergeben:** Gleiche Namen führen schnell zu Verwechslungen und damit zu unerwünschten Ergebnissen.
- **Vermeiden Sie Metadaten in der Bezeichnung von Messungen:** Metadaten in der Bezeichnung von Messungen erschweren die Datenbankabfrage.
- **Vermeiden Sie es, mehrere Informationen in einem `tag key` abzulegen:** Auch mehrere Informationen in einem `tag key` erschweren die Datenbankabfrage.

Wenn Sie sich in Home Assistant für InfluxDB entscheiden, sind Ihre Einflussmöglichkeiten hinsichtlich des DB-Designs begrenzt, da das System dies für Sie automatisch erledigt. Ein gewichtiger Punkt ist jedoch das DB-Setup. Überprüfen Sie gegebenenfalls in einer Testinstallation, welche Informationen Home Assistant wie abspeichert. Treffen Sie auf dieser Basis dann die Entscheidung darüber, was, wo und sofern möglich wie abgespeichert werden soll. Dies gilt auch für die beiden Alternativen MariaDB und SQLite sowie im Zusammenspiel mit diesen.

14.4.2 MariaDB

MariaDB (*https://mariadb.org*) ist eine relationale Open-Source-Datenbank. Sie ist durch eine Abspaltung von MySQL entstanden. (Der Name MariaDB geht auf den Namen der jüngeren Tochter Maria des früheren Hauptentwicklers Michael Widenius zurück; die ältere Tochter My stand Patin bei der Namensgebung von MySQL.) Aktuell entwickelt die MariaDB-Foundation das Community-Projekt *MariaDB Server*, während sich die MariaDB-Corporation um die kommerziellen Geschäftsbereiche des Unternehmens kümmert.

Aufgrund der Entwicklungsgeschichte weist MariaDB viele Gemeinsamkeiten mit MySQL auf. Das geht so weit, dass z. B. auf einem Raspberry Pi die Ordnernamen identisch sind. Das hat zur Folge, dass nur eines der beiden Systeme installiert sein kann.

Es gibt verschiedene Ansichten darüber, welche der beiden Datenbanken zum Einsatz kommen sollte. Tendenziell schlägt das Pendel in Richtung MariaDB aus. Für diese Entwicklung sind primär zwei Gründe verantwortlich: Zum einen steht das etwas zurückhaltende Engagement von Oracle im Open-Source-Bereich seit geraumer Zeit in der Kritik. Das Verhalten des Datenbankriesen stößt vielen Menschen in der Open-Source-Community sauer auf und verursacht auch bei zahlreichen Unternehmen eine gewisse Unsicherheit. Zum anderen hat MariaDB MySQL technologisch in vielen Bereichen überholt und verfügt über Features, die MySQL nach wie vor fehlen. Näheres dazu finden Sie unter *https://www.ionos.de/digitalguide/hosting/hosting-technik/mariadb-vs-mysql/*.

Was ist eine relationale Datenbank?

Das Modell der relationalen Datenbank entstand in den 1970er-Jahren. Unter einer *Relation* versteht man eine Menge von Entitäten mit gleichen Eigenschaften. Konkret verbirgt sich hinter einer Relation eine Tabelle. Jede Relation (*Tabelle*) besteht aus einer Reihe von Datensätzen (sogenannten *Tupeln*), deren Werte bestimmten Attributen zugeordnet sind. Eine Relation `ZimmerDaten` mit ihren Attributen hat beispielsweise folgendes Schema:

```
ZimmerDaten = (Z-ID : integer,
               Z-Name : string,
               Flaeche : integer,
               I-Lampe : char,
               I-Thermometer: char,
               Grad: integer)
```

Ein Tupel dazu sähe beispielsweise so aus:

```
(1, 'Wohnzimmer', 40, C, F, 21}
```

Jede Datenreihe (jedes *Tupel*) wird durch einen Schlüssel, den *Primary Key* (dt. *Primärschlüssel*) identifiziert. Daraus folgt, dass Primärschlüssel eindeutig sein müssen, nicht leer oder **`NULL`** sein dürfen und dass ihre Definition obligatorisch ist. Unabhängig davon ist es zulässig, weitere Schlüssel über andere Attribute zu definieren, die dann auch mehrfach vorkommen dürfen.

Häufig dienen Schlüssel einer Tabelle als Verbindung zu Datensätzen einer anderen Tabelle (Abbildung 14.3 zeigt als Beispiel eine Zeitreihe mit Sensordaten). Diese Schlüssel heißen dann *Fremdschlüssel* (engl. *Foreign Keys*).

Tabelle ZimmerDaten

Primärschlüssel	ZiID	ZiName	Flaeche	Lampe	Thermometer	Grad
1	1	Wohnzimmer	40	C	F	21
2	2	Schlafzimmmer	20	B		
3	3	Küche	10	D	X	19

Tabelle RaumKlima

Primärschlüssel	ZiID	Zeitstempel	Temperatur	Luftfeuchte
1	1	1429195600000000000	22	50
2	1	1429195601000000000	23	65
3	1	1429195602000000000	19	55
4	2	1429195600000000000	15	40

Abbildung 14.3: Relationales Datenbanksystem

Hier bestehen zwei Möglichkeiten:

- Das Attribut einer Relation (hier z. B. das Attribut `ZiID` der Relation `RaumKlima`, durchgezogene Linie) verweist auf den Primärschlüssel einer anderen Relation (hier die Relation `ZimmerDaten`). Der Vorteil ist, dass dieser Ansatz Redundanzen vermeidet.
- Das Attribut einer Relation (hier z. B. das Attribut `ZiID` der Relation `RaumKlima`, gestrichelte Linie) verweist auf das Attribut einer anderen Relation (hier das Attribut `ZiID` der Relation `ZimmerDaten`). Auch so werden Redundanzen vermieden. Der Vorteil ist ebenfalls, dass dies in den Augen vieler Nutzer lesbarer und im Fall von Änderungen besser zu warten ist.

Auf diese Weise ermöglichen relationale Datenbanken Ihnen, Daten auf ausgefeilte Weise zu modellieren und Verbindungen zwischen verschiedenen Datentypen zu definieren. Auch komplexe Strukturen lassen sich übersichtlich abbilden. Ein großes Manko ist, dass die Datenstruktur relativ starr ist, weil das Datenbankschema vor dem Einfügen des ersten Datensatzes beschrieben sein muss.

Datenbankkonzept und -aufbau

MariaDB bildet das Schema einer relationalen Datenbank im Datenbankaufbau ab (siehe Abbildung 14.4). Dabei werden im Grundsatz die gleichen Begriffe wie in MySQL verwendet.

Zulässige Datentypen sind:

- **String-Datentypen:** `char`, `var char(size)`, `text(size)`, `binary(size)`
- **Numeric-Datentypen:** `bit`, `inf(m)`, `float(m,d)`, `double(m.d)`, `float(p)`
- **Date/Time-Datentypen:** `Date`, `Datetime`, `timestamp(m)`, `Time`
- **Large Object-Datentypen:** `tinyblob`, `blob(size)`, `mediumblob`, `longtext`

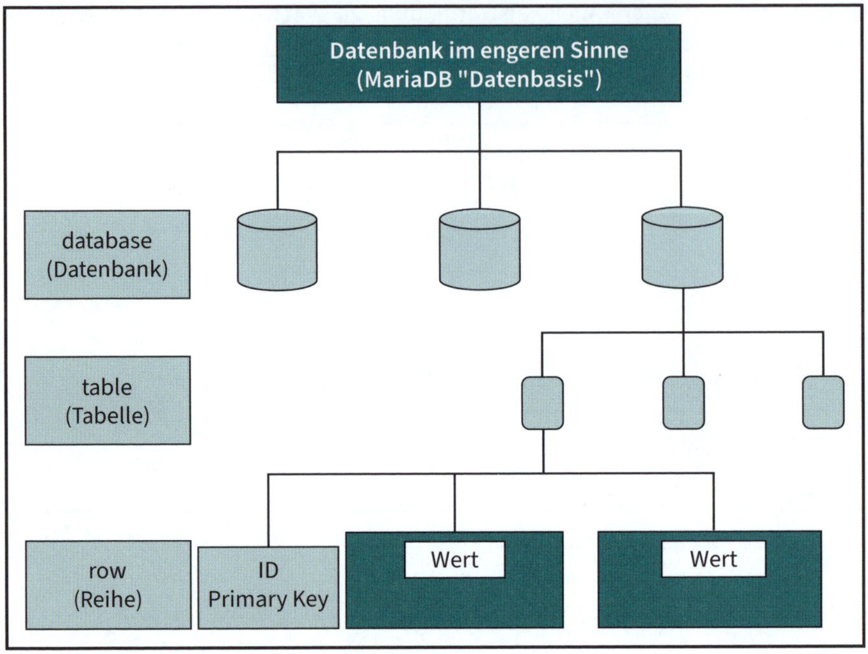

Abbildung 14.4: Die Struktur einer MySQL-Datenbank

Das Datenbankschema verdient denn auch eine kurze Überlegung:

- **Tabellen:** Hier geht es darum, Daten thematisch zu gliedern. Gibt es die Möglichkeit, Daten in mehrere Tabellen aufzuteilen (siehe die Beispieltabelle `ZimmerDaten`)? Wie soll die Verknüpfung zwischen den Tabellen aussehen?
- **Indizes anlegen:** Umfasst eine Tabelle größere Datenmengen, bietet es sich an, Attribute zu indizieren. Infrage kommen insbesondere Attribute, die häufig Grundlage von Auswahlen (`select()`- und `update()`-Querys) oder ein Sortierkriterium sind.
- **Datenüberlauf:** Zeitserien erlangen recht schnell einen so großen Umfang, dass die Speicherkapazität des Speichermediums an seine Grenzen stößt. Welche Mechanismen sind für eine Datenhygiene erforderlich?

14.4.3 SQLite

SQLite (*https://www.sqlite.org/index.html*) ist eine in C programmierte Bibliothek, die eine schnelle und leichtgewichtige SQL-Datenbank-Engine enthält. Im Gegensatz zu vielen anderen Datenbanksystemen kommt SQLite ohne weitere Serversoftware aus (siehe Abbildung 14.5). Mit *sqlitebrowser* steht ein grafisches Frontend für BSD, macOS, Linux und Windows zur Verfügung.

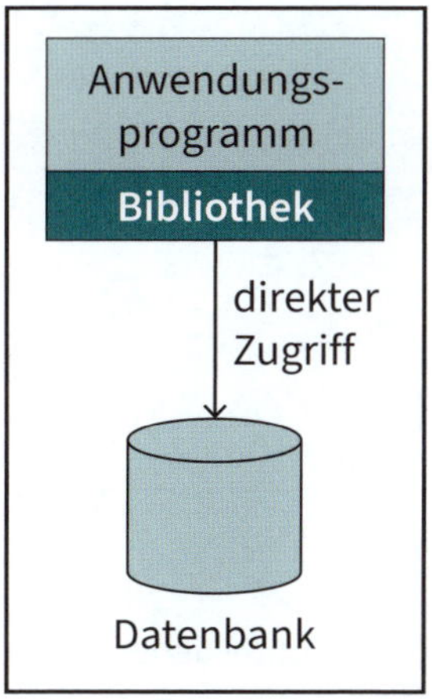

Abbildung 14.5: Struktur einer SQLite-Datenbank

Eine SQLite-Datenbank besteht nur aus einer einzigen Datei, die alle Tabellen, Indizes usw. enthält. Im Kern ist SQLite:

- eine Datenbank, die vollständig in einer einzelnen plattformübergreifenden Festplattendatei gespeichert wird,
- außerdem sehr klein und leichtgewichtig,
- in sich geschlossen (es sind keine externen Abhängigkeiten erforderlich),
- ein System, für dessen Betrieb kein separater Serverprozess und kein separates Serversystem erforderlich ist,
- dazu im Prinzip ohne Konfiguration lauffähig (es ist kein Setup erforderlich) und
- plattformübergreifend (UNIX [Linux, macOS, Android, iOS] und Windows [Win32, WinCE, WinRT]).

Auf der anderen Seite fehlen SQLite aber Funktionen wie etwa die Möglichkeit, Objektberechtigungen zu verwalten (*GRANT*), oder implementierte SSL-Funktionalitäten. Daraus resultiert, dass SQLite vorwiegend bei Anwendungen im Rahmen von Apps für Mobiltelefone und bei der Datenhaltung von IoT-Geräten zum Einsatz kommt.

Das Datenbankkonzept entspricht dem einer SQL-Datenbank (siehe Abbildung 14.5).

14.5 Die Datenspeicherung in Home Assistant

Auch Home Assistant speichert Daten – sogar eine ganze Menge Daten! Bei diesen Daten handelt es sich vor allem um Ereignisse und Werte, damit Sie die Entitäten im Logbuch (**Aktivität**) verfolgen können (verantwortlich dafür ist die *logbook*-Integration; siehe Abbildung 14.6), aber auch um Daten, um Angaben über die Historie machen zu können, wie beispielsweise den **Verlauf**. Dafür ist die *history*-Integration zuständig (siehe Abbildung 14.7).

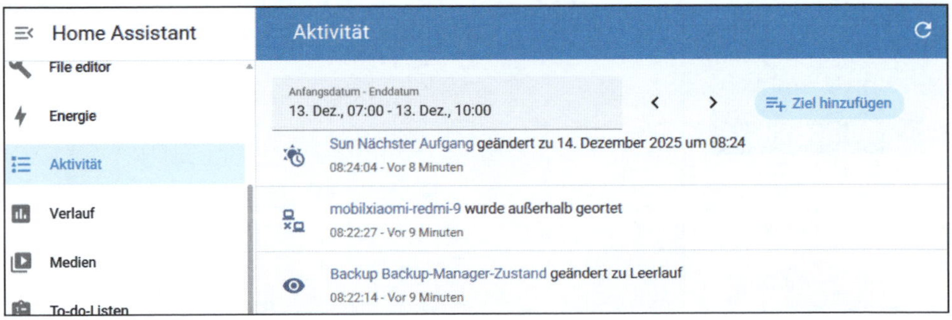

Abbildung 14.6: Ausgabe der Ereignisse im Logbuch

Home Assistant verwendet für das Speichern der Daten, das Sortieren und Wiederfinden eine Datenbank. Standardmäßig wird bei der Installation eine SQLite-Datenbank angelegt. Sie finden die Datenbank als Datei in Ihrem Konfigurationsverzeichnis, z. B. unter *config/home-assistant_v2.db*. Sie ist also ein zentrales Element, in dem alle Daten zu Home Assistant gespeichert werden.

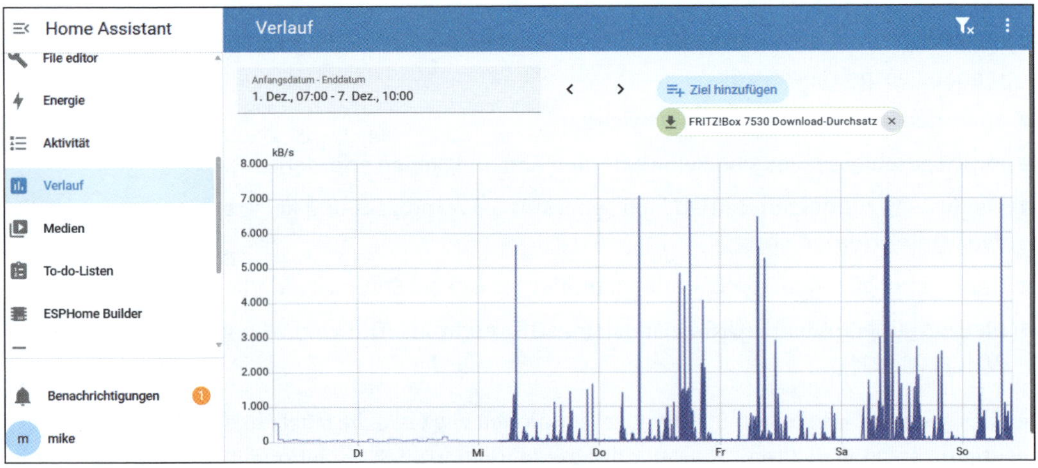

Abbildung 14.7: Die Ausgabe des Verlaufs in Form einer Historie

14.5.1 Die Gesamtgröße der »home-assistant_v2.db«

Die Gesamtgröße dieser Datei lässt sich am einfachsten über einen Netzwerkzugriff feststellen, wenn Sie das Add-on *Samba share* installiert haben (siehe Abbildung 14.8). Sie können den Ordner dann einfach im Windows-Explorer öffnen. In meinem Fall hat die Datenbank bereits eine stattliche Größe von fast 70 MByte erreicht – und das nur mit den Daten der wenigen Testgeräte, die ich für die Beispiele in diesem Buch genutzt habe. Wenn Sie zahlreiche Geräte integrieren und Ihre Installation mehrere Jahre alt ist, kann es leicht sein, dass die Datei einige Gigabyte groß wird. Wenn man Erfahrungsberichten in den Foren Glauben schenkt, wird Home Assistant spätestens ab einer Größe von mehr als 5 GByte träge und seltsam.

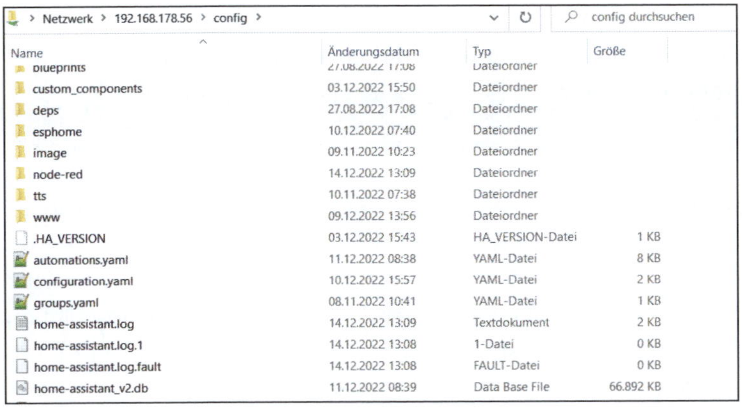

Abbildung 14.8: Die Dateigröße der Datei »home-assistant_v2.db«

14.5.2 Sich einen Überblick über die Entitäten verschaffen

Die Größe der Datenbank ist für sich aber nur bedingt aussagekräftig. Interessanter ist, welche Einträge besonders häufig auftreten oder besonders viel Speicherplatz beanspruchen. Verschaffen Sie sich zunächst einmal einen Überblick über die Entitäten.

Hilfreich ist eine bearbeitbare Liste, die Sie kopieren und beispielsweise in Excel einfügen können. Eine solche Liste erstellen Sie idealerweise mit einem Template über **Einstellungen • Entwicklerwerkzeuge • Template**:

```
{% for state in states %}
  - {{ state.entity_id -}}
{% endfor %}
```

Abbildung 14.9 zeigt als Ergebnis die Liste aller Entitäten ohne die Attribute und den Zustand.

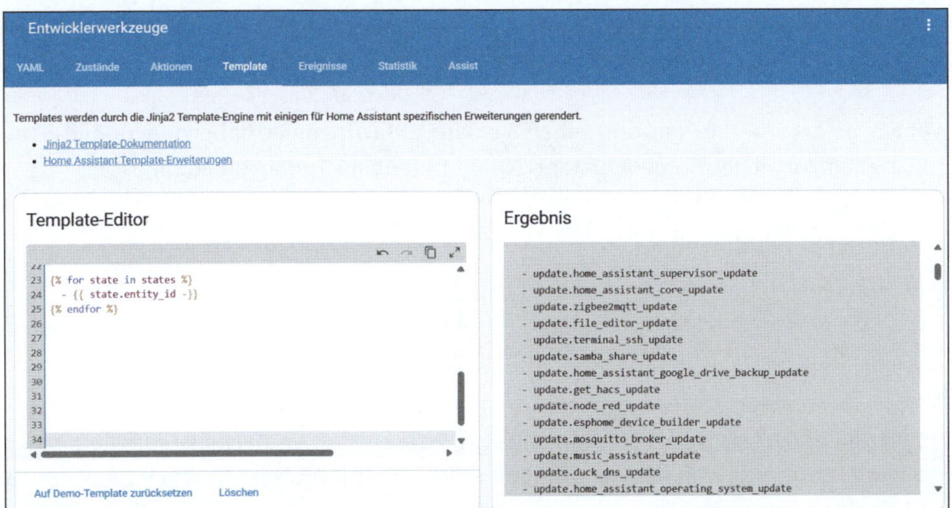

Abbildung 14.9: Liste der Entitäten

14.5.3 Speicherfresser ermitteln

Jetzt werfen wir einen Blick in die Datenbankstruktur und den Datenbankinhalt. Folgendes Template liefert zum Einstieg die `events`-Anzahl und die `states`-Anzahl:

```
Anzahl events / states {{states | count}} / {{states.sensor | count }}
```

Anschaulicher als über ein Template ist hier der Weg von außerhalb der Home-Assistant-Anwendung. Sie benötigen dafür eine Installation von SQLite oder alternativ den *DB Browser for SQLite*. Der DB Browser for SQLite steht für alle gängigen Betriebssysteme unter *https://sqlitebrowser.org/dl/* zum Download bereit. Öffnen Sie nach der Installation den DB Browser und klicken Sie auf **Datenbank öffnen**. Navigieren Sie im Datei-Explorer zum Speicherort der Datenbank (siehe Abbildung 14.10).

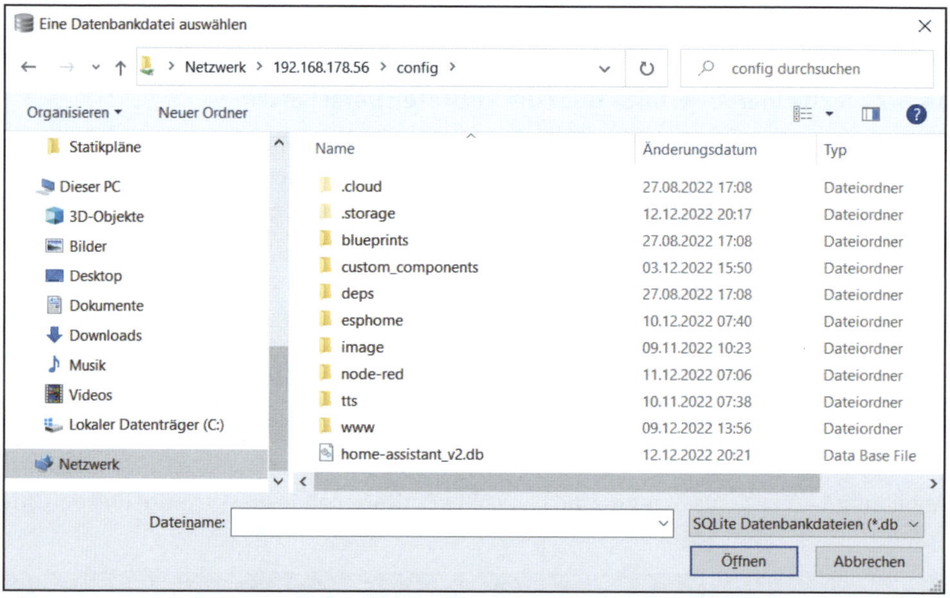

Abbildung 14.10: Den Speicherort der Datenbank im Datei-Explorer finden

Wählen Sie die *.db*-Datei aus und gehen Sie dann auf **Öffnen**. Sie haben nun unmittelbar Zugang zum Inhalt der Home-Assistant-SQLite-Datenbank (siehe Abbildung 14.11).

[!]

Vorsicht bei Änderungen

Änderungen an Datenstruktur und -inhalt können Ihre Anwendung gefährden. Führen Sie keinesfalls Änderungen an der Struktur und am Aufbau der Tabellen selbst durch, denn diese Struktur und der Aufbau werden Home Assistant vorgegeben.

Und es zeigt anschaulich, wie externe Angreifer einen Weg finden können, auf Ihr System und alles, was damit zusammenhängt, zuzugreifen. Vernachlässigen Sie also, wenn Sie Ihre Home-Assistant-Installation für »draußen« öffnen (siehe Kapitel 15), nicht einen entsprechenden Zugangsschutz.

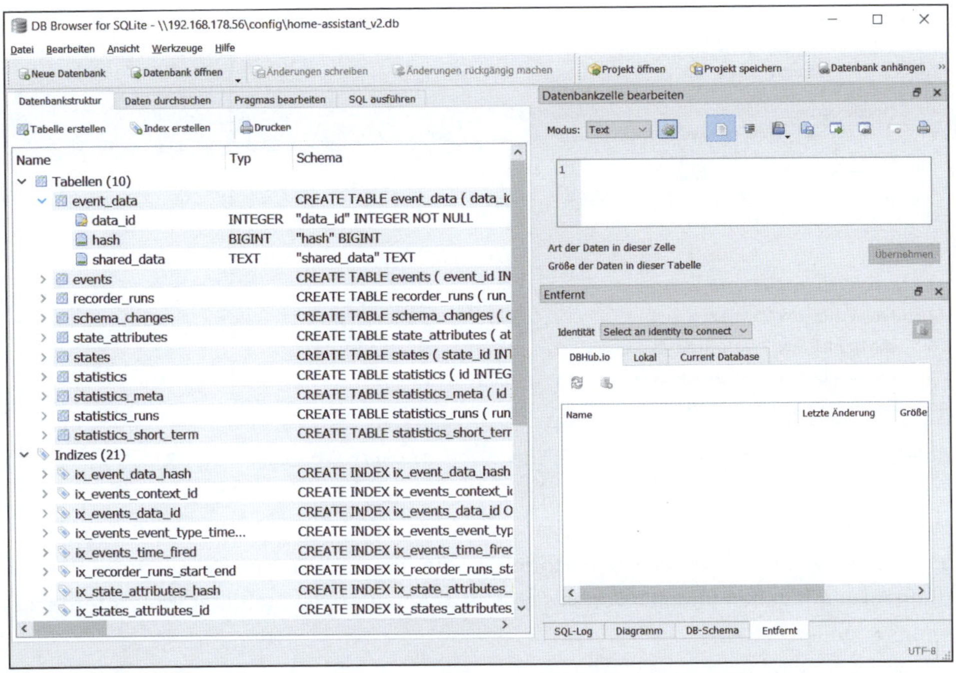

Abbildung 14.11: So sieht der Inhalt der Home-Assistant-SQLite-Datenbank aus.

Als Beispiel möchte ich die `states`-Tabelle untersuchen. Wechseln Sie in das Register **SQL ausführen**. Geben Sie dort die folgende Query-Abfrage ein:

```
SELECT states_meta.entity_id,
    count(*) as cnt
FROM  states
INNER JOIN
    states_meta ON states.metadata_id=states_meta.metadata_id
GROUP BY
    states.metadata_id
ORDER BY
    count(*) desc
;
```

Das `SELECT`-Statement sucht alle Einträge in der Spalte `entity_id` der Tabelle `states_meta`, fasst sie nach dem Eintrag `entity_id` zusammen und gibt das Ergebnis in absteigender Reihenfolge auf Basis der Anzahl aus. `Join` verbindet dabei die Reihen zweier Tabellen. Möchten Sie sich näher mit SQL befassen, finden Sie bei *W³ schools* einen guten Einstieg unter *https://www.w3schools.com/sql/default.asp*. Abbildung 14.12 zeigt das Ergebnis der Abfrage.

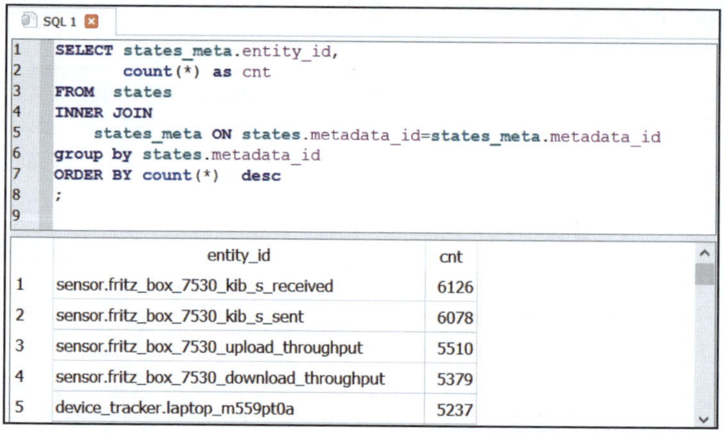

Abbildung 14.12: Der »DB Browser for SQLite« mit dem Query-Ergebnis

Hier sind FRITZ!Box-Sensoren für die am meisten vertretenen Einträge verantwortlich: Es wurden jeweils ca. 6.000 Werte geschrieben, die über die Geschwindigkeit der Verbindung Auskunft geben und aus denen sich Statistiken über die Stabilität Ihres Internetzugangs erstellen ließen.

Die Events-Tabelle analysieren Sie mit:

```
SELECT
    JSON_VALUE(event_data, '$.entity_id') AS entity_id,
    COUNT(*) AS cnt
FROM events
WHERE
    JSON_VALUE(event_data, '$.entity_id') IS NOT NULL
GROUP BY
    JSON_VALUE(event_data, '$.entity_id')
ORDER BY
    COUNT(*) DESC;
```

Möglicherweise müssen Sie den Eintrag `JSON_VALUE` durch `JSON_EXTRACT` ersetzen.

14.5.4 Überlegungen zum Speichergeschehen

Nun, da Sie einen Überblick über den Speicherbedarf Ihrer Installation gewonnen haben, stellt sich die Frage, was man mit diesen Informationen anfangen kann.

Zunächst einmal: Wenn Ihr Home Assistant stabil läuft und die Daten so langsam wachsen, dass sie auch in einigen Jahren nur einige Hundert Megabyte oder wenige Gigabyte betragen, müssen Sie nicht unbedingt aktiv werden. Es reicht dann, wenn Sie in größeren Abständen von Hand eingreifen und ältere Einträge löschen – wie das geht, lesen Sie in Abschnitt 14.5.8. Oder Sie verlassen sich auf die `auto_purge`-Funktion der *recorder*-Integration, zu der ich gleich komme.

Wenn Sie aber feststellen, dass jeden Tag Zehntausende neuer Einträge in die Datenbank geschrieben werden und es absehbar ist, dass Ihr Setup im Laufe der Zeit noch weiter wachsen wird, sollten Sie aktiv werden.

Zur Erinnerung: Jedes Protokollieren von Änderungen, Zuständen oder Ereignissen zieht Ein-/Ausgabe-Operationen auf dem Speichermedium nach sich, weil dabei Daten geschrieben werden müssen. Je größer die Anzahl an Geräten und – damit verbunden – an Entitäten ist, desto häufiger schreibt Home Assistant Daten in die *.db*-Datei. Werfen Sie einmal einen Blick in das Logbuch, um eine Idee davon zu bekommen, wie viele Zustandswechsel und Änderungen protokolliert werden. Dies belastet Ihr Speichermedium (insbesondere SD-Karten) stark.

Wenn Sie also Ihre Home-Assistant-Anwendung auf einem Raspberry Pi mit einer SD-Karte ausführen, ist es daher keine Frage, *ob* die Karte irgendwann ausfällt, sondern nur, *wann* sie kaputtgeht.

Um Ihren Home-Assistant-Server vor ungeplanten Abstürzen mit vielen unangenehmen Folgen zu schützen, sind geeignete Gegenmaßnahmen nahezu zwingend erforderlich:

- Erstellen Sie ein Backup der gesamten Installation (siehe Abschnitt 4.3.5), gegebenenfalls mithilfe von *Home Assistant Google Drive Backup* (siehe Abschnitt 8.3).
- Nutzen Sie ein SSD-Laufwerk (anstelle einer SD-Karte). Diese Hardware ist zwar spürbar teurer, aber auch viel zuverlässiger, schneller und allgemein leistungsfähiger.

Wenn es dennoch eine SD-Karte sein soll, dann kommt der Auswahl eines geeigneten Speichermediums entscheidende Bedeutung zu. Empfehlenswert sind Karten namhafter Hersteller mit der Bezeichnung »High Endurance«, was bedeutet, dass sie vielen I/O-Zyklen standhalten können.

Dann sollten Sie allerdings die Datenbank optimieren oder vielleicht sogar auf ein anderes DBMS umsteigen. Wie das geht, beschreibe ich in Abschnitt 14.6.

Hinsichtlich der Optimierung des Speichergeschehens ergeben sich unterschiedliche Ansätze:

- Sie können die Aufbewahrungsfrist optimieren, um den Bedarf an Speicher zu reduzieren.
- Sie können die I/O-Operationen optimieren, also dafür sorgen, dass es weniger Schreib- oder Lesezugriffe gibt. Das sorgt dafür, dass das Speichermedium weniger stark belastet wird.

14.5.5 Der Ansatzpunkt Recorder-Integration

Verantwortlich für die Datenaufzeichnung ist die *Recorder-Integration*. Ihr Verhalten lässt sich abweichend von der Erstinstallation konfigurieren. Das erreichen Sie durch entsprechende Einträge in der Datei *configuration.yaml*:

- auto_purge (dt. *automatisches Säubern*) zielt auf das automatische Bereinigen der Datenbank. Die Voreinstellung ist true (aktiviertes automatisches Löschen). Wenn Sie den Wert auf false setzen, müssen Sie durch eine Automation dafür Sorge tragen, dass die Datenbank nicht unbegrenzt wächst.
- auto_repack packt die Datenbank per Voreinstellung jeden zweiten Sonntag nach der automatischen Bereinigung automatisch neu. Ohne diese Maßnahme wird die Datenbank möglicherweise auch nach dem Löschen nicht kleiner, was dann weiterhin Speicherplatz beanspruchen und Home Assistant verlangsamen kann.
- purge_keep_days gibt die Anzahl der Verlaufstage für eine Speicherung in der Datenbank an. Voreingestellt sind zehn Tage.
- commit_interval bestimmt, in welchem Zeitintervall (in Sekunden) die Ereignisse und Zustandsänderungen an die Datenbank übertragen werden. Der Standardwert 1 ermöglicht ein fast unmittelbares Schreiben der Ereignisse, ohne dass das Speichermedium bei einem Ansturm von zu speichernden Ereignissen zerstört wird. Das Erhöhen dieses Werts reduziert die Zugriffe auf den Datenträger und kann die Lebensdauer der SD-Karte oder der Festplatte verlängern. Für eine SD-Karte sollten Sie ein Intervall von 30 Sekunden oder mehr einstellen.
- exclude und include beschreiben *Aufzeichnungsfilter*. Dazu komme ich gleich.

Ein möglicher recorder-Eintrag in der *configuration.yaml* lautet beispielsweise:

```
recorder:
  purge_keep_days: 7
  commit_interval: 30
```

Prüfen Sie Änderungen nach dem Speichern über **Entwicklerwerkzeuge • YAML • Konfiguration prüfen** und starten Sie das System neu.

Informationen zu weiteren Parametern der Recorder-Integration finden Sie unter *https://www.home-assistant.io/integrations/recorder/*.

14.5.6 Aufzeichnungsfilter

Aufzeichnungsfilter setzen bei der Art der zu speichernden Informationen an. Der exclude-Filter schließt Entitäten nach festzulegenden Filterkriterien aus, der include-Filter schließt sie ein. Dabei gibt es ein paar Optionen, um die Aufzeichnung von Entitäten einzurichten:

- Wenn Sie keine include- oder exclude-Filter nutzen, führt das dazu, dass alle Entitäten aufgezeichnet werden.
- Sind include-Filter, aber keine exclude-Filter vorhanden, werden nur eingeschlossene Entitäten aufzeichnet. Alles andere wird ausgeschlossen:

```
recorder:
  include:
    domains:
      - light
    entity_globs:
      - sensor.weather_*
    entities:
      - sensor.kueche_luftfeuchtigkeit
      - sensor.kueche_temperatur
```

Listing 14.4: Beispiel für »include«-Filter

- Sind `exclude`-Filter, aber keine `include`-Filter vorhanden, wird alles außer den ausgeschlossenen Entitäten erfasst:

```
recorder:
  exclude:
    domains:
      - automation
    entity_globs
      - binary_sensor.*_is_charging
    entities:
      - sensor.processor_temperature
```

Listing 14.5: Beispiel für »exclude«-Filter

- Sind `include`- und `exclude`-Filter vorhanden, führt dies zur Kombination aus beidem für bestimmte Anwendungsfälle:

```
recorder:
  include:
    domains:
      - light
  exclude:
    entities:
      - sensor.processor_temperature
```

Listing 14.6: Beispiel für die gemeinsame Nutzung von »include«- und »exclude«-Filtern

Für `exclude`- und `include`-Filter kennt die Recorder-Integration vier Filterkategorien:

- `domains`: eine Liste der Domänen (z. B. `light`)
- `entity_globs`: eine Liste von Entitäten, die einem Suchmuster entsprechen (z. B. `sensor.weather_*`)
- `entities`: eine Liste von Entitäts-IDs (z. B. `sensor.disk_free`)
- `event_types` (nur bei `exclude`-Filtern): eine Liste von Entitätstypen, die ausgeschlossen werden sollen (z. B. `call_service`)

Im Ergebnis wirken sich die Einstellungen des Aufzeichnungsfilters im Recorder wie folgt aus:

- Wenn der Recorder für eine bestimmte Entität deaktiviert wird, sind sowohl der Verlauf als auch das Logbuch für sie nicht verfügbar.
- Wenn der Recorder für eine bestimmte Entität aktiviert ist, können Sie den Verlauf oder das Logbuch selektiv aus der Anzeige von Daten in der Benutzeroberfläche deaktivieren.

Die oben vorgestellte Filterlogik treffen Sie noch bei weiteren Integrationen an, und zwar bei:

- der *history*-Integration,
- der *logbook*-Integration,
- der *InfluxDB*-Integration.

[»]

Entitäten mit nachrangigem Nutzwert

Einige Entitäten haben meiner Meinung nach nur einen nachrangigen Nutz- bzw. Informationswert und sind deshalb ideale Kandidaten, um sie per Filter vom Speichern auszuschließen:

- Systemmonitor: RAM-, CPU-, Network- und Disk-Werte
- Mobilgeräte: Batteriestatus, IP-Adresse, interner Speicher
- Zonen
- viele Skripte
- einige Automationen

14.5.7 Die »logbook«-Integration und die »history«-Integration

Die *logbook*-Integration und die *history*-Integration arbeiten mit der *recorder*-Integration zusammen. Sie nehmen die von der *recorder*-Integration gelieferten Daten (und zwar nur diese!) und behandeln sie entsprechend ihrer eigenen Konfiguration.

Bei der *logbook*-Integration und der *history*-Integration haben Sie ebenfalls die Möglichkeit, Aufzeichnungsfilter einzurichten, um die Datenflut und dementsprechend auch die Belastung des Datenträgers zu mildern. Sie entsprechen denen der *recorder*-Integration (siehe Listing 14.7 und Listing 14.8).

```
logbook:
  include:
    domains:
      - light
    entity_globs:
      - sensor.weather_*
```

```
  exclude:
    entities:
      - sensor.kueche_luftfeuchtigkeit
```

Listing 14.7: Beispiel für die »logbook«-Integration

```
history:
  exclude:
    domains:
      - automation
    entities:
      - sensor.last_boot
```

Listing 14.8: Beispiel für die »history«-Integration

14.5.8 Die Datenbank manuell bereinigen

Mit der *recorder*-Integration sind auch einige Dienste verfügbar. Dazu gehören vor allem Dienste für das Bereinigen der Datenbank. Die Dienste lassen sich in eine Automation einbinden oder bequem in den **Entwicklerwerkzeugen** auf der Karte **Dienste** ausführen.

Der Service »purge_entities«

Der Service `purge_entities` löscht diejenigen Ereignisse und Zustände aus der Recorder-Datenbank, die mit einem der angegebenen Felder `entity_id`, `domains` und `entity_globs` übereinstimmen. Ein Beispiel im UI-Modus sehen Sie in Abbildung 14.13.

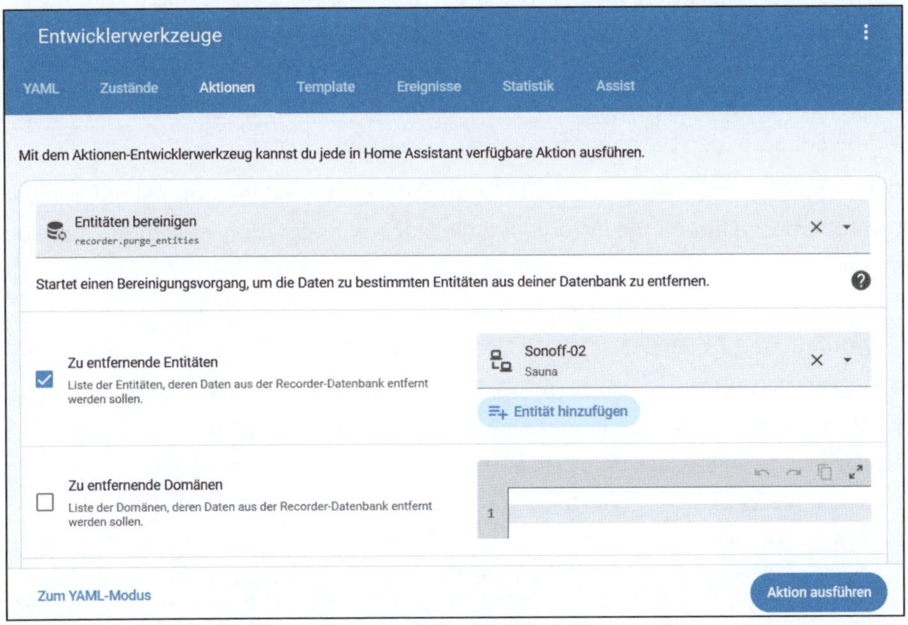

Abbildung 14.13: Der Service »purge_entities« im UI-Modus

Der Service »purge«

Der Service `purge` hat drei Optionen, die in Analogie zu den Recorder-Optionen stehen:

- `keep_days`
- `repack`
- `apply_filter`

Als Beispiel könnte eine Konfiguration so aussehen:

```
service: recorder.purge
data:
  repack: true
  keep_days: 0
```

Dieses Beispiel ist ein »schweres Geschütz«, denn es löscht die Einträge und erstellt die Datenbank nebst Tabellen völlig neu.

14.6 Das Datenbanksystem (DBMS) austauschen

Die Standard-SQLite-Datenbank erfüllt im Großen und Ganzen die Bedürfnisse, die ein durchschnittlicher Benutzer in den meisten Szenarien haben dürfte. Und mit der Feinabstimmung aus dem letzten Abschnitt können Sie gezielter vorgeben, welche Entitäten für die Aufbewahrung von Aufzeichnungen einzubeziehen oder auszuschließen sind.

Dennoch ist der Wechsel zu einer besseren, optimierten Datenbankbibliothek wie MariaDB eine Überlegung wert. SQLite und MariaDB sind beide relationale DBMS und dienen demselben Zweck, aber MariaDB ist überlegen bei der Handhabung großer Datensätze, bei der einfacheren Extraktion von Daten/Integrationen und schneller bei der Anzeige des Verlaufs in den Dashboards von Home Assistant.

Die Daten lassen sich bei einem (für eine bestimmte Entität aktivierten) Recorder in der Benutzeroberfläche filtern. Die *history*- und die *logbook*-Integration verwenden dieselbe Filterlogik.

[»]

Datenbank austauschen?

Meine Empfehlung lässt sich kurz zusammenfassen: Wenn Sie Home Assistant hauptsächlich für Automatisierungen und Steuerungen nutzen und keine größeren Anforderungen an die Datenspeicherung stellen, dann bleiben Sie ruhig bei der vorgegebenen SQLite-Datenbank. Das gilt besonders, wenn Sie die Vorgaben zur Speicherung optimieren und Home Assistant auf etwas stärkerer und zuverlässigerer Hardware nutzen als auf einem Raspberry Pi mit einer (billigen) SD-Speicherkarte.

Wenn Sie allerdings sehr viele Geräte integrieren, die für eine wahre Datenflut sorgen, und Sie diese Daten detaillierter auswerten wollen, dann lohnt sich der Blick auf ein anderes DBMS. Besonders die Zeitreihenauswertung von InfluxDB kann ihre Stärken ausspielen, wenn Sie viele Sensoren nutzen, die in kurzen Abständen chronologisch sortiert Werte schreiben.

14.6.1 MariaDB installieren

Die MariaDB ist über ein Add-on zugänglich.

14.6.2 Das MariaDB-Add-on installieren

Installieren Sie das MariaDB-Add-on auf die in Kapitel 8 beschriebene Weise über **Einstellungen • Add-ons • Add-on Store** (siehe Abbildung 14.14).

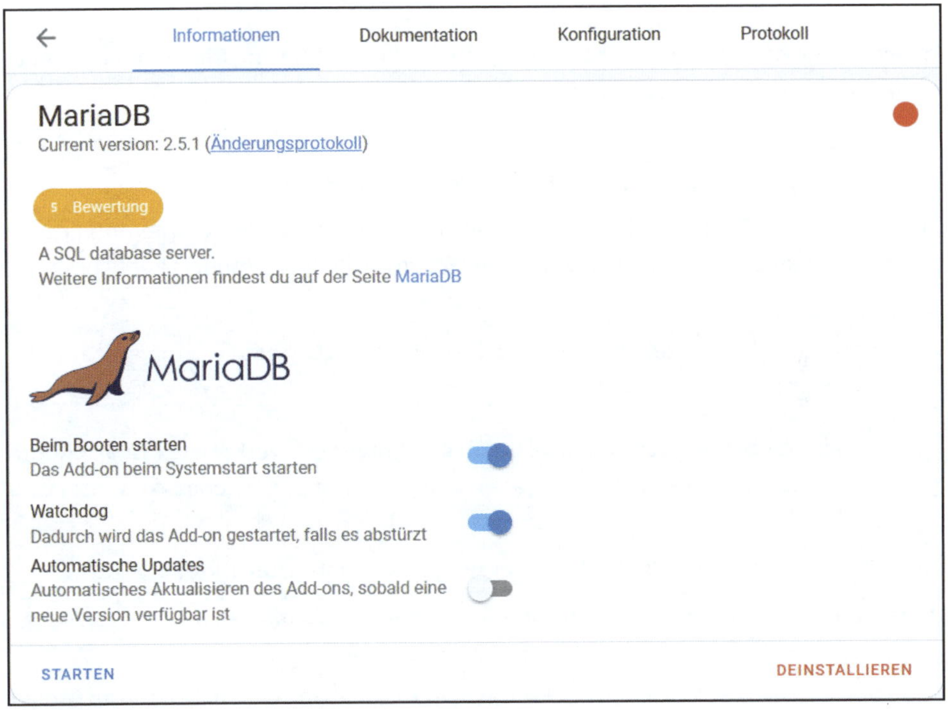

Abbildung 14.14: Das Add-on »MariaDB« wurde installiert.

14.6.3 Einstellungen ändern

Aktivieren Sie die Optionen **Beim Booten starten** und **Watchdog**. Wechseln Sie zur Konfiguration und vergeben Sie zumindest ein Passwort (siehe Abbildung 14.15).

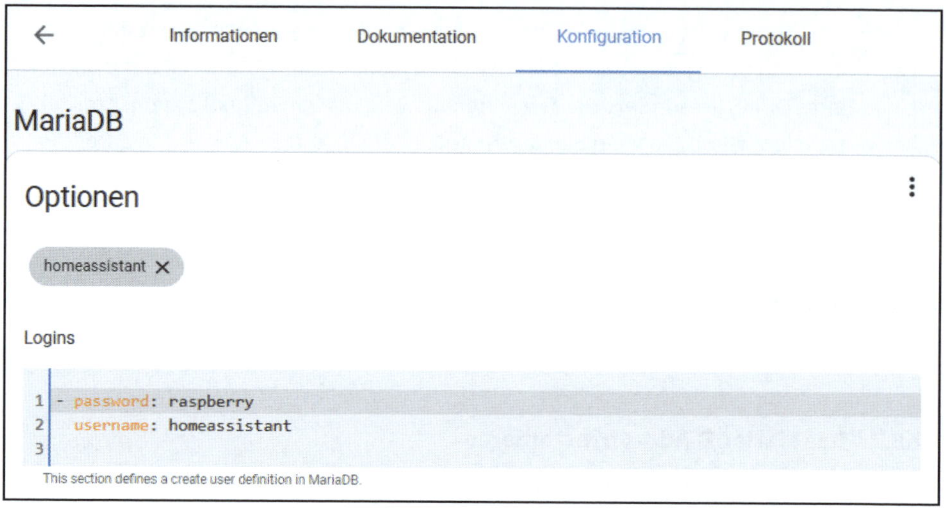

Abbildung 14.15: MariaDB-Konfiguration

Speichern Sie die Änderung. Sie können das Add-on nun **Starten**. Checken Sie gegebenenfalls die Ausgaben auf der Karte **Protokoll**.

14.6.4 Die Home-Assistant-Konfigurationsdatei ändern

Um die Standard-Datenbankbibliothek zu ändern, müssen Sie die *recorder*-Integration durch einen Eintrag in der Konfigurationsdatei *configuration.yaml* anders konfigurieren:

```
recorder:
  db_url: mysql://homeassistant:password@core-mariadb/homeassistant?
charset=utf8mb4
```

Prüfen Sie die Änderung nach dem Speichern über **Entwicklerwerkzeuge • YAML • Konfiguration prüfen** und starten Sie das System neu. Damit ist der Datenbankwechsel vollzogen.

Der Speicherort der MariaDB hängt von der Home-Assistant-Installation ab, z. B.:

- **Ubuntu:** */usr/share/hassio/addons/data/core_mariadb/databases/*
- **Docker:** Loggen Sie sich zunächst mit dem Befehl `docker exec -i -t addon_core_mariadb /bin/sh` im Container ein. Die Datenbank finden Sie dann im Ordner */data/databases/*.

[»]

Speicherplatzverbrauch abfragen

Zuweilen können Informationen über den Verbrauch des Speicherplatzes durch MariaDB hilfreich sein. Richten Sie hierfür einen Sensor in der Datei *configuration.yaml* ein:

```
sensor:
  - platform: sql
    db_url: mysql://homeassistant:raspberry@core-mariadb/
    homeassistant?charset=utf8mb4
    queries:
    - name: DB size
      query: 'SELECT table_schema "database", Round(Sum(data_
      length + index_length) / 1024 / 1024, 1) "value"
      FROM information_schema.tables WHERE table_schema=
      "homeassistant" GROUP BY table_schema;'
      column: 'value'
      unit_of_measurement: MB
```

Wenn Sie sicher sind, dass der Wechsel funktioniert hat, können Sie die alte SQLite-Datenbank löschen. Dadurch gehen alle dort gespeicherten Daten verloren. Möchten Sie wieder zurückschwenken, löschen Sie den `recorder`-Eintrag in der *configuration.yaml*. Home Assistant richtet dann eine neue SQLite-Datenbank ein.

14.6.5 InfluxDB installieren

Mit der InfluxDB holen Sie sich ein äußerst vielseitiges Tool an Bord, das auf die Speicherung und das Management umfangreicher Sensordaten spezialisiert ist. Wenn Sie also viele Sensoren auswerten, ist InfluxDB einen Blick wert.

Als Bonbon können Sie passend hierzu noch *Grafana* installieren. Grafana ist eine Open-Source-Software zur Überwachung und Datenanalyse, die mehr und schickere Auswertungen bietet, als Home Assistent sie standardmäßig mitbringt.

Allerdings gibt es auch nennenswerte Nachteile: InfluxDB benötigt mehr Ressourcen; insbesondere sollten Sie genug Arbeitsspeicher bereitstellen. Schwerer wiegt, dass Ihr System an Komplexität gewinnt und somit dem KISS-Prinzip (*Keep It Simple and Stupid*) zuwiderläuft. InfluxDB ist ein Tool für Fortgeschrittene, daher werde ich die Ausführungen etwas knapper halten.

Installation

Auch die InfluxDB ist über ein Add-on zugänglich:

Das InfluxDB-Add-on installieren

Installieren Sie das InfluxDB-Add-on (siehe Abbildung 14.16). **Starten** Sie das Add-on und überprüfen Sie gegebenenfalls der Verlauf im Register **Protokoll**.

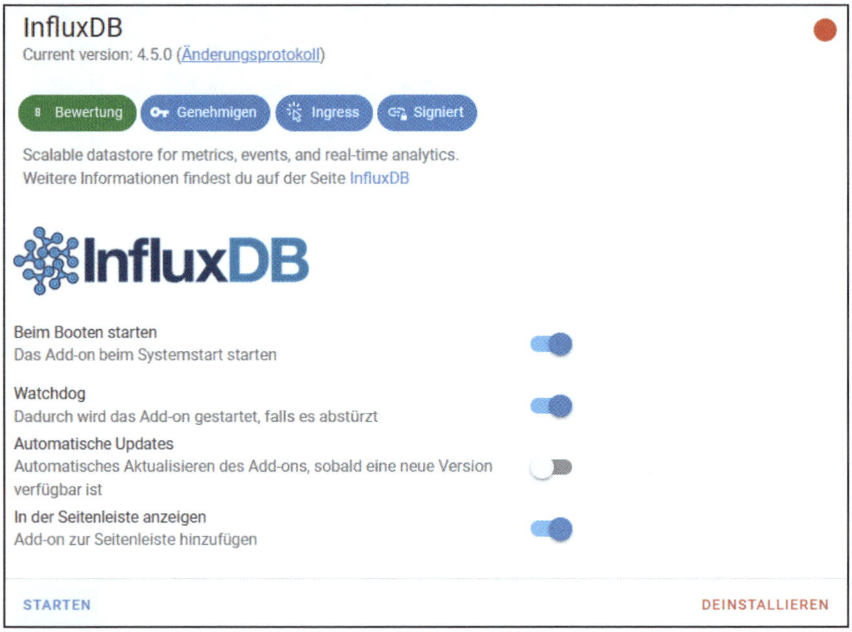

Abbildung 14.16: InfluxDB wurde installiert.

Datenbank erstellen

Öffnen Sie nun mit der neuen Schaltfläche in der Fußzeile die InfluxDB-Benutzeroberfläche (siehe Abbildung 14.17).

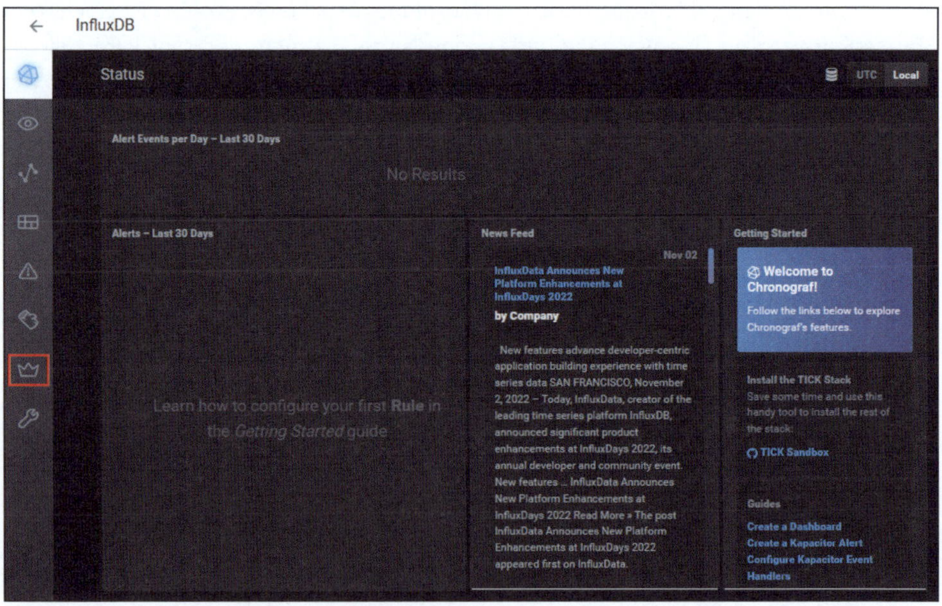

Abbildung 14.17: Die Benutzeroberfläche von InfluxDB

Klicken Sie auf das -Icon, um in den Administrationsbereich zu gelangen (siehe Abbildung 14.18).

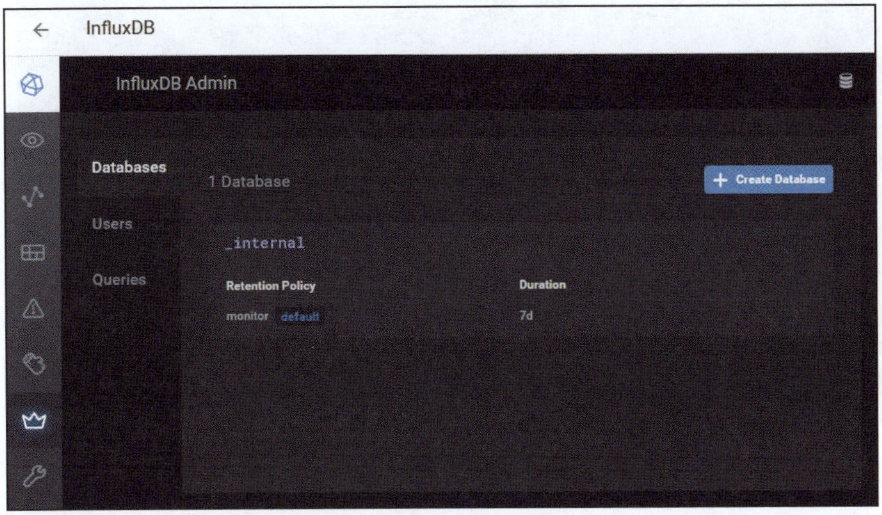

Abbildung 14.18: Der InfluxDB-Administrationsbereich

Legen Sie mit **+ Create Database** eine neue Datenbank an und geben Sie ihr einen Namen (siehe Abbildung 14.19).

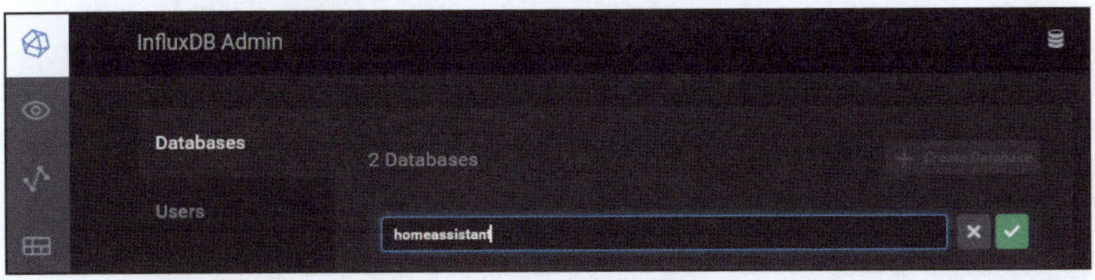

Abbildung 14.19: Datenbank anlegen

Bestätigen Sie mit dem Check-Icon. Die Datenbank wird nun angelegt, und Sie erhalten eine Erfolgsmeldung (siehe Abbildung 14.20).

Geben Sie mit dem Mauszeiger dem Datenbankeintrag den Fokus, um Zugang zu weiteren Bearbeitungsoptionen zu erhalten.

Unter der Einstellung zur **Retention Policy** (dt. *Aufbewahrungsrichtlinie*) können Sie die Dauer bearbeiten, für die InfluxDB Daten speichert. Da der springende Punkt einer Zeitreihendatenbank ja darin besteht, Daten für bestimmte Entitäten über einen längeren Zeitraum abzubilden, sollten Sie die Retention-Zeit sehr großzügig wählen. Oder lassen Sie sie, wie abgebildet, auf unbegrenzt und beobachten Sie, wie groß die Datenbank wird.

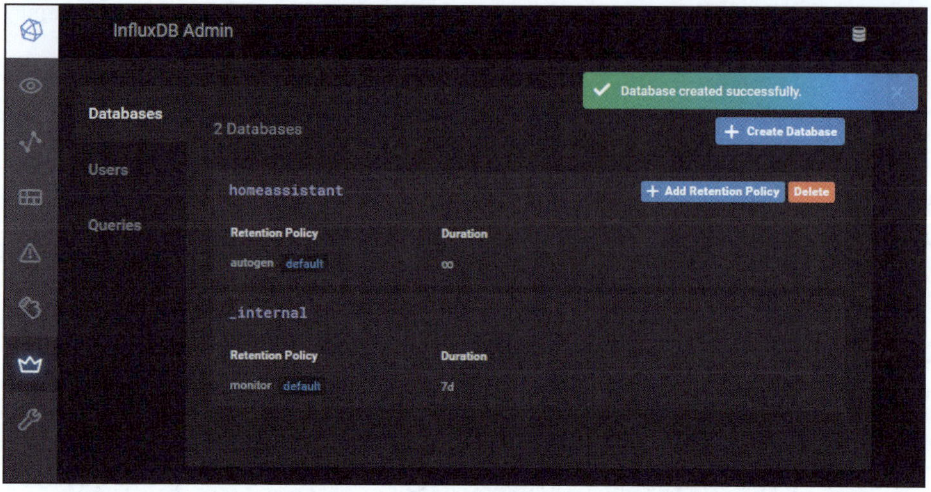

Abbildung 14.20: Diese Erfolgsmeldung erscheint, nachdem Sie eine Datenbank in InfluxDB angelegt haben.

14.6.6 Einen Benutzer einrichten

Wählen Sie nun **Users** aus, gehen Sie mit **+ Create User** weiter und legen Sie einen Benutzernamen sowie ein Passwort fest (siehe Abbildung 14.21).

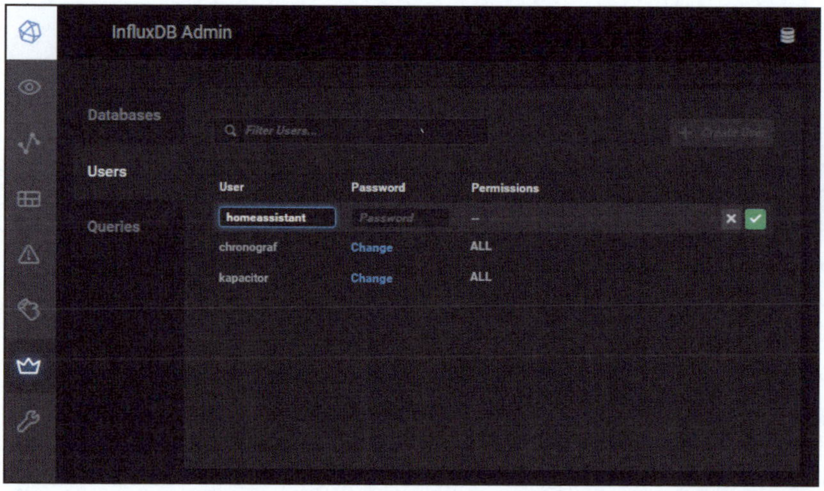

Abbildung 14.21: InfluxDB-Benutzer anlegen

Bestätigen Sie erneut mit dem Check-Icon. Der Benutzer ist angelegt, und Sie erhalten wieder eine Erfolgsmeldung. Setzen Sie anschließend die **Permissions** (dt. *Erlaubnisse*) auf **All**.

14.6.7 Die configuration.yaml ergänzen

Ergänzen Sie die Datei *configuration.yaml* in analoger Weise mit Ihren Daten:

```
influxdb:
  host: 192.168.178.56
  port: 8086
  database: homeassistant
  username: homeassistant
  password: raspberry
  max_retries: 3
  default_measurement: state
```

Dabei ist `host` die IP-Adresse des Geräts, auf dem Ihre Home-Assistant-Anwendung läuft. Prüfen Sie nach dem Sichern die Änderungen und starten Sie das System neu.

14.6.8 Den Erfolg überprüfen

Öffnen Sie die InfluxDB-Benutzeroberfläche. Hat alles funktioniert, gelangen Sie mit **Explore** in den Hauptbearbeitungsbereich (siehe Abbildung 14.22).

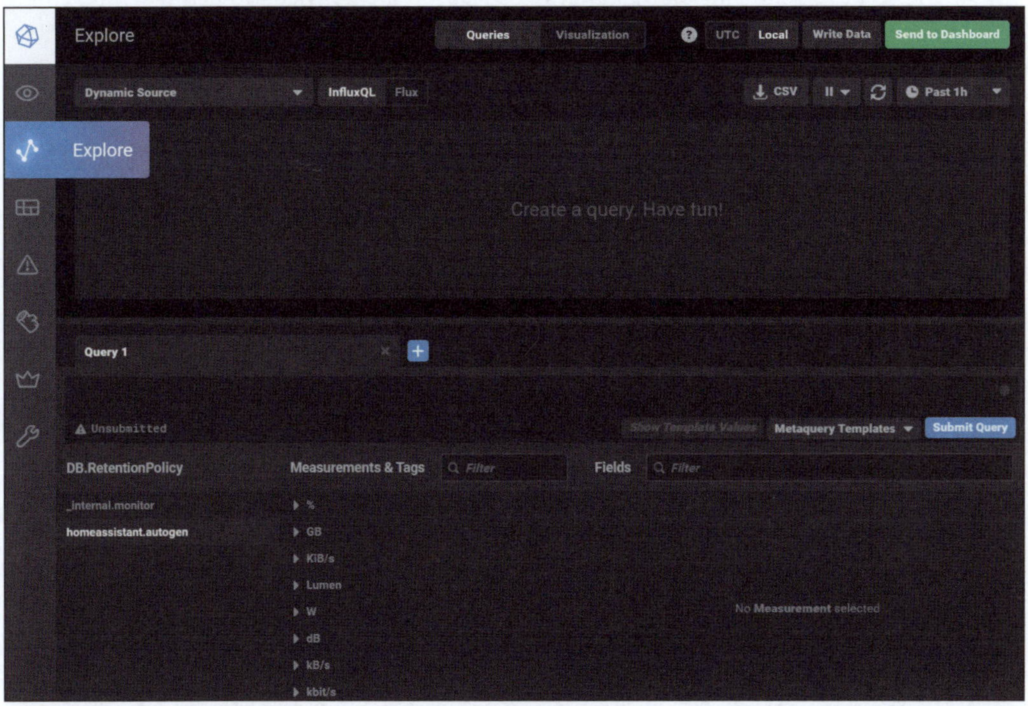

Abbildung 14.22: Der Hauptbearbeitungsbereich von InfluxDB

Nachfolgend möchte ich Ihnen in kurzen Zügen den Weg zur Arbeit mit InfluxDB ebnen.

Das Home-Assistant-InfluxDB-Design

Wie Sie in Abbildung 14.22 sehen, zeigt der Bearbeitungsbereich die InfluxDB-Datenbanken in einer linken Spalte im unteren Explorer-Bereich an. Das InfluxDB-Design von Home Assistant beherbergt zwei Datenbanken:

- *internal*: für interne Daten
- *homeassistent*: für Sensordaten

Jede Datenbank besitzt grundsätzlich zumindest eine *Retention Policy*. Sie ist Bestandteil von Datenbankabfragen. Die Datenbank *homeassistent* hat eine Retention Policy *autogen*. Eine `SELECT`-Anweisung zur Datenbankabfrage muss in der `FROM`-Klausel dann beide Bestandteile beinhalten (z. B. `SELECT * FROM "homeassistant"."autogen"`).

Die mittlere Spalte des unteren Explorer-Bereichs zeigt die *Measurements* und die *Tag-Keys*. Unter einem Measurement fasst Home Assistant alle Messungen einer Maßeinheit zusammen (z. B. »Measurement °C«). Die Tag-Keys eines Measurements sehen Sie durch Aufklappen einer Drop-down-Liste (z. B. `entity_id-3`). Durch Aktivieren eines Kontrollkästchens wählen Sie einen Tag-Key für eine spätere Auswertung aus (z. B. **kueche_temperatur**).

Die rechte Spalte gibt die *Field-Keys* des Measurements wieder. Auch hier wählen Sie durch Aktivieren eines Kontrollkästchens einen Field-Key für eine spätere Auswertung aus (z. B. `value`). Sie haben damit auch den Bezug zu den Sensordaten, die Sie sich in den Entwicklerwerkzeugen (**Zustände**) von Home Assistant als Einzelwerte ansehen können.

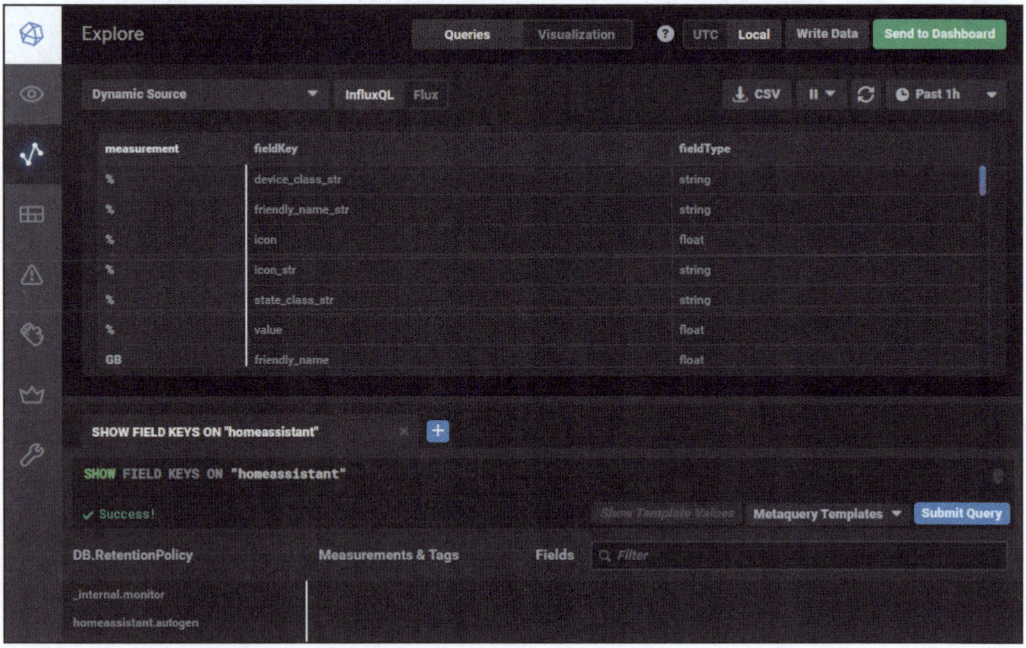

Abbildung 14.23: Query der Field-Keys

Einen Gesamtüberblick des DB-Designs können Sie sich über **Metaquery Templates** verschaffen. Dort sind Vorlagen hinterlegt, die Sie im Query-Bereich (dem mittleren Bereich des Fensters) ergänzen und dann abschicken müssen. Abbildung 14.23 zeigt das Ergebnis einer Abfrage der Field-Keys, die in der Datenbank *homeassistant* enthalten sind.

Auswertung in der InfluxDB-Benutzeroberfläche

Die Daten Ihres Smart Homes lassen sich nun bequem über die InfluxDB-Benutzeroberfläche auswerten. Blättern Sie die Datenbankstruktur ausgehend von Abbildung 14.22 weiter auf. InfluxDB erstellt anschließend eine Query-Abfrage. **Submit Query** sendet die Abfrage an das System. Im oberen Fensterbereich erhalten Sie eine ansprechend aufbereitete Grafik (siehe Abbildung 14.24).

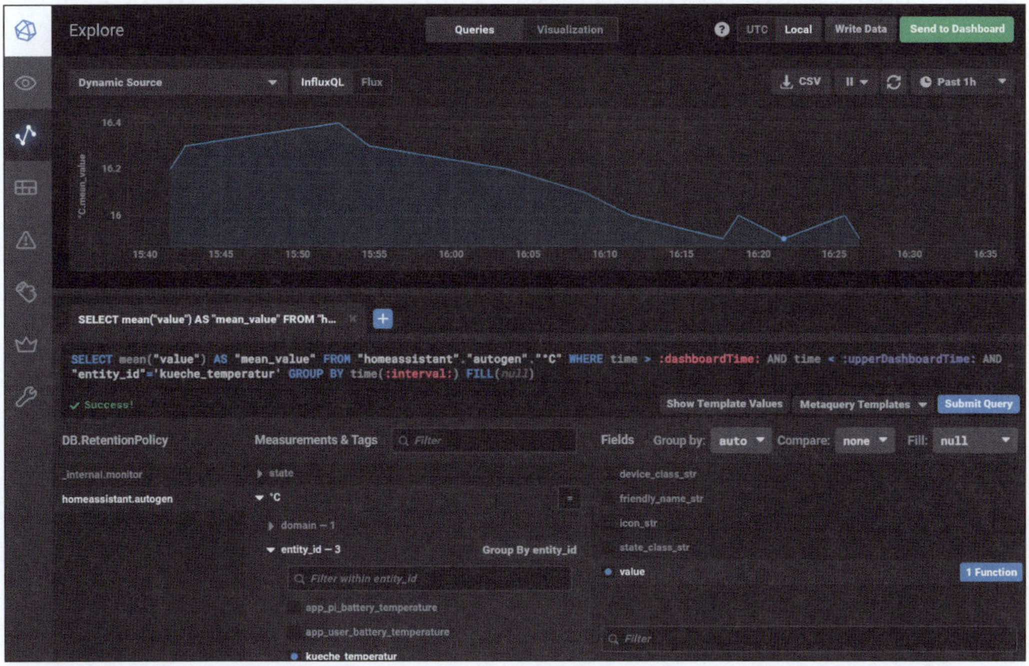

Abbildung 14.24: InfluxDB-Auswertung

Konsultieren Sie für weitere Informationen zu Semantik und Syntax der Query-Anweisungen die InfluxDB-Dokumentation.

Was es sonst noch zu sagen gibt ...

Die InfluxDB ist jetzt installiert und in Betrieb. Damit haben Sie ein mächtiges und universelles Datenmanagementtool an der Hand, das auch professionellen Anforderungen gerecht wird. Das bedeutet aber natürlich auch, dass Sie ein bisschen Zeit für die Einarbeitung einplanen müssen. Dennoch möchte ich ein paar Facetten kurz anreißen:

- **Aufzeichnungsfilter**

  Die InfluxDB-Integration bedient sich der gleichen Aufzeichnungsfilter wie SQLite oder MariaDB. Machen Sie von diesen Filtern Gebrauch, um die Datenbankgröße zu begrenzen.

  Haben Sie auch ein Augenmerk auf Redundanzen: Was in der InfluxDB gespeichert ist, braucht üblicherweise nicht auch noch in SQLite oder einer MariaDB gespeichert zu werden.

- **Version der InfluxDB**

  Das Beispiel beruht auf einer InfluxDB der Version 1.xx. Die Version 2 unterscheidet sich davon fundamental.

- **Speicherplatzverbrauch abfragen**

  Auch hier können Informationen über den Verbrauch des Speicherplatzes hilfreich sein. Richten Sie dafür einen Sensor in der *configuration.yaml* ein:

```
sensor:
  #InfluxDB Database Sensor
  - platform: influxdb
    host: 192.168.178.56
    port: 8086
    username: homeassistant
    password: raspberry
    scan_interval: 30
    queries:
      - name: InfluxDB Database Size
        unit_of_measurement: MB
        value_template: "{{ (value | float(0)/1024/1024) | round(1) }}"
        group_function: sum
        measurement: '"monitor"."shard"'
        database: _internal
        where: '"database"=''homeassistant'' AND time > now() - 5m'
        field: diskBytes
```

Listing 14.9: Speicherplatzverbrauch abfragen

- **Die InfluxDB manuell bereinigen**

  Mit Standard-Query-Anweisungen können Sie Ihre Datenbank gezielt und manuell bereinigen.

  Diese Anweisung löscht alle Einträge vor dem 24.12.2025:

```
USE "homeassistant"; DELETE WHERE time < '2025-12-24'
```

  Diese Anweisung entfernt alle Einträge zu einer Entität vor dem 24.12.2025:

```
USE "homeassistant"; DELETE WHERE "entity_id" = 'sensor.kueche_
luftfeuchtigkeit' AND time < '2025-04-04'
```

Achten Sie bei den Anweisungen auf Groß- und Kleinschreibung, denn die Konfiguration von InfluxDB ist case-sensitiv.

- **Retention Policys**

  Das Festlegen von *Retention Policys* gehört zu den wesentlichen Administrationsarbeiten. Damit sind die Aufbewahrungsrichtlinien gemeint, die festlegen, was wie lange in der Datenbank gespeichert wird. Da hat InfluxDB einiges zu bieten. Sie können beispielsweise für eine Datenbank durchaus mehrere Retention Policys einrichten.

  Wenn Sie in InfluxDB eine Datenbank erstellen, wird automatisch eine Standardaufbewahrungsrichtlinie für diese Datenbank eingerichtet, die den Namen *autogen* erhält. Die Standardrichtlinie ist unendlich, d. h., es erfolgt kein Löschen; der kleinste Wert ist eine Stunde.

  Mit *Continuous Query* (dt. *kontinuierliche Abfrage*) bietet InfluxDB im Zusammenspiel mit Retention Policys einen weiteren Ansatz, um das Datenbankmanagement zielgenau zuzuschneiden.

- **Chronograf und Kapacitor**

  In das InfluxDB-Add-on sind die beiden Funktionen *Chronograf* und *Kapacitor* integriert:

  - *Chronograf* ist für die Visualisierung der Messungen verantwortlich und unterstützt Sie auch dabei, auf einfache Weise Warn- und Automatisierungsregeln zu erstellen (siehe *https://www.influxdata.com/time-series-platform/chronograf*).
  - Das Warnsystem heißt *Kapacitor*. Ihm liegt eine Publish-Subscribe-Struktur zugrunde. Warnungen werden zu Topics veröffentlicht, Handler abonnieren ein Topic und rufen benutzerdefinierte Funktionen auf (siehe *https://www.influxdata.com/time-series-platform/kapacitor*).

Fazit: Es lohnt sich durchaus, etwas Zeit und Mühe auf die Art und den Umfang der Datenspeicherung in Home Assistant zu verwenden. Ob dies im Ergebnis auch ein Umschwenken des DBMS nach sich zieht, hängt von Ihrer Hardware und Ihrer Zielsetzung ab. Vielleicht besteht auch ein Ansatz darin, andere Systeme zunächst nur auf einer Testinstallation auszuprobieren.

Kapitel 15
Externer Zugriff auf Home Assistant

Ihre Home-Assistant-Anwendung steht und läuft wunschgemäß? Dann wird es Zeit, die heimische Umgebung zu verlassen und einen externen Zugriff zu etablieren.

Für manche ist der Fernzugriff auf Home Assistant schon fast ein Muss. So können von überall Daten abgerufen, Zustände kontrolliert und bei Bedarf Aktionen ausgeführt werden. Dies hat jedoch einen entscheidenden Nachteil: Sie öffnen Ihr abgeschirmtes lokales Netzwerk für externe Zugriffe. Dies stellt eine nicht zu unterschätzende Sicherheitslücke dar. Es gibt zwar verschiedene Möglichkeiten, um Missbrauch und unberechtigte Zugriffe zu erschweren, aber der Tatbestand als solcher bleibt bestehen.

Sie haben für die Einrichtung eines Fernzugriffs die Wahl zwischen mehreren Alternativen:

- **Home Assistant Nabu Casa** ist der Cloud-Service von Home Assistant.
- **DuckDNS** ist ein DDNS-Anbieter (*Dynamic Domain Name System*), der dafür sorgt, dass Zugriffe weitergeleitet werden, die von außen an Ihr Heimnetzwerk gerichtet werden.
- **VPN-Tunnel** (*virtuelles privates Netzwerk*): Bei einem Virtual Private Network (*VPN*) handelt es sich um ein virtuelles, nicht öffentliches Netzwerk.
- **Reverse Proxy:** Sie können einen sogenannten *Reverse Proxy* (z. B. *nginx*) einrichten, über den Sie auf Home Assistant zugreifen.

  Ein Reverse Proxy ist ein Server, der vor Webservern steht. Er leitet Anfragen von Clients (z. B. Webbrowsern) an diese Webserver (hier Home Assistant) weiter. Reverse Proxys haben einige Vorteile (beispielsweise erhöhte Sicherheit durch SSL-Konfigurationen), sie sorgen aber auch für mehr Komplexität und Wartungsaufwand. Falls Sie in Ihrem Heimnetz eine Menge Dienste bereitstellen, auf die Sie von unterwegs zugreifen wollen, sollten Sie sich in die Materie einarbeiten, »nur« für Home Assistant lohnt es sich nach meiner Meinung nicht.

15.1 Nabu Casa

Nabu Casa (*https://www.nabucasa.com*) ist der Cloud-Dienst von Home Assistant. Er bietet einige Annehmlichkeiten:

- einen verschlüsselten externen Zugriff auf Ihre Home-Assistant-Anwendung,
- einen einfachen Zugang zu Alexa und Google Assistant,
- Text-to-Speech-(TTS-)Unterstützung, sodass Texteingaben direkt in der Cloud in Sprachausgaben umgewandelt werden.

Der Dienst kostet nach einer einmonatigen Testphase aktuell 7,50 € pro Monat. Die Einnahmen helfen, die Weiterentwicklung von Home Assistant und ESPHome zu finanzieren.

Zur Einrichtung von Nabu Casa müssen Sie sich einen Account erstellen und diesen dann mit Ihrem Home Assistant verbinden:

15.1.1 Nabu-Casa-Account erstellen

Öffnen Sie die Homepage von Nabu Casa (siehe Abbildung 15.1).

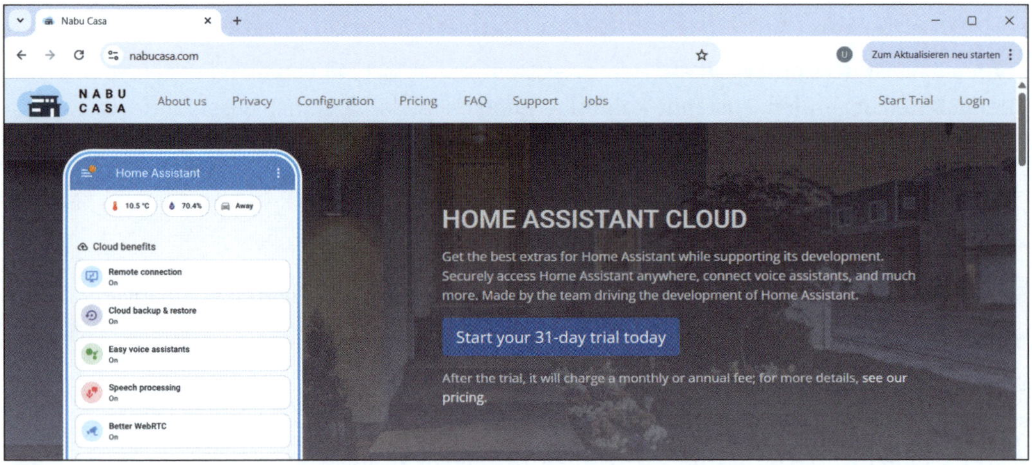

Abbildung 15.1: Die Homepage von Nabu Casa

Mit der Schaltfläche **Start your 31-day trial today** beginnt den Prozess, einen Account zu erstellen (siehe Abbildung 15.2).

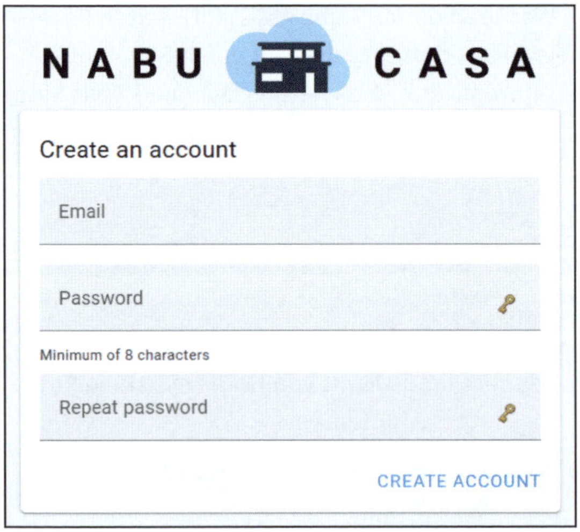

Abbildung 15.2: Einen Nabu-Casa-Account erstellen

Geben Sie eine gültige E-Mail-Adresse ein und legen Sie ein Passwort fest. Mit **Create Account** erhalten Sie einen Bestätigungscode an die E-Mail-Adresse, den Sie für die nächste Aktion benötigen.

Geben Sie den Code ein und schließen Sie die Registrierung mit **Confirm EMail** ab. Der Account ist damit eingerichtet (siehe Abbildung 15.3).

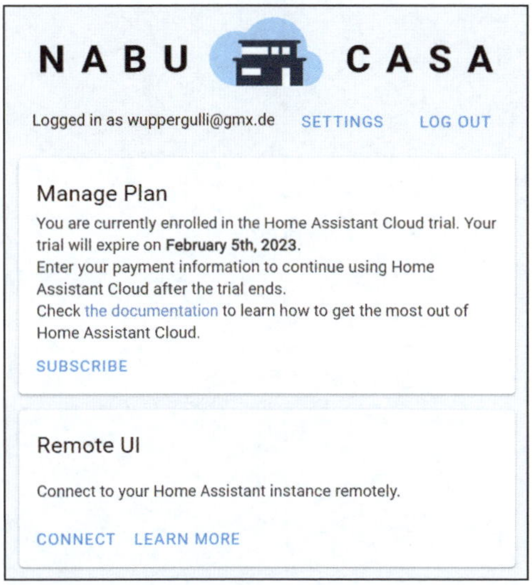

Abbildung 15.3: Der persönliche Homescreen von Nabu Casa

15.1.2 Mit der Home Assistant Cloud verbinden

Navigieren Sie in Ihrem Home-Assistant-Verwaltungsmenü zu **Einstellungen • Home Assistant Cloud** (siehe Abbildung 15.4).

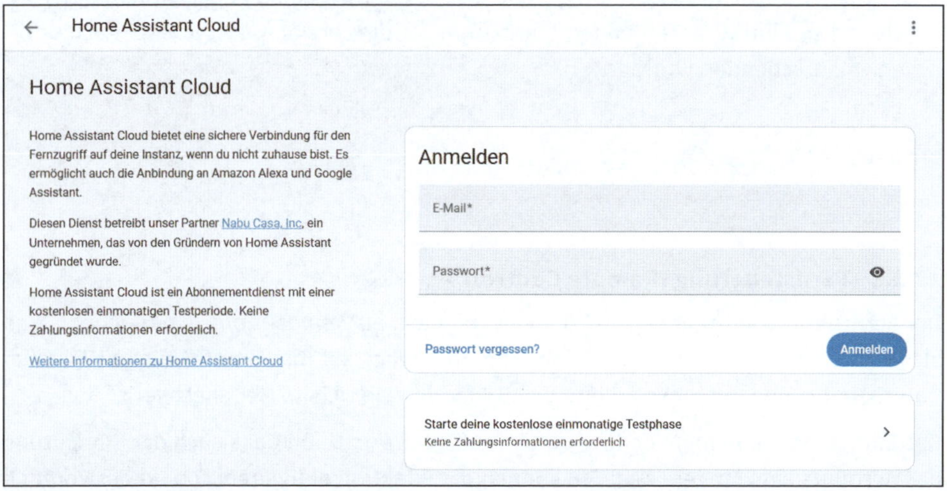

Abbildung 15.4: In der Home Assistant Cloud anmelden

Geben Sie Ihre Anmelde-E-Mail-Adresse bei Nabu Casa und Ihr Passwort ein. Mit einem Klick auf **Anmelden** starten Sie den Prozess des Verbindungsaufbaus. Es dauert beim ersten Mal eine Weile, bis die Verbindung steht (siehe Abbildung 15.5).

Abbildung 15.5: Home Assistant ist jetzt mit der Cloud verbunden.

Das Fenster hat nun fünf weitere Abschnitte:

- Fernsteuerung (Remote Control)
- Text-zu-Sprache (TTS)
- Alexa
- Google Assistant
- Webhooks

Fehlende cloud-Integration

Üblicherweise ist die *cloud*-Integration bereits per Voreinstellung implementiert. Falls dieser Eintrag bei Ihnen fehlt, ergänzen Sie die *configuration.yaml* einfach um den entsprechenden Eintrag:

```
cloud:
```

Das war es auch schon.

15.1.3 Fernsteuerung (Remote Control)

Der Fernzugriff von unterwegs wird von Nabu Casa als *Remote Control* bezeichnet, also als *Fernsteuerung*. Sie können darüber von unterwegs auf Ihre Home-Assistant-Installation zugreifen und mit ihr so arbeiten, als befänden Sie sich im Heimnetzwerk.

Das Einrichten der *Remote Control* dauert aufseiten von Nabu Casa nach der Einrichtung des Accounts eine längere Zeit. Sie können die Funktion aktivieren, sobald der Vorgang abgeschlossen ist (siehe Abbildung 15.6).

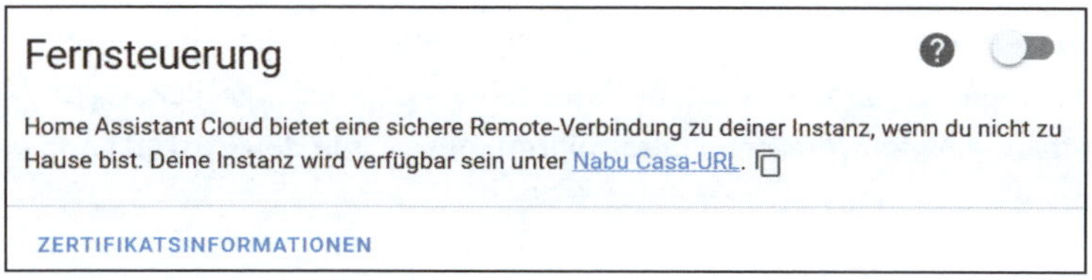

Abbildung 15.6: Remote Control aktivieren

Ein Klick auf **Nabu Casa-URL** öffnet eine gesicherte Verbindung, und Sie befinden sich im Anmeldefenster für Ihre Anwendung. Kopieren Sie sich den Link für später. Er ist leider ziemlich unhandlich und schwer zu merken, nämlich z. B. *https://jjyxxxxxxxxxxxxxx xxxxxxxxp.ui.nabu.casa/*. Das liegt daran, dass Sie eine zufällige Subdomäne unter der Hauptadresse *nabu.casa* zugeteilt bekommen.

15.1.4 Text-zu-Sprache (Text to Speech, TTS)

TTS haben Sie bereits in Kapitel 11 kennengelernt. Über die Cloud haben Sie eine weitere Option (siehe Abbildung 15.7) zur Gestaltung der Sprachausgabe.

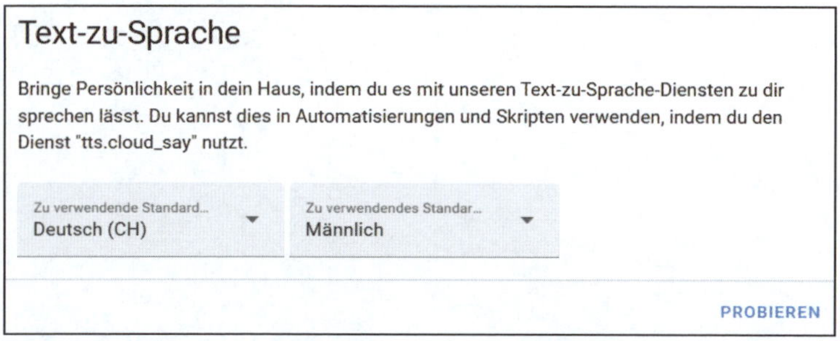

Abbildung 15.7: Die Home-Assistant-Cloud bietet TTS.

Ändern Sie die Sprache und die Stimme entsprechend Ihren Vorstellungen und **Probieren** Sie den Dienst aus. In **Medien • Text to Speech** finden Sie im Übrigen einen neuen Eintrag **Cloud**. Der Service nennt sich `tts.cloud_say` (in Automatisierungen dann `service: tts.cloud_say`).

15.1.5 Alexa

Die vielleicht am meisten geschätzte Annehmlichkeit von Nabu Casa ist die einfache Anbindung an Alexa. Die von Home Assistant empfohlene Methode nutzt einen *Alexa-Skill*.

> **Alexa ohne die Nabu-Cloud**
> Die Anbindung von Alexa ohne den Umweg über die Nabu-Cloud ist leider äußerst hakelig. Ich gehe auf sie in Abschnitt 16.8 ein.

Wenn Sie Ihre Alexa-Geräte unbedingt mit Home Assistant ansprechen wollen, empfehle ich Ihnen, den Weg über Nabu Casa zu beschreiten. Es ist zwar ärgerlich, wenn man deswegen noch einen weiteren Dienst abonnieren muss – von den Kosten ganz zu schweigen –, aber es ist der einzige zuverlässige Weg.

Alexa-Aktivierung vorbereiten

Stellen Sie sicher, dass der Aktivierungsschalter im Abschnitt **Alexa • Sicht Home Assistant** aktiviert ist. Das System zeigt eine Warnmeldung an, dass Alexa noch nicht aktiviert ist.

Den passenden Skill suchen

Öffnen Sie die Alexa-App und suchen Sie den Skill *Home Assistant Smart Home* mit **Mehr • Skills und Spiele • Suche** (siehe Abbildung 15.8).

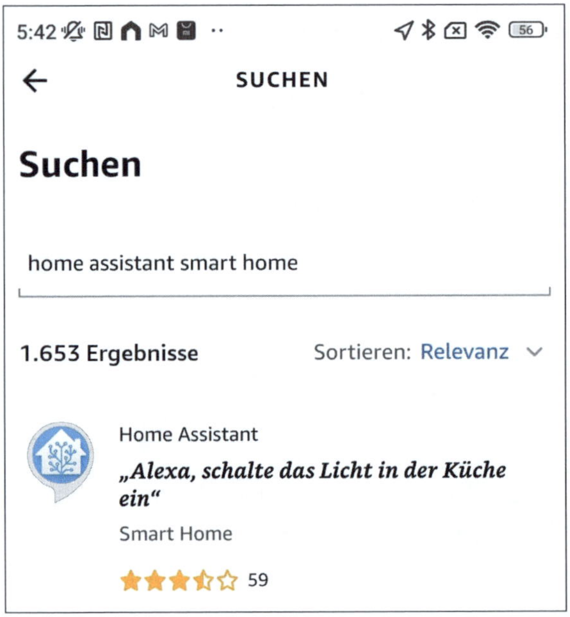

Abbildung 15.8: Den Skill »Home Assistant Smart Home« suchen

Lassen Sie sich die Skill-Informationen anzeigen. Dort führt der Button **Zur Verwendung aktivieren** zur Eingabe der Daten für die erforderliche Kontoverknüpfung mit Ihrem Nabu-Casa-Konto (siehe Abbildung 15.9).

Geben Sie Ihre Account-Daten ein und schließen Sie den Vorgang mit **Sign in** ab. Sie sollten eine Erfolgsmeldung erhalten. Dies sollte sich auch in Home Assistant bemerkbar machen: Der Aktivierungshinweis ist nun erloschen (siehe Abbildung 15.10).

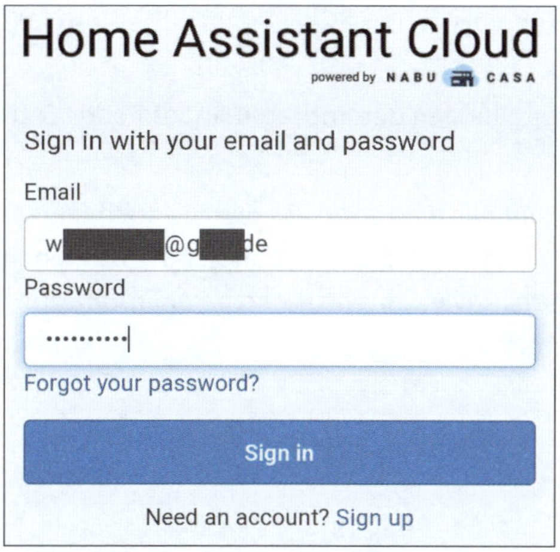

Abbildung 15.9: Kontoverknüpfung mit der Nabu-Casa-Cloud

Abbildung 15.10: Alexa ist jetzt in Home Assistant über die Cloud aktiviert.

Die Alexa-Gerätesuche starten

Starten Sie noch die Alexa-Gerätesuche (»Alexa, suche neue Geräte«), um Ihre Home-Assistant-Geräte auch über Alexa zugänglich zu machen. In der Geräteliste der Alexa-App sollten neue Einträge auftauchen (siehe Abbildung 15.11).

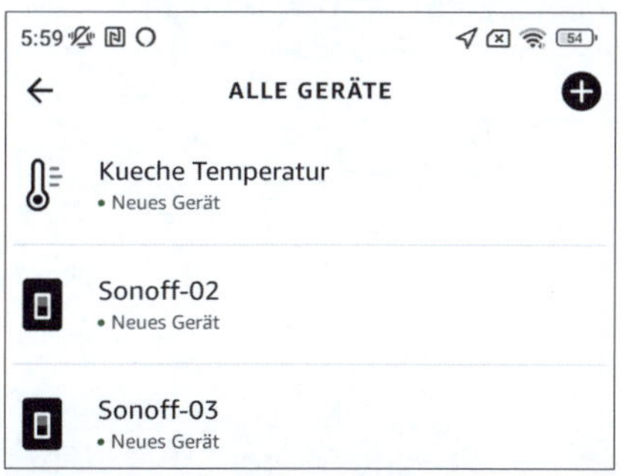

Abbildung 15.11: Neue Geräte in der Alexa-Geräteliste

Mit **Entitäten verwalten** erhalten Sie in Home Assistant vergleichbare Informationen (siehe Abbildung 15.12).

Über das ⋮-Icon können Sie die Standardeinstellungen der Entitäten ändern oder Entitäten synchronisieren.

Mittels einer manuellen Konfiguration in der *configuration.yaml* können Sie auch feinere Einstellungen vornehmen. So können Sie z. B. über einen Filter Entitäten oder Domänen (*Domains*) ein- bzw. ausschließen (siehe *https://www.nabucasa.com/config/amazon_alexa/* und dort den Abschnitt *Manual configuration*).

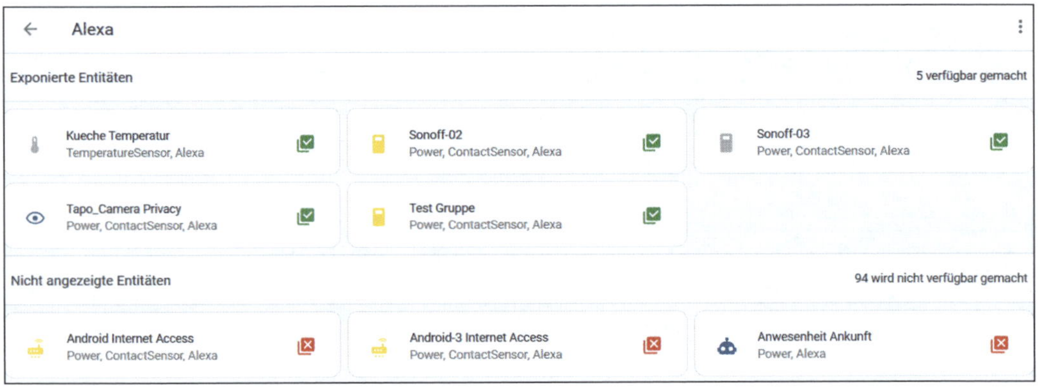

Abbildung 15.12: Mit Alexa verbundene Entitäten

15.1.6 Webhooks

Mit Webhooks können Sie Daten über die Home-Assistant-Cloud an Ihre Home-Assistant-Anwendung senden. So können Sie unter anderem Standortdaten mit *OwnTracks* senden oder auch Automatisierungen auslösen, indem Sie HTTP-Requests an die URL übergeben, die Ihnen von Nabu Casa zur Verfügung gestellt wird.

In Listing 15.1 sehen Sie ein kleines Beispiel, in dem Sie direkt Daten an den Nabu-Casa-Server übertragen und so eine Automation (hier das Schalten eines Testschalters) auslösen.

Erstellen Sie eine neue Automation mit nachstehendem Inhalt:

```
alias: Webhook
description: ""
trigger:
  - platform: webhook
    webhook_id: webhook_test
condition: []
action:
  - service: input_boolean.turn_on
    data: {}
```

```
    target:
      entity_id: input_boolean.test_schalter
mode: single
```

Listing 15.1: Einen Webhook anlegen

Auslöser ist der `webhook` mit dem Namen `webhook_test`. Der Name ist frei wählbar. Die Aktion ist der Service `input_boolean.turn_on`, der die Entität `input_boolean.test_schalter` bedient.

Mit dem Erstellen der Automation wird Ihnen auch ein neuer Webhook angeboten (siehe Abbildung 15.13).

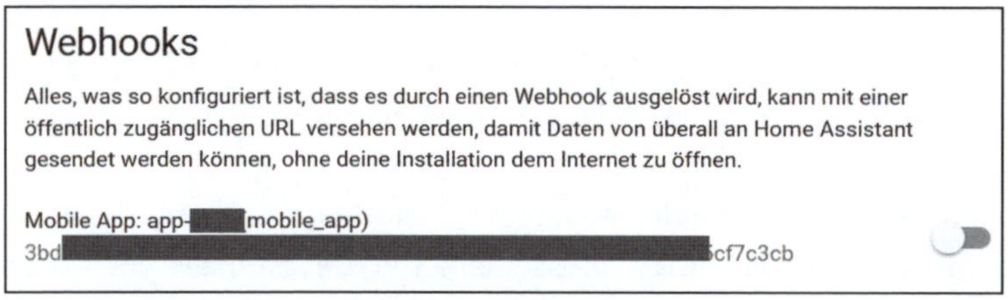

Abbildung 15.13: Ein Cloud-Service-Webhook

Der Cloud-Service stellt auch für jedes Ihrer Mobilgeräte mit der Home-Assistant-App einen Webhook bereit. Aktivieren Sie den Webhook Ihrer Automation über den Schieberegler, damit Sie die öffentliche Webadresse erhalten (siehe Abbildung 15.14).

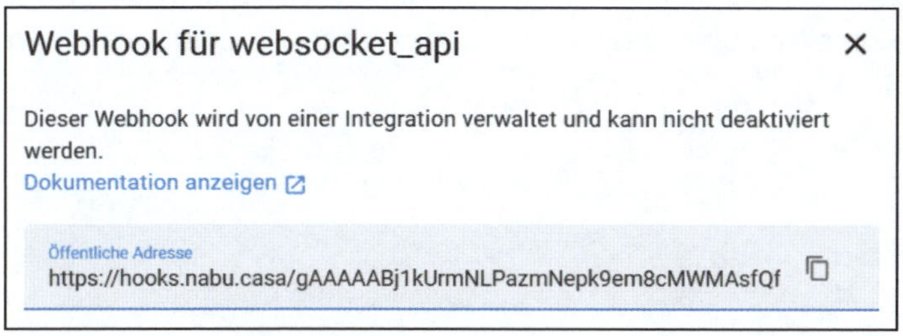

Abbildung 15.14: Die Webhook-Adresse

Sie können die Automatisierung ganz einfach mit `curl` testen. Öffnen Sie unter Linux oder auf Ihrem Mac ein Terminal und geben Sie `curl -X POST` ein, gefolgt von der Webhook-Adresse (siehe Abbildung 15.15).

Abbildung 15.15: Mit »curl« die Webhook-Adresse testen

Der Testschalter sollte nun eingeschaltet sein. Mit Webhooks haben Sie damit die Option, abseits von Browser und App Automationen in Home Assistant auszulösen.

15.2 DuckDNS

DuckDNS (*https://www.duckdns.org*) ist ein kostenloses dynamisches DNS (*DDNS*), das auf *AWS* (*Amazon Web Service*) gehostet ist. Dabei steht DNS für *Domain Name System* – das Telefonbuch des Internets.

Üblicherweise brauchen Rechner für eine Internetverbindung IP-Adressen wie 234.16.52.182. Bequemer ist es aber, die Internetadresse mit einem Hostnamen wie z. B. *google.com* anzusprechen. Ein *Domain Name Server* übersetzt den Hostnamen in die zugehörige IP-Adresse, sodass mit ihr im Hintergrund der Verbindungsaufbau erfolgen kann.

Unternehmen und Behörden haben normalerweise statische IP-Adressen. Sie sind einfacher zu steuern und zu verwenden. Allerdings sind sie kostspielig und müssen aufwendig beantragt und erworben werden. Auch für den Privatgebrauch gibt es Provider, die gegen Entgelt eine Domäne mit einer statischen IP-Adresse anbieten. Das ist inzwischen aber nur noch eine Ausnahme.

Dynamisches DNS hilft weiter, denn es offeriert eine dynamische IP-Adresse in Kombination mit dem verknüpften statischen Hostnamen. Das bedeutet, dass Ihre dynamische IP-Adresse regelmäßig an den Anbieter gesendet wird, der den Eintrag dann mit dem von Ihnen gewählten Domänennamen verknüpft. Auch wenn sich Ihre private IP-Adresse regelmäßig ändert, bleibt der Hostname stabil. DuckDNS bietet einen solchen Service an und ist darüber hinaus gut in Home Assistant integriert. Der Setup-Prozess gliedert sich in drei Blöcke:

- DuckDNS-Domäne erstellen
- Router einrichten
- Home Assistant einrichten

15.2.1 DuckDNS-Domäne erstellen

Die folgenden Schritte leiten Sie durch die Einrichtung einer Domäne mit verknüpfter IP-Adresse auf DuckDNS.

Bei DuckDNS registrieren

Rufen Sie die DuckDNS-Homepage (*https://www.duckdns.org*) auf (siehe Abbildung 15.16).

DuckDNS verwaltet die Nutzerdaten nicht selbst, Sie müssen sich zur Abwechslung also nicht einmal ein neues Konto einrichten. Stattdessen greift DuckDNS auf die Kontodaten einiger anderer großer Anbieter zurück. Wenn Sie bereits bei Google, GitHub, Twitter oder Persona einen Account haben, können Sie diese Dienste nutzen, um sich anzumelden.

Abbildung 15.16: Die Homepage von »DuckDNS«

Nach der Registrierung sind Sie auf Ihrem Home-Bildschirm (siehe Abbildung 15.17). Er ist der Ausgangspunkt für alles Weitere.

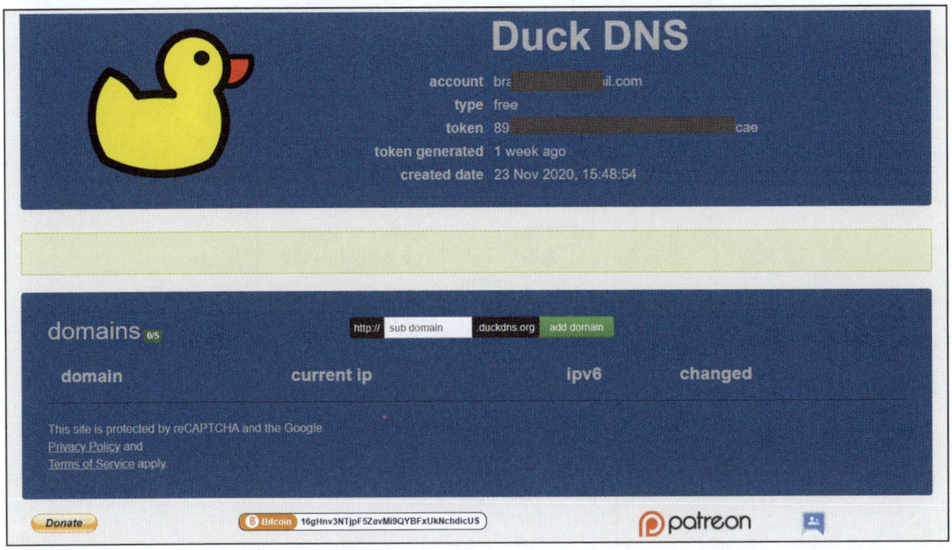

Abbildung 15.17: Der persönliche Home-Bildschirm von »DuckDNS«

Die Anzeige enthält im oberen Bereich Ihre Kontoinformationen und vor allem das Token, das Sie später noch brauchen. Im unteren Bereich sind Ihre Domänen aufgelistet, über die Sie dann Ihre Home-Assistant-Installation verknüpfen können. Sie können hier bis zu fünf Domänen einrichten.

Ihre Subdomäne erstellen

Geben Sie im Bereich **domains** in das Eingabefeld einen Domänennamen Ihrer Wahl ein (ich nutze hier z. B. *iiotnerds*) und klicken Sie auf **add domain**. Die Subdomäne von DuckDNS ist nun hinzugefügt (siehe Abbildung 15.18).

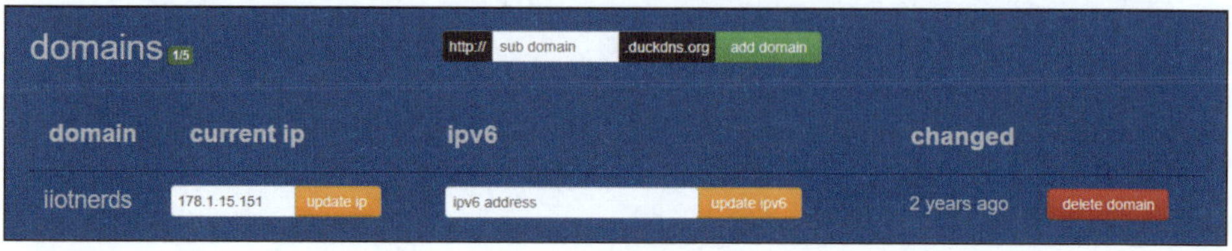

Abbildung 15.18: Eine Subdomäne wurde hinzugefügt.

Die Domäne mit der App eines Smartphones testen

Mithilfe Ihres Smartphones und einer passenden App (z. B. *Ping & Net*) können Sie die Erreichbarkeit Ihrer Domäne prüfen. Verlassen Sie Ihr privates Netz, damit Sie den Zugang über das Mobilfunknetz »von außen« testen können. Tragen Sie als Hostnamen den Domänennamen ein und gehen Sie dann über **IPv4** und **OK** (auf dem Folgebildschirm **Ping Options**) weiter (siehe Abbildung 15.19).

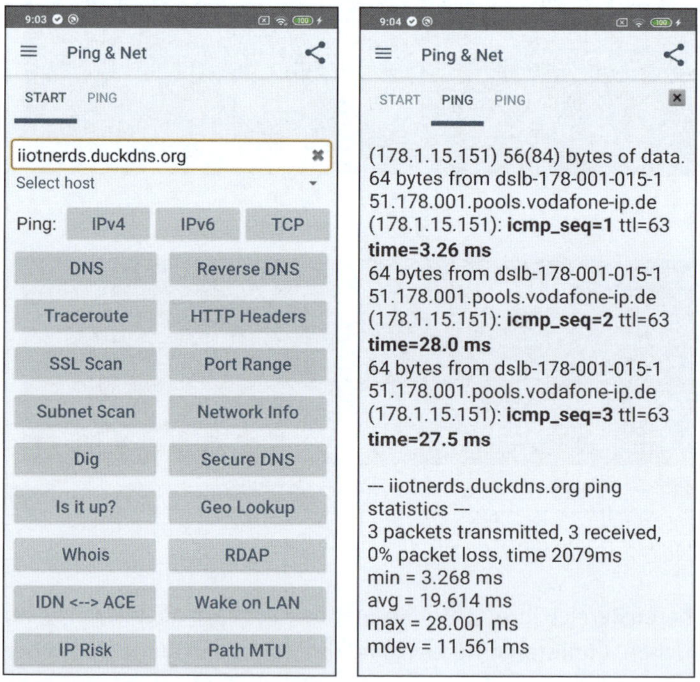

Abbildung 15.19: Ping an die Subdomäne

Im Ping-Protokoll sollte nun die Anzahl der gesendeten Pakete, aber vor allem die Anzahl der empfangenen Pakete auftauchen – und sie sollte größer als 0 sein.

15.2.2 Router einrichten (FRITZ!Box)

Router schützen Ihr lokales Netz auch vor unbefugten Zugriffen von außen. Dieser Schutz muss für die externe Erreichbarkeit Ihrer Home-Assistant-Anwendung aufgeweicht werden. Heutige Router lassen eine zielgenaue Konfiguration einer Ausnahme vom umfassenden Zugriffsschutz zu. Benötigte Daten sind die begünstigte IP-Adresse (nebst Passwort) und der Port, auf dem die Anwendung lauscht. Der Port von Home Assistant ist 8123.

DuckDNS-Einrichtungshilfe aufblättern

DuckDNS hilft Ihnen umfassend bei der Einrichtung Ihres heimischen Netzwerks. Der Einstieg erfolgt über **Install** (siehe Menüleiste). Wählen Sie in dem Drop-down-Menü Ihre Domäne aus (siehe Abbildung 15.20).

Abbildung 15.20: DuckDNS bietet Hilfe beim Einrichten des Routers und bei der Auswahl der Domäne.

Wählen Sie nun Ihren Router (z. B. **fritzbox**) aus. DuckDNS bereitet für Sie alle notwendigen Angaben auf (siehe Abbildung 15.21).

Abbildung 15.21: Die FRITZ!Box-Einrichtungshilfe von DuckDNS

FRITZ!Box einrichten: DynDNS-Anbieter

Die Aktivierung von DynDNS erfolgt bei der FRITZ!Box über das Web-UI **Internet • Freigaben** im Register **DynDNS** (siehe Abbildung 15.22).

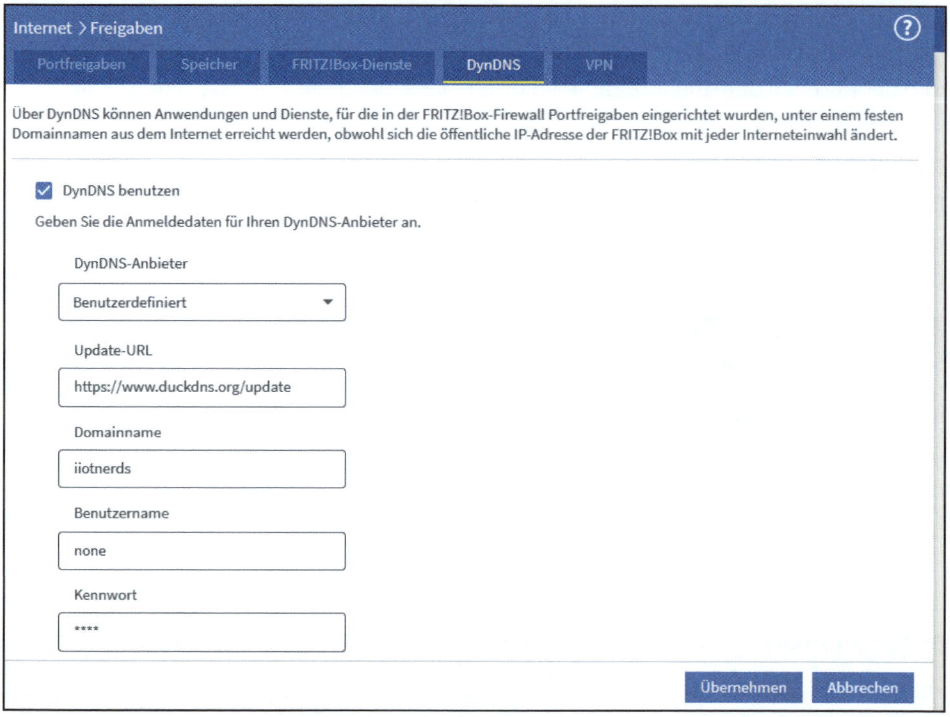

Abbildung 15.22: DynDNS für die FRITZ!Box einrichten

Aktivieren Sie die Option **DynDNS benutzen**. Wählen Sie bei **DynDNS-Anbieter** die Option **Benutzerdefiniert**. Füllen Sie die restlichen Felder entsprechend der Hilfestellung von DuckDNS wie folgt aus:

- **Update-URL**: *https://www.duckdns.org/update*
- **Domainname**: *iiotnerds*
- **Benutzername**: *none*
- **Kennwort**: das Token, also beispielsweise *891xxxxx-xxxx-xxxx-xxxx-xxxxxxxxcae*

Übernehmen Sie die Einstellungen.

FRITZ!Box einrichten: Port freigeben

Geben Sie nun noch den Port in der FRITZ!Box frei. Das geht über das Menü **Internet • Freigaben • Portfreigaben** (siehe Abbildung 15.23).

Wählen Sie als **Gerät** aus der Drop-down-Liste **homeassistant**. Die FRITZ!Box ergänzt die IPv4-Adresse und die MAC-Adresse. Aktivieren Sie das Kontrollkästchen **Selbstständige Portfreigaben für dieses Gerät erlauben**. Erteilen Sie noch eine **Neue Freigabe**. Mit **OK** und noch einmal **OK** beenden Sie den Vorgang.

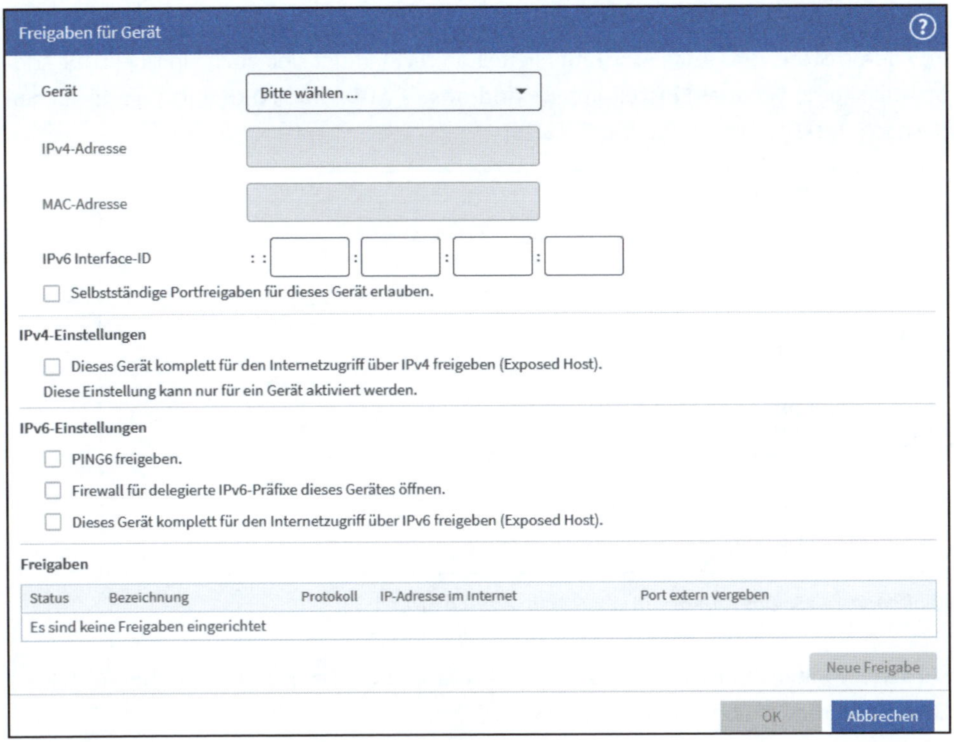

Abbildung 15.23: Gerät in der FRITZ!Box freigeben

Abbildung 15.24: In der FRITZ!Box einen Port freigeben

15.2.3 Home Assistant einrichten

Im Add-on Store von Home Assistant (siehe Kapitel 8) findet sich auch ein DuckDNS-Add-on. Navigieren Sie über **Einstellungen • Add-ons • + ADD-ON STORE** dorthin und suchen Sie nach *DuckDNS* (siehe Abbildung 15.25).

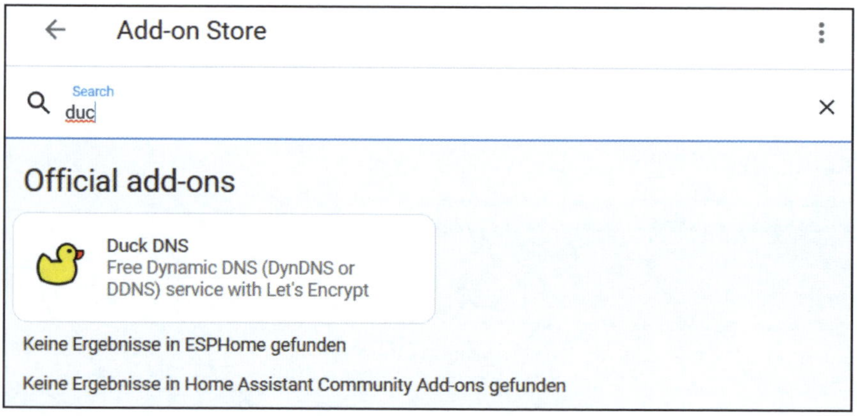

Abbildung 15.25: Das Add-on »DuckDNS« im Add-on Store

Klicken Sie auf die Karte und **Installieren** Sie das Add-on. DuckDNS muss aber noch konfiguriert werden (siehe Abbildung 15.26).

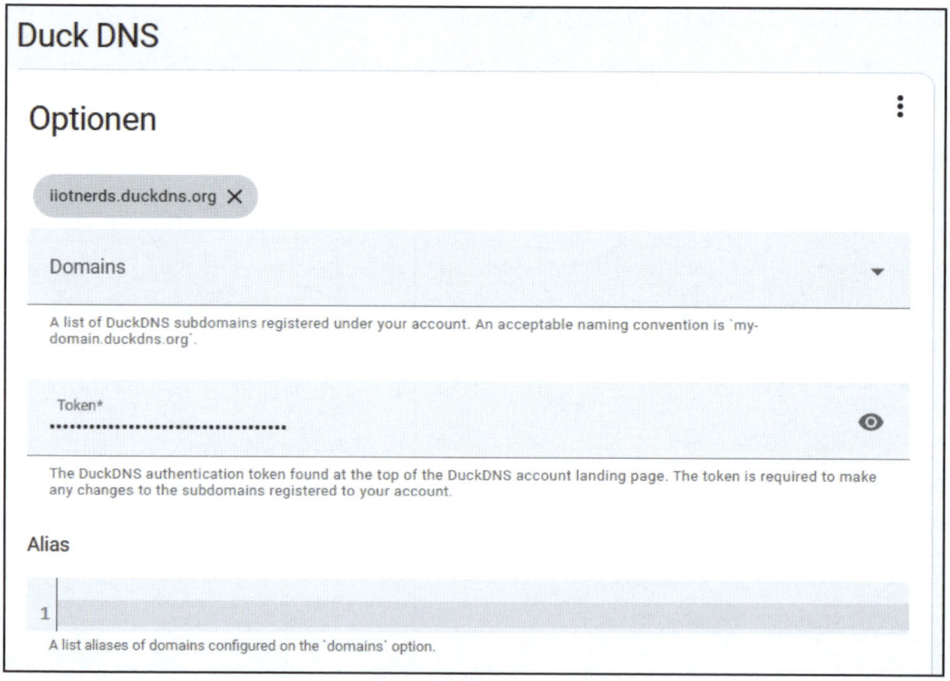

Abbildung 15.26: DuckDNS konfigurieren

Geben Sie in **Domains** den vollen Domänennamen ein (z. B. *iiotnerds.duckdns.org*) und in **Token** Ihr DuckDNS-Zugangstoken.

Überprüfen Sie die UI-Eingaben noch im YAML-Mode:

```
domains:
  - iiotnerds.duckdns.org
token: 89xxxxxx-xxxx-xxxx-xxxx-xxxxxxxxcae
aliases: []
lets_encrypt:
  accept_terms: false
  algo: secp384r1
  certfile: fullchain.pem
  keyfile: privkey.pem
seconds: 300
```

`seconds` ist die Zeitspanne, nach der das DuckDNS-Add-on nachsieht, welche IP-Adresse Ihr Router im Internet hat: Diese IP-Adresse wird DuckDNS gemeldet. Das wiederum versetzt den Dienst in die Lage, auf den eigenen Servern zu hinterlegen, dass Ihre Subdomäne (z. B. *iiotnerds.duckdns.org*) in eben die Adresse Ihres Routers aufzulösen ist.

Starten Sie DuckDNS und werfen Sie anschließend einen Blick in das **Protokoll** (siehe Abbildung 15.27).

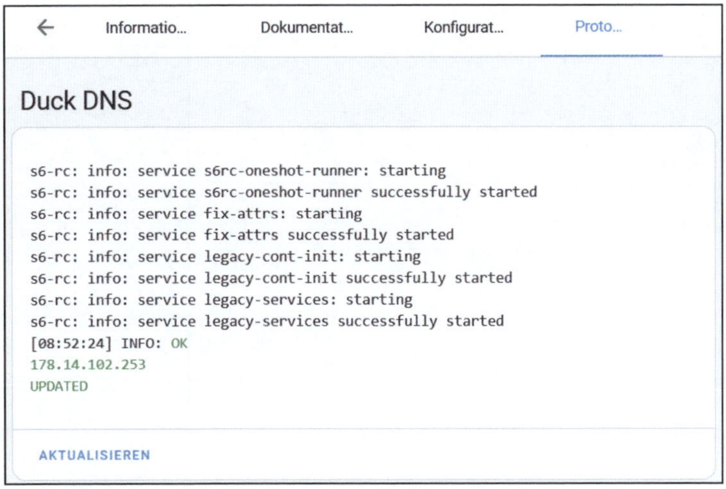

Abbildung 15.27: DuckDNS protokolliert den Start.

Sie erreichen Ihre Home-Assistant-Installation von nun an auch unter der Adresse *http://iiotnerds.duckdns.org:8123/* und können von außerhalb Ihres Heimnetzwerks ebenfalls auf sie zugreifen.

Auch wenn die Sicherheit Ihres Setups schon zuvor wichtig war – spätestens ab jetzt sollten Sie keine schwachen Passwörter und ungesicherten Konten mehr verwenden! Und zur allgemeinen Absicherung gehört auch, dass Sie besser nur über verschlüsselte Verbindungen auf Ihren Home-Assistant-Dienst zugreifen sollten. Darum kümmern wir uns jetzt.

15.2.4 Verschlüsselte Verbindung

Unverschlüsselte Verbindungen sind schnell eingerichtet, aber aus Gründen der Sicherheit ein Unding. Mit etwas mehr Aufwand lassen sich die Gefahren mindern, indem Sie eine verschlüsselte Verbindung einrichten.

DuckDNS konfigurieren

Öffnen Sie die DuckDNS-**Konfiguration** und setzen Sie `accept_terms: true`. Damit akzeptieren Sie die AGBs von *Let's Encrypt* (*https://letsencrypt.org/de/*), sodass DuckDNS ein Verschlüsselungszertifikat generieren kann. **Starten** Sie DuckDNS. Hier ist es wichtig, das **Protokoll** zu überprüfen (siehe Abbildung 15.28).

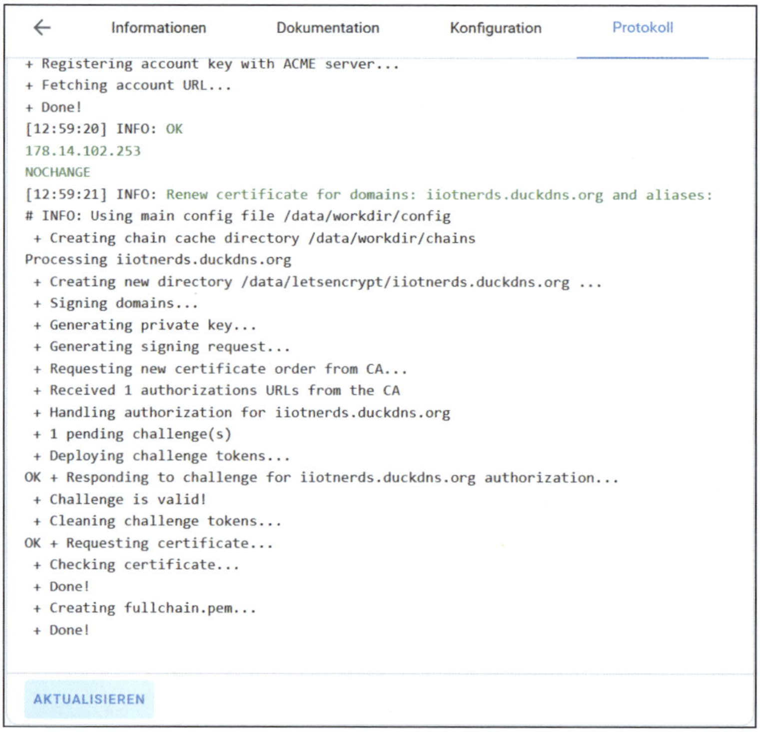

Abbildung 15.28: DuckDNS erstellt das Zertifikat.

Der Ablauf ist zunächst bis zum `OK` identisch mit dem Prozess zum Start einer unverschlüsselten Verbindung (siehe Abbildung 15.27). Ab dann setzt die Zusatzaufgabe ein, die das Verschlüsselungszertifikat erstellt. Der Prozess kann etwas dauern (mehrfaches Klicken auf **Aktualisieren** hilft oftmals).

Netzwerkeinstellungen ändern

Für Änderungen an den Netzwerkeinstellungen muss der *erweiterte Modus* freigeschaltet sein (linke Seitenleiste • **<Ihr_Benutzername>**). Die Einstellungen selbst nehmen Sie über **Einstellungen • System • Netzwerk** vor. Geben Sie bei **Internet** Ihre DuckDNS-Subdomäne ein (siehe Abbildung 15.29). Belassen Sie **Lokales Netzwerk** zunächst noch auf **Automatisch**.

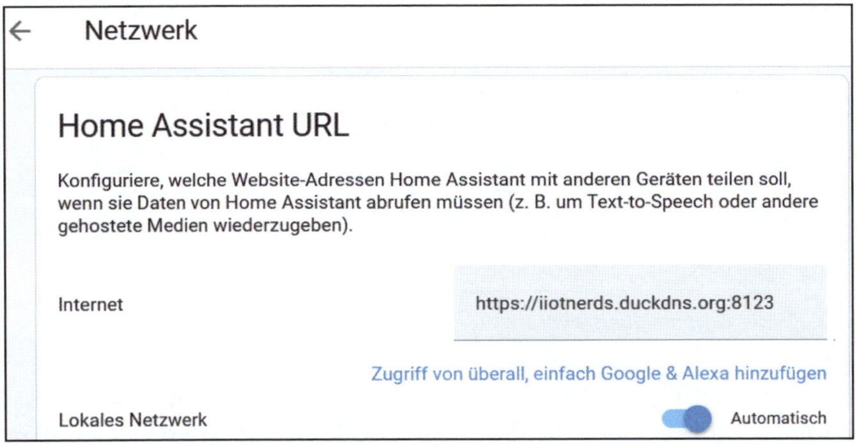

Abbildung 15.29: Die Netzwerk-URL festlegen

Die Konfigurationsdatei ändern

Home Assistant muss jetzt den Ort der Zertifikatsdateien kennen. Ändern Sie die *configuration.yaml* wie folgt:

```
http:
  base_url: https://iiotnerds.duckdns.org:8123
  ssl_certificate: /ssl/fullchain.pem
  ssl_key: /ssl/privkey.pem
```

Führen Sie einen Neustart durch. Ihre Anwendung sollte nun im Browser mit *https://iiotnerds.duckdns.org:8123* erreichbar sein. Entscheidend ist der Zusatz *https://*, der kennzeichnet, dass die Verbindung nun verschlüsselt ist. Sie sollten in Ihrem Browser entsprechend ein Schlosssymbol sehen.

Der lokale Aufruf

Nach einem Neustart sind Sie es bisher gewohnt gewesen, in Ihrer Anwendung automatisch wieder angemeldet zu sein. Das funktioniert beim ersten Mal nicht mehr, denn Sie haben auf eine verschlüsselte Verbindung umgestellt. Sie starten nun die lokale Verbindung mit *https://homeassistant.local:8123/*. Sie erhalten aber eine Warnmeldung (siehe Abbildung 15.30).

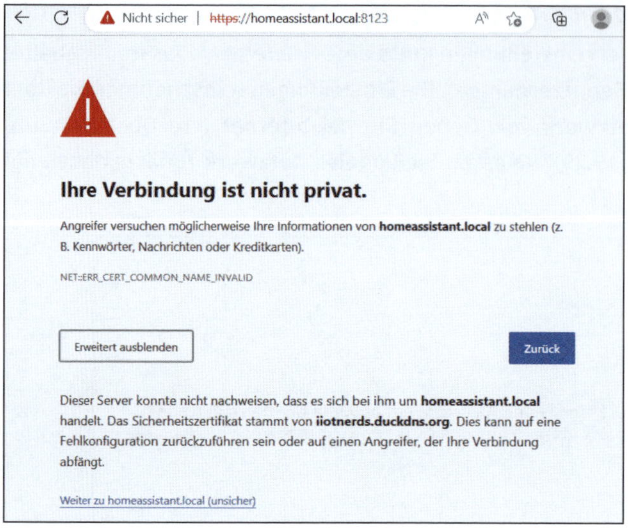

Abbildung 15.30: Die Warnmeldung im Browser

Die Warnmeldung ist dem Umstand geschuldet, dass der Browser das Verschlüsselungszertifikat nicht dem Browseraufruf zuordnen kann. Ein Klick auf **Erweitert** und **weiter zu homeassistant.local (unsicher)** umschifft das Problem fürs Erste.

Um die Warnmeldung dauerhaft zu beheben, geben Sie die DuckDNS-URL über **Einstellungen • System • Netzwerk** als Adresse für lokale Aufrufe ein. Damit sorgen Sie für eine einheitliche Anmeldung und stellen auch sicher, dass Zugriffe mit Ihrem lokalen PC wieder möglich sind (so z. B. das Herunterladen von Backups).

Sicherheitslevel erhöhen

Durch zwei Einträge zur *http*-Integration in die Datei *configuration.yaml* können Sie das Sicherheitslevel erhöhen:

```
cors_allowed_origins:
  https://google.com
  http://www.home-assistant.io
```

Hier können Sie vertrauenswürdige Adressen eintragen, von denen sogenannte *CORS-Zugriffe* erlaubt werden. Wenn Sie diese Option aktivieren, verringert das die Gefahr durch *Cross-Site-Scripting*. Die Wikipedia liefert eine gute Zusammenfassung zu diesem Thema unter *https://de.wikipedia.org/wiki/Cross-Origin_Resource_Sharing*.

```
ip_ban_enabled: true
login_attemt_threshold: 5
```

Mit diesen beiden Optionen sperren Sie eine IP-Adresse nach mehreren vergeblichen Anmeldeversuchen. Es ist nämlich so sicher wie das Amen in der Kirche, dass ein System, das frei zugänglich im Internet steht, Ziel von Angriffsversuchen wird. Meistens werden dabei einfach übliche Nutzernamen und Passwörter ausprobiert. Das ist an sich nicht schlimm, wenn Sie gute und sichere Passwörter nutzen. Trotzdem ist es nervig, wenn jemand quasi ständig an Ihrer Haustür rüttelt, auch wenn er nicht hineinkommt. Sorgen Sie daher dafür, dass nach fünf vergeblichen Anmeldeversuchen Ruhe ist – aber sperren Sie sich so nicht selbst aus.

15.3 VPN-Tunnel

Ein *VPN* ist ein *virtuelles nicht öffentliches Netzwerk*. »Virtuell« bedeutet, dass die verschiedenen Endgeräte in diesem Netzwerk – anders als z. B. in Ihrem Heimnetzwerk – nicht direkt physisch miteinander oder mit einem zentralen Router verbunden sind. Eine VPN-Verbindung dient dazu, über das ungeschützte Internet eine geschützte (verschlüsselte) Verbindung zwischen zwei Endpunkten herzustellen. Dienstleister stellen einen solchen externen Endpunkt gegen Entgelt bereit (z. B. NordVPN, *https://nordvpn.com/de*).

15.3.1 VPN-Tunnel einrichten

Einige Provider sind in Home Assistant über Add-ons gut integriert (etwa Tailscale, *https://tailscale.com*, und ngrok, *https://ngrok.com/*). Die kostenfreie Nutzung ist in aller Regel eingeschränkt, sofern eine solche überhaupt angeboten wird. Ein Ausweg steht FRITZ!Box-Inhabern offen. Mithilfe des integrierten *WireGuard* lässt sich ein VPN-Tunnel einrichten. Voraussetzung ist ein *MyFRITZ!Net*-Konto. WireGuard ist eine freie Software zum Aufbau eines virtuellen privaten Netzwerks (VPN) über eine verschlüsselte Verbindung. Als Besonderheit ist diese VPN-Technik direkt im Betriebssystemkern integriert und erlaubt so eine höhere Verarbeitungsgeschwindigkeit als vergleichbare Lösungen wie z. B. OpenVPN. Viele Router haben von Haus aus WireGuard an Bord.

Schritt 1: FRITZ!Box bei MyFRITZ!Net registrieren

MyFRITZ!Net bietet ein großes Angebot an Serviceleistungen, sodass sich eine Registrierung allemal lohnt. Registrieren Sie sich über das FRITZ!Box-Webinterface (**Internet • MyFRITZ!-Konto**) mit Ihrer E-Mail-Adresse. Per **Übernehmen** sendet MyFRITZ!Net Ihnen eine E-Mail mit dem Bestätigungslink zu Ihrer FRITZ!Box. Nach dem Registrierungsprozess bestätigt Ihnen das Webinterface, dass Sie angemeldet sind. Dem Abschnitt **MyFRITZ!-Internetzugriff** können Sie die Adresse entnehmen, mit der Sie einen externen Zugriff auf Ihr Heimnetz haben (siehe Abbildung 15.31).

[«]

MyFRITZ!-Internetzugriff

Hinter **MyFRITZ!-Internetzugriff** verbirgt sich ein DDNS-Dienst. Sie können ihn anstelle von DuckDNS einsetzen. Beachten Sie aber, dass auch hier Portfreigaben nötig sind.

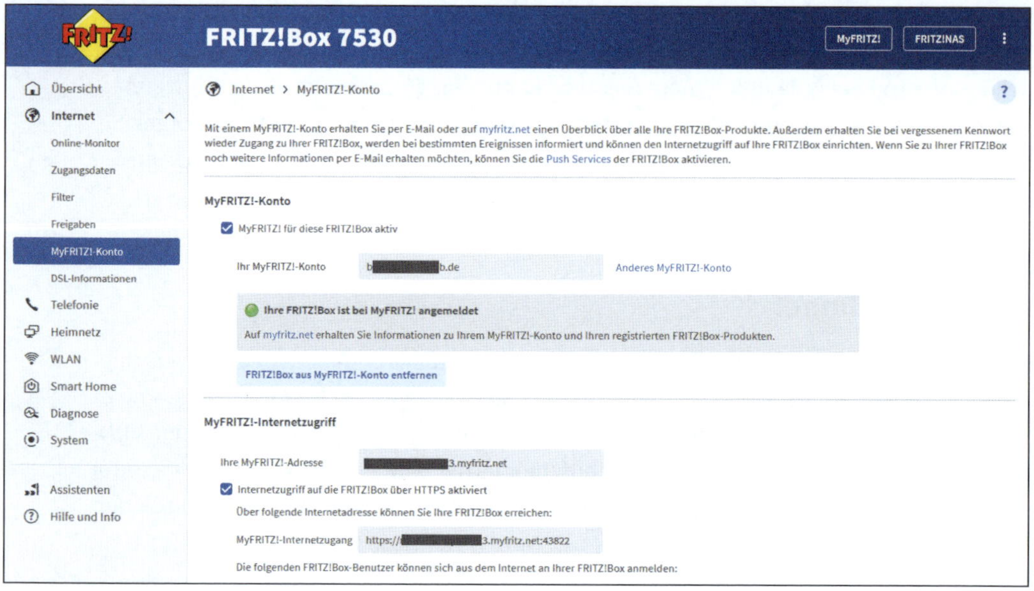

Abbildung 15.31: MyFRITZ!Net-Konto ist eingerichtet.

Schritt 2: IP-Netzwerk der FRITZ!Box überprüfen

Beide Endpunkte einer VPN-Verbindung müssen IP-Adressen aus unterschiedlichen IP-Netzwerken verwenden. Sobald sich das Mobilgerät mit einem Router (z. B. einer anderen FRITZ!Box) verbunden hat, der dasselbe IP-Netzwerk wie Ihre FRITZ!Box verwendet, ist keine VPN-Kommunikation mehr möglich. Überprüfen Sie daher die IP-Adresse Ihres Heimnetzes (**Heimnetz • Netzwerk • Netzwerkverbindungen • IP Adressen • IPv4-Einstellungen**).

Schritt 3: WireGuard installieren

Installieren Sie die *WireGuard*-App aus dem Google Play Store bzw. dem Apple App Store auf Ihrem Mobilgerät.

Schritt 4: WireGuard auf der FRITZ!Box aktivieren

Gehen Sie auf **Internet • Freigaben • VPN (WireGuard) • Verbindung hinzufügen**; dies öffnet den WireGuard-Assistenten (siehe Abbildung 15.32).

Belassen Sie es bei **Einzelgerät verbinden** und gehen Sie **Weiter**. Geben Sie im Folgefenster der Verbindung einen Namen und beenden Sie den Vorgang mit **Fertigstellen**. Die FRITZ!Box erbittet noch eine Ausführungsbestätigung (siehe Abbildung 15.33).

Nach der Bestätigung zeigt das Fenster zwei Möglichkeiten auf, die Einstellungen auf ein Gerät zu übertragen (siehe Abbildung 15.34).

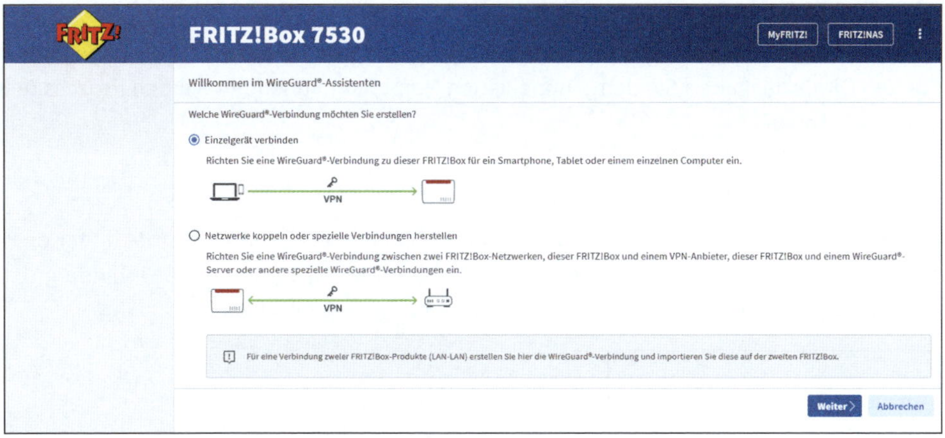

Abbildung 15.32: WireGuard-Assistent

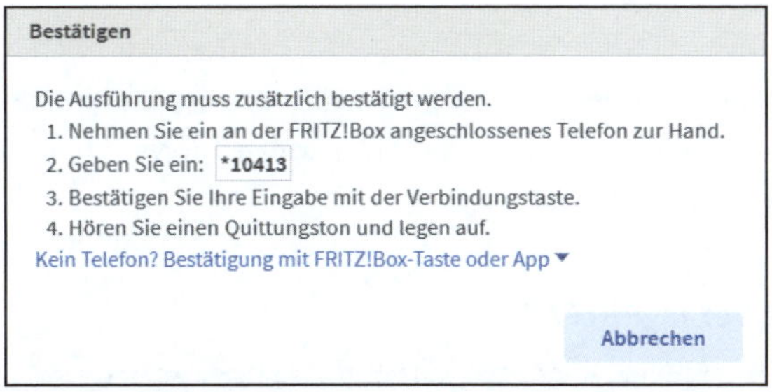

Abbildung 15.33: WireGuard-Assistent – Verbindung bestätigen

Abbildung 15.34: WireGuard-Assistent – Einstellungen übertragen

Schritt 5: Einstellungen übertragen

Öffnen Sie die WireGuard-App und fügen Sie über + einen neuen Tunnel hinzu. Scannen Sie den QR-Code, geben Sie dem Tunnel einen Namen und beenden Sie den Prozess mit **Tunnel erstellen**.

Schritt 6: VPN-Verbindung herstellen

Stellen Sie zu guter Letzt die Verbindung her, indem Sie das Ein/Aus-Symbol hinter dem Namen der von Ihnen eingerichteten VPN-Verbindung aktivieren. Eine Verbindung ist hergestellt, wenn das VPN-Symbol in der Symbolleiste angezeigt wird.

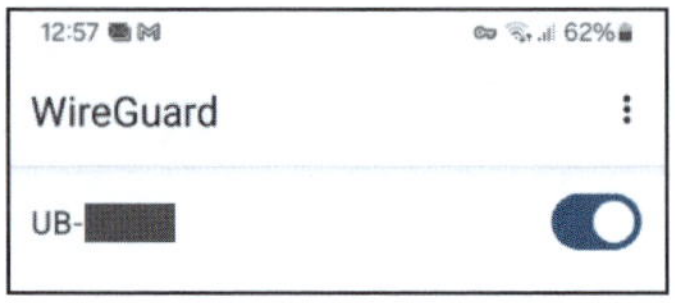

Abbildung 15.35: Die WireGuard-Verbindung ist hergestellt.

Nun können Sie an Ihrem Mobilgerät wie gewohnt durch Eingabe der Adresse Ihre lokale Home-Assistant-Instanz erreichen, auch wenn Sie sich nicht im heimischen Netz bewegen. Im Übrigen gilt dies für jede (lokale) Anwendung auch.

> **Anmerkung: DDNS versus VPN über MyFRITZ!Net**
> Die persönlichen Erfahrungen mit DDNS sind ausgesprochen gut. Hingegen erweist sich VPN häufig als langsam und instabil. Probieren Sie es aber selbst aus.

15.4 Alexa-Sprachausgaben

Für das Zusammenspiel von Home Assistant und Alexa bestehen zwei Ansätze:

- *Alexa Devices* (offizielle Integration)

  Home Assistant bietet inzwischen eine eigene Integration *Alexa Devices* (**Einstellungen • Geräte & Dienste • hinzufügen • Amazon • Alexa Devices**).

- *Alexa Media Player* (*Custom Component*)

  Das Projekt *Alexa Media Player* ist der tradierte Ansatz. Es ist weiterhin aktiv und wird gepflegt (**HACS • Alexa Media Player**).

Beide nutzen die inoffizielle API. Das birgt das Risiko, dass Amazon diese API sperrt mit der Folge, dass der Dienst nicht mehr funktioniert. Ein zweiter Pferdefuß besteht darin, dass Sie Ihr Amazon-Konto für Drittanbieter öffnen. Die nachstehende Vorgehensweise beschreibt eine 2-Faktor-Authentifizierung (*2FA* bzw. *2SV*, 2-Schritt-Verifizierung) für den Zugriff. Dies erhöht zwar das Sicherheitslevel, die latente Gefahr des Missbrauchs mit allen Konsequenzen besteht dennoch weiterhin (z. B. Fremdeinkäufe zulasten Ihres eigenen Kontos). Ein dritter Nachteil ist, dass der Zugang, zumindest was den Alexa Media Player betrifft, nicht »mal eben« eingerichtet ist.

15.4.1 Amazon 2FA – 2FA herstellen

Öffnen Sie ein neues Browserfenster, loggen Sie sich in Amazon ein und navigieren Sie zum Sicherheitsbereich mit **Mein Konto • Anmeldung & Sicherheit** (siehe Abbildung 15.36). Je nach Kontoeinstellungen müssen Sie noch den Wechsel in das neue Fenster durch eine Sicherheitsabfrage genehmigen.

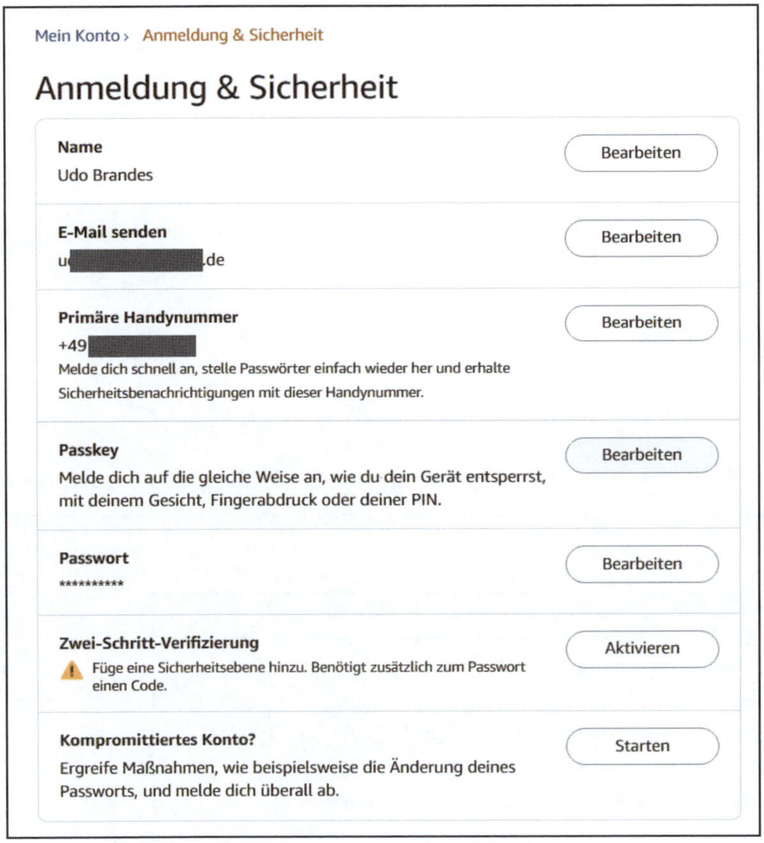

Abbildung 15.36: Der Bereich »Anmeldung & Sicherheit«

Aktivieren Sie die **Zwei-Schritt-Verifizierung**, damit Sie einen *Authentifikator* registrieren können (siehe Abbildung 15.37). Als Authentifikator haben Sie die Wahl zwischen einer Mobilfunknummer und einer Authentifizierungs-App wie z. B. Google-Authenticator. Geben Sie der App den Vorzug, wenn Alexa Devices verwenden möchten, da sich die Integration nur so einrichten lässt.

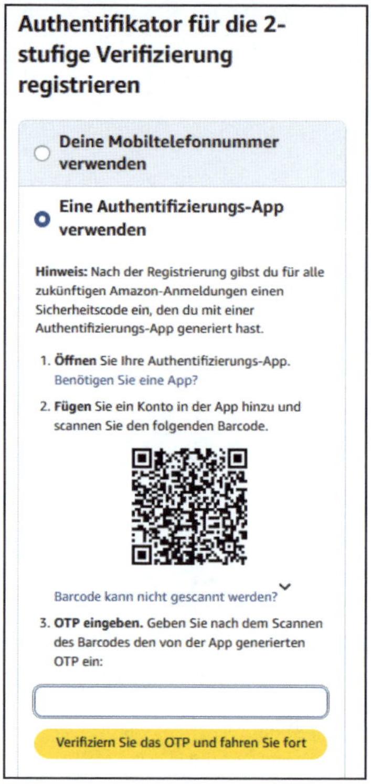

Abbildung 15.37: Authentifikator für 2SV registrieren

Scannen Sie mit der App den Barcode und geben Sie den von der App generierten Wert ein. Mit **Verifizieren** fahren Sie fort und können den Prozess nach einem Folgefenster abschließen.

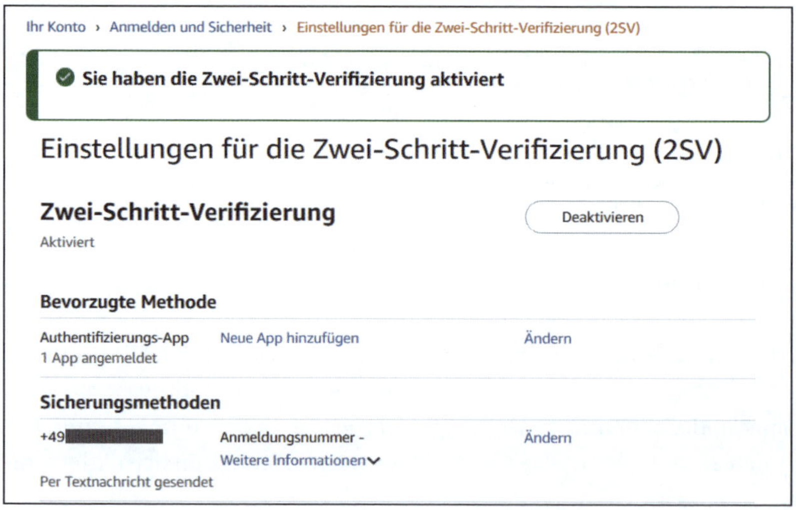

Abbildung 15.38: Amazon 2SV ist aktiviert.

15.4.2 Die Integration »Alexa Devices«

Alexa Devices ist die im Vergleich einfacher zu installierende Option.

Die Integration »Alexa Devices« hinzufügen

Gehen Sie zu **Einstellungen • Geräte & Dienste**. Fügen Sie als Nächstes die Integration *Alexa Devices* hinzu mit **Integration hinzufügen • Amazon • Alexa Devices**. Sie werden zur Eingabe der Amazon-Anmeldedaten aufgefordert (siehe Abbildung 15.39). Den OTP-Code übernehmen Sie aus der Authenticator-App.

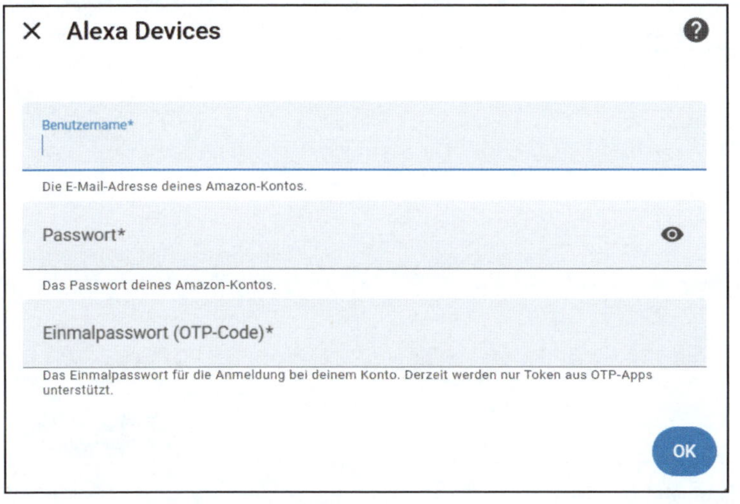

Abbildung 15.39: Amazon-Anmeldedaten

Nach **OK** erhalten Sie eine Liste Ihrer registrierten Alexa-Geräte (siehe Abbildung 15.40).

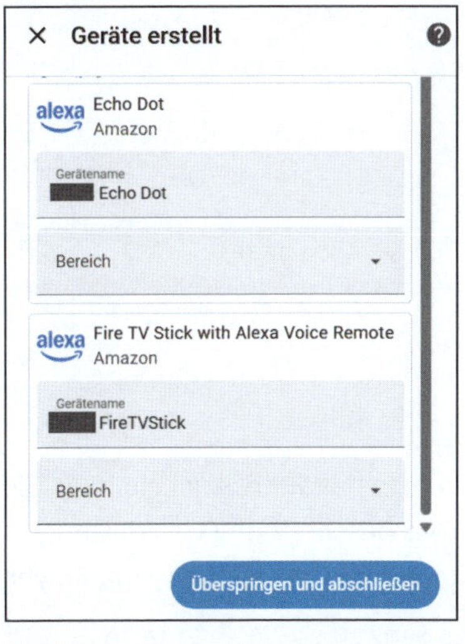

Abbildung 15.40: Alexa-Devices-Geräteliste

Legen Sie gegebenenfalls Bereiche fest und schließen Sie den Vorgang ab.

»Alexa Devices« testen

Für einen Test bieten sich wieder die Entwicklerwerkzeuge an: **Entwicklerwerkzeuge • Aktionen** (Beispielparameter siehe Abbildung 15.41).

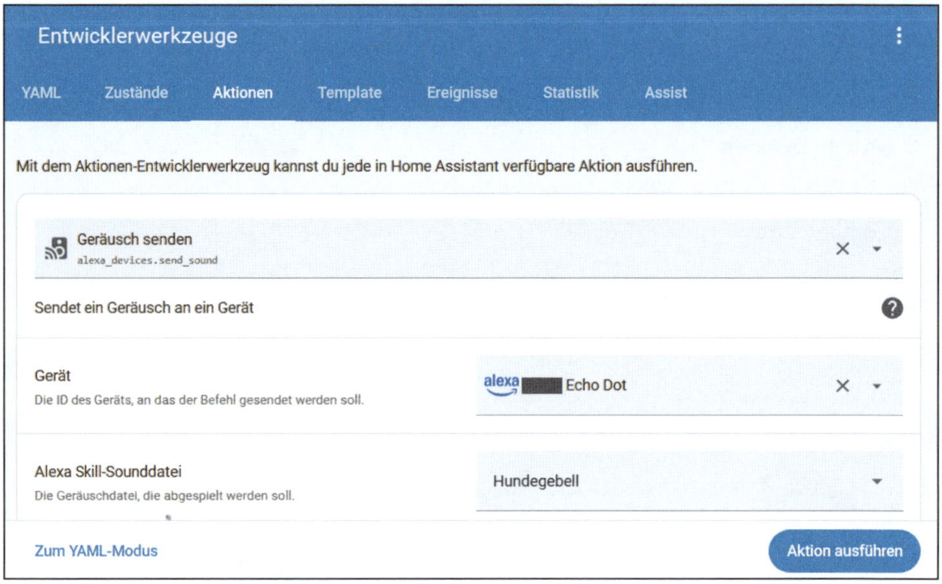

Abbildung 15.41: Test der »Alexa Devices«

Die Aktion `alexa_devices.send_text_command` tut, was der Name andeutet, und sendet einen Befehl an Alexa. Ein Beispiel einer Sprachnachricht entnehmen Sie dem Codebeispiel aus Listing 15.2.

```
action: notify.send_message
target:
  entity_id: notify.echo_dot_sprechen
data:
  message: Dies ist eine Test-Nachricht aus Home Assistant.
```

Listing 15.2: Eine Testnachricht aus Home Assistant

15.4.3 Der Alexa Media Player

Der Alexa Media Player ist die leistungsfähigere Option. Die Installation weist ein paar Tücken auf, was auch der Grund für die etwas detailliertere Beschreibung ist. Im Übrigen empfehlen die Entwickler dringend, immer die neueste Version von Alexa Media Player auf der neuesten Version von HA Core zu verwenden.

Das Repository »Alexa Media Player« hinzufügen

Fügen Sie das *Alexa Media Player*-Repository aus dem Home Assistant Community Store (HACS, siehe Kapitel 9) hinzu: **HACS • Integrationen • + Durchsuchen und Herunterladen von Repositories** (siehe Abbildung 15.42). Ein Klick auf den Eintrag **Alexa Media Player • Herunterladen** fügt das Repository hinzu.

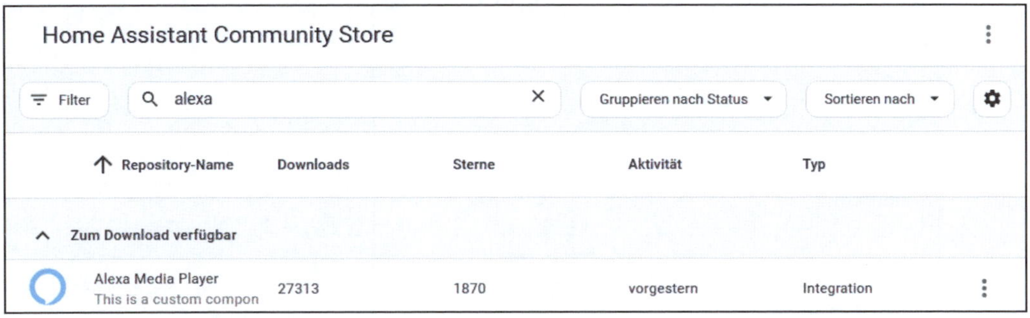

Abbildung 15.42: Das Repository »Alexa Media Player« hinzufügen

Starten Sie das System neu.

Die Integration »Alexa Media Player« hinzufügen

Gehen Sie zu **Einstellungen • Geräte & Dienste**. Fügen Sie als Nächstes die Integration *Alexa Media Player* hinzu mit **Integration hinzufügen** (siehe Abbildung 15.43).

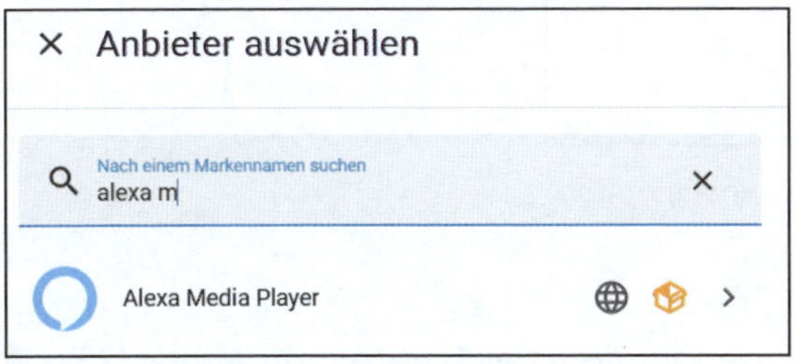

Abbildung 15.43: Die Integration »Alexa Media Player« hinzufügen

Die Konfiguration beginnen

Die Konfiguration dieser Integration ist ein verwirrendes Pingpongspiel zwischen Home Assistant und Ihrem Amazon-Konto. (Abbildung 15.44 zeigt nur einen Ausschnitt des Konfigurationsfensters.)

Beginnen Sie mit den einfachen Angaben und lassen Sie zunächst **Integrierter-2FA-Schlüssel** unbeachtet:

- **Amazon Region** ist die Region, in der Ihr Amazon-Konto gehostet wird. Für Deutschland ist dies in der Regel `amazon.de`.
- **E-Mail-Adresse** ist die E-Mail-Adresse Ihres Amazon-Benutzerkontos.

- **Passwort** ist das zugehörige Passwort.
- **Home Assistant-URL**: Dies ist die URL, unter der Ihre Anwendung aktuell zu erreichen ist. Sie wird vom System vorbelegt.

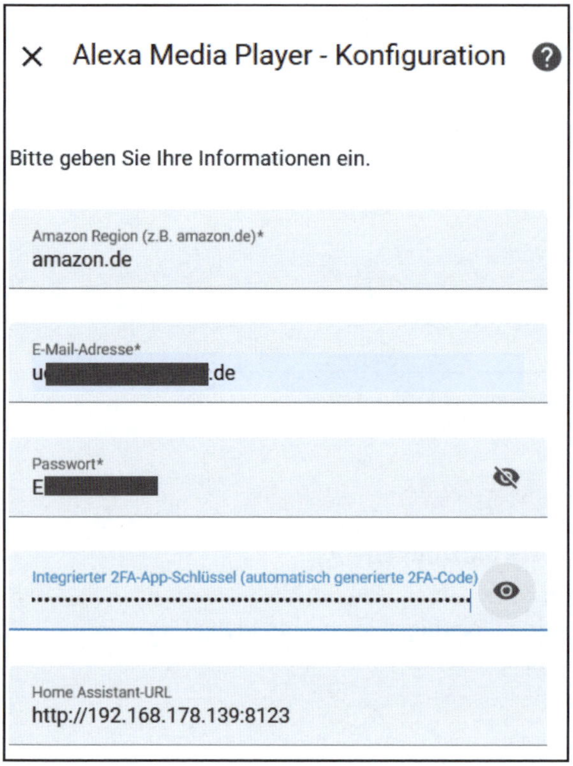

Abbildung 15.44: Die »Alexa Media Player«-Konfiguration

OTP-Bestätigung vornehmen

Wechseln Sie wieder zu den **Einstellungen für die Zwei-Schritt-Verifizierung (2SV)** in Ihrem Amazon-Konto (Abschnitt **Bevorzugte Methode**, siehe Abbildung 15.45).

Abbildung 15.45: Amazon-Konto – die bevorzugte 2SV-Methode

Starten Sie den Dialog mit **Neue App hinzufügen** (siehe Abbildung 15.46).

Da aber der Barcode nicht gescannt werden kann, müssen Sie ihn sich anderweitig anzeigen lassen (siehe Abbildung 15.47).

Abbildung 15.46: Das Fenster zum Registrieren der Authentifizierungs-App

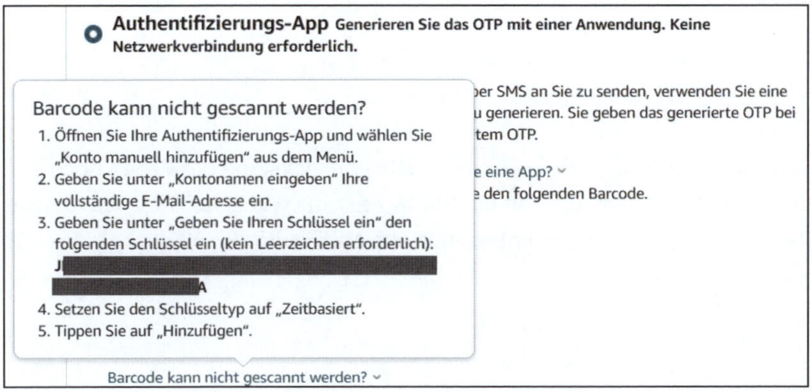

Abbildung 15.47: Der Amazon-2SV-Authentifizierungsschlüssel

Kopieren Sie den Schlüssel, wechseln Sie zurück zu Home Assistant und geben Sie ihn in **Integrierter-2FA-Schlüssel** ein.

Scrollen Sie an den Fuß des Fensters und schließen Sie die Konfiguration mit **Absenden** ab. Sie erhalten einen OTP-Code.

Lassen Sie das Fenster stehen, geben Sie den Code im Amazon-Fenster ein und verifizieren Sie ihn. Die Amazon-Einstellungen für die 2SV melden Ihnen nun zwei hierfür registrierte Apps.

Abbildung 15.48: Von Alexa Media Player generierter OTP-Code

Die Registrierung in Home Assistant und Alexa abschließen

Kehren Sie zu Home Assistant zurück (der OTP-Code ist nun blau hinterlegt) und aktivieren Sie das Kontrollkästchen für die erfolgreiche OTP-2FA-Bestätigung (siehe Abbildung 15.49).

Abbildung 15.49: OTP-2FA wird als erfolgreich bestätigt.

Ein Klick auf **Absenden** führt Sie auf die Anmeldeseite von Alexa, um das Ganze noch einmal zu bestätigen. Leider ändert Amazon hin und wieder die Webseite wie auch die einzelnen Schritte bzw. die zu tätigenden Angaben (siehe Abbildung 15.50).

Abbildung 15.50: Sie müssen die Verbindung in Alexa erneut bestätigen.

Ergänzen Sie Ihr Amazon-Passwort und gehen Sie mit **Anmelden** weiter. Es folgt eine 2SV mit Ihrer Authentifizierungs-App. Danach ist die Amazon-Seite erledigt.

Auch die Home-Assistant-Seite ist fast abgeschlossen. Sie sollten eine Erfolgsmeldung erhalten (siehe Abbildung 15.51).

Abbildung 15.51: »Alexa Media Player« wurde erfolgreich eingerichtet.

Schließen Sie den (langen) Prozess der Einrichtung mit **Fertig** ab. **Integrationen** hat nun eine neue Karte **Alexa Media Player** mit 5 Geräten und 28 Entitäten, auf die Sie nun mit Home Assistant zugreifen können (siehe Abbildung 15.52).

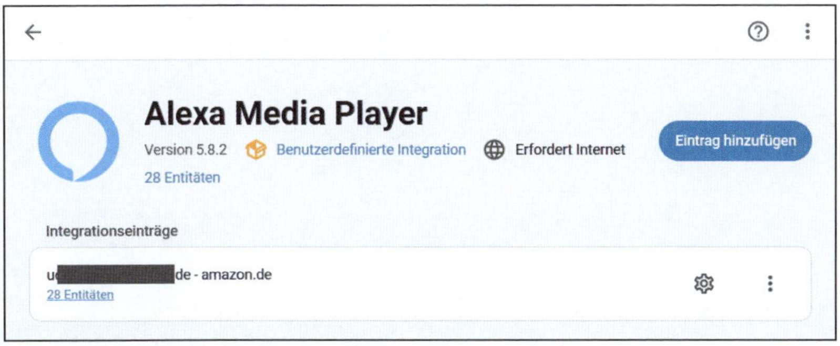

Abbildung 15.52: Die Karte »Alexa Media Player«

Alexa Media Player testen

Für einen Test bieten sich wieder die Entwicklerwerkzeuge an: **Entwicklerwerkzeuge • Aktionen**. Setzen Sie die Aktion im **YAML-Modus**. Geben Sie dazu das Codebeispiel aus Listing 15.3 ein. Sie sollten dann Ihre Nachricht aus den Echo-Geräten hören.

```
action: notify.alexa_media
data:
  message: Dies ist eine Test-Nachricht aus Home Assistant.
  target: media_player.udos_echo_dot
```

Listing 15.3: Eine Testnachricht aus Home Assistant

Mini-Mediaplayer

Für das Dashboard ist der *Mini-Mediaplayer* eine feine Ergänzung. Er ist ebenfalls eine Komponente aus dem *Home Assistant Community Store* (HACS). Die Installation erfolgt über **HACS • Frontend • + Durchsuchen und Herunterladen von Repositories**. Suchen Sie das Repository *Mini-Mediaplayer*, laden Sie es herunter und führen Sie einen Reload des Browsercaches durch (`Strg`+`F5`).

Fazit: Wie so häufig gibt es mehrere Wege, um ein Ziel zu erreichen – hier den externen Zugriff auf die Anwendung. Ob dieser Zugriff unter dem Gesichtspunkt »Verletzlichkeit des heimischen Netzes« ein lohnendes Ziel ist, steht auf einem anderen Blatt.

Kapitel 16
Produkte für die Hausautomation

Wer die Wahl hat, hat die Qual. Die Produktauswahl für Geräte zur Gebäude- und Hausautomation ist schier unendlich. Aber einige stehen häufiger im Rampenlicht.

Wenn Sie Produkte zur Hausautomation kaufen wollen, finden Sie bei den einschlägigen Elektronikhändlern ein umfangreiches Angebot von verschiedenen Herstellern. Dabei hört eine zeitgemäße Heimautomation bei Lampen, Thermostaten und Alarmanlagen noch lange nicht auf. Vielmehr erlaubt die Vielzahl von Anbietern und Komponenten für jede Wunschkonfiguration und Ausbaustufe eine passende Lösung.

Zu beachten ist jedoch, dass diverse Produkte einem schnellen Wandel unterworfen sind. Das gilt besonders für alles, was an eine Cloud angebunden wird und entsprechend häufige Updates bekommt. Es ist nicht einfach, damit Schritt zu halten – weder für Sie und mich noch für die (ehrenamtlichen) Entwicklerteams von Home Assistant oder den unterschiedlichen Integrationen. Daher kann es leider immer wieder vorkommen, dass Lösungen und Integrationen auf einmal nicht mehr so funktionieren, wie sie es in der Vergangenheit getan haben oder wie ich es hier beschreibe.

In diesem Kapitel stelle ich Ihnen einige gängige Komponenten und Systeme vor. Beginnen möchte ich jedoch mit einigen grundsätzlichen Überlegungen zur Produktauswahl.

16.1 Überlegungen zur Produktauswahl

Die Anzahl der Produkte, die Sie in Home Assistant integrieren können, ist enorm und steigt fulminant weiter an – jeder etablierte Gerätehersteller entdeckt den Heimautomatisierungsmarkt als Geschäftsfeld, und neue Anbieter kommen hinzu. Einen detaillierten Überblick über die auf dem Markt befindlichen Produkte zu geben und sie zu vergleichen und zu bewerten, ist daher nicht auch nur ansatzweise möglich.

Neben Preis, Produktdesign oder dergleichen gibt es jedoch zwei Punkte, die wichtig sind und die ich Ihnen nachfolgend näherbringen möchte.

16.1.1 Konzentrieren Sie sich auf ausgesuchte Produktlinien

Lassen Sie mich an dieser Stelle eine kleine Empfehlung aussprechen. Home Assistant verfolgt zwar den Ansatz, eine Vielzahl verschiedener Hersteller, Geräte und Protokolle unter einem Dach zu integrieren, was vorteilhaft ist, wenn Sie mit vorhandenen Geräten unterschiedlicher Herkunft einsteigen. Stehen Sie aber noch ganz am Beginn, lohnt es sich, ein paar Gedanken darauf zu verwenden, welche Leistungen das Smart Home im Endausbau erbringen soll. Wählen Sie dann eine Produktlinie aus, die diese Anforderungen möglichst gut abdeckt. Das hält das System einfach.

Zwar lassen sich natürlich auch Lampen von Hersteller A mit einem Sensor von Hersteller B und einem Taster von Hersteller C verknüpfen, dies erfordert aber viel mehr Software und Konfigurationsaufwand als eine Lösung aus einer Hand.

16.1.2 Technologie der Gerätekommunikation

Unter »Technologie der Gerätekommunikation« ist die Art und Weise zu verstehen, wie die Geräte miteinander kommunizieren bzw. wie sie durch Home Assistant angebunden werden. Die Klassiker sind kabelgebundene Verbindungen wie *One Wire*, *KNX* und *Homematic IP Wired*. Dem großen Vorteil der geringen Störanfälligkeit steht der ebenso große Nachteil gegenüber, dass sich Kabel im Nachhinein häufig nur mit großem Aufwand verlegen lassen.

Insofern überwiegen funkgestützte Anbindungen, von denen jede ihre Vorzüge oder Schattenseiten besitzt. Mit Tabelle 16.1 versuche ich, Ihnen zum Einstieg einen Überblick über die wichtigsten Standards zu geben. Auf die einzelnen Standards und Produkte gehe ich im Anschluss noch etwas genauer ein.

	Max. Übertragungsrate	Reichweite (innen)	Frequenzbereich	Energieverbrauch	Hersteller
WLAN	1.000–1.300 MBit/s (WiFi5)	50 m	(hauptsächlich) 2,4–2,48 GHz	hoch	Belkin WeMo DLink Tado Google Home
Bluetooth 5.0 Low Energy (BLE)	1–3 MBit/s	100 m	2,40– 2,48 MHz	niedrig	
Zigbee	250 kBit/s	10–15 m	2,4 GHz	niedrig	Philips Hue Ikea Tradfri Osram Xiaomi Samsung
Z-Wave	9,6–40 kBit/s	30 m	868 MHz	niedrig	Samsung SmartThings Homee Smart Home Devolo

Tabelle 16.1: Funkstandards der Gerätekommunikation

	Max. Übertragungsrate	Reichweite (innen)	Frequenzbereich	Energieverbrauch	Hersteller
EnOcean	125 kBit/s	30 m	868 MHz	sehr niedrig	Homee Smart Home Somfy Wago
HomeMatic IP	9,6 kBit/s	20–30 m	868– 869,52 MHz	niedrig	HomeMatic Innogy
Thread	250 kBit/s	20 m	868 MHz 2,4 GHz	niedrig	Google Apple

Tabelle 16.1: Funkstandards der Gerätekommunikation (Forts.)

WLAN

Die Idee, Funkverbindungen für schnelle Datenübertragungen zu nutzen, geht bis in die 1970er-Jahre zurück. Seit 1997 ist das heute gebräuchliche IEEE-802.11-Funkprotokoll im Einsatz, das umgangssprachlich einfach als *WLAN* bezeichnet wird. Derzeit basieren die meisten WLAN-Netze auf den Funkstandards IEEE-802.11n und 802.11ac (Wi-Fi 4 und Wi-Fi 5). Obwohl die theoretischen Übertragungsraten bei 600 MBit/s bzw. 1.500 MBit/s liegen, ist dieser Wert in der Praxis kaum erreichbar, weil viele Router nicht mehrere Datenströme parallel empfangen können oder die örtliche Umgebung (z. B. Betondecken, Wände) das Signal dämpfen. WLAN-Router nutzen das 2,4-GHz-Frequenzband mit vier überlappungsfreien Kanälen, neuere Modelle verwenden auch das 5-GHz-Frequenzband mit 19 Kanälen.

Die Vorteile von WLAN sind, dass es vergleichsweise sicher ist und eine hohe Übertragungsrate bietet. Das bedeutet aber auch, dass es energieintensiv ist und es daher zu Störungen kommen kann (durch die hohe Nutzeranzahl vor allem im 2,4-GHz-Band bzw. im 5-GHz-Band wegen der geringeren Reichweite). Unter *https://youtu.be/VEbKl-zm6lA* können Sie detailliertere Informationen abrufen.

Dennoch ist der WLAN-Funkstandard bei Smart-Home-Produkten nahezu stets vertreten, weil er häufig die Kommunikation zwischen Smart-Home-Hub und Router regelt bzw. für Geräte wie Smart-TVs und Kameras bei der Übertragung großer Datenmengen eine Rolle spielt.

Bluetooth 5.0 Low Energy (BLE)

Bluetooth wurde ursprünglich in den 1990er-Jahren als Industriestandard entwickelt, um Daten zwischen Geräten über eine kurze Distanz mittels Funk zu übermitteln. Der Name »Bluetooth« geht auf den dänischen König Harald Blauzahn zurück, der verfeindete Teile Norwegens und Dänemarks vereinte. Das Logo zeigt ein Monogramm zweier altnordischer Runen. Bluetooth folgt dem IEEE-Standard 802.15.4.

Bei Bluetooth unterscheidet man inzwischen zwei Kategorien: *Bluetooth Classic* und *Bluetooth Low Energy* (BLE). Im Gegensatz zu Bluetooth Classic, das immer aktiviert ist, bleibt BLE abgesehen von einem Verbindungsaufbau ständig im Ruhezustand. Dies reduziert den Stromverbrauch in Abhängigkeit vom Anwendungsfall um bis zu 99 %.

Bluetooth punktet durch seine Energiesparsamkeit sowie durch seine weite Verbreitung. Dem stehen geringe Stabilität und eine geringe Reichweite gegenüber.

Bluetooth kommt immer dann zum Einsatz, wenn relativ nah beieinanderliegende Geräte kabellos miteinander verbunden werden sollen. Je nach Bluetooth-Klasse beläuft sich die Reichweite auf 1 m bis maximal 100 m. Das sind jedoch auch hier theoretische Werte.

Zigbee

Zigbee geht auf eine Initiative verschiedener Unternehmen zurück, die im Jahr 2002 eine Allianz für die Entwicklung eines Funkstandards zur Datenübertragung in Netzwerken mit geringem Datenaufkommen und minimalem Energieverbrauch gründeten.

Zigbee nutzt wie Bluetooth den IEEE-Standard 802.15.4 und erweitert das Protokoll um drei Schichten.

In einem *Mesh-Netzwerk* (hier ist jeder Netzwerkknoten mit einem oder mehreren anderen verbunden) empfangen die einzelnen Smart-Home-Geräte nicht zwingend nur vom zentralen Gateway Nachrichten. Jedes Gerät übernimmt die Funktion eines Netzwerkknotens und kann Informationen weiterleiten, sodass mit dem Hub verbundene Geräte auch untereinander kommunizieren. Das ist auch der Grund dafür, dass die Verbindung in großen Bereichen mit mehreren Räumen trotz Wänden in der Regel störungsfrei funktioniert. Weiterführende Informationen finden Sie z. B. in dem Video unter *https://youtu.be/THtVeaxnd9E*. Die Vorzüge von Zigbee liegen im geringen Energiebedarf, in der geringen Störanfälligkeit und in der hohen Verbreitung und der damit einhergehenden großen Auswahl an Herstellern.

Z-Wave

Z-Wave geht auf eine Entwicklung des dänischen Unternehmens Zen-Sys aus dem Jahr 2001 zurück. 2005 wurde dann die *Z-Wave Allianz* gegründet, ein Verbund von 600 Unternehmen, die sich mit der Entwicklung und Herstellung von Produkten zur Heimautomation befassen.

Bei Z-Wave handelt es sich um einen proprietären Funkstandard, bei dem durch eine umfassende Spezifikation aller Kommunikationsaspekte und eine Zertifizierung der Produkte eine Interoperabilität aller mittels Z-Wave kommunizierenden Geräte erreicht werden soll.

In Europa nutzt Z-Wave den 868-MHz-Frequenzbereich. Z-Wave-Geräte bilden ähnlich wie bei Zigbee ein Netzwerk, das eine eindeutige ID besitzt. Innerhalb des Netzwerks besitzt jedes Gerät eine ID, die im eingebauten Chip festgelegt ist. Der Nachrichtenfluss ist bidirektional, was erlaubt, dass der Empfänger den Nachrichtenempfang quittiert.

Unter *https://youtu.be/k2qOh105tug* können Sie eine ausführliche Beschreibung aufrufen.

Vorteile sind – eben durch die Nutzung des 868-MHz-Frequenzbands – die Störungsarmut, der geringe Energiebedarf, die mit 232 hohe Anzahl der Geräte, die sich untereinander verbinden können, und die starke Verbreitung. Nachteilig ist die geringe Übertragungsrate.

EnOcean

Der Funkstandard *EnOcean* geht auf eine Initiative von Siemens aus dem Jahr 2001 zurück. Ihr Ziel war es, ein Protokoll für die drahtlose Kommunikation in der Industrie schaffen. In der 2008 gegründeten *EnOcean Allianz* versammeln sich über 400 Unternehmen (unter anderem auch Microsoft).

EnOcean-Geräte kommen ohne Batterie aus. Sie beziehen ihre Energie aus Mini-Solarzellen, aus der durch eine Bewegung erzeugten Energie (z. B. beim Drücken eines Schalters) oder durch Temperaturunterschiede in der Umgebung (Stichwort *Energy Harvesting*).

EnOcean-Geräte verbrauchen daher kaum Energie, allerdings ist ihre Reichweite gering.

HomeMatic IP

HomeMatic IP ist ein von der Firma eQ-2 AG entwickeltes proprietäres Protokoll. Es basiert auf dem IPv6-Protokoll und nutzt ebenfalls den 868-MHz-Frequenzbereich.

Von Vorteil ist die hohe Sicherheit. Sehr von Nachteil ist, dass es nicht mit anderen Smart-Home-Systemen kompatibel ist.

Thread

Thread ist eine energiesparende Drahtlos-Mesh-Netzwerktechnologie mit geringem Stromverbrauch für IoT-Produkte. Treiber ist die Arbeitsgruppe *Thread Group*, die sich im Juli 2014 gegründet hat. Ihr gehören namhafte Firmen wie Google, Amazon oder Apple an, was das ambitionierte Ziel stärkt, Thread als allgemeinen Funkstandard der Zukunft zu etablieren.

Thread verwendet ebenso wie Zigbee das Protokoll IEEE 802.15.4 und ist IP-adressierbar. Auch sonst verfolgen beide Protokolle ähnliche Grundideen: Beide nutzen das gleiche Verschlüsselungsverfahren und arbeiten in einem Netzwerk. In einem Thread-Netzwerk gibt es drei Gerätearten: *Endgeräte*, *Router* und *Border Router*. Dabei sind primär der oder die Router für die Stabilität und Reichweite des Netzwerks verantwortlich.

Trotz der vielen ähnlichen Ansätze gibt es auch große Unterschiede zwischen Thread und Zigbee. Hervorzuheben ist, dass Thread jedem Gerät im Netzwerk eine IP-Adresse auf Basis des IPv6-Protokolls zuordnet. Das bedeutet, dass auch die stromsparend funkenden Geräte so erreichbar sind, als wären sie per WLAN oder Ethernet-Kabel mit einem Router verbunden.

Etwas nachteilig ist, dass Thread-fähige Produkte zwar auf dem Markt erhältlich sind, aber noch nicht die Marktdurchdringung von Geräten mit den etablierten Protokollen erreicht haben.

Matter

Matter (früher *Project Connected Home over IP*, CHIP) ist ein proprietäres, aber lizenzfreies und quelloffenes Kommunikationsprotokoll (nicht zu verwechseln mit einem Funkstandard) für die Hausautomatisierung. Matter nimmt unter den Protokollen eine Sonderstellung ein, weil es in der obersten Schicht des Netzwerkprotokollstapels verortet ist (siehe Abbildung 16.1).

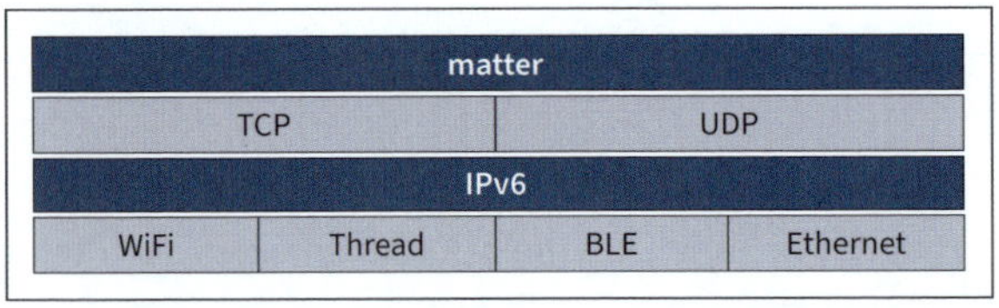

Abbildung 16.1: Schichten des Netzwerkprotokollstapels

So kann die Kommunikation über Matter mittels WLAN, Ethernet, Bluetooth LE, IEEE 802.15.4 und Thread erfolgen, wobei IPv6 mit Protokollen wie TCP und UDP genutzt wird. Matter ermöglicht auch die Verbindung zu anderen Smart-Home-Technologien wie Zigbee, Bluetooth Mesh und Z-Wave über Bridging. Da Matter als der Standard der Zukunft gehandelt wird, soll Abbildung 16.2 eine mögliche Topologie des Heimnetzes veranschaulichen.

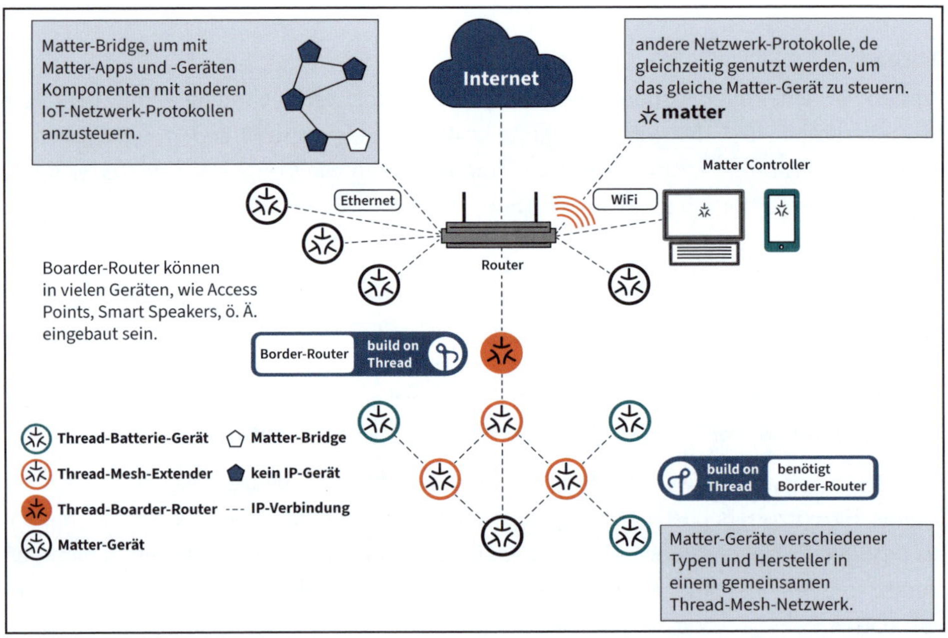

Abbildung 16.2: Matter-Topologie

Matter steckt hinsichtlich der verfügbaren Produkte noch in den Kinderschuhen. Eine Übersicht über Matter-kompatible Geräte finden Sie unter *https://matter-smarthome.de/diese-geraete-produkte-sind-kompatibel-mit-matter/*. Ein experimentelles Setup stelle ich Ihnen in Abschnitt 17.6 vor.

16.2 AVM – die FRITZ!Box

AVM offeriert mit seinen FRITZ!-Produkten eine breite Basis für das Heimnetz. Die Produktpalette umfasst nicht nur Geräte für den Netzwerkbetrieb wie Router (FRITZ!Boxen), Repeater (*FRITZ!WLAN*) oder Adapter zur schnellen Vernetzung über Ihre Stromleitung (*FRITZ!Powerline*), sondern auch Geräte, die als Bestandteile eines Smart Homes dienen (*FRITZ!DECT*, z. B. Taster, Steckdosen, Heizkörperthermostate).

Dementsprechend gibt es für Home Assistant drei spezielle Integrationen:

- AVM FRITZ!Box Tools
- AVM FRITZ!SmartHome
- AVM FRITZ!Box Call Monitor

In diesem Abschnitt möchte ich Ihnen die *AVM FRITZ!Box Tools* und den *AVM FRITZ!Box Call Monitor* vorstellen. Eine weitere interessante Integration ist *DLNA Digital Media Server* (siehe Kapitel 10), mit der Sie auf Daten zugreifen können, die auf der FRITZ!Box gespeichert sind.

Die Integration »AVM FRITZ!SmartHome«

Die Integration *AVM FRITZ!SmartHome* installiert Home Assistant häufig im Rahmen des automatischen Scans und meldet dann neue Entitäten als **Entdeckt**. Die Integration erfüllt jedoch nur einen Zweck, wenn Sie *FRITZ!DECT*-Geräte wie Schalter, Sensoren oder Thermostate integrieren möchten. Falls Sie nur einen Router von AVM besitzen und eine aufgeräumte Anwendung haben möchten, sollten Sie diese Installation ignorieren bzw. deinstallieren.

Wenn Sie jedoch weitere Produkte von AVM nutzen, brauchen Sie diese Integration für Ihre Automatisierungen.

Stellen Sie zunächst sicher, dass in Ihrer FRITZ!Box sowohl die Option **Zugriff für Anwendungen zulassen** als auch die Option **UPnP** aktiviert sind. Das geht im Hauptmenü über **Heimnetz • Netzwerk • Netzwerkeinstellungen • Weitere Einstellungen**.

16.2.1 AVM FRITZ!Box Tools

In der Regel erfolgt die Implementation von *AVM FRITZ!Box Tools* durch Home Assistant automatisch. Das Setup ist schnell erledigt. Als Erstes erscheint ein Fenster zur Eingabe der Anmeldeinformationen (siehe Abbildung 16.3).

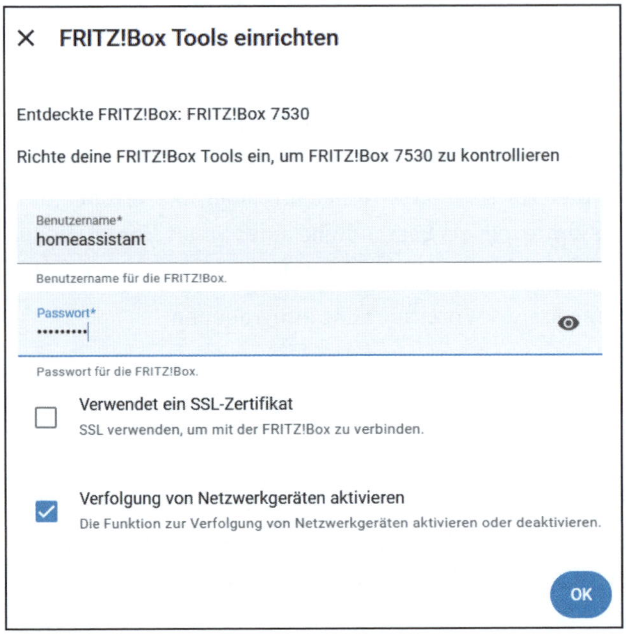

Abbildung 16.3: Anmeldeinformationen für die FRITZ!Box hinterlegen

Empfehlenswert ist es an dieser Stelle, dass Sie für Home Assistant in der FRITZ!Box einen eigenen Benutzernamen eingerichtet haben. Falls Sie die Zugangsdaten für die FRITZ!Box einmal ändern müssen, geht das allerdings nur, indem Sie die Integration entfernen und direkt danach neu hinzufügen. Vorhandene Geräte und die mit ihnen bereits erfassten Daten werden dabei aber nicht gelöscht.

Die Verfolgung von Netzgeräten dient der Anwesenheitserkennung. Deaktivieren gegebenenfalls Sie diese Funktion, sollten Sie Bedenken beim Datenschutz haben.

Service-Accounts

Wenn Home Assistant – oder eine andere Software – auf einen Dienst oder ein Gerät zugreifen soll, ist es grundsätzlich eine gute Idee, dafür ein entsprechendes Konto einzurichten. Man spricht dabei von *Service-Accounts*.

So wird verhindert, dass Sie das Passwort für Ihren persönlichen Account in Home Assistant hinterlegen müssen. Außerdem können Sie die Zugriffsrechte des Service-Accounts deutlich enger setzen. Falls es wirklich mal zu einem Sicherheitsproblem kommt, lässt sich dieses Konto einfach wieder löschen.

Gehen Sie mit **OK** weiter, um die Konfiguration abzuschließen (siehe Abbildung 16.4).

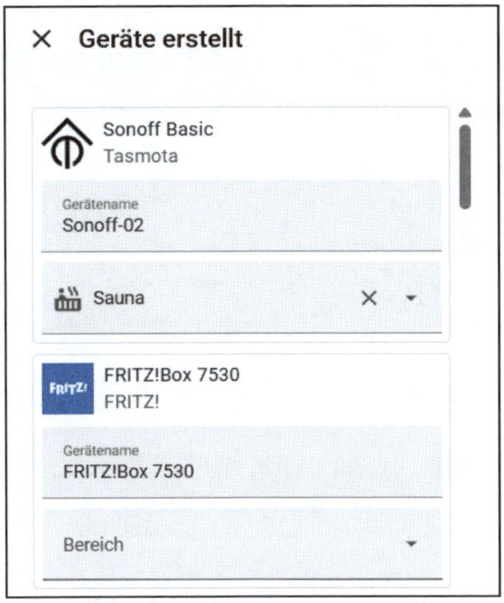

Abbildung 16.4: Konfiguration abschließen

Jetzt haben Sie noch die Möglichkeit, die in Ihrer FRITZ!Box gespeicherten Geräte einem Home-Assistant-Bereich zuzuordnen. **Abschliessen** beendet das Setup. Das Arbeitsfenster zeigt nun die Integration als konfiguriert an (siehe Abbildung 16.5).

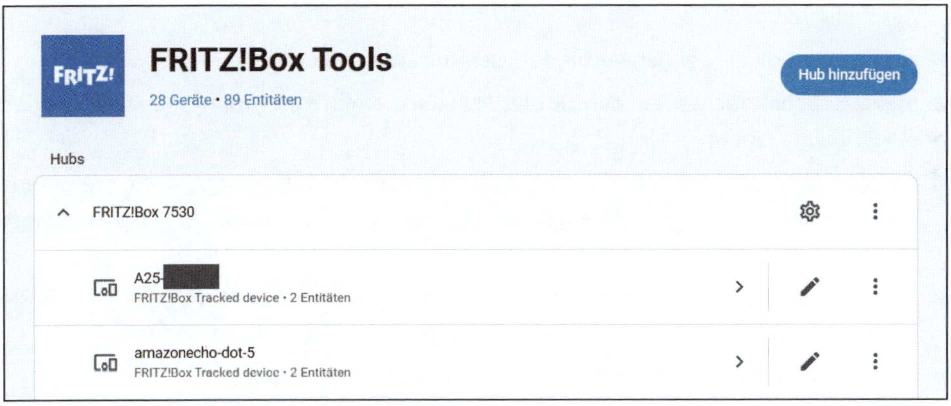

Abbildung 16.5: Die FRITZ!Box wurde konfiguriert.

Über das Einstellungen-Icon können Sie im Hinblick auf eine Anwesenheitserkennung noch die Zeit einstellen, die verstreichen muss, bis Home Assistant ein Gerät als »nicht mehr zu Hause« einstuft. Die Voreinstellung ist 180 Sekunden. Ein Klick auf die **Entitäten** zeigt die Informationen an, die die FRITZ!Box bietet (siehe Abbildung 16.6).

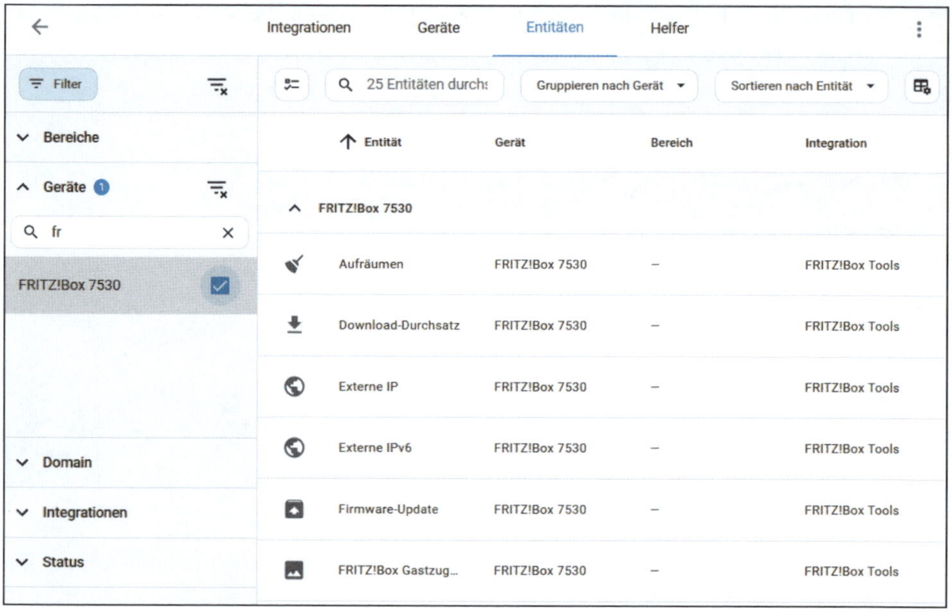

Abbildung 16.6: »AVM FRITZ!Box Tools« – die Entitäten

Innerhalb von Home Assistant werden die folgenden Plattformtypen unterstützt:

- Geräte-Tracker, die eine Anwesenheitserkennung durch Überprüfen angeschlossener Geräte bieten
- ein binärer Sensor, der den Verbindungsstatus anzeigt
- mehrere Schaltflächen für den Router-Neustart, einen Verbindungsneuaufbau oder ein Firmware-Update
- mehrere Sensoren, die z. B. die externe IP-Adresse, die Betriebszeit sowie die gesendete und empfangene Datenmenge anzeigen (einen Ausschnitt der Sensordaten zeigt Abbildung 16.6.)
- mehrere Schalter, mit denen Sie die Rufumleitung, Portweiterleitungen, die Kindersicherung und/oder das Wi-Fi-Netzwerk aktivieren oder deaktivieren können
- eine Update-Anzeige, die den Firmwarestatus des Geräts anzeigt

Verschaffen Sie sich einen Überblick, indem Sie auf den Geräte-Link in der Integrationskachel (in Abbildung 16.5) klicken oder besser noch über die Registerkarte **Geräte • FRITZ!Box 7530** gehen. Das Resultat sieht bei mir so wie in Abbildung 16.6 aus.

Ergänzen Sie das Dashboard um die Entitäten, die Sie im schnellen Überblick behalten wollen oder auf die Sie häufiger zugreifen möchten.

So ist es eine smarte Angelegenheit, wenn Sie beispielsweise einen Gastzugang und damit verbunden die Anzeige eines QR-Codes aktivieren, über den sich Besucher direkt mit dem lokalen Netz verbinden können.

QR-Code besorgen

Besorgen Sie sich den QR-Code für die Anmeldung zum Gastzugang. Manche Router generieren von sich aus bereits einen QR-Code. Bei der FRITZ!Box geht das über die Schritte **WLAN • Gastzugang • QR-Code anzeigen**. Falls Sie ein Routermodell nutzen, das diese Funktion nicht direkt mitbringt, können Sie die Zugangsdaten für ein Gastkonto über einen Online-QR-Code-Generator erstellen. Speichern Sie den QR-Code dann als Bilddatei ab.

QR-Code auf Home Assistant hochladen

Laden Sie die Datei mithilfe des *File Editors* hoch: Wählen Sie **File editor • Browse File System**, blättern Sie den Ordner *www* auf, wählen Sie **Upload File** und laden Sie über den Datei-Explorer die Datei hoch (siehe Abschnitt 8.2).

Den QR-Code im Dashboard ergänzen

Öffnen Sie die Konfiguration für das Dashboard. Fügen Sie die Entität für den Gastzugang mit **Karte Hinzufügen • nach Entität** hinzu. Dort geben Sie im Suchfeld *gast* ein, wählen den Gastzugang der FRITZ!Box aus und aktivieren die Entität im Kontrollkästchen. Sie müssen die Ansicht der Karte eventuell noch ändern und Ihrem Dashboard anpassen, dann schließen Sie den Vorgang mit **Zum Dashboard hinzufügen** ab.

Fügen Sie noch eine Karte für den QR-Code hinzu: Klicken Sie auf **Karte hinzufügen**, geben Sie den Bildpfad ein und **Speichern** Sie. Abbildung 16.7 zeigt das Resultat, wobei beispielhaft zwei alternative Kartenoptionen dargestellt sind, nämlich **Entität** und **Schaltfläche**.

Abbildung 16.7: Gastzugang im Dashboard

16.2.2 AVM FRITZ!Box Call Monitor

Der *FRITZ!Box Call Monitor* ist ein kleines Tool, das eingehende Anrufe auf dem Dashboard signalisiert. Führen Sie an einem angeschlossenen Telefon einen Anruf mit folgenden Nummern durch:

- #96*5* – Callmonitor einschalten
- #96*4* – Callmonitor ausschalten

[»]

Callmonitor über das FRITZ!Box-Webinterface

Sie können den Callmonitor auch über das FRITZ!Box-Webinterface schalten. Setzen Sie einen Eintrag mit der Nummer #96*5* über **Telefonie • Telefonbuch • Neuer Eintrag** (siehe *https://www.janrufmonitor.de/ueberwachung-freischalten/*).

Eine weitere Voraussetzung ist, dass der Benutzer das Zugriffsrecht auf Sprachnachrichten und die Anrufliste hat. Das kontrollieren Sie in der FRITZ!Box über **System • FRITZ!Box Benutzer**: Schauen Sie, ob die Kontrollkästchen unter **Sprachnachrichten**, **Faxnachrichten** usw. aktiviert sind.

In Home Assistant müssen Sie wie gewohnt die Integration installieren. Der Prozess fordert Sie auf, einen Benutzernamen und das zugehörige Passwort anzugeben. Der Einrichtungsprozess sollte eine Erfolgsmeldung liefern (siehe Abbildung 16.8).

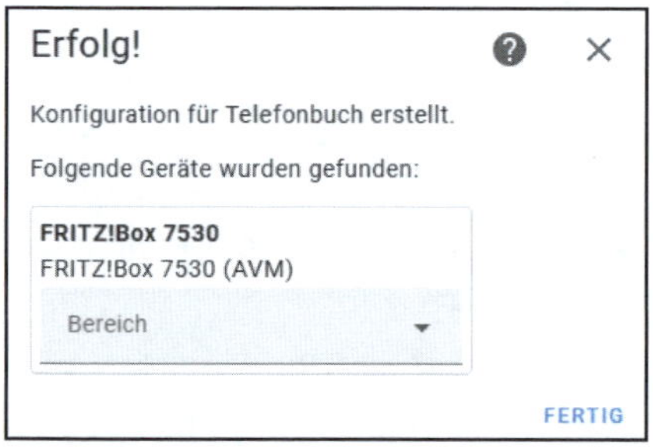

Abbildung 16.8: Die Integration »AVM FRITZ!Box Call Monitor« wurde installiert.

Wählen Sie gegebenenfalls noch einen Bereich, dem der Router zugeordnet werden soll, und schließen Sie den Vorgang mit **Fertig** ab. Sie können den Callmonitor ganz einfach testen, indem Sie auf den Link **Geräte** der Integration klicken. In der Spalte der Entitäten haben Sie einen Sensor (siehe Abbildung 16.9).

Abbildung 16.9: Der Sensor für »AVM FRITZ!Box Call Monitor«

Ein Statuswechsel dieses Sensors lässt sich dann für verschiedene Automatisierungsvorgänge heranziehen. Die beiden folgenden Beispiele basieren auf Automatisierungen mit diesem Helfer als Kernelement.

Anlegen eines Text-Helfers

Legen Sie einen Helfer *Text* mit dem Namen `callMonitor_letzterAnrufer` an, ohne weitere Helfer-Eigenschaften zu ändern.

Die Automation »Anruf zwischenspeichern« erstellen

Der Zweck der Automation ist es, die betreffende Telefonnummer bei einer Statusänderung des Callmonitors in einen *Text*-Helfer zu schreiben.

Erstellen Sie eine Automation *Callmonitor Anruf aufzeichnen* mit dem YAML-Code aus Listing 16.1:

```
alias: Callmonitor Anruf aufzeichnen
description: ''
  trigger:
  - platform: state
    entity_id:
    - sensor.fritz_box_7530_call_monitor_telefonbuch
    to: ringing
  condition: [] action:
- service: input_text.set_value
  data:
    value: '{{ state_attr("sensor.fritz_box_7530_call_monitor_
    telefonbuch", "from")}}  ({{
      state_attr("sensor.fritz_box_7530_call_monitor_
      telefonbuch","from_name")
      }})'
  target:
    entity_id: input_text.callmonitor_letzteranrufer
mode: single
```

Listing 16.1: Einen Anruf aufzeichnen

Der Auslöser ist die Entität des FRITZ!Box Call Monitors, dessen Name bei Ihnen abweichen kann.

Die Aktion ist der Dienst `input_text.set_value`, der den Inhalt eines *Text*-Helfers ändert. `Data` legt fest, dass die Telefonnummer und der ihr zugeordnete Name zu übertragen sind. Das Ziel ist die Entität des angelegten *Text*-Helfers. Abbildung 16.10 zeigt den Inhalt des *Text*-Helfers bei einem Anruf.

Abbildung 16.10: Der Inhalt des Text-Helfers bei einem Anruf

16.2.3 Anzeige im Logbuch

Nun wollen wir den Anruf auch im Logbuch anzeigen, damit Sie sehen, wer in Ihrer Abwesenheit angerufen hat. Öffnen Sie dazu ein Dashboard zur Bearbeitung. Fügen Sie eine Logbuchkarte hinzu: **Karte hinzufügen • Logbuch**. Abbildung 16.11 zeigt die fertige Konfiguration. Wesentlich ist der Eintrag unter **Entitäten**, wo der Bezug zum Text-Helfer hergestellt wird.

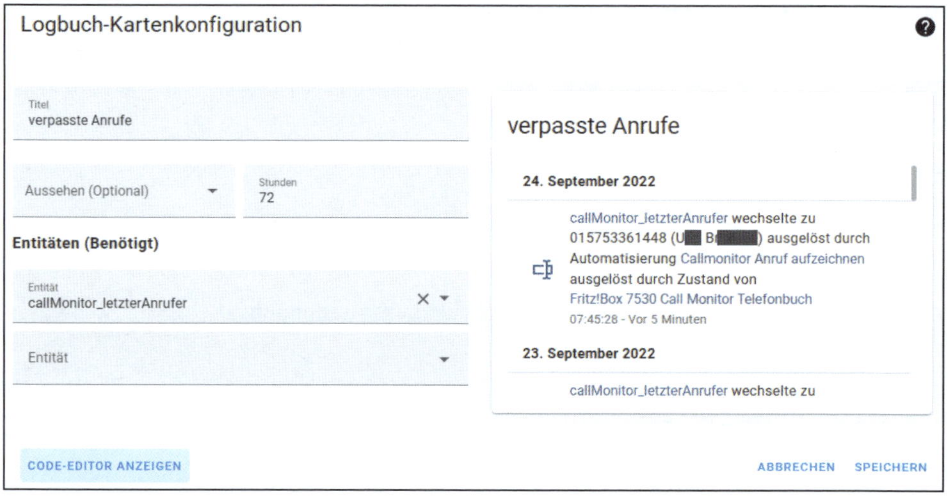

Abbildung 16.11: Die verpassten Anrufe im Logbuch

16.2.4 Senden einer Nachricht

Falls Sie von Home Assistant benachrichtigt werden wollen, wenn die FRITZ!Box einen Anruf annimmt, müssen Sie eine Automation anlegen. Die Automation (z. B. mit dem Namen *Call Monitor Anruf Nachricht Seitenleiste*) soll lediglich bei einem verpassten Anruf eine Nachricht im Eintrag **Benachrichtigungen** in der linken Seitenleiste erstellen. Die Einstellungen bzw. der Code aus Listing 16.2 sorgt dafür:

```
alias: Call Monitor Anruf Nachricht Seitenleiste
description: ''
trigger:
- platform: state
  entity_id:
  - sensor.fritz_box_7530_call_monitor_telefonbuch
  from: ringing
  to: idle
condition: []
action:
- service: notify.persistent_notification
  data:
    message: Anruf verpasst {{states.input_text.callmonitor_
    letzteranrufer.state
      }}
    title: verpasster Anruf
mode: single
```

Listing 16.2: Die Automation für den »Call Monitor«

Auslöser ist wiederum der FRITZ!Box Call Monitor mit einem Statuswechsel von `ringing` nach `idle`. Die Aktion ist der Dienst, der eine dauerhafte Nachricht im Eintrag **Benachrichtigungen** erstellt. Die Nachricht speist sich aus dem Inhalt des *Text*-Helfers. Abbildung 16.12 zeigt das Ergebnis.

Abbildung 16.12: So erscheint ein verpasster Anruf unter »Benachrichtigungen«.

16.3 Sonoff, Tasmota und MQTT

Smart-Home-Produkte von Sonoff (*https://sonoff.tech/*) sind preiswerte Geräte, die eine intelligente Haussteuerung auch mithilfe einer App ermöglichen. Die Geräte sind im Auslieferungszustand im Prinzip schon betriebsbereit; die aufgespielte Software verlangt jedoch die Einrichtung eines Benutzerkontos auf fremden Servern. Der Betrieb erfolgt über Wi-Fi, Ihr WLAN-Router überträgt die Gerätedaten über den von Amazon AWS global bereitgestellten Server an Ihre mobile App *eWeLink*.

Der Kern des Sonoff-Universalschalters aus Abbildung 16.13 ist ein Mikrocontroller namens ESP8266.

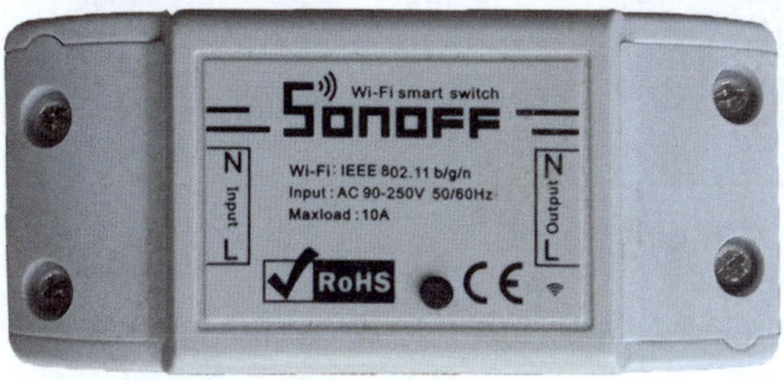

Abbildung 16.13: Sonoff-Schalter

Das haben sich findige Maker zunutze gemacht und eine eigene Software entwickelt: die Firmware *Tasmota*. Ihr großer Vorteil ist, dass Sie nicht auf die Cloud-Dienste des Herstellers angewiesen sind, sondern die Daten lokal verarbeiten können: Es erfolgt kein Datenaustausch mit AWS oder anderen Servern.

Tasmota ist die Basis dieses Abschnitts. Der einfachste Weg, um Tasmota-Geräte in Home Assistant zu integrieren, ist *MQTT*.

16.3.1 MQTT und der MQTT-Server

In ihrer überwiegenden Mehrzahl nutzen Geräte zur Kommunikation über das World Wide Web als Standardprotokoll noch E-Mail. Die stark gewachsene Anzahl an zu vernetzenden »Dingen« (z. B. Wareables, Smart-Home-Komponenten) und die verstärkte Nutzung von mobilen Geräten stellt ein nur auf HTTP basierendes Internet jedoch zunehmend infrage. Der Grund ist, dass HTTP den gestiegenen Anforderungen der Kommunikation im Internet der Dinge nur bedingt gerecht werden kann. So ist seine Request-Response-Architektur nur bedingt für das gleichzeitige Übermitteln von Nachrichten an mehrere Geräte ausgelegt und kann eine fehlerfreie Übertragung nicht garantieren.

Dieser Komplexität in der »Kommunikation« versucht man mit MQTT (*Message Queue Telemetry Transport*) entgegenzuwirken. Das Hauptziel ist ein Protokoll, das sehr effizient mit der Bandbreite umgeht und darüber hinaus einfach und ressourcenschonend ist.

Den Datenaustausch organisiert MQTT über zwei Funktionen: *Publish* (dt. *veröffentlichen*) und *Subscribe* (dt. *abonnieren*). Das MQTT-Protokoll entkoppelt einen Client, der eine Nachricht an andere Clients veröffentlicht (*Herausgeber*), von den Clients, die die Nachricht erhalten (*Abonnenten*). MQTT ist im Gegensatz zum HTTP-Protokoll ein asynchrones Protokoll, d. h., es blockiert den Client nicht, während dieser auf die Nachricht wartet.

Die Schlüsselkomponente in MQTT ist der *MQTT-Broker* (MQTT-Server). Die Hauptaufgabe des MQTT-Brokers besteht darin, Nachrichten von Publishern/Herausgebern zu empfangen und sie an die MQTT-Clients (Subscriber/Abonnenten) zu versenden. Er ist damit ein Vermittler oder Zwischenhändler im Datentransfer (siehe Abbildung 16.14).

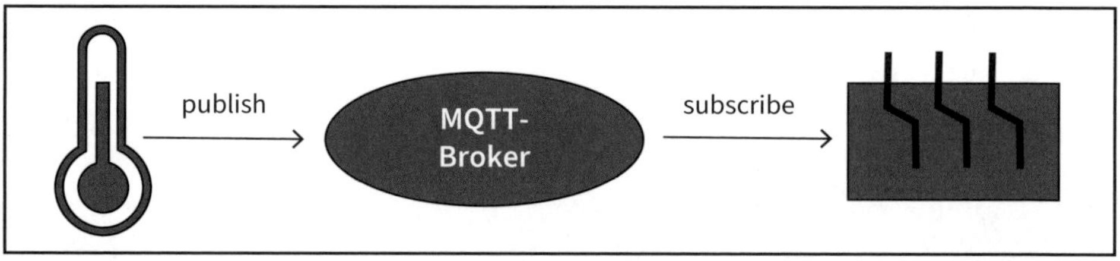

Abbildung 16.14: »publish/subscribe« mit dem MQTT-Broker

Damit der Nachrichtenverkehr aber geordnet ablaufen kann und nicht alle Subscriber unnötigerweise alle verfügbaren Nachrichten erhalten, werden Selektionskriterien und -werkzeuge benötigt. Dies sind bei MQTT die *Topics* (dt. *Themen*). Anhand der von einem Publisher veröffentlichten Nachricht und des in ihr enthaltenen Topics entscheidet der MQTT-Broker, an welche Subscriber die Nachrichten weiterzuleiten sind. Ein Topic ist dabei eine Zeichenkette, die es durch eine bestimmte Syntax (Sprachzusammensetzung) erlaubt, verschiedene Themenbereiche zu kombinieren und hierarchisch zu gliedern.

Ein weitverbreiteter Broker ist *Mosquitto*. Dieser lässt sich in Home Assistant einfach und problemlos über ein Add-on betreiben.

Externer MQTT-Broker

Vielleicht möchten Sie einen externen MQTT-Broker nutzen (z. B. einen Mosquitto-Broker, der in einer eigenen Docker- oder Proxmox-Umgebung läuft). Hier entfällt das Hinzufügen des MQTT-Add-ons. Gehen Sie bei der MQTT-Integration dann auf **Konfigurieren** und geben Sie die Verbindungsdaten zu Ihrem externen Broker ein, also die IP-Adresse, den Port, Ihren Benutzernamen und Ihr Passwort.

MQTT-Broker installieren

Beginnen Sie mit **Einstellungen • Add-ons • ADD-on Store** und der Suche nach *Mosquitto broker*. Nach einem Klick auf den gefundenen Eintrag öffnet sich das entsprechende Add-on-Fenster. Klicken Sie auf **Installieren** und anschließend auf **starten**. Das Add-on sollte nun laufen (siehe Abbildung 16.15).

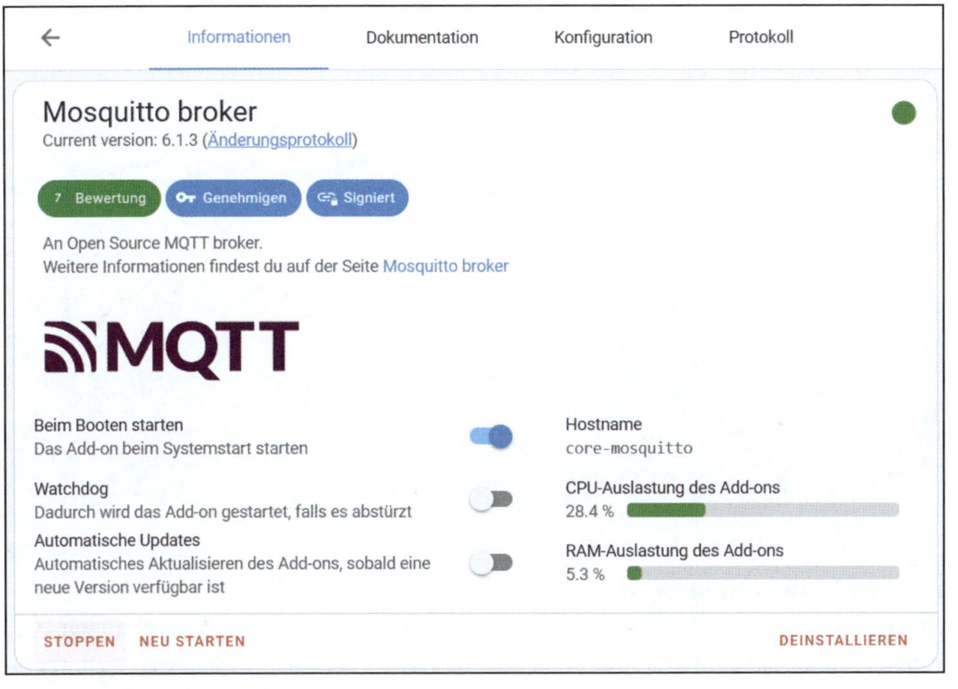

Abbildung 16.15: Das »MQTT«-Add-on wurde gestartet.

MQTT-Benutzer einrichten

Sie können für MQTT ein Konto einrichten, dieser Schritt ist aber optional. Ohne eine Konfiguration gelten Ihre Home-Assistant-Zugangsdaten, also der Benutzername und das Passwort, mit denen Sie sich anmelden, auch als Benutzerangaben für den MQTT-Server. Falls Sie jedoch bereits andere MQTT-Geräte haben und deren Daten verwenden wollen, erstellen Sie einen neuen Benutzer (siehe Kapitel 4). Öffnen Sie das Register **Konfiguration** und geben Sie neue Benutzernamen ein, beispielsweise so wie in Abbildung 16.16.

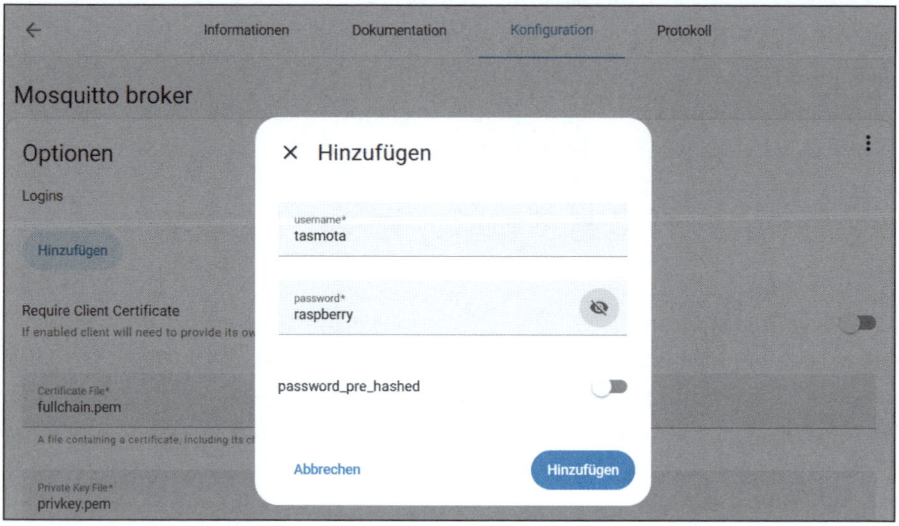

Abbildung 16.16: MQTT-Benutzernamen eingeben

Benutzernamen löschen

Wenn Sie das Konto wieder löschen wollen, öffnen Sie die Optionen im YAML-Editor und ergänzen folgende Angaben:

```
logins: []
require_certificate: false
certfile: fullchain.pem
keyfile: privkey.pem
customize:
  active: false
  folder: mosquitto
```

Die MQTT-Integration einrichten

Nun geht es daran, die MQTT-Integration einzurichten. Gehen Sie zu **Einstellungen • Geräte & Dienste**. Mit dem Start des Servers sollte Home Assistent automatisch die Integration *MQTT* als **Entdeckt** anbieten. Klicken Sie auf **Konfigurieren**.

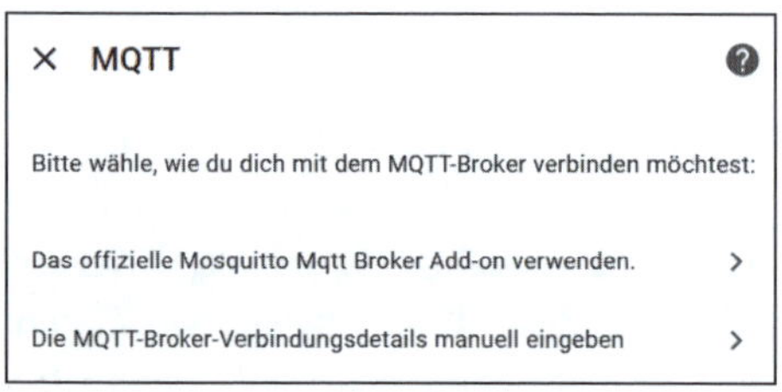

Abbildung 16.17: Konfigurationsabfrage während der MQTT-Integration

Wählen Sie **Das offizielle Mosquitto Broker Add-on verwenden** und folgen Sie den Schritten des Konfigurationsassistenten. Dieser wird nach einem Klick auf **Fertig** mit einer Erfolgsmeldung beendet.

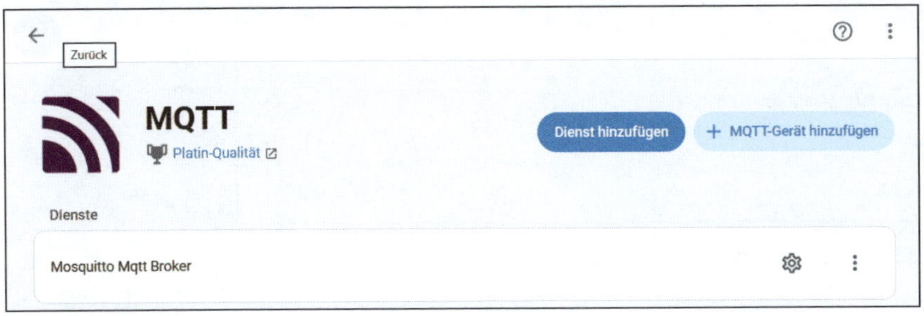

Abbildung 16.18: Die MQTT-Integration ist eingerichtet.

Den MQTT-Server testen

Jetzt können Sie MQTT über das Einstellungen-Icon testen. Legen Sie zunächst ein Subscribe an, wie in Abbildung 16.19 gezeigt.

Abbildung 16.19: Ein Subscribe anlegen

Das zu abonnierende Topic heißt *test*. Starten Sie das Subscribe mit **Anfangen zuzuhören**. Nun geht es darum, eine Nachricht zu veröffentlichen (siehe Abbildung 16.20).

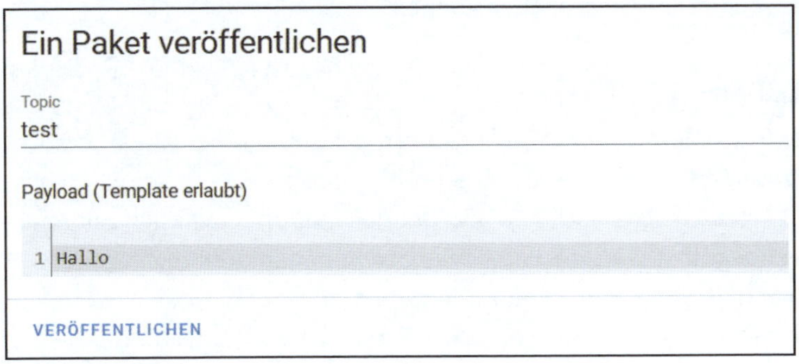

Abbildung 16.20: MQTT-Nachricht veröffentlichen

Die Nachricht hat das Topic *test* und den Inhalt (**Payload**) *Hallo*. Ein Klick auf **Veröffentlichen** sorgt für den *Publish*. Im Abschnitt **Auf einen Topic hören** sehen Sie das Ergebnis (siehe Abbildung 16.21).

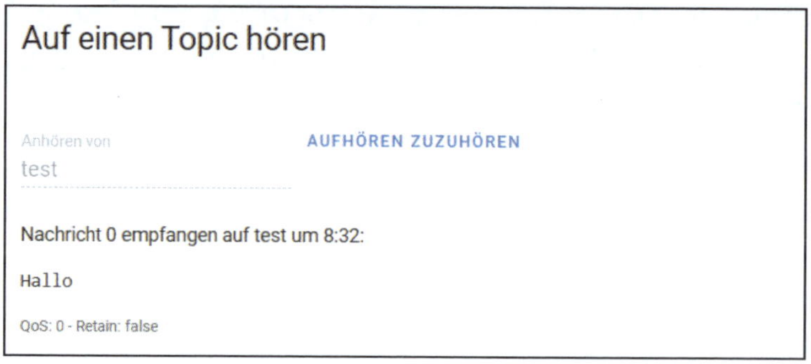

Abbildung 16.21: Das Ergebnis eines MQTT-Publish-Vorgangs

[»]

MQTT-Explorer

Der MQTT-Explorer (*http://mqtt-explorer.com/*) ist ein schickes Tool, das als umfassender MQTT-Client einen strukturierten Überblick über Ihre MQTT-Topics bietet und die Arbeit mit Geräten und Diensten auf Ihrem Broker sehr vereinfacht.

16.3.2 Ein Sonoff/Tasmota-Gerät einbinden

Voraussetzung für die weiteren Schritte ist, dass Ihr Sonoff-Gerät mit der alternativen Software *Tasmota* (*https://www.tasmota.info/*) geflasht ist. Auf der Seite des Projekts finden Sie auch eine Anleitung dazu, wie Sie die Firmware des Geräteauslieferungszustands mit einem Raspberry Pi ändern.

Bequemer geht es mit dem *Tasmotizer* (*https://github.com/tasmota/tasmotizer*). Wenn Sie selbst Hand anlegen wollen, können Sie die Firmware auch mithilfe der Arduino-IDE auf den Schalter übertragen. Sie benötigen dann allerdings einen USB-TTL-Adapter, mit dem Sie das Gerät an den Rechner anschließen können.

[»]

Tasmota vorinstalliert

Die Beliebtheit der freien Firmware hat dazu geführt, dass inzwischen auch Geräte wie smarte Steckdosen oder Stromzähler direkt mit Tasmota ausgeliefert werden. Bei den bekannten Produktsuchmaschinen und Onlinehändlern finden sich zahlreiche Treffer zum Suchbegriff »Tasmota«. Wenn man den Kommentaren zu einigen Angeboten glauben kann, ist jedoch nicht garantiert, dass man auch wirklich ein entsprechend geflashtes Gerät erhält. Und ob noch Garantie besteht, wenn man ein Gerät mit einer anderen Firmware kauft, ist ebenfalls zumindest fraglich.

Kurz: Der Kauf von Tasmota-Geräten ist komfortabel, das Flashen der Firmware aber wirklich nicht kompliziert. Es kann besser sein, vorher zu recherchieren, ob die gewünschten Steckdosen oder Schalter Tasmota-kompatibel sind, und dann selbst aktiv zu werden.

Welchen Weg Sie auch gegangen sind: Ich gehe davon aus, dass Tasmota auf Ihrem Sonoff-Schalter läuft. Alles hat geklappt, wenn im Browser nach Eingabe der jeweiligen IP-Adresse eine Übersichtsseite wie die in Abbildung 16.22 erscheint.

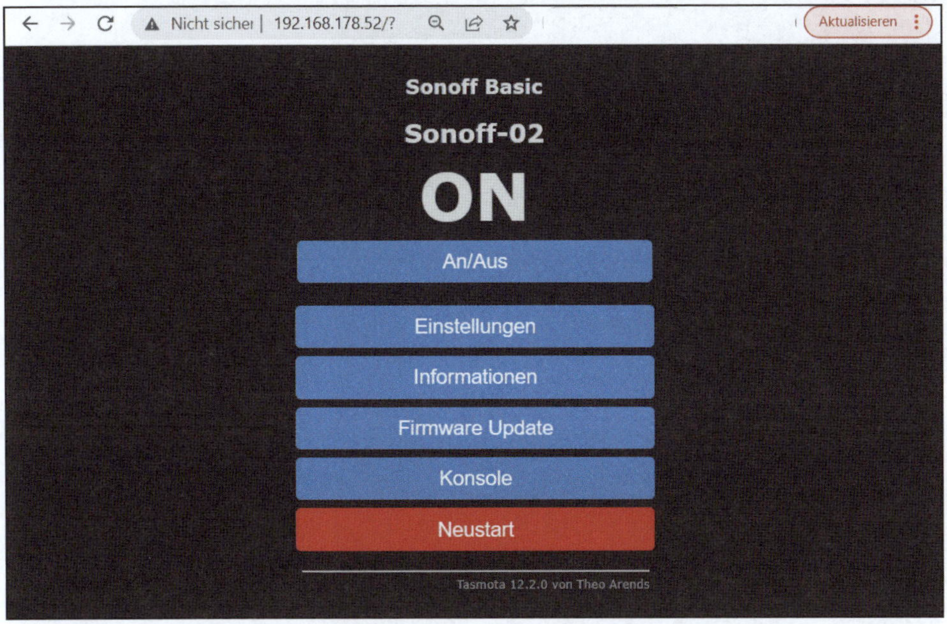

Abbildung 16.22: So erscheint ein Tasmota-Gerät im Browser.

Nun geht es damit weiter, die Schaltung über MQTT anzusprechen bzw. den Status des Schalters auszulesen.

Den MQTT-Client konfigurieren

Als Erstes müssen Sie den MQTT-Client auf dem Tasmota-Gerät konfigurieren: Klicken Sie auf **Einstellungen • MQTT Konfiguration**. Sie sehen dann ein Fenster wie das in Abbildung 16.23.

Ändern Sie zumindest die folgenden Eigenschaften:

- **Host**: Setzen Sie hier die IP-Adresse des MQTT-Servers ein. Ist der MQTT-Server das Home-Assistant-Add-on, dann nutzen Sie die IP-Adresse Ihres Home Assistant.
- **Benutzer**: Dies ist ein Benutzername, den der MQTT-Server kennt, also der Name aus der Konfiguration des MQTT-Add-ons.
- **Passwort**: Dies ist das zugehörige Passwort.
- **topic**: Hier können Sie einen beliebigen Wert hinterlegen, mit dem Sie die Nachrichten dann identifizieren. Geben Sie also einen sprechenden Namen ein.

Speichern Sie die Änderungen. Das Tasmota-Gerät bootet nun neu.

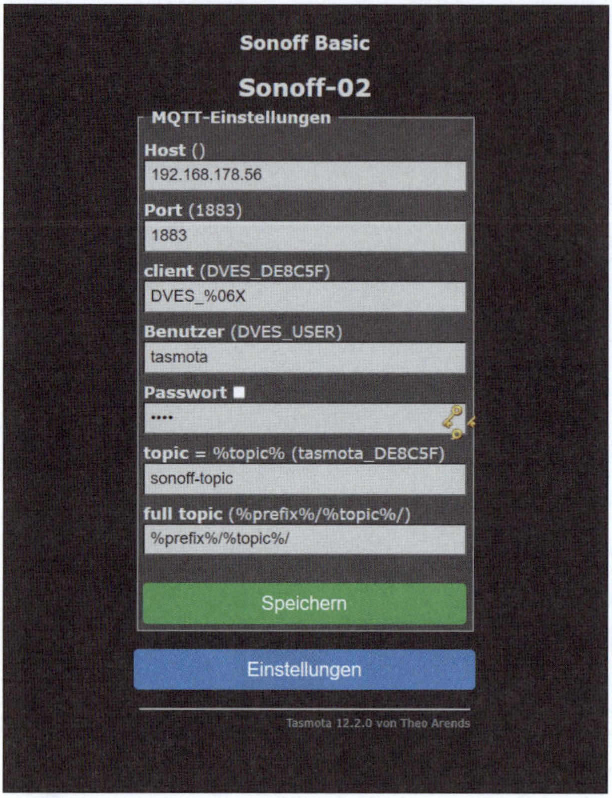

Abbildung 16.23: MQTT-Clientkonfiguration auf einem Tasmota-Gerät

Tasmota-Optionen setzen

Tasmota kennt eine Vielzahl von Optionen, mit denen Sie das Gerät nun umfassend steuern können, indem Sie einfach den Befehl `SetOptionX 1` über die Oberfläche schalten. Eine Übersicht finden Sie in der offiziellen Dokumentation unter *https://tasmota.github.io/docs/Commands#setoptions/*.

Welche Optionen genutzt werden können, hängt natürlich vom entsprechenden Gerät ab. Bei unserem einfachen Beispielschalter laufen die allermeisten Optionen ins Leere – wir müssen für die problemlose Kommunikation mit Home Assistant nur zwei Optionen ändern.

Die eine Option betrifft die für Home Assistant bestimmte automatische Geräteerkennung, das *Tasmota Discovery Protocol*. Es muss aktiviert sein, damit Home Assistant den Schalter erkennt. Öffnen Sie dazu aus dem Tasmota-Hauptmenü eine Konsole (siehe Abbildung 16.24).

Geben Sie im Eingabebereich unten `SetOption19 0` ein und senden Sie den Befehl ab.

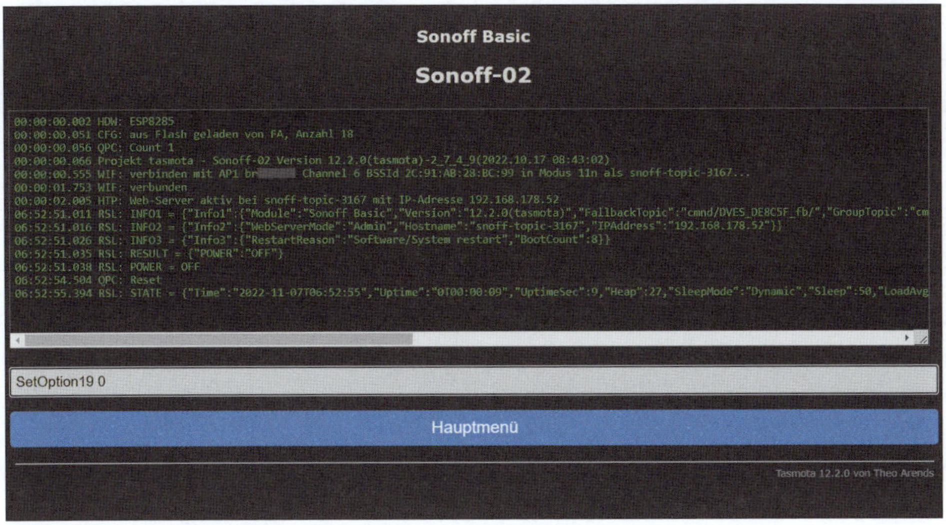

Abbildung 16.24: Der Befehl »SetOption19 0« auf dem Tasmota-Gerät

Zusätzlich sollten Sie noch sicherstellen, dass Home Assistant Ihren Schalter auch wirklich als Schalter und nicht als smarte Lampe erkennt. Identifizieren Sie daher mit `SetOption30 0` Ihr Tasmota-Gerät für Home Assistant noch entsprechend als `switch` oder als `light` (siehe Abbildung 16.25):

- `switch`: `SetOption30 0`
- `light`: `SetOption30 1`

Gehen Sie zurück ins Hauptmenü.

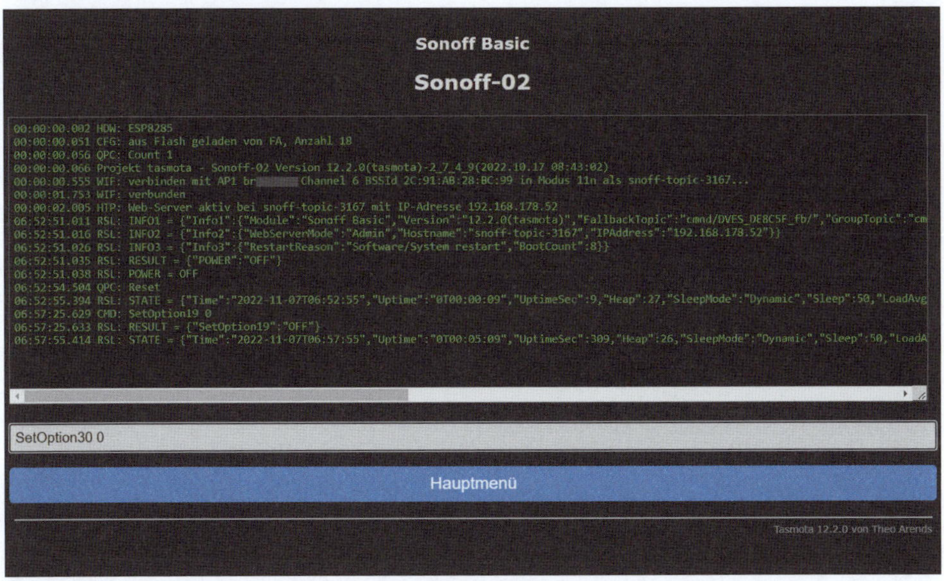

Abbildung 16.25: Tasmota-Gerät mit dem Befehl »SetOption30 0«

Die Tasmota-Integration einrichten

Home Assistant sollte nun im Rahmen der automatischen Suche die Integration *Tasmota* entdecken. Klicken Sie auf **Konfigurieren**, um zur Bestätigungsabfrage zu gelangen.

Absenden sollte zu einer Erfolgsmeldung führen. Der Konfigurationsprozess findet dabei dann auch das Tasmota-Gerät (siehe Abbildung 16.26).

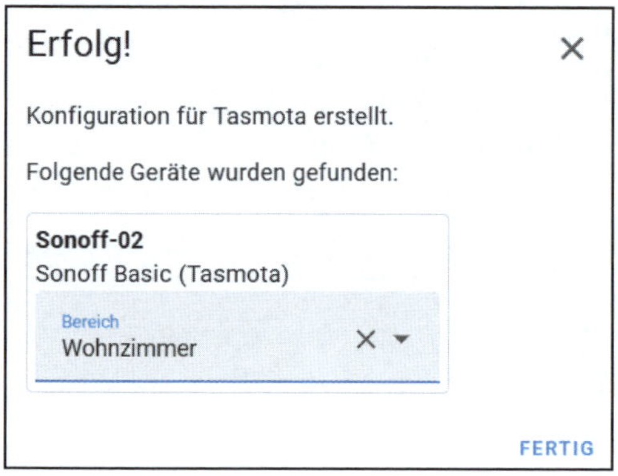

Abbildung 16.26: Die »Tasmota«-Integration wurde erfolgreich eingerichtet.

Ordnen Sie dem Gerät gegebenenfalls noch einen Bereich in Ihrem Dashboard zu und beenden Sie den Prozess mit **Fertig**.

Überprüfen Sie das Ergebnis über die *Tasmota*-Karte unter **Geräte** (siehe Abbildung 16.27).

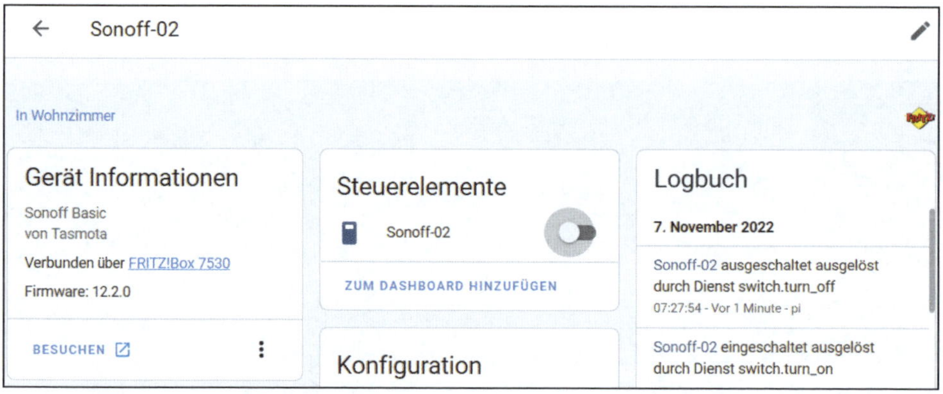

Abbildung 16.27: Geräteeinbindung prüfen

Im Bereich **Steuerelemente** können Sie Ihr Gerät nun manuell schalten und den Schalter aus Home Assistant ansteuern. Interessanter ist es natürlich, den Schalter in Automationen zu verwenden und abhängig von anderen Bedingungen zu aktivieren.

16.4 Tuya-Geräte

Der wachsende Markt der Smart-Home-Technologien hat viele Newcomer hervorgebracht. Einer ist der chinesische IoT-Produzent *Tuya* (*https://www.tuya.com/*), der 2014 an den Start gegangen ist. Tuya stellt WLAN-Module her, deren Herzstück oft ein WLAN-fähige Mikrocontroller der Firma Espressif ist. Tuyas Geschäftsmodell sieht vor, dass Firmen, die Module in eigene Produkte integrieren, so lange Unterstützung erfahren, bis ihr Produkt Marktreife erreicht. Insgesamt gibt es über 10.000 Geschäftskunden weltweit, die Angebote auf Basis der Tuya-Geräte entwickeln.

Zudem stellt Tuya eine passende App bereit oder hilft beim Entwickeln einer eigenen App. Und das ist auch der Vorteil von Tuya, durch den es sich von in sich geschlossenen Systemen wie z. B. Philips Hue abhebt. Denn völlig unabhängig von Hersteller oder Produkt gilt: Sofern ein Tuya-Modul verbaut ist, ist eine Kompatibilität gegeben.

Der Pferdefuß ist, dass die Geräte aufgrund ihrer Firmware mit der Cloud des jeweiligen Herstellers kommunizieren. Sie befinden sich dabei aber in guter Gesellschaft mit Sonoff- oder Shelly-Produkten: Bei allen gibt es durchaus belastbare Vorbehalte hinsichtlich der Datensicherheit beim Betrieb mit der Originalfirmware. Darüber hinaus steht und fällt die bequeme Einbindung in Home Assistant – vergleichbar mit *Alexa TTS* – mit dem (kostenlosen) Zugang zur Tuya-Cloud.

Der Vorteil der Cloud-Anbindung ist jedoch, dass die Einrichtung vergleichsweise einfach und unkompliziert verläuft. Falls Sie die Cloud aber partout nicht nutzen wollen, gibt es eine Alternative, die ich im Anschluss kurz vorstelle. Dieser lokale Weg ist allerdings sehr hakelig und fehleranfällig und daher eigentlich nicht empfehlenswert.

Tuya-Geräte mit Tasmota flashen

Sie können Tuya-Geräte in vielen Fällen mithilfe eines Raspberry Pi mit der Tasmota-Firmware flashen, sofern die Geräte einen Espressif-Mikrocontroller nutzen. Eine Anleitung finden Sie beispielsweise unter *https://www.simon42.com/tuya-convert-tasmota-firmware-smart-life/*.

Bei anderen Tuya-Geräten gibt es diese Möglichkeit nicht. Leider lässt sich nicht immer einfach herausfinden, welcher Mikrocontroller genau verbaut ist – oftmals weicht die verbaute Hardware auch von Modell zu Modell ab.

IoT-Komponenten von unsicherer Tuya-Firmware befreien

Die c't hat diesem Thema schon vor einiger Zeit einen Artikel gewidmet: *https://www.heise.de/select/ct/2019/4/1550226849835235*. Hier finden Sie nähere Informationen zum Ablauf der Tuya-Provisionierung und einen Einstieg, wie Sie eine andere Firmware flashen können. Ob dieser Aufwand das Ergebnis rechtfertigt, müssen Sie selbst entscheiden.

16.4.1 Die Tuya-Cloud

Dieser Abschnitt befasst sich beispielhaft mit der Integration von Tuya-Lampen. Für andere Geräte ist die Vorgehensweise vergleichbar – es macht keinen großen Unterschied, ob Sie Steckdosen, Schalter oder andere Geräte einbinden.

Ich möchte Ihnen zunächst die Cloud-basierte Einbindung mit der offiziellen Tuya-Integration vorstellen. Sie hat den Vorteil, dass alles mit ein paar Klicks in der App erledigt ist und dann auch sehr zuverlässig und gut funktioniert. Der Nachteil ist, dass Sie Ihre Nachttischlampe nun über eine chinesische Cloud steuern – komfortabel, aber entscheiden Sie selbst, ob das für Sie in Ordnung ist.

Zunächst: Ihr Gerät muss mit der *TuyaSmart-App* oder der *Smart Life-App* gekoppelt sein. Die TuyaSmart-App ist kostenfrei und sowohl für Android- als für iOS-Geräte verfügbar. Sie ist der Ausgangspunkt, um Ihr smartes Tuya-Gerät einfach und bequem zu installieren und zu steuern. Laden Sie dazu die App aus dem jeweiligen App-Store herunter. Um ihre Funktionalitäten nutzen zu können, benötigen Sie ein Konto (*Account*). Die Registrierung ist per Telefonnummer oder E-Mail möglich. Wählen Sie eine der Optionen und geben Sie Ihre Benutzerdaten ein. Sie erhalten einen Bestätigungscode, der als Identitätsnachweis in der App eingegeben werden muss.

Nun können Sie neue Geräte hinzufügen und konfigurieren. Öffnen Sie die App und klicken Sie auf **Gerät hinzufügen** oder auf das Pluszeichen oben rechts.

Klicken Sie nun rechts oben auf **Automatischer Scan**. Hierfür benötigt die App aktiviertes Bluetooth, aktiviertes WLAN und den Zugriff auf den Standort. Klicken Sie dann auf **Starten Sie den Scanvorgang**.

Da die Software nach Geräten in Ihrem WLAN sucht, braucht sie zudem auch dort Zugriff. Klicken Sie auf **WLAN konfigurieren** und geben Sie dann Ihre Netzwerkdaten ein. Bestätigen Sie die Eingabe mit **OK**. (Dieser Schritt ist nur beim erstmaligen Start erforderlich.)

Die TuyaSmart-App beginnt mit der Gerätesuche. Setzen Sie das Gerät dazu in den Verbindungsmodus, indem Sie es mittels Schalter oder Netzstecker vom Strom trennen. Warten Sie zwei bis drei Sekunden und schalten Sie es wieder ein. Wiederholen Sie diesen Vorgang insgesamt dreimal.

Nach wenigen Sekunden sollte die Lampe schnell blinken. Der Verbindungsmodus ist jetzt aktiv. Warten Sie dann ein bis zwei Minuten. Das Gerät sollte aufhören zu blinken und im Scanvorgang als Symbolbild erscheinen.

Geben Sie dem Gerät gegebenenfalls einen Namen Ihrer Wahl, indem Sie auf das Stiftsymbol neben dem automatisch erkannten Namen klicken.

Wählen Sie abschließend **Fertigstellung**. Das Gerät ist nun eingerichtet, und Sie sollten es bereits mit der Tuya-App steuern können.

Dann geht es darum, die offizielle Tuya-Integration in Home Assistant einzurichten, und zwar über **Einstellungen • Geräte & Dienste • + Integration hinzufügen**. Suchen Sie nach *Tuya* und installieren Sie die offizielle Integration. Das Erdkugelsymbol deutet schon an, dass es sich dabei um einen Dienst handelt, der von der Hersteller-Cloud abhängig ist. Die Cloud-basierte Einbindung kommuniziert über ständiges Polling mit der *Tuya Cloud*.

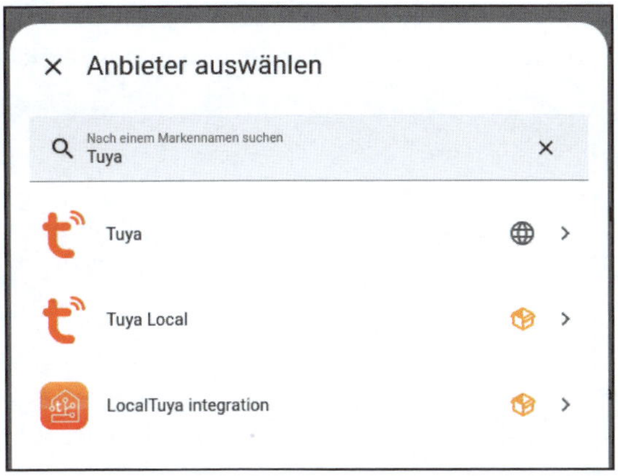

Abbildung 16.28: Wählen Sie die Tuya-Integration und nicht »Tuya Local« oder »LocalTuya«.

Sie müssen dann den Benutzercode bzw. Usercode angeben. Diesen finden Sie in Ihrer *Smart Life*-App, wenn Sie auf **Profile** rechts unten drücken, dann auf das Einstellungen-Icon gehen und schließlich unter **Konto & Sicherheit** nach **User Code** suchen.

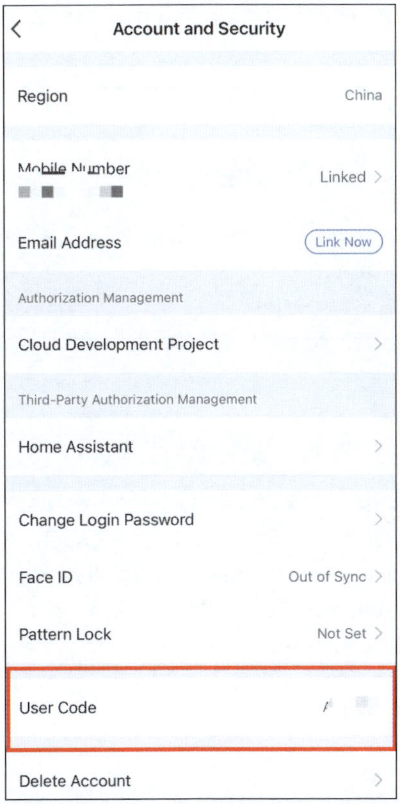

Abbildung 16.29: Der »User Code« in der Tuya-App.
Bei Ihnen können die Texte auch auf Deutsch sein.

Zur Authentifizierung wird anschließend ein QR-Code angezeigt, den Sie mit der App abscannen müssen. Dann können Sie das Gerät auch schon einbinden und einem Bereich zuordnen (siehe Abbildung 16.30).

Abbildung 16.30: Erfolgsmeldung der »tuya.markdown«-Integration

Weisen Sie dem Gerät gegebenenfalls noch einen Bereich zu und beenden Sie den Prozess mit **Fertig**. In der Liste der Entitäten taucht dann auch ein passender Eintrag auf (siehe Abbildung 16.31). Sie können diese Geräte jetzt schalten und in Automationen einbinden.

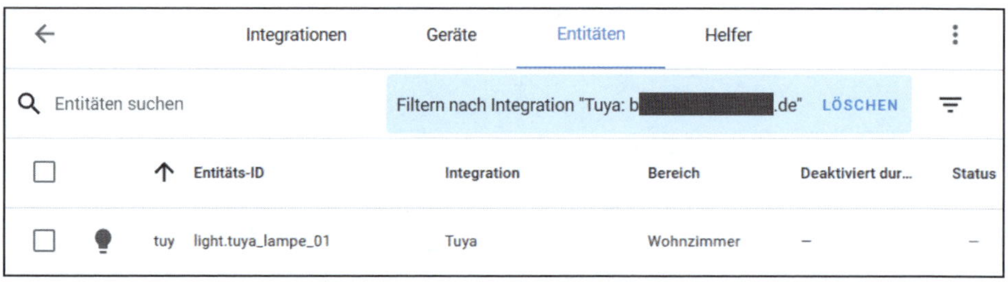

Abbildung 16.31: Ein Tuya-Gerät in der Liste der Entitäten

> **Fehlerbehandlung**
>
> Der Weg über die Cloud, um Tuya-Geräte einzubinden, ist recht einfach, grundsätzlich aber fehleranfällig. Bei der Kommunikation über die Cloud sind Sie Netzwerkfehlern ausgeliefert, aber es gab bei meinen Tests auch andere Probleme, die sich nicht durch Verbindungsprobleme erklären ließen. Bemühen Sie die Dokumentation der Integration, um im Fall der Fälle weitere Informationen zu erhalten.

16.4.2 Die lokale Einbindung

Einige Nutzer von Home Assistant haben sich wohl mit einiger Berechtigung nicht mit der Cloud-basierten Anbindung von Tuya-Komponenten anfreunden können. Wie Sie vielleicht bereits in Abbildung 16.28 gesehen haben, gibt es mit *LocalTuya* (*https://github.com/rospogrigio/localtuya*) und *Tuya Local* (*https://github.com/make-all/tuya-local*) gleich zwei Alternativen. (Die nicht sehr kreative und etwas verwirrende Namenswahl ignorieren wir einfach ...).

Tuya Local ist die neuere Integration, die auch aktiver weiterentwickelt ist. Wenn Sie Tuya-Geräte ohne den Umweg über die Cloud nutzen wollen, empfehle ich Ihnen diesen Weg. Einfach und komfortabel ist das allerdings nicht: Sie müssen sich dazu im *Tuya Smart Developer Center* anmelden, das bis vor einiger Zeit noch *Tuya IOT Platform* hieß. Dort müssen Sie ein eigenes »Entwicklungsprojekt« einrichten und hoffen, dass Ihr Gerät bereits von Tuya Local unterstützt wird – die vollständige Liste finden Sie unter *https://github.com/make-all/tuya-local/blob/main/DEVICES.md*. Wenn nicht, gibt es auch noch die Möglichkeit, eigenständig eine Konfiguration anzulegen, aber spätestens dann wird daraus ein Bastel- und Programmierprojekt, das den einen oder anderen Nachmittag in Anspruch nehmen wird.

Ich möchte an dieser Stelle darauf verzichten, eine detaillierte Schritt-für-Schritt-Anleitung zu geben. Die Menüs der Tuya-Plattform ändern sind alle paar Monate, und besonders für das Auslesen des Local Key, den Sie unbedingt benötigen, gibt es keinen Weg, der garantiert auch in Zukunft noch funktioniert. Konzeptionell geht das lokale Einbinden so:

1. Ein neues Projekt in der Tuya-Cloud einrichten.
2. Dieses Projekt mit Ihrer Tuya-App und den dort bereits hinterlegten Geräten verknüpfen.
3. Die Keys für die Geräte auslesen.
4. Alle Informationen in die Integration *Tuya Local* eingeben.
5. Optional: In Ihrem Router den Internetzugriff der Tuya-Geräte sperren, damit sie nicht mehr »nach Hause telefonieren«.

Leicht gesagt, aber aus Erfahrung kann ich sagen, dass dabei viel schiefgehen kann. Empfehlen möchte ich diesen Weg daher nur, wenn Sie bereit sind, sich in dieses »Softwareprojekt« reinzufuchsen. Das Studium der Dokumentation von Tuya Local ist dabei Pflicht. Danach können Sie Ihre Tuya-Geräte auch ohne den Umweg über die Cloud in Home Assistant steuern.

Trial abgelaufen

Auf einen besonders wichtigen Punkt möchte ich jedoch noch eingehen: Wenn Sie sich als privater Kunde ein Konto in der Tuya-Entwicklungs-Cloud anlegen, erhalten Sie nur einen Test-Account, der für einen bis sechs Monate freigeschaltet wird. Sie müssen daher damit rechnen, dass nach einigen Monaten nichts mehr geht, weil Ihr Konto abgelaufen ist. Stand heute können Sie es zwar problemlos wieder reaktivieren, für ein besonders gutes Gefühl sorgt das aber nicht.

16.5 Shelly-Geräte

Shelly (*https://www.shelly.cloud/de*) betrachtet sich als Marktführer in Sachen Smart-Home-Automatisierung. Die Produktpalette ist recht umfangreich und umfasst klassische Geräte wie Schalter und Lampen (siehe Abbildung 16.32) in diversen Bauformen und mit spezifischen Eigenschaften.

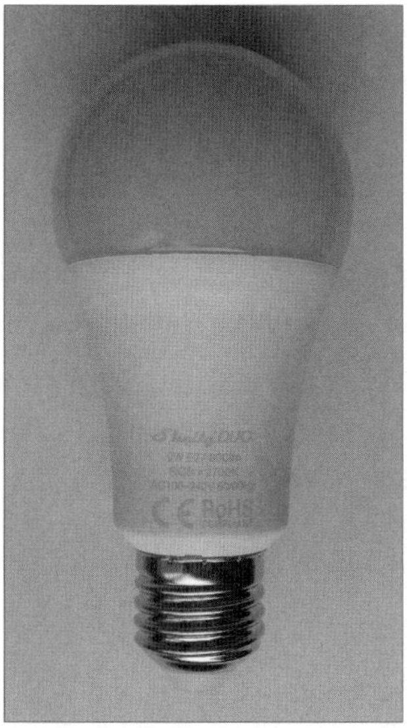

Abbildung 16.32: Eine Shelly-RGB-Lampe

Shelly-Geräte können eigenständig im lokalen Netzwerk oder über einen Cloud-Dienst arbeiten, ohne von einem speziellen Controller überwacht zu werden.

Zur Gerätesteuerung und -überwachung verfügen Shelly-Geräte über einen integrierten Webserver. Der Webserver kann als Access Point (AP) oder im Station-Modus arbeiten.

16.5.1 Ein Shelly-Gerät mit dem Wi-Fi-Netzwerk verbinden

Ihnen stehen zwei Wege zur Auswahl, um Shelly-Geräte mit Ihrem lokalen Netzwerk zu verbinden.

Der eine Weg führt über die *Shelly-App*, die Sie kostenfrei sowohl für Android- wie auch für iOS-Geräte erhalten können. Laden Sie dazu die App aus dem jeweiligen App-Store herunter. Um ihre Funktionalitäten nutzen zu können, benötigen Sie auch hier ein Konto (*Account*). Basis der Registrierung ist ein E-Mail-Konto, das mit einem Bestätigungscode als Identitätsnachweis in der App verifiziert werden muss.

Beim Erststart verlangt die App für zu installierende Shelly-Module einen Raum. Legen Sie also mit **Add** einen neuen Raum an (z. B. »Wohnzimmer«). Wählen Sie mit **Next** ein Bild und schließen Sie den Vorgang mit **Done** ab (siehe Abbildung 16.33).

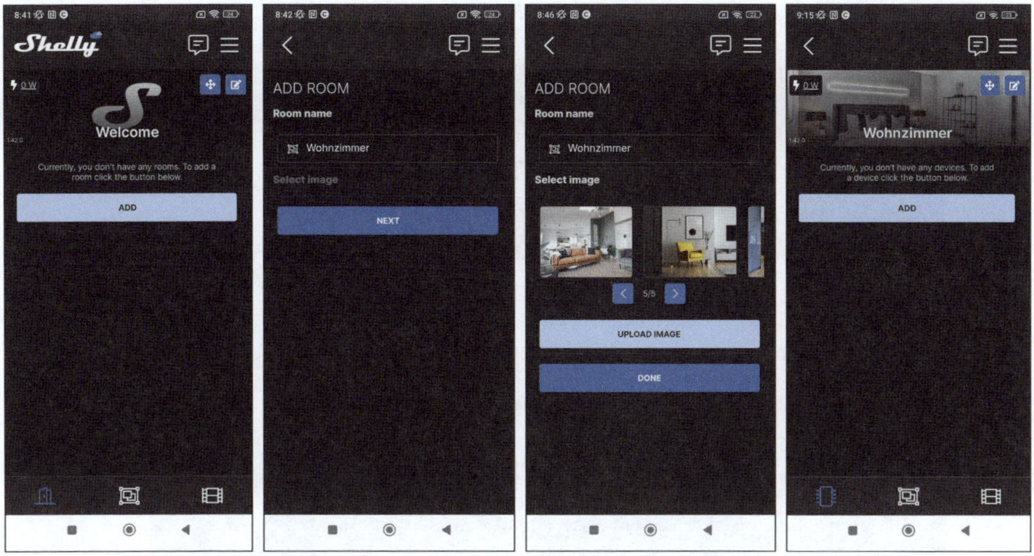

Abbildung 16.33: In der Shelly-App müssen Sie zuerst einen Raum anlegen.

Mit **Add** starten Sie den Prozess, ein Gerät hinzuzufügen. Dieser führt über verschiedene Stationen: Netzwerkauswahl, Netzwerkpasswortеingabe und Konfiguration der Geräteeigenschaften (Name, Raumzuordnung, Gerätebild, siehe Abbildung 16.34).

Der andere Weg nutzt direkt den Access Point des Shelly-Geräts. Verbinden Sie sich mit dem generierten WLAN-Netzwerk (siehe Abbildung 16.35).

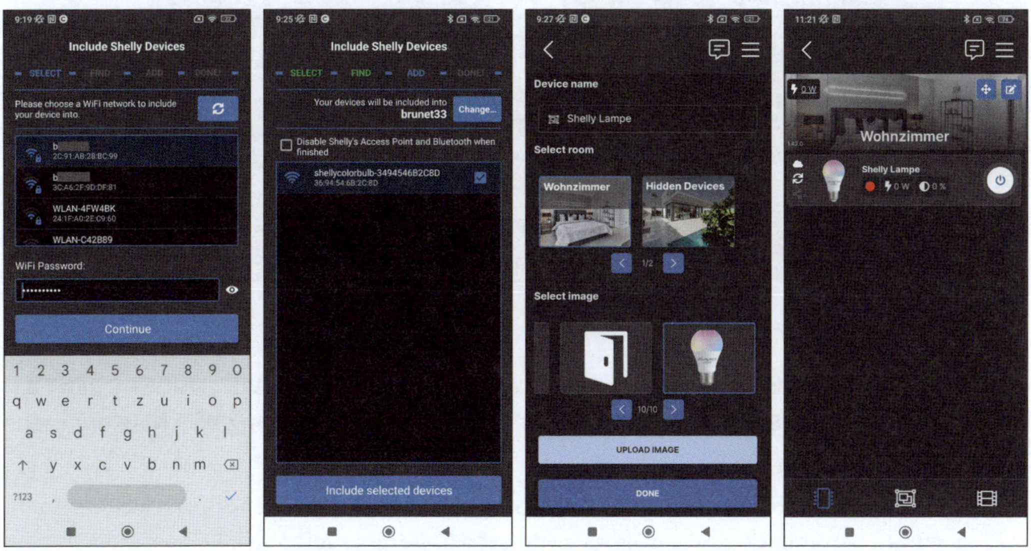

Abbildung 16.34: Ein Gerät in der Shelly-App hinzufügen

Abbildung 16.35: Der Access Point »shellycolorbulb«

Rufen Sie im Browser die Benutzeroberfläche des Shelly-Geräts auf (siehe Abbildung 16.36). Die dazugehörige IP-Adresse lautet *192.168.33.1*.

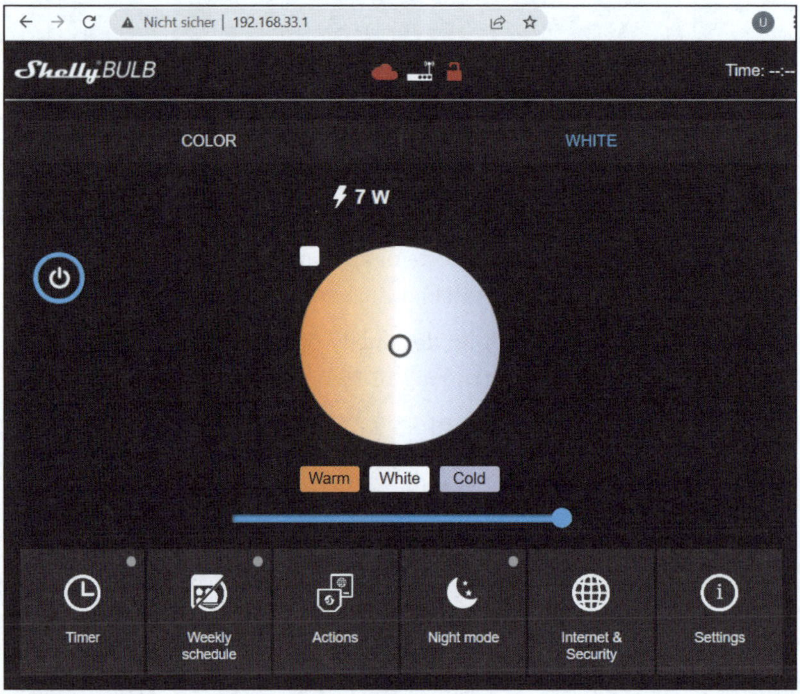

Abbildung 16.36: Die Shelly-Benutzeroberfläche

Gehen Sie auf den Menüpunkt **Internet & Security**, klappen Sie **WIFI MODE - CLIENT** auf und aktivieren Sie das Kontrollkästchen **Connect ... to an existing WiFi Network** (siehe Abbildung 16.37).

Geben Sie anschließend Ihre Benutzerdaten ein. Auch hier machen Sie sich weitere Konfigurationen einfacher, wenn Sie eine statische IP-Adresse vergeben.

Dies sollten Sie jedoch nicht hier machen – es sei denn, Sie arbeiten in Ihrem gesamten Netzwerk mit statischen IP-Adressen –, sondern besser Ihrem Router überlassen. Weisen Sie beispielsweise die FRITZ!Box an, dem Gerät immer die gleiche IP-Adresse zuzuordnen.

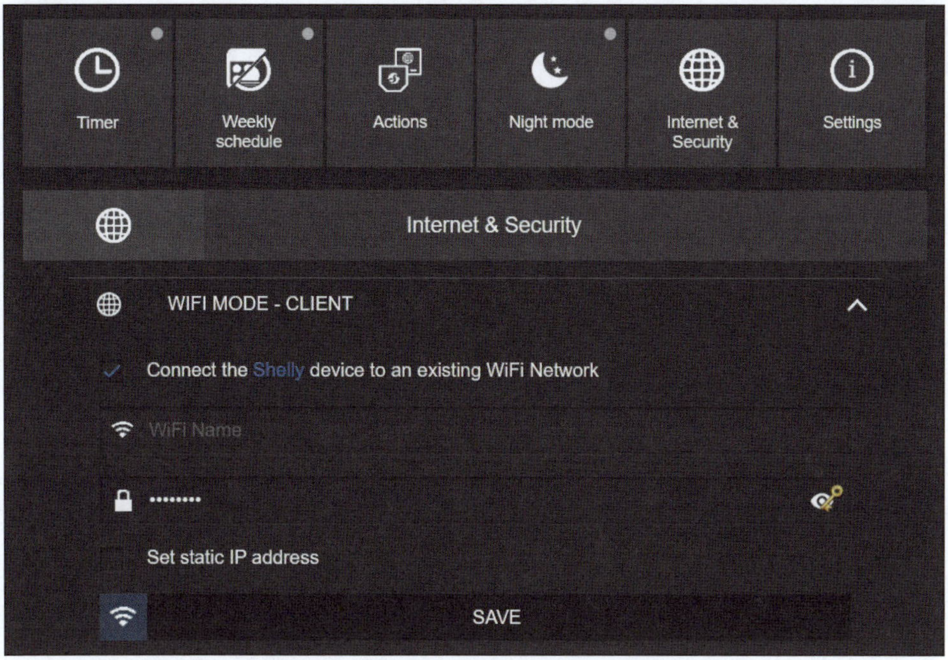

Abbildung 16.37: Im »Wifi Mode« von Shelly einen Client konfigurieren

16.5.2 Shelly-Geräte in Home Assistant einbinden

Der automatische Gerätescan von Home Assistant findet Shelly-Geräte, wenn diese bereits werkseitig mit der entsprechenden Firmware für Home Assistant versehen sind. Das erkennen Sie an dem Home-Assistant-Logo auf der Verpackung. Achten Sie auf dieses Merkmal, da sich die Einbindung in Home Assistant aufgrund der verschiedenen von Shelly verwendeten Protokolle schwierig gestalten kann. Bei Problemen besteht ein Workaround darin, das Gerät mit der Tasmota-Firmware zu flashen.

Wenn das Gerät gefunden wurde, integriert ein Klick auf **Konfigurieren** das Gerät in Home Assistant (siehe Abbildung 16.38).

Home Assistant setzt den Gerätenamen auf die im Router hinterlegte Bezeichnung. Eine Änderung ist möglich, indem Sie die Gerätedaten aufrufen. (Klicken Sie dazu auf den Geräte-Link in der Shelly-Karte.) Ein Klick auf das ✎-Icon in der obersten Fensterzeile ruft dann das Fenster zur Umbenennung auf. Im Abschnitt **Geräte-Informationen** des Fensters **Geräte-Daten** öffnet ein Klick auf **Besuchen** ein Browserfenster mit der Shelly-Benutzeroberfläche (siehe Abbildung 16.36).

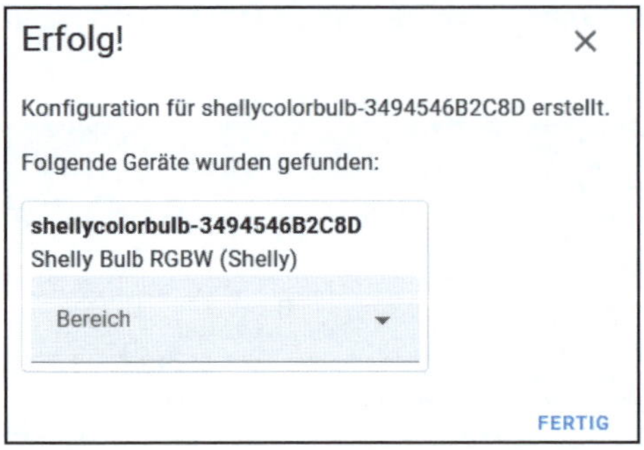

Abbildung 16.38: Eine Shelly-Geräte-Konfiguration wurde erstellt.

16.5.3 Beispiel: Ambilight-Radiowecker

Dieses kleine Beispiel greift die Radiowecker-Automation aus Kapitel 3 auf und ergänzt sie um eine Ambilight-Funktionalität. Dieser Wecker weckt Sie um 6:00 Uhr mit dem Radioprogramm von Radio Bremen II. Er beinhaltet aber auch das Einschalten einer RGB-Lampe, und die Farbe orientiert sich an der Vorhersage für die Außentemperatur. So wird die Lampe z. B. violett scheinen, wenn die Temperatur unter –5 °C liegt. Leuchtet die Lampe rot, wird es ein heißer Tag.

In Listing 16.3 finden Sie den kompletten Code in YAML:

```
- id: '1675490836159'
  alias: Radio Wecker Ambilight
  description: ''
  trigger:
  - platform: time
    at: '06:00:00'
    enabled: false
  condition: []
  action:
  - service: media_player.play_media
    target:
      entity_id: media_player.kd_49xe8005
    data:
      media_content_id: media-source://radio_browser/59ff05a8-bba6-
      4b42-ab6c-6a6f5355c92b media_content_type: audio/mpeg
    metadata:
      title: ' Bremen Zwei NEU'
      thumbnail: http://www.radiobremen.de/static/img/favicons/apple-
      touch-icon-180.png?v=4
      media_class: music
      children_media_class:
      navigateIds:
```

```
        - {}
        - media_content_type: app
          media_content_id: media-source://radio_browser
        - media_content_type: music
          media_content_id: media-source://radio_browser/country/DE
    enabled: false
  - service: light.turn_on
    data_template: >
      {% if state_attr("weather.forecast_home", "temperature")
      < -5.0 %}
        {"color_name": "violett" }
      {% elif state_attr("weather.forecast_home", "temperature")
      < 0.0 %}
        {"color_name": "blue" }
      {% elif state_attr("weather.forecast_home", "temperature")
      < 10.0 %}
        {"color_name": "green" }
      {% elif state_attr("weather.forecast_home", "temperature")
      < 15.0 %}
        {"color_name": "yellow" }
      {% elif state_attr("weather.forecast_home", "temperature")
      < 20.0 %}
        {"color_name": "orange" }
      {% else %}
        {"color_name": "red" }
      {% endif %}
    target:
      entity_id: light.shelly_lampe_01
mode: single
```

Listing 16.3: YAML-Code zur Steuerung eines Radioweckers mit Ambilight-Extra

Der Service `light.turn_on` schaltet die Lampe ein. Die Festlegung der Farbe erfolgt über ein Template, das den Wert des Attributs `temperature` der Entität `weather.forecast_home` auswertet.

Erfassen Sie die Automation nicht über die Benutzeroberfläche, sondern mit einem Editor direkt in der *automations.yaml*, da die Benutzeroberfläche vermeintliche Fehler bemängelt und daher bei der Bearbeitung etwas nervig sein kann.

16.5.4 Shelly-Unterputzmodule

Mit einem Shelly-Unterputzmodul lassen sich Steckdosen, Lichtschalter oder Garagentore einfach und günstig smart nachrüsten und fernsteuern. Es gibt sie als *Shelly 1* (siehe Abbildung 16.39) nur für das Ein-/Ausschalten, als *Shelly 2.5* für die Rollladensteuerung oder als Variante *Shelly 1PM* mit Verbrauchsmessung. Der Einsatz dieser Geräte erfordert aber elektrotechnische Kenntnisse und Fähigkeiten, da Sie am 220-V-Netz arbeiten müssen. Ziehen Sie einen Elektriker zurate, falls Sie diese Module installieren wollen.

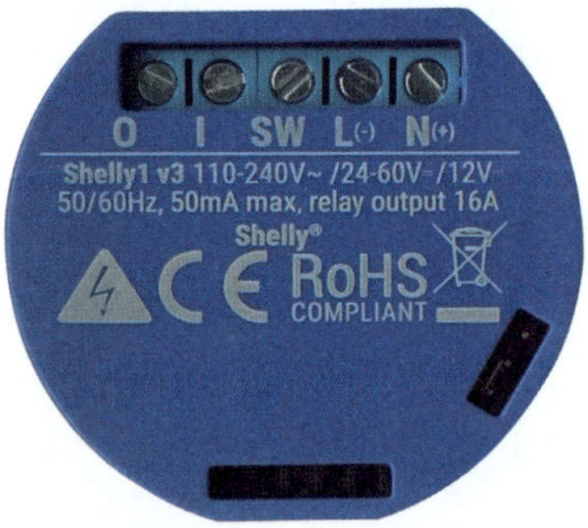

Abbildung 16.39: Shelly-1-Unterputzmodul

Die Shelly-Module sind recht flach, sodass sie auch hinter einem Schalter Platz finden können. Vermeiden Sie jedoch Bastellösungen, wie z. B. die Demontage der Federklemmen des Schalters, wenn der zur Verfügung stehende Raum nicht reicht. Das Mittel der Wahl sind dann Kombischalterdosen.

Durch Entfernen der Schutzkappen haben Sie Zugang zur seriellen Schnittstelle und zur Einstellung der Betriebsspannung. Hier steht der Jumper in der Regel auf der korrekten Einstellung für den 110- bis 240-V-Betrieb. Abbildung 16.40 zeigt den Schaltungsaufbau mit einem Schalter sowie die Pin-Belegung der seriellen Schnittstelle.

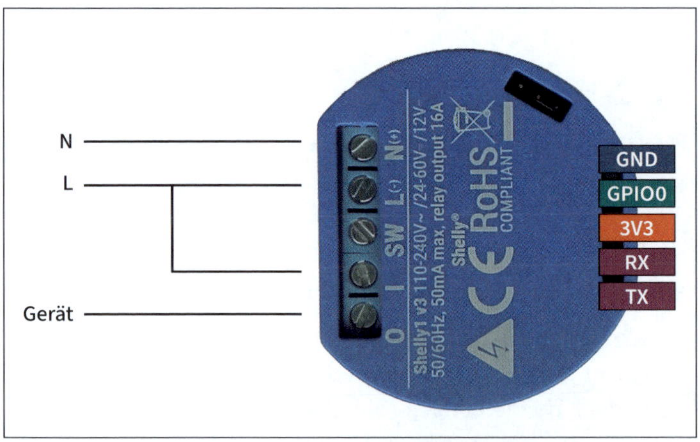

Abbildung 16.40: Die Schaltung für den Shelly-Switch

Die Einbindung in Home Assistant ist einfach, wenn die Firmware darauf ausgerichtet ist. Andernfalls richtet sich die Methode nach der Gerätegeneration (siehe *https://www.home-assistant.io/integrations/shelly*), und selbst hier gibt es Unterschiede. So verwenden neuere Geräte der Generation 1 nicht mehr das CoToT-Protokoll, sondern MQTT.

Leider werden Sie nicht umhinkommen, die Dokumentation der Geräte zu lesen, denn oftmals sorgen kleine Details für große Unterschiede.

In der folgenden Anleitung zeige ich Ihnen die Integration eines MQTT-Geräts.

MQTT bei einem Shelly-Gerät aktivieren

Rufen Sie die Bedienoberfläche des Shelly-Geräts im Browser auf. Gehen Sie zu **Internet & Security** und klappen Sie den Eintrag **Advanced – Developer Settings** auf (siehe Abbildung 16.41).

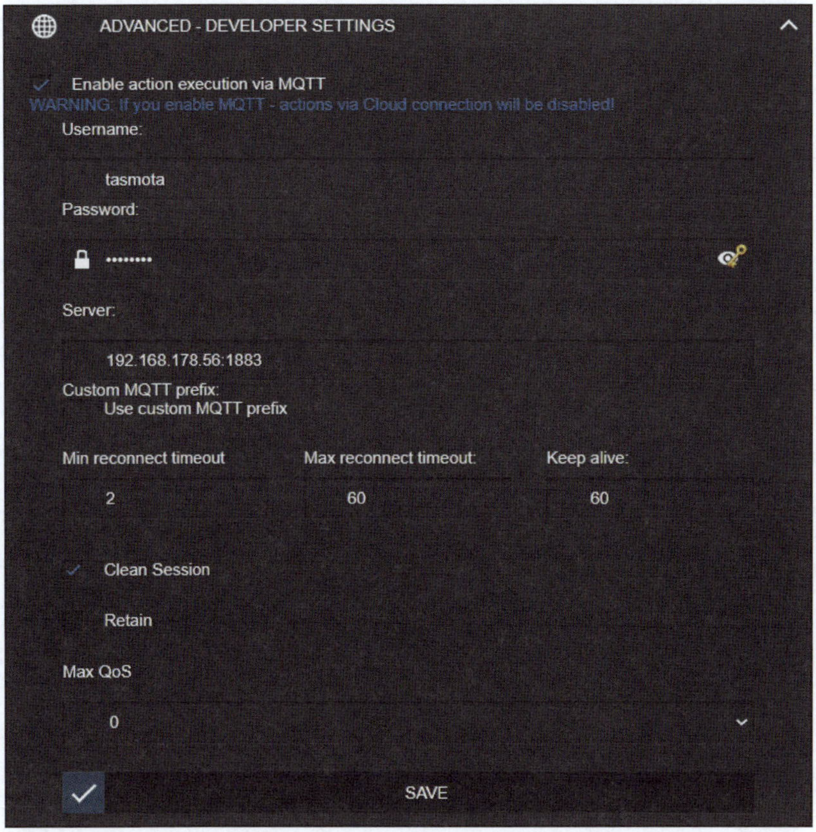

Abbildung 16.41: MQTT-Einstellungen des Shelly-Geräts

Username und **Password** sind die Zugangsdaten zu Ihrem MQTT-Server (siehe Abschnitt 16.3.1). Aktivieren Sie das Kontrollkästchen **Use custom MQTT prefix** und notieren Sie sich die Angaben. Ein Klick auf **Save** speichert die Änderungen.

Das Shelly-Gerät integrieren

Die Integration des Shelly-Geräts erfolgt über die *configuration.yaml*. Listing 16.4 zeigt den entsprechenden Abschnitt der Datei:

```
# Definieren und Einstellen von Shelly-Schaltern via MQTT in Home
Assistant
switch:
  # Flur Licht (244CAB443E0D)
  - platform: mqtt
    name: "Flur Licht"
    # Topics für Kommando und Status
    state_topic: "shellies/shelly1-244CAB443E0D/relay/0"
    command_topic: "shellies/shelly1-244CAB443E0D/relay/0/command"
    # Kommandos für den Status
    payload_on: "on"
    payload_off: "off"
    # RETAIN = FALSE, Vermeidung fehlerhafter /
    #                 nicht nachvollziehbarer Schaltvorgänge
    retain: false
    # QOS (Quality of Service) =  2, sicherstellen Zuverlässigkeit
    #                               der Schaltvorgänge
    qos: 2
```

Listing 16.4: Shelly-Schalter in der Datei »configuration.yaml«

Benutzen Sie das jeweilige MQTT-Präfix aus der Shelly-Geräteeinstellung für die Einträge `state_topic` und `command_topic`. Führen Sie einen Neustart über **Entwicklerwerkzeuge • YAML • Neu starten** durch.

In der Liste der Entitäten, die Sie mit **Einstellungen • Geräte & Dienste • Entitäten** aufrufen, ist die neue Entität nun aufgelistet (siehe Abbildung 16.42). Sie können diesen Schalter jetzt über das Dashboard aktivieren oder ihn in Automatisierungen nutzen.

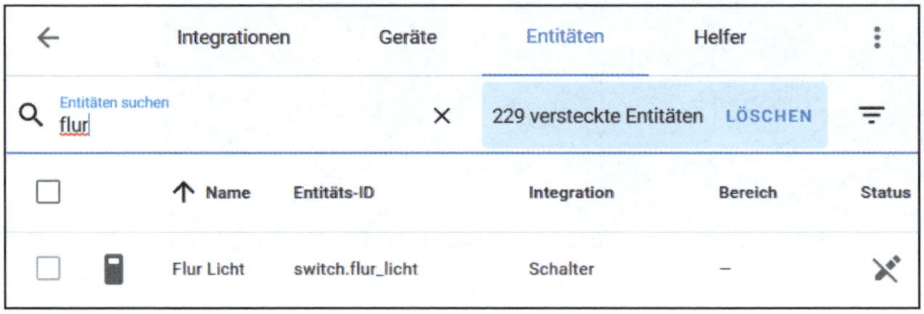

Abbildung 16.42: Das Shelly-Gerät ist über MQTT eingebunden.

16.6 TP-Link

TP-Link (*https://www.tp-link.com/de/*) betrachtet sich als weltweit führenden Hersteller von Smart-Communication-Produkten. Die Produkte firmieren unter den Handelsmarken *TP-Link*, *Tapo* und *Deco*. Weithin bekannt sind die Wi-Fi-Komponenten. Im Smart-

Home-Bereich sind z. B. Cloud-Kameras, WLAN-Steckdosen bzw. -Glühlampen und dergleichen unter dem Markennamen Tapo zu finden. Die Einrichtung und die Steuerung dieser Geräte erfolgt über eine eigene App. Dies setzt (leider) einen Tapo-Account voraus.

Mit ca. 30 € ist die Indoor-WLAN-Kamera *Tapo C200* ein erschwingliches Produkt. Sie bietet Aufnahmen in Full-HD-Auflösung an (siehe Abbildung 16.43). Tapo-Kameras lassen sich auch in Home Assistant einbinden. Leider ist dazu – mal wieder – ein Konto erforderlich, über das der Datenverkehr verwaltet wird.

Abbildung 16.43: Die Kamera »Tapo C200«

16.6.1 Ein Drittanbieterkonto für die Kamera erstellen

Wenn Sie Software von Drittanbietern wie Home Assistant nutzen, benötigen Sie ein Konto, um auf die Kamera zugreifen zu können. Gehen Sie dazu in der App auf die betreffende **Kamera** und wählen Sie dann **Einstellungen • Erweiterte Einstellungen • Kamerakonto**, um die Informationen zu hinterlegen (siehe Abbildung 16.44).

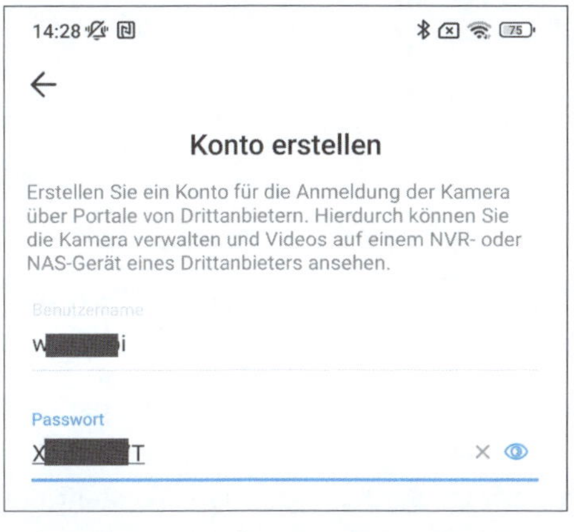

Abbildung 16.44: Ein Konto für die Tapo-Kamera erstellen

16.6.2 Die Integration »Tapo: Cameras Control« in HACS herunterladen

Der Home Assistant Community Store (HACS, siehe Kapitel 9) beinhaltet die passende Integration. Gehen Sie zu **HACS • Integrationen** und suchen Sie nach **Tapo: Cameras Control** wie in Abbildung 16.45.

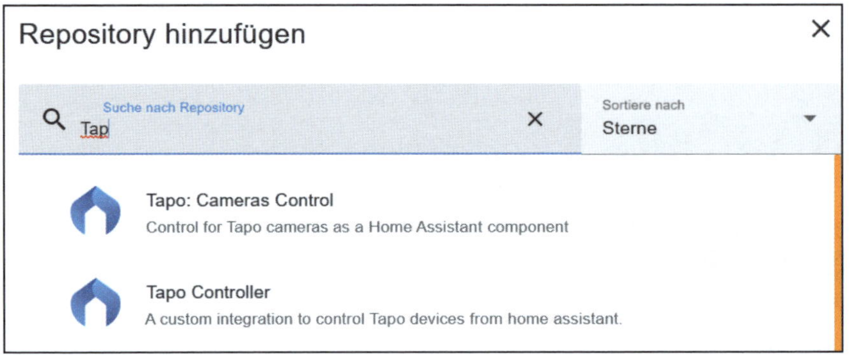

Abbildung 16.45: Die Integration »Tapo: Cameras Control« in HACS

Wählen Sie die Integration aus und bestätigen Sie mit **Herunterladen • Herunterladen**. Führen Sie einen Neustart durch.

16.6.3 »Tapo: Cameras Control« zu Ihren Integrationen hinzufügen

Die automatische Geräteerkennung von Home Assistant funktioniert nicht bei Tapo-Kameras, sodass Sie die Integration manuell hinzufügen müssen. Das geht über **Einstellungen • Geräte & Dienste • Integrationen • + Integration hinzufügen** (siehe Abbildung 16.46).

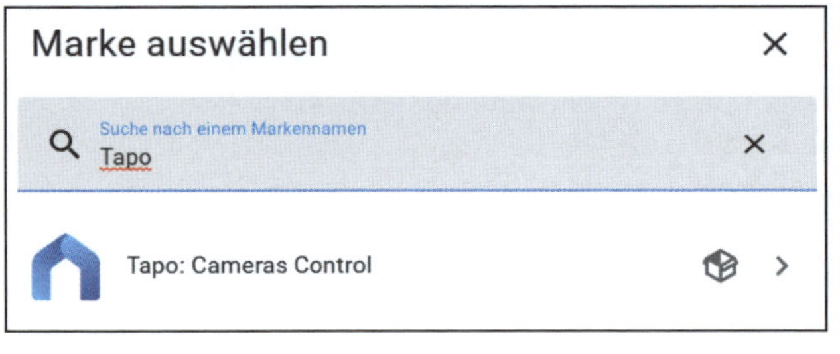

Abbildung 16.46: Eine Integration manuell hinzufügen

Mit der Auswahl beginnt der Konfigurationsassistent seine Arbeit. Es dauert eine Weile, bis er die IP-Adresse der Kamera abfragt (siehe Abbildung 16.47).

Geben Sie hier die IP-Adresse der Kamera ein. Sie können sie Ihrem Router oder der App entnehmen. An dieser Stelle bietet es sich an, im Router für die Kamera eine feste IP-Adresse zu vergeben. Nach einem Klick auf **Weiter** erfragt der Konfigurationsassistent die Kontodaten, die Sie zuvor festgelegt haben (siehe Abbildung 16.48).

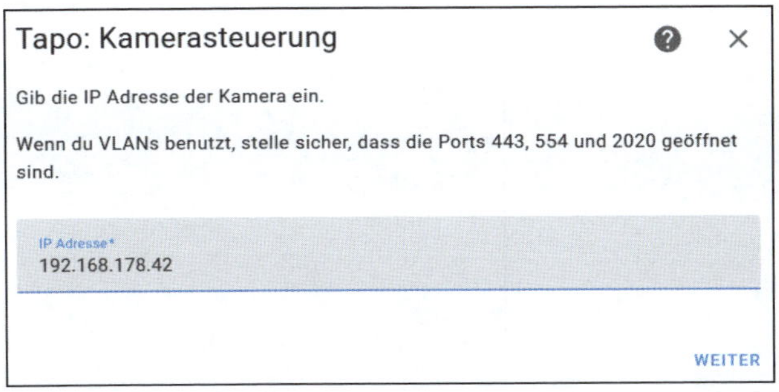

Abbildung 16.47: Hier ist die IP-Adresse der Kamera gefragt.

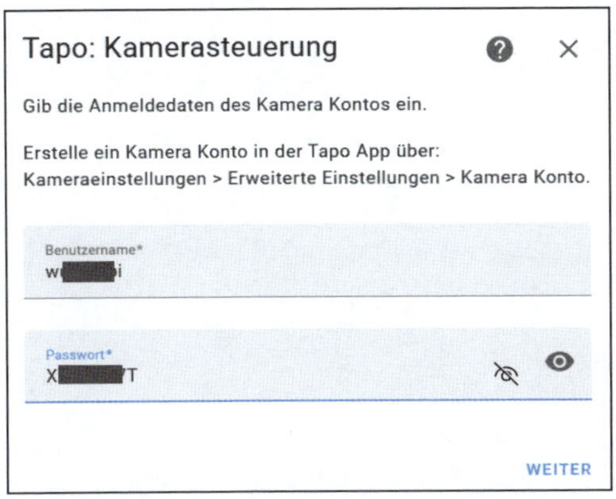

Abbildung 16.48: Anmeldedaten eingeben

Nach einem erneuten Klick auf **Weiter** hinterlegen Sie noch das Passwort Ihres Tapo-Accounts (siehe Abbildung 16.49).

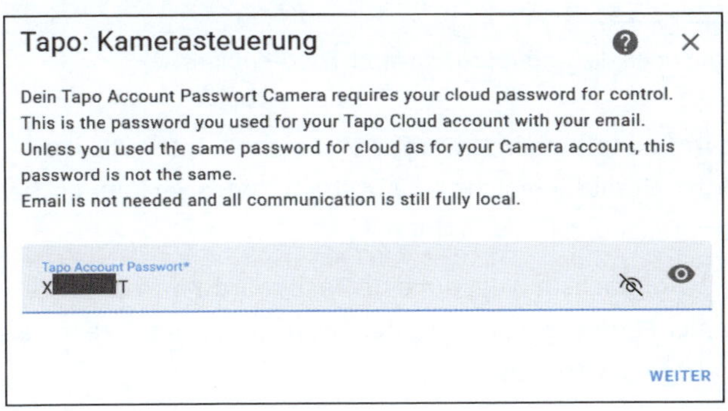

Abbildung 16.49: Passwort eingeben

Ein letzter Schritt (mit **Weiter**) ermöglicht Ihnen, den Bewegungssensor der Kamera zu aktivieren und die Zeit automatisch synchronisieren zu lassen, damit sie in den Aufnahmen richtig angegeben wird (siehe Abbildung 16.50).

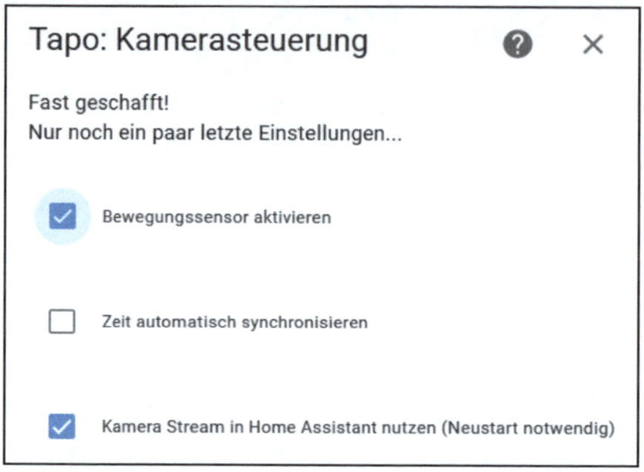

Abbildung 16.50: Konfiguration der Tapo-Kamerasteuerung

Belassen Sie es bei den Voreinstellungen, fahren Sie mit **Absenden** fort und beenden Sie den Prozess nach der Erfolgsmeldung (siehe Abbildung 16.51) mit **Fertig**. Führen Sie abschließend einen Neustart durch.

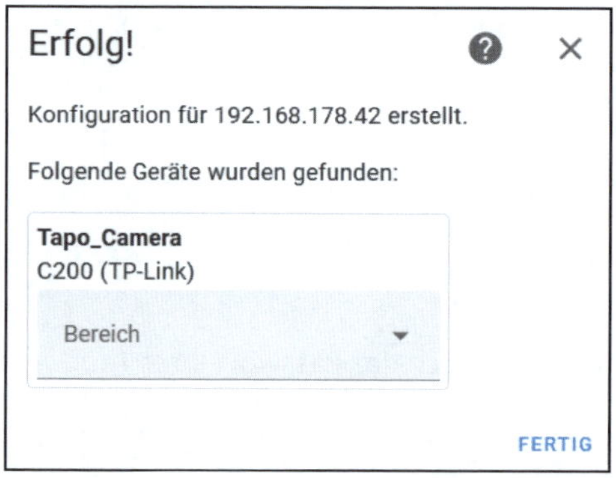

Abbildung 16.51: Die Erfolgsmeldung nach der Konfiguration Ihrer Tapo-Kamera

Folgen Sie nach dem Neustart in **Einstellungen • Geräte & Dienste • Integrationen • <Tapo Kamera Karte>** dem Link zur Geräteübersicht. Im Abschnitt **Sensoren** können Sie sich eine Vorschau des Livestreams ansehen (siehe Abbildung 16.52).

Zum Dashboard hinzufügen ist der einfachste Weg, um eine Dashboard-Karte einzustellen. Löschen Sie gegebenenfalls nicht benötigte Sensordaten (es reicht ja eine Streamvariante) aus der automatisch angebotenen Konfiguration.

Alternativ bietet es sich an, über **Dashboard • + Karte hinzufügen** zu gehen und sich mithilfe der Entitätssuche eine Karte empfehlen zu lassen. Unter *https://github.com/Juraj-Nyiri/HomeAssistant-Tapo-Control/blob/main/examples/EXAMPLES_LOVELACE.md* finden Sie einige Vorschläge dazu, wie Sie Ihr Dashboard einrichten können.

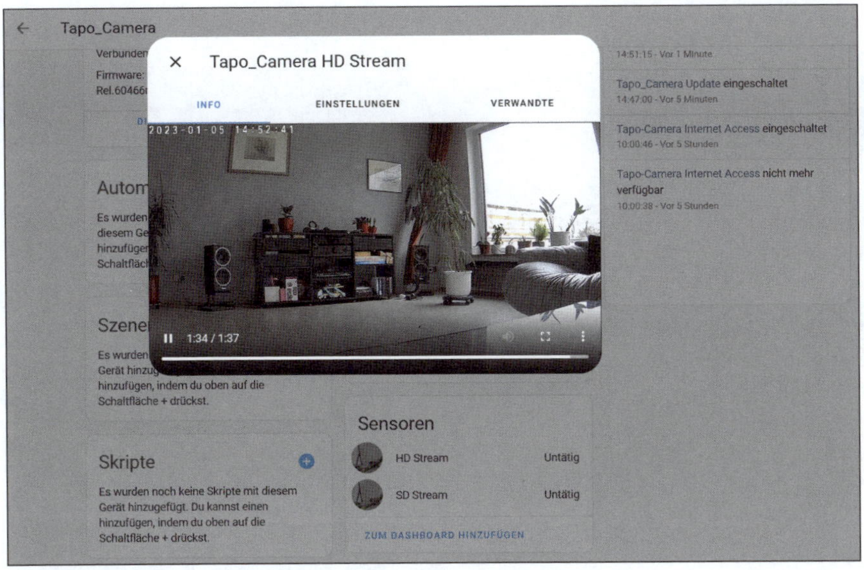

Abbildung 16.52: Die Geräteübersicht zur Tapo-Kamera

Nach der Einrichtung haben Sie auch Zugriff auf einen binären Sensor `tapo_camera_motion`, der eine erkannte Bewegung meldet. Den Logbucheintrag dazu sehen Sie in Abbildung 16.53.

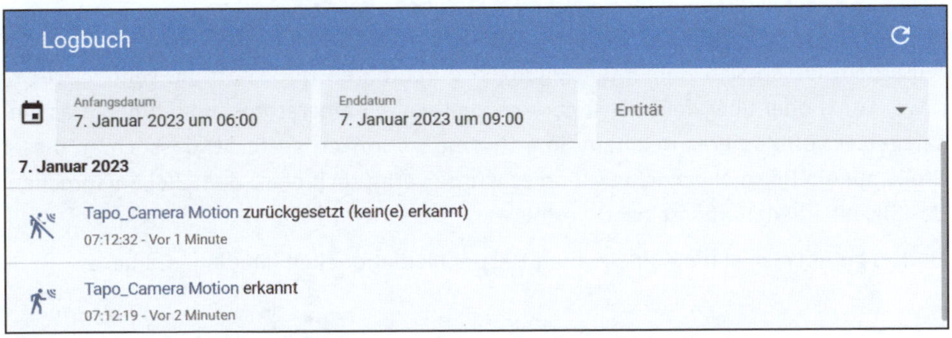

Abbildung 16.53: Logbucheintrag zum Kamera-Bewegungsmelder

Ein Statuswechsel dieses Sensors lässt sich in jedweder Form auswerten. Der Codeschnipsel aus Listing 16.5 zeigt eine Automatisierung, bei der ein Schalter den Zustand wechselt, eine Alarmmeldung ausgegeben wird und eine Tuya-Lampe zehnmal blinkt:

```
alias: tapo bewegungserkennung
description: ""
trigger:
  - platform: state
    entity_id:
      - binary_sensor.tapo_camera_motion
```

```
condition: []
action:
  - service: input_boolean.toggle
    data: {}
    target:
      entity_id: input_boolean.test_schalter
  - service: notify.persistent_notification
    data:
      message: Tapo Bewegung erkannt
  - repeat:
      count: "10"
      sequence:
        - service: light.toggle
          data: {}
          target:
            entity_id: light.tuya_lampe_01
        - delay:
            hours: 0
            minutes: 0
            seconds: 2
            milliseconds: 0
mode: single
```

Listing 16.5: Automatisierungsbeispiel für den Statuswechsel

Außerdem lassen sich Kamerabewegungen durchführen (z. B. `button.tapo_camera_move_left`) oder über den Dienst `camera.snapshot` Kamerafotos aufnehmen. Das Einsatzgebiet von Kameras in einem Smart Home ist so weit gesteckt, dass ich an dieser Stelle auf ein Beispiel verzichte, denn es würde vermutlich nicht dem Ziel entsprechen, das Sie mit einem Kameraeinsatz verfolgen.

Und zu guter Letzt ist die Kamera auch Teil der Medienquellen (**Medien • Camera**).

[»]

RTSP-Livestream von einer Tapo-Kamera

Die Tapo-Kamera unterstützt das Standard-RTSP-Protokoll. Auf *https://www.tapo.com/de/faq/34/* finden Sie eine Anleitung, die beschreibt, wie Sie den Livestream der Kamera mit einer Drittanbieter-App wie *VLC Player* anschauen können.

16.7 Zigbee-Geräte am Beispiel von IKEA Tradfri

Geräte, die die Zigbee-Technologie nutzen, erfreuen sich großer Beliebtheit. So gibt es mehr als 400 Unternehmen mit über 2.500 Zigbee-kompatiblen Produkten. Namhafte Vertreter sind *IKEA Tradfri* und *Philips Hue* (siehe Abschnitt 16.8).

Dieser weiten Verbreitung tragen die Entwickler von Home Assistant in vielerlei Hinsicht Rechnung. Ein Punkt ist, dass *Home Assistant Yellow* bereits ein Zigbee-Modul an Bord hat, das in der neuesten Version auch Thread-fähig ist. Hinzu kommt, dass mit *Home Assistant SkyConnect* ein Funk-USB-Stick für Home Assistant angeboten wird, der Zigbee-, Thread- und Matter-kompatibel ist (siehe Abbildung 16.54). Ein solcher Stick kommt auch in diesem Abschnitt zum Einsatz. Weit verbreitet sind darüber hinaus verschiedene Sticks von Sonoff. Die Diskussion unter Makern darüber, welcher Stick wann besonders geeignet ist oder nicht, füllt viele Seiten.

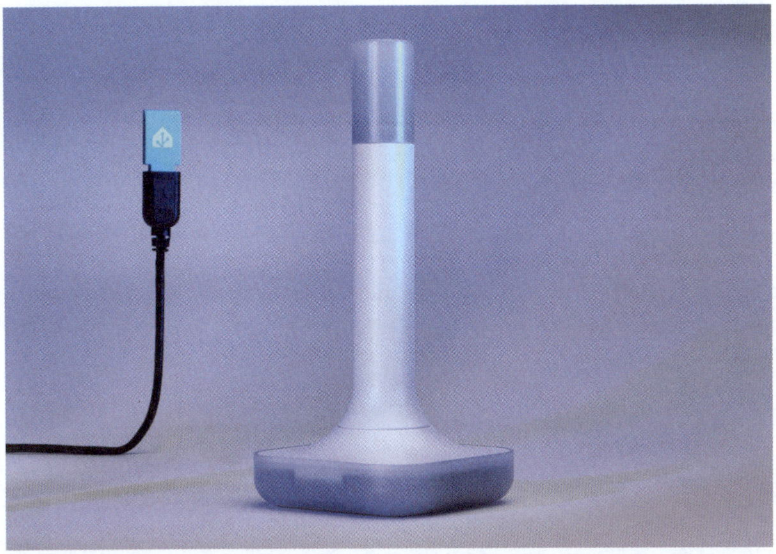

Abbildung 16.54: Home Assistant SkyConnect mit USB-Kabel – Originalfoto

Die »IKEA Tradfri«-Integration

Selbstverständlich können Sie Ihre IKEA-Tradfri-Geräte auch über die *IKEA Tradfri*-Integration einbinden. Dies setzt allerdings ein IKEA-Tradfri-Gateway voraus. Ähnlich verhält es sich mit der *Philips Hue*-Integration, die auf eine Hue-Bridge aufsetzt.

16.7.1 Den USB-Stick mit der Hardware verbinden

Der Start ist eigentlich ganz einfach: Stecken Sie den Stick in eine freie USB-Buchse, und schon kann es losgehen.

Im Allgemeinen funktioniert das auch. Achten Sie aber darauf, dass sich die WLAN-Antenne Ihres Hosts und die Antenne Ihres Zigbee-Sticks nicht gegenseitig beeinflussen. Im Lieferumfang von *Home Assistant SkyConnect* befindet sich daher ein USB-Verlängerungskabel, mit dessen Hilfe Sie das Gerät optimal ausrichten können.

Überprüfen Sie unbedingt, ob Home Assistant die neue Hardware auch erkannt hat: **Einstellungen • System • Hardware • Gesamte Hardware** (siehe Abbildung 16.55).

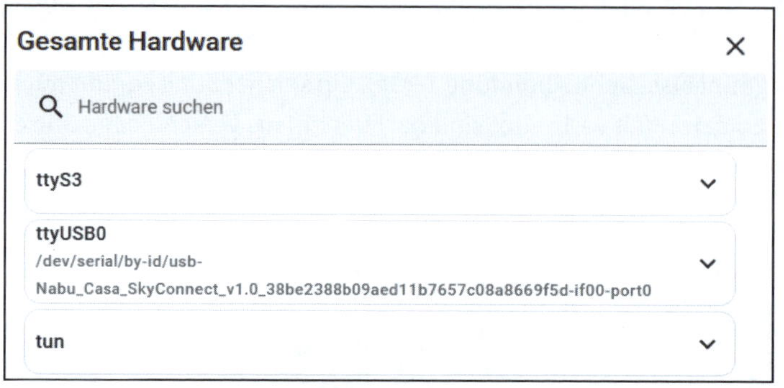

Abbildung 16.55: Der Zigbee-Stick wurde erkannt.

VirtualBox

Ohne Weiteres leitet VirtualBox die Information über ein neues USB-Gerät leider nicht an die virtuelle Maschine weiter. Gehen Sie wie folgt vor, wenn Sie Home Assistant in einer virtuellen Maschine nutzen:

1. Überprüfen Sie, ob das Betriebssystem (Windows, Linux, macOS) den Stick erkennt.
2. Öffnen Sie in VirtualBox die Einstellungen der virtuellen Maschine. Wählen Sie in der linken Seitenleiste **USB** und dann rechts **+** (siehe Abbildung 16.56).

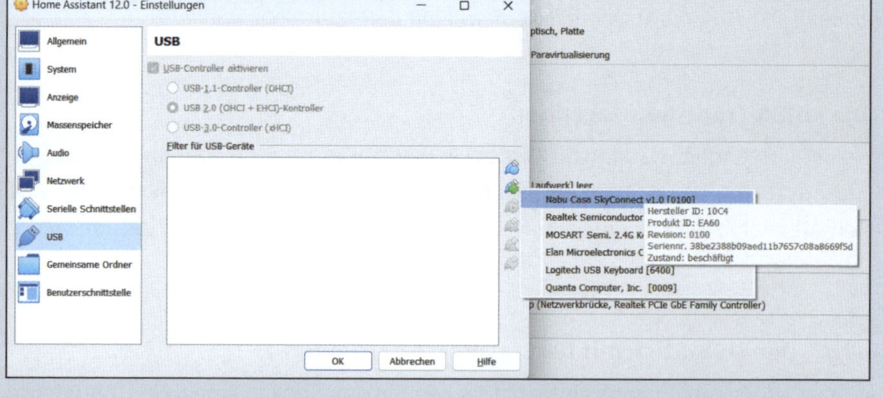

Abbildung 16.56: Den USB-Stick in VirtualBox bekannt machen

Der Stick sollte hier aufgelistet sein. Treffen Sie mit einem Doppelklick die entsprechende Auswahl und bestätigen Sie diese mit **OK**.

3. Entfernen Sie den Stick.
4. Führen Sie einen Reboot der virtuellen Maschine durch.

5. Stecken Sie den Stick wieder ein.

   Es ist wichtig, dass Sie den Stick erst *nach* dem Reboot wieder einstecken, damit sichergestellt ist, dass die nötigen Treiber geladen sind!

16.7.2 Die Art der Anbindung wählen

Jetzt trennen sich die Wege, denn es gibt zwei Möglichkeiten, um Zigbee-Geräte in Home Assistant zu nutzen:

- *ZHA* (Zigbee Home Automation)
- *Zigbee2MQTT*

Für welchen Zweig Sie sich entscheiden, hängt weitgehend von Ihren Gegebenheiten und Ihren Präferenzen ab. *ZHA* ist die native Anbindung, weil sie zu Home Assistant gehört. Sie ist schlank, einfach zu installieren und hat *out of the box* (d. h. betriebsfertig, ohne die Implementation zusätzlicher Komponenten) viele unterstützte Geräte.

Zigbee2MQTT ist etwas aufwendiger einzurichten, unter anderem weil es einen MQTT-Broker benötigt. Zigbee2MQTT kann jedoch in einem eigenen Docker-Container betrieben werden, sodass die Verbindung zu den Geräten auch bei einem Neustart von Home Assistant weiterläuft. Darüber hinaus nimmt Zigbee2MQTT für sich in Anspruch, mehr Geräte zu unterstützen (siehe *www.zigbee2mqtt.io/supported-devices/*).

ZHA	Zigbee2MQTT
Bessere Integration in Home Assistant.	Die Stabilität des Netzwerks ist kritisch, und eine Isolation von Home Assistant ist erforderlich.
Geräte, die nicht von Zigbee2MQTT unterstützt werden.	Flexibilität für die Einrichtung von MQTT und Integrationen ist erwünscht.
Es sind keine erweiterten MQTT-Einstellungen nötig bzw. beabsichtigt.	Großes Zigbee-Netz mit mehr als 50 Geräten.
	Kann den Ressourcenverbrauch auf Ihrem Rechner reduzieren.

Tabelle 16.2: Vor- und Nachteile der Zigbee-Integrationen

16.7.3 ZHA

ZHA (*Zigbee Home Automation*) ist bei einem völligen Neubeginn mit Zigbee vermutlich die bessere Alternative. Home Assistant bietet üblicherweise automatisch die Konfiguration dieser Integration an, wenn es entsprechende Hardware erkennt. Sollte dies nicht der Fall sein, suchen Sie unter **Einstellungen • Geräte • + Hinzufügen** nach **Zigbee Home Automation**.

Schritt 1: Zigbee Home Automation konfigurieren

Das System fordert Sie als Erstes zur Auswahl des seriellen Ports auf, an den der Zigbee-Stick angeschlossen ist (siehe Abbildung 16.57).

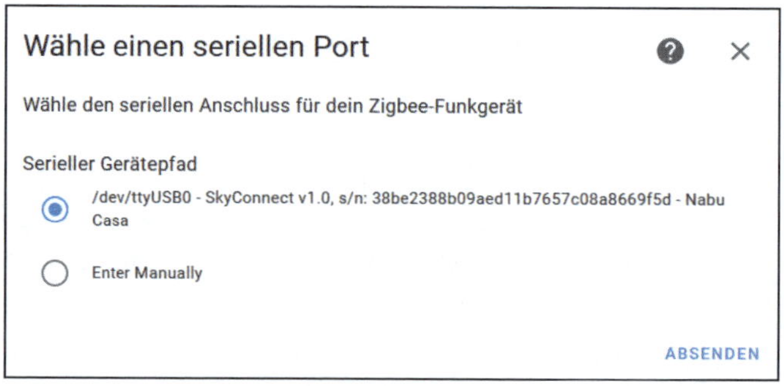

Abbildung 16.57: Die Integration »Zigbee Home Automation« – Port-Eingabe

Bestätigen Sie mit **Absenden** die Vorbelegung. Bestätigen oder wählen Sie im Folgefenster den Adaptertyp (siehe Abbildung 16.58). Die Angabe finden Sie bei der Dokumentation der Hardware, die Sie gekauft haben.

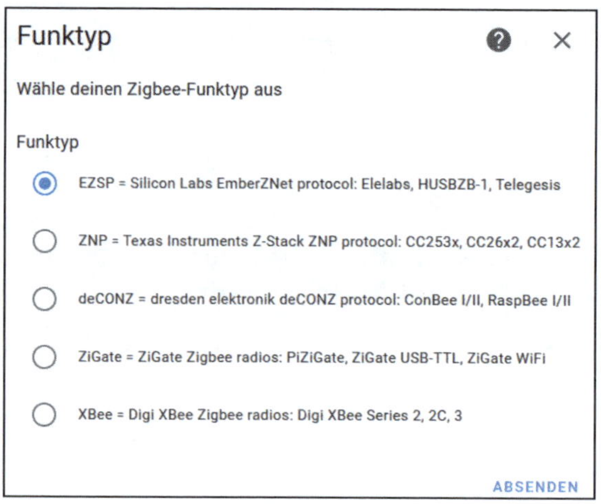

Abbildung 16.58: Wahl des Adaptertyps

Danach geht es um Einstellungen der seriellen Schnittstelle (siehe Abbildung 16.59). Die voreingestellten Werte sind in den allermeisten Fällen korrekt und müssen nicht geändert werden.

Nach einem Klick auf **Absenden** sollten Sie eine Erfolgsmeldung erhalten, in der Sie die Integration noch einem Bereich zuordnen können. Mit **Fertig** schließen Sie den Prozess ab.

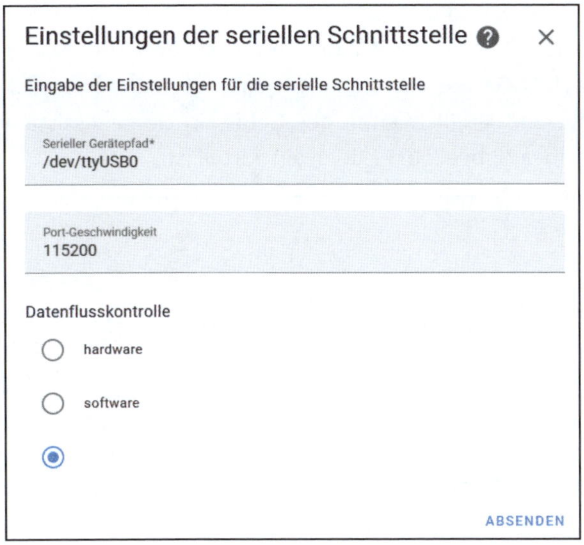

Abbildung 16.59: Konfiguration der seriellen Schnittstelle

Schritt 2: Ein Gerät anlernen

Rufen Sie durch einen Klick auf **Zigbee Home Automation • Gerät** die Geräteinformation auf und gehen Sie dann über **Gerät über dieses Gerät hinzufügen** weiter.

Schalten Sie Ihr Gerät in den Anlernmodus – auch hier hilft Ihnen die Dokumentation weiter. Zumeist müssen Sie dazu einen Knopf länger drücken. Nach kurzer Zeit sollten Sie dann eine Mitteilung über die Initialisierung des neuen Geräts erhalten (siehe Abbildung 16.60).

Abbildung 16.60: Das Anlernen war erfolgreich, und das Gerät ist einsatzbereit.

Ändern Sie an dieser Stelle gegebenenfalls noch den Gerätenamen. Verschiedene Icons in der Reihe unter dem aktuellen Gerätenamen führen zu spezifischen Informationen z. B.

zu dem Ikea-Bulb-Einschaltstrompegel. So können Sie Ihre smarte Glühbirne oder andere Geräte konfigurieren. Später finden Sie das Gerät in der Geräteliste der ZHA-Integration unter **Einstellungen • Geräte • ZHA • Geräte**. Hier haben Sie dann auch den Überblick über alle »integralen« Bestandteile und Möglichkeiten des Geräts in Home Assistant (siehe Abbildung 16.61), was gegenüber Zigbee2MQTT doch ein Vorteil ist.

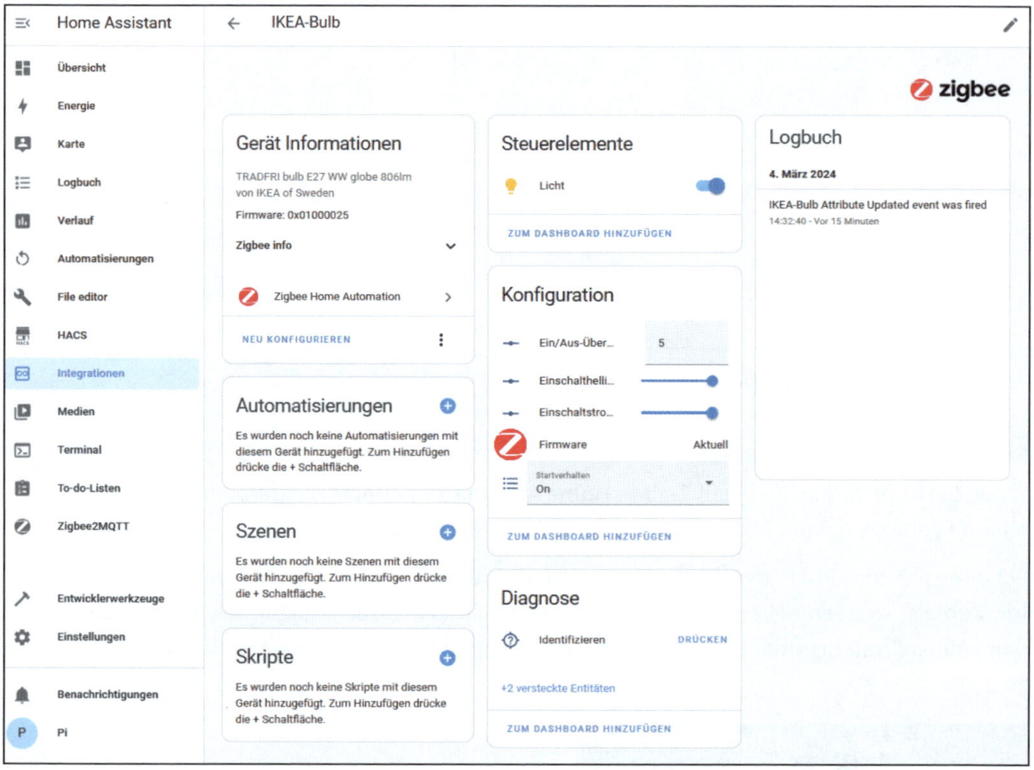

Abbildung 16.61: Das Gerät wurde angelernt.

Jedoch baut ZHA selbst bei gepairten Geräten nicht immer alle erwarteten Entitäten auf. Das ist bei der Komplexität der Materie und der Gerätevielfalt auch kein Wunder. In so einer Situation führt kein Weg an einer intensiven Beschäftigung mit der ZHA-Dokumentation vorbei, die Sie unter *https://www.home-assistant.io/integrations/zha* finden.

Lesen Sie dort besonders den Abschnitt **HOW TO ADD SUPPORT FOR NEW AND UNSUPPORTED DEVICES**.

Vielleicht finden Sie einen Ansatz in einem Projekt namens *ZHA Device Handlers* (auch bekannt als *zha-quirk*). Es enthält gerätespezifische Python-Skripte, sogenannte *Quirks*. Diese Skripte können Verständigungs- und Interoperabilitätsprobleme lösen, indem sie eine sofortige Konvertierung benutzerdefinierter Zigbee-Konfigurationen oder herstellerspezifische Funktionen für bestimmte Geräte implementieren. Vielleicht ist aber auch der Umstieg auf Zigbee2MQTT ein gangbarer Weg.

Zigbee-Netzwerkkarte

Bei Problemen hilft manchmal eine Visualisierung des Zigbee-Netzwerks mit all seinen Geräten und Verbindungen. Gehen Sie hierzu in die ZHA-Integration, dann auf **Konfigurieren** und auf dieser Karte in das Register **Visualisierung**, um eine Netzwerkkarte zu erhalten.

16.7.4 Zigbee2MQTT

Wenn Sie Zigbee2MQTT einsetzen wollen, müssen Sie vorab sicherstellen, dass Sie über einen betriebsfähigen und erreichbaren MQTT-Broker verfügen (siehe auch Abschnitt 16.3).

Schritt 1: Die Repository-URL des Zigbee2MQTT-Add-ons hinzufügen

Bei Zigbee2MQTT handelt es sich um ein Add-on (**Einstellungen • Add-ons**, siehe Kapitel 8), das jedoch nicht in der offiziellen Add-on-Liste enthalten ist. Klicken Sie daher auf das Menü-Icon in der Kopfzeile und dann auf **Repositories**. Geben Sie als URL *https://github.com/zigbee2mqtt/hassio-zigbee2mqtt* ein (siehe Abbildung 16.62).

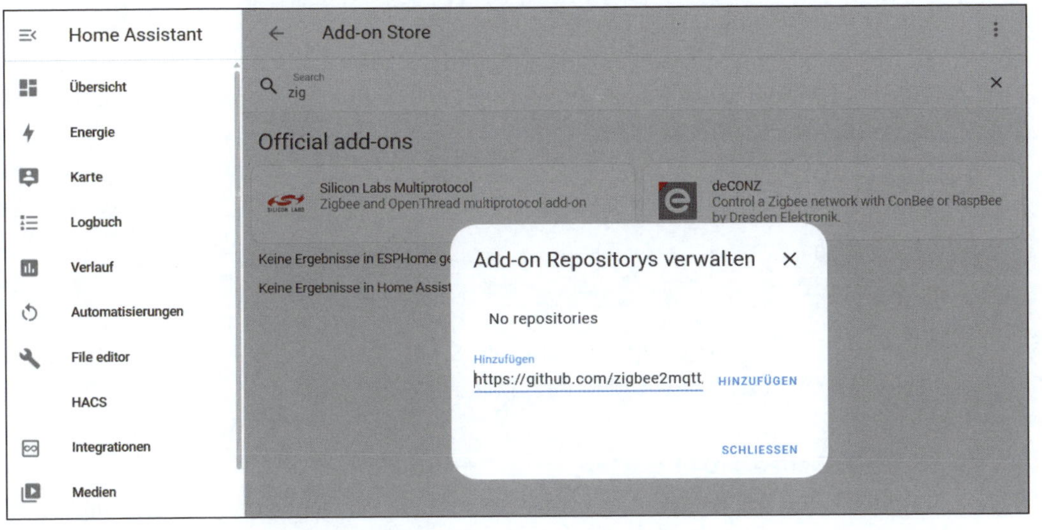

Abbildung 16.62: Die Zigbee2MQTT-Add-on-Repository-URL hinzufügen

Gehen Sie auf **Hinzufügen** und **Schliessen**. Verlassen Sie den Add-on Store und wechseln Sie in eine andere Ansicht.

Schritt 2: Das Zigbee2MQTT-Add-on installieren

Suchen Sie den Add-on Store erneut auf und laden Sie damit den Inhalt neu. Suchen Sie nach *zigbee* (siehe Abbildung 16.63).

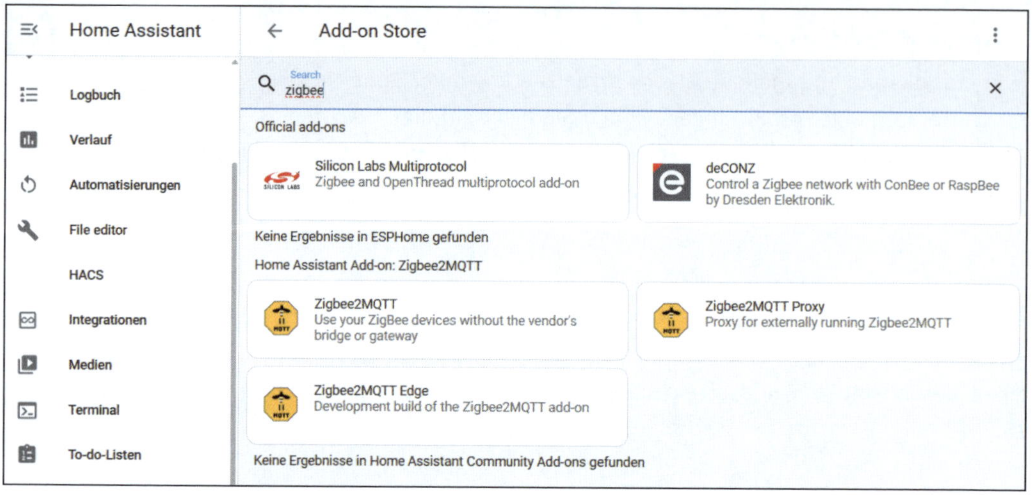

Abbildung 16.63: Die Zigbee2MQTT-Add-ons werden nun im Store angezeigt.

Wählen Sie aus den angezeigten Add-ons **Zigbee2MQTT**. Der Installationsvorgang dauert nach einem Klick auf **Installieren** eine Weile.

Schritt 3: Das Zigbee2MQTT-Add-on einrichten

Zur Konfiguration reicht es, die Optionen **Beim Boot starten** und **In der Seitenleiste anzeigen** zu aktivieren. Wechseln Sie nun in das Register **Konfiguration**. Im Abschnitt **Serial** machen Sie den Adapter bekannt:

```
port: >-
  /dev/serial/by-id/usb-Nabu_Casa_SkyConnect_v1.0_
38be2388b09aed11b7657c08a8669f5d-if00-port0
adapter: ezsp
```

Die Angabe zu `port` entspricht den Daten, die Sie der Hardwarekonfiguration entnehmen können. Der Wert zu `adapter` differiert unter den Zigbee-Sticks.

Schritt 4: Zigbee2MQTT starten

Starten Sie nun das Add-on. Der Vorgang dauert eine Weile. Beobachten Sie zumindest beim ersten Mal die Ausgabe im Protokoll, denn sie enthält zumindest im Fehlerfall wertvolle Informationen. Abbildung 16.64 zeigt das Protokoll eines fehlerfreien Starts.

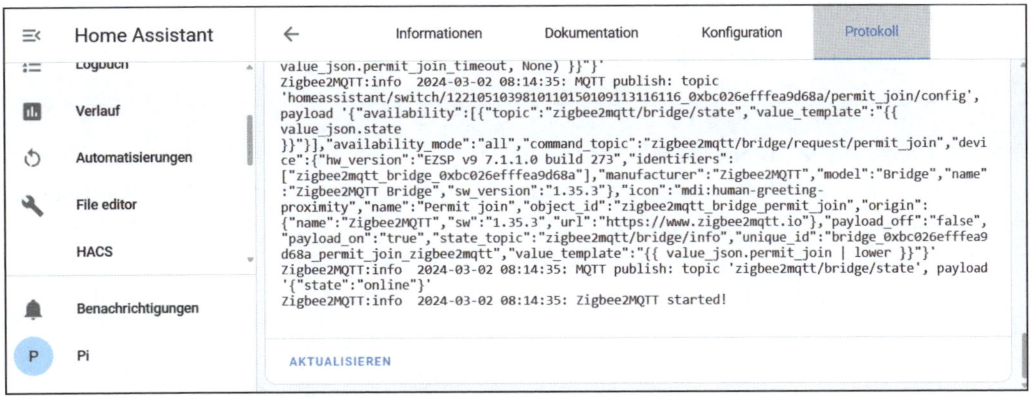

Abbildung 16.64: Fehlerfreier Start von Zigbee2MQTT

Schritt 5: Ein Gerät anlernen

Besuchen Sie Zigbee2MQTT idealerweise über den Eintrag in der linken Seitenleiste (siehe Abbildung 16.65).

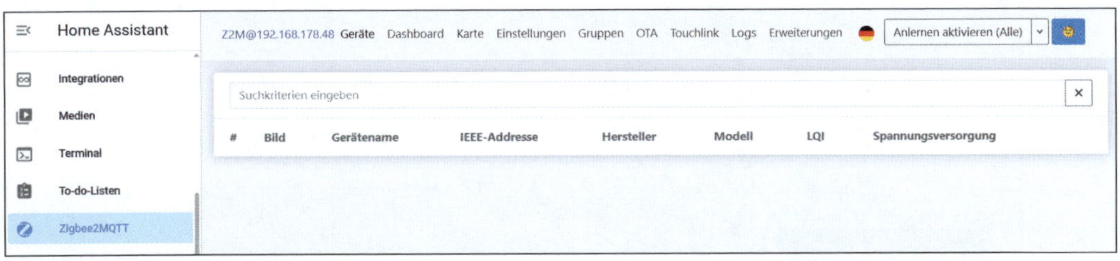

Abbildung 16.65: Zigbee2MQTT im Browser

Versetzen Sie nun Ihr Gerät in den Pairing-Modus. Dabei sollte es sich in der Nähe des Zigbee-Sticks befinden. Wenn Sie oben rechts in der Drop-down-Liste **Anlernen aktivieren** wählen, sollte nach kurzer Zeit das neue Zigbee-Gerät in der **Geräte**-Liste auftauchen (siehe Abbildung 16.66).

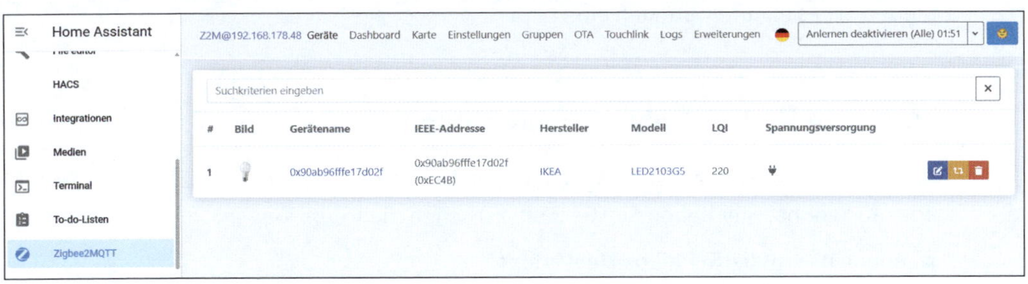

Abbildung 16.66: Ein neues Zigbee-Gerät wurde in Zigbee2MQTT eingefügt.

Drei Icons erlauben Ihnen dann, das Gerät zu administrieren. Sie können es

- umbenennen,
- neu konfigurieren oder
- löschen.

Interessant ist **umbenennen**, denn hier lässt sich ein anwenderfreundlicherer Entitätenname vereinbaren, wenn gleichzeitig der Schalter **Home-Assistant-Entität aktualisieren** aktiviert ist (siehe Abbildung 16.67).

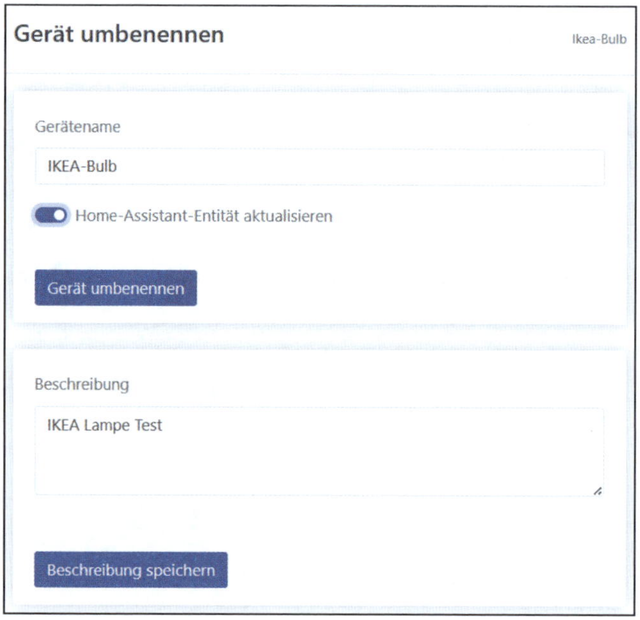

Abbildung 16.67: Ein Zigbee2MQTT-Gerät umbenennen

Das Gerät – in diesem Fall wieder eine smarte Glühbirne von Ikea – ist nun eingebunden und kann genutzt werden. Die weitere Konfiguration und die Nutzung entsprechen also den Grundprinzipien von Home Assistant: Fügen Sie das Gerät dem Dashboard hinzu und binden Sie es in Automationen ein.

16.8 Alexa ohne Nabu Casa anbinden

Nabu Casa ist die einfachste Möglichkeit, Alexa in Home Assistent einzubinden. Es geht aber auch ohne. Hier haben Sie die Wahl zwischen mehreren Wegen:

- über eine emulierte Philips-Hue-Bridge
- über Node-RED
- über AWS

Diese Optionen möchte ich Ihnen im Folgenden vorstellen.

16.8.1 Emulation einer Philips-Hue-Bridge

Im ersten Szenario emulieren wir eine Bridge für das Lichtsystem *Philips Hue*, das sich gut über Alexa steuern lässt. Das Setup ist vergleichsweise einfach; damit ist jedoch der Nachteil verbunden, dass die Geräte, die Sie auf diese Weise integrieren, als Philips-Hue-Glühbirne erscheinen und auch nur als *light*-Entitäten steuerbar sind.

Der Trick beruht darauf, dass Home Assistant vorgibt, eine Philips-Hue-Bridge zu sein, um Alexa glauben zu machen, dass sie sich mit einem Philips-Hue-Setup verbindet. Die virtuelle Brücke kann Entitäten ein- und ausschalten oder die Helligkeit von dimmbaren Lichtern ändern. Die Lautstärke von Media-Playern kann als Helligkeit gesteuert werden.

[!]

Hue Bridge

Die emulierte *Hue Bridge*, die ich hier beschreibe, dient nur zur Alexa-Steuerung. Sie ist kein Ersatz für eine »echte« Hardware-Bridge, falls Sie tatsächlich Geräte aus dem Hue-Universum anbinden möchten!

Gehen Sie so vor:

Die Konfiguration von Home Assistant

Öffnen Sie die *configuration.yaml* und fügen Sie folgenden Code ein:

```
emulated_hue:
  listen_port: 80
  exposed_domains:
    - light
  entities:
    switch.sonoff_03:
      name: "Sonoff 3"
```

Die Angaben haben folgende Bedeutung:

- `listen_port`: Eigentlich ist die Angabe optional. Jedoch nutzen neuere Alexa-Geräte den Port 80, daher sollten Sie ihn explizit festlegen.
- `exposed_domains` (optional): Damit legen Sie die Domänen fest, die zugänglich gemacht werden sollen. Möglich sind: `switch`, `light`, `group`, `input_boolean`, `media_player`, `fan` und `humidifier`.
- `entities` (optional): Mit `name` können Sie eine Bezeichnung festlegen, die vom `friendly_name` abweicht.

Daneben könnte noch `host_ip` von Belang sein. Dies ist die IP-Adresse, auf der Ihre Home-Assistant-Installation ausgeführt wird. Fehlt diese Option, versucht die Integration, die IP-Adresse selbst zu ermitteln.

Führen Sie einen Check der geänderten Konfiguration durch und starten Sie Ihr System neu.

Den Gerätetyp ändern

Mit **Einstellungen • Geräte & Dienste • Helfer** können Sie auch den Gerätetyp eines Schalters ändern (siehe Abbildung 16.68).

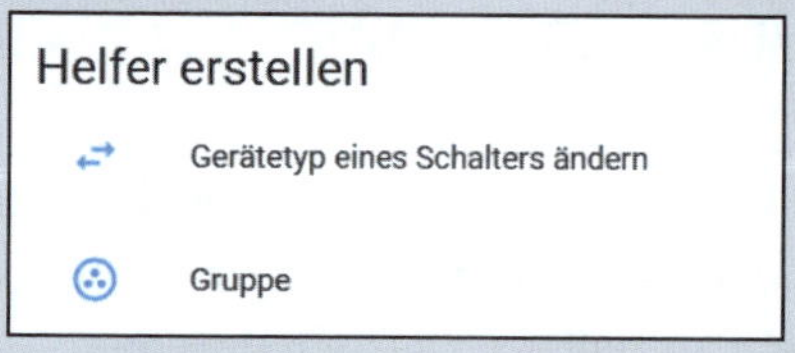

Abbildung 16.68: Den Gerätetyp eines Schalters ändern

Wählen Sie den Gerätetyp eines Schalters und ändern Sie ihn im Konfigurationsfenster des Helfers (siehe Abbildung 16.69).

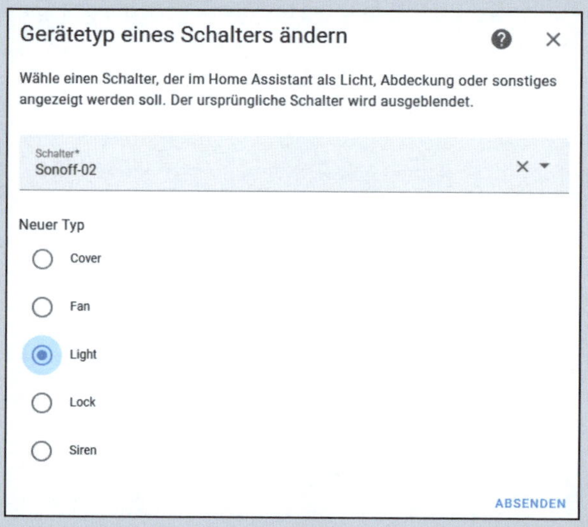

Abbildung 16.69: Den Gerätetyp eines Schalters ändern – Konfiguration

Suchen Sie das entsprechende Gerät und setzen Sie die neue Domäne fest.

Die Konfiguration von Alexa

Nun müssen Sie die Alexa-Geräte hinzufügen, was über die App geschieht. Abbildung 16.70 zeigt die ersten vier Schritte.

Starten Sie ausgehend von **Geräte** mit + die Gerätesuche und wählen Sie dann **Gerät hinzufügen**. Wählen Sie aus **Beliebte Marken** die Option **Philips hue**. Gehen Sie mit **Nein** weiter. Die folgenden Schritte veranschaulicht Abbildung 16.71.

Wählen Sie als Hub **Philips Hue V1 Bridge (rund)**. Mit einem Klick auf **Geräte suchen** starten Sie die Suche. Die gefundenen Geräte werden aufgelistet. Wählen Sie das emulierte Gerät aus, damit Alexa sich verbindet.

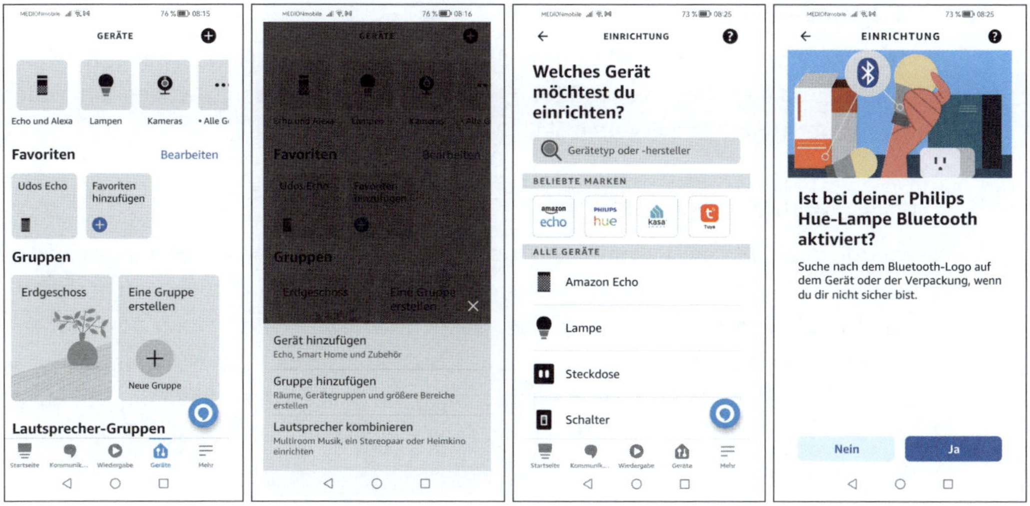

Abbildung 16.70: Die ersten vier Schritte

Abbildung 16.71: Die vier weiteren Schritte

Weitergehende Informationen finden Sie in der Home-Assistant-Dokumentation unter *https://www.home-assistant.io/integrations/emulated_hue/*.

Tasmota-Geräte für die Hue-Emulation

Auch auf Tasmota-Geräten lässt sich eine Hue-Emulation einrichten. Gehen Sie dazu im Hauptmenü auf **Configuration • Configure Other**.

16.8.2 Node-RED

Node-RED werden Sie ausführlich in Kapitel 18 kennenlernen. Mit ein wenig Aufwand lässt sich Alexa auch über Node-RED an Home Assistant anbinden. Der Weg führt über einen von Ben Hardill entwickelten Skill.

Wie sieht die Zukunft aus?

Amazon informiert im November 2025 jedoch darüber, dass der Entwickler den Skill nicht mehr pflegt und daher die Software zumindest zu diesem Zeitpunkt nicht mehr den Anforderungen von Alexa genügt. Das könnte dazu führen, dass bestimmte Alexa-Funktionen (Sprachbefehle, Routinen, Steuerung in der App) entfallen. Im Dezember 2025 sind jedoch wieder Anpassungen am Skill erfolgt. Ich kann nicht abschätzen, ob diese einen Betrieb sichern, dennoch beschreibe ich diesen bewährten Weg hier weiterhin.

Eine mögliche Alternative ist *DuloNode* (*https://www.dulonode.com/*), der ebenfalls auf dem Alexa Home Skill aufbaut. Es handelt sich jedoch um einen kostenpflichtigen Dienst, der einen freien Plan für nur fünf Geräte hat. Eine weitere Alternative ist der *Skill Node-RED Smart Home-Steuerung*.

Alexa-Skill besorgen

Damit Node-RED mit Alexa kommunizieren kann, benötigt Alexa entsprechende Fähigkeiten. Öffnen Sie auf Ihrem Smartphone die Alexa-App und navigieren Sie über das Menü-Icon (das dritte Icon von links in der Fußleiste) zu **Skills und Spiele**. Geben Sie in das Suchfeld »node red« ein. Der erste Eintrag sollte der gesuchte Skill sein (siehe Abbildung 16.72). Tippen Sie auf den Skill und aktivieren Sie ihn.

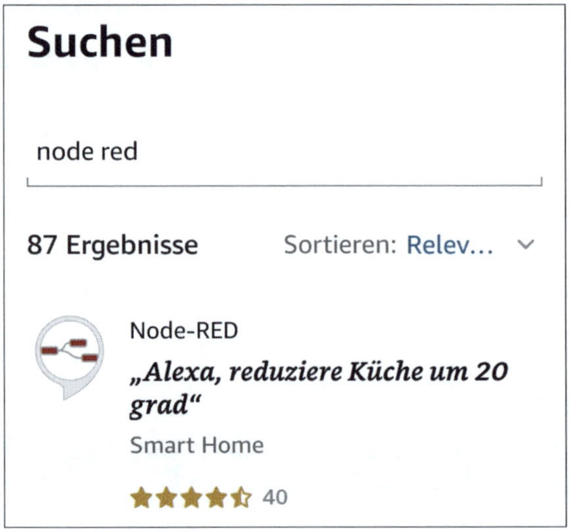

Abbildung 16.72: Der »Node-RED«-Skill im Suchfeld der Alexa-App

Die »Alexa Home Skill Bridge« einrichten

Die Kommunikation von Node-RED mit Alexa erfolgt über die *Alexa Home Skill Bridge* von Node-RED (siehe *https://alexa-node-red.bm.hardill.me.uk/login*). Richten Sie dort ein Benutzerkonto ein und verknüpfen Sie es mit Alexa. Sie erhalten in der Alexa-App eine Mitteilung über die erfolgreiche Verknüpfung.

Der Skill versucht dann – vermutlich erfolglos –, Geräte zu erkennen. Der Grund dafür ist, dass in der Alexa Home Skill Bridge noch keine Geräte hinterlegt sind. Das ändern wir nun.

Geräte in der »Alexa Home Skill Bridge« anlegen

Navigieren Sie zum Register **Devices** und fügen Sie dort mit **Add Device** ein neues Gerät hinzu. (Abbildung 16.73 zeigt einen Ausschnitt des Konfigurationsfensters.)

Abbildung 16.73: Alexa Home Skill Bridge – Einstellungen für neue Devices

Zu den Einstellungen für einen Schalter gehört der **Name**, mit dem Alexa das Gerät ansprechen soll. **Description** ist ein Pflichtfeld und dient zur Erläuterung des Schalters. Die möglichen Aktionen sind bei einem Schalter `ON`/`OFF`, und unter **Application Type** wählen Sie den Gerätetyp. **OK** legt das Gerät an.

Wechseln Sie in die Alexa-App und lassen Sie Alexa nach dem neuen Gerät suchen.

Node-RED einrichten

Besorgen Sie sich nun über die Paketverwaltung von Node-RED das Paket *node-red-contrib-alexa-home-skill*. Es richtet eine neue Gruppe *Alexa* mit zwei Nodes ein, die Sie in Abbildung 16.74 sehen.

Abbildung 16.74: Die Alexa-Nodes in Node-RED

Abbildung 16.75 zeigt einen Beispiel-Flow, bei dem es nur darum geht, die Verbindung mit Alexa zu testen.

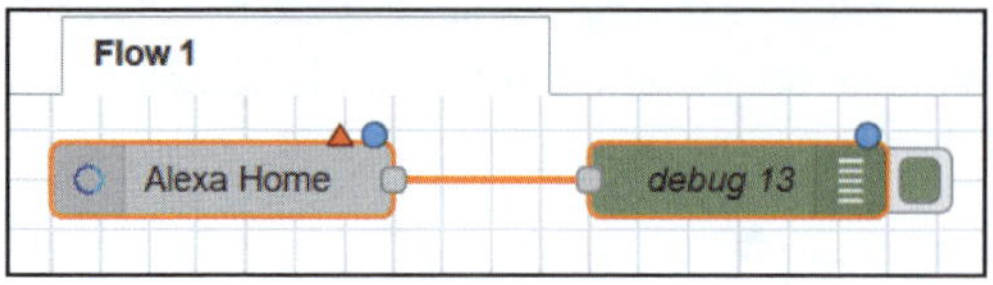

Abbildung 16.75: Der Beispiel-Flow für Alexa

Das rote Dreieck signalisiert, dass der *alexa-home*-Node noch konfiguriert werden muss. Öffnen Sie die Node-Eigenschaften, gehen Sie bei **Account** mit dem Stiftsymbol zum Eingabefenster für Ihre *Alexa Home Skill Bridge* und geben Sie dort Ihre Account-Daten ein, also das Benutzerkonto und das Passwort. Speichern Sie die Daten.

Speichern Sie auch den *alexa-home*-Node und übernehmen Sie die Änderungen. Ein grünes Viereck mit dem Zusatz *connected* sollte einen erfolgreichen Verbindungsaufbau signalisieren.

Gehen Sie erneut in die Node-Eigenschaften und ordnen Sie dem Node unter **Device** ein Gerät zu (siehe Abbildung 16.76).

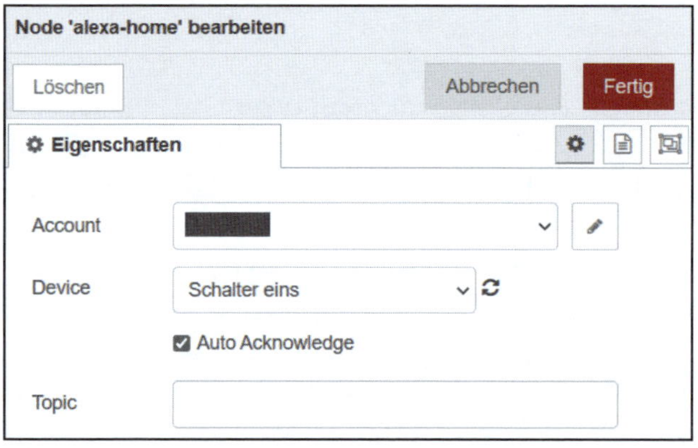

Abbildung 16.76: Ein Gerät für den »alexa-home«-Node zuordnen

Übernehmen Sie die Änderungen. Bei entsprechenden Alexa-Anweisungen sollte der *debug*-Node auswertbare Informationen anzeigen, die dann z. B. über einen *call-service*-Node Aktionen in Home Assistant auslösen können.

16.8.3 Über AWS (Amazon Web Service)

AWS (*Amazon Web Services*) ist ein Anbieter von Cloud-Computing-Services. Die Registrierung ist kostenlos, aber natürlich ist die Nutzung kostenpflichtig, und die Kosten hängen davon ab, wie intensiv Sie den Service nutzen.

Anspruchsvolle Konfiguration

Der Weg über AWS ist etwas steinig. Es gibt mehrere Voraussetzungen, die erfüllt sein müssen, und einige Stationen, bei denen alles stimmen muss:

- die Router-Einstellungen
- die Konfiguration von Home Assistant
- die *AWS-Lambda*-Funktion
- der *Alexa-Skill*

Alles in allem ist die Konfiguration sehr komplex. Meiner Meinung nach ist sie nichts, worauf man ein ständig genutztes, komfortables Smart Home aufbauen sollte. Möglich ist ein solches Setup aber ...

Im Folgenden möchte ich meine Vorgehensweise beschreiben. Mit ihr ist es mir gelungen, Alexa in Home Assistant einzubinden. Da vieles von Ihren Gegebenheiten abhängt, ist damit keine Garantie verbunden, dass dieses Verfahren bei Ihnen ebenfalls funktioniert.

Block 1: Portweiterleitung bzw. Portfreigabe

Alexa verlangt eine verschlüsselte Verbindung (HTTPS) und setzt voraus, dass die Kommunikation über Port 443 läuft. Standardmäßig lauscht Home Assistant jedoch auf Port 8123.

Ich gehe hier davon aus, dass Sie

- DuckDNS als gesicherte Verbindung nutzen (siehe Abschnitt 15.2) und
- als Router eine FRITZ!Box verwenden.

Richten Sie nun eine Portweiterleitung für Home Assistant ein. In Ihrer FRITZ!Box wird dafür der Begriff *Freigabe* verwendet, Sie werden also unter **Internet • Freigaben** fündig (siehe Abbildung 16.77).

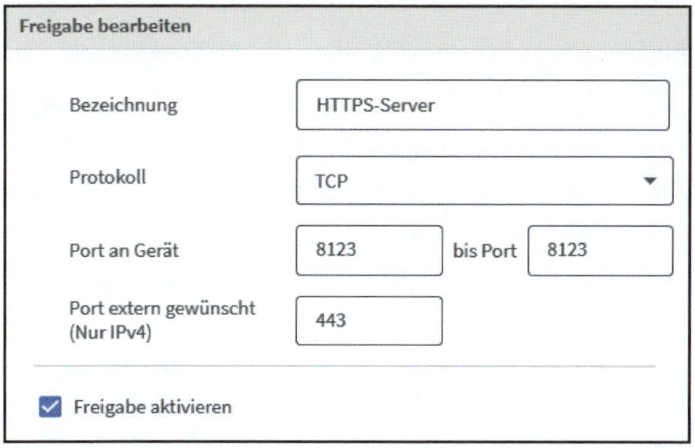

Abbildung 16.77: Port-Forwarding in der FRITZ!Box

Testen Sie die geänderten Einstellungen, indem Sie Ihre DuckDNS-Adresse eingeben (z. B. *https://iiotnerds.duckdns.org:443*). Dann sollte sich das Anmeldefenster zeigen, und Sie müssten sich anmelden können.

Die Konfiguration in Home Assistant

In Home Assistant sind zwei Dinge zu erledigen: Sie müssen ein langlebiges Zugangstoken erstellen und die Integration *Alexa* hinzufügen.

Das langlebige Zugangstoken benötigen Sie später für den Test der AWS-Lambda-Funktion. Das Token sollten Sie nach dem Test aus Sicherheitsgründen wieder löschen.

Erstellen Sie ein Token über das Hauptmenü (**<Ihr_Benutzername> • Langlebige Zugangs-Token**) und notieren bzw. kopieren Sie es. Dann geht es an die Integration.

AWS kommuniziert mit Ihrem Home-Assistant-System. Dafür ist auf Anwendungsseite die Integration *alexa* zuständig. Geben Sie folgende Zeilen in Ihre *configuration.yaml* ein:

```
# alexa AWS
alexa:
  smart_home:
    locale: de-DE
    filter:
      include_entities:
        - input_boolean.test_kontakt
        - input_boolean.test_lichtschalter
        - input_boolean.test_schalter
```

Die Integration funktioniert auch ohne Filter. Sie sollten dennoch nicht darauf verzichten, da Sie sonst alle möglichen Entitäten in Ihrer Alexa-App finden. Die drei Beispiele beziehen sich auf die Helfer aus Abschnitt 5.5.

Prüfen Sie die gespeicherten Änderungen und führen Sie einen Neustart durch.

Die AWS-Developer-Konsole

Melden Sie sich nun mit Ihrem AWS-Account bei der AWS-Developer-Konsole an. Zunächst geht es darum, die Zugriffsrechte festzulegen.

AWS stellt recht hohe Anforderungen an Benutzerberechtigungen und Zugriffsrichtlinien. Die Festlegung erfolgt im *AWS Identity and Access Management* (IAM). Suchen Sie in der AWS-Developer-Konsole nach *iam* (siehe Abbildung 16.78).

Klicken Sie unter **Services** auf den Eintrag **IAM**, um das IAM-Dashboard aufzurufen (siehe Abbildung 16.79). An dieser Stelle können Sie die Zugriffsrechte Ihres Kontos einrichten und bekommen zudem Hinweise dazu, wie Sie die Sicherheit weiter erhöhen können.

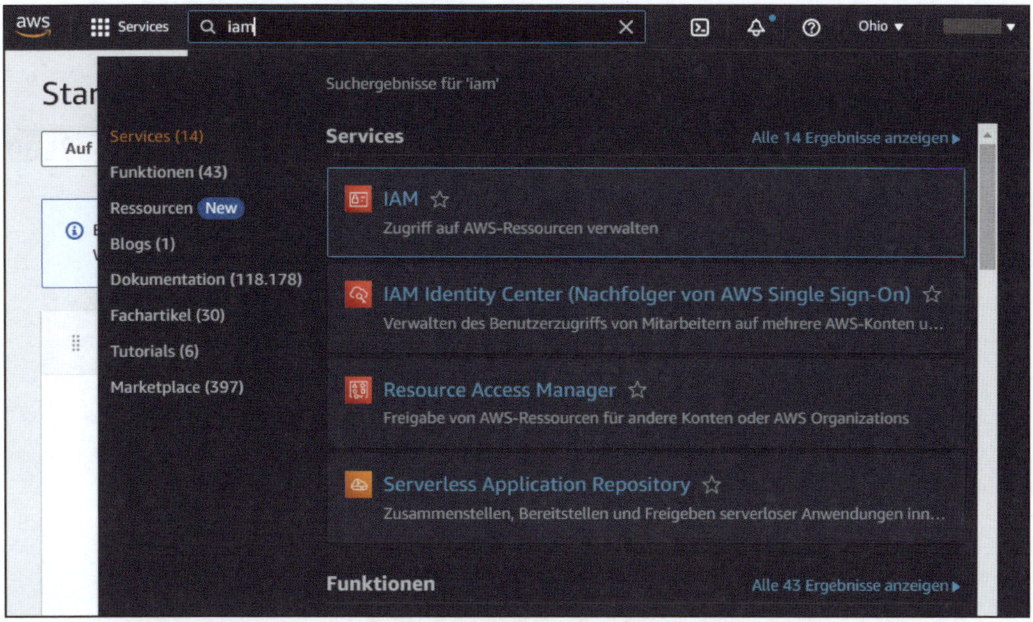

Abbildung 16.78: Die Suche in der AWS-Developer-Konsole nach »iam«

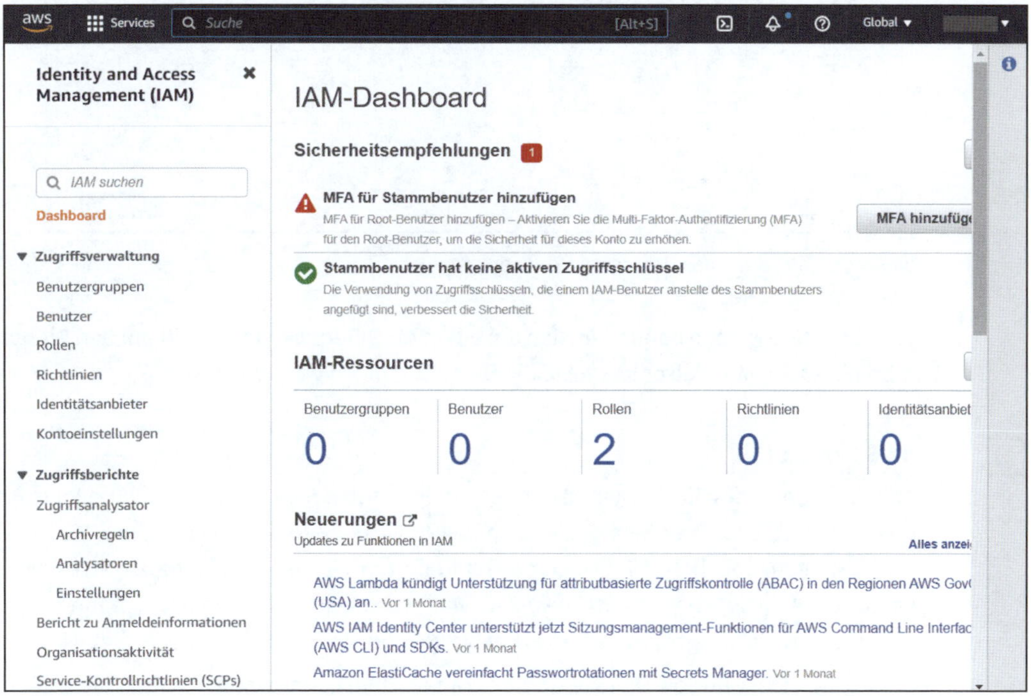

Abbildung 16.79: Das IAM-Dashboard

Gehen Sie im Abschnitt **IAM-Ressourcen** auf **Rollen**, um einen Überblick über die Rollen zu erhalten und eine neue Rolle zu erstellen. Ein Klick auf **Rolle erstellen** öffnet den entsprechenden Prozess (siehe Abbildung 16.80).

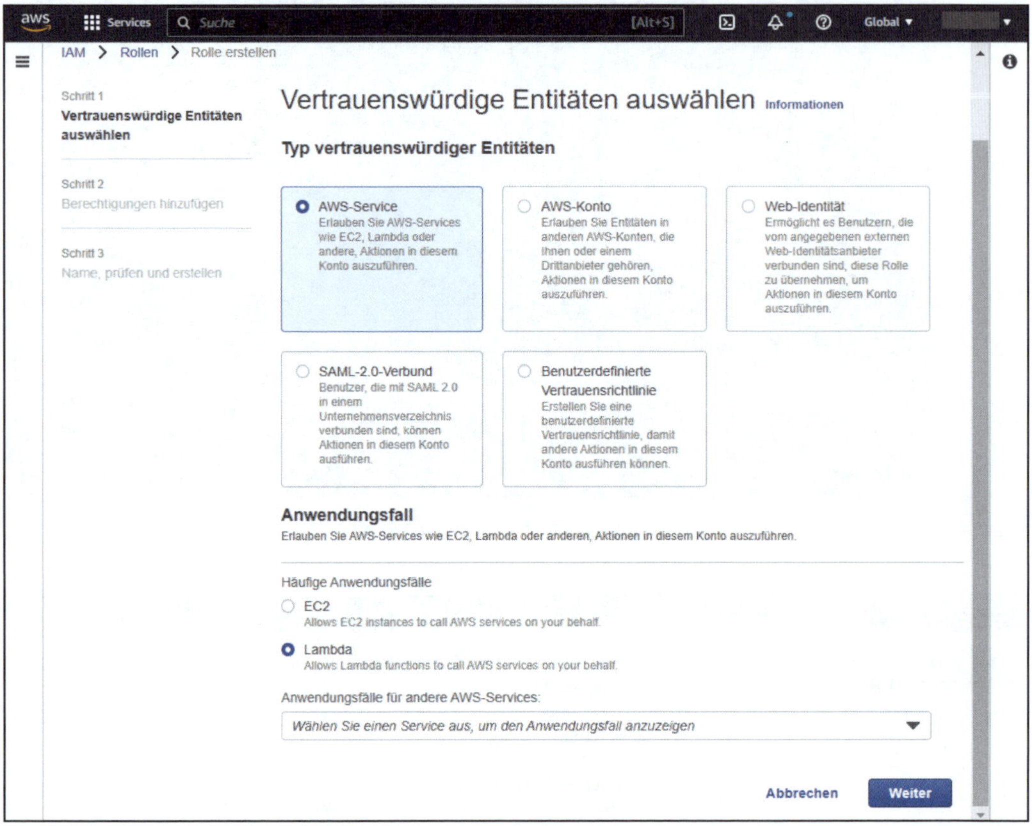

Abbildung 16.80: Start des Prozesses »Rolle erstellen«

Bei der benötigten Rolle handelt es sich um einen **AWS-Service**, der Zugriff auf den Dienst **Lambda** braucht. Mit **Weiter** legen Sie die Berechtigungen der Rolle fest.

[»]

AWS Lambda

AWS Lambda ist ein Cloud-Dienst, der dem sogenannten *Serverless-Paradigma* folgt. Das bedeutet, dass hier kein Serverdienst ständig auf Aufgaben wartet, wie Sie es vielleicht von üblichen Client-Server-Architekturen kennen. Stattdessen arbeitet Lambda ereignisgesteuert (engl. *event-driven*), wird also erst dann aktiv, wenn der Dienst durch ein Ereignis wie einen Sprachbefehl oder einen Schalter benötigt wird.

Dieses Prinzip ist für IoT-Dienste und das Smart Home sehr sinnvoll. Wenn Sie weitere Informationen dazu suchen, schauen Sie sich die umfangreiche Dokumentation unter *https://docs.aws.amazon.com/de_de/lambda/latest/dg/welcome.html* an.

Suchen Sie nach *lambda* für eine Liste der Rollen (siehe Abbildung 16.81).

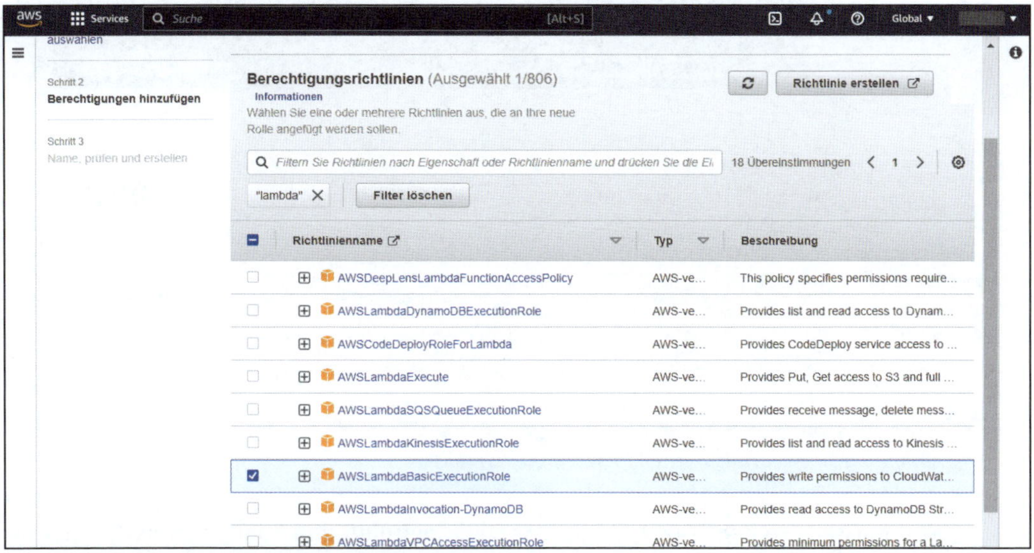

Abbildung 16.81: Liste der »AWSLambda«-Rollen

Wählen Sie **AWSLambdaBasicExecutionRole** aus und klicken Sie auf **Weiter**, um zu den **Rollendetails** zu gelangen (siehe Abbildung 16.82).

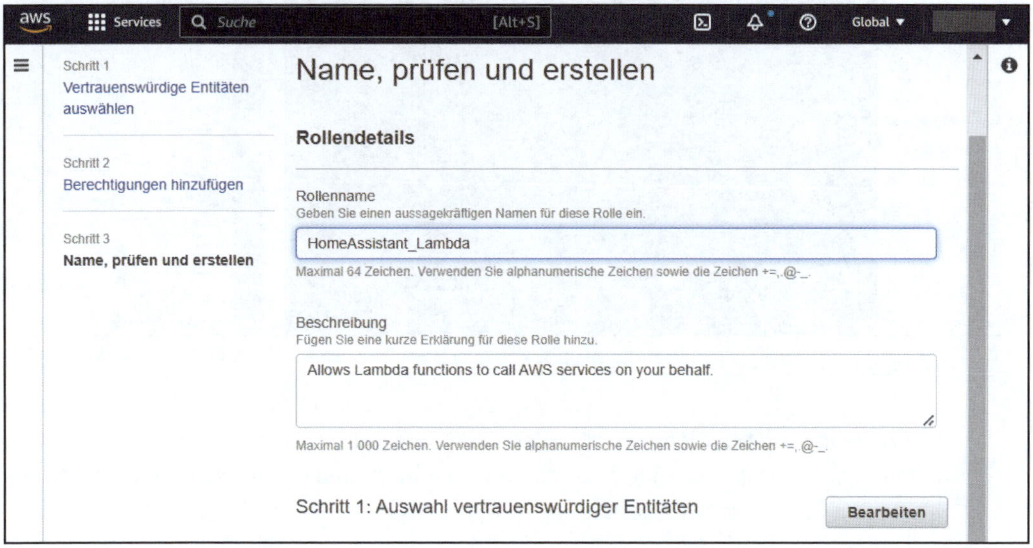

Abbildung 16.82: Die Rollendetails zu »AWSLambdaBasicExecutionRole«

Vergeben Sie einen Namen (hier: *HomeAssistant_Lambda*) und klicken Sie am Ende des Fensters auf **Rolle erstellen**. Sie sollten eine Erfolgsmitteilung erhalten und eine neue Rolle in der Liste der Rollen vorfinden (siehe Abbildung 16.83).

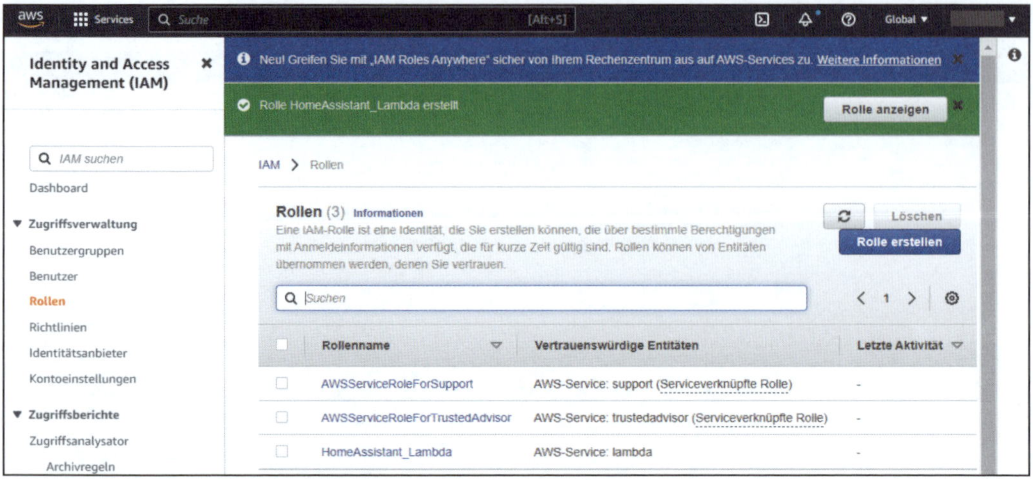

Abbildung 16.83: Erfolgsmitteilung zu »Rolle erstellen«

Nun müssen Sie den Dienst namens Lambda aufrufen und konfigurieren. Suchen Sie nach dem Service **Lambda** (siehe Abbildung 16.84) und starten Sie ihn.

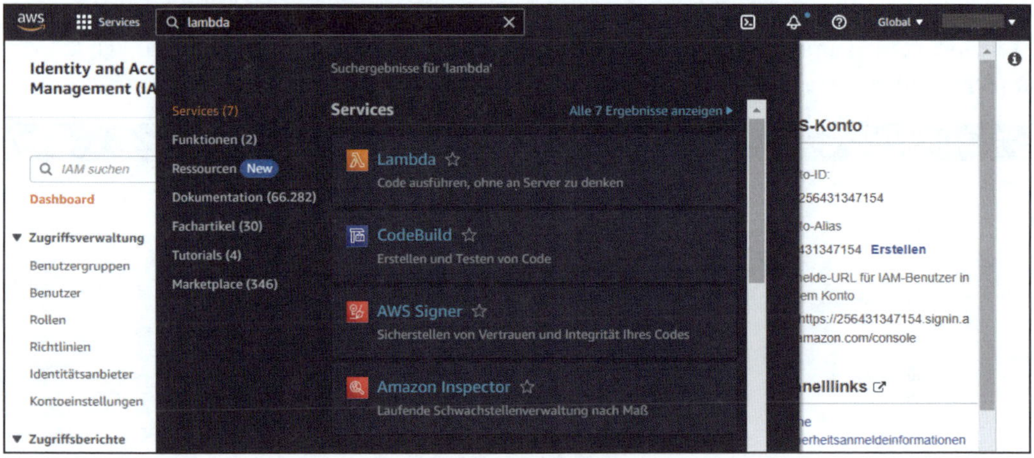

Abbildung 16.84: Den Service »Lambda« suchen

Das Angebot an AWS-Diensten ist in Regionen aufgeteilt. Das Zusammenspiel mit Alexa beherrscht in Europa allerdings nur die Region **Irland**. Stellen Sie also sicher, dass **Irland** als Region gesetzt ist (siehe Abbildung 16.85).

Die Verbindung mit Home Assistant übernimmt eine AWS-Lambda-Funktion. Abbildung 16.86 zeigt dazu das AWS-Lambda-Startfenster.

Diese Funktion muss mit der Alexa-Developer-Konsole verknüpft werden. Im Folgenden wird die Schritt-für-Schritt-Anleitung daher zwischen diesen beiden Umgebungen springen.

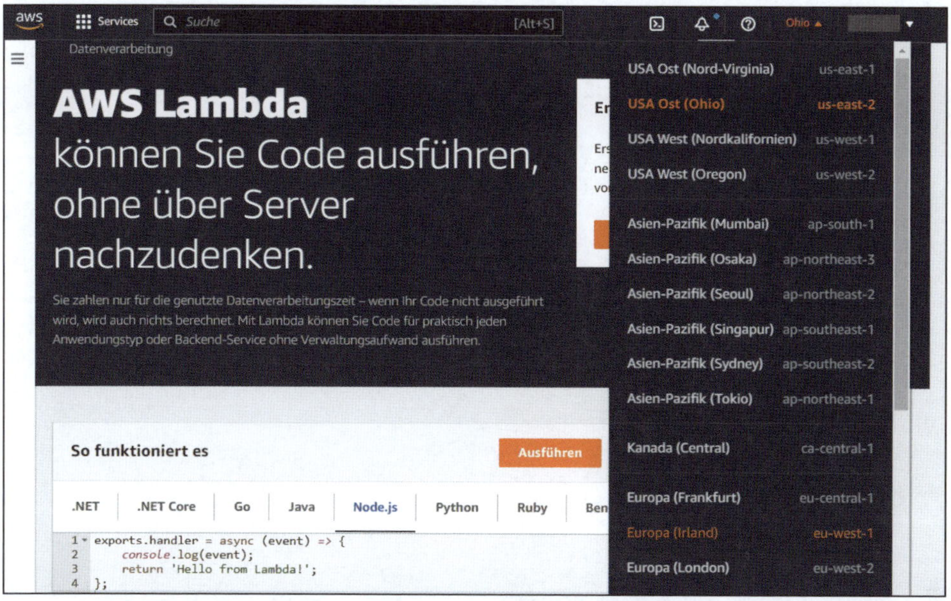

Abbildung 16.85: Wählen Sie als »Region« die Option »Europa (Irland)«.

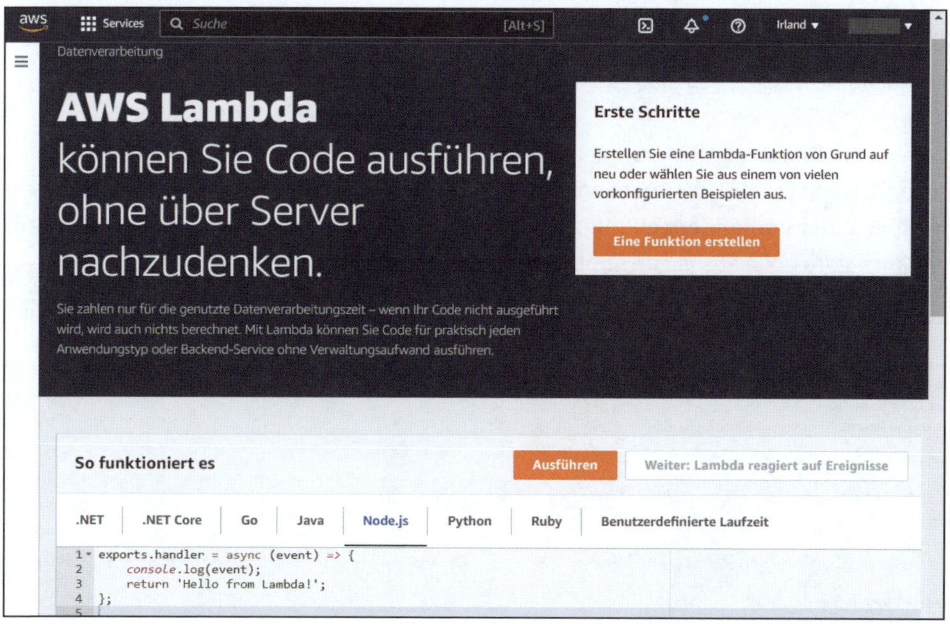

Abbildung 16.86: Das AWS-Lambda-Startfenster

Der Klick auf **Eine Funktion erstellen** führt Sie zur ersten Eingabe des zugehörigen Prozesses (siehe Abbildung 16.87).

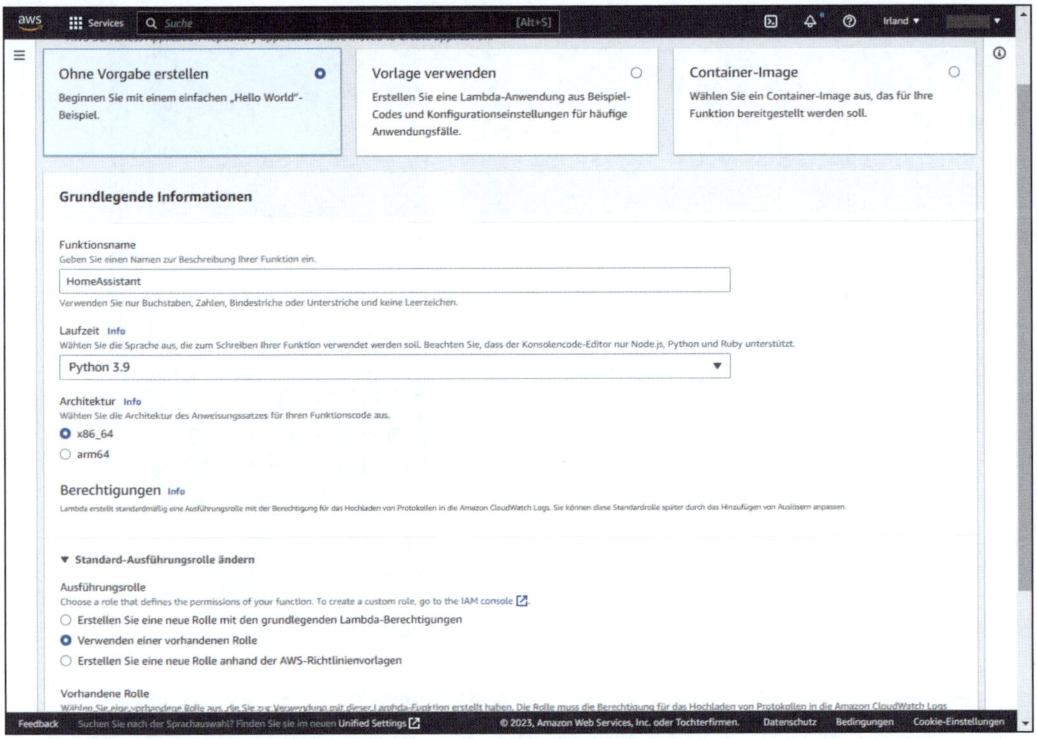

Abbildung 16.87: Grundlegende Informationen für die Lambda-Funktion

Wählen Sie **Ohne Vorgabe erstellen**. Geben Sie der Funktion einen Namen (hier *HomeAssistant*), legen Sie als Programmiersprache Python fest und markieren Sie die Option **Verwenden einer vorhandenen Rolle**. Als Rolle wählen Sie aus der Drop-down-Liste die zuvor angelegte Rolle aus (siehe Abbildung 16.88).

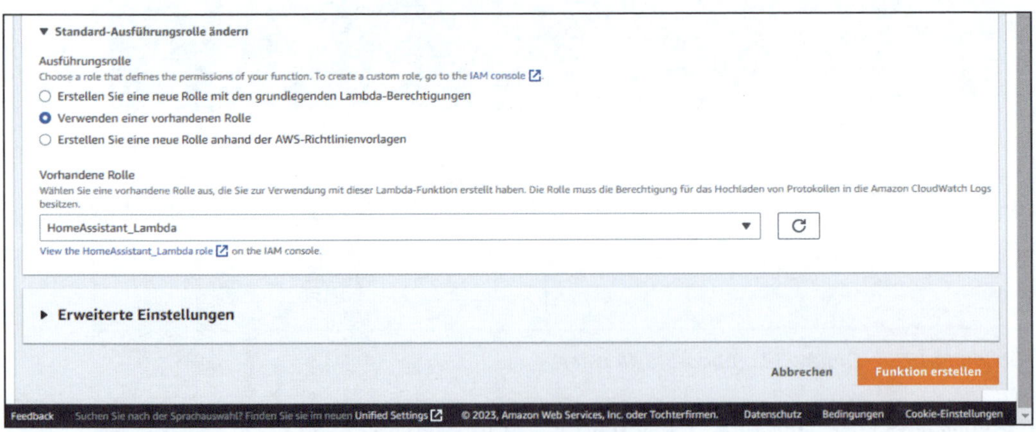

Abbildung 16.88: Die Rolle für die Lambda-Funktion auswählen

Mit einem Klick auf **Funktion erstellen** wird die neue Funktion eingerichtet, und Sie erhalten die Erfolgsmeldung aus Abbildung 16.89.

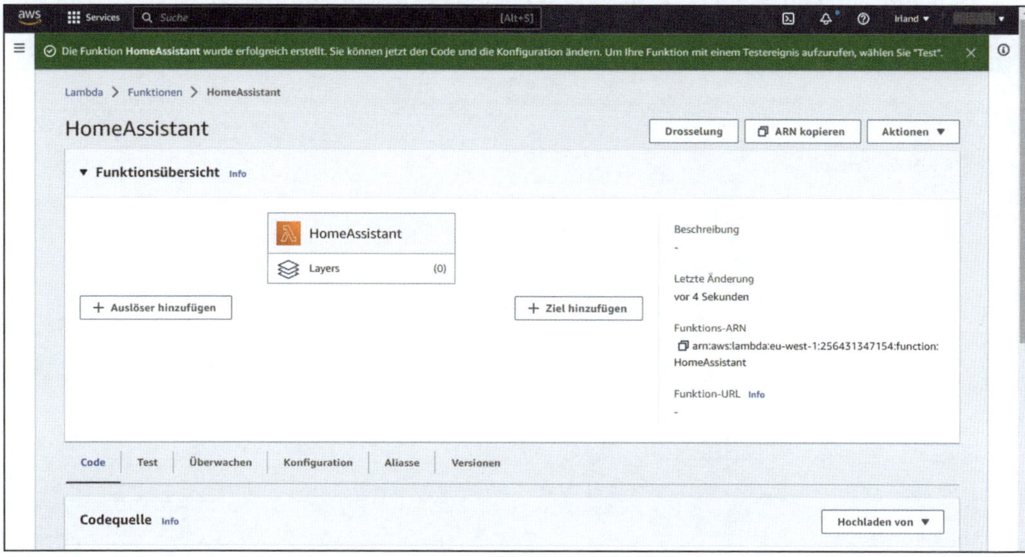

Abbildung 16.89: Die Lambda-Funktion wurde erstellt.

Jetzt geht es darum, der Funktion auch Leben einzuhauchen. Klicken Sie auf **+ Auslöser hinzufügen**, um einen Trigger einzurichten. Suchen Sie in der Quelle nach **Alexa** (siehe Abbildung 16.90).

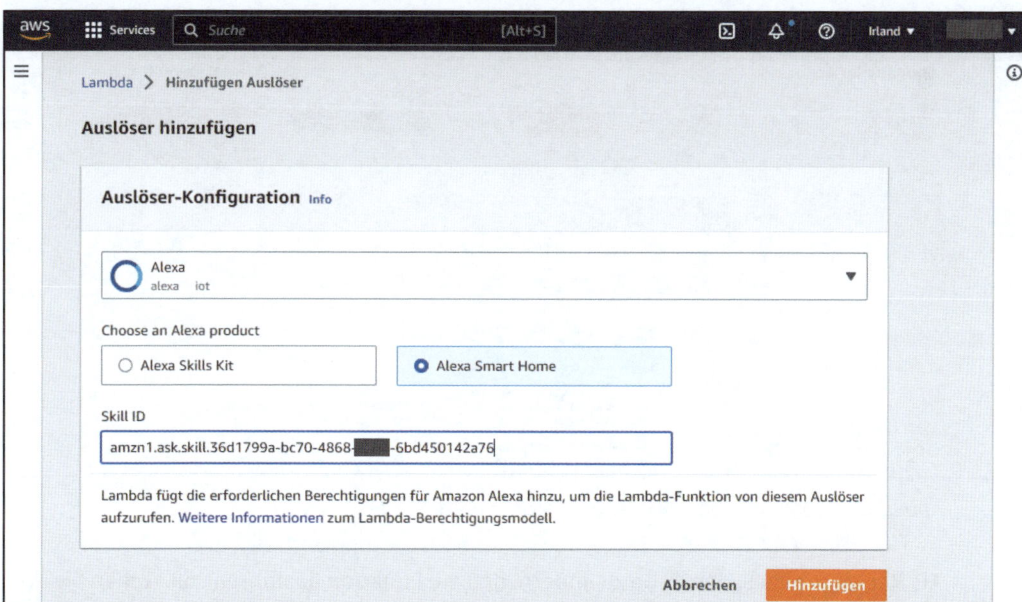

Abbildung 16.90: Lambda-Funktion – den »Alexa«-Auslöser hinzufügen

Markieren Sie **Alexa Smart Home** und fügen Sie in **Skill ID** die ID Ihres Alexa-Skills ein, zu der wir in dieser Anleitung erst im nächsten Schritt kommen – die Funktion *Copy to clipboard* hilft. Abbildung 16.91 zeigt das Ergebnis nach dem **Hinzufügen**.

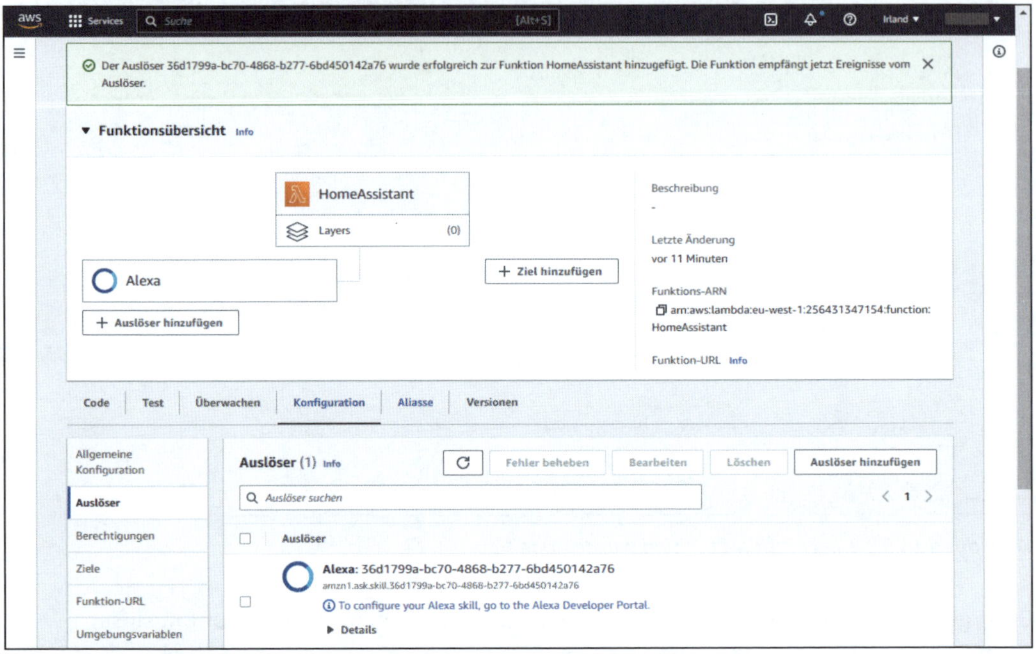

Abbildung 16.91: Der »Alexa«-Auslöser wurde hinzugefügt.

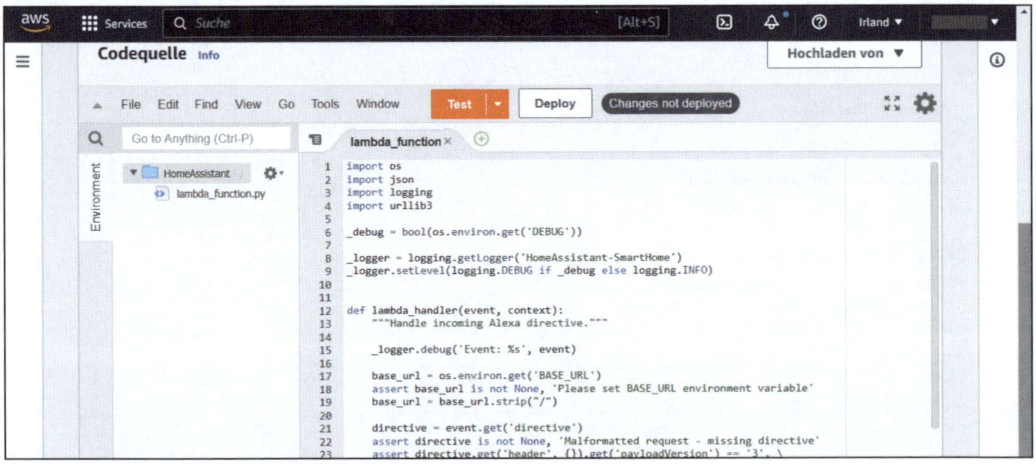

Abbildung 16.92: Mit dem »Skill Adapter« geänderter Code

Als Nächstes gilt es, den Code zu ändern, den die Funktion ausführen soll. Geben Sie dem Register **Code** den Fokus. Löschen Sie den vorgegebenen Code und ersetzen Sie ihn durch den Inhalt des *Skill Adapter for Home Assistant*, der von Jason Hu entwickelt wurde.

Sie finden den Code unter *https://gist.github.com/awarecan/630510a9742f5f8901b5ab28 4c25e912* (siehe Abbildung 16.92).

Aktivieren Sie die Änderungen mit **Deploy**. Sie erhalten wieder eine Erfolgsmeldung. Erstellen Sie nun ein Testevent mit der Tastenkombination [Ctrl]+[⇧]+[C] oder über den Eintrag **Test** (siehe Abbildung 16.93).

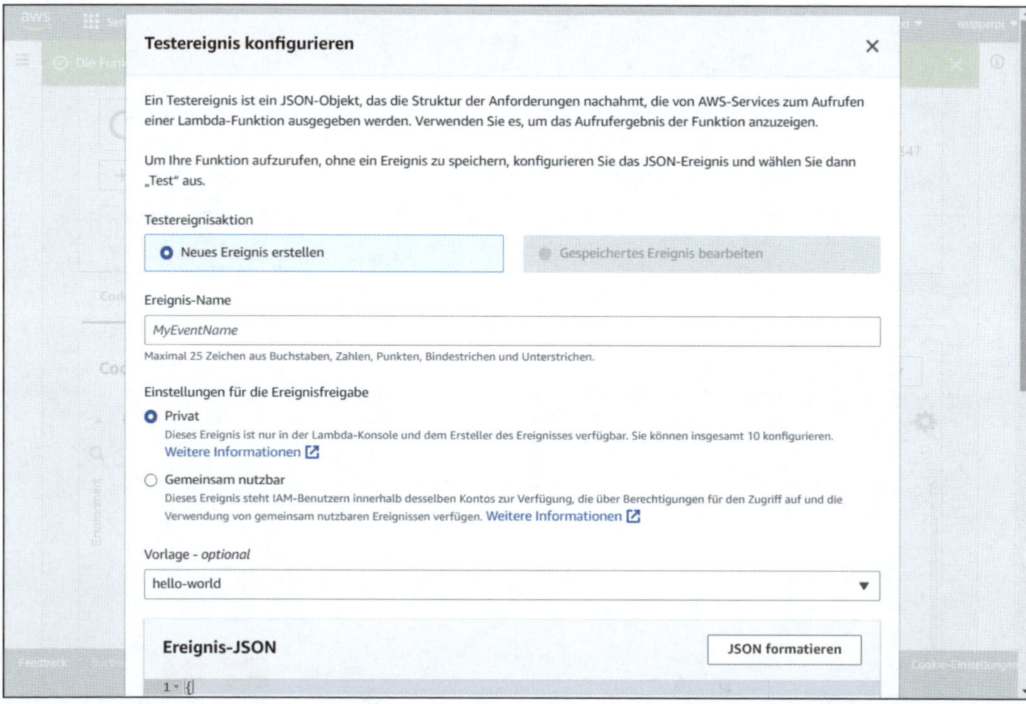

Abbildung 16.93: Ein Testevent erstellen

Den Code für das Ereignis-JSON habe ich der Integration *Alexa Smart Home* entnommen (siehe *https://www.home-assistant.io/integrations/alexa.smart_home/#test-the-lambda-function*). Ergänzen Sie den Code um ein weiteres Name-Wert-Paar, damit er so aussieht wie in Listing 16.6. Der Name ist `token`, als Wert müssen Sie das zuvor erstellte langlebige Zugangstoken angeben. Vergessen Sie nicht, das Komma zu ergänzen, das den vorangehenden `type`-Eintrag abschließt!

```
{
  "directive": {
    "header": {
      "namespace": "Alexa.Discovery",
      "name": "Discover",
      "payloadVersion": "3",
      "messageId": "1bd5d003-31b9-476f-ad03-71d471922820"
    },
```

```
      "payload": {
        "scope": {
          "type": "BearerToken",
          "token": "stzresretzretzwrzz rzrtzrttzrt",
        }
      }
    }
  }
```

Listing 16.6: Ein JSON-Ereignis erstellen

Abbildung 16.94 zeigt den eingefügten Code.

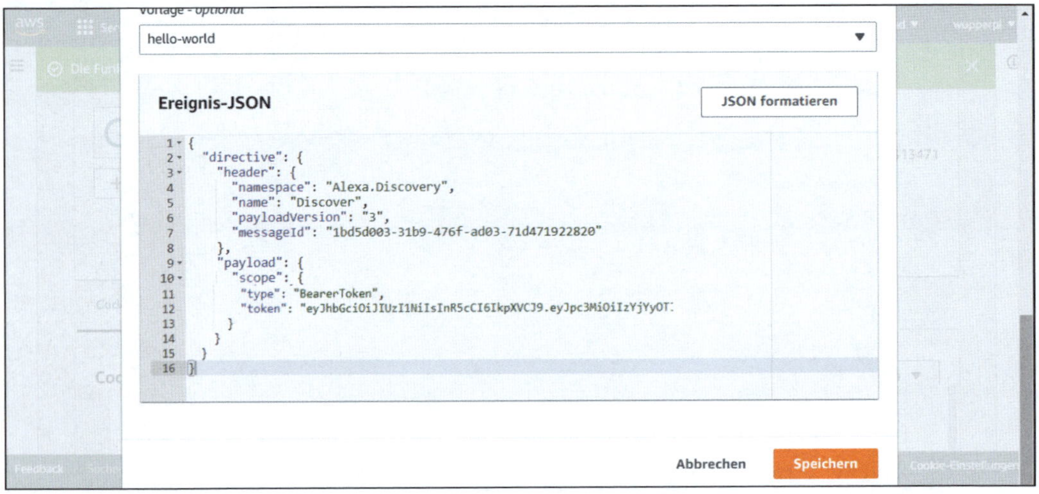

Abbildung 16.94: Der Code für das Testevent wurde eingefügt.

Speichern Sie die Änderungen. Sie erhalten eine entsprechende Meldung. Wechseln Sie dann ins Menü **Konfiguration • Umgebungsvariablen**, um die `BASE_URL`-Umgebungsvariable zu setzen. `BASE_URL` ist die von Ihnen genutzte HTTPS-Adresse, über die Ihr Home Assistant erreichbar ist.

Ein Klick auf **Bearbeiten** führt Sie zu einem Dialog, in dem Sie Ihre Umgebungsvariable ändern können (siehe Abbildung 16.95).

Mit **Umgebungsvariable hinzufügen** gelangen Sie nun zur Erfassung Ihrer Umgebungsvariablen (siehe Abbildung 16.96).

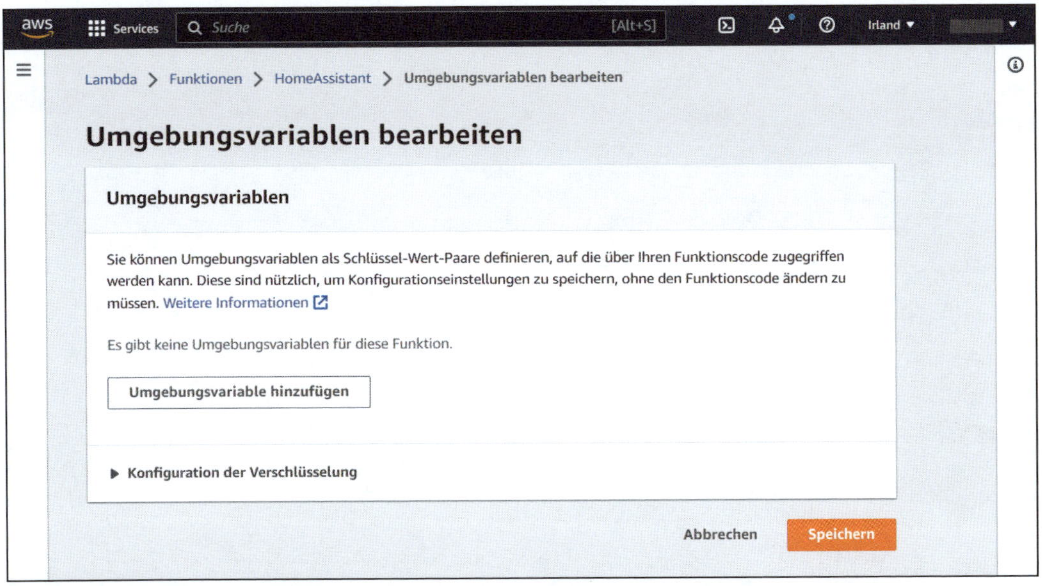

Abbildung 16.95: Lambda-Funktion – Umgebungsvariablen bearbeiten

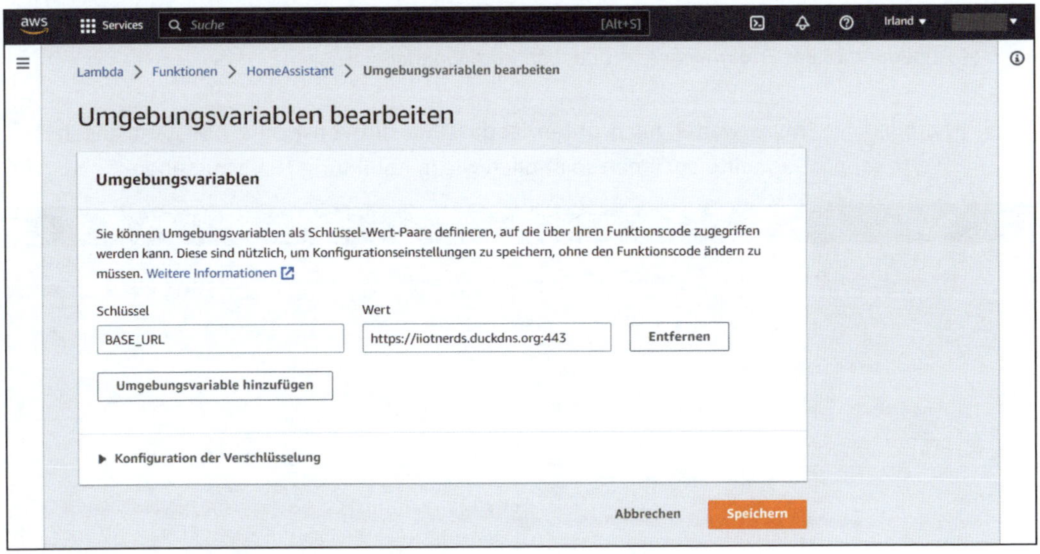

Abbildung 16.96: Lambda-Funktion – Umgebungsvariablen erfassen

In meinem Beispiel ist die `BASE_URL` *https://iotnerds.duckdsn.org:443/*. Speichern Sie die Änderungen. Jetzt endlich können Sie einen **Test** der Funktion durchführen. Abbildung 16.97 zeigt einen erfolgreichen Test.

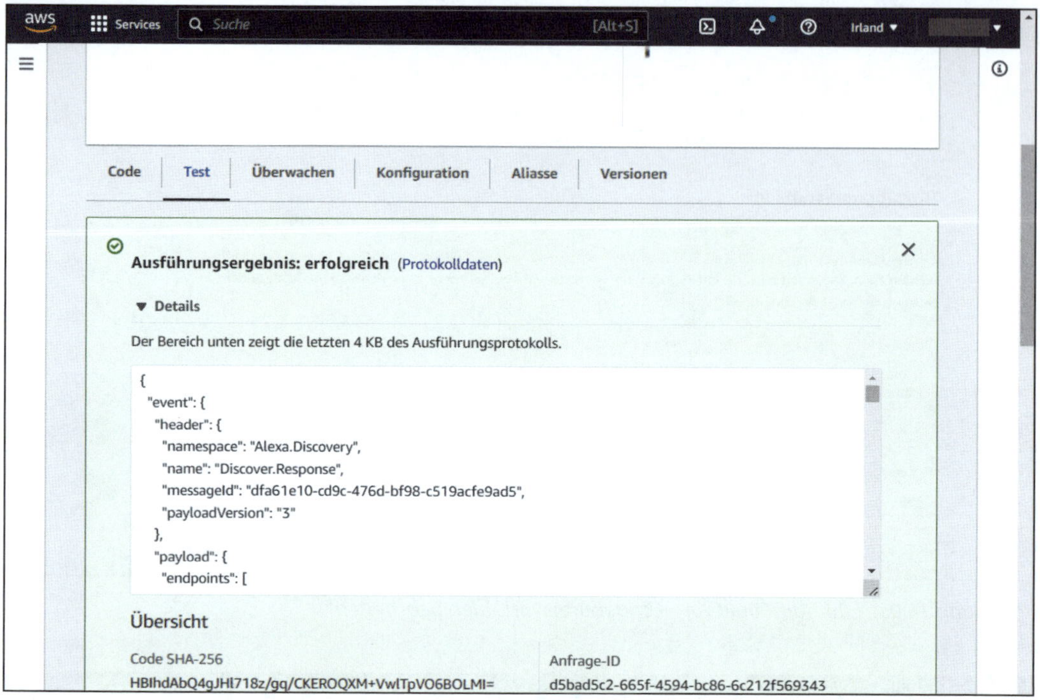

Abbildung 16.97: Erfolgreicher Test der Lambda-Funktion

Scrollen Sie etwas weiter nach unten, sodass Sie die von Home Assistant gelieferten Werte sehen. Das sollte bei Ihnen so ähnlich wie in Abbildung 16.98 aussehen.

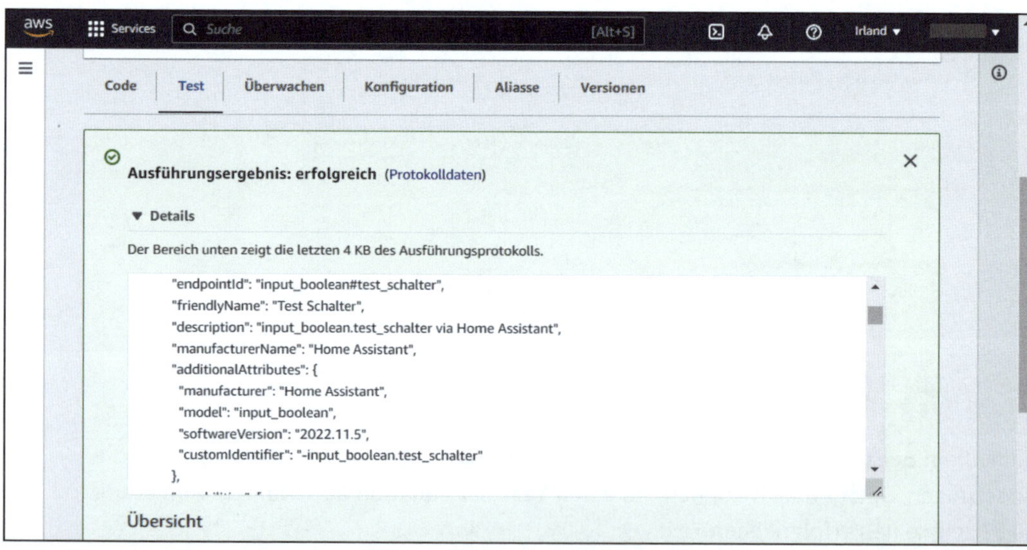

Abbildung 16.98: Die gelieferten Werte der Lambda-Funktion

Damit funktioniert das Zusammenspiel zwischen Home Assistant und der AWS-Lambda-Funktion. Jetzt müssen Sie Alexa noch den Zugangspunkt der AWS-Lambda-Funktion mitteilen. Dies ist der ARN (*Amazon-Ressourcenname*) der Funktion. Er wurde in Abbildung 16.99 markiert.

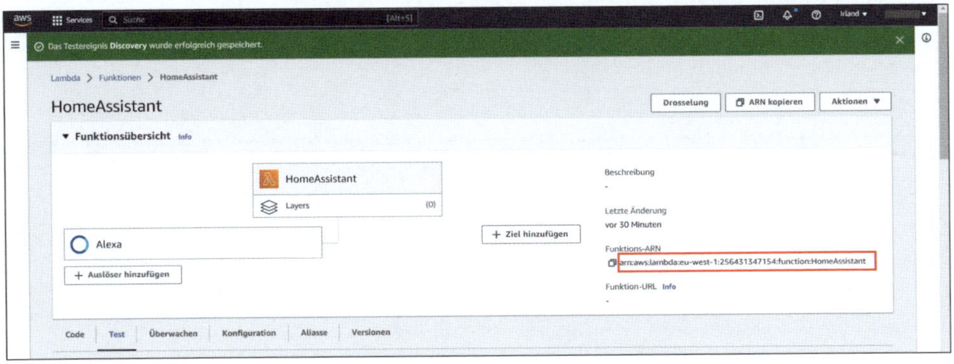

Abbildung 16.99: Der ARN der Lambda-Funktion

Am besten kopieren Sie sich den Wert mit dem Copy-Icon. Setzen Sie die Arbeit dann mit dem zweiten Teil von Schritt 4 fort. Zunächst muss aber noch die Alexa-Developer-Konsole konfiguriert werden.

Die Alexa-Developer-Konsole konfigurieren

Dieser Abschnitt beschreibt die notwendigen Arbeiten in der Alexa-Developer-Konsole. Diese Aufgabe hat zwei Teile: Sie müssen den Skill zuerst erstellen und ihn dann mit AWS verbinden.

Starten Sie die Alexa-Developer-Konsole (siehe Abbildung 16.100) deshalb in einem zweiten Fenster.

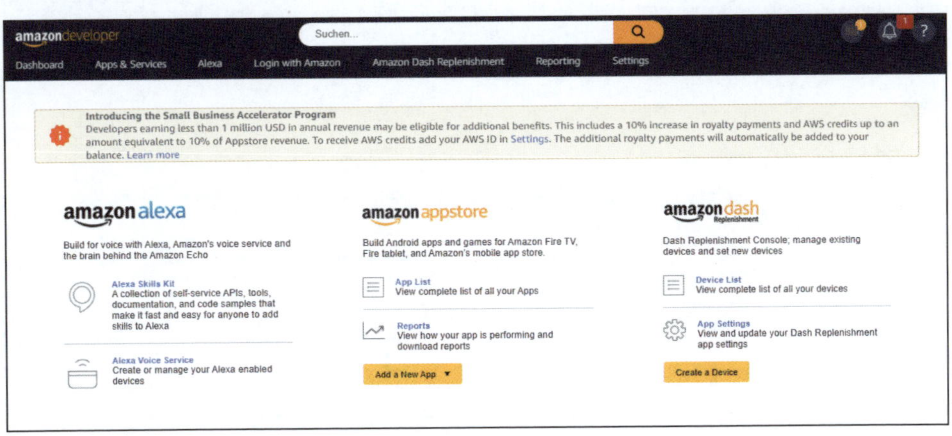

Abbildung 16.100: Die Alexa-Developer-Konsole

Besorgen Sie sich das **Alexa Skills Kit**. Dort startet ein Klick auf den Button **Skill erstellen** den Prozess, um einen neuen Skill einzurichten (siehe Abbildung 16.101).

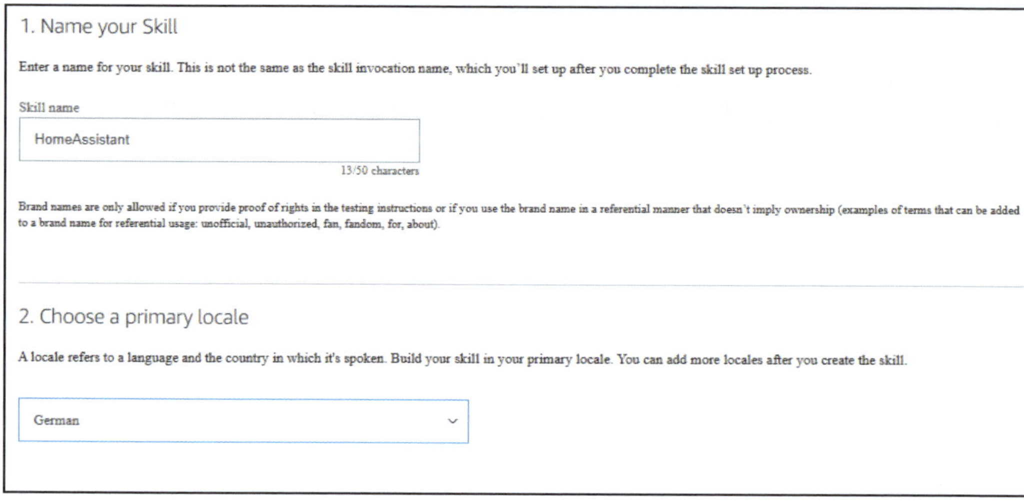

Abbildung 16.101: Alexa-Skill erstellen – Name und Locale

Da dieser Skill komplett in der AWS-Cloud läuft und mit dem Alexa-System zusammenarbeitet, sind einige Informationen notwendig, in denen es auch darum geht, möglichen Missbrauch auszuschließen.

Legen Sie den **Skill name** (hier: *HomeAssistant*) und das **primary locale** für die Sprachzuordnung (hier: *German*) fest. Mit **Next** gehen Sie zum Folgefenster (siehe Abbildung 16.102).

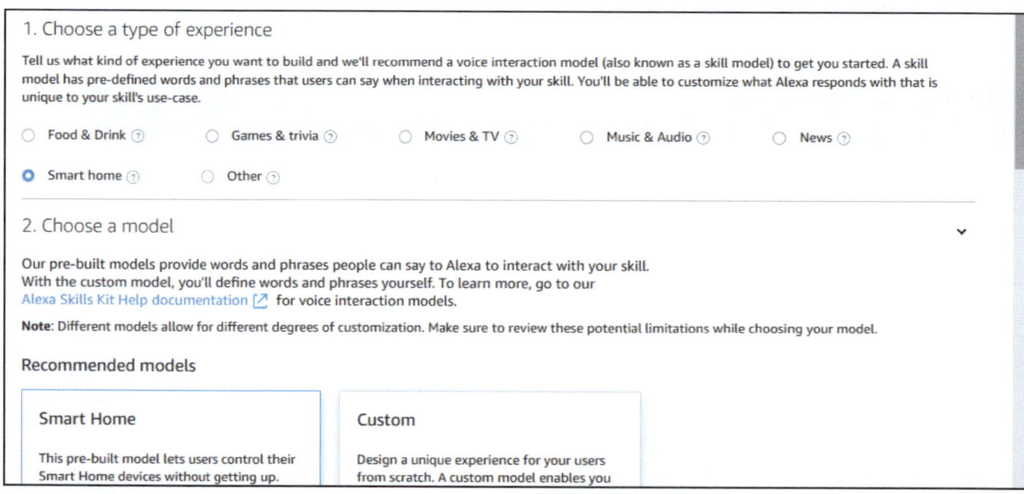

Abbildung 16.102: Alexa-Skill erstellen – Experience und Model

Sie müssen hier drei Einstellungen vornehmen:

- **type of experience**: *Smart home*
- **model**: *Smart Home*
- **hosting service** (weiter unten, hier nicht im Bild): **Provision your own**

Ein Klick auf **Next** zeigt Ihnen noch einmal die Eingaben in der Übersicht. Kontrollieren Sie Ihre Eingaben und bestätigen Sie sie mit **Create Skill**. Sie erhalten eine Erfolgsmeldung und befinden sich nun im Entwicklungsbereich Ihres neuen Alexa-Skills (siehe Abbildung 16.103).

Im Abschnitt **Smart Home service endpoint** finden Sie die Skill-ID, die Sie für die AWS-Lambda-Funktion benötigen, die wir zuvor angelegt haben. An dieser Stelle geben Sie auch den AWS-Endpoint ein.

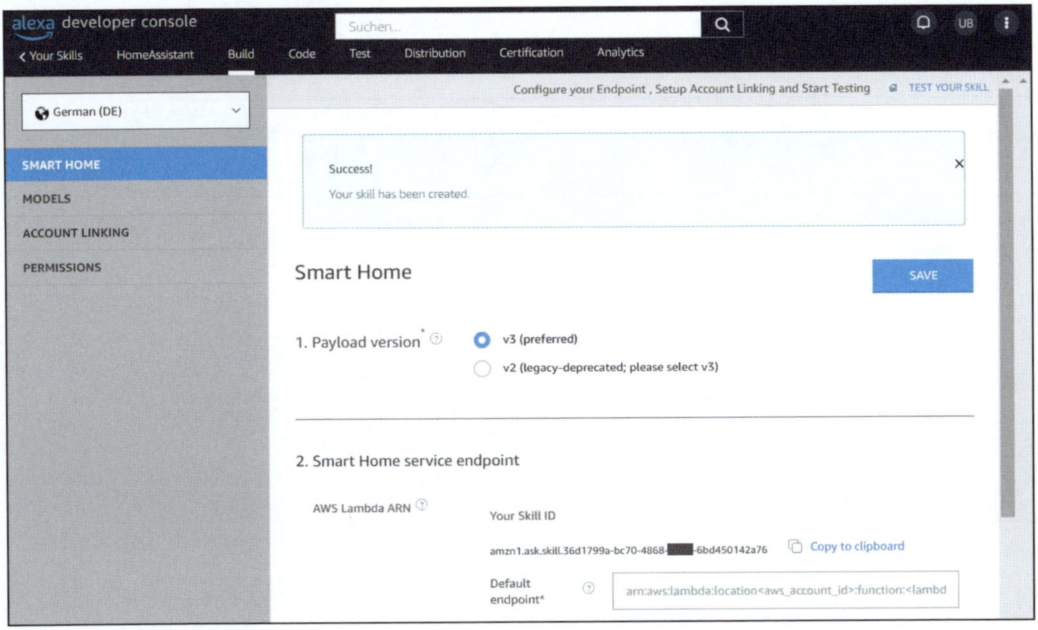

Abbildung 16.103: Alexa-Skill erstellen – der Entwicklungsbereich

Nun geht es darum, den Skill mit AWS zu verbinden. Setzen Sie dazu die Arbeiten in der Alexa-Developer-Konsole fort, indem Sie den Funktions-ARN als **Default endpoint** vorgeben (siehe Abbildung 16.104).

Sichern Sie diese Angaben mit **SAVE** und navigieren Sie zum Setup des **Account Linking** (Abbildung 16.105 zeigt einen Ausschnitt des Fensters).

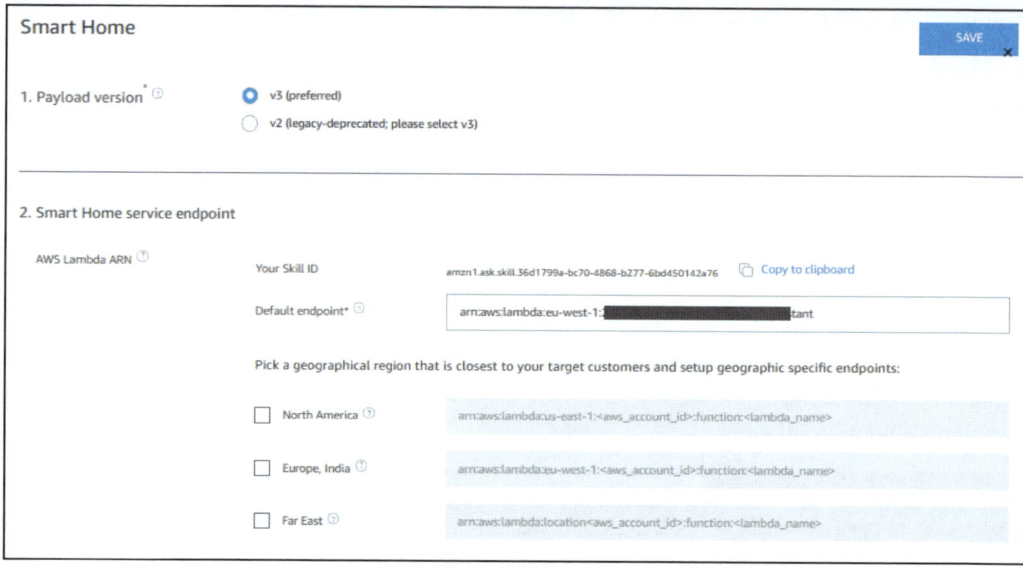

Abbildung 16.104: Alexa-Skill erstellen – den »Default endpoint« vorgeben

Abbildung 16.105: Alexa Skill erstellen – »Account Linking«

Hier sind ein paar Einstellungen vorzunehmen:

- **Your Web Authorization URI** ist Ihre HTTPS-Adresse, ergänzt um */auth/authorize*, also in meinem Beispiel *https://iiotnerds.duckdns.org:443//auth/authorize*.
- **Access Token URI** ist Ihre HTTPS-Adresse, ergänzt um */auth/token* (hier: *https://iiot-nerds.duckdns.org:443/auth/token*).

- **Your Client ID** für Europa ist *https://layla.amazon.com/*. Vergessen Sie hier nicht den Schrägstrich am Ende!
- **Your Secret**: Der Wert selbst hat keine Bedeutung, ist jedoch erforderlich (z. B. *test*).
- **Your Authentication Scheme**: Wählen Sie die Option **Credentials in request body**.
- **Scope**: Fügen Sie *smart_home* hinzu. Aktuell hat das noch keine Bedeutung; die Home-Assistant-Entwickler empfehlen diesen Eintrag aber in Hinblick auf künftige Erweiterungen.

Den Skill in der Alexa-App aktivieren und Geräte hinzufügen

Jetzt müssen Sie Ihren erstellten Skill nur noch aktivieren. Abbildung 16.106 zeigt den Ablauf in der Alexa-App.

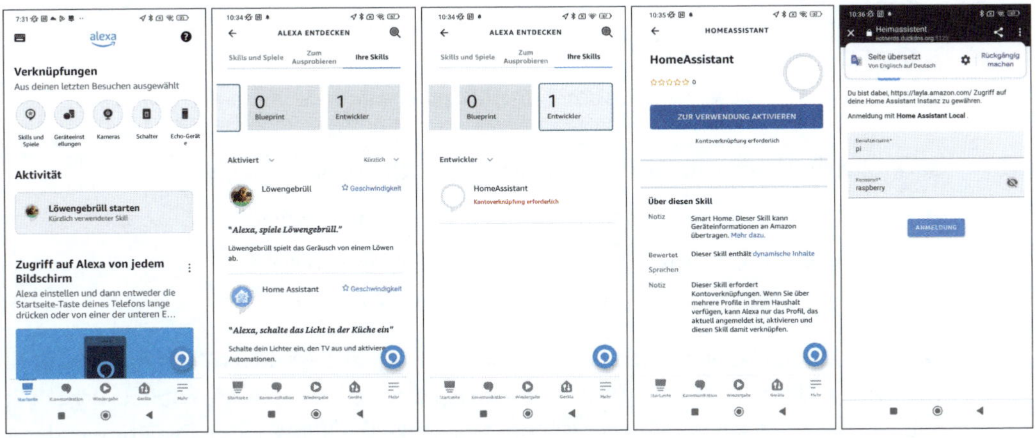

Abbildung 16.106: Skill aktivieren

Öffnen Sie die Alexa-App. Gehen Sie mit **Skills und Spiele** zu Ihren **Skills**. Gehen Sie dort auf **Entwickler**, sodass Sie Ihren selbst entwickelten Skill angezeigt bekommen. Alexa teilt Ihnen mit, dass noch eine Kontoverknüpfung erforderlich ist.

Aktivieren Sie den Eintrag und geben Sie Ihre Home-Assistant-Anmeldedaten ein. **Anmeldung** schließt den Vorgang ab. Jetzt eröffnen sich mehrere Möglichkeiten:

- **Die Verknüpfung war erfolglos:** Dies ist beim ersten Versuch sehr wahrscheinlich. Überprüfen Sie dann jedes Detail in der AWS und der Alexa-Developer-Konsole. Wichtig ist, dass Sie als Port 443 angeben.
- **Die Verknüpfung war erfolgreich:** Manchmal gibt Alexa lediglich eine Erfolgsmeldung aus, und Sie müssen die Home-Assistant-Geräte dann noch durch eine manuell initiierte Gerätesuche hinzufügen. In anderen Fällen stößt Alexa selbstständig die Gerätesuche an. Sie finden dann in Ihrer Alexa-Geräteliste die ausgewählten Home-Assistant-Entitäten bzw. -Geräte (siehe Abbildung 16.107).

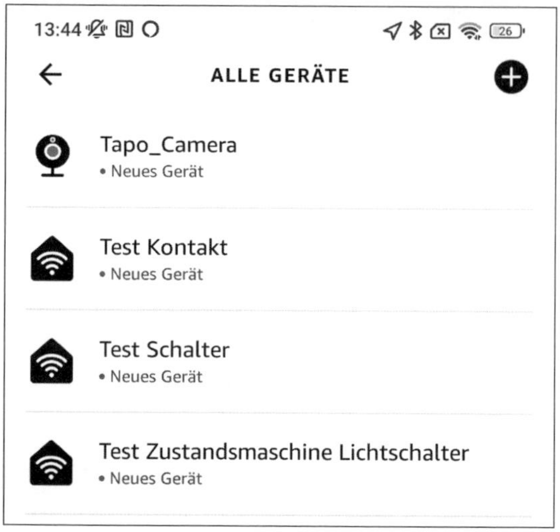

Abbildung 16.107: Diese Home-Assistant-Geräte wurden nun in der Alexa-App gefunden.

Bei Problemen helfen Ihnen vielleicht folgende Quellen weiter:

- *https://www.home-assistant.io/integrations/alexa.smart_home*
- Video (engl.): *https://www.youtube.com/watch?v=Ww2LI59IQ0A*
- Video (dt.): *https://www.youtube.com/watch?v=_Jx-NV6cTcI*

Fazit: Das Einbinden verschiedenster Smart-Home-Geräte ist neben Automatisierungen das Kerngeschäft von Home Assistant. Die Beispiele, die ich in diesem Kapitel vorgestellt habe, sind nur ein kleiner Ausschnitt Ihrer Möglichkeiten. Integrieren Sie Geräte anderer Hersteller (wie z. B. Philips Hue, IKEA Tradfri). Es ist mit etwas Routine leichter, als Sie vielleicht annehmen. Die Welt ist hier genauso vielfältig wie die Integrationen.

Kapitel 17

Eigene Smart-Home-Geräte mit ESPHome erstellen

Um es nach einem geflügelten Wort von Erich Kästner zu sagen: Es gibt keine guten Smart-Home-Geräte; außer man entwickelt sie selbst.

Im vorherigen Kapitel haben Sie Bekanntschaft mit einigen Smart-Home-Geräten gemacht, deren bestimmende Komponente ein Mikrocontroller der Firma *Espressif* ist. Sie haben auch gesehen, wie die viel diskutierte Herstellerfirmware durch eine andere Firmware ersetzt werden kann. In diesem Kapitel geht es darum, komplett eigene Geräte zu entwickeln und einzubinden.

Als Hardware dienen üblicherweise Mikrocontroller der Firma Espressif. Die Grundlage für dieses Beispiel ist ein ESP8266, der auf einem Development-Board verbaut ist. In den allermeisten Fällen reicht sein Leistungsvermögen aus. Wer mehr braucht, findet mit einem ESP32 eine leistungsfähigere Alternative.

Auch um einen Mikrocontroller mit eigener Firmware zu versorgen, gibt es inzwischen mehrere Wege. Sehr verbreitet ist das Arduino-Framework. Weniger bekannt ist *ESPHome*.

Was ist ESPHome?

ESPHome (*https://esphome.io*) ist ein System zur Steuerung Ihres ESP8266, ESP32 oder RP2040 durch einfache, aber leistungsstarke Konfigurationsdateien und zur Fernsteuerung über Heimautomatisierungssysteme. Der erste Ideengeber war Otto Winter, Student der technischen Physik an einer österreichischen Universität. Zwischenzeitlich hat das Projekt *Nabu Casa* die Betreuung übernommen und sorgt für eine gute Integration in Home Assistant.

Üblicherweise erfolgt die Mikrocontroller-Programmierung mit Programmiersprachen wie C, Rust oder einigen anderen mehr. Dies kann eine hohe Hürde sein – vielleicht zu hoch, um sich damit zu befassen. ESPHome versucht, diesen Nachteil zu umschiffen.

In ESPHome erfolgt das Coding in YAML, also in der vereinfachten Auszeichnungssprache, der sich auch Home Assistant bedient.

17.1 ESPHome starten

17.1.1 ESPHome Builder installieren

Sie installieren ESPHome Builder ganz klassisch über den Add-on Store: **Einstellungen • Add-ons • Add-on Store**. Navigieren Sie dort zum Abschnitt **ESPHome** (siehe Abbildung 17.1).

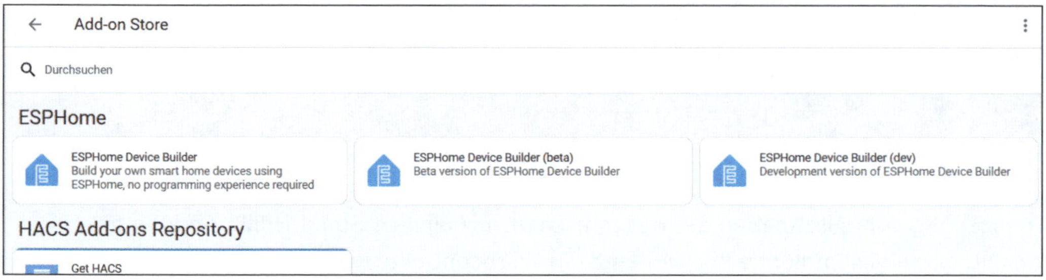

Abbildung 17.1: Das »ESPHome«-Add-on im »Add-on Store«

Wählen Sie für den Beginn die erste der angebotenen Varianten von ESPHome Builder und **Installieren** Sie sie. ESPHome Builder ist nun zum Start bereit (siehe Abbildung 17.2).

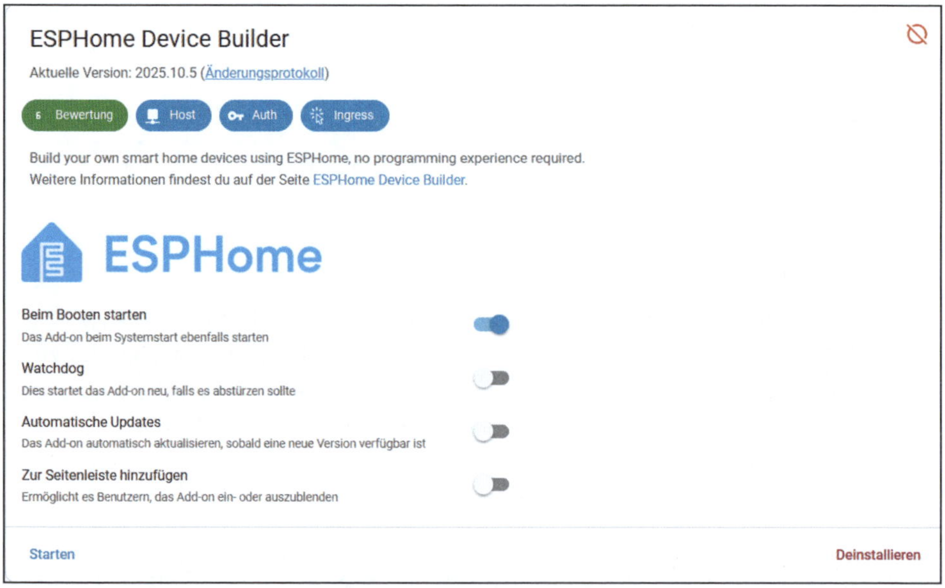

Abbildung 17.2: Das »ESPHome Builder«-Add-on ist nun installiert.

17.1.2 ESPHome Builder starten

Legen Sie noch Add-on-Einstellungen fest. Sehr zu empfehlen ist, ESPHome Builder in der Seitenleiste anzeigen zu lassen. Starten Sie das Add-on und überprüfen Sie sicherheitshalber auch das **Protokoll**.

Probleme beim Start

Es kann sein, dass der Dienst beim erstmaligen Startversuch nicht funktioniert. Dies mag insbesondere beim Betrieb von Home Assistant in einer virtuellen Maschine der Fall sein. Fahren Sie in diesem Fall die Anwendung in der virtuellen Maschine herunter und starten Sie die virtuelle Maschine neu.

17.2 Der Einstieg in ESPHome Builder

ESPHome Builder ist wie ein Haus: Es hat einen zentralen Eingang, dann folgt ein Treppenhaus bzw. ein Flur, und von dort geht es weiter. Das heißt, dass sich schon nach der Eingangstür die Wege trennen, je nachdem, welcher Raum das Ziel ist.

Hinsichtlich ESPHome Builder ist der Eingang das installierte Add-on. Der weitere Weg hängt davon ab, welche Home-Assistant-Umgebung vorliegt und welcher Mikrocontroller mit welchem Status und welchen Aufgaben einzubinden ist.

Den Einstieg möchte Ihnen beispielhaft anhand eines *ESP8266-NodeMCU* (siehe Abbildung 17.3) mit einer Home-Assistant-Anwendung in einer virtuellen Maschine unter Windows vorstellen.

Abbildung 17.3: Ein ESP8266-NodeMCU

Tabelle 17.1 listet einige Daten des Mikrocontrollers auf.

Eigenschaft	ESP8266
MCU	Xtensa Single-Core 32bit L-106
802.11 b/g/n WiFi	ja: HT20
Typische Frequenz	80 MHz

Tabelle 17.1: Kerndaten zum ESP8266

Eigenschaft	ESP8266
SRAM	160 kByte
Flash	SPI-Flash bis zu 16 MByte
GPIO	17
Hardware/Software-PWM	– / 8 Kanäle
SPI / I^2C / I^2S / UART	2 / 1 / 2 / 2
ADC	10 Bit
Arbeitstemperatur	–40 °C bis 125 °C
Spannung	2,3 V bis 3,6 V

Tabelle 17.1: Kerndaten zum ESP8266 (Forts.)

Die *Peripherals* (also die verschiedenen peripheren Ein- und Ausgabemöglichkeiten bzw. externen Steuerungsmöglichkeiten) beinhalten unter anderem:

- IEEE 802.11 b/g/n WiFi
  - integriertes Umschalten zwischen Senden und Empfangen
  - WEP- oder WPA/WPA2-Authentifikation oder offenes Netzwerk
- 16 GPIO-Pins (*General Purpose Input/Output*, programmierbare Ein- und Ausgänge für allgemeine Zwecke)
- SPI (*Serial Peripheral Interface*)
- I^2C (*Inter-Integrated Circuit*, ein Bussystem)
- I^2S (*Inter-IC Sound*, eine Schnittstelle zum Austausch von Stereo-Audio-Daten zwischen ICs mit DMA, *Direct Memory Access*)
- UART (*Universal Asynchronous Receiver Transmitter*)
- 10-Bit-ADC (*Analog-to-Digital Converter*)

Nicht alle diese Features kommen in diesem Abschnitt zum Einsatz. ESPHome ist aber so vielfältig, dass einzelne Vorhaben auf diese Funktionalitäten zurückgreifen.

17.2.1 Den ESP8266 an den PC anschließen

Verbinden Sie das Board über die USB-Schnittstelle mit dem PC. Normalerweise sollte Windows die Boards selbstständig erkennen. Dies lässt sich einfach im Geräte-Manager unter **Windows • Systemsteuerung • Hardware und Sound • Geräte-Manager** überprüfen (siehe Abbildung 17.4).

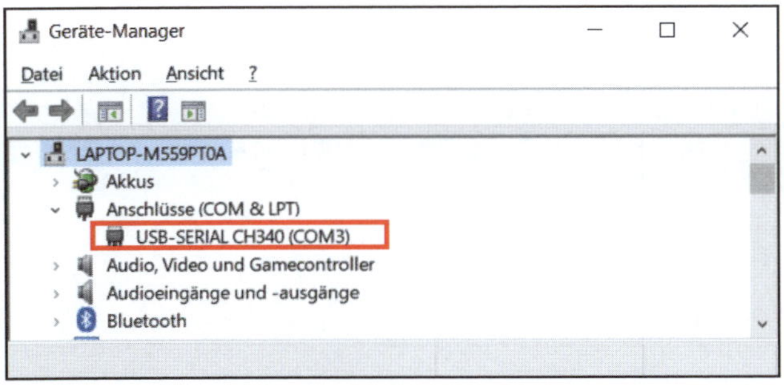

Abbildung 17.4: Das über USB angeschlossene Board

17.2.2 ESPHome Builder aufrufen

Rufen Sie *ESPHome Builder* über den Eintrag in der Seitenleiste auf (siehe Abbildung 17.5).

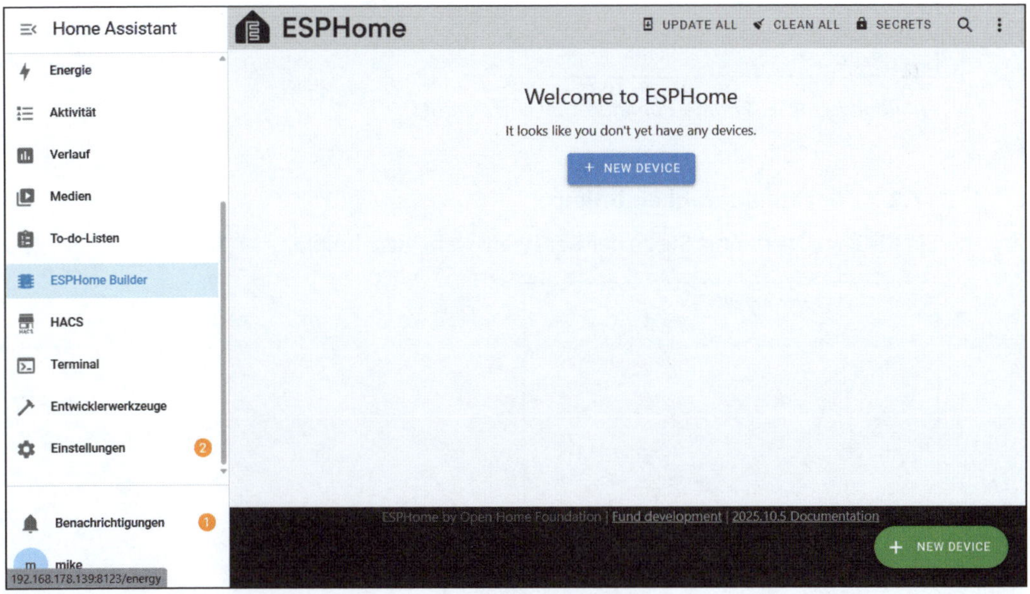

Abbildung 17.5: Der erstmalige Aufruf von ESPHome Builder

Sie haben nun nur die Möglichkeit, mit **+ New Device** ein neues Gerät hinzuzufügen. Sie erhalten ein paar Startinformationen. Gehen Sie mit **Continue** weiter und erstellen Sie über **New Device Setup** die Gerätekonfiguration wie in Abbildung 17.6.

Name ist die Bezeichnung, mit der Sie das Gerät später in Home Assistant ansprechen wollen. Die anderen beiden Angaben beziehen sich auf Ihr Netzwerk: nämlich die SSID und das Passwort Ihres WLAN, damit Sie später kabellos kommunizieren können.

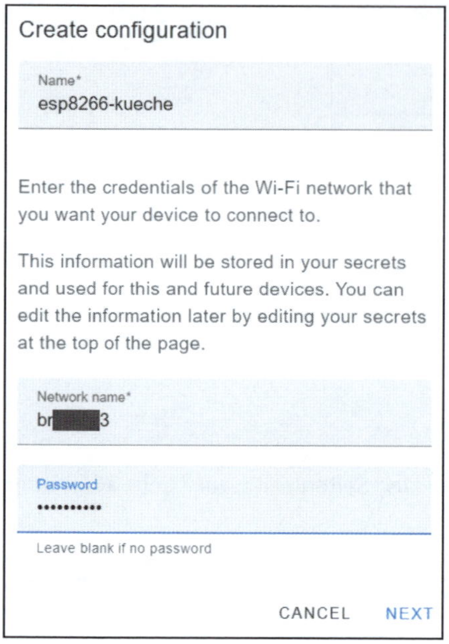

Abbildung 17.6: ESPHome-Konfiguration eines Geräts

17.2.3 Geräteauswahl erstellen

Ein Klick auf **Next** führt Sie zu der Geräteauswahl aus Abbildung 17.7.

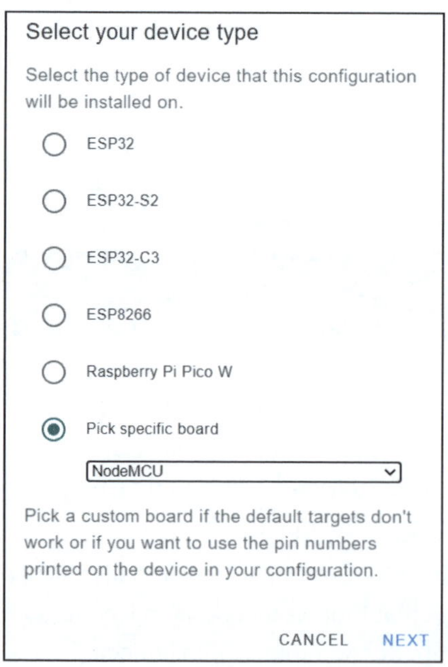

Abbildung 17.7: Die Geräteauswahl von ESPHome

Wählen Sie das Gerät am besten mittels der Drop-down-Liste bei **Pick specific board** aus. Sie sollten dort genau das Modell Ihres Controllers wählen, sonst kann es bei der Kommunikation zu Problemen kommen.

Ein erneuter Klick auf **Next** erstellt die Gerätekonfiguration. Ist der Vorgang abgeschlossen, erhalten Sie eine Erfolgsmeldung (siehe Abbildung 17.8).

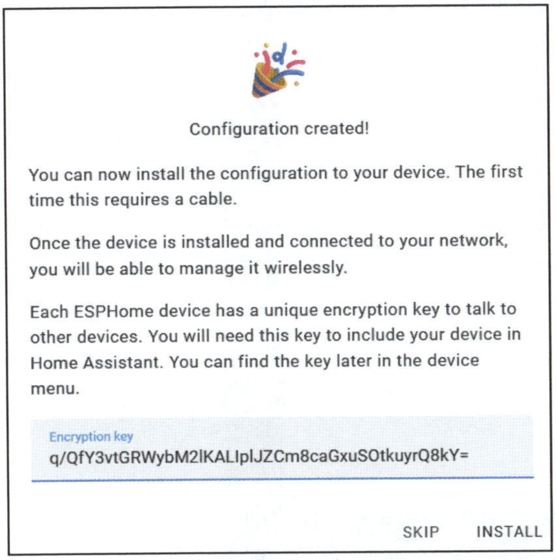

Abbildung 17.8: ESPHome Builder-Erfolgsmeldung – neues Gerät

Hier erhalten Sie auch den individuellen Verschlüsselungs-Key für die Kommunikation mit anderen Geräten, über den jedes ESPHome-Gerät verfügt. Diesen Schlüssel benötigen Sie, um Ihr Gerät in Home Assistant einzubinden. Sie finden den Schlüssel später im Gerätemenü bzw. in der *.yaml*-Datei.

Da die Gerätegrundkonfiguration nun steht, soll es im Weiteren darum gehen, wie Sie ESPHome auf dem Mikrocontroller installieren.

17.2.4 Die Installationsmethode festlegen

Ein Klick auf **Install** zeigt Ihnen jetzt vier verschiedene Installationsmethoden (siehe Abbildung 17.9). Im ausgegrauten Hintergrund können Sie bereits das angelegte Gerät erahnen.

Wählen Sie an dieser Stelle **Plug into this computer** – der ESP8266 ist ja über USB mit dem Rechner verbunden. Nun taucht zum ersten Mal der Begriff *Project* auf (siehe Abbildung 17.10).

Aus Sicht von ESPHome versteht man unter einem *Projekt* die Aufgaben, die der Mikrocontroller mit der spezifischen Firmware für das Gerät leisten soll. Die Firmware wird im Hintergrund mit Prozessen erstellt, die das Kompilieren und Binden einer Quelldatei zu einem lauffähigen Maschinencode umfassen. Das kann eine Weile dauern und endet damit, dass unter **1.** die Datei mit der Firmware zum Download bereitsteht (**Download Project**). Laden Sie die Datei herunter. Der Dateiname entspricht dem vorher festgelegten Namen mit der Dateierweiterung *.bin* (hier also *esp8266-kueche.bin*).

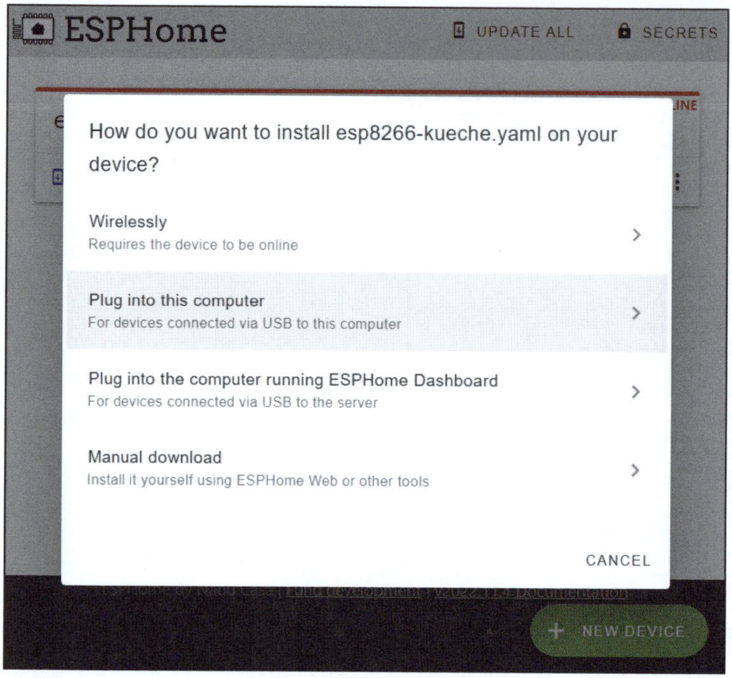

Abbildung 17.9: Die Gerätekonfiguration installieren

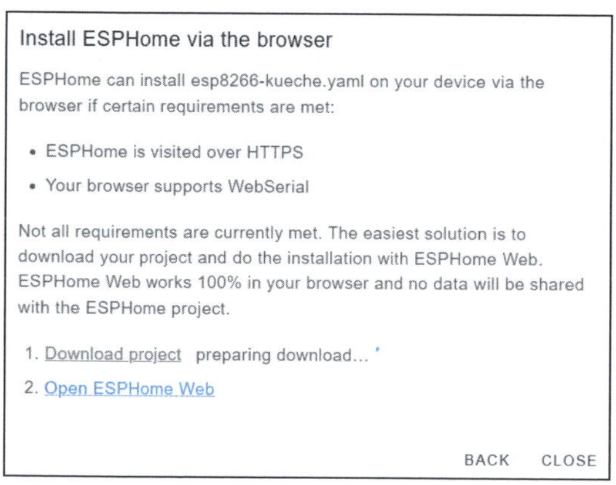

Abbildung 17.10: ESPHome – ein Projekt erstellen

17.2.5 Das »ESPHome Web« besuchen

Folgen Sie dem Link **Open ESPHome Web**, um über den Browser die *.bin*-Datei zu flashen (siehe Abbildung 17.11).

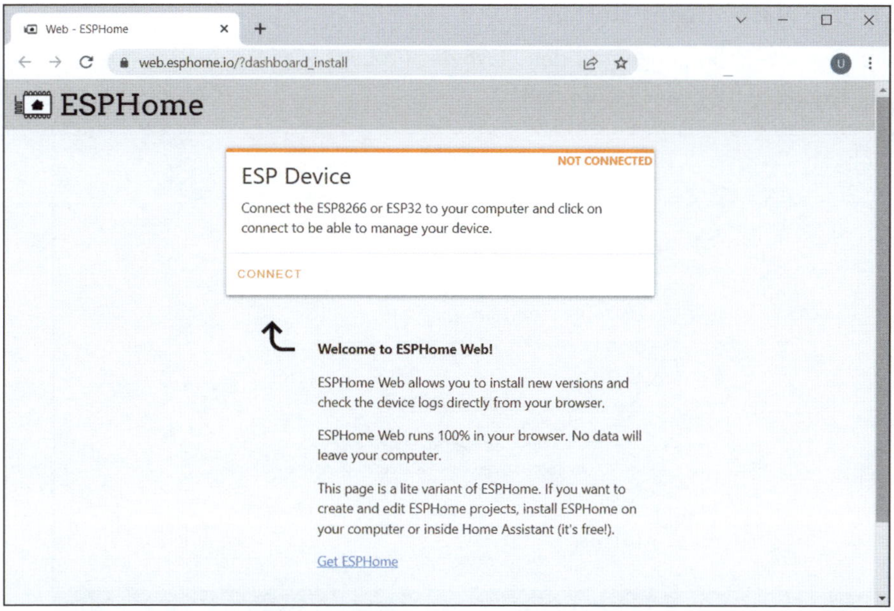

Abbildung 17.11: Das »ESPHome Web«

Sie müssen sich übrigens keine Sorgen darüber machen, dass dabei Cloud-Dienste genutzt werden und Ihre Daten auf fremden Servern landen könnten: ESPHome nutzt für das Setup schlicht Ihren Browser, was in den meisten Fällen eine einfachere und besser zugängliche Option als die Kommandozeile ist.

17.2.6 Den Port für die Verbindung festlegen

Öffnen Sie mit **Connect** das Fenster mit den möglichen Verbindungen (siehe Abbildung 17.12). Der angeschlossene ESP8266 sollte hier aufgelistet sein. Wählen Sie ihn aus und **Verbinden** Sie ihn.

Abbildung 17.12: Die Verbindungsmöglichkeiten in »ESPHome Web«

17.2.7 Den Flashvorgang starten

Damit stehen die Bedingungen für den Flash des Projekts, das Sie nun so, wie in Abbildung 17.13 gezeigt, überspielen können.

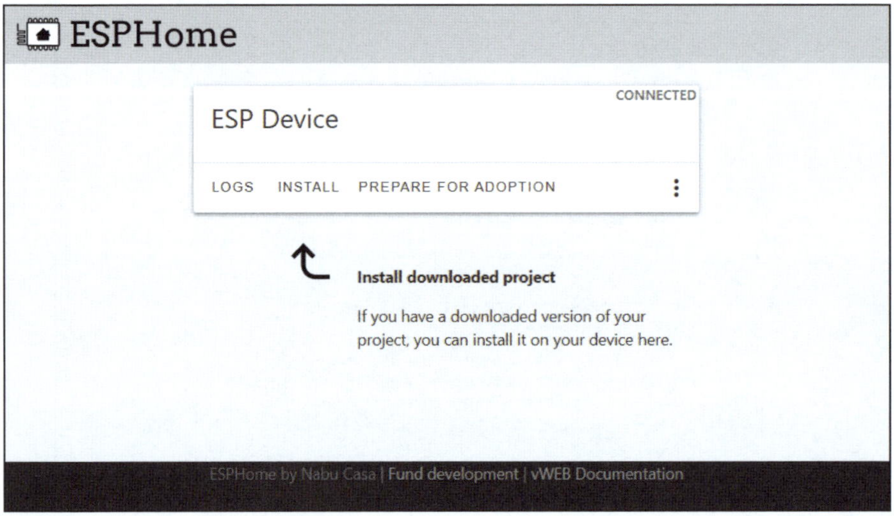

Abbildung 17.13: Das Projekt flashen

Gehen Sie auf **Install**. Der Installer benötigt hier die heruntergeladene *.bin*-Datei.

Navigieren Sie mit **Datei auswählen** zum Speicherort der *.bin*-Datei des Projekts, wählen Sie dieses aus und starten Sie das Flashen mit **Install**.

Das Ganze kann wieder eine Weile dauern, da im Hintergrund verschiedene Vorgänge ablaufen (z. B. wird der Speicher des Mikrocontrollers gelöscht, und es erfolgt das abschließende Flashen). Eine Erfolgsmeldung sollte die bisherigen Mühen belohnen.

Mit **Close** kehren Sie zu *ESPHome Web* zurück (siehe Abbildung 17.13).

17.2.8 Den Erfolg überprüfen

Der Mikrocontroller meldet sich nun automatisch bei Ihrem Router an, da Sie ja die Daten Ihres WLAN hinterlegt haben. Öffnen Sie nun den Menüpunkt **Logs**. Das Fenster zeigt Ihnen umfassende Informationen über den Verbindungsaufbau und den Verbindungsstatus (siehe Abbildung 17.14).

Auch in Home Assistant sollte angezeigt werden, dass das Gerät mit dem Netz verbunden ist (siehe Abbildung 17.15). Kommt es zu einer Unterbrechung der WLAN-Verbindung, versucht das Gerät einen erneuten Verbindungsaufbau. Das Verhalten lässt sich jedoch über eine Einstellung `reboot_timeout:` ändern.

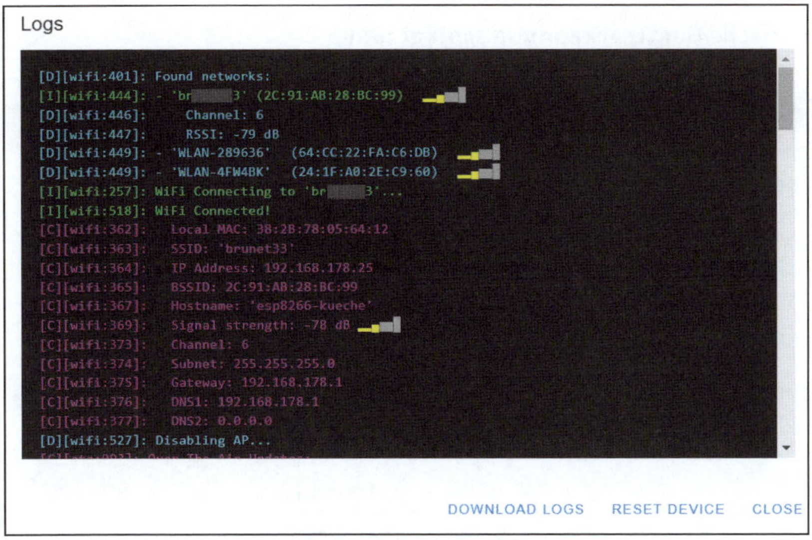

Abbildung 17.14: ESPHome Web – der Menüpunkt »Logs«

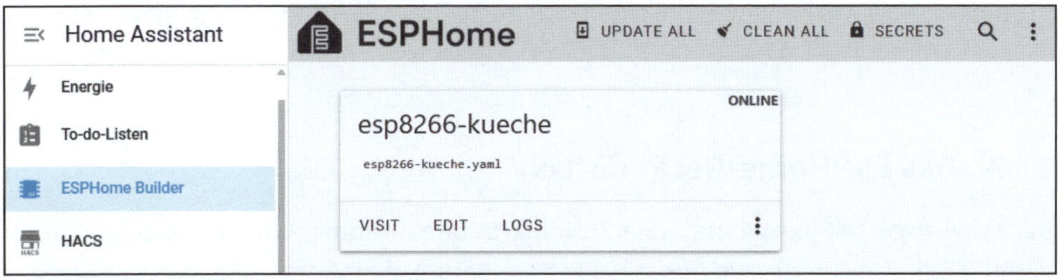

Abbildung 17.15: Ein ESPHome-Gerät in Home Assistant

Darüber hinaus sollte der automatische Scan von Home Assistant für die Integration *ESPHome* ein neues Gerät *esp8266-kueche* finden und es als **Entdeckt** markieren. **Hinzufügen** übernimmt die Integration mit dem gefundenen Gerät in den aktiven Gerätebestand (siehe Abbildung 17.16).

Abbildung 17.16: Neues ESPHome-Gerät und Integration hinzugefügt

Die automatische Geräteerkennung schlägt fehl

Es kann vorkommen, dass die automatische Geräteerkennung das Gerät nicht findet. Gehen Sie dann auf **Gerät hinzufügen • ESPHome** (siehe Abbildung 17.17).

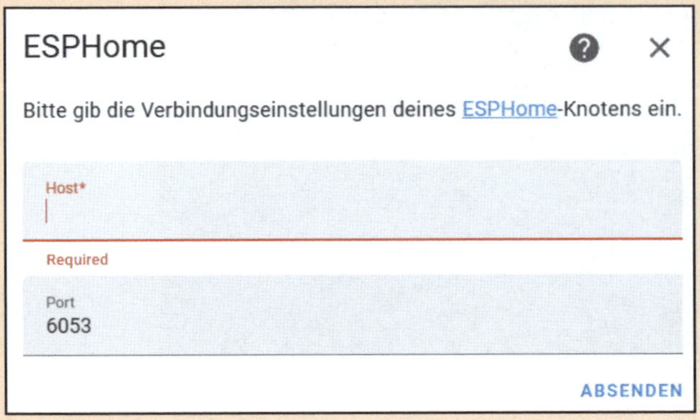

Abbildung 17.17: Eine ESPHome-Integration manuell hinzufügen

Tragen Sie unter **Host** die IP-Adresse des ESPHome-Geräts ein. Sie finden sie z. B. über Ihren Router oder im ESPHome-Geräte-Log unter **ESPHome • <ihr-gerät> • Log**.

17.3 Das ESPHome-Gerät nutzen

Der schwierige Teil des Weges, um ESPHome-Geräte in Home Assistant anzubinden, ist damit beschritten. In diesem Abschnitt geht es darum, dem Gerät Aufgaben zuzuweisen. Als Beispiel soll ein Temperatur- und Luftfeuchtigkeitssensor Messwerte an Home Assistant senden. Zum Einsatz kommt der Sensor *DHT22* (siehe Abbildung 17.18). Dabei handelt es sich um ein relativ preisgünstiges Modul, das Messfühler für die erwünschten Klimawerte hat und diese über einen digitalen Datenausgang anbietet.

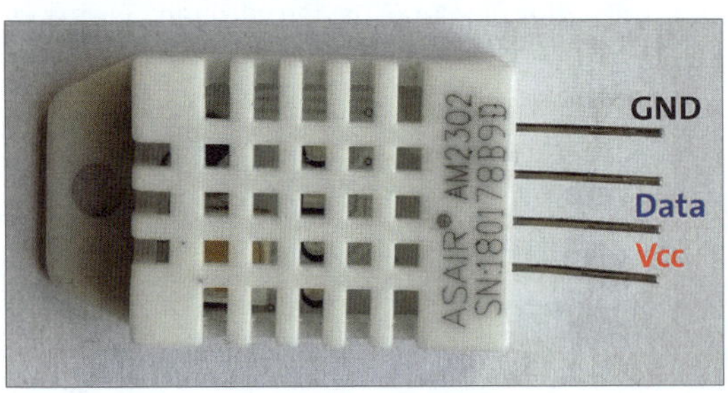

Abbildung 17.18: Der Sensor DHT22

Dementsprechend ist die Schaltung recht einfach (siehe Abbildung 17.19). Sie beinhaltet auch einen vom DHT22 benötigten externen Pull-up-Widerstand zum Datenausgang. Nach Herstellerangaben soll er zwischen 1 kΩ und 10 kΩ liegen.

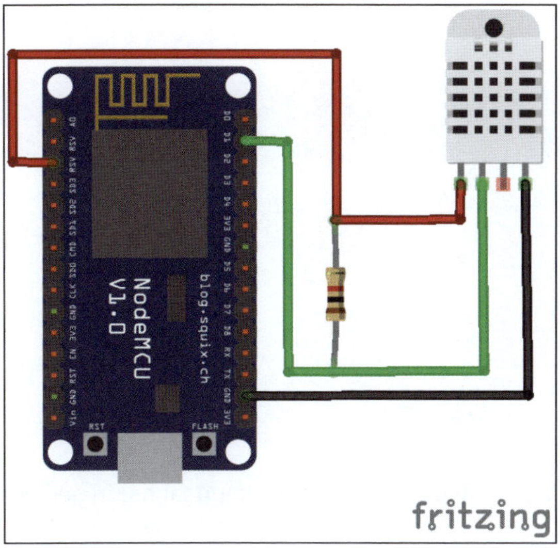

Abbildung 17.19: Die Schaltung mit ESP8266 und DHT22

Beginnen Sie, dem Gerät Leben einzuhauchen.

17.3.1 Das Grundgerüst der Gerätekonfiguration

Wie ich bereits eingangs erwähnt habe, erfolgt das »Coding« des ESPHome-Geräts in YAML. Öffnen Sie diesen Code in diesem Fall mit **ESPHome • esp8266-kueche • EDIT** (siehe Abbildung 17.15). Listing 17.1 zeigt das Grundgerüst des YAML-Codes für ein ESP-Home-Gerät:

```
esphome:
  name: esp8266-kueche
  friendly_name: esp8266-kueche

esp8266:
  board: nodemcuv2

# Enable logging
logger:

# Enable Home Assistant API
api:
  encryption:
    key: "g4GgbvduMWc6DrfmKn2rq7oUVGRQq8WnA027vy0ERb8="

ota:
  password: "c6f016c5056dd76103f2f4629403c98b"
```

```
wifi:
  ssid: !secret wifi_ssid
  password: !secret wifi_password

  # Enable fallback hotspot (captive portal) in case wifi connection
  # fails
  ap:
    ssid: "Esp8266-Kueche Fallback Hotspot"
    password: "k9A40vEErYBQ"

captive_portal:
```

Listing 17.1: YAML-Grundgerüst für ein ESPHome-Gerät

Jedes Programm beginnt mit dem Eintrag `esphome:`. Der Name entspricht der in der Gerätekonfiguration festgelegten Bezeichnung (hier `esp8266-kueche`). Auf ihn folgen die Hardwareangaben (hier `esp8266` mit dem Board `nodemcuv2`).

`logger:` aktiviert das Protokoll der Geschehnisse auf dem Gerät.

Der folgende Abschnitt `api:` öffnet die Schnittstelle zu Home Assistant.

`ota:` betrifft den Dienst *Over-The-Air Update*, mit dem Sie das Gerät später auch über Wi-Fi mit neuer Software versorgen können.

Die Sektion `wifi:` beinhaltet die Angaben zur Wi-Fi-Konfiguration. In der Ausgangskonfiguration sind die Router-Zugangsdaten in der Datei *secrets.yaml* hinterlegt (`!secret`). Sie können darauf verzichten und an dieser Stelle die Angaben in Anführungszeichen setzen (z. B. `ssid: "Ihre SSID"`).

`ap:` sorgt dafür, dass das Gerät einen Access Point aufspannt, über den eine Erreichbarkeit im Fehlerfall gewährleistet ist.

`captive-portal:` sorgt dafür, dass auf dem Access Point eine eigene Webseite aufgebaut wird.

17.3.2 Die passgenaue Gerätekonfiguration

Die Ausgangsgerätekonfiguration muss eine Ergänzung um Bestandteile erfahren, die auf den Einsatzzweck zugeschnitten sind. Hier ist es das Senden von Umweltdaten mit einem DHT22.

Auch das geschieht mit YAML-Codeschnipseln. Diese finden Sie auf der Homepage von ESPHome (*https://esphome.io*). Navigieren Sie hier in den für Ihr Projekt zutreffenden Abschnitt. Für unser Beispiel ist das **Environmental** (dt. *Umgebungsdaten*). In diesen Abschnitten sind von ESPHome unterstützte Geräte dieser Kategorie zusammengefasst. Ein Klick auf den Eintrag **DHT** zeigt Ihnen Detailinformationen. Hierzu zählt auch ein Beispieleintrag. Listing 17.2 zeigt den bereits modifizierten DHT22-Eintrag:

```
# DHT22-Konfigurationseintrag
sensor:
  - platform: dht
    pin: D1
    temperature:
      name: "Kueche Temperatur"
    humidity:
      name: "Kueche Luftfeuchtigkeit"
    update_interval: 60s
```

Listing 17.2: YAML-Eintrag für den DHT22

Die Angaben bedürfen an sich keiner weiteren Erklärung. Ergänzen Sie Ihre Geräte-YAML-Datei um diesen Codeschnipsel.

Save sichert die Änderungen, und **Install** startet den Prozess, die geänderte Software auf den ESP8266 zu flashen.

Weitere Geräteeigenschaften

Das Beispiel fußt auf einem DHT22. Bei ihm handelt es sich um einen Sensor (`sensor:`). Notwendige Variablen sind `temperature:` / `name:` und `humidity:` / `name:`. Die Variablen `temperature:` und `humidity:` können aber noch mit weiteren Optionen belegt werden:

```
# Optional variables:
unit_of_measurement: "°C"
icon: "mdi:water-percent"
device_class: "temperature"
state_class: "measurement"
accuracy_decimals: 1
expire_after: 30s
filters:
  - sliding_window_moving_average:
      window_size: 15
      send_every: 15
```

Näheres finden Sie unter *https://esphome.io/components/sensor/index.html#config-sensor*.

17.3.3 Die Integration konfigurieren

Nun stimmen die Rahmenbedingungen, um das neue Gerät als Integration zu konfigurieren. Öffnen Sie **Einstellungen • Geräte & Dienste • Integrationen** und **Konfigurieren** Sie die entdeckte Integration *ESPHome*. Darauf folgt eine Bestätigungsabfrage (siehe Abbildung 17.20).

Abbildung 17.20: Ein ESPHome-Gerät hinzufügen

Mit einem Klick auf **Absenden** schließen Sie den Prozess ab, es sei denn, in der Konfiguration ist wie in dem obigen Beispiel eine verschlüsselte Verbindung vorgesehen. Dann ist der Erfolgsmeldung (siehe Abbildung 17.21) noch die Eingabe des Schlüssels vorgeschaltet. Mit **Fertig** beenden Sie den gesamten Vorgang.

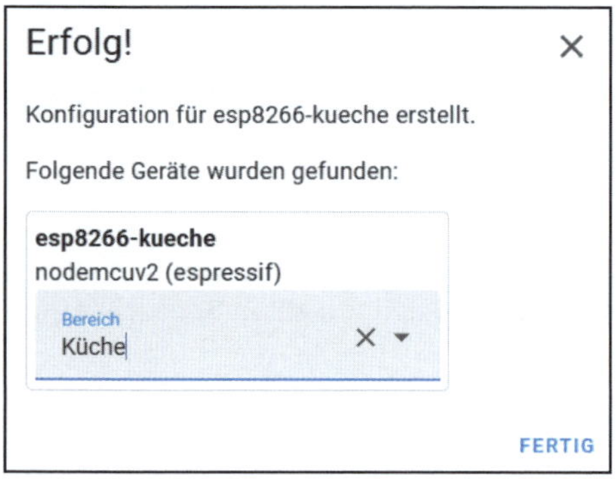

Abbildung 17.21: Die Erfolgsmeldung zur Konfiguration der ESPHome-Geräte-Integration

Ein Klick auf den Geräte-Link der Integrationskarte **ESPHome** zeigt die Details (siehe Abbildung 17.22).

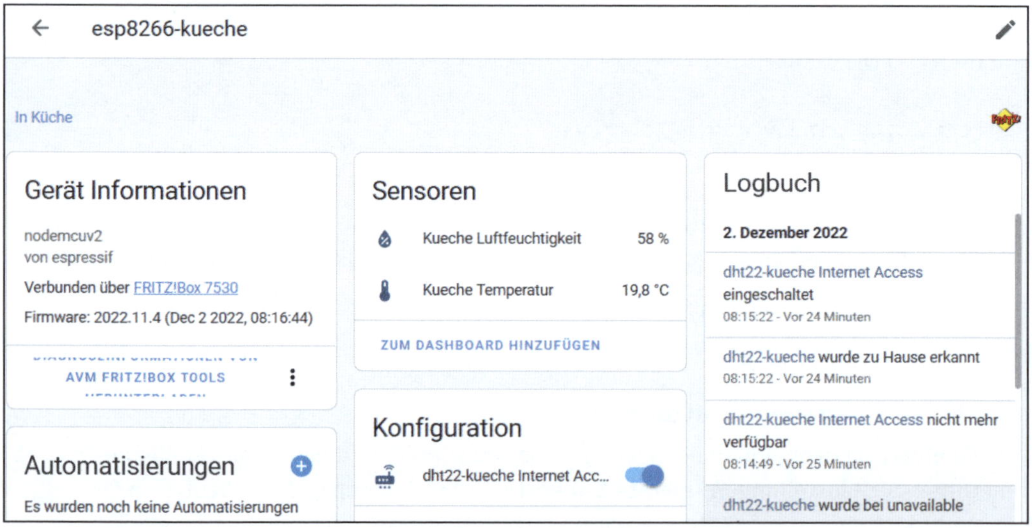

Abbildung 17.22: Gerätebezogene Details der Integration »ESPHome«

Das Gerät funktioniert in Home Assistant einwandfrei. Die gelieferten Daten können Sie in den unterschiedlichsten Konstellationen von der Dashboard-Darstellung bis zu Bestandteilen von Automationen nutzen.

Abbildung 17.23 zeigt den Graphen in einer Dashboard-Karte als History-Graph (**Benutzeroberfläche konfigurieren • + Karte hinzufügen • History Graph**).

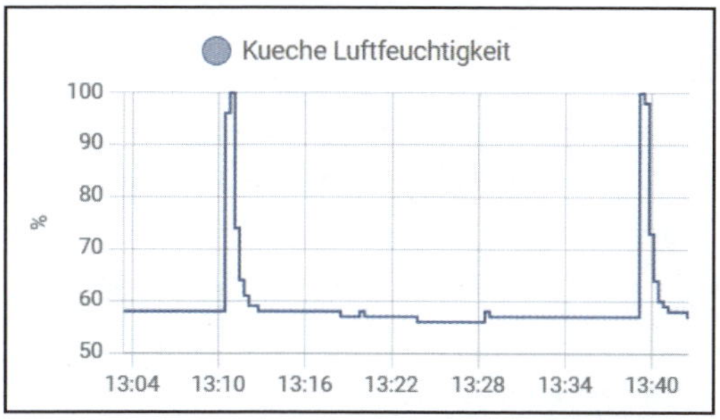

Abbildung 17.23: Die Dashboard-Karte »Verlauf« zeigt die Luftfeuchtigkeit an.

So schaltet der Codeschnipsel aus Listing 17.3 in einer Automatisierung einen Lüfter (hier repräsentiert durch einen Sonoff-Schalter) für fünf Minuten ein, wenn die Luftfeuchtigkeit länger als zehn Minuten über 60 % liegt:

```
alias: Luftfeuchtigkeitskontrolle
description: ""
trigger:
  - platform: numeric_state
    entity_id: sensor.kueche_luftfeuchtigkeit
    for:
      hours: 0
      minutes: 10
      seconds: 0
    above: 60
condition: []
action:
  - service: switch.turn_on
    data: {}
    target:
      entity_id: switch.sonoff_02
  - delay:
      hours: 0
      minutes: 5
      seconds: 0
      milliseconds: 0
  - service: switch.turn_off
    data: {}
```

```
    target:
      entity_id: switch.sonoff_02
mode: single
```

Listing 17.3: Die Luftfeuchtigkeit wird automatisch überwacht.

17.4 ESPHome mit einem ESP32

In diesem Abschnitt möchte ich Ihnen einen weiteren Mikrocontroller vorstellen. Bei ihm handelt es sich um den *ESP32*, der ebenfalls von der Firma Espressif stammt. Er gilt in gewisser Weise als Nachfolger des ESP8266 und ist deutlich leistungsfähiger – aber auch teurer. Ein gängiges Board mit dem ESP32 ist das *ESP32-Development-Kit V4* (siehe Abbildung 17.24).

Abbildung 17.24: ESP32-Development-Kit V4

Einige Daten des Mikrocontrollers sind in Tabelle 17.2 aufgelistet.

Eigenschaft	ESP32
MCU	Xtensa Dual-Core 32-Bit-LX6
802.11 b/g/n WiFi / Bluetooth	ja / ja
Typische Frequenz	160 MHz
SRAM	520 kByte
Flash	4 MByte integriert
GPIO	42
Hardware-/Software-PWM	4 / 16 Kanäle
SPI / I^2C / I^2S / UART	4 / 2 / 2 / 3

Tabelle 17.2: Kerndaten des ESP32

Eigenschaft	ESP32
ADC	12 Bit
Arbeitstemperatur	–40 °C bis 125 °C
Spannung	2,3 V bis 3,6 V

Tabelle 17.2: Kerndaten des ESP32 (Forts.)

Im Folgenden geht es mir darum, noch weitere Möglichkeiten von ESPHome auf Basis eines Tasters und eines Relais zu erkunden und zu zeigen, wie leistungsfähig ESPHome ist. Konkret wird demonstriert, dass mit einigen kleinen Komponenten auch ein Wi-Fi-Selbstbauschalter realisierbar ist. Dieses kleine Beispiel ist sicherlich mit einem ESP8266 ebenfalls möglich. In Kapitel 19 begegnen Sie dem ESP32 jedoch mit einer Bluetooth-Anwendung, die mit dem »kleinen Bruder« so nicht zu verwirklichen ist, da ihm das Bluetooth-Modul fehlt.

Die Schaltung für den Wi-Fi-Schalter sehen Sie in Abbildung 17.25.

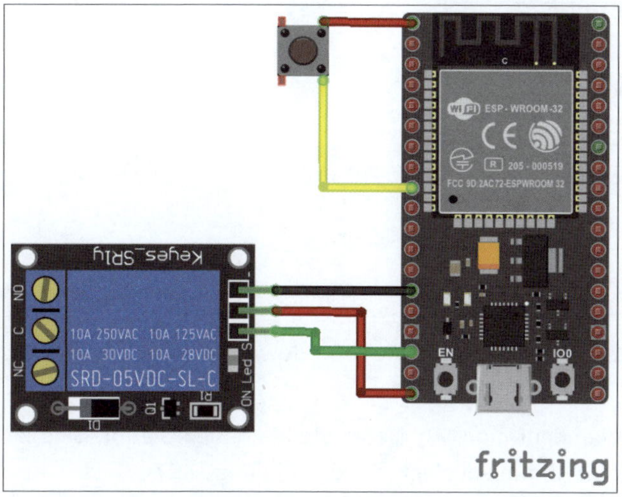

Abbildung 17.25: Schaltung für den ESP32: Taster und Relais

17.4.1 Den ESP32 mit Firmware versorgen

Die Firmware für den ESP32 hat zwei Aufgaben:

- **Taster:** Er meldet einen Tastvorgang an Home Assistant.
- **Relais:** Ein-/Ausschalten eines Verbrauchers durch Home Assistant.

Der Prozess, den ESP32 mit der gewünschten Firmware zu flashen, ist mit der bekannten Vorgehensweise identisch und in wenigen Schritten erledigt.

17.4.2 Den ESP32 an den PC anschließen

Verbinden Sie das Board über die USB-Schnittstelle mit dem PC. Normalerweise sollte Windows die Boards selbstständig erkennen. Dies lässt sich einfach im Geräte-Manager (**Windows • Systemsteuerung • Hardware und Sound • Geräte-Manager**) überprüfen. Der Gerätetreiber ist hier eine *CP120x USB to UART Bridge*.

ESPHome aufrufen

Rufen Sie ESPHome über den Eintrag in der Seitenleiste auf und gehen Sie mit **+ New Device** und **Continue** weiter.

Konfiguration erstellen

Erstellen Sie die Gerätekonfiguration. Als Namen verwenden Sie z. B. *esp32-taster-relais*.

17.4.3 Geräteauswahl treffen

Next führt zur Geräteauswahl wie in Abbildung 17.26.

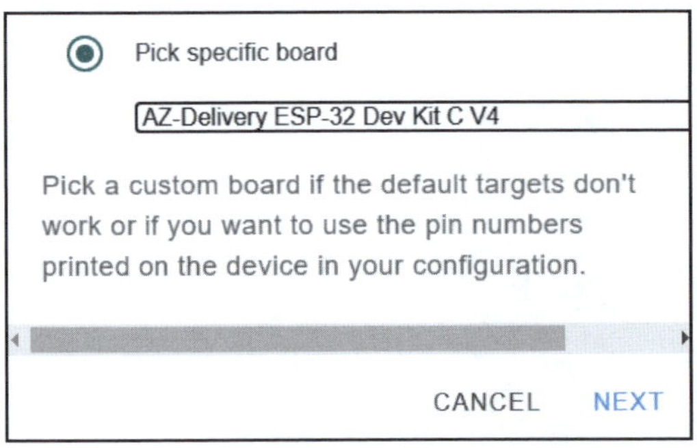

Abbildung 17.26: Geräteauswahl für den ESP32

Wählen Sie **AZ_Delivery ESP-32 Dev Kit C V4** über die Drop-down-Liste bei **Pick specific board**.

Next erstellt wieder die Gerätekonfiguration. An dieser Stelle können Sie mit **Skip** zu ESPHome zurückkehren; das Gerät ist nun angelegt (siehe Abbildung 17.27).

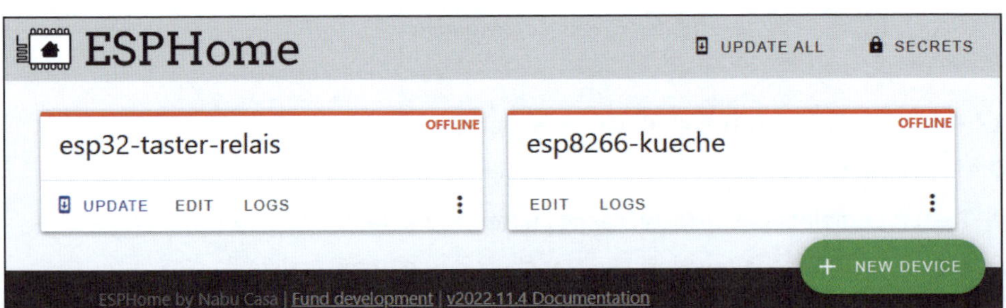

Abbildung 17.27: Das ESP32-Gerät wurde angelegt.

17.4.4 Die Gerätekonfiguration festlegen

Ein Klick auf **Edit** öffnet die Datei *esp32-taster-relais.yaml*. Die Datei beinhaltet die Ausgangsgerätekonfiguration für das Projekt. Den wesentlichen Unterschied zum Projekt *esp8266-kueche* bilden die geänderten Board-Angaben.

Die YAML-Codeschnipsel für das Ansteuern der GPIO-Pins finden Sie wieder auf der Homepage von ESPHome. Da das Relais als Schalter fungiert, ist das der Abschnitt **Switch Components** und dort **GPIO**:

```
switch:
  - platform: gpio           # Relais
    pin: GPIO10
    name: "relais"
```

Der Codeschnipsel für den Taster ist im Abschnitt **Binary Sensor Components • GPIO** beschrieben:

```
binary_sensor:
  - platform: gpio           # Taster
    pin: GPIO25
    name: "taster"
```

Das ist aber nur die Minimalkonfiguration. Sie würde im Echtbetrieb Probleme bereiten, da `GPIO25` so lange keinen definierten Zustand hat, wie der Taster nicht gedrückt ist. Der GPIO würde floaten, also unkontrolliert zwischen »ein« und »aus« wechseln. Das lässt sich unter anderem durch einen externen Widerstand verhindern, der den GPIO-Pin auf einen definierten Zustand setzt. Da durch den Taster eine Verbindung mit GND hergestellt wird, muss der GPIO-Pin auf HIGH gesetzt werden (Pull-up). Extern kann dies ein Pull-up-Widerstand bewerkstelligen. Der ESP32 verfügt jedoch auch intern über diese Option:

```
    pin:
      number: GPIO25
      mode:
        input: true
        pullup: true
```

Eine weitere unangenehme Eigenschaft von Tastern ist, dass beim Schließen nicht sofort ein »Geschlossen«-Zustand entsteht. Vielmehr wechselt der Zustand im Millisekundenbereich zwischen »an« und »aus«. Dem wirkt ein Filter entgegen, der erst nach einer Verzögerung ein Signal für den Zustand `on` freigibt:

```
    filters:
      - delayed_on: 10ms
```

Den gesamten Code für den Taster sehen Sie in Listing 17.4:

```
esphome:
  name: esp32-taster-relais
```

```
esp32:
  board: esp-wrover-kit
  framework:
    type: arduino

# Relais und Taster
binary_sensor:
  - platform: gpio          # Relais
    pin: 10
    name: "relais"
    device_class: safety
  - platform: gpio
    pin:
      number: 25
      mode:
        input: true
        pullup: true
    name: "taster-kontakt"
    device_class: opening
    filters:
      - delayed_on: 10ms

# Enable logging
logger:

# Enable Home Assistant API
api:
  encryption:
    key: "t0NE1C45AIUakjUO5+a0mRzPadMQHJyMeASDwKzqZc8="

ota:
  password: "raspberry"

wifi:
  ssid: !secret wifi_ssid
  password: !secret wifi_password

  # Enable fallback hotspot (captive portal) in case wifi connection
  # fails
  ap:
    ssid: "Esp32-Taster-Relais"
    password: "raspberry"

captive_portal:
```

Listing 17.4: Die Konfigurationsdatei »esp32-taster-relais«

Ein Klick auf **Save** sichert die Änderungen, und mit **Install** starten Sie den Prozess, die geänderte Software auf den ESP32 zu flashen (siehe Abschnitt 17.2). Der automatische Scan von Home Assistant sollte für die Integration *ESPHome* ein neues Gerät *esp32-taster-relais* erkennen, das Sie nun schalten oder in Automatisierungen einbauen können.

17.5 Was es zu ESPHome sonst noch zu sagen gibt

ESPHome ist für sich ein recht mächtiges und umfangreiches Paket. Alle Ecken auszuleuchten, würde den Rahmen dieses Kapitels sprengen. Dennoch möchte ich einige Punkte aufgreifen.

17.5.1 Das Over-The-Air Update (OTA)

OTA ist eine feine Sache, denn es erlaubt ein Firmware-Update, ohne dass der Mikrocontroller über ein Kabel mit dem Rechner verbunden sein muss. Dies ist insbesondere dann optimal, wenn das Gerät an schwer zugänglichen Stellen verbaut ist.

Voraussetzung ist aber, dass die bereits geflashte Firmware diese Funktionalität unterstützt. Das ist mit der Grundinstallation aus Abschnitt 17.2 der Fall. Ausgangspunkt ist der Schritt »Den Flashvorgang starten« aus Abschnitt 17.2.7, allerdings nun mit der Option mit **Wirelessly**. Auf diesem Weg können Sie Updates und Änderungen an den Mikrocontroller senden, ohne ihn erneut zu verkabeln.

Ein Log-Fenster informiert über den Verlauf (siehe Abbildung 17.28).

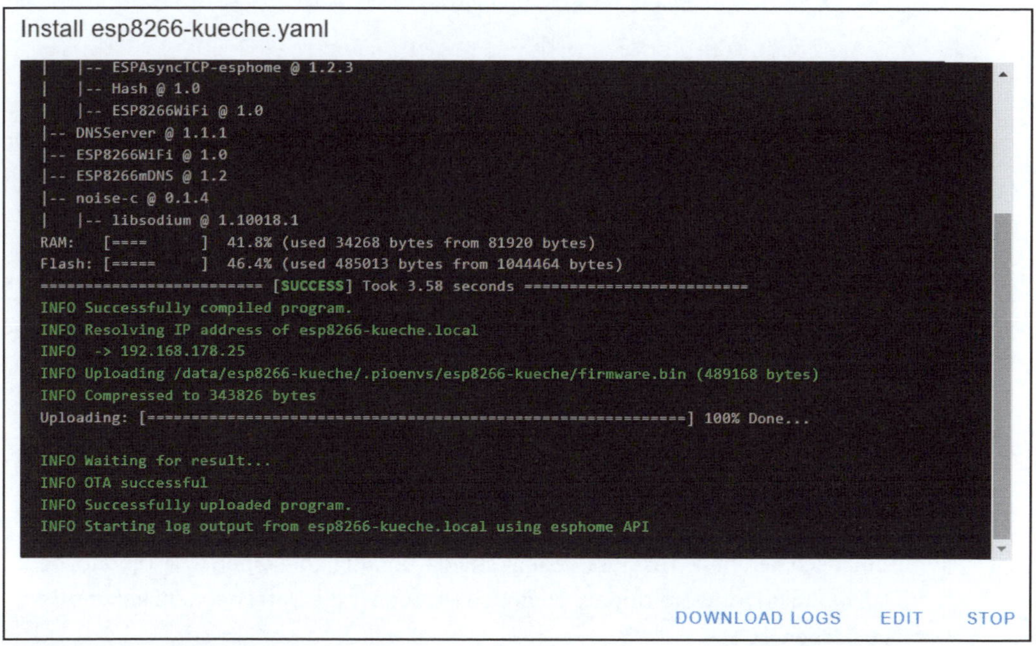

Abbildung 17.28: ESPHome mit OTA-Update

Gut zu erkennen sind die sich im Hintergrund vollziehende Übersetzung des Programms und der Start des Uploads. Nach dem Abschluss des Updates erscheinen im Log die Verbindungsdaten der neu aufgebauten Verbindung und nach einer Weile die vom Sensor übermittelten Daten (siehe Abbildung 17.29).

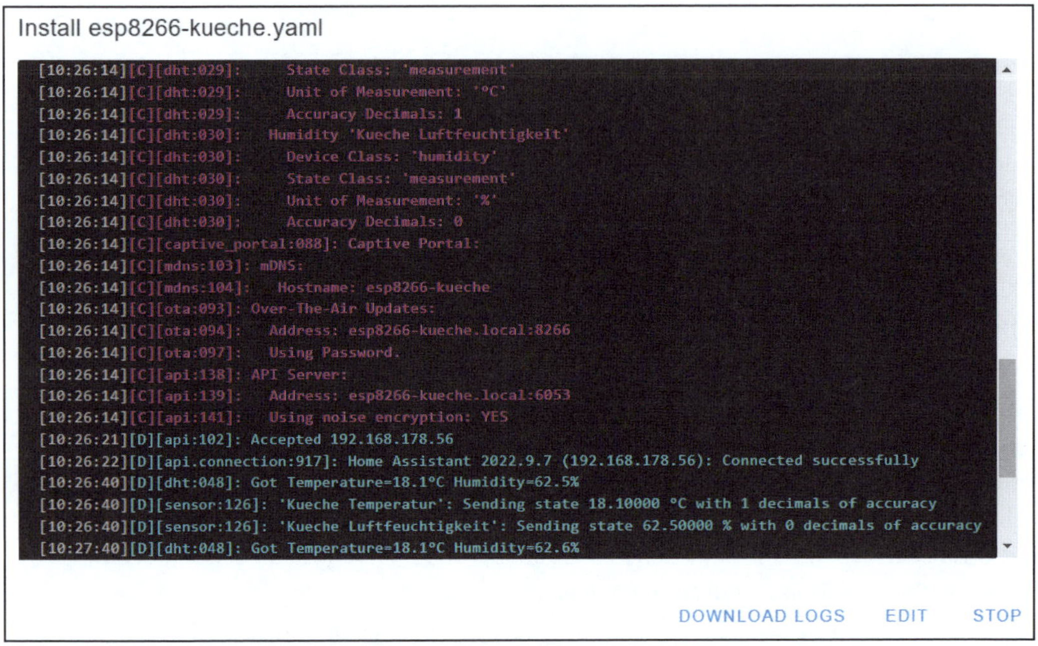

Abbildung 17.29: Der Abschluss eines OTA-Updates

17.5.2 ESPHome und Tasmota

In Abschnitt 16.3 haben Sie *Tasmota* als Softwarelösung für entsprechende Geräte unter anderem auf Basis des ESP8266 kennengelernt. Selbstverständlich können Sie dies alles auch mit ESPHome abdecken. Konsultieren Sie dazu die Dokumentation unter *https://esphome.io/cookbook*.

Unter *https://www.youtube.com/watch?v=nHaFM0tKOvY* finden Sie ein sehr empfehlenswertes Video zu diesem Thema, das auch viele interessante Gegebenheiten am Rand aufgreift und anschaulich erklärt.

[»]

Von Tasmota nach ESPHome wechseln

Die vierte Installationsmethode (siehe Abschnitt 17.2) eignet sich besonders für einen Wechsel von Tasmota nach ESPHome. Sie erzeugt eine *.bin*-Datei und lädt sie automatisch herunter. Tasmota verfügt standardmäßig über einen OTA-Upload, der im Menüpunkt **Firmware Update** zu finden ist, sodass die Datei bequem auf das Gerät zu flashen ist.

17.5.3 ESPHome und Tuya

ESPHome kann auch *Tuya*-eigene Geräte steuern, die auf ESP8266- und ESP32-Chips basieren. Für Geräte mit proprietären Chips (z. B. Beken, Realtek, WB-Serie), für komplexe Geräte (z. B. Kameras) oder Cloud-abhängige Geräte mit verschlüsselter Kommunikation bleibt nur der Weg über eine der Tuya-Integrationen.

17.5.4 Energiesparen

Bei Akku- oder Batteriebetrieb ist das Energiesparen ein nicht zu vernachlässigender Aspekt.

Bezüglich der Wi-Fi-Komponente geht das über die Einstellung `power_save_mode`:

```
wifi:
  # ...
  power_save_mode: none
```

Die Einstellungen sind:

- `NONE` (Default für ESP8266)
- `LIGHT` (Default für ESP32)
- `HIGH`

Ein weiterer Ansatz ist die *Deep Sleep*-Komponente. Sie versetzt den Mikrocontroller für eine bestimmte Zeit in den Tiefschlaf. Das Aufwachen erfolgt nach Ablauf einer einstellbaren Zeit oder über ein Signal an einem GPIO-Pin:

```
deep_sleep:
  run_duration: 10s
  sleep_duration: 10min
```

Der Nachteil ist natürlich insgesamt, dass das Gerät in einer Energiesparphase nicht erreichbar ist.

17.5.5 Zusätzliche Funktionen

ESPHome bietet gerätebezogen eine Vielzahl von zusätzlichen Optionen an. So ist z. B. bei Switch-Geräten auch eine *Interlock*-Funktion vorhanden, die verhindert, dass zwei GPIOs gleichzeitig an sind (Rollladensteuerung).

Auch verfügen alle speziellen Komponenten zusätzlich über alle Komponenten ihrer Klasse. So hat beispielsweise die *Binary-Sensor*-Komponente *GPIO* alle Optionen der Klasse `binary-sensor`. Das ist durchaus interessant. So können Sie z. B. bereits auf dem ESPHome-Gerät Automationen beschreiben, ohne Home Assistant bemühen zu müssen. Ein Beispiel dafür ist:

```
binary_sensor:
  - platform: gpio
... ...
      on_press:
        then:
          - switch.turn_on: relais
```

17.6 Experimentieren mit Matter

Matter hat das Potenzial, zu *dem* Standard in der Hausautomation zu werden. Allerdings läuft die Entwicklung sehr schleppend, und manch ein Interessent hat die Arbeiten auch gestoppt. Matter wird sich in den nächsten Jahren bewähren müssen – aber wenn es sich durchsetzt, wäre ein allgemeiner Standard für den Austausch zwischen unterschiedlichen Smart-Home-Geräten, Mikrocontrollern und vielen anderen *Things* geschaffen.

Home Assistant hat neben den Großen der Branche die Implementation recht weit vorangetrieben und hat mit einem Add-on einen entsprechenden Baustein im Portfolio. Die Kennzeichnung als »Beta« weist allerdings darauf hin, dass dies noch nicht der Weisheit letzter Schluss sein muss.

In diesem Abschnitt geht es darum, einen ESP32 über Matter in Home Assistant zu integrieren. Hierzu stehen Ihnen zwei Wege offen:

- *Espressif Zerocode* (siehe *https://zerocode.espressif.com/*)
- *Matter Example installer* (siehe *https://nabucasa.github.io/matter-example-apps/*)

Bei *Espressif Zerocode* stehen alle Matter-fähigen Boards bzw. Module zur Auswahl, während sich der *Matter Example installer* auf vier Boards beschränkt. Deshalb baut dieser Abschnitt auf dem Espressif-Ansatz mit dem preisgünstigen und verbreiteten *ESP32-DevKitC V4* ab Revision 3 auf. Er richtet sich zudem eher an erfahrene Entwickler und Entwicklerinnen und ist deshalb in der Darstellung recht stringent.

17.6.1 Espressif Zerocode

Sichern Sie sich bei Espressif Zerocode (*https://zerocode.espressif.com/*) einen Account. Erstellen Sie nach dem Log-in mit **Create a new Product** eine neue Gerätekonfiguration. Ein Assistent führt Sie durch die einzelnen Stationen:

- **Get Started**: Hier legen Sie die Art des Produkts fest, z. B. *Plug* (dt. *Steckdose*), *Wall mounted Switch* (dt. *Wandschalter*) usw.
- **Select Module**: In diesem Schritt bestimmen Sie das Zielmodul (z. B. ESP32, ESP32-C3 usw.). Hier geben Sie auch an, ob es sich um das reine Modul oder um ein Board handelt.

- **Configure Device**: Diese Station befasst sich mit der Pin-Belegung (»Welcher GPIO-Pin übernimmt welche Aufgabe?«, z. B. GPIO 5 für die LED-Ausgabe).
- **Try in Lauchpad**: Dies ist der entscheidende Schritt.

  Verbinden Sie Ihr ESP-Gerät mit dem Rechner und bestätigen Sie den angezeigten USB-Port. Danach erstellt Zerocode im Hintergrund die Firmware und flasht diese auf den Mikrocontroller (siehe Abbildung 17.30).

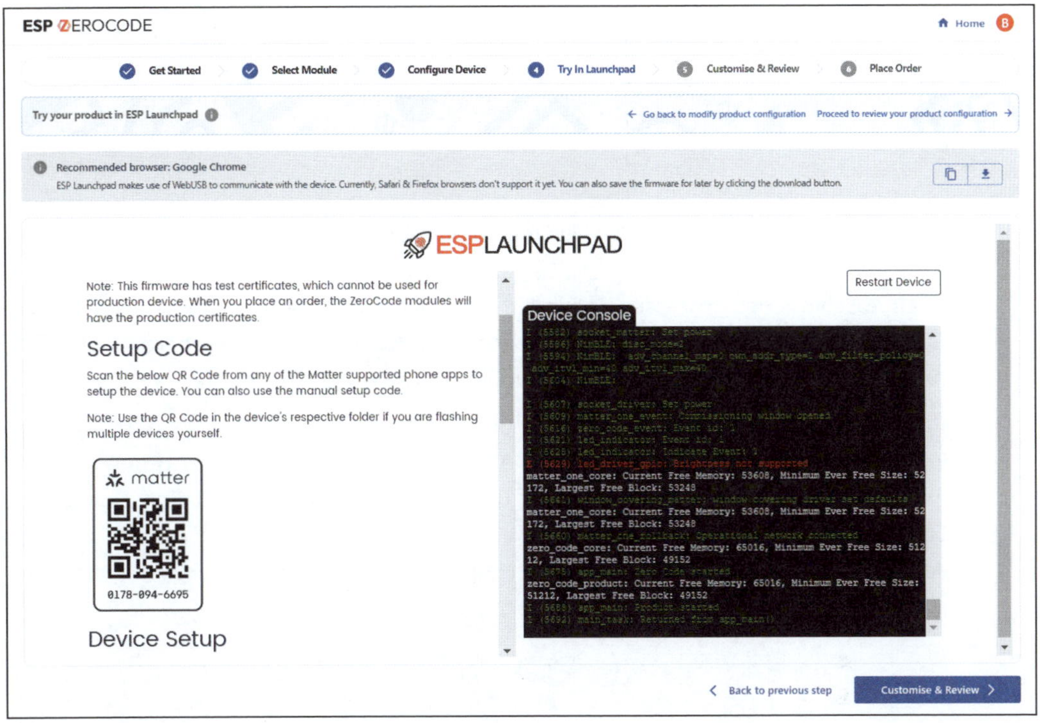

Abbildung 17.30: Das Launchpad von Espressif Zerocode

Als Ergebnis erhalten Sie den Setup-Code für das Matter-Gerät als QR-Code oder Zahlenreihe. Lassen Sie das Browserfenster aber weiter offen, um in der Gerätekonsole den weiteren Prozess verfolgen zu können.

17.6.2 Home Assistant

Home Assistant hat die Matter-Integration als serverbasierte Anwendung konzipiert, die über ein Add-on (*Matter Server*) eingebunden wird. Die dazugehörige Integration ist *Matter*. Ein Hinzufügen der Integration fügt auch das Add-on hinzu. Behalten Sie die gesetzten Einstellungen bei und **Starten** Sie das Add-on. Werfen Sie sicherheitshalber noch einen Blick in die Protokollausgabe.

Installieren Sie auf Ihrem Mobiltelefon die *Home Assistant Companion*-App und richten Sie die Verbindung zu Ihrer Home-Assistant-Anwendung ein. Vergewissern Sie sich, dass Bluetooth aktiviert ist. Home Assistant Companion erkennt, dass ein Gerät eingebunden werden möchte, und aktiviert die Kamera. Scannen Sie den QR-Code. Abbildung 17.31 zeigt den Dialog für das *Commissioning*, also um das neue Matter-Gerät in Betrieb zu nehmen.

Abbildung 17.31: Mit diesem Dialog binden Sie Matter-Geräte ein.

Nach Abschluss des Prozesses finden Sie in der Matter-Integration ein neues Gerät. Die Entitäten hängen von der bei Zerocode gesetzten Konfiguration ab. Überdies ist auf Ihrem Router eine neue Netzwerkverbindung namens *matter* eingerichtet.

Fazit: *ESPHome* ist die ideale Plattform, um fernab von industriellen Geräten eigene Mikrocontroller-gesteuerte Sensoren und Aktoren auf einfache Weise in Home Assistant einzubinden. Nehmen Sie den Faden auf und lassen Sie sich zu Ihrer maßgeschneiderten Lösung führen. Behalten Sie aber auch *Matter* im Blick: Es könnte sich in den nächsten Jahren zum Standard für den Austausch von Daten und Befehlen zwischen ganz unterschiedlichen Geräten entwickeln.

Kapitel 18
Node-RED – ein mächtiges Werkzeug

Die Bezeichnung »Node-RED« erinnert ein wenig an »Code Red« – höchste Alarmstufe. Diese ist gegeben, wenn Home Assistant intern keine tragfähigen Lösungen anbietet. In diesem Fall hilft Node-RED mit an Sicherheit grenzender Wahrscheinlichkeit weiter.

Die Geschichte von *Node-RED* (*https://nodered.org/*) ist noch relativ jung. Es wurde ursprünglich Ende 2013 von Nick O'Leary und Dave Conway-Jones, zwei Wissenschaftlern der IBM Engineering Technologies Group, als Open-Source-Projekt für eigene Zwecke entwickelt. Ihr Ziel war es, auf einfache Weise eine schnelle Verbindung von Geräten mit Webdiensten und Programmierschnittstellen und damit ein universelles Prototyping-Tool zu schaffen.

Node-RED basiert auf der Programmiersprache *node.js* (*https://nodejs.org/de*). Deshalb findet sich das Wort »Node« auch im Namen wieder. Der Zusatz »RED« hat wohl keine tiefere Bedeutung. Er wurde von Dave Conway-Jones vorgeschlagen, weil sich der gesamte Name wie »Code Red« anhört.

Node-RED hat binnen Kurzem immens an Popularität gewonnen und ist heute ein weitverbreitetes IoT-Werkzeug. Node-RED wird inzwischen nicht nur von den Machern selbst, sondern auch von einer lebhaften Benutzer- und Entwickler-Community weiterentwickelt. Die Kerngruppe ist sehr aktiv und veröffentlicht zwischenzeitlich fast jährlich eine neue Version. Dem steht die Community kaum nach, die neue Nodes oder Flows beisteuert. Mit entsprechenden Suchanfragen können Sie im Netz oder in GitHub-Repositorys Lösungen zu einer Vielzahl von Anforderungen finden.

18.1 Die Installation

Lassen Sie mich, bevor wir mit der Installation beginnen, noch ein paar Grundgedanken vorwegschicken, damit Sie besser einschätzen können, ob sich der Einsatz von Node-RED für Ihre Zwecke lohnt.

18.1.1 Grundgedanken zur Verwendung

Node-RED präsentiert sich als universelle und visuelle IoT-Plattform, die fast alle Anforderungen abzudecken scheint. Es tritt somit in Konkurrenz zu Home Assistant, das für sich ebenfalls recht universelle Einsatzmöglichkeiten beansprucht. Eine Implementation von Node-RED ist daher nur dann sinnvoll, wenn Sie die Möglichkeiten nutzen, die Node-RED im Bereich der Automatisierungen bietet.

Allerdings sind nicht alle Aufgaben für Node-RED geeignet – manches bleibt traditionellen Programmiersprachen und Entwicklungsumgebungen vorbehalten. Der Grundgedanke von Node-RED ist, vordefinierte Codeblöcke für die Ausführung von Aufgaben einzusetzen. Diese Codeblöcke werden als *Nodes* (dt. *Knoten*) bezeichnet. Die Nodes werden miteinander verbunden, sodass eine Linie von Eingangs-Nodes, Verarbeitungs-Nodes und Ausgabe-Nodes entsteht. Ein solches Gebilde trägt die Bezeichnung *Flow* (dt. *Datenfluss*).

Der Einsatz von Node-RED bietet sich dann an, wenn Sie viele Fälle abdecken müssen oder wenn komplexe Schleifen gebaut werden sollen. Dann kann das visuelle Programmierkonzept von Node-RED seine Stärke voll ausspielen.

18.1.2 Node-RED installieren und starten

Die bequemste Art, Node-RED zu installieren, ist der Weg über den *Add-on Store*:

Node-RED installieren

Suchen Sie nach *Node-RED* im Add-on Store unter **Einstellungen • Add-ons • Add-On Store** (siehe Abbildung 18.1). Klicken Sie auf die Karte und anschließend auf **Installieren**. Node-RED ist dann bereits installiert.

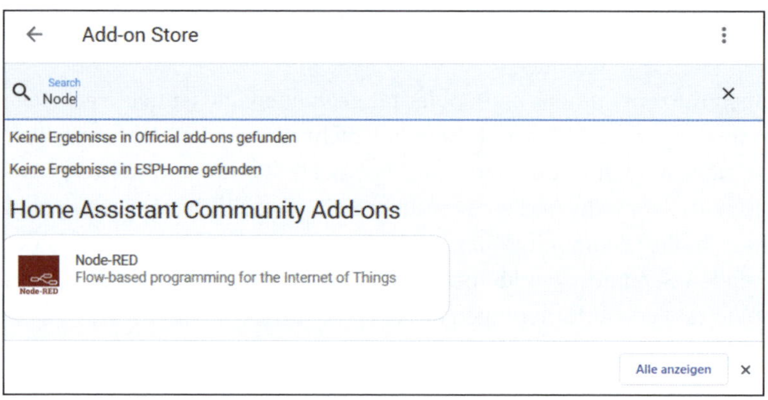

Abbildung 18.1: Das Add-on installieren

Konfiguration anpassen

Laut der Dokumentation soll Node-RED *out of the box* funktionieren. Das heißt, das Add-on ist so eingestellt, dass zunächst keine weitere Konfiguration hinsichtlich Serververbindungen oder dergleichen erforderlich ist. Ganz so einfach ist es leider nicht. Die Dinge hängen ein wenig von Ihrem Home-Assistant-Setup ab.

Ich gehe an dieser Stelle aus Gründen der Vereinfachung davon aus, dass Ihr System über eine reine HTTP-Verbindung ohne Verschlüsselung läuft (also ein Testsystem ohne SSL). Öffnen Sie daher die **Konfiguration** und tragen Sie im YAML-Modus `ssl: false` ein.

Das Node-RED-Add-on bietet noch einige weitere Konfigurationsmöglichkeiten, insbesondere im Hinblick auf die Absicherung der Anwendung. Eine detaillierte Erörterung würde an dieser Stelle zu weit führen. Die **Dokumentation** ist aber sehr aussagekräftig und daher eine gute Anlaufstelle.

Node-RED starten

Legen Sie nun noch die Add-on-Einstellungen fest. Sehr zu empfehlen ist auch hier, Node-RED in der Seitenleiste anzeigen zu lassen. **Starten** Sie dann das Add-on. Überprüfen Sie im Protokoll, ob Node-RED korrekt gestartet wurde. Wenn Sie Node-RED bereits vorher genutzt haben, werden Sie die Welcome-Meldung bereits kennen (siehe Abbildung 18.2).

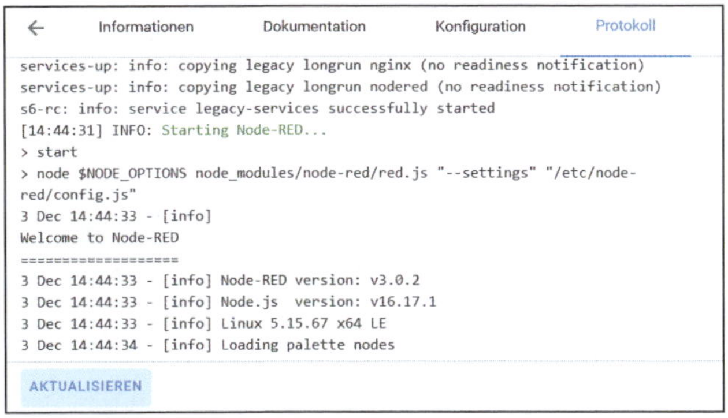

Abbildung 18.2: Das Startprotokoll von Node-RED

Das Node-RED-Webinterface aufrufen

Starten Sie das Node-RED-Webinterface aus Home Assistant über den Eintrag in der Seitenleiste. Sie erhalten ein Fenster mit einer Mitteilung (siehe Abbildung 18.3).

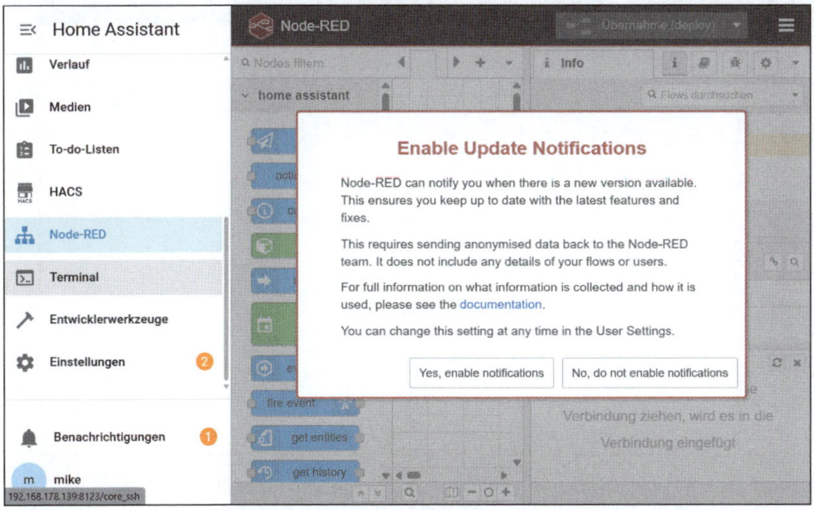

Abbildung 18.3: Das Node-RED-Webinterface beim erstmaligen Start

Nehmen Sie sich die Zeit, sich von Node-RED die Funktionen präsentieren zu lassen. Wenn Sie weitere Informationen und Anleitungen zu Node-RED suchen, empfehle ich Ihnen mein Buch *Node-RED*, das ebenfalls im Rheinwerk Verlag erschienen ist.

18.2 Der Einstieg in Node-RED

Der Node-RED-Editor ist die zentrale Stelle, an der Sie *Flows* in Node-RED entwickeln. Darüber hinaus verfügt er aber auch über ausgeklügelte Funktionen zur Verwaltung des Systems. Ein leistungsfähiger Debugger und ein *Linter* (ein Werkzeug, um Probleme in Node-RED-Flows zu identifizieren) runden das Spektrum ab.

Dieser Abschnitt befasst sich mit dem Node-RED-Editor und einem ersten Flow zum Kennenlernen.

18.2.1 Das Node-RED-Webinterface

Das Node-RED-Webinterface ist die zentrale Stelle, um wesentliche Funktionen von Node-RED zu administrieren und vor allem um eigene Programmabläufe zu entwickeln (siehe Abbildung 18.4).

Der *Node-RED-Editor* umfasst vier Bereiche:

❶ die Kopfleiste mit der Schaltfläche **Übernahme (deploy)** und dem Hauptmenü,

❷ die Palette der Nodes,

❸ den Arbeitsbereich sowie

❹ die rechte Seitenleiste.

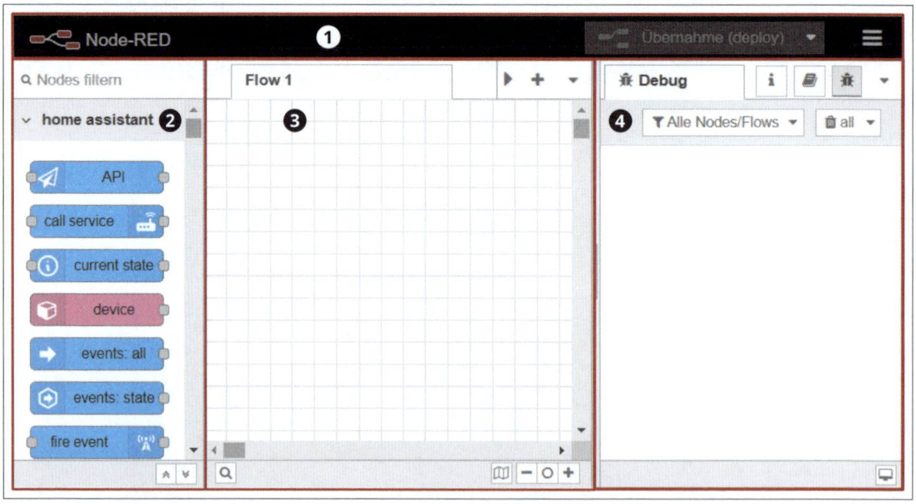

Abbildung 18.4: Die Bereiche des Node-RED-Webinterface

Übernehmen (deploy)

Das Erstellen von Programmabläufen (*Flows*) und das Parametrisieren von Nodes erfolgt zunächst einmal auf Entwurfsbasis. Allerdings kennt Node-RED kein Sichern im herkömmlichen Sinne. An dessen Stelle tritt das *Deployment* (dt. *Übernehmen*, *Bereitstellen*). Bei einem Deployment sichert das System die Änderungen, überprüft sie auf mögliche Fehler und überführt sie in die Arbeitsphase.

Üblicherweise ist das Feld grau hinterlegt. Bei jeder Änderung im Arbeitsbereich wechselt der Hintergrund zu Rot und zeigt damit an, dass Neuerungen zur Übernahme anstehen.

Hinter der Schaltfläche **Übernehmen** verbirgt sich ein Menü mit folgenden Optionen:

- **Voll** – Alle Flows und Nodes des gesamten Arbeitsbereichs werden dem Deployment unterzogen.
- **Geänderte Flows** – Die Bearbeitung beschränkt sich auf die geänderten Flows.
- **Geänderte Nodes** – Die Bearbeitung beschränkt sich auf die geänderten Nodes.
- **Flows neustarten** – Startet die übernommenen Flows ohne vorheriges Deployment.

  In diesem Fall ist es jedoch so, dass die in den üblichen Übernahmeprozess integrierten Prüffunktionen nicht greifen.

Das Hauptmenü

Das Hauptmenü (siehe Abbildung 18.5) auf der rechten Seite der Kopfzeile führt zu verschiedenen Systemeinstellungen und ist der Zugang zu einigen hilfreichen Funktionen, die über das reine Editieren hinausgehen.

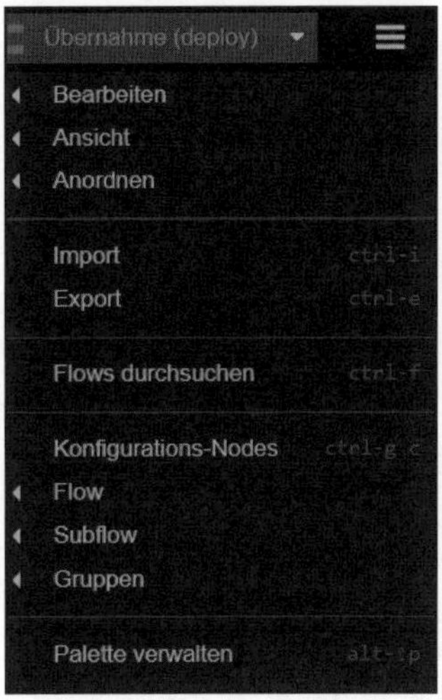

Abbildung 18.5: Die Hauptmenüeinträge in der Kopfleiste

An dieser Stelle möchte ich nicht auf alle Einträge im Detail eingehen, sondern mich auf das Wesentliche beschränken:

- **Bearbeiten**

  Inhaltlich sind hier Bearbeitungsfunktionen zusammengefasst, die Sie sicher bereits aus anderen Editoren kennen (z. B. »letzte Änderung rückgängig machen«).

- **Ansicht**

  Das ist der kurze Weg, um sich verschiedene Anzeigen, z. B. die Debug-Nachrichten, anzusehen.

- **Anordnen**

  Anordnen bezieht sich auf diverse Operationen, um markierte Nodes im Editor-Bereich anzuordnen (z. B. **Zentrieren**).

- **Import**

  Der Befehl **Import** ist eine feine Angelegenheit, denn er erlaubt es, fertige Flows aus verschiedenen Quellen zu importieren (siehe Abbildung 18.6).

  Sie erstellen Flows in Node-RED im *JSON*-Format (*Java Script Object Notation*, siehe *https://www.json.org/json-de.html*), das eine ähnliche Zielrichtung wie YAML verfolgt. Schauen Sie sich als Beispiel den Hallo-Welt-Flow aus Abschnitt 18.2.2 an.

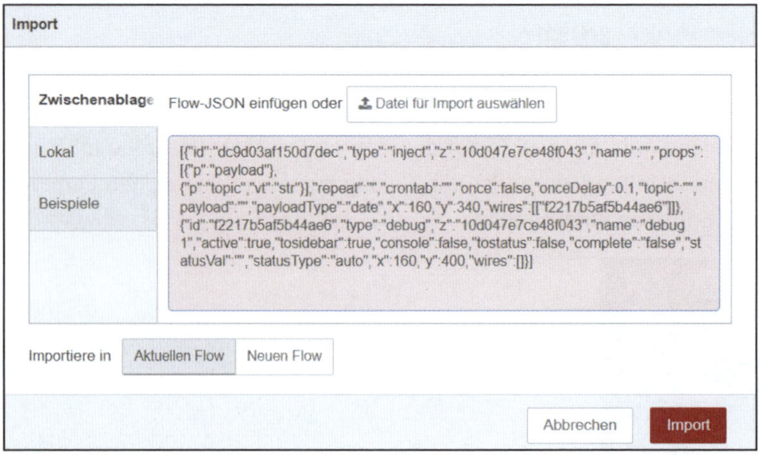

Abbildung 18.6: Import von Flows

- **Export**

  Die **Export**-Funktion ist das Gegenstück zur **Import**-Funktion. Hier haben Sie eine speziell für Node-RED passende Sicherungsmöglichkeit Ihrer Arbeit.

- **Flows durchsuchen**

  Bemühen Sie diese Funktionalität, um bei umfangreichen Projekten gezielt anhand verschiedener Kriterien eine Suche einzuleiten, z. B. nach Konfigurations-Nodes.

- **Konfigurations-Nodes**

  Konfigurations-Nodes speichern themenbezogen Einstellungen wie Benutzernamen, Passwörter oder dergleichen. So sind auch die Zugangsdaten zum Home-Assistant-Server in einem Konfigurations-Node hinterlegt.

- **Flow/Subflow/Gruppen**

  Dahinter verbergen sich Funktionen der Objektbearbeitung (z. B. **Umbenennen**).

- **Palette verwalten**

  Das ist nahezu der wichtigste Eintrag, denn hier administrieren Sie Ihr Node-Portfolio (siehe Abbildung 18.7).

  Das Register **Installierte Nodes** gibt Ihnen Auskunft über die installierten Pakete mit den in ihnen enthaltenen Nodes. Es ist auch der Ausgangspunkt, um Node-Pakete zu entfernen oder zu aktualisieren.

  Über das Register **Installation** holen Sie sich neue Node-Pakete an Bord.

Abbildung 18.7: Node-Palette verwalten

Die Palette der Nodes

Die Palette der Nodes ist das Reservoir (ohne die Konfigurations-Nodes), aus dem Sie Nodes für Ihre Projekte ziehen können (siehe Abbildung 18.8).

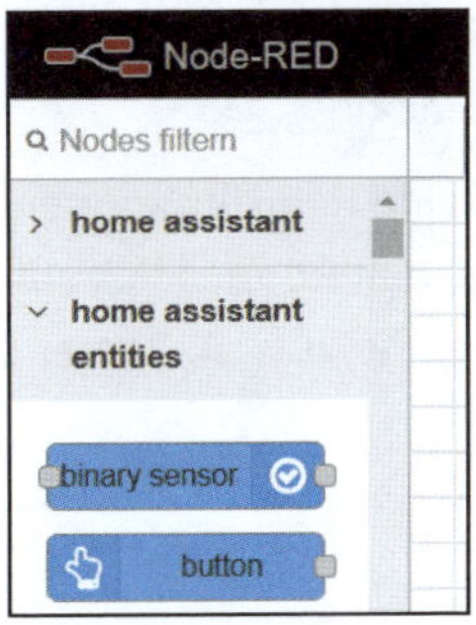

Abbildung 18.8: Die Node-Palette

Die Palette ist thematisch gegliedert. Einzelne Themenbereiche lassen sich ein- bzw. ausblenden. Eine Suchfunktion unterstützt das schnelle Finden bestimmter Nodes in umfangreichen Paletten. An dieser Stelle können Sie auch direkt überprüfen, ob die Nodes für eine Kommunikation mit Home Assistant bereits geladen sind.

Der Arbeitsbereich

Der Arbeitsbereich (siehe Abbildung 18.9) ist der Ort, an dem Sie die Flows entwickeln. Er gliedert sich in:

- eine Verwaltungsleiste für die Flows,
- den Flow-Designbereich und
- eine Fußleiste.

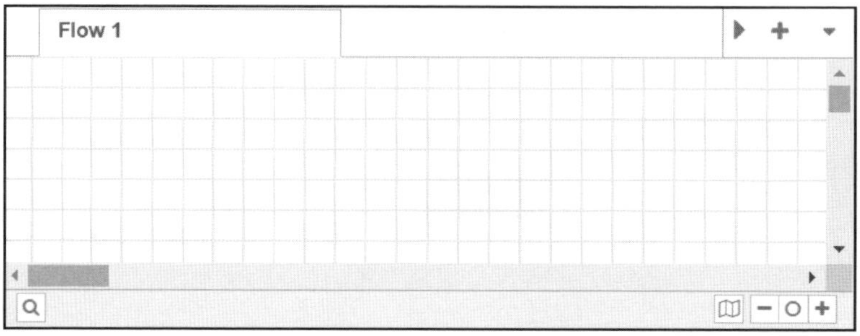

Abbildung 18.9: Der Arbeitsbereich des Node-RED-Editors

Die horizontale und die vertikale Bildlaufleiste helfen bei der Navigation in größeren Projekten. Mit `Strg` + Mausrad oder durch Klicks auf die Buttons + bzw. – vergrößern bzw. verkleinern Sie die Anzeige.

Die Verwaltungsleiste für die Flows

In der Verwaltungsleiste belegt jeder Flow eine eigene Registerkarte. Ein Klick auf + fügt einen neuen Flow am Ende der Flow-Liste hinzu und hat damit den gleichen Effekt wie **Hauptmenü • Flows • Hinzufügen**.

Neben dem +-Icon oben rechts im Arbeitsbereich befindet sich ein Menü-Icon. Ein Klick darauf listet die Flows in der Reihenfolge auf, in der sie angelegt wurden. Der Klick auf einen Eintrag rückt den entsprechenden Flow in den Fokus der Bearbeitung.

Pfeiltasten erlauben das Navigieren in der Verwaltungsleiste. Einzelne Register können Sie mit gedrückter Maustaste an eine neue Position ziehen. Durch einen Doppelklick auf eine Registerkarte erhalten Sie die Möglichkeit, die Eigenschaften des Flows (z. B. Namen, Beschreibung) zu ändern bzw. ihn zu löschen oder zu deaktivieren.

Der Flow-Designbereich

Der Flow-Designbereich ist der Ort, an dem Sie die Flows erstellen. Die Arbeitsfläche ist üblicherweise mit einem Raster hinterlegt, an dem sich die Nodes ausrichten. Das unterstützt die visuelle Strukturierung Ihres »Programms«. Dieses Verhalten sowie auch die Rastergröße lassen sich über **Hauptmenü • Einstellungen • Ansicht** ändern (siehe Abbildung 18.5).

Ihnen stehen mehrere Möglichkeiten offen, um Nodes in den Arbeitsbereich zu bringen:

- durch Drag and Drop aus dem Palettenbereich
- durch den Dialog *quick-add*

  Sie aktivieren den *quick-add-Dialog*, indem Sie die `Strg`-Taste drücken und in den Arbeitsbereich klicken. Sie sehen dann eine vollständige Liste aller verfügbaren Nodes. Sie zeigt die fünf wichtigsten Nodes zuerst, gefolgt von kürzlich hinzugefügten Nodes, und abschließend eine vollständige alphabetische Liste der restlichen Nodes. Mithilfe des Suchfelds lassen sich bestimmte Nodes finden oder direkt aus der Drop-down-Liste auswählen.
- durch Copy and Paste aus diesem oder aus anderen Flows Ihrer Anwendung
- durch Import aus der Zwischenablage oder einer Library

Tastenkürzel für schnelles Arbeiten

Auch wenn Drag and Drop in aller Regel die einfachste Art des Programmierens ist, sind Tastenkürzel bei geübten Makern sehr beliebt. Häufig genutzte Kürzel sind an dieser Stelle:

- `Strg` + `C` (kopieren)
- `Strg` + `V` (einfügen)
- `Strg` + `X` (ausschneiden)
- `Strg` + `Z` (Aktion rückgängig machen)

Ähnlich verhält es sich auch, wenn Sie Nodes auswählen möchten. Eine Möglichkeit ist, den Node oder die Nodes mit gedrückter linker Maustaste zu umfahren (Lassofunktion). Alternativ ist eine Auswahl auch mit gedrückter `Strg`-Taste und Einzelklicks auf die Nodes möglich.

Nodes werden durch sogenannte »Drähte« (*Wires*) verbunden, an denen Sie mit gedrückter linker Maustaste zwischen den Aus- und Eingängen (*Ports*) ziehen können. Die Ports werden durch ein graues Quadrat mit abgerundeten Ecken symbolisiert. Dabei können Nodes mehrere Ausgänge haben, sie haben aber immer nur einen Eingang. An einem Eingang können jedoch die Ausgänge mehrerer Nodes anliegen. Abbildung 18.10 zeigt beispielhaft einen Flow, der aus vier Nodes besteht.

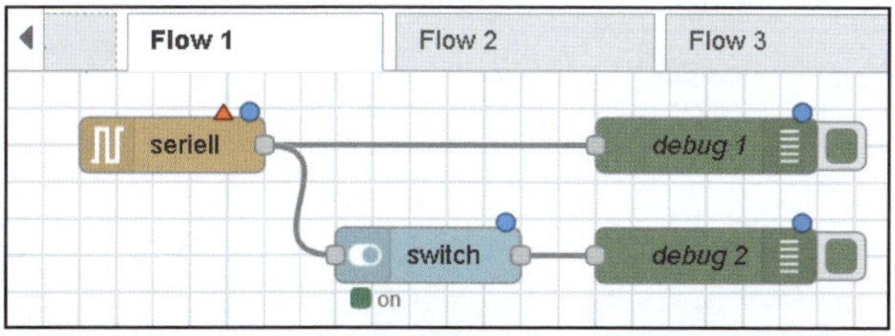

Abbildung 18.10: So erscheinen Flows im Designbereich des Editors.

Den Zeichen oberhalb der Nodes können Sie Deploy-Informationen entnehmen:

- Blauer Kreis – der Node ist noch nicht »deployt«.
- Rotes Dreieck – dieser Node muss noch konfiguriert werden.

Eine Zeile unterhalb des Nodes (*Decoration*) zeigt bei bestimmten Nodes Informationen über den aktuellen Status an, z. B.

- ob die Nodes verbunden oder nicht verbunden sind (z. B. die Verbindung mit einem E-Mail-Konto) oder
- ob der Node eingeschaltet oder ausgeschaltet ist.

Diese Statusmitteilung können Sie über **Hauptmenü • Einstellungen • Ansicht** deaktivieren. Sie berauben sich damit aber einer wertvollen Informationsquelle.

Der Node-RED-Editor bietet inzwischen ein ganzes Bündel an intuitiven Funktionalitäten zum Editieren von Flows. Neue Nodes fügen Sie ein, indem Sie sie zwischen zwei Nodes ziehen. Einen Node entfernen Sie, indem Sie ihn markieren und die `Entf`-Taste betätigen. Dabei gehen allerdings die Verbindungen verloren. Dies können Sie vermeiden, indem die `Strg`+`Entf` zugleich drücken.

Es gibt einige Möglichkeiten, um die »Drähte« (*Wires*) zu bearbeiten. Der einfachste Weg, um einzelne Drähte in den Bearbeitungsfokus zu rücken, besteht drain, den Draht durch einen Klick mit der linken Maustaste zu markieren. Node-RED kennt aber auch Mehrfachauswahlverfahren, Biegepunkte und vieles andere mehr.

Die Fußleiste

Icons in der Fußleiste eröffnen verschiedene Mittel zur Arbeitserleichterung. Hervorheben möchte ich den *Flow-Navigator* (das Buch-Icon). Er zeigt eine Miniaturansicht des Arbeitsblatts und erleichtert Ihnen, schnell zu den Nodes zu springen, die Sie bearbeiten wollen.

Die rechte Seitenleiste

Die rechte Seitenleiste eröffnet den Zugang zu nützlichen und wertvollen Informationen und Administrationsmöglichkeiten. Diese sind in Rubriken aufgeteilt, die Sie über Icons aufblättern können (siehe Abbildung 18.11).

Abbildung 18.11: Die Icons der rechten Seitenleiste

Die erreichbaren Themen sind:

- Info (das i-Icon)
- Hilfe (das Buch-Icon)
- Debugging (das Käfer-Icon)

- Konfiguration (das Zahnrad-Icon)
- Kontext (das Plattenspeicher-Icon)
- Dashboard (das Diagramm-Icon)

18.2.2 Der Hallo-Welt-Flow

Die ersten Schritte in einer neuen Umgebung erfolgen üblicherweise mit einem kleinen und überschaubaren Hallo-Welt-Beispiel. So auch hier: Ziehen Sie einen *inject*-Node sowie einen *debug*-Node aus dem Palettenbereich **Allgemein** in den Flow-Designbereich und verbinden Sie sie. In Abbildung 18.12 sind dies die Nodes **timestamp** und **debug 1**.

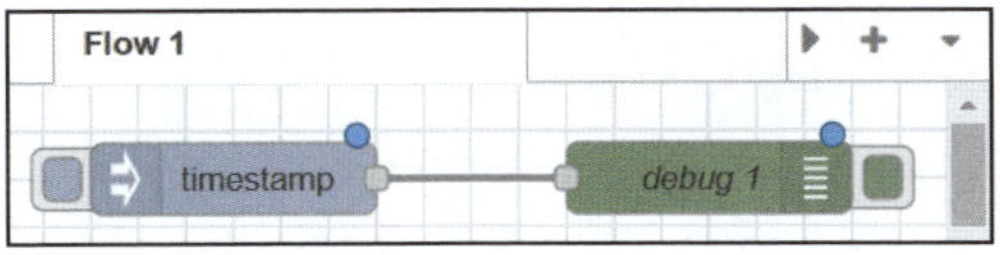

Abbildung 18.12: Der Hallo-Welt-Flow im Flow-Designbereich

Öffnen Sie mit einem Doppelklick die Eigenschaften des *inject*-Nodes. Ändern Sie den Wert für `msg.payload` in einen String `Hallo Welt` (siehe Abbildung 18.13).

Abbildung 18.13: Eigenschaften des »inject«-Nodes

Schließen Sie das Eigenschaftenfenster mit **Fertig** und **Übernehmen** Sie die Änderungen. Sie erhalten eine Rückmeldung (siehe Abbildung 18.14).

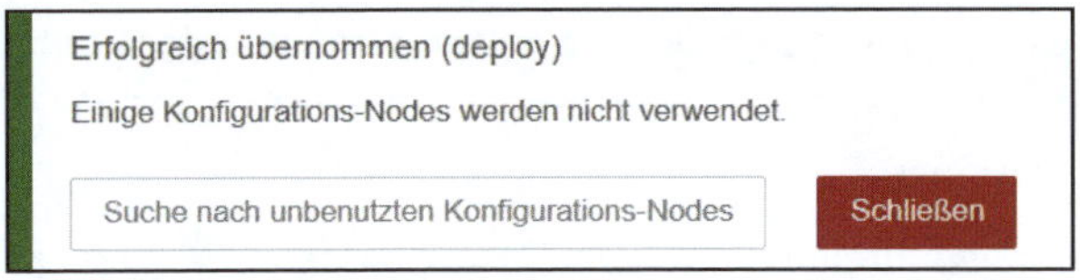

Abbildung 18.14: Die Übernahmemeldung

Sie bestätigt den Erfolg der Übernahmeaktion, weist aber auf nicht verwendete Konfigurations-Nodes hin. Dies ist nachvollziehbar, da Node-RED bis dato noch keine Verbindung mit Nodes zu Home Assistant hat.

Ein Klick auf das graue Kästchen links vom *inject*-Node injiziert eine Nachricht in den Flow. Der *debug*-Node gibt diese Nachricht im Debug-Bereich der linken Seitenleiste aus (siehe Abbildung 18.15).

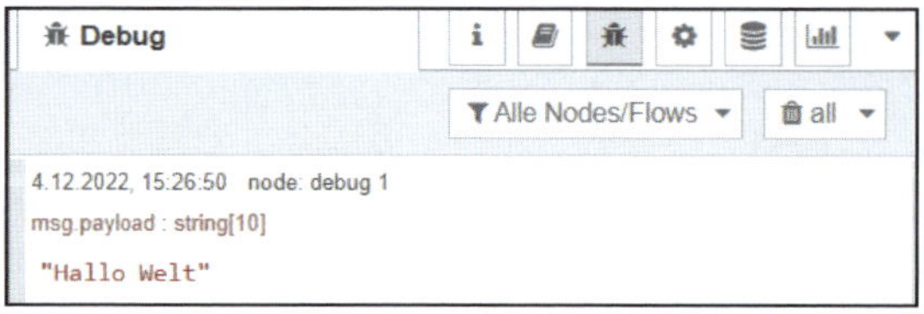

Abbildung 18.15: Die Debug-Ausgabe des Hallo-Welt-Flows

Inhalt der kompletten Nachricht

Die Kommunikation zwischen den einzelnen Nodes erfolgt im JSON-Format. Die komplette Nachricht ist hier:

```
{"_msgid":"5f48b174cd44b881","payload":"Hallo Welt","topic":""}
```

Im Übrigen nutzt unter anderem auch *Philips Hue* das JSON-Format für den Datenverkehr. Wenn Sie den Datenverkehr genauer untersuchen wollen, lohnt es sich, tiefer einzusteigen. Dabei helfen dann Formatierungswerkzeuge wie beispielsweise *https://jsonformatter.org/*.

18.3 Ein erster Datenaustausch zwischen Home Assistant und Node-RED

Dieser Abschnitt geht einen Schritt weiter und erläutert, wie Sie den Datenaustausch zwischen Home Assistant und Node-RED etablieren.

18.3.1 Der Home-Assistant-Konfigurations-Node

Node-RED braucht für die Kommunikation mit Home Assistant bestimmte Einstellungen. Diese sind in einem Konfigurations-Node hinterlegt, den Sie im Hauptmenü unter **Konfigurations-Nodes** finden oder mit `Ctrl` + `G` + `C` aufrufen. Abbildung 18.16 zeigt einen Ausschnitt der verfügbaren Optionen.

Üblicherweise sind die Voreinstellungen für einen direkten Einsatz passend. Wichtig ist, dass das Kontrollkästchen **Using the Home Assistant Add-on** aktiviert ist. Aber auch andere Einstellungen (nicht im Bild) sind eine Überlegung wert:

- **Area Selector/Device Selector/Entity Selector**

  Legen Sie fest, ob die Referenz innerhalb von Nodes auf der ID oder auf Friendly Names (Default) basiert.

- **Zeitformate** (**Year, Month, Day, Hour cycle, Time format**)

  Legen Sie hier die Zeitformate für Jahr, Monat, Tag, Stunde (12-Stunden- oder 24-Stunden-Format) bzw. den Umfang der Zeitangabe (05:12, 05:12:30, 05:1230,365) fest.

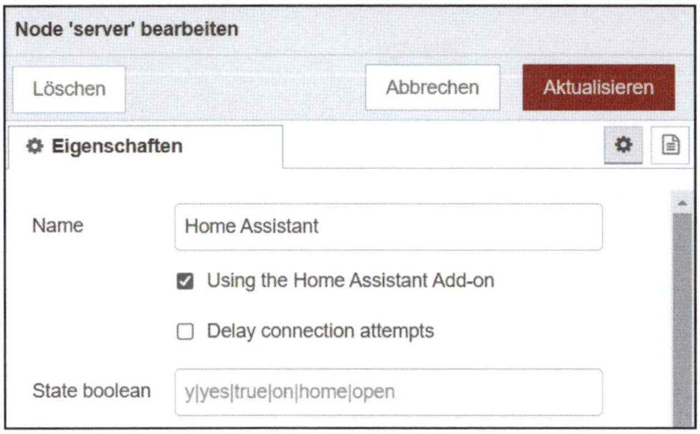

Abbildung 18.16: Der Konfigurations-Node für Home Assistant (Ausschnitt)

Spracheinstellungen

Im Hauptmenü mit **Einstellungen • Ansicht • Sprache** haben Sie die Möglichkeit, die Sprache zu ändern. Voreinstellung ist die im Browser verwendete Sprache. Dies dürfte in der Regel Deutsch sein. Dennoch ist die deutsche Übersetzung nicht durchgängig und manchmal irreführend, sodass es eine Überlegung wert ist, die Sprache auf Englisch zu setzen.

18.3.2 Ein erster Flow mit einem Datenaustausch

Ein kleiner Flow soll die Belange rund um den Datenaustausch zwischen Home Assistant und Node-RED anreißen. Es geht lediglich darum, Statusänderungen (hier: des Helfers *Test Schalter* aus Kapitel 5) in Node-RED verfügbar zu machen.

Ziehen Sie aus dem Bereich **home assistant** der Node-Palette den *events:state*-Node in den Arbeitsbereich. Sehen Sie auch zwei *debug*-Nodes vor und verbinden Sie den ersten *debug*-Node mit dem Ausgangsport des *events:state*-Nodes (siehe Abbildung 18.17).

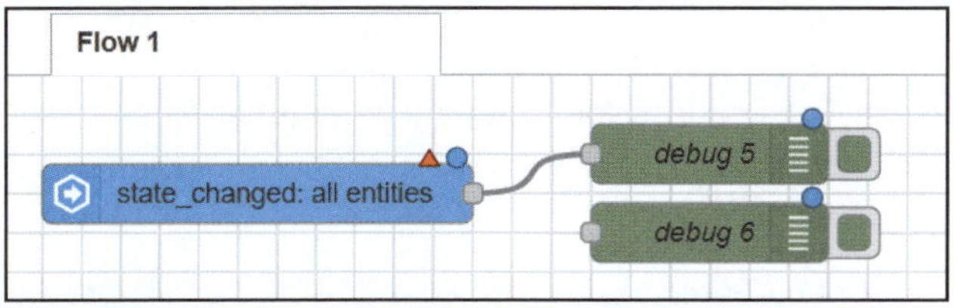

Abbildung 18.17: Erster Datenaustausch-Flow

Blaue Punkte zeigen dabei an, dass der Flow noch nicht übernommen ist. Das geht auch noch nicht, da das rote Dreieck des *events:state*-Nodes auf ausstehende Einstellungen hinweist. Abbildung 18.18 zeigt einen Ausschnitt mit bereits ausgefüllten Eigenschaften.

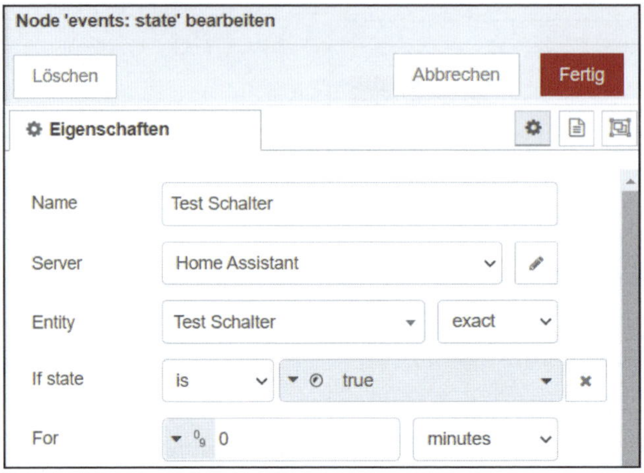

Abbildung 18.18: Einstellungen für den »events:state«-Node (Ausschnitt)

Name ist der Name des Nodes innerhalb des Flows; hier bietet sich ein sprechender Name an.

Wesentlich ist der Eintrag **Entity**. Wählen Sie aus einer Drop-down-Liste die Entität, auf deren Statusänderung Node-RED reagieren soll (hier: `input_boolean.test_schalter; friendly-name: Test Schalter`). **exact** bedeutet, dass es genau diese Entität sein soll. Da der Schalter einen booleschen Wert liefert, soll es primär um einen Statuswechsel auf `true`, also *ein*, gehen. Lassen Sie es bei diesen Einstellungen bewenden und schließen Sie das Fenster mit **Fertig**.

Das rote Dreieck ist verschwunden, aber erstaunlicherweise hat der Node nun zwei Ausgangsports! Das ist darauf zurückzuführen, dass der Statuswechsel eine Bedingung enthält (**is • true**). Trifft die Bedingung zu, wird die Nachricht auf dem ersten Port ausgegeben, anderenfalls (`false`) auf dem zweiten.

Verbinden Sie jetzt auch den zweiten *debug*-Node und ändern Sie bei beiden Nodes die Eigenschaft **Ausgabe** auf **Komplettes Nachrichtenobjekt**. Die Meldung über unbenutzte Konfigurations-Nodes (siehe Abbildung 18.14) taucht bei der Rückmeldung logischerweise nicht mehr auf.

Setzen Sie den Helfer *Test Schalter* in Home Assistant nun auf `true` (über einen Dashboard-Eintrag oder **Entwicklerwerkzeuge • Zustände**) und anschließend wieder auf `false`.

Sie haben Ausgaben im Node-RED-Debug-Bereich wie in Abbildung 18.19, die Sie über die Statusänderungen informieren? Perfekt.

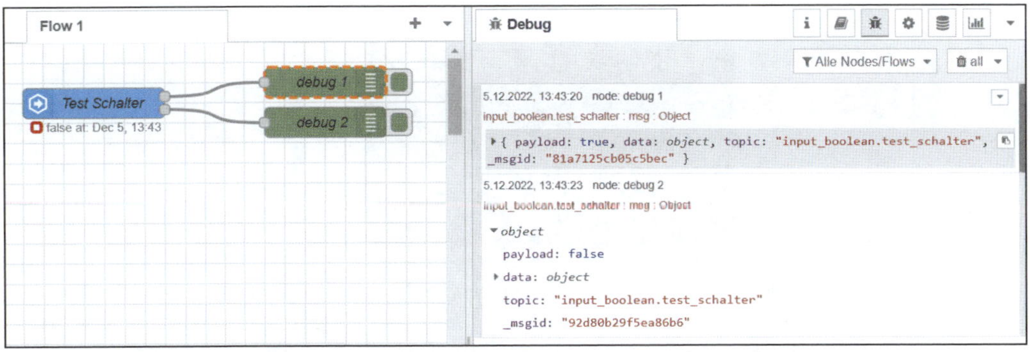

Abbildung 18.19: Debug-Ausgabe zum ersten Datenaustausch

Es hat sich in Node-RED einiges getan:

- **Die Node-Decoration**

  Die Node-Dekoration zeigt den aktuellen Status (hier nach dem Ausschalten). Die Information *running* bedeutet, dass der Node begonnen hat, auf Statusänderungen zu lauschen.

- **Debug-Informationen**

  Im **Debug**-Bereich sehen Sie die Nachrichten, die durch den *events:state*-Node ausgegeben wurden.

  Geben Sie einer Nachricht mit dem Mauszeiger den Fokus, dann bekommt der entsprechende *debug*-Node eine gestrichelte orangefarbene Umrandung. Also stammt die erste Nachricht vom ersten *debug*-Node. Sie zeigt auch als »Nutzlast« (engl. *Payload*) `true`.

  Wenn Sie der zweiten Nachricht den Fokus geben, würde der zweite *debug*-Node eine Umrandung erhalten; ergo stammt diese Nachricht vom zweiten Ausgangsport des *events:state*-Nodes – und zwar bei einem `false`-Ereignis. Auf diese Weise lässt sich dann weiterarbeiten.

- **Die Nachricht (engl. Message)**

  Wie eingangs erwähnt, arbeitet Node-RED mit dem JSON-Format. Das heißt, jede von einem Node erzeugte Nachricht ist ein JSON-Objekt. Bei der Ausgabe des kompletten Nachrichtenobjekts im Debug-Bereich ist zunächst der gesamte unformatierte String zu sehen. Mit einem Klick auf die Dreiecke klappen Sie die Elemente der nächstunteren Ebene in lesbarer Form auf (siehe die zweite Debug-Nachricht).

Ergänzende Node-Informationen anfordern

Manchmal sind ergänzende Node-Informationen nötig. Fahren Sie mit dem Mauszeiger auf den betreffenden Node. Ein Pop-up-Fenster gibt dann eine Kurzbeschreibung aus (siehe Abbildung 18.20).

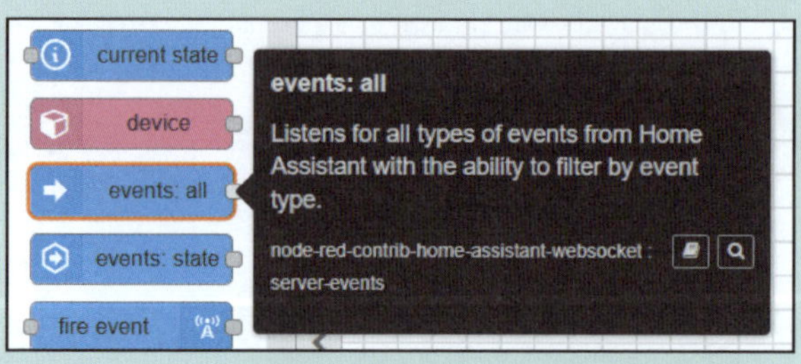

Abbildung 18.20: Pop-up-Fenster mit ergänzenden Node-Informationen

Ein Klick auf das Buch-Icon öffnet die Hilfe in der rechten Seitenleiste (siehe Abbildung 18.21).

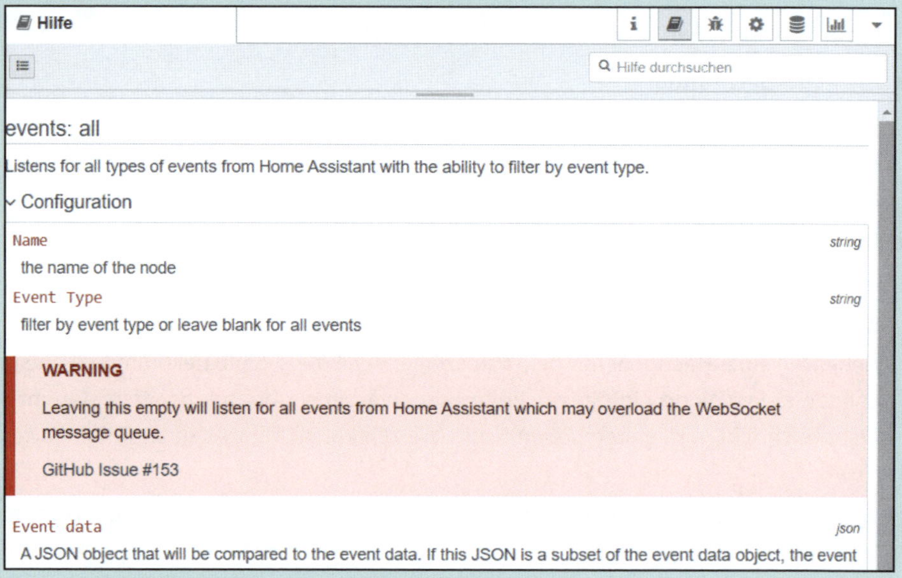

Abbildung 18.21: Node-Hilfe in der rechten Seitenleiste

18.4 Automation in Home Assistant versus Automation in Node-RED

In diesem Abschnitt möchte ich die Helfer-Beispiel-Automation aus Kapitel 5 aufgreifen und in Node-RED realisieren. Sie können so vergleichen, wie eine Automation in beiden Systemen umgesetzt werden kann. Welcher Ansatz besser ist, ist schwer zu sagen, und es kommt auf den Einzelfall an. Meiner Ansicht nach lassen sich kleinere Automationen, bei denen es nur einen Auslöser und nur ein Ergebnis gibt, einfacher in Home Assistant umsetzen. Erst wenn viele unterschiedliche Fälle abgedeckt werden müssen, die Logik des

Programmablaufs also komplizierter wird, spielt Node-RED seine Stärken aus. Aber das ist vielleicht nur mein persönlicher Geschmack: Probieren Sie aus, womit Sie besser zurechtkommen.

Der Beispiel-Flow besteht aus sieben Nodes, die Sie in Abbildung 18.22 sehen. Es gibt nun einiges zu tun – wie beim Anlegen einer Automatisierung auch.

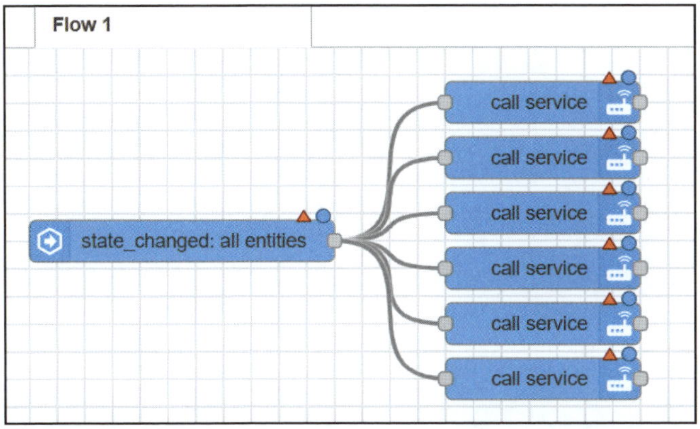

Abbildung 18.22: Beispiel für eine Helfer-Automation in Node-RED

18.4.1 Der events:state-Node

Der *events:state*-Node soll jetzt auf ein Ereignis des Helfers *Test Taste* lauschen. Dies ist in den Node-Eigenschaften die **Entity** (Auswahlliste) **Test Taste / input_button.test_taste**. Abgesehen von einer optionalen Neuvergabe des Namens sind keine weiteren Einstellungen zu ändern.

18.4.2 Der call-service-Node für »Test Schalter«

Für das Ändern der Helfer sind in Home Assistant Dienste zuständig. Deshalb kommt an dieser Stelle für jeden Helfer ein eigener *call-service*-Node zum Zuge.

Den Anfang macht der *call-service*-Node für den Helfer *Test Schalter*, dessen wesentliche Eigenschaften Sie in Abbildung 18.23 sehen.

Der **Name** soll im Hinblick auf eine gute Verständlichkeit gleich dem Friendly Name in Home Assistant sein.

Domain entspricht der Domäne, der der Service zugeordnet ist; die Auswahl erfolgt aus einer Auswahlliste. Der **Service** ist die auszuführende Aktion. Wählen Sie auch hier den zutreffenden Dienst aus einer Auswahlliste. Bei diesem Beispiel können Sie es sich insofern einfach machen, als die richtigen Eingaben aus der angelegten Beispiel-Automation übernommen werden können, wenn Sie die YAML-Ansicht öffnen (`service: input_boolean.toggle`).

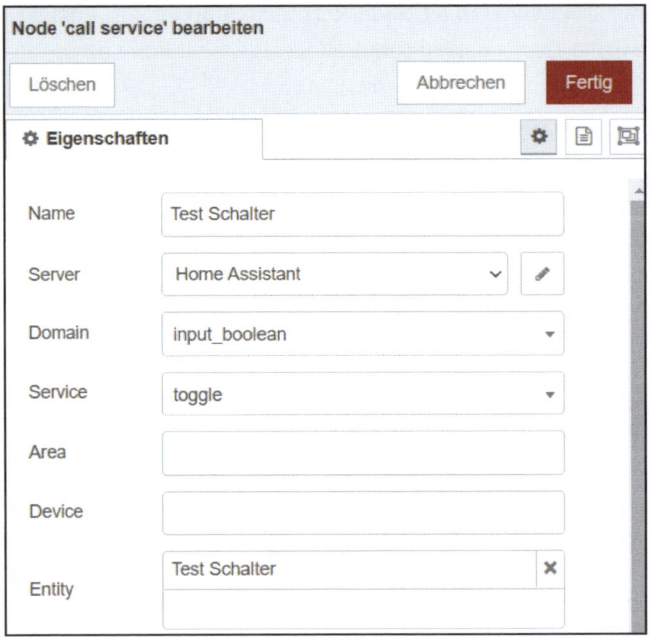

Abbildung 18.23: Eigenschaften des »call-service«-Nodes für den Helfer »Test Schalter«

Das Festlegen der **Entity** erfolgt ebenfalls aus einer Auswahlliste. Sie enthält komfortablerweise nur Entitäten, die mit den Einträgen unter **Domain** und **Service** ansteuerbar sind.

Weitere Eigenschaften brauchen uns hier nicht zu interessieren, sodass Sie den Vorgang für diesen Node mit **Fertig** abschließen können.

18.4.3 Der call-service-Node für »Test Text«

Die Eigenschaften des *call-service*-Nodes für den Helfer *Test Text* folgen dem vorherigen Muster. Die notwendige und interessante Ergänzung ist die Eingabe des Textes, der übermittelt werden soll (siehe Abbildung 18.24).

Abbildung 18.24: Eigenschaften des »call-service«-Nodes für den Helfer »Test Text«

Die zu übermittelnden Angaben befinden sich in **Data**. Es handelt sich dabei um ein JSON-Objekt in Form eines simplen Name-Wert-Paares.

Den Eintrag im Browser erstellen

Der Node-RED-Editor bietet eine wertvolle Hilfe, um derlei Einträge zu erstellen. Klicken Sie auf das Drei-Punkte-Icon, um in die Detailbearbeitung zu gelangen (siehe Abbildung 18.25).

Abbildung 18.25: Die JSON-Detailbearbeitung

Der unschätzbare Vorteil ist, dass Fehler (wie hier das fehlende Anführungszeichen) angezeigt werden.

Mit dem Register **Visueller Editor** haben Sie zudem eine dialogbasierte Möglichkeit, um JSON-Objekte zu erstellen.

18.4.4 Der call-service-Node für »Test Nummer«

Die Eigenschaften des *call-service*-Nodes für den Helfer *Test Nummer* sind keine Besonderheit:

- Name: Test Nummer
- Domain: input_number
- Service: increment
- Entity: Test_Nummer

18.4.5 Der call-service-Node für »Test Datum und Zeit«

Die Eigenschaften des *call-service*-Nodes für den Helfer *Datum und Zeit* starten wie gehabt:

- Name: Test Datum und Zeit
- Domain: input_datetime
- Service: set_datetime
- Entity: Test_Datum_und_zeit

Für die Aufbereitung der Zeitangabe geht es jedoch ans Eingemachte. Die zu übermittelnden Angaben befinden sich wieder in **Data**. Diesmal handelt sich dabei jedoch um *JSONata*. JSONata ist eine Query- und Transformationssprache für JSON (*https://jsonata.org/*). Das Ergebnis hat den Inhalt aus Abbildung 18.26.

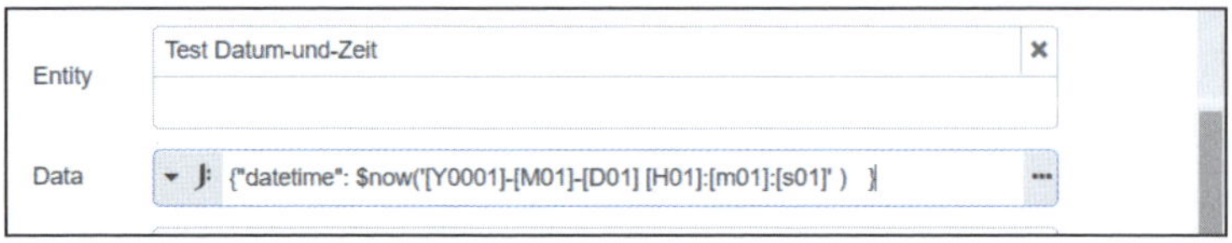

Abbildung 18.26: Eigenschaften des »call-service«-Nodes für den Helfer »Test Datum und Zeit«

Sie sehen wieder ein JSON-Name-Wert-Paar. Bemerkenswert ist jedoch der Aufbau des Werts:

```
$now('[Y0001]-[M01]-[D01] [H01]:[m01]:[s01 ]' )
```

Der Wert ist die Ausgabe der Funktion `now()`. In JSONata ist dieser ein Zeitstempel als Anzahl der Millisekunden seit dem 01.01.1970 im ISO-8601-kompatiblen Format (z. B. `"2024-12-10615:12:59.152Z"`). Das entspricht jedoch nicht der Ausgabe der Beispiel-Automation, denn hier erfolgt eine Umformung durch `strftime()`. In JSONata sorgen die als Argumente übergebenen Angaben für ein Äquivalent. So steht z. B. `[Y0001]` für die Jahresangabe in vierstelliger Form.

18.4.6 Der call-service-Node für »Test Auswahlliste«

Die Eigenschaften des *call-service*-Nodes für den Helfer *Test Auswahlliste* sind für Sie nun eine leichte Fingerübung:

- **Name: Test Auswahlliste**
- **Domain: input_select**
- **Service: select_next**
- **Entity: Test_Auswahlliste**

18.4.7 Der call-service-Node für »Test Zähler«

Ebenso verhält es sich mit diesem Node:

- **Name: Test Zähler**
- **Domain: counter**
- **Service: increment**
- **Entity: Test Zähler**

Übernehmen Sie den Flow und führen Sie geeignete Tests z. B. über ein Test-Dashboard mit den Helfern durch. (Die Automation sollte aber deaktiviert sein!)

18.5 Bewegungsmelder soll Lampe dimmen

Für dieses Beispiel gehen wir davon aus, dass ein Bewegungsmelder eine Lampe einschaltet und sie erst verzögert wieder ausschalten soll. Dabei kann es wünschenswert sein, die Lampe nicht direkt auszuschalten, sondern die Helligkeit in Stufen auf null zu reduzieren.

18.5.1 Der Ablauf des Dimmens im Diagramm

Gute Planung macht das Leben leicht. Für die Programmierung gilt dies übrigens doppelt, und zuweilen ist es hilfreich, auf so antiquiert wirkende Dinge wie ein Flussdiagramm zurückzugreifen. Abbildung 18.27 zeigt einen solchen Ansatz.

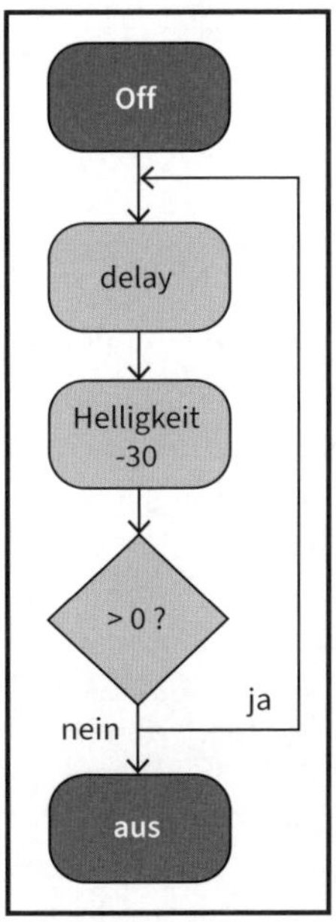

Abbildung 18.27: Flussdiagramm für den Dimmvorgang

Sie können so visualisieren, was sprachlich gar nicht so einfach zusammenzufassen ist: Ein Off-Signal erfährt eine Verzögerung, ehe die Helligkeit um einen Wert gedimmt wird. Ist der verbliebene Helligkeitswert größer null, startet der Vorgang Verzögerung/Dimmen neu. Das Ende des Vorgangs ist ein Helligkeitswert gleich null, also »aus«.

Die einzelnen Blöcke lassen sich dann einfach in einen Flow transferieren.

Der Flow

Der Beispiel-Flow *Bewegungsmelder soll Lampe dimmen* (siehe Abbildung 18.28) wirkt auf den ersten Blick vielleicht etwas unübersichtlich. Ohne die *debug*-Nodes sähe das Diagramm aber schon ordentlicher aus. Tatsächlich notwendig sind dabei nur sieben Nodes.

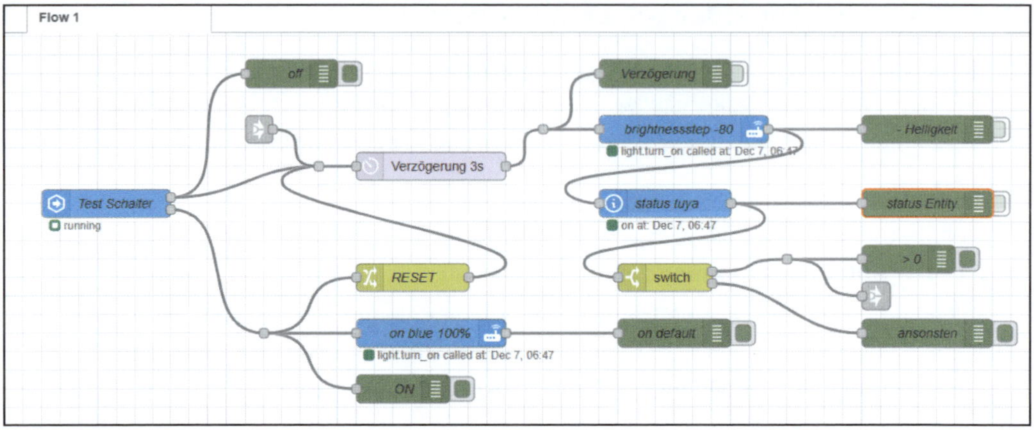

Abbildung 18.28: Flow-Beispiel: Bewegungsmelder soll Lampe dimmen.

Wie vollziehen sich die Prozesse im Detail?

Die debug-Nodes

Die *debug*-Nodes erfüllen häufig eine Doppelfunktion. Die vordergründige Funktion ist das Debuggen des Flow-Ablaufs. Benötigen Sie die Information eines bestimmten Nodes nicht mehr, schalten Sie ihn einfach durch einen Klick auf das rechte Quadrat aus (z. B. den *debug*-Node *Verzögerung*). Durch eine geschickte Namensvergabe können Sie jedoch auch die einzelnen Stationen dokumentieren.

Der events:state-Node

Der Node *events:state* soll auf ein Bewegungsereignis lauschen, das hier durch den Helfer *Test Schalter* simuliert wird. Die Eigenschaften zeigt Abbildung 18.29.

Abbildung 18.29: Die Eigenschaften des »events:state«-Nodes für den Helfer »Test Schalter«

Port 1 des Nodes erhält das Off-Signal nur bei einem Off-Status, der länger als fünf Sekunden dauert – das sorgt für eine erste Verzögerung und einen Sicherheitspuffer zur Vermeidung unbeabsichtigter Wechsel.

Der zweite Port sendet bei einem On-Ereignis eine Nachricht.

Der delay-Node

Der *delay*-Node verzögert die Eingangsnachricht um den festen Wert von drei Sekunden.

Drei Quellen speisen seinen Eingangsport:

- der Schalter am Ausgang des *events:state*-Nodes *Test Schalter*, der überhaupt den Flow auslöst
- ein Reset-Signal, das den Dimmvorgang bei einer erneuten Bewegung abbricht
- eine Verbindung aus der Überprüfung, ob die Helligkeit noch größer null ist, in Gestalt eines *link-in*-Nodes

Der link-in-Node und der link-out-Node

Der *link-in*-Node und der *link-out*-Node sind Geschwister. Sie schaffen Verbindungen zwischen Nodes, ohne dass diese als Drähte angezeigt werden. Damit tragen sie zu einer besseren Lesbarkeit des Flows bei. Gleichwohl können Sie sich die Verbindung anzeigen lassen, indem Sie mit der Maus auf einen Node klicken.

> **junction-Nodes**
>
> *junction*-Nodes (dt. *Kreuzung* oder vielleicht besser *Biegepunkte*) sind die grauen Punkte, ab denen sich die Drähte verzweigen. Sie tragen ebenfalls zur besseren Lesbarkeit bei. Sie erstellen Junctions, indem Sie bei gleichzeitig gedrückten `Alt`+`⇧`-Tasten mit der Maus über die entsprechenden Drähte fahren und den Biegepunkt mit einem Klick bestätigen.

Der call-service-Node (Helligkeit)

Ein *call-service*-Node greift die verzögerte Nachricht auf und sendet einen Aufruf an Home Assistant, damit die Helligkeit um einen bestimmten Wert reduziert wird. Die Eigenschaften ergeben sich aus Abbildung 18.30.

Abbildung 18.30: Eigenschaften des »call-service«-Nodes (Helligkeit)

Die meisten Eigenschaften lassen sich durch Auswahllisteneinträge festlegen:

- **Domain**: Dies ist die Domäne, der das betreffende Gerät zugeordnet ist (hier: **light**).
- **Service**: Der Dienst ist **turn_on** – die Lampe soll ja weiterhin angeschaltet bleiben und nicht ausgehen.
- **Entity**: Das ist die anzusprechende Entität. Sie können durchaus mehrere Entitäten durch weitere Listeneinträge einbinden.
- **Data**: `msg.data` enthält Angaben zu den Attributen der Entität im JSON- bzw. JSONata-Format. Das zu ändernde Attribut ist hier die Helligkeit (`brightness`). Dabei sind verschiedene JSON-Namen zulässig. Eine Entität ist `brightness_step`; die Werteangabe erhöht oder verringert dann die Helligkeit (hier: `-80`).

[»]

Zulässige Attribute/JSON-Namen finden

Scrollen Sie an das Ende des Eigenschaftenfensters. Hier finden Sie die für den gewählten Service und die Entität zulässigen Attribute mit Beispielen zu den Werteangaben (siehe Abbildung 18.31).

Abbildung 18.31: Eigenschaften und zulässige Attribute/JSON-Namen finden

Mit einem Klick auf **Load example data** füllen Sie den **Data**-Eintrag mit Beispielangaben.

Der current-state-Node

Ein *current-state*-Node holt sich den aktuellen Zustand der Lampenentität, deren Eigenschaften Sie in Abbildung 18.32 sehen.

`msg.data` soll hier die gesamten aktuellen Entitätsangaben enthalten (siehe Abbildung 18.33). In der Liste taucht dann auch der Wert des Attributs `brightness` auf.

Abbildung 18.32: Eigenschaften des »current-state«-Nodes

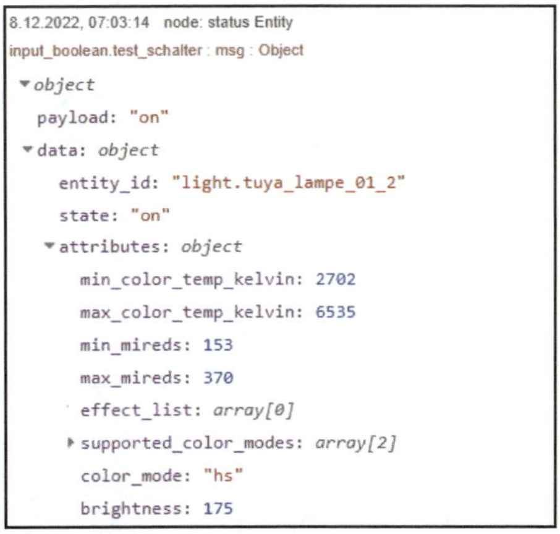

Abbildung 18.33: Die aktuellen Entitätsangaben aus dem »current-state«-Node

Der switch-Node

Ein *switch*-Node greift diesen Bestandteil auf. Konkret ist dies `msg.data.attributes.brightness`, die weiteren Eigenschaften sehen Sie in Abbildung 18.34.

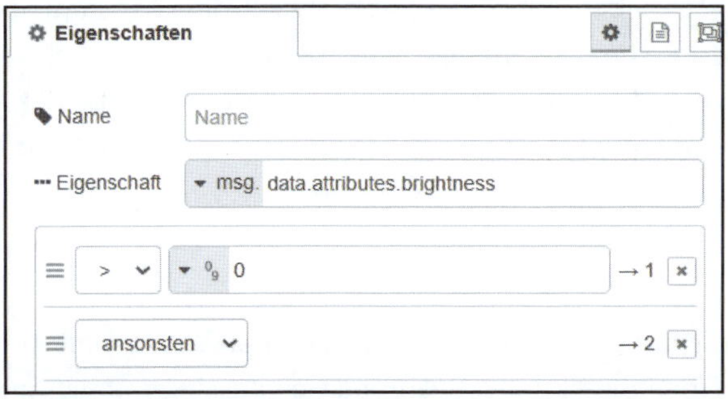

Abbildung 18.34: Eigenschaften des »switch«-Nodes

Der Node liefert die Nachricht an seinen ersten Ausgangsport, wenn der Wert größer
ist. Der verzögerte Dimmvorgang setzt sich fort.

Andernfalls bedient er seinen zweiten Ausgangsport (hier: nur für Debug-Zwecke). Die Helligkeit ist dann null. Die Entität hat jetzt den Status *off*.

Der call-service-Node (ON)

Dieser *call-service*-Node setzt den Status der Entität und die notwendigen Attribute bei einem Einschalten. Die Eigenschaften entsprechen denen des *call-service*-Nodes (Helligkeit) mit Ausnahme von **Data**:

```
{
   "rgbw_color":[10,10,250,100],
   "brightness":255
}
```

Der change-Node (RESET)

Bleibt noch der *change*-Node. Er setzt eventuell noch laufende Dimmprozesse zurück (die Eigenschaften sehen Sie in Abbildung 18.35). Den Reset des *delay*-Nodes löst eine Nachricht mit `msg.rest` gleich `0` aus.

Abbildung 18.35: Eigenschaften des »change«-Nodes

18.6 Workaround: Tuya-Geräte »ohne« Home Assistant steuern

In Abschnitt 16.4 habe ich bereits beschrieben, wie Sie Tuya-Geräte in Home Assistant integrieren können. Mithilfe von Node-RED besteht aber auch die Möglichkeit, Tuya-Geräte abseits von Home Assistant zu steuern, d. h. ohne eine *tuya*-Integration. Das hat außerdem den Vorteil, dass Sie die Tuya-Datenpunkte angezeigt bekommen – das sind die Angaben, um die Eigenschaften der Geräte zu ändern (z. B. Datenpunkt 24 für die Farbe einer RGB-Lampe). Allerdings ist auch hier die Kenntnis der Device-ID und des Local Key zwingende Voraussetzung.

Installieren Sie das Paket *node-red-contrib-tuya-smart-device* über **Palette verwalten • Installation**. In der Node-Palette haben Sie eine neue Gruppe namens *smarthome* mit zwei Nodes. Erstellen Sie damit den Flow aus Abbildung 18.36.

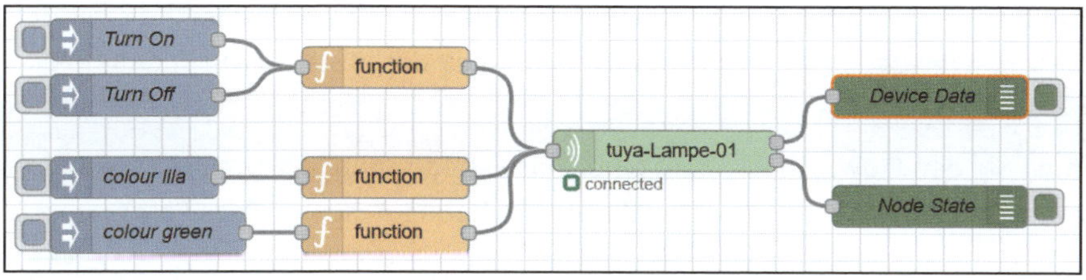

Abbildung 18.36: Flow für ein »tuya«-Gerät ohne Home Assistant

Die *inject*-Nodes stoßen den Flow an, wobei die ersten beiden in `msg.payload` boolesche Werte einspeisen (`true` = ein; `false` = off).

Die *function*-Nodes bereiten die Eingabe für den *tuya-smart-device*-Node auf. Für den ersten *function*-Node lautet der Code:

```
msg.payload ={
  dps: 20,
  set : msg.payload
}
return msg;
```

Die Codevorlage für die beiden anderen *function*-Nodes sieht so aus:

```
msg.payload ={
  dps: 24,
  set: '010c03e803e8'
}
return msg;
```

Der Wert von `set` ist der gewünschte Farbwert. Er lässt sich am einfachsten einer *debug*-Ausgabe entnehmen.

Abbildung 18.37 zeigt die Eigenschaften des *tuya-smart-device*-Nodes.

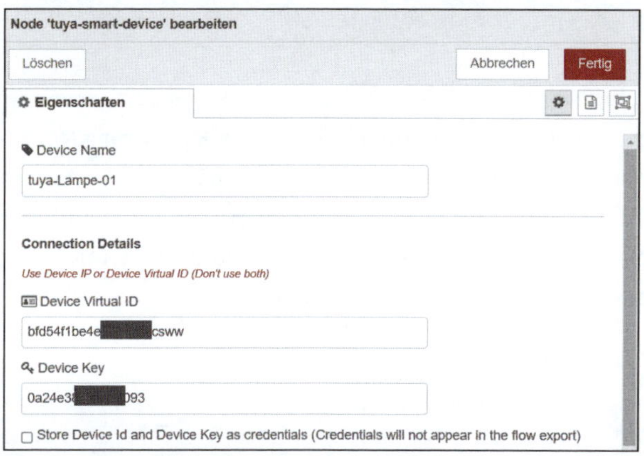

Abbildung 18.37: Eigenschaften des »tuya-smart-device«-Nodes

Belegen Sie die Eigenschaften **Device Name**, **Device Virtual ID** und **Device Key** mit den entsprechenden Werten. Die beiden *debug*-Nodes sollen das gesamte Nachrichtenpaket ausgeben.

Übernehmen Sie den Flow. Ein Klick auf einen *inject*-Node sollte die gewünschte Aktion beim *tuya*-Gerät auslösen. Abbildung 18.38 zeigt die Debug-Ausgabe eines Farbwechsels auf Grün.

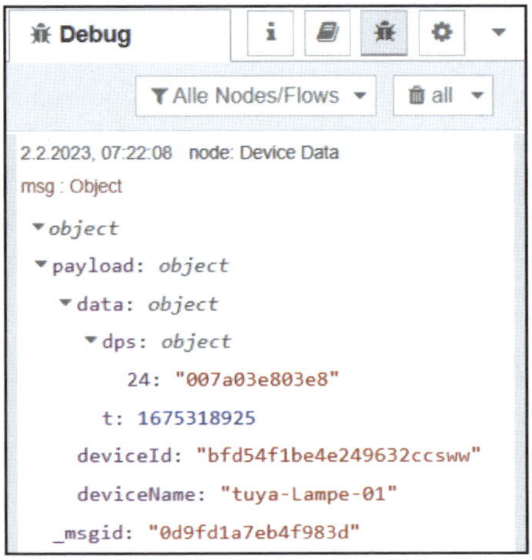

Abbildung 18.38: »tuya«-Debug-Ausgabe für den Farbwechsel

Eine Debug-Ausgabe erhalten Sie auch, wenn Sie z. B. mit der Smart-Life-App Geräteeigenschaften ändern. Ziehen Sie diese Werte als Parameter für Ihre Flows heran.

Error: bind EADDRINUSE 0.0.0.0:6666

Ein Verbindungsfehler `Error: bind EADDRINUSE 0.0.0.0:6666` entsteht, wenn eine andere Integration Ihrer Home-Assistant-Anwendung den Port 6666 nutzt. Hier können Sie nur mit *Trial and Error* die Quelle ausfindig machen und sich dann zwischen Node-RED plus Tuya und der anderen Integration entscheiden.

Fazit: Node-RED ist ein mächtiges Werkzeug, das mögliche Lücken in Home Assistant vor allem im Bereich der Automatisierungen schließen kann. Für manchen Maker mag Node-RED auch eingängiger und übersichtlicher sein. Der große Pferdefuß ist, dass ein weiteres, in der Tiefe auch komplexes Werkzeug an Bord ist, das Ressourcen beansprucht. Meine Empfehlung geht deshalb eher in die Richtung, Node-RED nur dann zu installieren, wenn die Bordmittel von Home Assistant unzureichend sind.

Kapitel 19
Hacks und Projektideen

Die Home-Assistant-Basis steht, und das Handwerkszeug ist Ihnen nun in sden Grundzügen bekannt. Tüfteln Sie an eigenen Funktionserweiterungen oder Problemlösungen.

US-amerikanische Funkamateure verwendeten Mitte der 1950er-Jahre den Begriff »hacking« als Ausdruck für besonders einfallsreiche Anpassungen ihrer Geräte. Bezogen auf Home Assistant bedeutet dies, dass angesichts der in die Tausende gehenden Einsatzmöglichkeiten Ihrem Ideenreichtum kaum Grenzen gesetzt sind. Dieses Kapitel versteht sich als kleiner Ideengeber. Kleinere Projektvorschläge sollen Ihnen den Einstieg erleichtern, andere wiederum Ihren Blick auf Chancen und Wege lenken, die so vielleicht nicht auf der Hand liegen.

19.1 Anwesenheitserkennung

Die meisten Menschen besitzen ein Smartphone und sind sich auch der Tatsache bewusst, dass dieses Gerät bei der Verbindung mit einem Mobilfunknetz oder dem heimischen WLAN Spuren hinterlässt. Die gängigen Methoden der Anwesenheitserkennung durch Tracking dieser Geräte greifen dieses Prinzip auf.

Wenn die Spuren schon – unvermeidlich – in der Welt sind, können sie auch sinnvoll genutzt werden. Gängige Anwendungsfälle sind das Ausschalten des Lichts beim Verlassen des Hauses oder die Erhöhung der Heiztemperatur bei Anwesenheit. Der Fantasie sind keine Grenzen gesetzt.

Das klingt alles ganz toll und auch nützlich, aber das Ganze steht und fällt mit der korrekten und zeitnahen Meldung des Gerätestatus. Und hier gibt es in der Realität einige Schwierigkeiten und Hindernisse.

Der folgende Abschnitt behandelt exemplarisch einige kleine Anwendungsfälle. Er gliedert sich in zwei Teilbereiche. Zunächst betrachten wir, welche Methoden zur Anwesenheitserkennung zur Verfügung stehen. Dann überlegen wir, wie das jeweilige Ergebnis genutzt werden kann. Für die praktische Umsetzung ist es jedoch unerlässlich, zu prüfen, ob die gewählte Methode mit den beteiligten Komponenten überhaupt zufriedenstellend funktioniert.

19.1.1 Methoden der Anwesenheitserkennung

An dieser Stelle möchte ich Ihnen fünf Methoden vorstellen, mit denen Sie die Funktionalität *Anwesenheitserkennung* implementieren können.

Methode 1: Ping-Sensor

Der Begriff *Ping* stammt aus dem maritimen Bereich und bezeichnet das Geräusch eines Sonars zur Ortung von Objekten im Wasser. In der Netzwerktechnik ist Ping ein Diagnosewerkzeug, mit dem überprüft werden kann, ob ein bestimmter Host oder ein anderes Gerät in einem IP-Netzwerk erreichbar ist. Häufig wird bei einem Ping auch die Zeit gemessen, die zwischen dem Senden des Signals an den Host und dem Empfang des zurückgesendeten Antwortpakets vergeht. Kurze Ping-Zeiten sind dann ein Indiz für eine schnelle Erreichbarkeit des Hosts, an den der Ping gerichtet ist.

Die Idee eines Ping-Sensors ist es, ein kleines Datenpaket von Home Assistant an ein Smartphone zu senden und zu sehen, ob es antwortet. Kommt eine Antwort, ist das Gerät im lokalen Netz erreichbar, und das System kann davon ausgehen, dass der Besitzer zu Hause ist. Kommt keine Antwort, ist der Besitzer nicht zu Hause.

Öffnen Sie die Konfigurationsdatei *configuration.yaml* und fügen Sie den nachstehenden Code ein:

```
device_tracker:
  platform: ping
  hosts:
    pi_handy: 192.168.178.23
```

Unter `hosts` folgt eine Liste der Geräte mit ihren korrespondierenden IP-Adressen bzw. Hostnamen.

Speichern Sie die Änderungen und starten Sie Home Assistant neu – gegebenenfalls nach einer Überprüfung der Konfigurationsdatei.

Prüfen Sie über **Entwicklungswerkzeuge • Zustände**, ob die Einrichtung funktioniert hat und das Verfahren funktioniert. Weiter geht es dann mit der Auswertung der Anwesenheit (siehe Abschnitt 19.1.2).

[»]

Fehleranfälligkeit und iOS-Geräte

Dies ist die einfachste Variante der Anwesenheitserkennung. Moderne Smartphones schalten Wi-Fi aber vielfach aus, wenn sie inaktiv sind. Auch kann es sein, dass die Methode im Zusammenspiel mit iOS-Geräten nicht funktioniert.

[»]

Entfernen einer »ping«-Entität

Um eine *ping*-Entität (hier z. B. `pi_handy`) wieder zu entfernen, reicht es nicht, alle Spuren und Verweise über das UI von Home Assistant zu tilgen. Hierfür müssen Sie tiefer einsteigen: Löschen Sie in der */config/known-devices.yaml* den entsprechenden Eintrag. Überprüfen Sie zudem noch, ob gegebenenfalls in der Datei */config/.storage/core.device_registry* oder in der Datei */config/.storage/core.entity_registry* Einträge zu finden sind.

Methode 2: Routerbasierte Erkennung

Die routerbasierte Erkennung ist die smartere und bequemere Methode. Die meisten Routerintegrationen unterstützen das Device-Tracking, so auch die FRITZ!Box mit den *AVM FRITZ!Box Tools* (siehe Abschnitt 16.2).

Verschaffen Sie sich gegebenenfalls mit **Einstellungen • Geräte & Dienste • Entitäten** einen Überblick über die Entitäten (siehe Abbildung 19.1).

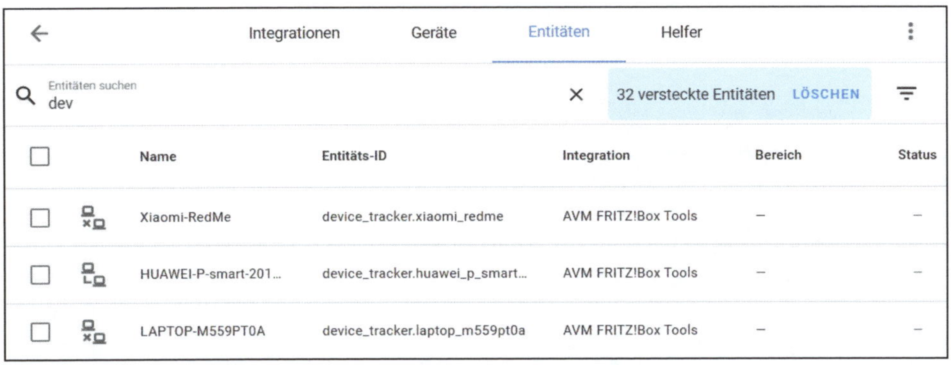

Abbildung 19.1: »device_tracker«-Entitäten

Die Geräte, die hier als *device_tracker*-Entitäten aufgeführt werden, lassen sich dann auch als Eintrag in der Drop-down-Liste **Verfolgte Geräte** wiederfinden.

Korrekten Gerätestatus überprüfen

Diese Methode steht und fällt mit der korrekten Gerätestatusmitteilung durch den Router. Ist das Gerät im Router fälschlicherweise als (noch) aktiv registriert, kann auch der Status des Device-Trackers nicht den richtigen Wert haben. Überprüfen Sie, ob der Router das Mobilgerät zutreffend und zeitnah erkennt.

Methode 3: App-basierte Erkennung mit device_tracker

Sie können auch die Home-Assistant-App nutzen, um auszuwerten, wo sich das jeweilige Gerät befindet, indem Sie die Funktion *device_tracker* nutzen. Diese Methode hat den Vorteil, dass Sie auch Zonen außerhalb Ihrer Home-Zone heranziehen können. Damit die Auswertung genau genug ist, kann es notwendig sein, den Sensor häufiger auszulesen, was natürlich mehr Strom auf dem Mobilgerät verbraucht.

Allerdings hat die Methode den Nachteil, dass ein Update des Standorts nur bei geöffneter App erfolgt – diese sollte also ständig im Hintergrund laufen.

Methode 4: App-basierte Erkennung mit wifi_connection

Diese Methode fragt den Sensorinhalt `wifi_connection` ab (siehe Kapitel 7). Aktivieren Sie in der App **App-Konfiguration** bzw. **Einstellungen • Mobile App** und dann im Abschnitt **Netzwerksensoren** den Sensor **WLAN-Verbindung**. In der App zeigt er den Namen des Netzwerks an, mit dem das Gerät verbunden ist. Abbildung 19.2 zeigt die Home-Assistant-Seite.

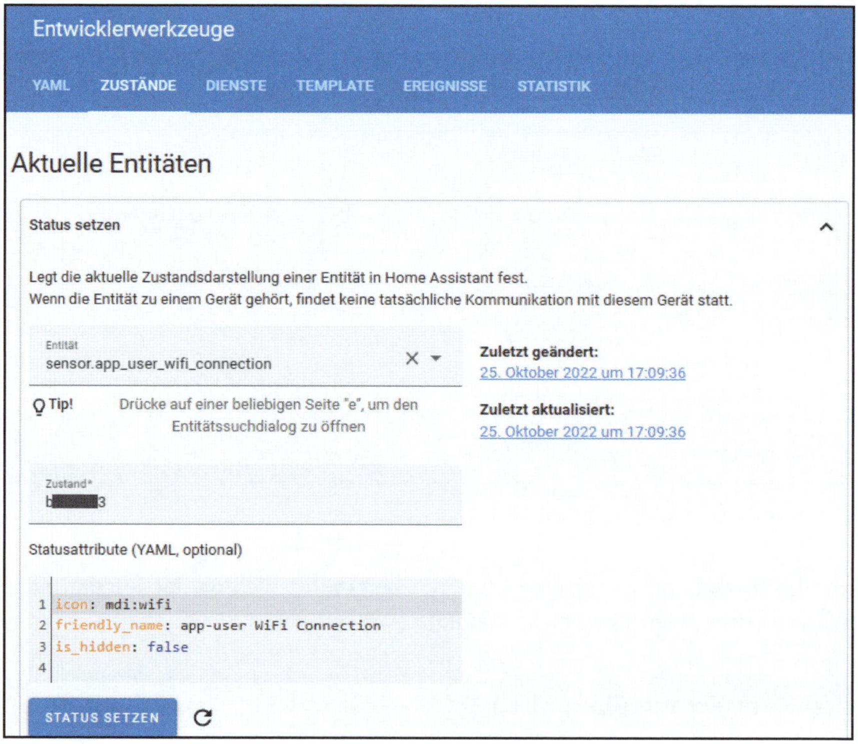

Abbildung 19.2: Der Inhalt des App-Sensors »wifi_connection«

Entspricht der Sensorwert dem heimischen Netzwerknamen, sind das Gerät und damit vermutlich auch der Besitzer zu Hause. Das Template sähe dann so aus:

```
{% if is_state("sensor.app_user_wifi_connection", "bxxxxx33") %}
  Aktion zu Hause
{% endif %}
```

Der YAML-Codeschnipsel im Rahmen eines Auslösers einer Automation hat hier noch eine Mindestdauer für den neuen Zustand:

```
platform: state
entity_id:
  - sensor.app_user_wifi_connection
to: brunet33
for:
  hours: 0
  minutes: 5
  seconds: 0
```

Methode 5: Eine Tracking-Plattform nutzen

Auf dem Markt bieten diverse Tracking-Plattformen ihre Dienste an. Ein weitverbreiteter Dienst ist *life360* (*https://www.life360.com/intl/*). Sind Sie Nutzer dieses Systems, lassen sich die Daten über die *life360*-Integration in Home Assistant einbinden.

Wenn keine der genannten Methoden passt

Besuchen Sie die **Integrations**-Seite von Home Assistant und wählen Sie **Presence Detection**: *https://www.home-assistant.io/integrations/#presence-detection*. Eventuell werden Sie hier fündig.

19.1.2 Die Anwesenheitserkennung auswerten

Die Spielarten, wie Sie eine erkannte Anwesenheit auswerten können, sind nahezu unendlich. Dabei gibt es zwei Ansätze:

- ein Auslöser
- eine Bedingung

Ein Auslöser

Der folgende Codeschnipsel beinhaltet eine Automatisierung, bei der ein Testschalter nach Sonnenuntergang eingeschaltet wird, wenn ein Device-Tracker den Zustand `home` hat:

```
alias: Anwesenheit Ankunft
description: ""
trigger:
  - platform: state
    entity_id:
      - device_tracker.huawei_p_smart_2019_bd902
    to: home
condition:
  - condition: sun
    after: sunset
action:
```

```
  - service: input_boolean.turn_on
    data: {}
    target:
      entity_id: input_boolean.test_schalter
mode: single
```

Listing 19.1: Die Anwesenheitserkennung mit einem Auslöser

Selbstverständlich können Sie den Auslöser auch direkt an die Person knüpfen:

```
trigger:
  - platform: state
    entity_id:
      - person.pi
    from: home
```

Eine Bedingung

Die Automation lässt sich auch so verstehen, dass ein Schalter nach Sonnenuntergang aktiviert wird, wenn eine bestimmte Person anwesend ist:

```
alias: Anwesenheit Sonnenuntergang
description: ""
trigger:
  - platform: sun
    event: sunset
    offset: 0
    enabled: false
condition:
  - condition: state
    entity_id: device_tracker.huawei_p_smart_2019_bd902
    state: home
action:
  - service: input_boolean.turn_on
    data: {}
    target:
      entity_id: input_boolean.test_schalter
mode: single
```

Listing 19.2: Anwesenheitserkennung mit einer Bedingung

[»]

Der Letzte macht das Licht aus: Legen Sie Gruppen an

Dies ist eine Abwandlung des Auslöser-Beispiels, bei der der Vorgang nicht durch eine einzelne Entität, sondern durch eine Gruppenentität (siehe Abschnitt 5.5) initiiert wird. Sehen Sie eine Gruppe wie folgt vor:

```
###   keiner zu Hause
niemand_zuhause:
  name: niemand ist zu Hause
  entities:
    - device_tracker.huawei_p_smart_2019_bd902
    - device_tracker.m2004j19c_redmi9
  all: false
```

Die Gruppe liefert den Status `not_home`, wenn alle gelisteten Entitäten diesen Status haben. Die Entität für die Bedingung ist `group.niemand_zuhause`. Wenn diese Bedingung erfüllt ist, können alle Lampen ausgeschaltet werden.

19.1.3 Raumbezogene Anwesenheitserkennung

Mit dem Thema Anwesenheitserkennung haben Sie sich nun unter verschiedenen Blickwinkeln (geografisch in Kapitel 12, »Bereiche, Labels und Zonen«, oder lokal in den vorherigen Abschnitten) auseinandergesetzt. Vielversprechend ist aber auch eine raumbezogene Anwesenheitserkennung, die über Möglichkeiten eines PIR-Bewegungsmelders weit hinausgeht. Schicker, als lediglich die Anwesenheit von Personen anzuzeigen, wäre es jedoch, wenn dies einen Personenbezug hätte, z. B. um individuelle Szenen aufzurufen. Es könnte beispielsweise eine eigene Farbsteuerung geben, je nachdem, wer gerade den Raum betritt.

Mittlerweile ist das ständige Mitführen von Bluetooth-Geräten wie Fitnesstrackern oder Smartphones mehr als üblich. Das lässt sich auswerten. Der Ansatz ist also Bluetooth (siehe Abschnitt 16.1.2).

19.1.4 Die Hardware

Damit sich ein Gerät als Bluetooth-Sensor eignet, muss es neben der Bluetooth-Fähigkeit selbst und Wi-Fi auch einen geringen Stromverbrauch aufweisen. Diese Bedingungen erfüllt z. B. der Mikrocontroller ESP32 oder der M5Atom. Eine vollständige Liste der Geräte, die für dieses Projekt unterstützt werden, finden Sie unter *https://espresense.com/base-stations*. An dieser Stelle soll ein *ESP32* auf einem *ESP32 DevKitC V4*-Board zum Einsatz kommen.

19.1.5 Die Firmware für den ESP32

Die Firmware für den ESP32 hat im Rahmen der Bluetooth-Anwesenheitserkennung drei Kernaufgaben:

1. Sie muss die Umgebung nach Bluetooth-(BLE-)fähigen Geräten scannen.
2. Sie sendet das Ergebnis per Wi-Fi an …
3. … einen MQTT-Server.

Findige Entwickler haben eigens für diesen Zweck das Projekt *ESPresense* (*https://espresense.com*) aufgesetzt. Parallelen zu ESPHome sind dabei unverkennbar.

Gehen Sie wie folgt vor, um ESPresense einzurichten:

Das Board über USB mit dem PC verbinden

Verbinden Sie das Board mit einem USB-Kabel mit dem PC. Die gängigen Betriebssysteme erkennen die neue Hardware automatisch und richten den erforderlichen Treiber ein, sofern das nicht schon an anderer Stelle geschehen ist.

Den ESPresense-Firmware-Bereich öffnen

Besuchen Sie die ESPresense-Homepage und navigieren Sie zur Firmwareinstallation: **Base Stations • Install Firmware** (siehe Abbildung 19.3).

Die Integration in Home Assistant war von Anfang an ein wichtiges Feature, sodass Sie ESPresense einfach einbinden und in Automationen nutzen können.

Als sogenannte *Beacons* können Sie iPhones und Android-Geräte einsetzen, aber auch smarte Uhren wie die Apple Watch, die Amazfit-Serie und das Xiaomi Mi Band werden unterstützt. Die weiteren Geräte, die Sie gegebenenfalls mit Einschränkungen nutzen können, finden Sie unter *https://espresense.com/beacons*. AirTags von Apple lassen sich beispielsweise leider nicht nutzen.

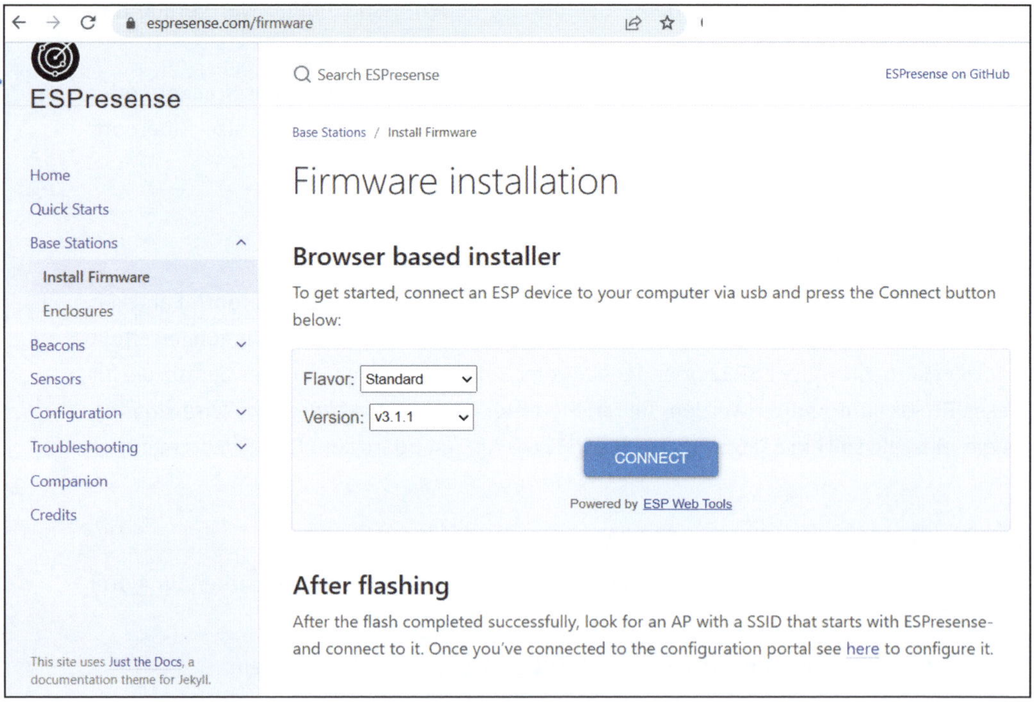

Abbildung 19.3: ESPresense-Firmwareinstallation

Verbindung herstellen und Firmware installieren

Öffnen Sie mit **Connect** das Fenster mit möglichen Verbindungen (siehe Abbildung 19.4).

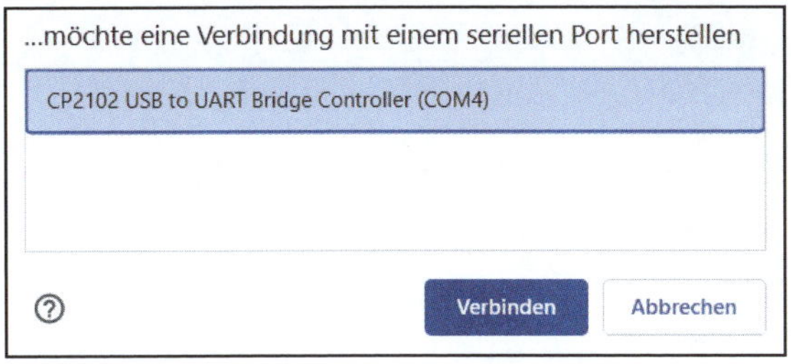

Abbildung 19.4: ESPresense – mögliche Verbindungen

Wählen Sie das Board aus und gehen Sie mit **Verbinden** weiter. Das folgende Fenster hat zwei Optionen (siehe Abbildung 19.5).

Abbildung 19.5: ESPresense – das »Device Dashboard«

Setzen Sie den Prozess mit **Install ESPresense** fort. Nun wird abgefragt, ob der Mikrocontroller-Speicher gelöscht werden darf (siehe Abbildung 19.6).

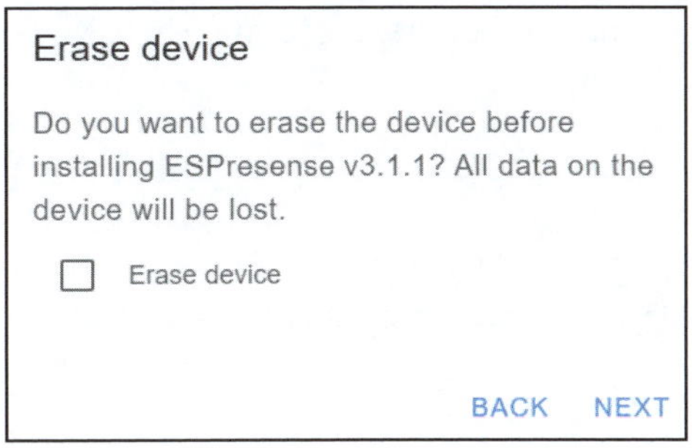

Abbildung 19.6: ESPresense – Löschabfrage

Aktivieren Sie **Erase device**. Ein Klick auf **Next** startet nach einer weiteren Bestätigungsabfrage das Flashen der Firmware. Drücken Sie den Boot-Knopf, um den ESP32 in den Flash-Modus zu versetzen.

Sie sollten die aus ESPHome bekannte Erfolgsmeldung erhalten. Mit **Next** schließen Sie dann die Installation ab.

19.1.6 Den ESP32 erstmals konfigurieren

Der ESP32 soll über Wi-Fi mit Home Assistant kommunizieren. Dies erfordert daher die Wi-Fi- und die MQTT-Zugangsdaten.

Wi-Fi-Zugangsdaten festlegen

Nachdem das Flashen der Firmware abgeschlossen ist, erbittet der Installationsprozess die Wi-Fi-Zugangsdaten (siehe Abbildung 19.7).

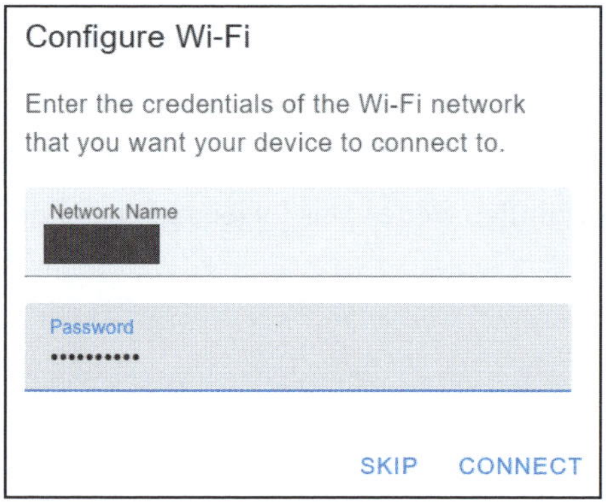

Abbildung 19.7: ESPresense – Wi-Fi-Zugangsdaten festlegen

Idealerweise geben Sie an dieser Stelle Ihre Router-Zugangsdaten ein und fordern den ESP32 mit **Connect** auf, sich mit dem Netz zu verbinden.

Das Fenster können Sie nun schließen. Üblicherweise verbindet sich der ESP32 mit dem Netz. Überprüfen Sie den Erfolg in Ihrem Router; das Gerät sollte dort auftauchen. Notieren Sie sich die IP-Adresse.

ESPresense-Access-Point

ESPresense spannt einen Access Point auf, wenn Sie die Eingabe der Zugangsdaten mit **SKIP** übersprungen haben. Der Hotspot trägt den Namensbestandteil *espresense* (siehe Abbildung 19.8).

Abbildung 19.8: ESPresense-Wi-Fi-Hotspot

Verbinden Sie sich mit dem Access Point. Die Wi-Fi-Daten geben Sie dann im ESPresense-Webinterface ein.

Das ESPresense-Webinterface aufrufen

Sie erreichen das ESPresense-Webinterface in Ihrem Browser über die IP-Adresse 192.168.4.1/, wenn Sie den ESPresense-Access-Point nutzen, oder über die Adresse, die Sie ihm zugewiesen haben (siehe Abbildung 19.9).

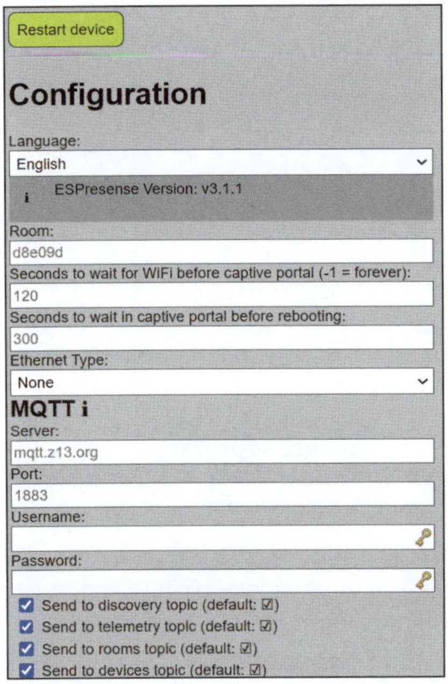

Abbildung 19.9: Das ESPresense-Webinterface

Die Gerätedaten festlegen

Die für dieses Projekt nötigen Gerätedaten sind im Abschnitt **Configuration** zu finden:

- **Language**: Setzen Sie die Sprache auf **Deutsch**.
- **Room**: Ordnen Sie das Gerät einem Raum zu (z. B. dem Wohnzimmer).

Die MQTT-Daten eingeben

Hier sind drei Eigenschaften anzugeben:

- **Server**: Sie müssen die IP-Adresse Ihres MQTT-Servers angeben. Sie ist identisch mit der IP-Adresse Ihrer Home-Assistant-Anwendung, wenn der MQTT-Broker dort aufgesetzt ist (z. B. *192.168.178.56*).
- **Username**: Dies ist ein für die Kommunikation mit dem MQTT-Broker zugelassener Benutzername (siehe Kapitel 16, z. B. *tasmota*).
- **Password**: Dies ist das entsprechende Passwort (z. B. *raspberry*).

Lassen Sie die übrigen MQTT-Einstellungen unverändert. Sichern Sie die Änderungen mit **Save** und starten Sie den ESP32 mit **Restart device** neu.

Überprüfen Sie gegebenenfalls die erfolgreiche Übernahme der geänderten Einstellungen, indem Sie sich erneut in das ESPresense-Webinterface einwählen.

19.1.7 Die Integration in Home Assistant überprüfen

Jetzt können Sie auch überprüfen, ob Home Assistant das neue Gerät erkannt hat. Die Integration *Mosquitto broker* sollte ein neues Gerät aufweisen (hier ist es das erste, siehe Abbildung 19.10).

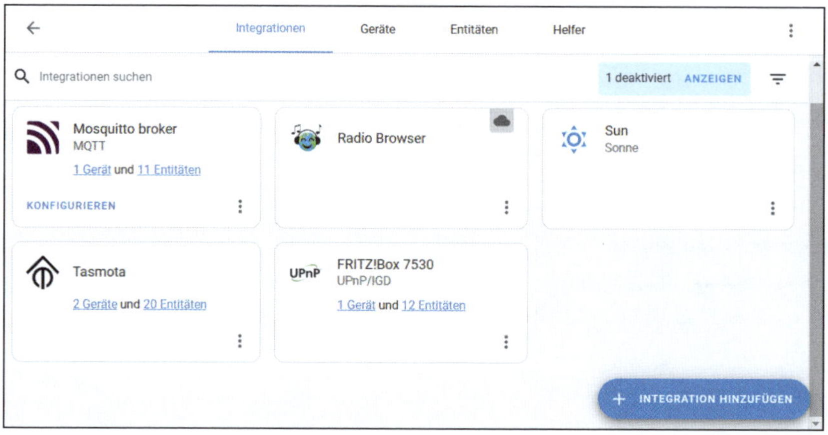

Abbildung 19.10: Das ESPresense-Gerät in der MQTT-Mosquitto-Integration

Werfen Sie auch einen Blick auf die neuen Entitäten unter **Entwicklerwerkzeuge • Entitäten • Filter ESPresense**. Wenn die Anzeige so aussieht wie in Abbildung 19.11, funktioniert die Kommunikation zwischen dem ESP32 und Home Assistant.

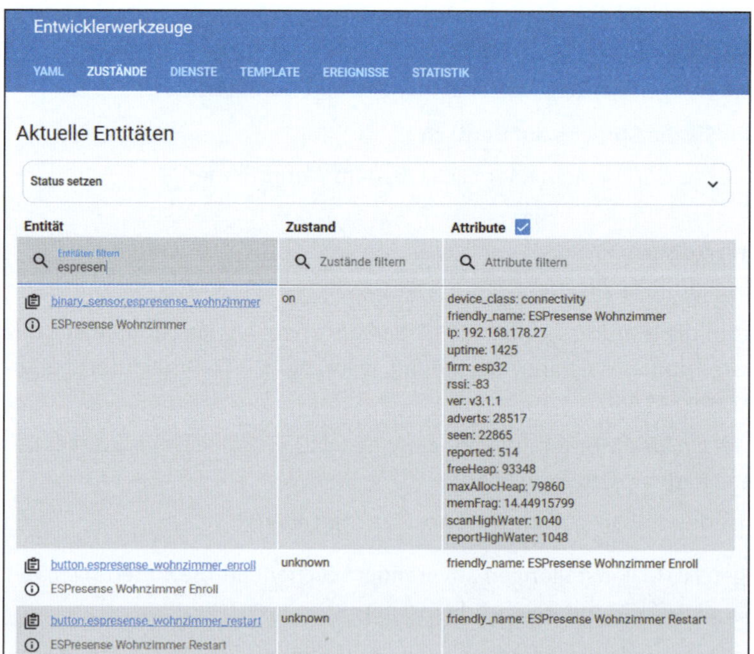

Abbildung 19.11: Die Entitäten von ESPresense

19.1.8 Ein Bluetooth-Gerät einbinden

Das Einbinden von Bluetooth-Geräten erfolgt über die *Bluetooth-MAC-Adresse*. Gehen Sie dazu wie folgt vor:

MAC-Adresse ermitteln

Es gibt zwei Wege, die MAC-Adresse zu ermitteln. Der eine führt über die ESPresense-Webseite (**Troubleshooting • Web Terminal** und dann **Connect • Gerät auswählen • Verbinden**). Führen Sie gegebenenfalls mehrfach einen Reboot des ESP32 durch, um die erkannten Bluetooth-MAC-Adressen angezeigt zu bekommen (siehe Abbildung 19.12).

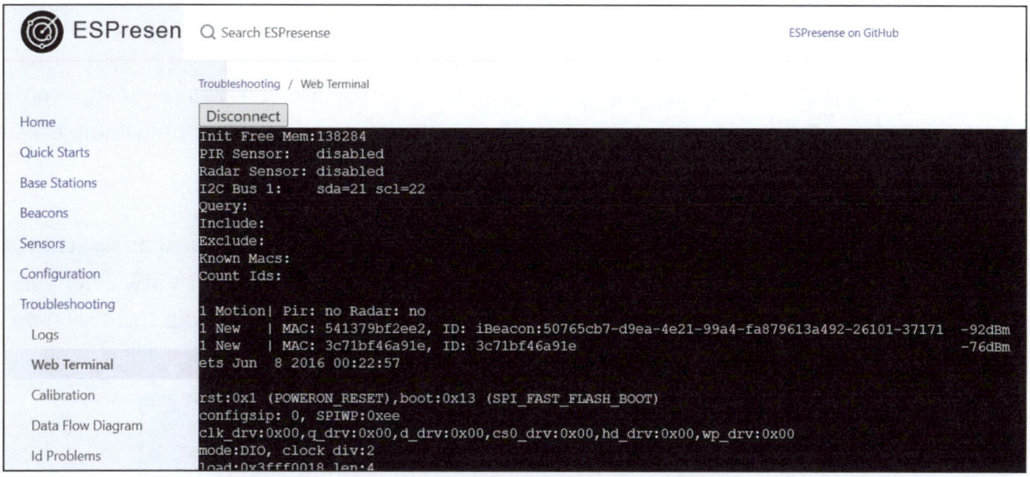

Abbildung 19.12: Bluetooth-MAC-Adressen über das Webterminal von ESPresense ermitteln

Bedauerlicherweise ist der Gerätename nicht ersichtlich. Informativer ist an dieser Stelle die Smartphone-App *nrf Connect* (siehe Abbildung 19.13). Die maßgebliche MAC-Adresse ist hier `3C:71:BF:46:A9:1E`. Das Gerät hat den Namen *forefive*. Diesen müssen Sie später im Code angeben.

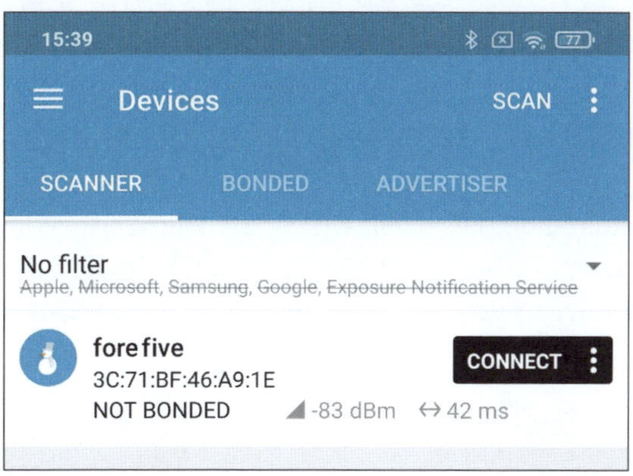

Abbildung 19.13: Die Bluetooth-MAC-Adresse über »nrf Connect« ermitteln

Die Home-Assistant-Konfiguration anpassen

Öffnen Sie mit einem Editor die Datei *configuration.yaml* und ergänzen Sie sie um die Angaben zur Bluetooth-Adresse:

```
# raumbezogene Anwesenheitserkennung
sensor:
  - platform: mqtt_room
    name: "forefive"
    device_id: "3c71bf46a91e"
    state_topic: "espresense/rooms"
    timeout: 5
    away_timeout: 120
```

Sichern Sie die Änderungen, überprüfen Sie sie mit **Entwicklerwerkzeuge • YAML • Konfiguration prüfen** und starten Sie Home Assistant neu, damit die Änderungen umgesetzt werden.

Das Ergebnis der Bluetooth-Anwesenheitserkennung ansehen und auswerten

Nach dem Neustart sollten Sie eine neue Entität *sensor.forefive* unter **Entwicklerwerkzeuge • Entitäten** vorfinden, wenn Sie nach »forefive« filtern. Abbildung 19.14 zeigt das Ergebnis.

Abbildung 19.14: Die neue Entität »sensor.forefive«

Damit lässt sich arbeiten und eine Automation aufsetzen, wie Sie sie zum Beispiel im Codeausschnitt aus Listing 19.3 sehen. Dort wird ein Schalter aktiviert, wenn der Wert des Attributs `distance` unter 4 rutscht, also wenn sich das Bluetooth-Gerät an den Sensor annähert.

```
description: "forefive schaltet Schalter an"
mode: single
trigger:
```

```
  - platform: numeric_state
    entity_id: sensor.forefive
    attribute: distance
    below: 4
condition: []
action:
  - service: switch.turn_on
    data: {}
    target:
      entity_id: switch.sonoff_02
```

Listing 19.3: Die Aktion wird ausgelöst, wenn die Distanz kleiner 4 ist.

Die Aufgaben des ESP32 erweitern

Eigentlich ist der ESP32 viel zu leistungsfähig, um seinen Einsatz auf das Erkennen von Bluetooth-Geräten zu beschränken. Das haben sich auch die Entwickler von ESPresense gedacht und daher noch weitere Features integriert. Blättern Sie einfach einmal das gesamte Webinterface von ESPresense auf Ihrem ESP32 durch. Sie werden sicherlich eine Fülle weiterer Anregungen dazu finden, wie Sie das Potenzial des ESP32 ausschöpfen können.

Smartphone verwenden

Damit Sie Ihr Smartphone als Bluetooth-Tracker verwenden können, muss auch die Funktion eines BLE-Senders aktiviert sein. Öffnen Sie in der Home-Assistant-App die Seitenleiste über das Menü-Icon, klicken Sie dann auf **App-Konfiguration • Sensoren verwalten** (Abschnitt **Sensoren**) • **BLE Transmitter** (Abschnitt **Bluetoothsensoren**) und aktivieren Sie die Funktion (siehe Abbildung 19.15),

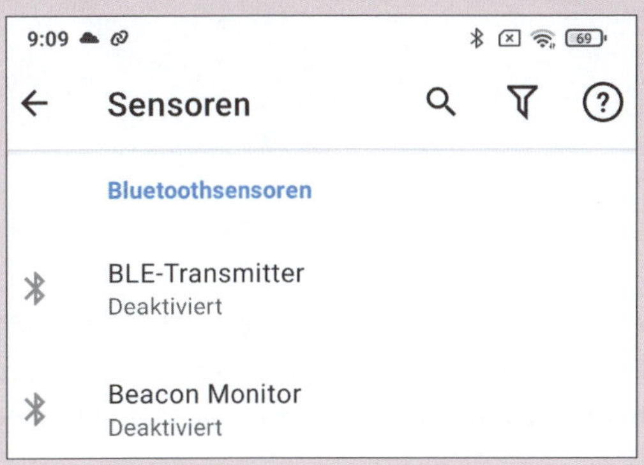

Abbildung 19.15: Einen Bluetooth-Sensor auf dem Smartphone aktivieren

Bei Android-Geräten kann auch die App *Beacon Simulator* bei der Konfiguration weiterhelfen.

19.2 Bodenfeuchte-Watchdog

Dieses kleine Projekt soll die Leistungsfähigkeit von Home Assistant bei der Integration verschiedener Geräte, Dienste und Aufgaben demonstrieren. Das Ziel ist, mit einem ESP8266 die Bodenfeuchtigkeit zu messen und diese per MQTT an Home Assistant zu senden, wo eine Automation prüft, ob eine Bewässerung erfolgen soll.

Das ließe sich auch mit ESPHome bewerkstelligen. Der Mikrocontroller soll aber noch eine Sonderfunktion übernehmen, die mit ESPHome so nicht zu realisieren ist, nämlich die Überwachung (*Watchdog*-Funktion) der Home-Assistant-Anwendung, die dafür sorgt, dass der Mikrocontroller eine Telegram-Meldung verschickt, wenn Home Assistant nicht mehr zu arbeiten scheint. Dementsprechend besteht das Projekt aus mehreren Teilschritten, die am Ende zusammengeführt werden.

[!]

Voraussetzungen: Arduino-IDE und passende Boardverwalter

Die Programmierung erfolgt mit der *Arduino-IDE*. Im Netz finden Sie eine Vielzahl von Tutorials dazu, wie Sie die Entwicklungsumgebung einrichten und wie Sie die ersten Schritte mit ihr gehen (z. B. *https://www.heise.de/tipps-tricks/Arduino-Tutorial-Die-allerersten-Schritte-4119814.html*).

Das Projekt ist sowohl mit einem ESP8266 als auch mit einem ESP32 realisierbar. Wichtig ist, dass Sie unter **Datei • Einstellungen** die zusätzlichen Boardverwalter-URLs angeben:

- *http://arduino.esp8266.com/stable/package_esp8266com_index.json* bzw.
- *https://raw.githubusercontent.com/espressif/arduino-esp32/gh-pages/package_esp32_index.json*

Nach der Ergänzung der Einstellungen müssen die Pakte noch installiert werden. Das geht über **Werkzeuge • Board • Boardverwaltung**. Installieren Sie das entsprechende Paket:

- *esp8266* von ESP8266 Community bzw.
- *esp32* von Espressif Systems

19.2.1 Der MQTT-Client

Ein ESP8266 soll als MQTT-Client fungieren. Er soll Topics abonnieren (`subscribe`, also MQTT-Nachrichten von Home Assistant empfangen) und veröffentlichen (`publish`, also MQTT-Nachrichten senden). Der Sketch nutzt die Bibliothek *PubSubClient* (siehe Abbildung 19.16).

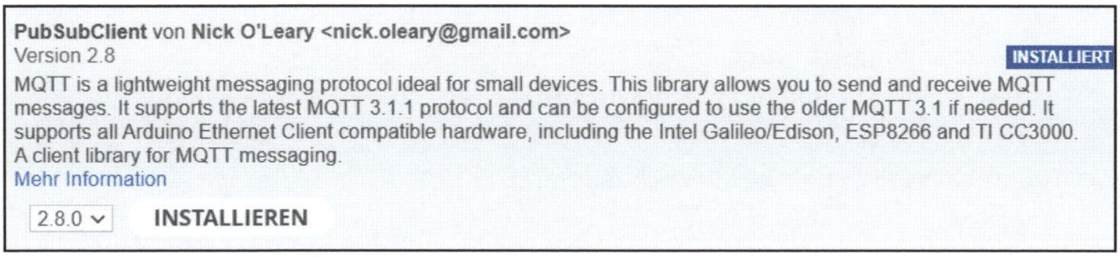

Abbildung 19.16: Die Arduino-Bibliothek »PubSubClient«

Den erforderlichen Code sehen Sie in Listing 19.4:

```
#include <ESP8266WiFi.h>                         // ESP8266
#include "PubSubClient.h"

// Wi-Fi-Daten
const char* ssid     = "Ihre_SSID";
const char* password = "Ihr_Router_Passwort";
WiFiClient wifiClient;

// MQTT-Broker-Daten (IP-Adresse, User, Passwort)
const char* mqttServer = "192.168.178.56";
const char* mqttUser = "tasmota";
const char* mqttPassword = "raspberry";
PubSubClient mqttClient(wifiClient);

long zeitAlt = -9999;

// callback Nachrichtenempfang (subscribe)
void callback(char* topic, byte* message, unsigned int length) {
  String str;
  for (int i = 0; i < length; i++) {
    str += (char)message[i];
  }
  Serial.print  ("Nachrichtenempfang für topic: ");
  Serial.print  (topic);
  Serial.print  (". Nachricht: ");
  Serial.println(str);
}

// Verbindung zum MQTT-Server herstellen
void mqttConnect() {
  Serial.print  ("Verbindungsaufbau zum MQTT-Server ");
  Serial.print  (mqttServer);
  while (!mqttClient.connected()) {
```

```
      Serial.print(".");
      // Verbindungsversuch
      if(mqttClient.connect("ESP32Client", mqttUser, mqttPassword )) {
        Serial.println();
        Serial.println("MQTT verbunden");
      } else {
        Serial.print("fehlgeschlagen, rc=");
        Serial.print(mqttClient.state());
        Serial.println(" erneuter Versuch in 5 Sekunden");
        delay(5000);
      }
    }
    mqttClient.subscribe("test/esp8266");
  }

  void setup() {
    Serial.begin(115200);
    Serial.println();
    Serial.print("Verbindungsaufbau zu ");
    Serial.println(ssid);
    WiFi.begin(ssid, password);
    while (WiFi.status() != WL_CONNECTED) {
        delay(500);
        Serial.print(".");
    }
    Serial.println("");
    Serial.println("WiFi connected");
    Serial.println("IP address: ");
    Serial.println(WiFi.localIP());

    // Verbindung zum MQTT-Server herstellen
    mqttClient.setServer(mqttServer, 1883);
    mqttClient.setCallback(callback);
    mqttConnect();
  }
  void loop() {
    if (!mqttClient.connected()) {
      mqttConnect();
    }
    mqttClient.loop();

    if (millis() - zeitAlt > 30000) {
      char txString[20];
```

```
    zeitAlt = millis();
    sprintf(txString, "Zeitstempel %d", millis() / 1000);
    Serial.println(String("Versand MQTT-Nachricht: ") + txString);
    mqttClient.publish("test/esp8266", txString);
  }

  delay(200);
}
```

Listing 19.4: MQTT-»subscribe/publish« mit Home Assistant

Die MQTT-Anmeldedaten (also `mqttServer`, `mqttUser`, `mqttPassword`) sollten selbsterklärend sein. Schlagen Sie bei Bedarf in Abschnitt 16.3.1 nach.

Der Empfang von abonnierten Nachrichten läuft über eine Callback-Funktion (`callback()`). Es erfolgt nur eine Ausgabe der empfangenen Nachricht.

Die Funktion `mqttConnect()` baut eine Verbindung zum MQTT-Broker auf.

Im `setup()` bestimmt `mqttClient.setServer(mqttServer, 1883)`, dass es sich um eine unverschlüsselte Verbindung handelt. `mqttClient.setCallback(callback)` registriert den Callback für eingehende Nachrichten.

Die `loop()` initiiert bei einem Verbindungsverlust einen Reconnect und gibt alle 30 Sekunden eine Nachricht aus. Betrachten Sie nun die Mikrocontroller-Seite (siehe Abbildung 19.17).

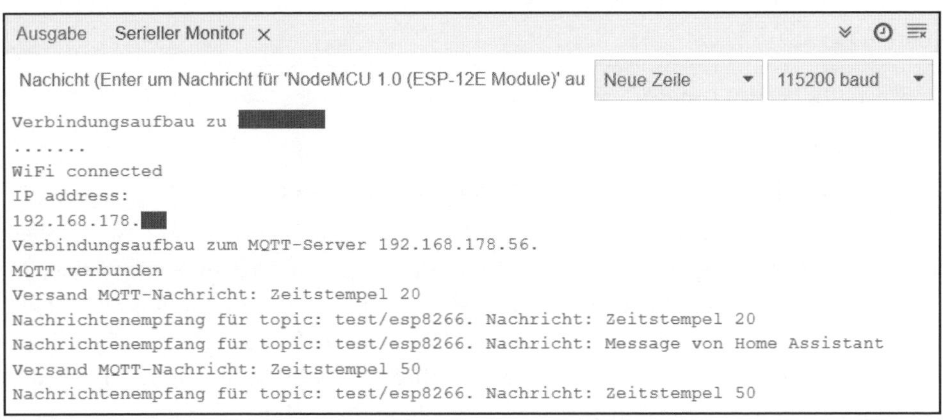

Abbildung 19.17: MQTT-»publish/subscribe« im seriellen Monitor

Das Echo ist gut zu erkennen: Der `Nachrichtenempfang` folgt auf den `Versand`. Das Wechselspiel wird hier nur einmal von einer Nachricht aus Home Assistant unterbrochen. Nachverfolgen können Sie das im Menü unter **Einstellungen • Geräte und Dienste • MQTT • Mosquitto Broker • MQTT Einstellungen • MQTT-Optionen** konfigurieren im Abschnitt **Ein Paket veröffentlichen** (siehe Abbildung 19.18).

Im nächsten Abschnitt zeige ich Ihnen, wie Sie über MQTT Messdaten an Home Assistant senden.

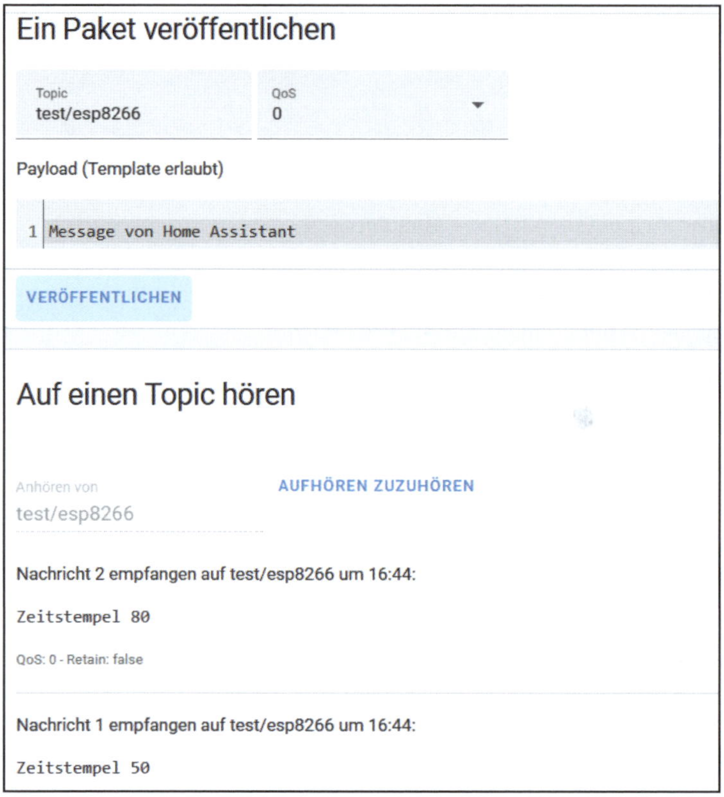

Abbildung 19.18: MQTT-»publish/subscribe« in Home Assistant

19.2.2 Über MQTT Messdaten an Home Assistant senden

Die Bodenfeuchtigkeit lässt sich gut mit einem *kapazitiven Bodenfeuchtesensor* messen. Dabei beruht das Messverfahren zur Ermittlung der Bodenfeuchtigkeit nicht auf einer Widerstandsmessung. Das hat den Vorteil, dass die Sonden keinem erhöhten Verschleiß durch katalytische Vorgänge ausgesetzt sind. Sie sind als fertiges Gerät (z. B. in Tuya- oder Sonoff-Versionen) oder als reiner Sensor erhältlich (siehe Abbildung 19.19). Bei derartigen Sensoren besteht übrigens die Empfehlung, die Schmalseiten der Messsonde durch einen zusätzlichen Lacküberzug vor eindringender Feuchtigkeit zu schützen.

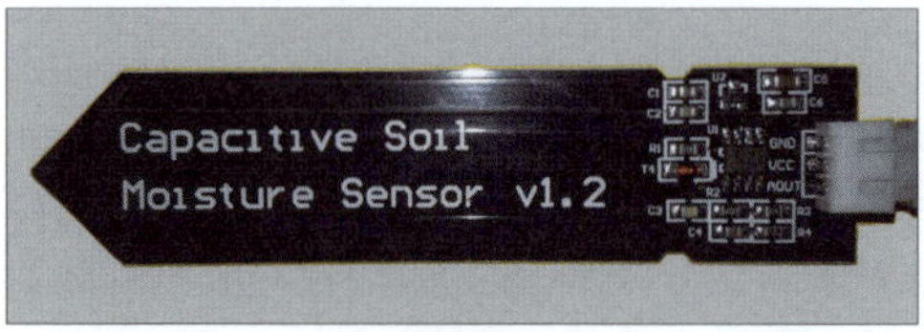

Abbildung 19.19: Der kapazitive Bodenfeuchtesensor

Als Erstes geht es nun darum, mit dem Mikrocontroller Messwerte zu ermitteln und diese via MQTT an Home Assistant zu senden.

Die Mikrocontroller-Seite

Der Sensor hat nur einen analogen Ausgang, und VCC kann direkt an 3V3 des Mikrocontrollers gelegt werden. Abbildung 19.20 zeigt den Schaltplan.

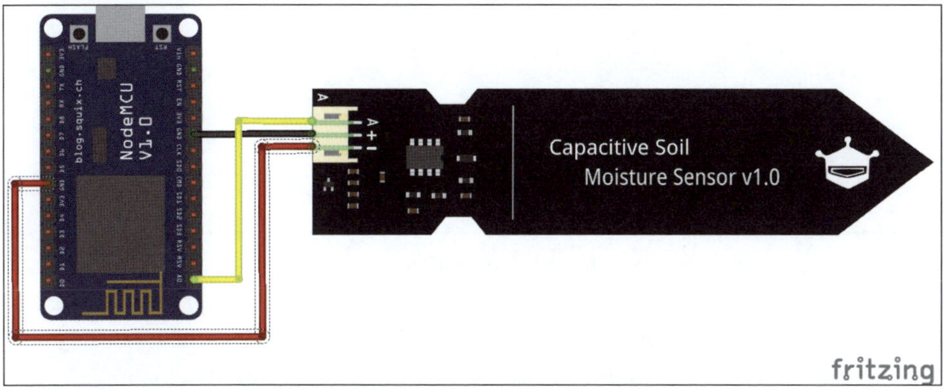

Abbildung 19.20: Der Schaltplan für den Bodenfeuchtesensor

Ergänzen Sie den Code aus Listing 19.4 um nachstehenden Code:

```
#define BODEN_SENSOR_A_PIN    A0
int messWert = 0
int schwellenWert = 40;
```

Der ESP8266 verfügt im Gegensatz zum ESP32 nur über einen Pin für das Messen von analogen Werten. Dies ist Pin A0 (`ADC0`, `TOUT`). Die Auflösung des analogen Signals in einen Digitalwert erfolgt mit einer Tiefe von 10 Bit. Das bedeutet, das Messergebnis liegt zwischen 0 und 1023.

Ergänzen Sie den Körper der `if`-Abfrage in der `loop()` um das Lesen der Messwerte:

```
  if (millis() - zeitAlt > 30000) {
    char txString[20];
    zeitAlt = millis();
    int analogValue = analogRead(BODEN_SENSOR_A_PIN);
    int feuchtigkeit = map(analogValue, 0, 1023, 100, 0);
    sprintf(txString, "%i", feuchtigkeit);
    mqttClient.publish("test/esp8266", txString);
  }
```

`analogRead()` liest die an Pin `A0` anliegende Spannung, wandelt sie in einen Digitalwert um und gibt diesen in der Variablen `analogValue` aus. Die Funktion `map()` wandelt diesen Wert der besseren Lesbarkeit halber in einen Prozentwert um. Abbildung 19.21 zeigt die Messwerte als MQTT-Echo.

Als Nächstes geht es um die Einrichtung von Home Assistant.

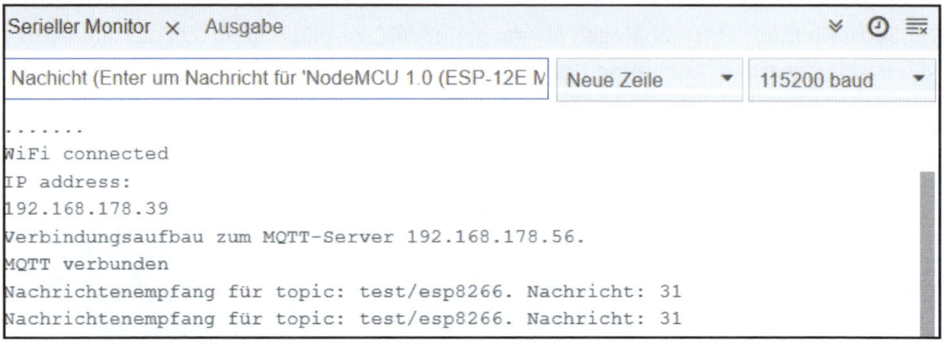

Abbildung 19.21: Messwertanzeige beim Mikrocontroller

Die Konfiguration in Home Assistant

Zwar empfängt Home Assistant die MQTT-Nachricht, was Sie unter **Einstellungen • Geräte und Dienste • Mosquitto Broker • Konfigurieren** überprüfen können. Damit lässt sich aber noch nicht arbeiten, denn es fehlt ein Sensor. Diesen Sensor richten Sie über die MQTT-Sensorplattform ein, die die *Payload* (dt. *Nutzlast*) der MQTT-Nachricht als Sensorwert verwendet. Ergänzen Sie dazu die Datei *configuration.yaml* wie folgt:

```
# MQTT
mqtt:
  sensor:
    - name: Bodenfeuchte
      state_topic: "test/esp8266"
      payload_available: "online"
      payload_not_available: "offline"
```

Ein Blick in die Entwicklerwerkzeuge sollte den Sensor und den empfangenen Wert anzeigen (siehe Abbildung 19.22).

Abbildung 19.22: MQTT-Sensor in Home Assistant

Sensorattribute

Das Beispiel ist relativ schlicht, da der Sensor (also der Mikrocontroller) nur einen Wert liefert. Bei Sensoren, die mehrere Messwerte zur Verfügung stellen, führt der Weg über eine MQTT-Nachricht als JSON-String, z. B.

```
{"Humidity":8,"Date":20220909,"Namo":TXsoil,"Dcvicc":TXsoil"}%
```

Der Sensor wäre dann:

```
mqtt:
  sensor:
    - name: " Bodenfeuchte"
      state_topic: "test/esp8266"
      value_template: '{{ value_json.Humidity }}'
      unit_of_measurement: '%'
      json_attributes_topic: "test/esp8266"
      json_attributes_template: '{{ value_json | tojson }}'
```

Weiterführende Beispiele finden Sie in der Dokumentation unter *https://www.home-assistant.io/integrations/sensor.mqtt/*.

Der Sensorwert über die Bodenfeuchte lässt sich dann gut und einfach in einer Automation nutzen:

```
alias: Bewässerung
description: ""
trigger:
  - platform: numeric_state
    entity_id: sensor.bodenfeuchte
    below: 30
condition:
  - condition: template
    value_template: >-
      {{ (state_attr("weather.forecast_home", "forecast") |
      selectattr('condition', 'search', 'rainy') | list | count) < 1 }}
action:
  - service: switch.turn_on
    data: {}
    target:
      entity_id: switch.sonoff_02
mode: single
```

Listing 19.5: Die Bodenfeuchte in einer Automation auswerten

Wie Sie sehen, gibt es in Listing 19.5 eine zusätzliche Bedingung in der Form, dass die Wettervorhersage für die nächsten Tage keinen Regen ankündigt.

19.2.3 Der Mikrocontroller sendet Nachrichten

Für die nächste Stufe muss der Mikrocontroller Nachrichten senden können, damit er seiner Rolle als Watchdog losgelöst von Home Assistant gerecht wird. Dazu brauchen wir ein anderes Medium. Ich habe mich für den Chat-Dienst Telegram entschieden, da es damit sehr einfach ist, kleinere Automationen – sogenannte *Bots* – zu erstellen. Sie haben den Dienst bereits in Abschnitt 7.6.5 kennengelernt.

Sie benötigen für den Sketch also die Bibliothek *UniversalTelegramBot* (siehe Abbildung 19.23).

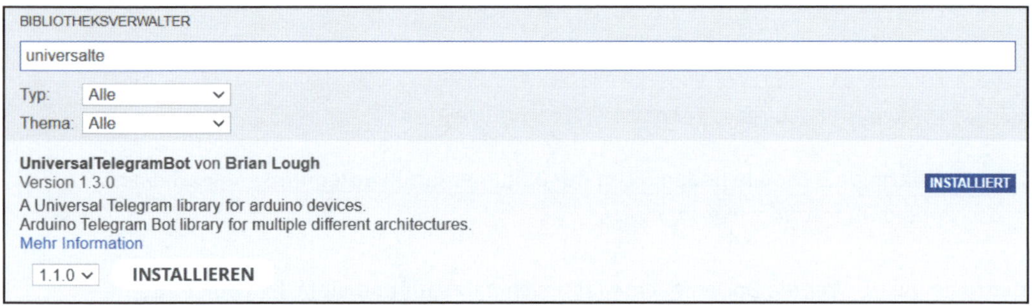

Abbildung 19.23: Die Arduino-Bibliothek »UniversalTelegramBot«

Darüber hinaus ist die Bibliothek *ArduinoJson* nötig (siehe Abbildung 19.24). Installieren Sie beide Bibliotheken über den **Bibliotheksverwalter**.

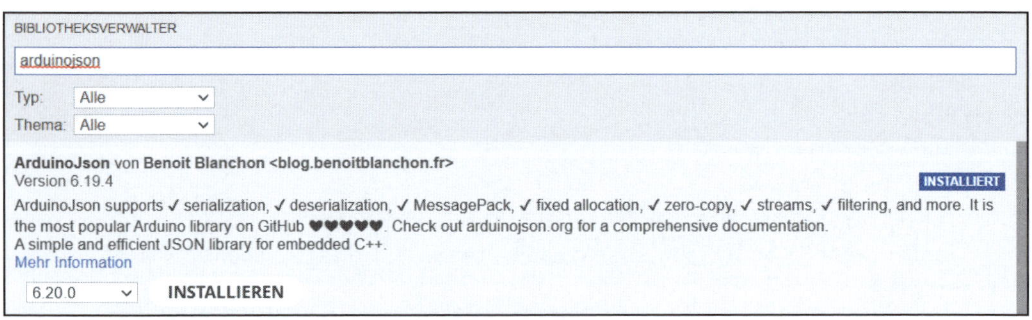

Abbildung 19.24: Die Arduino-Bibliothek »ArduinoJson«

Mit der *UniversalTelegramBot*-Bibliothek haben Sie auch Zugang zu einigen mitgelieferten ESP8266- bzw. ESP32-Beispielen, die Sie unter **Datei • Beispiele • UniversalTelegramBot** finden.

Der Beispielsketch soll an dieser Stelle auch eine LED ein- bzw. ausschalten – eine Funktionalität, die Sie für einen Watchdog eigentlich nicht brauchen, die an dieser Stelle vielleicht aber eine interessante Ergänzung darstellt (siehe Listing 19.6):

```
#ifdef ESP32
  #include <WiFi.h>
#else
  #include <ESP8266WiFi.h>
#endif
#include <WiFiClientSecure.h>
#include <UniversalTelegramBot.h>
#include <ArduinoJson.h>

#define LED_PIN   2
#define BOTtoken "Ihr_Access_Token "
#define CHAT_ID "Ihre_ChatID"

// Wi-Fi-Verbindungsdaten
const char* ssid     = "Ihre_SSID";
const char* password = "Ihr_Router_Passwort";

#ifdef ESP8266
  X509List cert(TELEGRAM_CERTIFICATE_ROOT);
#endif

WiFiClientSecure wifiClientSecure;
UniversalTelegramBot bot(BOTtoken, wifiClientSecure);
// sekündlicher Check neue Nachricht (Polling)
int botRequestDelay = 1000;
unsigned long lastTimeBotRan;
bool ledState = LOW;

// Ereignis-Handler neue Nachricht
void nachrichtBearbeiten(int numNewMessages) {
  Serial.print  ("nachrichtBearbeiten ");
  Serial.println(String(numNewMessages));

  for (int i=0; i<numNewMessages; i++) {
    // Chat id of the requester
    String chat_id = String(bot.messages[i].chat_id);
    if (chat_id != CHAT_ID){
      bot.sendMessage(chat_id, "Benutzer nicht autorisiert", "");
      continue;
    }
```

```
    String text = bot.messages[i].text;
    Serial.println(text);

    String from_name = bot.messages[i].from_name;

    if (text == "/start") {
      String strStart = "Hallo, " + from_name + ".\n";
      strStart += "Folgende Kommandos stehen zur Verfügung.\n\n";
      strStart += "/led_on   schaltet die LED an \n";
      strStart += "/led_off  schaltet die LED aus \n";
      strStart += "/state    gibt den aktuellen Status
                           der LED aus\n";
      bot.sendMessage(chat_id, strStart, "");
    }

    if (text == "/led_on") {
      bot.sendMessage(chat_id, "LED angeschaltet", "");
      ledState = HIGH;
      digitalWrite(LED_PIN, ledState);
    }

    if (text == "/led_off") {
      bot.sendMessage(chat_id, "LED ausgeschaltet", "");
      ledState = LOW;
      digitalWrite(LED_PIN, ledState);
    }

    if (text == "/state") {
      if (digitalRead(LED_PIN)){
        bot.sendMessage(chat_id, "LED ist an", "");
      }
      else{
        bot.sendMessage(chat_id, "LED ist aus", "");
      }
    }
  }
}

void setup() {
  Serial.begin(115200);
  #ifdef ESP8266
    configTime(0, 0, "pool.ntp.org");      // get UTC time via NTP
    wifiClientSecure.setTrustAnchors(&cert); // Add root certificate
                                             // for api.telegram.org
```

```
  #endif

  pinMode(LED_PIN, OUTPUT);
  digitalWrite(LED_PIN, ledState);

  // Wi-Fi-Verbindungsaufbau
  Serial.print("Verbindungsaufbau zu ");
  Serial.println(ssid);
  WiFi.mode(WIFI_STA);
  WiFi.begin(ssid, password);
  #ifdef ESP32
    wifiClientSecure.setCACert(TELEGRAM_CERTIFICATE_ROOT);
  #endif
  while (WiFi.status() != WL_CONNECTED) {
    delay(500);
    Serial.print(".");
  }
  Serial.println("");
  Serial.println("WiFi verbunden.");
  Serial.println("IP-Adresse: ");
  Serial.println(WiFi.localIP());
}

void loop() {
  if (millis() > lastTimeBotRan + botRequestDelay)  {
    int anzNachrichten = bot.getUpdates(bot.last_message_received + 1);

    while(anzNachrichten) {
      Serial.println("Nachricht erhalten");
      nachrichtBearbeiten(anzNachrichten);
      anzNachrichten = bot.getUpdates(bot.last_message_received + 1);
    }
    lastTimeBotRan = millis();
  }
}
}
```

Listing 19.6: Der Telegram-Dialog

Der Code umfasst zwar einige Zeilen, ist aber weitgehend einfach und selbsterklärend. Abbildung 19.25 zeigt die Ausgaben im seriellen Monitor.

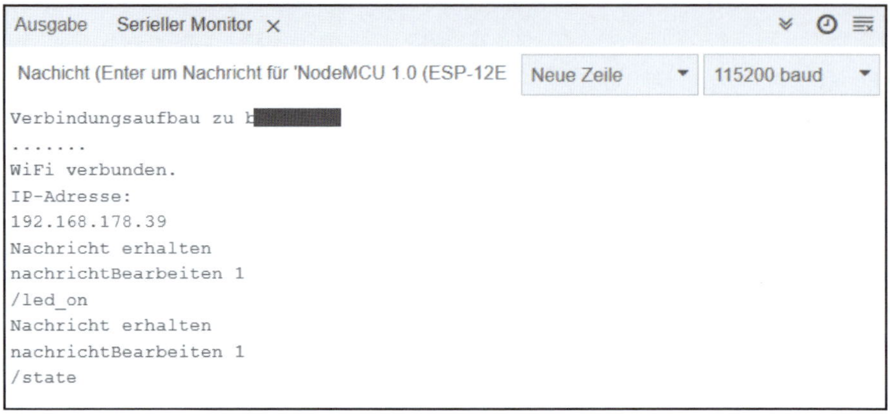

Abbildung 19.25: Der Telegram-Dialog im seriellen Monitor

Auf der Telegram-Seite sind Eingabe und Antwort besser zu verfolgen (siehe Abbildung 19.26).

Abbildung 19.26: Der Dialog in der Telegram-App

19.2.4 Den Bodenfeuchte-Watchdog zum Laufen bringen

Alle Teilkomponenten für sich sind getestet und funktionieren. Jetzt geht es nur noch darum, das Gesamtsystem zu etablieren.

Die Home-Assistant-Seite

Home Assistant muss periodisch ein Lebenszeichen von sich geben (einen sogenannten *Heartbeat* senden). Diese Aufgabe übernimmt die Automation aus Listing 19.7:

```
alias: Heartbeat
description: ""
trigger:
  - platform: time_pattern
    seconds: "00"
  - platform: time_pattern
```

```
    seconds: "30"
condition: []
action:
  - service: mqtt.publish
    data:
      topic: test/heartbeat
      payload: all alive
mode: single
```

Listing 19.7: Die »Heartbeat«-Automation

Sie veröffentlicht alle 30 Sekunden eine Nachricht mit dem Topic `test/heartbeat`.

Die Mikrocontroller-Seite

Nehmen Sie den um die Messung der Bodenfeuchte ergänzten Sketch als Basis. Modifizieren Sie ihn und übertragen Sie die für die Kommunikation mit Telegram notwendigen Bestandteile. Betroffene Stellen sind:

- der »globale« Bereich:
  - alle drei Bibliotheken für Telegram
  - die Telegram-Variablen (unter anderem Access-Token, die User-ID usw.)
  - eine neue Variable `long lastMessage = 0`; diese misst den Zeitabstand zwischen zwei Home-Assistant-MQTT-Nachrichten
- der MQTT-Subscribe: `mqttClient.subscribe("test/heartbeat");`
- im `setup()`:
  - die Telegram-Anweisungen
  - die Anweisung: `lastMessage = millis();`
- in der `loop()`:

  ```
  if (millis() - lastMessage > 2*60*1000) {        // 2 Minuten
    Serial.println("Home Assistant not alive");
    bot.sendMessage(CHAT_ID, "Home Assistant not alive", "");
    while(1);
    delay(60*60*1000);                              // 1 Stunde
  }
  ```

  Erhält der Mikrocontroller zwei Minuten lang keine Rückmeldung, sendet er eine Nachricht. Anschließend wartet er eine Stunde, um zu überprüfen, ob sich Home Assistant wieder »gefangen« hat und nun antwortet.

Abbildung 19.27 zeigt den Heartbeat-Alarm im seriellen Monitor.

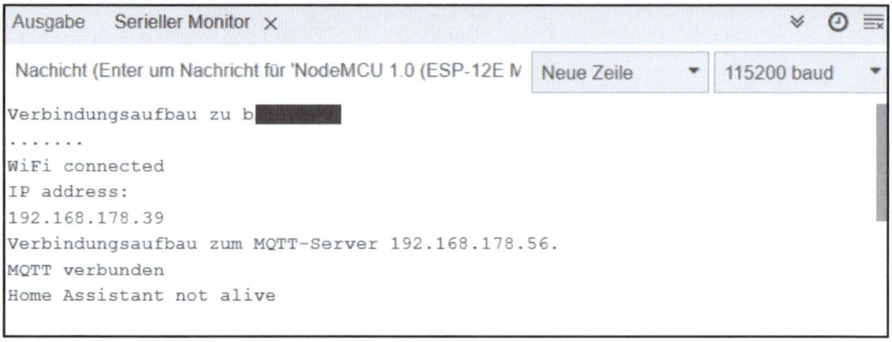

Abbildung 19.27: Der Heartbeat-Alarm im seriellen Monitor

Auch auf Telegram ist die Nachricht eingegangen (siehe Abbildung 19.28).

Abbildung 19.28: Der Heartbeat-Alarm informiert Sie über Telegram, wenn Probleme auftreten.

19.3 Home Assistant in einer virtuellen Umgebung mit Proxmox betreiben

Vielleicht erinnern Sie sich noch an die ersten Seiten dieses Buches: Ganz zu Beginn hatte ich Ihnen empfohlen, stets eine Reserve-Umgebung Ihrer Home-Assistant-Installation zur Verfügung zu haben. Bei Fehlkonfigurationen oder anderen Problemen können Sie dann einfach wechseln, ohne dass Sie auf lieb gewonnene Automatisierungen verzichten müssen.

Mit ein paar Raspberry Pis lässt sich diese Anforderung noch vergleichsweise günstig und mit wenig Aufwand erfüllen. Schwieriger wird es aber, wenn die ganze Infrastruktur mit den unterschiedlichen Diensten so weit gewachsen ist, dass selbst einem modernen Raspberry Pi 5 die Puste ausgeht. Schließlich will niemand gern mehrere klobige Bürorechner in der Wohnung herumstehen haben, vom Stromverbrauch und dem Verwaltungsaufwand ganz zu schweigen.

In der professionellen IT wird dieses Problem mit Virtualisierung gelöst. Viele Systeme laufen heute nicht mehr »auf ihrem ureigensten Blech«, sondern in virtuellen Maschinen. Dafür gibt es schlagende Argumente: Die Hardwarekosten für einen großen Server sind insgesamt betrachtet meist günstiger, und auf ihm können Systeme dann einfacher und schneller bereitgestellt werden sowie isoliert voneinander laufen. Hier setzt ein Hypervisor für virtuelle Maschinen (VMs) an, wie beispielsweise Proxmox.

Proxmox ist eine Open-Source-Plattform, die Virtualisierung, Containerisierung und Cloud-basierte Dienste bereitstellt. Mit Proxmox können Sie virtuelle Maschinen und

Container erstellen, verwalten und überwachen. Sie können damit eine Installation von Home Assistant betreiben und ganz einfach Snapshots und Klone einrichten, falls Sie mal etwas testen wollen. Und daneben können Sie selbstverständlich auch noch andere Helfer nutzen, die sich selbst betreiben lassen. Beispiele wären der Werbeblocker Pi-Hole, die Medienverwaltung Kodi und andere Werkzeuge. Eine gute Übersicht finden Sie unter *https://alternativeto.net/platform/self-hosted/*.

19.3.1 Proxmox, VirtualBox und Docker

In Kapitel 2 habe ich Ihnen mit VirtualBox und Docker bereits zwei Alternativen vorgestellt, mit denen Sie Ihre Home-Assistant-Installation virtualisieren können.

Zunächst kurz zu Proxmox: Dabei handelt es sich eigentlich um eine »echte« Linux-Distribution, die auf Debian Linux basiert und zwei wichtige Virtualisierungstechnologien kombiniert:

- *Kernel-based Virtual Machine* (KVM) für die Virtualisierung auf Hypervisor-Ebene
- LXC (*Linux Containers*) für die Containerisierung

Sie können mit Proxmox also sowohl virtuelle Maschinen in unterschiedlichen Formaten als auch Container verwalten.

Proxmox lässt sich über eine webbasierte Benutzeroberfläche einfach administrieren. Der kostenlose Funktionsumfang lässt sich gegen Entgelt durch einen Enterprise-Support und darüber hinausgehende Services erweitern.

Mit *VirtualBox* haben Sie in Abschnitt 2.3.1 bereits eine Virtualisierungsplattform kennengelernt, aber im Vergleich zu Proxmox gibt es einige wichtige Unterschiede:

- **Zielgruppe und Einsatzbereich**

  Proxmox ist in erster Linie für den Einsatz in Rechenzentren, Hosting-Umgebungen und Unternehmen konzipiert. Es bietet Funktionen für die Verwaltung von virtuellen Maschinen und Containern in großen Umgebungen.

  VirtualBox ist eher für den Desktop-Einsatz geeignet. Es wird oft von Entwicklern und Anwendern genutzt, die virtuelle Maschinen auf ihren eigenen Computern betreiben möchten, um verschiedene Betriebssysteme zu testen oder isolierte Entwicklungsumgebungen zu erstellen.

- **Virtualisierungstechnologie**

  Proxmox verwendet KVM (*Kernel-based Virtual Machine*) für die Virtualisierung auf Hypervisor-Ebene. Dies bietet eine hohe Leistung und Skalierbarkeit.

  VirtualBox verwendet eine andere Virtualisierungstechnologie hauptsächlich auf Softwareebene, um virtuelle Maschinen zu erstellen. Es ist nicht so leistungsfähig wie KVM, bietet aber eine gute Kompatibilität und eine einfache Einrichtung für Desktop-Umgebungen.

- **Management**

  Proxmox besitzt eine webbasierte Benutzeroberfläche für die Verwaltung von virtuellen Maschinen und Containern. Es ermöglicht die zentralisierte Verwaltung von Ressourcen und bietet Funktionen wie Hochverfügbarkeit und Live-Migration.

  VirtualBox wird über eine Desktop-Anwendung mit einer grafischen Benutzeroberfläche verwaltet. Es ist eher auf die Bedürfnisse einzelner Benutzer ausgerichtet und bietet weniger Funktionen für die Verwaltung von großen Umgebungen.

- **Funktionen**

  Proxmox bietet erweiterte Funktionen wie Clustering, Software-defined Storage und Backup-Lösungen, die für Unternehmensumgebungen wichtig sind.

  VirtualBox beinhaltet grundlegende Funktionen für die Erstellung und Verwaltung von virtuellen Maschinen, aber es fehlen einige erweiterte Funktionen, die in Unternehmensumgebungen benötigt werden könnten.

Im Hinblick auf *Docker* ist festzuhalten, dass es sich um zwei unterschiedliche Technologien mit ebensolchen Anwendungsbereichen handelt:

- **Virtualisierung vs. Containerisierung**

  Proxmox ist eine Virtualisierungsplattform, die auf Hypervisor-Technologie basiert. Sie ermöglicht die Ausführung mehrerer isolierter Betriebssysteminstanzen auf einem physischen Host.

  Docker hingegen ist eine Containerisierungsplattform, die auf der Docker-Engine basiert. Sie ermöglicht die Erstellung und Ausführung von isolierten Anwendungscontainern, die Ressourcen mit dem Hostbetriebssystem teilen.

- **Ressourcenverbrauch und Skalierbarkeit**

  Bei der Verwendung von Proxmox werden für jede virtuelle Maschine separate Betriebssysteminstanzen gestartet, was zu einem höheren Ressourcenverbrauch führen kann. Dies ermöglicht jedoch eine bessere Isolierung und Unabhängigkeit zwischen den VMs.

  Docker-Container teilen sich den Kernel des Hostbetriebssystems und benötigen daher weniger Ressourcen im Vergleich zu virtuellen Maschinen. Dies ermöglicht eine höhere Dichte von Containern auf einem Host und eine schnellere Bereitstellung von Anwendungen.

- **Verwaltung und Orchestrierung**

  Proxmox bietet eine webbasierte Benutzeroberfläche zur Verwaltung von virtuellen Maschinen, einschließlich Funktionen wie Live-Migration, Hochverfügbarkeit und Backup.

  Docker wird häufig in Verbindung mit Orchestrierungsplattformen wie Kubernetes verwendet, um Container zu verwalten, zu skalieren und zu orchestrieren. Diese Plattformen bieten Funktionen wie automatische Skalierung, Lastausgleich und Service-Discovery.

Damit öffnet sich ein weites Spielfeld für Ihr Home-Assistant-Setup. Ob und von welchen Optionen Sie wie Gebrauch machen, hängt natürlich ganz von der Situation vor Ort und von Ihren Zielen ab. Vieles ist möglich; jedoch möchte ich Ihnen an dieser Stelle noch einmal das KISS-Prinzip in Erinnerung rufen.

19.3.2 Proxmox-Systemvoraussetzungen und -Installation

- CPU: 64 Bit (Intel EMT64 oder AMD64)
- Die CPU und das Motherboard müssen Intel VT bzw. AMD V unterstützen.
- 1 GByte RAM nur für Proxmox, weiterer Arbeitsspeicher für die betriebenen VMs. Empfehlenswert sind daher 8 GByte.
- gerne eine 256-GByte-SSD
- Ethernet-Anschluss

Die Installation ist überaus einfach, Sie benötigen an dieser Stelle jedoch noch Monitor, Tastatur und Maus:

Schritt 1: Proxmox-ISO-Installer besorgen

Laden Sie sich den Proxmox-ISO-Installer von *https://www.proxmox.com/en/downloads/category/iso-images-pve* herunter.

Schritt 2: Bootfähiges USB-Gerät erstellen

Erstellen Sie mit *balenaEtcher* ein bootfähiges USB-Gerät, idealerweise einen USB-Stick.

Schritt 3: BIOS-Einstellungen überprüfen

Stecken Sie den USB-Stick in das Zielgerät und schalten Sie es ein. Gehen Sie in das BIOS (mit `Esc`, `F2`, `F10` oder `F12`).

Stellen Sie sicher, dass im BIOS **UEFI-Boot & Virtualisierung** aktiviert und **Secure Boot** deaktiviert ist.

Wählen Sie als erstes Bootmedium das USB-Gerät. Speichern Sie die Einstellungen und verlassen Sie das BIOS.

Schritt 4: Installationsart festlegen

Der Rechner bootet, und das Proxmox-Willkommensfenster erscheint. Wählen Sie **Install Proxmox VE**. Es dauert eine Weile, bis das nächste Fenster erscheint, weil im Hintergrund einige Tasks ablaufen.

Schritt 5: Zielhardware disponieren

Der Installer listet alle verfügbaren Zielgeräte auf. Mit **Options** können Sie noch weitere Einstellungen konfigurieren:

- **Filesystem**: Hier können Sie das Dateisystem wählen. Der Standard *ext4* ist in der Regel eine gute Wahl. Wenn mehrere Festplatten auf dem Hostsystem zur Verfügung stehen (und viel RAM), ergibt vielleicht die Option *zfs* mit dem entsprechenden RAID-Level Sinn. Das ist jedoch ein eher fortgeschrittenes Setup.
- **hdsize**: Gibt die für Proxmox insgesamt zur Verfügung stehende Festplattengröße an. Üblicherweise ist dies die komplette Festplattenkapazität, es sei denn, es sollen später noch weitere Partitionen hinzugefügt werden.
- **swapsize**: Bestimmt die Größe des Swap-Volumes. Standard ist hier die gleiche Größe wie der verbaute RAM-Speicher, jedoch minimal 4 GByte und maximal 8 GByte.
- **maxroot**: Gibt die maximale Größe des *root*-Volumes an.
- **minfree**: Speicherplatz, der auf der LVM-Volume-Group *pve* (LVM = *Logical Volume Manager*) frei gelassen wird. Wenn die Festplatte größer als 128 GByte ist, bleiben hier standardmäßig 16 GByte frei. (LVM benötigt immer etwas freien Speicher für die Erzeugung von Snapshots.)
- **maxvr**: Legt die maximale Größe des *data*-Volumes fest.

Das Fenster der Festplattenoptionen verlassen Sie mit **OK**. Danach gehen Sie mit **Next** weiter.

Schritt 6: Ort und Zeitzone festlegen

Legen Sie hier Land, Zeitzone und Tastaturlayout fest. Mit **Next** geht es weiter.

Schritt 7: root-Passwort und E-Mail-Adresse eingeben

Der Zugang des Benutzers *root* wird mit einem selbst definierten Passwort abgesichert. Es ist wichtig, dass Sie hier eine reale E-Mail-Adresse eintragen, da Proxmox diese zur Mitteilung wichtiger Systemmeldungen nutzt. Mit **Next** rufen Sie das nächste Fenster auf.

Schritt 8: Netzwerkmanagement-Informationen abspeichern

Proxmox benötigt ein paar Netzwerkinformationen:

- **Management-Interface**: Dieses ist in der Regel durch den Installer vorgegeben und nicht zu ändern.
- **Hostname** (FQDN): Dies ist der Name, über den Sie den Host später erreichen können (z. B. *pve.fritz.box*).
- **IP-Address** (CIDR): Dies ist die IP-Adresse Ihres Proxmox-Servers.

  Sorgen Sie dafür, dass es sich um eine statische, nicht benutzte IP-Adresse handelt (z. B. 192.168.178.26).
- **Gateway**: Hier tragen Sie die IP-Adresse des Routers ein (z. B. *192.168.178.1* bei einer FRITZ!Box.
- **DNS-Server**: Hier geben Sie die IP-Adresse des DNS-Servers an; der Wert ist in der Regel identisch mit der Router-IP-Adresse.

Gehen Sie wieder mit **Next** weiter.

Schritt 9: Übersicht bestätigen

Sie erhalten eine Übersicht der vorgenommenen Einstellungen. Sie haben noch die Option, direkt durchzustarten, indem Sie **automatically Boot after Install** aktivieren. **Install** startet die Installationsmaßnahmen. Zu deren Abschluss landen Sie in einer Konsole. Ihr können Sie entnehmen, unter welcher Adresse Ihr Proxmox-Server im Browser erreichbar ist (z. B. *https://192.168.178.26:8006*).

[+]

Schreibschutz des USB-Sticks

balenaEtcher verpasst dem USB-Stick bei der Übertragung des bootfähigen ISO-Abbildes einen Schreibschutz, um sicherzustellen, dass die auf dem Stick gespeicherten Daten nicht versehentlich oder absichtlich geändert oder beschädigt werden – ein Standard, wenn der USB-Stick zum Booten von Betriebssystemen oder zur Durchführung von Systemwiederherstellungen verwendet wird. Dieser Schreibschutz verhindert aber auch das Neuformatieren des Speichermediums. Löschen Sie daher diesen Schutz mit einfachen Linux-Mitteln:

- `lsblk`: Gibt eine Liste der angeschlossenen Blockgeräte aus.
- `sudo dd if=/dev/zero of=/dev/sdc bs=1MBsblk`: Dabei ist `sdc` das entsprechende Gerät, nicht die ebenfalls in der Liste aufgeführte Partition. Der gesamte USB-Stick wird nun mit Nullen überschrieben, und alle Daten gehen verloren.

19.3.3 Nach der Installation

Dieser Block ist optional. Die Home-Assistant-Entwickler empfehlen jedoch die Ausführung eines Skripts, das Optionen zum Verwalten von Proxmox-VE-Repositorys und mehr bietet.

Wenn Sie das Skript ausführen, wird das kostenpflichtige Enterprise-Repository deaktiviert, und stattdessen werden andere, freie Repositorys eingebunden. Außerdem wird der Hinweis deaktiviert, ein Profi-Abo abzuschließen. Für die private Nutzung ist das empfehlenswert. Anschließend wird Proxmox VE auf die neueste Version aktualisiert, Sicherheitspatches werden angewendet, und das System wird neu gestartet. Das macht die Installation von Home Assistant OS einfacher und schneller.

Um den empfohlenen Nachinstallationsprozess für Proxmox VE abzuschließen, führen Sie den folgenden Befehl in der Proxmox-Shell aus:

```
bash -c "$(wget -qLO - https://github.com/tteck/Proxmox/raw/main/misc/
post-pve-install.sh)"
```

Es empfiehlt sich, alle Abfragen während des Prozesses mit `yes` (y) zu beantworten.

Am bequemsten ist das Nutzen der SSH-Funktionalitäten (z. B. **Windows-Power-Shell**, erreichbar über eine entsprechende Suchfeldeingabe in der Taskleiste). Das Kommando für den Verbindungsaufbau ist `ssh`; hinzu kommen der Benutzername und die IP-Adresse, z. B. so:

```
ssh root@192.168.178.26
```

Sie erhalten vom Authentifizierungsprozess eine Fehlermeldung. Gehen Sie mit `yes` weiter. Sie befinden sich dann in der Proxmox-Shell und können den oben genannten Befehl absetzen. Abbildung 19.29 zeigt den Ablauf, wobei das Update von Proxmox VE wirklich viel Zeit benötigt.

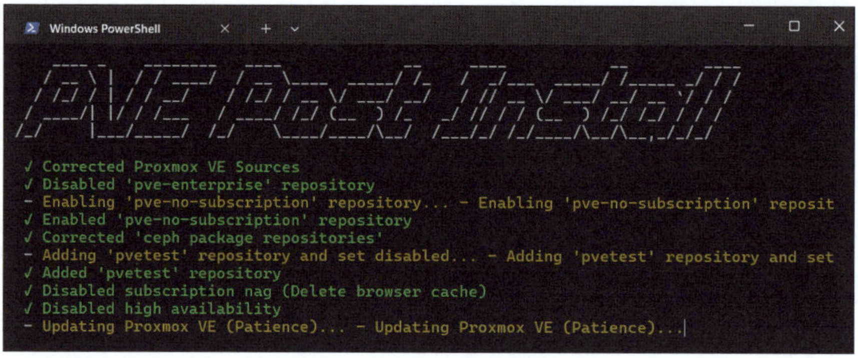

Abbildung 19.29: Ablauf der Proxmox-Post-Installation

19.3.4 Erstanmeldung

Nachdem alles abgeschlossen ist, öffnen Sie einen Browser und geben die IP-Adresse ein, unter der Ihr Proxmox-Server erreichbar ist. Bei ersten Mal warnt der Browser vor einem erkannten Sicherheitsrisiko. Das hat den Hintergrund, dass Proxmox für den HTTPS-Zugang ein selbst signiertes Zertifikat verwendet. Fordern Sie den Browser auf, die Verbindung dennoch herzustellen – die Warnmeldung hat in privaten Umgebungen keine Relevanz. Sie erhalten das Proxmox-Log-in-Fenster, wie in Abbildung 19.30 gezeigt.

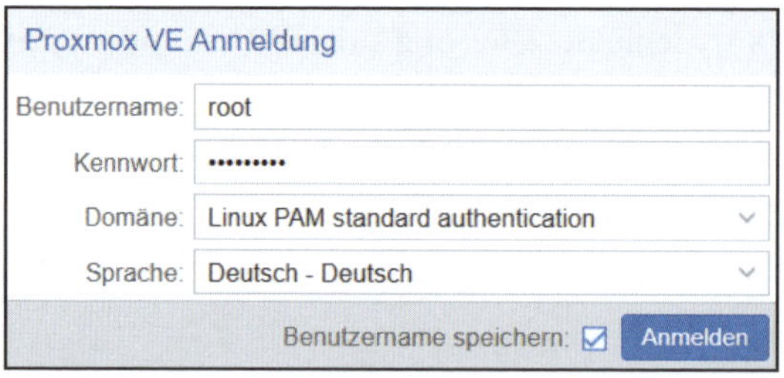

Abbildung 19.30: Proxmox-Log-in-Fenster

Geben Sie Ihre Benutzerdaten ein: Das sind Ihr **Benutzername** und das zugehörige **Kennwort** aus Schritt 7 der Installation. Ändern Sie gegebenenfalls die Spracheinstellung und aktivieren Sie das Kontrollkästchen **Benutzername speichern**, bevor Sie mit **Anmelden** weitergehen. Sofern Sie den Nachinstallationsprozess übersprungen haben, erhalten Sie die Meldung *keine gültige Subskription*. Schließen Sie den Hinweis mit **OK**. Abbildung 19.31 zeigt das Proxmox-Hauptfenster.

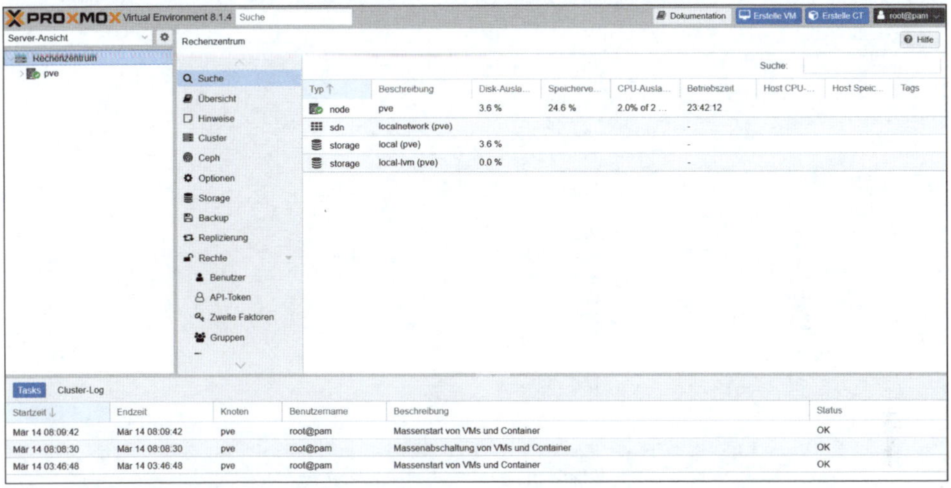

Abbildung 19.31: Proxmox-Hauptfenster

19.3.5 Home Assistant installieren

Auch für die Installation von Home Assistant (*Home Assistant OS VM*) steht ein Skript bereit. Gehen Sie in der linken Seitenleiste unter **Rechenzentrum** zum Knoten **pve**. Das Anzeigefenster betrifft nun den Knoten *pve*. In dem dazugehörigen Menü (grau hinterlegter Bereich) finden Sie einen Eintrag **>_ Shell**, der die Proxmox-Konsole öffnet. Geben Sie dort den folgenden Befehl ein, mit dem das Installationsskript aus dem GitHub-Repository von *tteck* heruntergeladen wird, der einige praktische Hilfestellungen erstellt hat:

```
bash -c "$(wget -qLO - https://github.com/tteck/Proxmox/raw/main/vm/
haos-vm.sh)"
```

Es beginnt ein Dialog mit dem Fenster aus Abbildung 19.32.

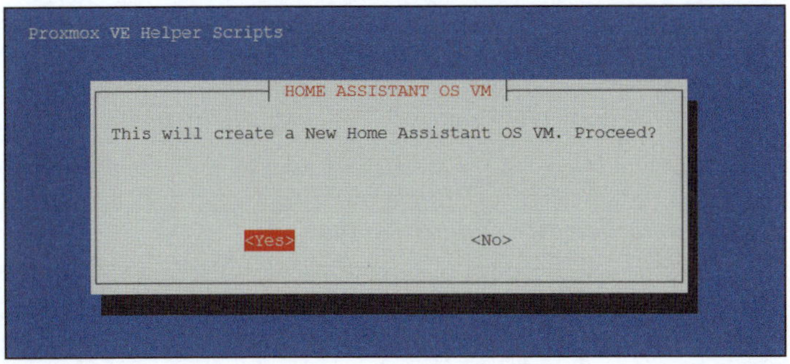

Abbildung 19.32: Start des Proxmox-Installer-Skripts

Bestätigen Sie mit **Yes**. Bestätigen Sie auch im folgenden Schritt (**Use Default Settings**) vorzugsweise die angebotene Voreinstellung mit **Yes**. Der Installer beginnt sein Werk und sollte mit einer Erfolgsmeldung schließen (siehe Abbildung 19.33).

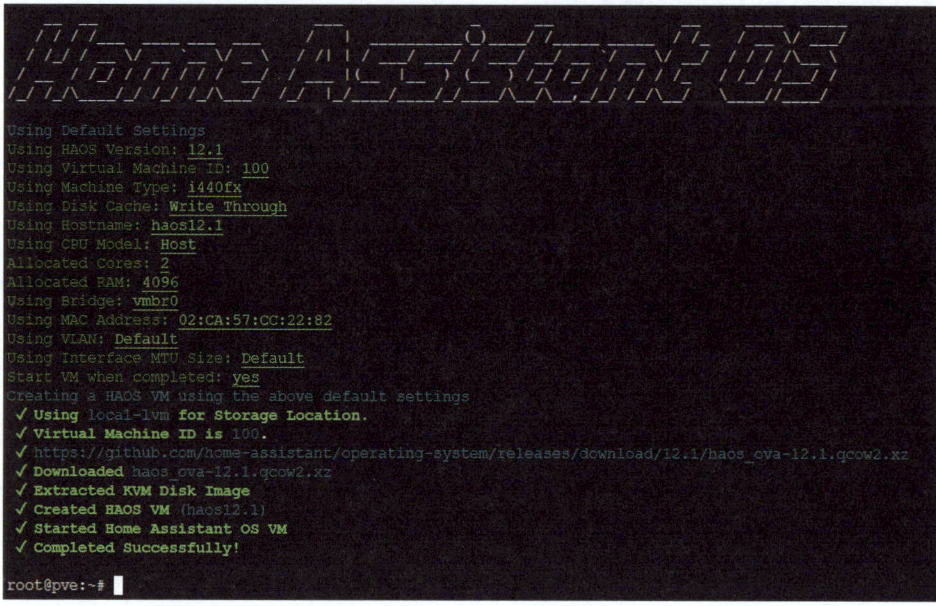

Abbildung 19.33: Protokoll des Skripts

Verlassen Sie dann die Konsole. Der Knoten **pve** hat einen neuen Eintrag bekommen, in meinen Fall heißt er **100 (haos 12.1)**, wie Sie in Abbildung 19.34 sehen.

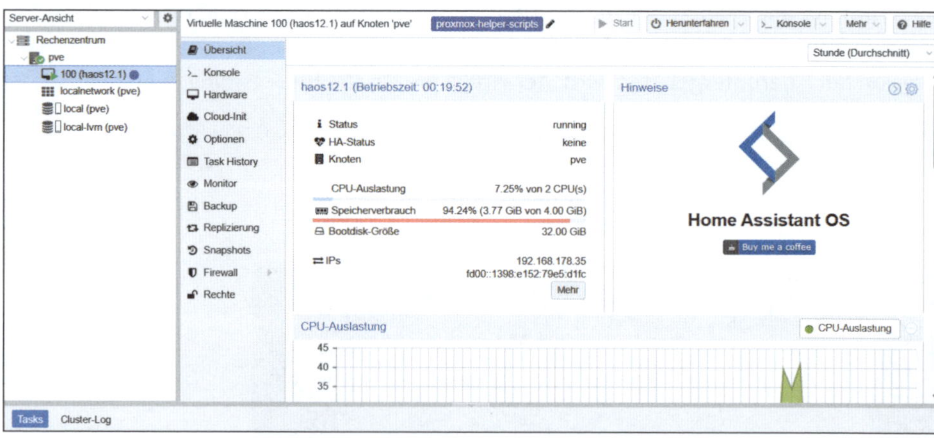

Abbildung 19.34: Home Assistant – virtuelle Maschine unter Proxmox

In der Übersicht finden Sie auch die IP-Adresse von Home Assistant (hier 192.168.178.35).

Sollte die Maschine nicht selbstständig starten, veranlassen Sie den Boot mit einem Doppelklick auf den Eintrag. Dann öffnet sich eine Konsole, in der Sie wie gewohnt das Hochfahren von Home Assistant verfolgen können.

Geben Sie die IP-Adresse, ergänzt um die Portnummer 8123 (hier also z. B. *http://192.168.178.35:8123*), in einen Browser ein. Sie erhalten das gewohnte Willkommensfenster und können das Home Assistant Smart Home erstellen bzw. aus einem Backup wiederherstellen. Es folgen die üblichen Arbeiten mit und in Home Assistant.

Ausblick: Weitere Anwendungen in Proxmox abbilden

Home Assistant ist eigentlich erst der Start, die eigene Softwareinfrastruktur in Proxmox abzubilden. In der Regel dürfte sich hier noch einiges anschließen. Für viele Dinge gibt es – wie eben für Home Assistant – Helper-Skripte. Eine Recherche unter *https://tteck.github.io/Proxmox/* ist ein sehr guter Startpunkt.

19.4 Das KI-Tool n8n

n8n (*https://n8n.io/*) begreift sich als sichere, AI-native Workflow-Automation. Oder einfacher formuliert: Es integriert künstliche Intelligenz in Automatisierungen und Abläufe. Es setzt dort an, wo Home Assistant – noch – Grenzen oder Unzulänglichkeiten hat. Sie werden sich leicht zurechtfinden, wenn Sie bereits mit Node-RED gearbeitet haben, denn beide Tools weisen viele Ähnlichkeiten auf.

Es gibt einige Optionen, um sich den Zugang zu n8n zu sichern:

- **Cloud-Plattform**: Der einfachste Weg führt sicherlich über die Cloud-Plattform. Diese ist allerdings kostenpflichtig.
- **Selbst gehostet**:
  - auf Anwendungsebene mit node.js
  - in einem Docker-Setup
  - als Home-Assistant-Add-on

An dieser Stelle möchte ich den Ansatz über das Add-on beschreiben. Dieser eignet sich gut für den Einstieg. Für ein dauerhaftes Setup ist sicherlich eine Containerlösung besser, die Sie über Proxmox komfortabel umsetzen können. Nehmen wir aber zuerst einmal den einfachen Weg und schauen wir uns an, was n8n kann.

19.4.1 Das Add-on installieren und starten

Die Installation und der erstmalige Start des Add-ons erfolgt in mehreren Schritten (siehe auch Kapitel 8).

Schritt 1: Repository hinzufügen und installieren

Wechseln Sie in den Add-on Store: **Einstellungen • Add-ons • Add-on Store**. Fügen Sie über das Menü mit den drei Punkten das Repository *https://github.com/Rbillon59/hass-n8n* hinzu. Danach finden Sie im Add-on Store einen neuen Abschnitt *n8n* mit einer Kachel *n8n*, wo Sie die Installation starten können.

Alternativ können Sie das Repository in Ihrem Browser besuchen und die Installation über die Schaltfläche **SHOW ADD_ON ON** einleiten. Das Repository wird dann automatisch zu Ihrem Home-Assistant-Setup hinzugefügt.

Schritt 2: Das n8n-Add-on konfigurieren

Das Add-on erwartet zwingend gesetzte Environment-Variablen (dt. *Umgebungsvariablen*). Umgebungsvariablen sind Konfigurationswerte auf Betriebssystemebene, um das Verhalten von Programmen zur Laufzeit anzupassen. n8n macht davon intensiv Gebrauch (siehe *https://docs.n8n.io/hosting/environment-variables/environment-variables/*). Das ist ein Argument, n8n in ein eigenes Container-Setup auszulagern, wenn Sie es intensiver nutzen wollen.

Wechseln Sie zu **Konfiguration** und setzen Sie folgende Werte ein (siehe Abbildung 19.35):

- `N8N_SECURE_COOKIE=false`: Der Standardwert ist `true` und bewirkt, dass unsichere Verbindungen geblockt werden.
- `N8N_DIAGNOSTICS_ENABLED=false`: Der Standardwert ist `true` und hat zur Folge, dass die Anwendung einen Wust an Diagnosedaten an n8n übermittelt.

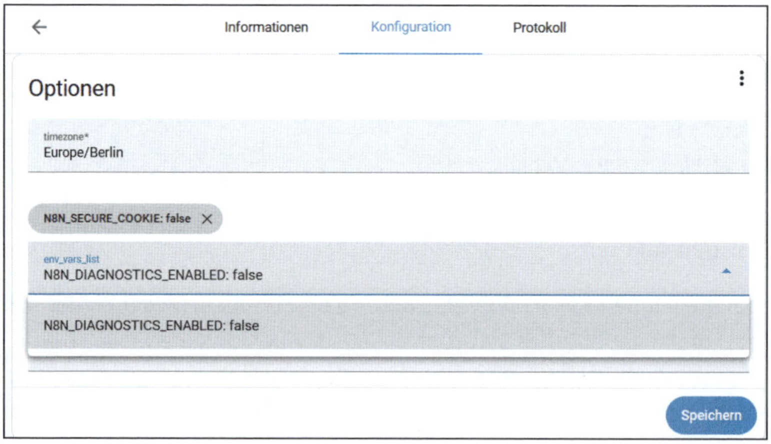

Abbildung 19.35: Umgebungsvariablen setzen

Schritt 3: n8n starten

Gehen Sie wieder in den Register **Informationen** zurück und aktivieren Sie gegebenenfalls weitere Optionen wie z. B. **Beim Booten starten**. Starten Sie dann n8n. Riskieren Sie vielleicht noch einen kurzen Blick in das **Protokoll** und schauen Sie, ob es beim Start Fehler gab.

Schritt 4: n8n einrichten

Wenn Sie n8n zum ersten Mal aufrufen, führt ein Einrichtungsassistent durch den Prozess einer Erstanmeldung (siehe Abbildung 19.36). Dort müssen Sie sich ein Konto einrichten, damit Sie n8n nutzen können.

Kosten und Funktionsumfang

Dieses Konto existiert nur lokal auf Ihrem Server, so entstehen keine weiteren Kosten. Wenn Sie die Cloud-Version von n8n nutzen wollen, müssen Sie sich dort einen Account anlegen, der für private Nutzer ca. 20 € pro Monat kostet. Weitere Informationen finden Sie unter *https://n8n.io/pricing/*.

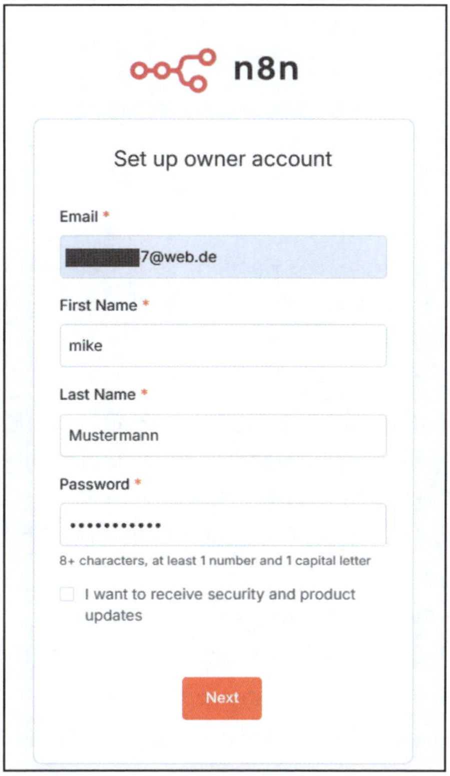

Abbildung 19.36: Ersteingabe der n8n-Benutzerdaten

Das Passwort muss acht Zeichen umfassen und mindestens einen Großbuchstaben und eine Ziffer beinhalten (z. B. `Raspberry00`). Nach einem Klick auf **Next** landen Sie im n8n-

Home-Screen (siehe Abbildung 19.37), auf dem Sie Automatisierungen und Workflows verwalten können.

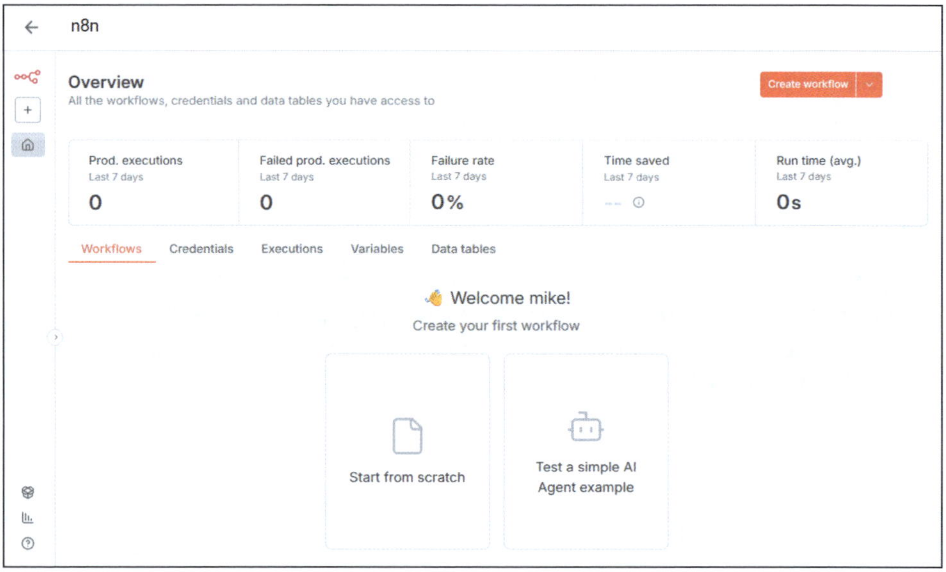

Abbildung 19.37: n8n-Home-Screen

19.4.2 Der Workflow Outdoor-Aktivität

n8n ist ein mächtiges Tool. Entsprechend komplex kann das Handling sein. Vielfach ist Home Assistant (noch) nicht so weit. Es lohnt sich, tiefer einzusteigen, denn n8n integriert Funktionalitäten wie:

- die eines *KI-Agenten*

  In der Informatik versteht man unter einem KI-Agent (auch Software-Agent) ein Programm, das als Bestandteil eines verteilten Systems selbstständig handelt und mit anderen Agenten des Systems kommuniziert und folgende Eigenschaften besitzt:

  - autonomes Handeln, d. h. der Agent handelt ohne oder nur mit sehr geringem Benutzereingriff
  - Proaktivität, d. h., der Agent führt initiativ eigene Aktionen aus
  - Reaktivität, d. h., der Agent reagiert selbstständig auf Änderungen der Umwelt
  - soziales Handeln, d. h., der Agent kann mit anderen Agenten kommunizieren
  - Lernfähigkeit, d. h., der Agent baut im Laufe der Zeit ein eigenes Wissen auf, das er für spätere Entscheidungen heranzieht

  Damit ist ein AI-Agent ein autonomes System, das Daten empfängt, rationale Entscheidungen trifft und in seiner Umgebung agiert, um bestimmte Ziele zu erreichen.

  Denkbar ist beispielsweise ein Agent, der die Ladevorgänge Ihres E-Autos an der eigenen Wallbox verwaltet. Er wird mit Werten Ihres Stromverbrauchs und Fahrverhaltens sowie mit der Wettervorhersage gespeist und entscheidet dann selbstständig, wann ein guter Zeitpunkt gekommen ist, um das Auto so günstig wie möglich aufzuladen.

- *Retrieval-Augmented Generation* (RAG)

  LLMs leiden unter einigen Schwachstellen in der Form, dass das Modell Inhalte erzeugt, die falsch, erfunden oder nicht durch Trainingsdaten gedeckt sind – obwohl sie plausibel oder korrekt erscheinen (so genannte Halluzinationen). Diesem Manko versucht RAG zu begegnen. Der Ansatz ist, AI-generierte Antworten mit dem Abrufen relevanter externer Informationen zu kombinieren und dadurch Genauigkeit sowie Relevanz zu verbessern.

- das *Model Context Protocol* (MCP)

  MCP wurde von Anthropic (Entwickler von Claude) als Open-Source-Projekt initiiert und im November 2024 offengelegt. In gewisser Hinsicht ist MCP einem USB-C-Anschluss vergleichbar, der hardwareseitig die Kommunikation zwischen unterschiedlichsten Geräten unterstützt. In der Funktion könnten Sie das Auslesen von Temperaturdaten aus einem ESP32 anstatt über MQTT über MCP realisieren.

  Szenario: Sie möchten, dass KI (Claude) Ihre Heizung basierend auf Wettervorhersage und Ihrem Kalender intelligent steuert (Intelligente Heizungssteuerung mit Wetterdaten.

  - Anfrage: »Optimiere die Heizung für morgen«
  - Claude nutzt MCP-Server für Home Assistant (Zugriff auf Heizungsthermostate), Wetter-API (Vorhersage für morgen) und Ihren Kalender (wann Sie zuhause sind).
  - Claude analysiert dann beispielsweise »Morgen wird es tagsüber 15°C, nachts 5°C«, »Sie sind laut Kalender von 9 bis 17 Uhr außer Haus« und »aktuell ist die Heizung auf 21°C eingestellt«.
  - Claude erteilt Vorschläge und setzt diese direkt oder ggf. im Zusammenspiel mit Home Assistant um.

Für den Einstieg soll es genügen, die Automation *Outdoor-Aktivität* aus Kapitel 11 in n8n zu realisieren. Sie haben hiermit einen guten Vergleich, und vielleicht stellt sich Appetit auf mehr ein.

Schritt 1: Workflow erstellen und einen Auslöser setzen

Erstellen Sie mit **Create Workflow** eine leere Zeichenfläche (engl. *Canvas*). Sie ist das zentrale Element, Workflows zu editieren und zu testen (siehe Abbildung 19.38).

Workflows sind vergleichbar mit Automationen in Home Assistant. Sie haben einen Auslöser sowie einen oder mehrere Arbeitsschritte (Aktionen). Einzelne Arbeitsschritte erledigen wir in Node-RED-Nodes.

Add first step öffnet ein Drop-down-Menü möglicher Auslöser (siehe Abbildung 19.39). Sie können Aktionen manuell auslösen, von Events abhängig machen oder einen Zeitplan erstellen.

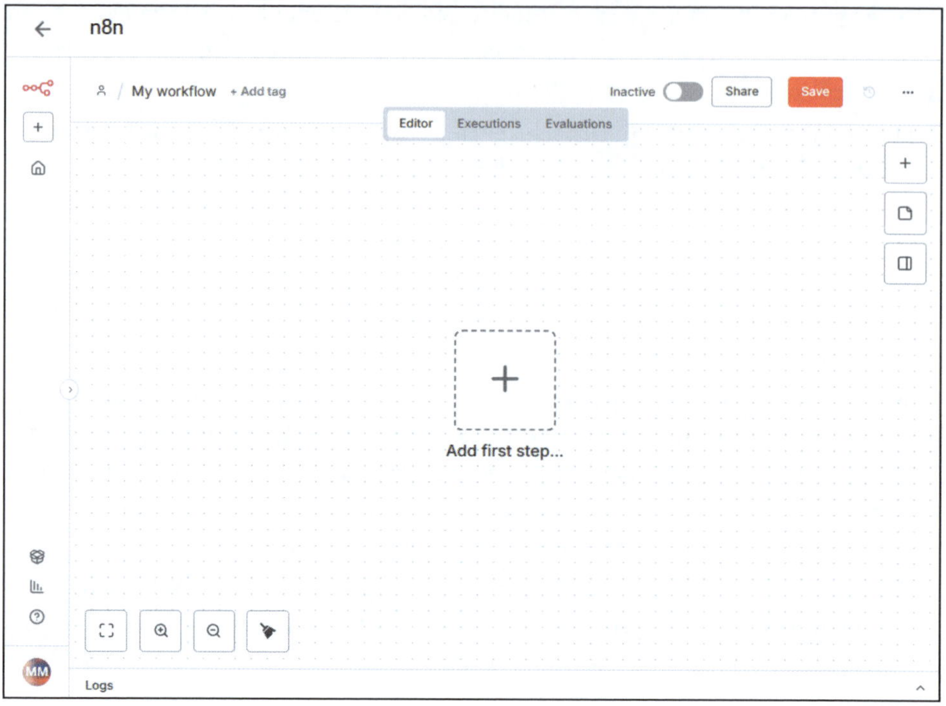

Abbildung 19.38: Das n8n-Canvas

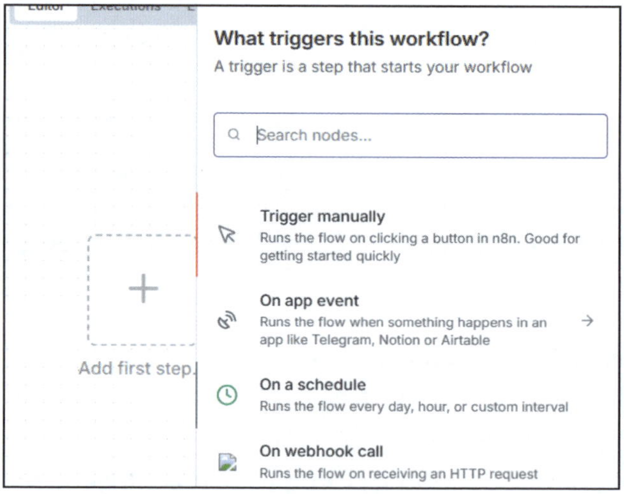

Abbildung 19.39: n8n-Canvas – Auslöser setzen

Wählen Sie **On a schedule**. Sie erhalten ein Fenster, um die Node-Parameter zu setzen (siehe Abbildung 19.40).

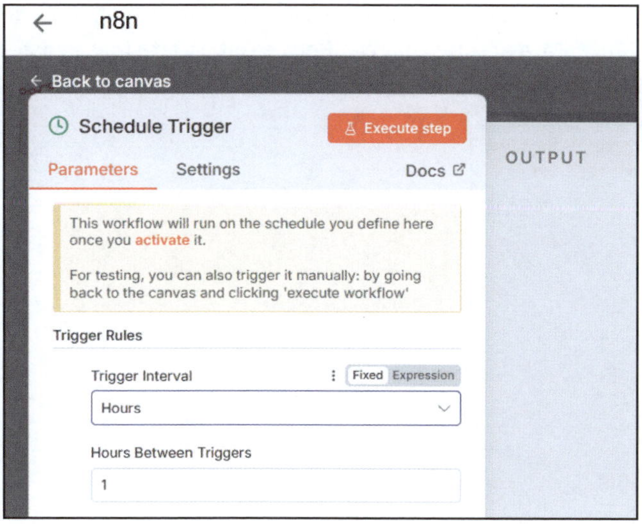

Abbildung 19.40: n8n-Canvas – »Schedule Trigger« parametrisieren

Wählen Sie als **Trigger Interval** die Option **Hours**. **Execute step** führt diesen Node aus; im Bereich **Output** sehen Sie dann das Ergebnis. Kehren Sie mit **Back to Canvas** zur Zeichenfläche zurück. Dort befindet sich nun der soeben eingefügte Node (siehe Abbildung 19.41).

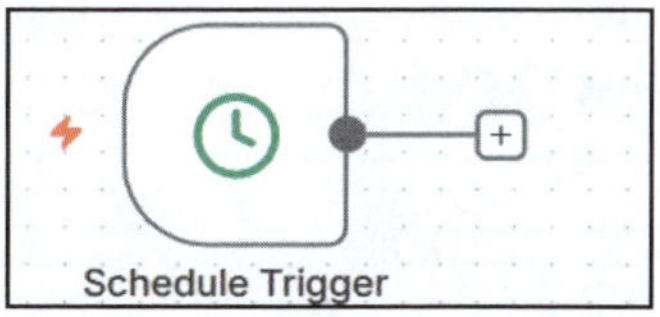

Abbildung 19.41: »Schedule Trigger« wurde eingefügt.

Schritt 2: Die Wetterdaten besorgen

Die Wetterdaten liegen in Home Assistant vor und müssen lediglich dem Workflow übermittelt werden. Das ist Aufgabe des Nodes *Home Assistant*. Klicken Sie auf den +-Konnektor des *Schedule Trigger*-Nodes und suchen Sie nach **Home Assistant** (siehe Abbildung 19.42).

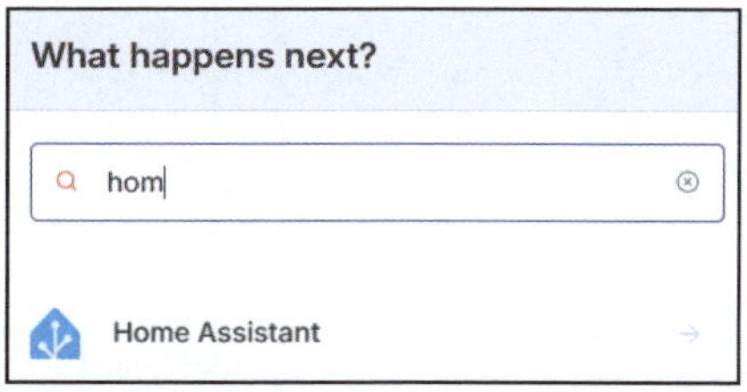

Abbildung 19.42: Home-Assistant-Node hinzufügen

Lassen Sie sich die Auswahl möglicher Aktionen nach einem Klick auf das Element anzeigen. Scrollen Sie in den Abschnitt **State Actions** und wählen Sie **Get a state** (das Fenster der Node-Parameter sehen Sie in Abbildung 19.43).

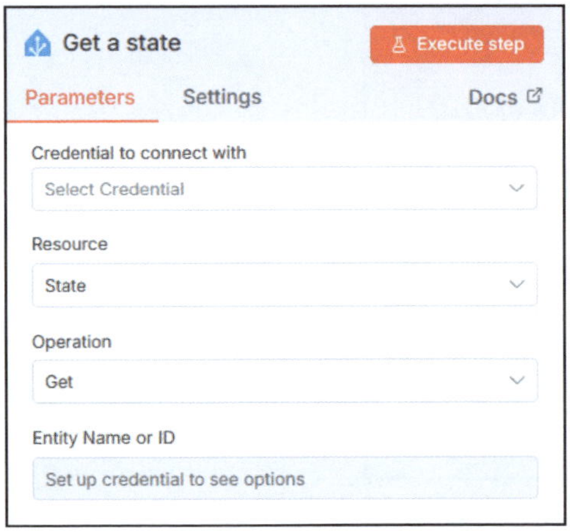

Abbildung 19.43: Den State aus Home Assistant auslesen

Für den Zugriff auf Home Assistant benötigen Sie *Credentials* (dt. *Anmeldeinformationen*). Dies ist das langlebige Zugriffstoken, den Sie sich mit **Benutzer** (linke Seitenleiste) • **Langlebige Zugriffstoken • Token erstellen** besorgen können. Der Inhalt des Feldes **Credential to connect with** ändert sich in **+ create credential**, sobald Sie es anklicken. Sie erstellen die Credentials im Folgefenster (siehe Abbildung 19.44).

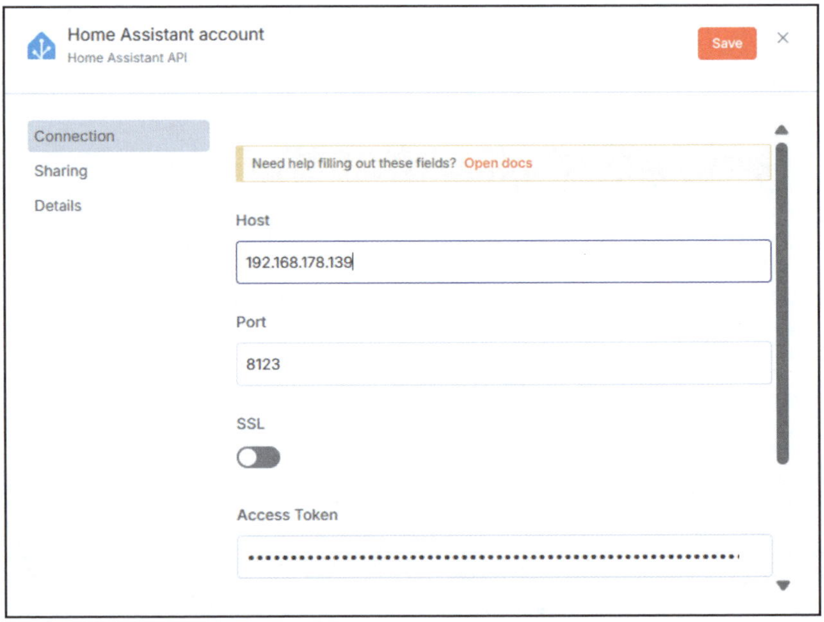

Abbildung 19.44: Home-Assistant-Credentials in n8n ablegen

Host ist die IP-Adresse Ihrer Home-Assistant-Instanz und **Access Token** das langlebige Zugangstoken. **Save** speichert die Einstellungen und sollte den Vorgang mit einer Erfolgsmeldung *Connection tested successfully* quittieren. Schließen Sie das Fenster.

Jetzt können Sie auch direkt unter **Entity Name or ID** über ein Drop-down-Menü die gewünschte Entität (hier **Forecast Home**) auswählen. Ein testweises **Execute step** zeigt Ihnen im **Output** die erhaltenen Daten in JSON-Notation an. Sie sollten dort codierte Wetterinformationen sehen.

Schritt 3: Den Prompt vorbereiten

Den Prompt ersetzt der Übersichtlichkeit halber ein Node *Edit Fields*, das Sie über den +-Konnektor des *Home Assistant*-Nodes anbinden. Mit **Add Field** bestimmen Sie ein Ausgabefeld. Dies ist ein Name-Wert-Paar. Der Name kann beispielsweise `prompt` lauten. Der Wert ist für unser Beispiel ganz einfach:

```
Es sind draussen gerade {{ $json.attributes.temperature }} Grad und
{{ $json.state }}. Gib mir in einem kurzen Satz einen Vorschlag für
eine Outdoor-Aktivität.
```

Der Bezug zu den Elementen des Node-INPUT wird durch die JSON-Namen hergestellt, die in der Mustache-Notation geschrieben sind (siehe Abbildung 19.45). Es gibt also wieder viele geschweifte Klammern, der Code lässt sich aber eigentlich ganz gut lesen.

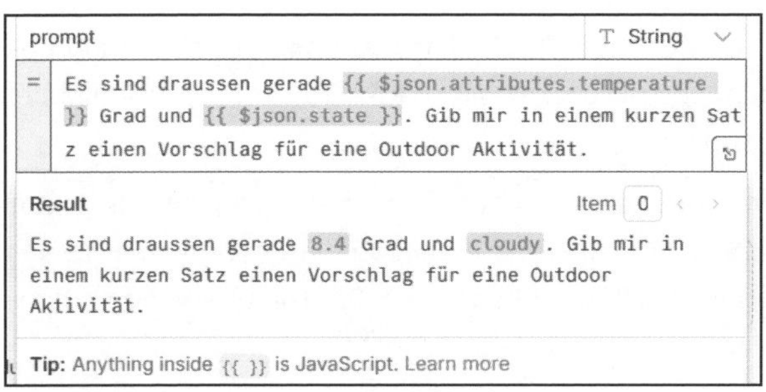

Abbildung 19.45: Edit-Fields-Node – Feld hinzufügen

Schritt 4: Ein LLM anbinden

Nun geht es ans Eingemachte! Die Wetterinformationen selbst sind unspektakulär – wir wollen auf dieser Basis aber Ideen für eine Outdoor-Aktivität haben. Eine künstliche Intelligenz soll uns dazu eine entsprechende Idee liefern und einen kurzen Text schreiben.

Dafür brauchen Sie einen einfachen *LLM*-Node, der an den +-Konnektor des *Edit-Fields*-Nodes anknüpft.

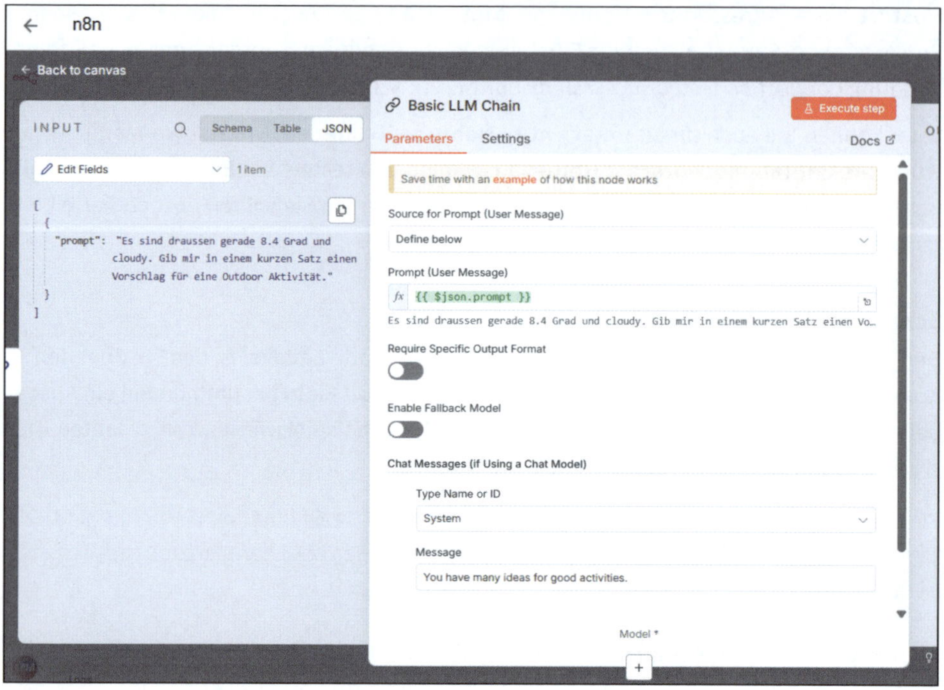

Abbildung 19.46: Die Einstellungen für den Node »Basic LLM Chain«

Sehen Sie als Quelle **Define below** vor. Der Inhalt des Prompts stammt aus dem Input des Nodes. In **Message** können Sie noch eine System-Message hinterlegen, die das LLM bei der Generierung der Antwort unterstützt.

Kehren Sie zum Canvas zurück. Der Node *Basic LLM* hat neben einem Ausgangskonnektor auch einen Konnektor für ein LLM. Schließen Sie hier ein Modell Ihrer Wahl an, z. B. das *OpenRouter Chat Model*, das Sie bereits aus Kapitel 11 kennen. Die entsprechenden Parameter sehen Sie in Abbildung 19.47).

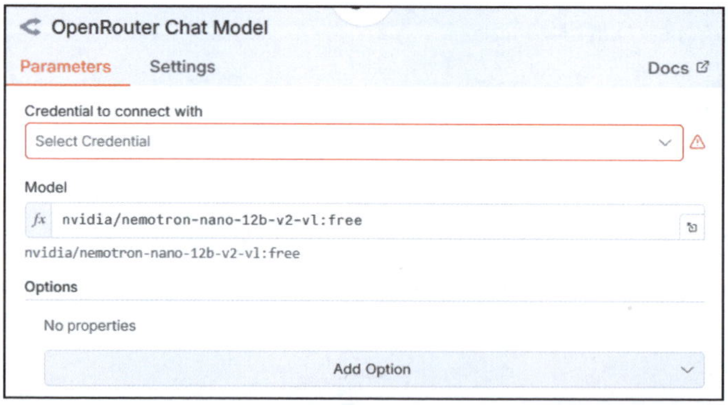

Abbildung 19.47: Das OpenRouter Chat Model parametrisieren

Als **Credential** dient der OpenRouter-API-Key, den Sie hinterlegen, wie ich es bereits in Abschnitt 11.2.4 beschrieben habe. **Model** ist das LLM, das Sie einsetzen wollen. Ich habe für dieses Beispiel `nvidia/nemotron-nano-12b-v2-vl:free` genutzt.

Schritt 5: Das Ergebnis nach Home Assistant zurückspielen

Nun wollen wir den Vorschlag natürlich nicht nur in n8n-Oberfläche sehen, sondern ihn auch wieder an Home Assistent zurückgeben, damit wir ihn dort anzeigen oder weiterverarbeiten können. Fügen Sie daher als Letztes einen *Home Assistant*-Node mit der Funktion **Create or update a state** hinzu (Parameter siehe Abbildung 19.48).

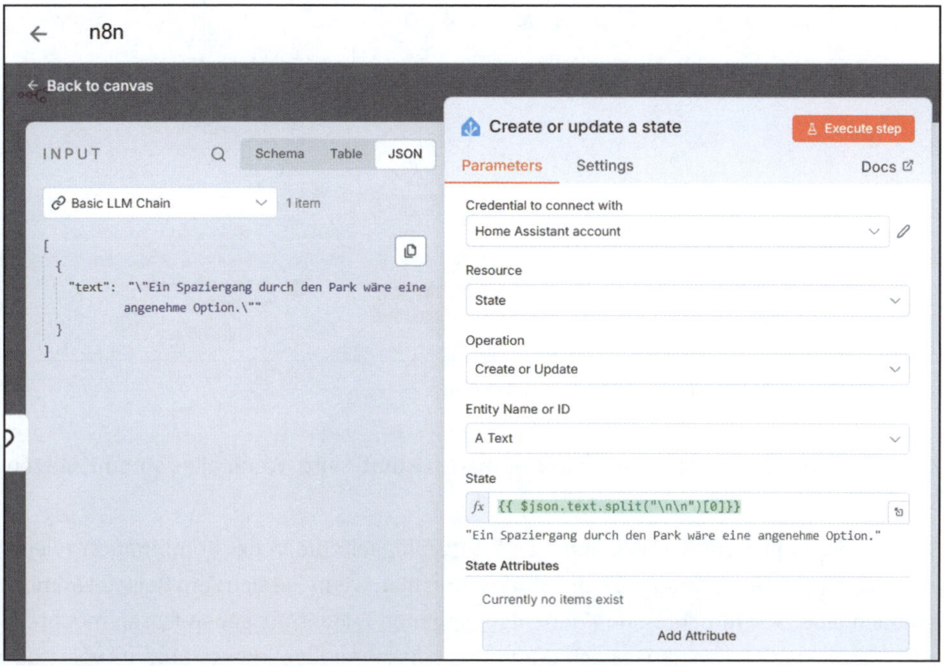

Abbildung 19.48: Parametrisierung des HA-Nodes, um den State zu aktualisieren

Die Parameter sprechen für sich:

- **Resource**: **State**
- **Operation**: **Create or Update**
- **Entity Name or Id**: aus der Drop-down-Liste (hier: **A Text**)
- **State**: Dies ist hier ein JavaScript-Ausdruck, der den ersten Satz selektiert: `{{ $json.text.split("\n\n")[0]}}`

Schritt 6: Den Workflow testen

Den Abschluss bildet ein Gesamttest des Workflows mit **Execute workflow**. Alle fehlerfrei abgearbeiteten Nodes erhalten ein grünes Häkchen (siehe Abbildung 19.49).

In Ihrer Home-Assistant-Installation sollten Sie nun eine neue Entität haben, die den Vorschlag des LLM enthält. Sie können diesen Text dann auf Ihrem Dashboard bei den Wetterdaten ausgeben.

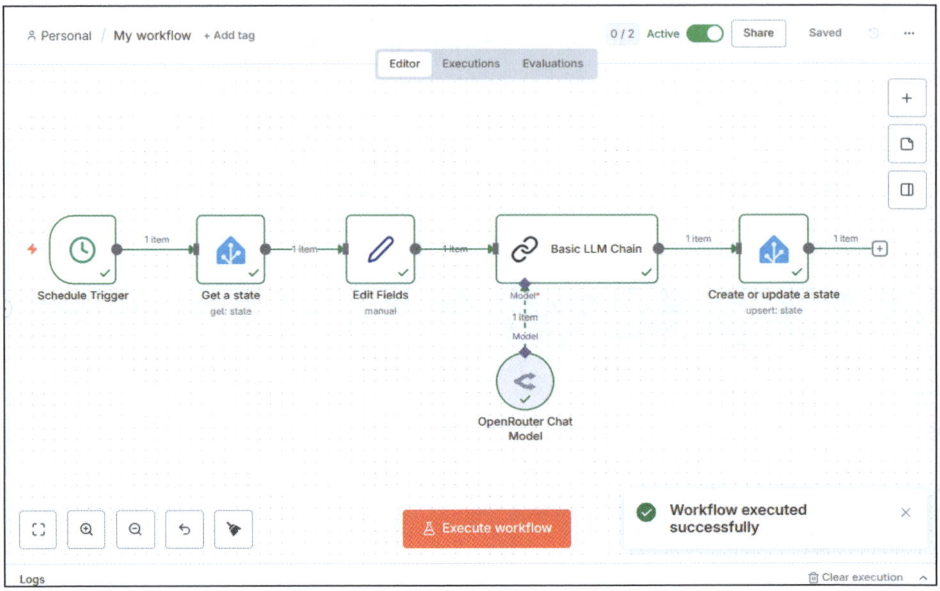

Abbildung 19.49: Workflow erfolgreich durchgeführt

Kontrollieren Sie das Ergebnis auf der Home-Assistant-Seite. Wenn alles stimmt, setzen Sie den Workflow noch **Active**.

Das war nur ein kurzer Einblick in die Leistungsfähigkeit, die in der Kombination zweier mächtiger Tools liegt. Nutzen Sie die Stärken von n8n, wenn Sie sich zum Beispiel allmorgendlich eine Zusammenfassung der eingegangenen E-Mails ausgeben lassen möchten, oder lassen Sie sich von n8n je nach Stimmung eines Ihrer Lieblingsrestaurants vorschlagen. Aber behalten Sie auch immer im Hinterkopf, dass künstliche Intelligenz nicht fehlerfrei ist und mindestens genauso viel Unsinn machen kann wie echte Intelligenz. Nicht, dass Sie doch bei –5 Grad und Schneetreiben in der Badehose am Freibad auftauchen …

Fazit: Die Beispiele dieses Kapitels sind nur ein allerkleinster Ausschnitt der Anwendungsmöglichkeiten, die Home Assistant bietet. Ihrer eigenen Fantasie sind kaum Grenzen gesetzt.

Index

C

D

E

I

J

K

L

Q

R

S

T

U

V

W